Riemann
One Earth Spirit

Jerry Mander
Edward Goldsmith
(Hrsg.)

Schwarzbuch
Globalisierung

Eine fatale Entwicklung mit vielen
Verlierern und wenigen Gewinnern

Ins Deutsche übersetzt von
Helmut Dierlamm und Ursel Schäfer

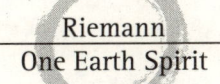
Riemann
One Earth Spirit

Die Originalausgabe erschien 2001
unter dem Titel »The Case against the Global Economy«
bei Earthscan Publications Ltd., London.

Der Riemann Verlag
ist ein Unternehmen der Verlagsgruppe Random House

1. Auflage
© 2001 Edward Goldsmith, Jerry Mander
© 2002 der deutschsprachigen Ausgabe
Riemann Verlag, München
Redaktion: Gerhard Juckoff
Satz: Barbara Rabus, Sonthofen
Druck und Bindung: GGP Media, Pößneck
Printed in Germany
ISBN 3-570-50025-X
www.riemann-verlag.de

Inhalt

Teil II
Auswirkungen der Globalisierung

Teil III
Schritte zur Umkehr

Anhang

Gegen die steigende Flut

Jerry Mander

Das erste Ziel dieses Buches besteht darin zu klären, welche Form die so genannte globale Wirtschaft hat und wie sich die rasch voranschreitende Globalisierung vermutlich auf unser Leben auswirken wird. Das zweite Ziel besteht darin zu zeigen, dass die Globalisierung aufgehalten und so bald wie möglich rückgängig gemacht werden muss.

Die wirtschaftliche Globalisierung hat wahrscheinlich die fundamentalste Umstrukturierung der politischen und wirtschaftlichen Verhältnisse auf unserem Planeten mindestens seit der Industriellen Revolution zur Folge. Trotz des Ausmaßes der globalen Neuordnung haben jedoch weder unsere gewählten Politiker noch unsere Bildungseinrichtungen, noch die Massenmedien je eine glaubwürdige Anstrengung gemacht, uns den Charakter des neuen Systems oder die ihm zugrunde liegende Philosophie zu erklären.

Beschreibungen der globalen Wirtschaft und Voraussagen hinsichtlich ihrer Entwicklung, die in den Medien zu finden sind, stammen in der Regel von führenden Befürwortern und Nutznießern der neuen Ordnung: von Konzernchefs, ihren Verbündeten in den Regierungen und von den mächtigen, neuen, zentralisierten Welthandelsbürokratien. Die Visionen, die sie uns anbieten, sind unweigerlich positiv, um nicht zu sagen fantastisch. Die Globalisierung wird zum Allheilmittel für all unsere Probleme. Sie wird das Problem der Armut lösen; sie wird die Umwelt retten. Und seit dem 11. September 2001 heißt es sogar, sie sei das beste Mittel, den Terrorismus zu besiegen.

Die genannten Globalisierungsbefürworter sind deshalb so begeistert, weil sie – durch globalen Freihandel und Privatisierung, durch Deregulierung und Strukturanpassungsprogramme – auch weiterhin wirtschaftliche Theorien, Strategien und Maßnahmen in die Tat umsetzen dürfen, die sich bei ihrer Anwendung in den vergangenen Jahrzehnten stets durch spektakuläre Erfolglosigkeit ausgezeichnet haben. Tatsächlich handelt es sich dabei genau um die Ideen, denen wir die bedrohliche Lage von heute verdanken: den zunehmenden Verfall gesellschaftlicher Ordnung, die Zunahme von Armut, Heimatlosigkeit, Obdachlosigkeit, Entfremdung und die extreme Zukunftsangst, die viele Menschen tief in ihrem Herzen hegen. Zugleich hat die Umsetzung der erwähnten Theorien uns auch nahe an den Zusammenbruch der natürlichen Umwelt gebracht, eine Bedrohung, die sich in Symptomen wie der weltweiten Klimaveränderung, dem Schwinden der Ozonschicht, dem massiven Artensterben und der fast unerträglichen Verschmutzung von Luft, Boden und Wasser manifestiert.

Wir sollen glauben, dass Entwicklungsprozesse, die bisher Armut verursacht und den Planeten verwüstet haben, sich genau entgegengesetzt und extrem positiv auswirken, wenn sie jetzt beschleunigt und ohne Beschränkungen überall stattfinden können – also globalisiert werden. Das ist die schlechte Nachricht. Die gute lautet: Es ist noch nicht zu spät, den Kurs zu ändern.

Die »steigende Flut«

Die 1994 im Abschlussabkommen der Uruguay-Runde vereinbarte Ablösung des GATT (Allgemeines Zoll- und Handelsabkommen) durch die WTO (Welthandelsorganisation) wurde von den führenden Politikern der Welt und den transnationalen Konzernen gefeiert wie die Geburt eines neuen Messias. Sie behaupteten, durch die neue Regelung werde eine globale Wirtschaftsordnung geschaffen, die in sehr kurzer Zeit eine Expansion der weltweiten Wirtschaftstätigkeit um 250 Milliarden US-Dollar bringen werde, die letztlich allen zugute kommen werde. Die beherrschende politökonomische Metapher war die von der »steigenden Flut, die alle Boote emporheben wird«.

Die globale Wirtschaft ist wirklich neu, und zwar weniger der Form als dem Ausmaß nach: Neu sind die weltweit gültigen Regeln, nach denen sie jetzt funktioniert; neu ist die durch sie erleichterte, technologisch verstärkte Beschleunigung der globalen Entwicklung und des Welthandels; und neu ist auch die von ihr verursachte abrupte Verlagerung der politischen Macht auf dem Globus. Natürlich ist es auch ein neues Phänomen, dass sich demokratische Länder auf der ganzen Welt dafür entschieden haben, ihre eigenen demokratisch verabschiedeten Gesetze außer Kraft zu setzen, um den Regeln einer neuen zentralen und globalen Bürokratie zu entsprechen. Ebenfalls neu ist die Abschaffung fast aller Kontrollmechanismen für die globale Tätigkeit von Konzernen und den Handel mit Devisen, was wiederum zu der von Richard Barnet und John Cavanagh geschilderten, von Währungsspekulanten beherrschten Kasinoökonomie führte (Kapitel 4). Auch für die schreckliche globale Wirtschaftskrise von 1998 war die neue globale Wirtschaft mitverantwortlich.

Die ideologischen Prinzipien, die der globalen Wirtschaft zugrunde liegen, sind dagegen nicht so neu. Es sind genau die Prinzipien, die uns in die soziale, wirtschaftliche und ökologische Sackgasse geführt haben, in der wir uns heute befinden. Sie umfassen den Primat des schnellen wirtschaftlichen Wachstums; die Forderung nach Freihandel zur Stimulierung dieses Wachstums; den uneingeschränkten »freien« Markt; den Verzicht auf staatliche Regulierung; die Privatisierung staatlicher Dienstleistungen; die völlige Abhängigkeit von zügelloser Konsumgier und, damit zusammenhängend, die aggressive Befürwortung eines einheitlichen Entwicklungsmodells für die ganze Welt, das genau den Vorstellungen und Interessen der Konzerne in den Industriestaaten entspricht.

Zu den ideologischen Prinzipien der globalen Wirtschaft gehört auch die Idee, dass alle Länder – selbst wenn ihre Kulturen so unterschiedlich sind wie etwa die von Indonesien, Japan, Kenia, Schweden und Brasilien – sich für dasselbe globale Wirtschaftsmodell entscheiden und ihre Boote in dieselbe Richtung lenken müssen. Das Ergebnis einer solchen Politik ist eine Monokultur – die globale Homogenisierung von Kultur, Lebensstil und Technologieeinsatz und die damit einhergehende

Zerstörung lokaler Traditionen und Wirtschaftssysteme. Bald schon könnten alle Orte dieser Welt gleich aussehen, mit den gleichen Restaurants und Hotels, der gleichen Kleidung, den gleichen Einkaufszentren und Supermärkten und den gleichen mit Autos verstopften Straßen. Man wird kaum mehr einen Grund haben, seine Heimat zu verlassen.

Etliche Elemente dieses Rezepts sind schon lange wirksam – mit katastrophalen Folgen, wie in vielen Kapiteln dieses Buches deutlich wird. Und nach Ansicht meines Mitherausgebers Edward Goldsmith sind all diese ideologischen Prinzipien letztlich kaum mehr als Rationalisierungen für eine neue Art von konzerngesteuertem Kolonialismus, dem die armen Länder und die Armen in den reichen Ländern unterworfen werden (Kapitel 1).

Aber funktioniert dieses System überhaupt? Wird es wirklich zu der vorausgesagten wirtschaftlichen Expansion kommen? Wenn ja, wie nachhaltig wird sie sein? Wo werden die notwendigen Ressourcen – die Energie, das Holz, die Minerale, das Wasser – für das beschleunigte Wachstum herkommen? Wie werden die dabei produzierten normalen und giftigen Abfälle entsorgt werden? Wer wird von der Entwicklung profitieren? Werden es die Arbeiter sein, die – zumindest in den USA – durch Automatisierung und die Flucht der Konzerne ins Ausland ihre Arbeitsplätze verlieren? Werden es die Bauern sein, die heute in Asien, Afrika und Nordamerika gleichermaßen um ihr Land gebracht werden, um den riesigen Monokulturen der Agrarkonzerne zu weichen? Oder werden die Stadtbewohner profitieren, die schon jetzt mit immer neuen Wellen von Landflüchtigen konfrontiert sind, die verzweifelt irgendwo einen der seltenen und schlecht bezahlten Jobs suchen?

Und was werden die ökologischen Folgen sein? Kann ein stetig wachsender Verbrauch für immer aufrechterhalten werden? Wann sind die Wälder verschwunden? Wie viele Autos können gebaut und gekauft werden? Wie viele Straßen dürfen den Boden versiegeln? Was wird aus den Tieren? Wen interessiert das noch? Ist das neue Leben besser als das alte? Ist das Ergebnis all die Zerstörung wert? Bringt uns die Entwicklung – als Einzelnen, als Familien, als Kommunen und als Nationen – mehr Sicherheit? Müssen wir weniger Angst vor der Zukunft haben? Gewinnen wir mehr Macht über unser Schicksal? Können wir wirklich von einem System profitieren, das die lokale und regionale Souveränität zerstört und die wahre Macht gesichtslosen, konzerngesteuerten Bürokratien in Genf, Tokio und Brüssel übergibt? Lassen sich die Bedürfnisse der Menschen so besser erfüllen? Ist es ein gutes oder ein schlechtes System? Wollen wir es? Und wenn nicht, wie können wir den Prozess aufhalten?

Der deutsche Wirtschaftsphilosoph Wolfgang Sachs vertritt in seinem Buch *Wie im Westen so auf Erden* die Ansicht, schlimmer als ein Scheitern dieses gigantischen weltweiten Entwicklungsexperiments wäre nur sein Erfolg. Selbst wenn das Experiment optimal funktionierte, würden nämlich langfristig nur zwei sehr kleine Gruppen von der Entwicklung profitieren: eine winzige Minderheit im Zentrum des Prozesses und eine weitere, fast ebenso winzige Minderheit, die eine wirtschaftliche Verbindung zum Zentrum halten könnte. Der Rest der Menschheit müsste dagegen um immer weniger Arbeitsplätze und immer weniger Land konkurrieren und in immer gewalttätigeren Gesellschaften auf einem verwüsteten Planeten leben. Die einzigen Boote, die von der steigenden Flut emporgehoben würden, wären die der Herren und Organisatoren des Verfahrens; die große Mehrheit von uns bleibt am Strand zurück, hilflos im Angesicht der steigenden Flut.

Sachs führt diese Ansichten in diesem Buch (Kapitel 22) genauer aus und zeigt auf, welche spezifischen Folgen die heute herrschende Entwicklungsstrategie weltweit für die Armen hat.

Das Versagen der Medien

Die Autoren dieses Buches kommentieren in ihren Beiträgen alle oben angesprochenen Probleme. Sie untersuchen die Instrumente des Globalismus, die ihm zugrunde liegenden Theorien und seine Auswirkungen, aber sie ergründen auch die Alternativen. Zunächst einmal sollte jedoch erwähnt werden, dass dieses Buch nur deshalb überhaupt nötig ist, weil unsere Medien versagt haben. Unsere Gesellschaft wurde bewusst auf einen Weg geführt, dessen Ziel wir nicht kennen, und diejenigen, die uns eigentlich über die Entwicklung aufklären sollten, haben ihre Aufgabe nicht wahrgenommen.

Von Zeit zu Zeit berichten die Massenmedien über bestimmte massive Probleme im Zusammenhang mit der Globalisierung, aber die Berichte vermitteln fast nie den Zusammenhang zwischen den geschilderten konkreten Krisen und den tieferen Ursachen, die in der Globalisierung als solcher liegen. Zum Thema Umwelt lesen wir beispielsweise, dass sich das Weltklima verändert, und gelegentlich auch etwas über die langfristigen Folgen dieser Entwicklung, etwa über das Schmelzen der Polkappen (die reale steigende Flut), über die erwarteten verheerenden Folgen für Landwirtschaft und Lebensmittelversorgung oder über die Zerstörung von Biotopen. Wir lesen auch vom Verschwinden der Ozonschicht, von der Verschmutzung der Meere oder von den Kriegen, die um Ressourcen wie Öl – und vielleicht bald schon Wasser – geführt werden. Nur wenige dieser Phänomene werden jedoch direkt mit den Zwängen der globalen Expansion in Verbindung gebracht, mit der weltweiten Zunahme des Transportvolumens, mit dem Raubbau an Rohstoffen oder mit dem von intensivem Rohstoffverbrauch geprägten Lebensstil, den die Konzerne weltweit über die kulturellen Gleichmachermedien des Fernsehens und der Werbung propagieren. Vernebelung statt Aufklärung ist die Folge.

Dieses Buch ist eine Reaktion auf das schmähliche Versagen der Medien in der Berichterstattung über die ökologischen Folgen der Globalisierung. Simon Retallack hat ein Kapitel zu dieser Thematik beigesteuert (Kapitel 17) und befasst sich in einem weiteren Kapitel, das er zusammen mit Ladan Sobhani geschrieben hat, speziell mit dem Klimaproblem (Kapitel 21).

Weitere ernste Missverständnisse sind in der Medienberichterstattung über das Debakel der Barings Bank von 1995, über die mexikanische Finanzkrise von 1994/95 oder über die globale Finanzkrise von 1998 zu erkennen. Nur selten hat ein Medium deutlich gemacht, wie durch die neuen globalen Computernetzwerke die Möglichkeit entstanden ist, erstaunliche Geldsummen praktisch ohne Zeitverlust an jeden Ort auf der Erde zu transferieren.

Auch schildern die Medien nicht, wie die Deregulierung der Finanzmärkte der Spekulation Tür und Tor öffnete und wie die Weltbank und der Internationale Währungsfonds dazu beitrugen, Bedingungen zu schaffen, die zu solcher Spekulation anreizten. Zum Beispiel wurde in der US-amerikanischen Presse über die mexikanische Finanzkrise so berichtet, als sei es eine gute Tat der USA gewesen, Mexiko »aus der Patsche zu helfen« – der gute Nachbar steht seinen mexikanischen Freunden bei. Tatsächlich jedoch wurde hauptsächlich den Investoren an der Wall Street geholfen, die mit direkter Unterstützung der Weltbank und des IWF die Krise überhaupt erst verursacht hatten. Für Mexikaner der Mittel- und Unterschicht hatte die »Nothilfe« verheerende Folgen – eine Geschichte, die uns die Massenmedien bis heute vorenthalten haben.

Die meisten Medien behandeln alle Gegner des Freihandels wie Spinner, die noch glauben, dass die Erde eine Scheibe ist. Und während die Presse Zehntausende Umweltschützer, die sich gegen GATT und WTO wenden, verächtlich als weltfremde Idealisten abtut, nimmt sie die Tatsache nicht zur Kenntnis, dass zu den Gegnern auch Menschenrechtsaktivisten, Bauern und kleine Unternehmer gehören ebenso wie Gruppen, die sich für die Rechte von Asylsuchenden oder Ureinwohnern einsetzen, überzeugte Demokraten, Gewerkschaftler und viele andere Menschen, die an eine gerechte und ökologisch nachhaltige Gesellschaft glauben und die sich quer durch alle Parteien gegen die Globalisierung wenden.

Auch die zynischen Verlautbarungen der Führung von WTO, Weltbank und IWF, dass sie vor allem anderen dafür da seien, den Armen auf der Welt zu helfen, wurden von den Medien ungeprüft akzeptiert. Ein bemerkenswertes Beispiel dafür ist das Verhalten der Presse im April 2000, als zahlreiche Demonstranten versuchten, die Konferenzen von Weltbank und IWF in Washington, DC zu blockieren. Beide Institutionen beschuldigten in täglichen Verlautbarungen die Demonstranten, die eigentlichen Feinde der Armen zu sein, und die großen Presseorgane gaben diese Erklärungen brav an ihre Leser weiter. Sie taten dies, obwohl sich zeitgleich mit den Konferenzen in Washington die »Gruppe der 77« in Havanna traf und diese Gemeinschaft der Entwicklungsländer in einer einstimmig verabschiedeten Erklärung für die Demonstranten und gegen Weltbank und IWF Stellung bezog. Die *International Herald Tribune* brachte die beiden gegensätzlichen Erklärungen auf der Titelseite, aber keine einzige US-amerikanische Zeitung und nur wenige europäische Presseorgane dokumentierten die Erklärung von Havanna überhaupt.

Seit den terroristischen Anschlägen in New York und Washington ist die Berichterstattung noch schlechter geworden. Die Medien geben den Äußerungen von führenden Vertretern der Weltbank, der WTO und der US-Regierung breiten Raum, in denen Freihandel praktisch mit »Freiheit« gleichgesetzt wird. Sie vertreten die Ansicht, die wirtschaftliche Globalisierung sei der beste Weg, den Terrorismus zu stoppen – eine opportunistische Werbung für die eigene Agenda, die angesichts der ernsten Situation und der Unhaltbarkeit der Behauptung besonders schockierend ist. Unterdessen werden die Anstrengungen von oppositionellen Gruppen, die aufzeigen wollen, dass die Globalisierung in Wirklichkeit Armut produziert und damit auch Verhältnisse, die Gewalt hervorbringen, entweder ignoriert oder als unpatriotische Abweichung gebrandmarkt.

Was die konkreten sozialen und ökologischen Auswirkungen der WTO-Regeln betrifft, so haben es die Medien auch nach Jahren des Protests noch immer nicht geschafft, sie ausreichend zu erklären. In diesem Buch dagegen werden viele Auswirkungen der WTO-Regeln detailliert beschrieben, vor allem in dem Kapitel, das Lori Wallach über die WTO geschrieben hat (Kapitel 16), aber auch in dem Beitrag von Agnes Bertrand und Laurence Kalafatides (Kapitel 20). Die WTO spielt auch in Vandana Shivas Artikel (Kapitel 18) eine wichtige Rolle, insbesondere was ihren verheerenden Einfluss auf die Landwirtschaft in den Entwicklungsländern und auf die Lebensgrundlagen der Landbevölkerung betrifft.

Einige Presseorgane berichten von der »Geldgier der Konzerne«, wenn diese Tausende Arbeiter entlassen, während ihre Gewinne steigen und die Gehälter ihrer Topmanager beispiellose Höhen erreichen. Selbst in diesen Berichten wird jedoch kaum je der entscheidende Punkt erwähnt, nämlich dass diese Umstrukturierung der Konzerne notwendig ist, damit sie in der globalen Wirtschaft konkurrenzfähig bleiben, und dass sie überall auf der Welt stattfindet. Auch hier kann man den Medien den Vorwurf der Vernebelung nicht ersparen.

Im Herbst 1995 brachte die internationale Presse Berichte über einen Streik Hunderttausender französischer Bahnarbeiter sowie anderer Mitarbeiter des öffentlichen Dienstes, der die französische Volkswirtschaft lahm legte. In den meisten Berichten hieß es, die Arbeiter verteidigten ihre Privilegien als Staatsangestellte, ihre Ansprüche auf Sozialleistungen und ihre Arbeitsplätze gegen Sparmaßnahmen der Regierung. Dies entsprach der Wahrheit, aber in den Berichten fehlte die Information, dass die Sparmaßnahmen aufgrund der Bestimmungen über die Europäische Währungsunion im Vertrag von Maastricht erforderlich waren, der vor allem dazu dient, das europäische Wirtschaftssystem zu vereinheitlichen, zu globalisieren und konzernfreundlich zu gestalten, damit es mit der globalisierten Wirtschaft kompatibel wird und konkurrenzfähig bleibt. Auch berichten die Medien täglich über die Asylanten und illegalen Einwanderer, über Menschenmassen, die auf der Suche nach Arbeit über Staatsgrenzen strömen, nur um von Bevölkerung und Behörden mit Fremdenfeindlichkeit, Gewalt und Demagogie empfangen zu werden. Freilich wird in den Berichten nicht erwähnt, welche Rolle internationale Handelsabkommen dabei spielen, wenn die Asylanten und Einwanderer in ihren Heimatländern ihre Lebensgrundlage verlieren.

Das Nordamerikanische Freihandelsabkommen (NAFTA) zum Beispiel versetzte – wie die zapatistischen Rebellen 1994 nur allzu überzeugend nachwiesen – dem weitgehend autarken kleinbäuerlichen Maisanbau der mexikanischen Ureinwohner praktisch den Todesstoß, weil es die Kleinbauern ausländischer Konkurrenz aussetzte und Konzernen den Kauf ihres Bodens ermöglichte. Auch die Weltbank hat im Lauf der letzten Jahrzehnte in Indien, Afrika, Südostasien und Südamerika Entwicklungsprojekte gefördert, bei denen Hunderttausende relativ wohlhabender Menschen – darunter viele kleinbäuerliche Selbstversorger – vertrieben wurden, um Platz für Staudämme oder andere gigantomanische Projekte zu machen. Das Ergebnis solcher Entwicklungspolitik ist die Verwandlung von Millionen Kleinbauern in landlose Flüchtlinge, die in den Städten nach nicht existenten Arbeitsplätzen suchen.

Hin und wieder wird in den Medien über Hungersnöte berichtet. Doch sie werden so gut wie nie damit in Zusammenhang gebracht, dass die weltweite Nahrungsmittelversorgung zunehmend von einer kleinen Zahl (subventionierter) Riesenkonzerne beherrscht wird, insbesondere vom Cargill-Konzern, der buchstäblich entscheidet, wo und unter welchen Bedingungen Nahrungsmittel angebaut werden und welchen Preis die Verbraucher letztlich für sie bezahlen müssen. Diese Nahrungsmittel werden in der Regel nicht mehr von der Lokalbevölkerung angebaut und gegessen, sondern meistens (mit schlimmen ökologischen Folgen) Tausende Kilometer weit verschifft, um von den ohnehin schon Wohlgenährten verzehrt zu werden. Diese Zusammenhänge werden von José Lutzenberger in seinem Beitrag fachmännisch analysiert (Kapitel 19). Er erklärt, warum das agrarindustrielle Modell ein gefährlicher Unsinn ist und warum die Notwendigkeit besteht, kleinere Systeme der Nahrungsmittelproduktion zu unterstützen, die sich sowohl sozial als auch ökologisch positiv auswirken.

Auch Berichte über die letzten so genannten »Eingeborenenstämme« im Amazonasbecken, auf Borneo, in Afrika oder auf den Philippinen bekommen wir zu lesen; Berichte, in denen über die Unvermeidlichkeit geklagt wird, diese Urvölker in das westliche Modell zu integrieren, damit sie von unseren Entwicklungsplänen profitieren – sogar gegen ihren ausdrücklichen Willen und selbst wenn sie mit Pfeilen und Speeren Widerstand leisten. Viel zu selten wird allerdings über die wahren Ursachen dieser Zwangsintegration berichtet: über den durch das Wirtschaftswachstum wachsenden Wasser- und Holzverbrauch; über den unerbittlichen Landbedarf für die Schlachtviehzucht oder Kaffee- und Nutzholzplantagen; über die ebenso unerbittliche Notwendigkeit, traditionelle Selbstversorger in moderne Verbraucher zu verwandeln; über den Glauben an ein quasi gottgegebenes Recht auf Expansion und Kolonisation. Auch die Homogenisierung unserer Denksysteme, die Unterwerfung von Land und Leuten unter eine Monokultur gehört zum Projekt der Globalisierung, wie Helena Norberg-Hodge am Beispiel Ladakh höchst eindrücklich darstellt (Kapitel 14). Dieser Punkt wird weiter unterstrichen durch Martin Khors beredte Schilderung der Folgen der wirtschaftlichen Globalisierung in den Entwicklungsländern und in der industrialisierten Welt (Kapitel 13).

Auf dem Gebiet der Technologie preisen die Herrschenden nach wie vor jede neue Generation technischer Neuerungen mit denselben hochtrabenden Begriffen, mit denen sie auch alle früheren Generationen lobten. Vom Personenkraftwagen über die Kunststoffe bis zur »sauberen Kernenergie« wurden sie sämtlich als Allheilmittel für die Probleme der Gesellschaft gepriesen. Heute gibt es weltumspannende Computernetzwerke, die angeblich Gemeinschaften und Individuen zu mehr Selbstbestimmung verhelfen sollen, während in Wirklichkeit genau das Gegenteil der Fall ist. Das globale Computer- und Satellitennetz ist nicht nur ein spektakuläres neues Werkzeug für Finanzspekulanten, sondern verschafft den transnationalen Konzernen auch die Möglichkeit, ihre tausendfach verzweigten Unternehmungen stets im Auge zu behalten und mit einem Tastendruck sofortige Anpassungen vorzunehmen. Wie wir später sehen werden, ist der Computer vielleicht sogar von allen technischen Errungenschaften diejenige, welche – zumindest was wirtschaftliche und politische Macht betrifft – am stärksten zentralisierend wirkt. Eines ist jedenfalls sicher: Die globalen Konzerne von heute könnten ohne das weltweite Computernetz nicht existieren. Die Computertechnik ermöglicht die Globalisierung, indem sie ihren Nutzern eine historisch beispiellose Kontrolle verleiht.

Inzwischen stellen neue Technologien wie die Gentechnik die gesamte Entwicklungspolitik auf eine neue Grundlage, weil sie die Einzäunung und Kommerzialisierung des in allen Lebewesen verborgenen Neulands der Genstruktur ermöglichen, der Bausteine des Lebens selbst. Die »Erfindung« und Patentierung neuer Lebensformen, von der Zelle über Insekt und Säugetier bis zum Menschen, wird tief greifende Auswirkungen auf die weltweite Entwicklung von Landwirtschaft, Ökologie und Menschenrechten haben.

Das Problem ist folgendes: All diese Themen werden von Medien, Politikern und Konzernen behandelt, als bestünde nicht der geringste Zusammenhang zwischen ihnen. Dies ist keine Hilfe für eine verunsicherte Öffentlichkeit, die zu begreifen versucht, was geschieht und was unternommen werden sollte. Die Medien helfen uns nicht zu verstehen, dass sämtliche Probleme – die überfüllten Städte, die ungewöhnlichen Klimaveränderungen, die weltweit wachsende Armut, das Sinken der Löhne und Steigen der Aktien, das Löchrigwerden der sozialen Netze, die Zerstörung der letzten intakten Biotope, ja selbst das Verschwinden von Singvögeln – Produkte ein und derselben globalen Politik sind. All diese Probleme gehören zusammen, sind in einem Gewebe aus ökologischen, sozialen und politischen Zusammenhängen verknüpft. Sie sind die Folgen der wirtschaftlichen und politischen Umstrukturierung der Welt im Namen einer beschleunigten globalen Entwicklung. Diese Umstrukturierung wird von Wirtschaftswissenschaftlern und Konzernen geplant und von unterwürfigen Regierungen unterstützt; und sie wird vielleicht bald schon von einer internationalen Bürokratie für allgemein verbindlich erklärt, die keinerlei demokratischer Kontrolle unterworfen ist. Sie alle behaupten, die Gesellschaft werde von ihren Taten profitieren. Aber wir sind anderer Ansicht.

Man lehrt uns zu glauben, dass unser Wirtschaftssystem rational funktioniert, unseren Interessen dient und dass die Verantwortlichen menschenfreundliche Motive haben und wissen, was sie tun. Ich bezweifle das seit einiger Zeit, und in diesem Punkt werden wir von den Medien – vielleicht unabsichtlich – mit widersprüchlichen Realitäten konfrontiert, indem sie uns ökonometrische Daten von Orwellscher Doppeldeutigkeit servieren.

Eine Grundtatsache ist sicher. In den letzten paar Jahrzehnten hat sich die Kluft zwischen Arm und Reich fast überall auf der Welt vergrößert und nicht verkleinert. Der *Human Development Report* der Vereinten Nationen von 1999 bestätigte die wachsende Ungleichheit zwischen den Ländern und innerhalb der Länder und machte unverblümt die wirtschaftliche Globalisierung für diesen Trend verantwortlich.

Was ebenfalls zunimmt, ist die Macht der größten Konzerne und der reichsten Menschen. So konzentriert ist der Reichtum inzwischen, dass die 475 Milliardäre dieser Welt genauso viel besitzen, wie die ärmsten 50 Prozent der Menschheit in einem Jahr verdienen. Auch sind 52 der 100 größten wirtschaftlichen Einheiten der Welt Konzerne. Mitsubishi steht in dieser Liste auf Platz 22, General Motors auf Platz 26 und Ford auf Platz 31. Jeder dieser Konzerne ist größer als die Volkswirtschaften von Dänemark, Thailand, der Türkei, Südafrika, Saudi-Arabien,

Norwegen, Finnland, Malaysia, Chile oder Neuseeland, um nur ein paar zu nennen.

Auch in den USA, die von der Globalisierung besonders stark profitieren, herrscht offenbar derselbe Trend. In einem Bericht der *New York Times* vom 17. April 1995 heißt es, dass sich in der Periode des schnellsten Wirtschaftswachstums der USA (von den Sechziger- bis zu den Neunzigerjahren), in der ebenfalls die stärkste wirtschafts- und konzernfreundliche Deregulierung und die aggressivste Förderung des »freien« Handels stattfanden, auch in den Vereinigten Staaten die Kluft zwischen Arm und Reich vertiefte.

Der Artikel zitiert das US-amerikanische Federal Reserve Board mit den Worten: »Zahlen von 1989, neuere sind nicht verfügbar, zeigen, dass das reichste Prozent der US-Haushalte mit einem Mindestvermögen von je 2,3 Millionen Dollar fast 40 Prozent des nationalen Gesamtvermögens besitzt. Die reichsten 20 Prozent der amerikanischen Haushalte mit einem Vermögen von mindestens 180 000 Dollar, verfügen über mehr als 80 Prozent des nationalen Vermögens. Die Einkommensstatistik weist ein ähnliches Gefälle auf.«

Wenn dies ein rationaler Prozess ist, dann rationalisiert er eine schockierende Ungleichheit des Profits. Was die Sache für eine Mehrheit der Bevölkerung noch schlimmer macht, ist der historisch beispiellose Angriff auf die Sozialleistungen für die Armen und die Mittelschicht, der ebenfalls unter der ideologischen Flagge der »freien Marktwirtschaft« und des »Freihandels« stattfindet. Die Demontage der staatlichen Leistungen in den USA und anderswo ist eine interne *Strukturanpassung,* wie sie Weltbank und IWF seit der Schuldenkrise in den Achtzigerjahren durch ihre berüchtigten Strukturanpassungsprogramme Entwicklungsländern verordnen – mit verheerenden sozialen und ökologischen Folgen. Mehr zu diesem Thema bringt Walden Bello in seinen beiden Beiträgen (Kapitel 10 und 11). Anschließend weist Alexander Goldsmith darauf hin, dass die ganze Welt inzwischen in eine einzige »Freihandelszone« umstrukturiert werden soll (Kapitel 12). Großbritannien wirbt bereits überall in der Welt mit seinem gesunkenen Lohnniveau, um ausländische Investoren anzuziehen. Die Abschaffung von Zöllen, gesetzlich vorgeschriebenen Mindestlöhnen und sozialen Dienstleistungen sind Symptome dieses Projekts. Überall wird dasselbe Ziel angestrebt: schrankenloser Zugriff der Konzerne auf sämtliche Ressourcen, ohne Rücksicht auf Bevölkerung oder Umwelt.

Falsche Paradigmen

Alle genannten Probleme müssen systemisch betrachtet werden, da viele der wichtigsten Paradigmen, mit denen das herrschende System seine Entscheidungen und sein Verhalten erklärt, unrettbar fehlerhaft sind. Zum Beispiel ist es eindeutig eine absurde Idee, dass ein Wirtschaftssystem, das auf grenzenlosem Wachstum beruht, von der endlichen Erde verkraftet werden könnte. Ein System, das sich selbst auffrisst, kann nicht ewig weiterfressen.

Was den Freihandel selbst betrifft, so zeichnet er sich laut David Morris (Kapitel 8) allein durch die Freiheit aus, dass er den Konzernen die Freiheit gibt, alle anderen ihrer Freiheiten zu berauben, einschließlich der alten Freiheit demokratischer Länder, ihre Binnenwirtschaft, ihre Gemeinden, ihre Kultur und ihre Umwelt schützen zu dürfen.

Die Wirtschaftsphilosophin und Aktivistin Susan George hat in ihrem 1994 zusammen mit Fabrizio Sabelli veröffentlichten Buch *Kredit und Dogma* der in manchen Kreisen beliebten Idee widersprochen, dass die katastrophale Strategie der Weltwirtschaftspolitik auf einer globalen Verschwörung basiere. Zumindest was die klägliche Leistung internationaler Institutionen wie Weltbank und IWF betrifft, führen George und Sabelli die Misserfolge eher auf Inkompetenz, ideologische Verbohrtheit und einen quasi religiösen Glauben an die Dogmen der westlichen Entwicklungspolitik zurück. Nach jedem Entwicklungsprojekt, das die lautstark angekündigten Vorteile wieder einmal nicht gebracht, sondern soziales und ökologisches Chaos verursacht hat, bereiten die Weltwirtschaftsökonomen mit religiöser Inbrunst und unter Anwendung derselben jämmerlich gescheiterten Rezepte den Boden für die nächste Katastrophe. In ihrem Buch listen George und Sabelli die Voraussagen auf, die die Weltbank bezüglich ihrer Projekte gemacht hat, und vergleichen sie mit ihrer tatsächlichen Leistung – mit dem Ergebnis, dass die Weltbank im Namen einer fiktiven Entwicklungsutopie die Armen ärmer gemacht und traditionelle, lebensfähige Wirtschaftssysteme zerstört hat.

Natürlich kann man sich nur wundern, wie überhaupt noch irgendein ehrlicher Wirtschaftswissenschaftler, selbst wenn er von Milton Friedman persönlich ausgebildet wurde und von wirtschaftswissenschaftlichem Fanatismus geblendet ist, glauben kann, dass die Strukturanpassungskredite der Weltbank für die Bevölkerung der betroffenen Länder gut sein könnten. Diese Kredite werden nur an Länder vergeben, die bereit sind, ihr Wirtschafts- und Sozialsystem zu demontieren und es nach der aufgezwungenen Ideologie des Freihandels und der freien Marktwirtschaft neu aufzubauen.

Walden Bello nennt in seinem ersten Beitrag einige der üblichen Bedingungen, die Länder im Rahmen eines Strukturanpassungsprogramms erfüllen müssen:

1. Den Abbau von Schutzzöllen, der eine direkte Bedrohung für die heimische Industrie darstellt.
2. Die Abschaffung von Vorschriften zur Kontrolle von Auslandsinvestitionen, eine Einladung an das Ausland, die heimische Industrie aufzukaufen.
3. Die Umwandlung einer von kleinen Selbstversorgern und hoher Produktvielfalt geprägten Landwirtschaft in eine von Konzernen betriebene, durch Monokulturen gekennzeichnete, exportorientierte Landwirtschaft, was die Nahrungsmittelversorgung der einheimischen Bevölkerung erschwert.
4. Die Aufhebung von Preiskontrollen bei gleichzeitiger Einführung von Lohnkontrollen.
5. Den drastischen Abbau staatlicher Leistungen im Gesundheitswesen.
6. Die aggressive Privatisierung von Staatsbetrieben, wodurch frühere staatliche Leistungen für die Armen unerschwinglich werden.
7. Den Verzicht auf populäre Programme zur Importverminderung, die die einheimische Bevölkerung zur Selbstversorgung mit Nahrungsmitteln und anderen wichtigen Produkten anregten.

Normale Logik führt zu dem Schluss, dass solche Bedingungen die Lebensfähigkeit eines Landes beeinträchtigen müssen, und genau diese Folge hatten sie auch. Viele Länder, die sich solchen Eingriffen unterwarfen und inzwischen auch der WTO beigetreten sind (die ähnliche Regeln hat), mussten erleben, wie ihre heimische Wirtschaft zerfiel und ausländische Konzerne sowohl die Kontrolle über ihre Volkswirtschaft als auch über ihre Regierung übernahmen.

Warum unterwarfen sich die betroffenen Länder der Strukturanpassung? Häufig weniger deshalb, weil sie überzeugt waren, als weil sie gezwungen wurden.

Wie David Korten im Kapitel über die Mängel des Systems von Bretton Woods aufzeigt, reichen die Wurzeln dieses Trends bis zu der berüchtigten Konferenz von Bretton Woods nach dem Zweiten Weltkrieg zurück (Kapitel 2). Ein weiterer äußerst wichtiger Zeitpunkt war das Jahr 1968, als Robert McNamara Präsident der Weltbank wurde. Beschämt über seine miserable Leistung als US-amerikanischer Verteidigungsminister bei der Führung des Vietnamkriegs und (laut seinem apologetischen Buch *Vietnam: das Trauma einer Weltmacht,* 1996) nicht sonderlich zufrieden mit sich selbst, meinte er durch die Rettung der Armen als Präsident der Weltbank seine Seele retten zu können. Allerdings ging er mit dem quantifizierenden Blick eines Industriemanagers an seine Aufgabe heran, der übersieht, was die Menschen wirklich brauchen, um »gerettet« zu werden – und mit der Arroganz eines wahren Gläubigen. »Bis heute«, schreibt er in seinem Buch, »ist die Quantifizierung für mich eine Sprache, die dem Nachdenken über die Welt Präzision verleiht. Ich habe immer daran geglaubt, dass an einer Entscheidung, je wichtiger sie ist, umso weniger Menschen beteiligt werden sollten.« Im Vertrauen auf seine Zahlen setzte McNamara die Entwicklungsländer unter Druck, damit sie sich den Konditionen für die Kredite der Weltbank unterwarfen und ihre traditionellen Wirtschaftssysteme auf maximale wirtschaftliche Spezialisierung und Welthandel trimmten. Diejenigen Länder, die sich dem Globalisierungsprogramm nicht anschlossen, blieben einfach auf der Strecke.

McNamara machte gewaltigen Druck, und die meisten Regierungen hatten das Gefühl, keine Wahl zu haben. Nun waren es nicht mehr Dörfer, die McNamara »zerstörte, um sie zu retten« (wie in Vietnam), sondern ganze Wirtschaftssysteme. Die Länder, die ihm damals folgten, sind mit verschlammten Riesenstauseen, nutzlos dahinbröckelnden Straßen nach Nirgendwo, leeren Bürohochhäusern, verwüsteten Wäldern und Feldern, unzufriedenen Einwohnern und einem riesigen, unbezahlbaren Schuldenberg bei den Banken der Industrieländer gesegnet, der von McNamara bis heute stets das Hauptvermächtnis der Weltbank darstellte. Was immer McNamara in Vietnam an Zerstörung verursachte, als Präsident der Weltbank hat er mehr Schaden angerichtet. Vielleicht wird er sich bald auch noch für diese Rolle entschuldigen.

Natürlich gibt es auch bestimmte Institutionen, denen die wirtschaftliche Globalisierung nützt. Tony Clarke identifiziert sie im Kapitel »Herrschaftsmechanismen von Unternehmen« (Kapitel 5). Die historisch beispiellose Größe der Weltkonzerne und das Ausmaß, in dem sie heute ihre wirtschaftliche Macht konsolidieren können, wird gleich in den ersten Zeilen von Clarkes Kapitel deutlich. »500 Unternehmen kontrollieren 70 Prozent des weltweiten Handels«, heißt es da, »und gerade einmal einem Prozent der transnationalen Konzerne auf unserem Planeten gehört die Hälfte sämtlicher Direktinvestitionen im Ausland.« Schlimmer noch, die neuen Handelsabkommen werden die Unternehmenskonzentration noch beschleunigen und die Macht der Konzerne im Vergleich zu der der Nationalstaaten noch weiter vergrößern. Tatsächlich ist dies einer der Hauptzwecke des »freien« Handels.

Einer der Faktoren, die diesen Konzentrationsprozess ermöglichen, sind die neuen Kommunikationstechnologien: das Satellitenfernsehen und der weltweite Siegeszug des Computers. Die Vernetzung durch Computer und Satelliten ist praktisch zum Nervensystem aller weltweit operierenden Konzerne geworden, mit dem sie ihre weit verstreuten Tätigkeiten synchronisieren. Inzwischen versetzt die Globalisierung von Fernsehen und Werbung die Großunternehmen in die Lage, ihre ideologische Reichweite noch weiter auszudehnen und idealisierte Bilder einer glücklichen Konsumwelt des Westens selbst an Orte zu übertragen, wo es bis vor kurzem nicht einmal Straßen gab. Richard Barnet und John Cavanagh vertiefen dieses Thema im

Kapitel über die globale Homogenisierung der Kultur (Kapitel 15).

Ein konkretes Beispiel vom Verhalten eines Konzerns liefert Brian Tokar in seinem Kapitel über Monsanto und dessen sozial und ökologisch verheerende Politik.

Die Rückkehr zu den lokalen Wurzeln

Der letzte Teil des Buches ist der Frage gewidmet, die bei den behandelten Problemen stets die schwierigste ist: »Wenn wir so nicht weitermachen können, wie dann?« Die Antwort ist vielleicht ganz einfach. Da die Richtung, in der wir uns bewegen, garantiert in den Untergang führt, sollten wir vielleicht einfach anhalten und die Richtung wechseln. Wer mit dem Auto auf einen Abgrund zusteuert, muss auch zunächst einmal anhalten und wenden, dann kann er auf der Karte nach einem neuen Weg suchen.

Es ist von zentraler Wichtigkeit zu erkennen, dass der Kurs, auf dem wir uns befinden, nicht wirklich von »uns« Staatsbürgern gewählt wurde. Der demokratische Prozess wurde ganz offen umgangen, um die Instrumente der Globalisierung zu schaffen. Bei diesem antidemokratischen Durchmarsch verhielten sich die westlichen »Demokratien« keineswegs besser als alle anderen Staaten, ja, tatsächlich verhielten sie sich sogar viel schlimmer. Da die Globalisierung ihre Idee war, nutzten sie ihre wirtschaftliche und militärische Macht, um kleinere, widerspenstige Staaten zum Mitmachen zu zwingen. Die wirtschaftliche Globalisierung ist weder ein demokratischer Prozess noch ist sie ein unvermeidlicher, »evolutionärer« Prozess oder eine Naturgewalt, wie ihre Befürworter behaupten. Vielmehr ist sie schlicht ein von Menschen konzipiertes Projekt, ein wirtschaftliches Experiment, das den Institutionen nutzen soll, die es vorantreiben. Es wird den Unternehmen als Lösung für die wachsenden Probleme der unternehmerischen und politischen Elite verkauft. Doch es ist die falsche Lösung, und es liegt nicht im Interesse des Planeten und seiner Bewohner, sie weiter zu verfolgen. Auch wenn es für die Mehrheit der Menschen in den Industrieländern immer noch schwer zu akzeptieren ist: Eine bessere Lösung als die wirtschaftliche Globalisierung ist die Wiederbelebung kleinerer, lokaler, diversifizierter und mindestens teilweise autarker Wirtschaftssysteme.

Man sollte auch nicht vergessen, dass der größte Teil der Welt bis vor kurzem noch nicht den Weg der Globalisierung eingeschlagen hatte und dies auch nicht wollte. Selbst heute noch hält eine Mehrheit der Weltbevölkerung an relativ traditionellen Wirtschaftssystemen fest. Viele dieser Menschen sind nicht »arm«, und ein hoher Prozentsatz der Armen ist erst durch die Freihandelspolitik arm geworden, die in diesem Buch kritisiert wird.

Viele nicht industrialisierte Länder haben nie wirklich daran geglaubt, dass eine Zerstörung ihrer lokalen Wirtschaftssysteme irgendwie ihren Lebensstandard verbessern könnte. In diesem Zusammenhang möchte ich zitieren, was Martin Khor, Direktor des malaysischen »Third World Network«, in New York auf einer Vorbereitungssitzung für die Umweltkonferenz von Rio de Janeiro sagte. Er wurde gefragt, warum er sich so heftig gegen die großen Handelsabkommen wende. Ob er denn nicht fürchte, dass die Entwicklungsländer ohne eine erweiterte Produktions- und Konsumbasis nie in den Genuss des westlichen Lebensstandards kämen. Seine Antwort, die ich hier sinngemäß wiedergebe, lautete:

Ich glaube, es ist genau andersherum. Nicht die Malaysier oder andere Völker der Dritten Welt sind am stärksten von einer expandierenden Wirtschaft abhängig, sondern ihr in der ersten Welt. In eurer Welt habt ihr den Kontakt zum Land verloren, und ihr wisst nicht, wie ihr ohne Luxus zurechtkommen sollt. Uns dagegen geht es vielleicht sogar besser, wenn das Welthandelssystem zusammenbricht. Wir haben den Kontakt zum Land nie verloren: Wir können Nahrungsmittel für unsere Gemeinschaften anbauen, wir können unsere eigene Kleidung herstellen, und wir können die ziemlich einfachen Technologien selbst entwickeln, die wir benötigen. Auf diese Weise haben die meisten von uns bis vor kurzem gelebt. Wir hätten nichts dagegen, wenn wir einige der neuen Technologien bekämen, die ihr anzubieten habt, und manche Arten von Handel sind sehr nützlich. Aber wenn die Kolonialmächte im Westen

und die transnationalen Konzerne uns einfach in Ruhe lassen
würden, wenn sie aufhören würden, unsere Ressourcen und
unseren Boden auszubeuten, damit wir selbst sie wieder nut-
zen könnten, dann könnten wir wahrscheinlich ganz gut über-
leben. Was aber würdet ihr tun?

Auf jeden Fall wird es letztlich gar keinen anderen Weg geben. Die globalisierte Wirtschaft kann nicht so gestaltet werden, dass sie allen nutzt. Sie ist nicht nachhaltig. Niemand kann ernsthaft bestreiten, dass ihre fundamentalen Grundlagen – exponentielles wirtschaftliches Wachstum; Volkswirtschaften, die für den Export produzieren statt zur Deckung lokaler Bedürfnisse; und die ständig fortschreitende Akkumulation von Wirtschaftsgütern – nur noch für einen sehr kurzen Zeitraum aufrechterhalten werden können.

Wie aber sollen wir die Richtung wechseln? Die kanadische Journalistin Naomi Klein beschreibt in ihrem Beitrag (Kapitel 23) einige der Schwierigkeiten, mit denen die internationale Protestbewegung jetzt zu kämpfen hat, obwohl sie in den zwei Jahren zwischen Seattle und Genua Hunderttausende, ja Millionen neue Mitglieder gewonnen hat. Dabei sind einige neue, zahlenmäßig schwache Gruppen zu der Bewegung gestoßen, die bisweilen ein aggressives und gewalttätiges Verhalten zeigen, auf das die Polizei mit noch größerer Aggressivität reagiert. Trotzdem wird die Bewegung der Globalisierungskritiker weiter wachsen, weil ihr Thema – die von der Globalisierung verursachten sozialen und ökologischen Schäden – nicht an Aktualität verlieren wird. Es besteht die Hoffnung, dass die Bewegung auch weiterhin von Tausenden aktivistischer Organisationen getragen werden wird – von Umweltschützern, Menschenrechtsgruppen, Gewerkschaften, kleinen Unternehmen, Verbraucherschutzgruppen, Bauern und den Vertretern neuer wirtschaftspolitischer Ansätze, wie sie in diesem Buch vorgestellt werden. Wir können hier nicht die Kampagnen und Ideen schildern, die diese vielfältige Bewegung hervorbringt und noch hervorbringen wird. Stattdessen stellen wir einige Ideen über die Lebensfähigkeit relativ kleiner, lokalisierter, diversifizierter Wirtschaftssysteme vor, die sich nicht nach außen hin abriegeln, aber auch nicht von äußeren Kräften beherrschen lassen. Dabei macht Helena Norberg-Hodge mit einer interessanten und ausführlichen Liste konkreter Ideen und Vorschläge den Anfang, die für die Übergangsperiode des Abbaus globaler Wirtschaftsstrukturen geeignet sind (Kapitel 24).

Danach setzen sich Colin Hines und Tim Lang offensiv mit der These der Globalisierer auseinander, dass die Befürwortung der »Lokalisierung« eine Art Protektionismus sei – ein Begriff, der im Zeitalter des Freihandels eine extrem negative Bedeutung bekommen hat (Kapitel 25). Hines und Lang befürworten in der Tat einen neuen Protektionismus, der davon ausgeht, dass die Bürger aller Gemeinden und Länder ein natürliches Recht haben, sich für lokale Lösungen, lokale Entwicklung und den Schutz ihrer lokalen Ressourcen, Arbeitskräfte und Ökosysteme einzusetzen. Der Welthandel sollte vor allem dann eine wirtschaftliche Option sein, wenn sich die lokalen Bedürfnisse unter den lokalen Verhältnissen nur schwer decken lassen; das ist der sozial und ökologisch viel nachhaltigere Ansatz. Hermann Scheer weist in seinem Beitrag auf die drei systemimmanenten Grenzen der Globalisierung und auf mögliche Alternativen hin (Kapitel 26).

Die Kapitel im letzten Teil dieses Buches sind vielleicht noch keine klare Kursbeschreibung für den Aufbruch zu neuen Ufern, aber wie Edward Goldsmith im Schlusskapitel schreibt, ist es völlig klar, dass der Trend zu mehr Lokalisierung gehen muss. Nur mit dieser Strategie wird Nachhaltigkeit möglich. Der Pfad, auf dem wir uns heute noch befinden, ist auf die Dauer nicht gangbar: Er kann nur in die Katastrophe führen. Trotzdem erscheint ein Richtungswechsel vielen Menschen als völlig utopisch. Mein Mitherausgeber und ich sind uns jedoch sicher, dass der Vorwurf des Utopismus ungerechtfertigt ist. Wirklich utopisch und vielleicht obsessiv ist die Behauptung, dass die völlig verfehlte globale Wirtschaft, die wir heute schaffen – ein Wirtschaftssystem, das natürliche Grenzen verletzt und in dem wirtschaftliche und soziale Gerechtigkeit keine Rolle spielen –, lange überleben könnte.

Hinweis zur deutschen Ausgabe:

Den Kapiteln dieses Buches liegen zum großen Teil englisch-sprachige Originalbeiträge aus den Jahren 1997 bis 2001 zugrunde, die nur an einigen Stellen für die deutsche Ausgabe aktualisiert wurden. Sie geben also nicht in jedem Fall den aktuellen Stand der Entwicklung wieder. Die deutsche Ausgabe wurde um einige aktuelle Beiträge ergänzt (Kapitel 9, 19, 22, 23 und 26).

Teil I
Triebkräfte der Globalisierung

Kapitel 1

Entwicklung als Kolonialismus

Edward Goldsmith

Edward Goldsmith ist Gründer der Zeitschrift *The Ecologist* (die seit 1969 erscheint) und Autor sowie Koautor zahlreicher Bücher, darunter *Der Weg – ein ökologisches Manifest* (1996). Er hat an der Michigan University in Ann Arbor und an der University of Illinois in Springfield gelehrt. 1984 wurde er in Stockholm mit dem Alternativen Nobelpreis ausgezeichnet, und er gehört dem Vorstand des »International Forum on Globalization« (IFG) an.

Üblicherweise wird der Gedanke der »Entwicklung« der ärmeren Länder auf eine Äußerung des amerikanischen Präsidenten Harry Truman aus dem Jahr 1949 zurückgeführt. Damals lenkte er in seiner Antrittsrede vor dem Kongress die Aufmerksamkeit seiner Zuhörer auf die Lebensbedingungen in den ärmeren Ländern und sprach dabei zum ersten Mal von »unterentwickelten Gebieten«. Es mag sein, dass Truman den Gedanken der Entwicklung neu formuliert hat, aber es ist auf jeden Fall ein alter Gedanke, und er leitet die Länder der in Entwicklung begriffenen Welt einen ausgetretenen Pfad entlang. Oder wie es François Partant, der französische Bankier, der zu einem der schärfsten Kritiker der Globalisierung wurde, formuliert hat:

Die entwickelten Länder haben eine neue Mission entdeckt – der Dritten Welt zu helfen, dass sie auf dem Weg der Entwicklung vorankommt ... aber es ist derselbe Weg, den der Westen seit einigen Jahrhunderten der ganzen übrigen Menschheit gewiesen hat (Partant, 1982).

Die These dieses Beitrags lautet, dass Partant Recht hat. *Entwicklung* ist nur ein neues Wort für das, was die Marxisten *Imperialismus* nannten und was wir grob als Kolonialismus bezeichnen können – mit einem vertrauteren und weniger ideologisch besetzten Begriff.

Ein kurzer Blick auf die heutige Lage in den Entwicklungsländern zeigt ganz klar die beunruhigende Kontinuität zwischen der Kolonialära und der Ära der Entwicklung. Die Regierungen der unabhängig gewordenen Länder haben keinen Versuch unternommen, ihre Grenzen neu abzustecken. Und es wurde kein Versuch gemacht, zu präkolonialen Kulturmustern zurückzukehren. Beim Kernproblem des Landbesitzes blieb es ebenfalls bei kolonialen Mustern. Wie Randall Baker feststellt: »Im Kern ist es eine Geschichte der Kontinuität« (Baker, 1984). Und die Bauern, die, wie Erich Jacoby schreibt, »den Kampf für nationale Unabhängigkeit mit dem Kampf um Land gleichsetzten«, bekamen ihr Land nie zurück. »Die nationale Unabhängigkeit führte nur dazu, dass eine neue Sorte von Kolonialherren das Land übernahm« (Jacoby, 1961).

Gleiche Ziele

Wenn sich hinter den Bezeichnungen Entwicklung und Kolonialismus (zumindest in dessen letzter Phase seit den Siebzigerjahren des 19. Jahrhunderts) der gleiche Prozess verbirgt, dann steuern beide auch auf das gleiche Ziel zu. Dieses Ziel wurde von seinen wichtigsten Verfechtern explizit benannt. Cecil Rhodes beispielsweise – der bekannteste britische Vertreter der Kolonialidee in den Neunzigerjahren des 19. Jahrhunderts – erklärte:

Wir müssen neue Länder finden, aus denen wir leicht Rohstoffe gewinnen und wo wir zugleich von der billigen Sklavenarbeit profitieren können, die die Eingeborenen der Kolonien leisten. Die Kolonien können auch ein Abladeplatz für die Überschussproduktion unserer Fabriken sein.

Ähnliche Gedanken formulierten Ende des 19. Jahrhunderts auch Lord Lugard, der englische Gouverneur von Nigeria, und der ehemalige französische Präsident Jules Ferry.

Aber viele Länder in Asien und anderswo wollten den westlichen Mächten einfach nicht den geforderten Zugang zu ihren Märkten sowie zu den billigen Arbeitskräften und den Rohstoffen gewähren. Und sie wollten auch keinen Unternehmen gestatten, dass sie von ihrem Gebiet aus operierten und große Entwicklungsprojekte in Angriff nahmen, etwa Straßen bauten und Bodenschätze abbauten.

In Asien mussten einige wenige Staaten schließlich unter Druck den westlichen Forderungen nachgeben. So unterzeichnete Siam 1855 einen Vertrag mit Großbritannien, Annam 1862 mit Frankreich. Doch China war nicht interessiert und erklärte sich erst nach zwei Kriegen bereit, seine Häfen für britische und französische Handelsschiffe zu öffnen. Auch Japan sträubte sich, und nur die Drohung mit Beschuss von amerikanischen Schiffen brachte es dazu, seine Häfen für den Westen zu öffnen.

Im Jahr 1880 hatten die europäischen Mächte Zugang zu den Märkten der meisten Länder entlang der asiatischen Küste. Für ihre dort lebenden Staatsbürger hatten sie Sonderbedingungen ausgehandelt wie eine größere Bewegungsfreiheit innerhalb der Länder sowie das Recht, Eisenbahnen zu bauen und Unternehmen zu gründen.

Doch genau wie heute erforderten die Handelsinteressen noch weitere Zugeständnisse, die oft auch erreicht wurden, etwa dass für europäische Unternehmen besonders günstige Bedingungen galten. So hat Harry Magdoff festgestellt, dass westliche Unternehmen in China weitestgehend »von chinesischen Gesetzen und Steuern unbehelligt blieben. Ausländische Siedlungen hatten eigene Polizeikräfte und Steuersysteme und verwalteten ihre Angelegenheiten selbst, unabhängig vom nominell souveränen China« – eine Situation ganz ähnlich der, die wir heute in den Freihandelszonen der Entwicklungsländer vorfinden.

Zur selben Zeit wurde mit militärischen Mitteln die Legalisierung des Opiumhandels durchgesetzt, den man der chinesischen Regierung aufgezwungen hatte, es wurden die Zölle ge-

senkt, ausländische Kanonenboote patrouillierten auf den chinesischen Flüssen, und Ausländer wurden bei den Steuerbehörden eingeschleust, um sicherzustellen, dass China auch tatsächlich die Abgaben leistete, die aus einer Reihe von Verträgen resultierten (Magdoff, 1978).

In Ägypten gelang es Großbritannien und Frankreich, sogar noch günstigere Bedingungen für ihre Handelsunternehmen zu erreichen. Sie zwangen dem Osmanensultan die berüchtigten »Kapitulationen« auf, die alle erdenklichen Zugeständnisse an Ausländer beinhalteten, die in seinem Reich tätig wurden. So konnten sie Güter nach Ägypten importieren zu Preisen, die ihnen angemessen erschienen, sie waren weitgehend von Abgaben freigestellt und bildeten eine machtvolle Lobby, die ihre wirtschaftlichen Interessen wirkungsvoll verteidigte und darauf achtete, dass die Zinsen auf die ägyptischen Staatsanleihen, die mehrheitlich in ihrem Besitz waren, regelmäßig gezahlt wurden. Zu formalen Annexionen in den nicht industrialisierten Ländern griffen die westlichen Länder in der Regel nur, wenn die gewünschten Bedingungen nicht mehr durchzusetzen waren, meist nach dem Machtantritt von neuen nationalistischen oder Volksregierungen. Wie D. K. Fieldhouse es formuliert hat: »Die Kolonialherrschaft war nicht bevorzugtes, sondern letztes Mittel« (Fieldhouse, 1984).

D. C. Platt, der sich ebenfalls mit dem Kolonialismus des 19. Jahrhunderts beschäftigt hat, ergänzt noch, die Kolonialherrschaft sei nötig gewesen, »um einen rechtlichen Rahmen zu schaffen, damit die kapitalistischen Wirtschaftsbeziehungen funktionieren konnten«. Dass Ende des 19. Jahrhunderts in Lateinamerika keine neuen Kolonien mehr gegründet wurden, erkläre sich hauptsächlich daraus, dass eine Rechtsordnung, »die ausreichend stabil war, um die Kontinuität des Handels zu gewährleisten, bereits existierte«. Anders verhielt es sich in Afrika. Dort konnten die erforderlichen Bedingungen nur durch die Etablierung kolonialer Herrschaftsverhältnisse geschaffen werden (Platt, 1976).

Im Laufe der Zeit zerfielen die traditionellen Gesellschaftsstrukturen infolge der Kolonialherrschaft und der Ausbreitung westlicher Werte immer mehr, die Subsistenzwirtschaft wurde von der Marktwirtschaft abgelöst, und die explosionsartig anwachsende städtische Bevölkerung geriet in immer tiefere Abhängigkeit. Damit wurde es für die westlichen Länder leichter, die optimalen Bedingungen für den Zugang und Handel in den Entwicklungsländern zu erhalten. Fieldhouse konstatiert für die Mitte des 20. Jahrhunderts:

Europäische Händler und Investoren konnten zu ihrer Zufriedenheit innerhalb des politischen Rahmens agieren, den die meisten entsprechend umgestalteten Staaten geschaffen hatten, in einer Weise, wie es ihre Vorgänger ein Jahrhundert zuvor gerne gehabt hätten, doch ohne mit den Problemen konfrontiert zu sein, die damals eine formale Herrschaftsausübung unerlässlich gemacht hatten (Fieldhouse, 1984).

Mit anderen Worten: Die formale Kolonialherrschaft endete nicht deshalb, weil die Kolonialmächte beschlossen hatten, auf die damit verbundenen wirtschaftlichen Vorteile zu verzichten, sondern weil die gleichen Vorteile nun, unter neuen Bedingungen, durch politisch eher akzeptable und wirksamere Methoden erreicht werden konnten.

Die »gleiche Ebene«

Dies wussten vermutlich auch die Experten für internationale Politik und die Leiter der großen Unternehmen, als sie 1939 unter der Ägide des US-amerikanischen »Council on Foreign Relations« (CFR) in Washington, DC zusammenkamen, um darüber zu diskutieren, wie die Weltwirtschaft in der Zeit nach dem (gerade begonnenen) Krieg und nach dem Ende der Kolonialherrschaft im Hinblick auf die Handelsinteressen der Vereinigten Staaten am besten zu gestalten sei.

Im Jahr 1941 formulierte der CFR das Konzept einer *Grand Area*, eines »großen Bereichs«: des Bereichs der Welt, den die USA »wirtschaftlich und militärisch beherrschen« müssten, um ihre Ziele durchsetzen zu können. Dazu gehörten der größte Teil der westlichen Hemisphäre, das, was vom britischen Empire noch übrig geblieben war, Niederländisch-Ostindien, China und Japan –, und wenn es die Umstände erlaubten, sollte dieser Bereich noch erweitert werden.

Das US-Außenministerium dachte in einer ähnlichen Richtung und schuf einen eigenen Beratungsausschuss für außenpolitische Fragen der Nachkriegszeit (»Advisory Committee on Post War Foreign Policy«). Wie der CFR, mit dem der Ausschuss in engem Kontakt stand, verfolgte er die Idee, ein großes Wirtschaftsreich zu schaffen, das den amerikanischen Unternehmen die Exportmärkte bieten würde, die sie brauchten, und das eine Quelle für billige Rohstoffe wäre. Wirtschaftliche Entwicklung war das Mittel, um dieses Ziel zu erreichen, und der Weg dorthin führte über die Propagierung des Freihandels.

Freihandel, so hieß es, beinhalte Wettbewerb »auf gleicher Ebene«, und das erschien denkbar fair. Doch wenn Starke und Schwache auf gleicher Ebene miteinander konkurrieren, steht der Ausgang von vornherein fest. Und genauso war es dann auch auf der Konferenz von Bretton Woods 1944, als die Alliierten die Weltbank und den Internationalen Währungsfonds gründeten. (Das GATT wurde vier Jahre später geschaffen.) Zur Zeit dieser Konferenz, in der Endphase des Zweiten Weltkriegs, herrschten die Vereinigten Staaten uneingeschränkt auf der politischen und ökonomischen Bühne der Welt. Die europäischen Industriemächte lagen nach dem Krieg am Boden, ihre Volkswirtschaften waren zerstört, und Japan war erobert und gedemütigt worden.

Wir dürfen dabei nicht vergessen, dass ein Jahrhundert zuvor Großbritannien der übrigen Welt den Freihandel gepredigt hatte, und zwar aus den gleichen Gründen. Seinerzeit hatte Großbritannien die Weltwirtschaft beherrscht. Ein Drittel der Landfläche des Globus stand damals unter direkter britischer Herrschaft, die britische Marine kontrollierte die Weltmeere, aber nicht genug damit: Die Londoner City war das Finanzzentrum der Welt und in der Lage, die Expansion der Industrie zu finanzieren, die der Freihandel herbeiführen sollte. Abgesehen davon entfielen bereits zwei Drittel der weltweiten Kohleproduktion auf Großbritannien, etwa die Hälfte der Eisenproduktion, fünf Siebtel der Stahlproduktion, die Hälfte der industriellen Baumwollverarbeitung, 40 Prozent (wertmäßig) der dabei eingesetzten Maschinen und etwas weniger als ein Drittel der Hersteller

(Hobsbawm, 1986). Arbeit war in Großbritannien billig und Arbeitskräfte standen reichlich zur Verfügung. Die Bevölkerung hatte sich seit Beginn der Industriellen Revolution mehr als verdreifacht und konzentrierte sich in den Städten, zugleich gab es kaum Regelungen, die die Rechte der Arbeiter geschützt hätten.

Diese Bedingungen sicherten Großbritannien einen enormen Vorsprung im »Wettbewerb« mit seinen Konkurrenten, und der Freihandel war eindeutig die richtige Strategie zur Erreichung der wirtschaftlichen Ziele. George Lichtheim, ein weiterer bekannter Experte für den Imperialismus, hat es so formuliert:

Ein Land, dessen Produktionsstätten ihre Waren billiger anbieten konnten als die der Konkurrenten, war in einer günstigen Position, um für die allgemeine Durchsetzung des Freihandels zu werben, und genau dies tat es – zum Nachteil derjenigen seiner Rivalen, die nicht klug oder nicht mächtig genug waren, um schützende Barrieren aufzurichten, hinter denen sie ihre eigene Industrialisierung nach dem für sie angemessenen Tempo vorantreiben konnten (Lichtheim, 1971).

In der Folge gelang es Großbritannien, zwischen 1860 und 1873 Strukturen aufzubauen, die weithin dem entsprechen, was Hobsbawm als ein »allumfassendes Weltsystem eines praktisch uneingeschränkten Flusses von Kapital, Arbeitskraft und Gütern« bezeichnet hat, auch wenn diese Strukturen noch weit von der Größenordnung entfernt waren, die heute mit der Unterzeichnung des Abkommens der Uruguay-Runde des GATT erreicht wurde. Nur die Vereinigten Staaten blieben konsequent bei ihrer protektionistischen Haltung, auch wenn sie zwischen 1832 und 1860 sowie nach dem Bürgerkrieg, zwischen 1861 und 1865, ihre Einfuhrzölle senkten.

In den Siebzigerjahren des 19. Jahrhunderts hatte Großbritannien seinen Wettbewerbsvorsprung eingebüßt. Zum Teil als Folge davon gingen die britischen Exporte zwischen 1873 und 1890 und dann noch einmal am Ende des Jahrhunderts beträchtlich zurück. Zur selben Zeit, zwischen den Siebziger- und den Neunzigerjahren, litt das Land unter langen Phasen der wirtschaftlichen Depression, die ebenfalls den Glauben an den

Freihandel erschütterten. In den meisten europäischen Ländern wurden die Zölle angehoben, vor allem in den Neunzigerjahren, doch nicht in Belgien, den Niederlanden und Großbritannien. Die Unternehmen stellten fest, dass ihre vorhandenen Märkte dadurch schrumpften, und schauten sich in Übersee nach neuen Märkten um, in Afrika, Asien, Lateinamerika und im pazifischen Raum. Dank der Entwicklung schnellerer und größerer Dampfschiffe waren diese Regionen näher gerückt. Fieldhouse beschreibt das gängige Vorgehen so: Wenn der Freihandel nicht funktionierte, wurden die Länder übernommen, in denen man Güter mit Gewinn absetzen konnte, ohne dass man die Konkurrenz effizienterer europäischer Länder fürchten musste (Fieldhouse, 1984). Es folgte ein regelrechtes Gerangel um Kolonien. 1878 hatten sich die Europäer 67 Prozent der Landmasse auf dem Globus als Kolonien angeeignet, 1914 waren es sogar 84,4 Prozent.

Die Einsetzung eingeborener Eliten

Das wirksamste Mittel zur Kolonialisierung der Entwicklungsländer bestand zweifelsohne darin, eine verwestlichte Elite zu etablieren, die auf Gedeih und Verderb mit der wirtschaftlichen Entwicklung verbunden und darum bereit war, die Entwicklung ohne Rücksicht auf die negativen Auswirkungen auf die große Mehrheit ihrer Landsleute voranzutreiben. Dieses Ziel ist mittlerweile voll und ganz erreicht, und aus diesem Grund stehen, wie François Partant schreibt, die Interessen der Regierungen in den Entwicklungsländern heute »in diametralem Gegensatz zu denen der breiten Masse der Menschen«. Die Eliten in den Entwicklungsländern sind in der Tat die Stellvertreter des Westens in den Ländern, die der Westen beherrscht, und spielen weitgehend die gleiche Rolle wie die Vertreter der Kolonialverwaltungen, die sie abgelöst haben.

Dass solche Eliten etabliert werden mussten, war den westlichen Mächten während der Kolonialzeit natürlich sehr genau bewusst. In den Debatten, die in britischen politischen Kreisen nach der »Indian Mutiny«, dem Aufstand von Truppenteilen und entmachteter Oberschicht in Indien 1857, geführt wurden, lautete die Hauptfrage, ob es gelingen würde, eine englisch orientierte, die britischen Handelsinteressen fördernde Elite rechtzeitig genug zu schaffen, dass weitere Aufstände vermieden werden könnten. Sollte dies nicht gelingen, so war die allgemeine Auffassung, müsste die formale Besetzung auf unabsehbare Zeit bestehen bleiben (Danaher et al., 1988).

Natürlich musste die Elite mit den notwendigen Mitteln ausgerüstet werden, um der Bevölkerung die wirtschaftliche Entwicklung aufzwingen zu können, denn dieser Weg würde unvermeidlich zur Enteignung und Verarmung sehr breiter Bevölkerungsschichten führen. Heute ist dies einer der zentralen Punkte bei unseren so genannten Hilfsprogrammen: Rund zwei Drittel der amerikanischen Entwicklungshilfe erfolgen in Form von »Sicherheitsbeistand«. Dazu gehören militärische Ausbildung, Waffen und direkte Zahlungen an Regierungen, von denen man annimmt, dass sie amerikanische Interessen verteidigen.

Selbst die von den Vereinigten Staaten geleistete Nahrungsmittelhilfe erfolgt unter dem Gesichtspunkt der eigenen Sicherheit. Amerikanische Politiker haben offen eingeräumt, dass Nahrung eine politische Waffe ist. So hat der ehemalige Vizepräsident Hubert Humphrey einmal gesagt:

Wenn Sie nach einem Weg suchen, wie Sie erreichen, dass Menschen sich auf Sie stützen und von Ihnen abhängig werden in dem Sinne, dass sie mit Ihnen kooperieren, dann denke ich, dass Nahrungsmittelhilfe einfach großartig dafür geeignet ist.

Die meisten Regierungen, die »Sicherheitsbeistand« erhalten haben, waren und sind Militärdiktaturen wie Nicaragua, Chile, Argentinien, Uruguay und Peru in den Sechziger- und Siebzigerjahren. Die Länder wurden nicht von außen bedroht; die Sicherheitshilfe brauchten sie nicht, um sich gegen fremde Invasoren zu verteidigen, sondern um Menschen auf den Weg der Entwicklung zu zwingen, die durch die bisherige Entwicklung bereits verarmt waren und für die Entwicklung nur weitere Verarmung bedeuten konnte.

Umstürze inszenieren

Natürlich zögerten die westlichen Länder nicht, alle ihnen zur Verfügung stehenden Mittel anzuwenden, um eine ihren wirtschaftlichen Interessen nicht wohl gesinnte Regierung in einem Entwicklungsland aus dem Amt zu drängen. So zogen die Vereinigten Staaten 1954 beim Sturz der Regierung von Guatemala durch das Militär die Fäden, nachdem Guatemala Bananenplantagen in amerikanischem Besitz nationalisiert hatte. Das Gleiche wiederholte sich mit der Regierung von José Goulart in Brasilien in den Sechzigerjahren. Goulart wollte eine Grenze dafür festsetzen, wie viel Geld ausländische Firmen aus dem Land transferieren durften. Und noch nicht genug damit: Er hatte ein Programm zur Landreform eingeleitet, das unter anderem darauf abzielte, westlichen transnationalen Konzernen die Kontrolle über die Erzvorkommen des Landes zu entziehen. Außerdem hob er die Löhne der Arbeiter an und erhöhte damit unter Missachtung von Anweisungen des IWF die Lohnkosten der Konzerne.

Während der Kolonialzeit entsandten die Kolonialmächte immer wieder Truppen, um kooperative Regime vor Volksaufständen zu schützen. So beteiligten sich Frankreich und Großbritannien an der Niederwerfung der populistischen Tai-Ping-Rebellion in China und später an der Niederwerfung des gegen die Ausländer gerichteten Boxer-Aufstandes. Großbritannien schickte auch dem Khediven Ismail im Konflikt mit einer nationalistischen Revolte in Ägypten Truppen zu Hilfe.

Bis heute schrecken die westlichen Mächte nicht vor solchen Methoden zurück, wenn sie ihre Ziele anders nicht erreichen können. Als 1964 der Diktator von Gabun, Präsident M'ba, in einem Militärputsch abgesetzt zu werden drohte, eilten ihm französische Fallschirmspringer zu Hilfe und brachten die Anführer des Putsches ins Gefängnis, ungeachtet massiver Proteste im Volk. Die französischen Fallschirmjäger blieben danach im Land und schützten M'bas Nachfolger, Präsident Bongo, den nach Einschätzung von Pierre Péan »eine mächtige Gruppe von Franzosen ausgewählt hatte, die auch nach der Unabhängigkeit von Gabun weiter eine wichtige Rolle im Land spielten«. Mit dem Präsidenten schützten sie zugleich die französischen Handelsinteressen. Großbritannien und die Vereinigten Staaten haben in dieser Hinsicht auch niemals Skrupel gezeigt (Colchester, 1993).

Die einheimische Wirtschaft vernichten

Da die Kolonien einen Absatzmarkt für die Produktion der Kolonialstaaten bieten und billige Arbeitskräfte sowie billige Rohstoffe zur Verfügung stellen sollten, konnten sie nicht zugleich einen Markt für die heimische Produktion bieten und Arbeitskräfte sowie Rohstoffe für die heimische Produktion zur Verfügung stellen.

Tatsächlich war den Kolonialmächten daran gelegen, die heimische Wirtschaft der Länder zu vernichten, die sie als Kolonien unterworfen hatten. Ein Delegierter der Französischen Vereinigung für Industrie und Landwirtschaft sprach das im März 1899 explizit aus. Ziel der Kolonialmacht müsse es sein,

von vornherein alle Anzeichen industrieller Entwicklung in unseren Kolonien zu ersticken und Besitzungen in Übersee zu zwingen, dass sie sich bei der Suche nach verarbeiteten Gütern nur an das Mutterland wenden, und sie notfalls mit Gewalt dazu zu bringen, dass sie ihre natürliche Funktion erfüllen, nämlich ein Markt zu sein, der rechtmäßig für die Industrieproduktion des Mutterlandes reserviert ist (zitiert bei Dumont, 1988).

Gängige Praxis war es, alles zu besteuern, was die Menschen in den Kolonien bevorzugt konsumierten. In Vietnam waren das zum Beispiel Salz, Opium und Alkohol. Für jedes Gebiet wurde ein Mindestkonsum festgesetzt, und die Dorfältesten erhielten eine Belohnung, wenn die Quote überschritten wurde. Im Sudan wurden Feldfrüchte, Tiere, Häuser und Haushalte besteuert. Natürlich blieb den Menschen zur Begleichung der Steuern nichts anderes übrig, als in den Minen und auf den Plantagen der Kolonialherren zu arbeiten oder solche Feldfrüchte anzubauen, die sie ihnen verkaufen konnten.

Gleichzeitig wurden alle erdenklichen Anstrengungen unternommen, um das einheimische Handwerk zu zerstören, vor allem in der Textilproduktion. So vernichteten die Briten die Textilindustrie in Indien, die im ganzen Land das Herzstück der dörflichen Wirtschaftsweise war. In Französisch-Westafrika wurden 1905 spezielle Abgaben auf alle Güter erhoben, die nicht aus Frankreich oder einem von Frankreich kontrollierten Gebiet stammten. Dies verteuerte die einheimischen Waren und führte zum Ruin einheimischer Produzenten und Händler.

Einige nahmen an, dass die wirtschaftliche Entwicklung nach dem Zweiten Weltkrieg den ehemaligen Kolonialstaaten helfen würde, ihre heimischen Volkswirtschaften aufzubauen, doch das hätte dem Grundsatz der »Entwicklung« widersprochen. Gleich zu Beginn dieser Entwicklung wurden die Kolonien wieder gezwungen, ihre Produktion auf den Export auszurichten – oder vielmehr auf eine außerordentlich schmale Palette von Exportgütern.

Zucker ist dafür ein typisches Beispiel. Auf Einwirken der Weltbank hin wurden große Gebiete in den Entwicklungsländern in Zuckerplantagen für die Exportproduktion verwandelt, ohne zu prüfen, ob im Ausland ein entsprechender Markt für Zucker vorhanden war. So galten in den Vereinigten Staaten von jeher strikte Quoten für Zuckerimporte, zugleich wurden die Produktion von Getreidesirup und der Einsatz von künstlichen Süßstoffen gefördert, und die Europäische Union subventioniert den Anbau von Zuckerrüben in den Mitgliedsstaaten. Doch weder das eine noch das andere hat die Weltbank daran gehindert, die Entwicklungsländer zur Produktion von immer mehr Zucker für den Export zu ermuntern. Zyniker könnten argumentieren, dass es überhaupt nur darum gegangen sei, denn es war ursprünglich zumindest implizit ein Teil des Auftrags der Weltbank, die Produktion billiger Ressourcen für die westlichen Märkte zu fördern.

Entwicklungsländern, die versuchten, ihre Produktion zu diversifizieren, wurde sofort vorgeworfen, sie betrieben »Importsubstitution« – ein verdammungswürdiges Verbrechen in den Augen der modernen Ökonomen, insbesondere derjenigen, die Einfluss in den Bretton-Woods-Institutionen hatten. Importsubstitution ist genau das, was Entwicklungsländer nicht tun dürfen, wenn sie hoffen wollen, Strukturanpassungskredite

(SAK) zur erhalten. Insofern ist es nicht verwunderlich, dass, wie Walden Bello und Shea Cunningham in ihrem Buch *Dark Victory* schreiben, die Exporte eines Landes steigen, wenn es sich einem solchen Programm unterwirft, aber nicht unbedingt sein BIP steigt, weil unvermeidlich ein Schrumpfen der heimischen Volkswirtschaft damit einhergeht (Bello et al., 1994).

Soweit es Entwicklungsländern trotz allem gelungen ist, eine bescheidene heimische Wirtschaft aufzubauen, haben die Weltbank und der IWF in Kooperation mit Vertretern der amerikanischen Regierung und transnationaler Konzerne sich systematisch bemüht, sie zu zerstören. Walden Bello, David Kinley und Elaine Elinson haben diesen Vorgang am Beispiel der Philippinen in ihrem Buch *Development Debacle: The World Bank in the Philippines* (1990) auf das Anschaulichste erläutert. Grundlage des Buches sind 800 nach und nach bekannt gewordene Weltbank-Dokumente; sie zeigen, wie die Weltbank zusammen mit der CIA und anderen amerikanischen Behörden gezielt darauf hingearbeitet hat, die heimische Volkswirtschaft der Philippinen zu zerstören, um für die transnationalen Konzerne möglichst günstige Bedingungen zu schaffen. In einem ersten Schritt bedeutete dies, die bäuerliche Schicht zu opfern und in ein ländliches Proletariat zu verwandeln. Der Lebensstandard der Arbeiterschicht musste verringert werden, denn es war »Lohnzurückhaltung« erforderlich, wie ein Sprecher der Weltbank es seinerzeit formulierte, um das »Wachstum von Beschäftigung und Investitionen« zu fördern. Zugleich musste aber auch die lokale Mittelschicht zerstört werden, die existenziell von der heimischen Wirtschaft abhing, um Platz zu machen für eine neue, auf den Weltmarkt orientierte Mittelschicht, die von den transnationalen Konzernen und der globalen Ökonomie abhing.

Einen derart drastischen sozialen und wirtschaftlichen Umbau eines bereits teilweise entwickelten Landes konnte eine demokratische Regierung nicht vornehmen. Dies erklärt, warum man sich entschied, dem Diktator Ferdinand Marcos die nötigen finanziellen Mittel für den Aufbau einer Armee zur Verfügung zu stellen, die ein solches Programm gewaltsam durchführen konnte. Oder wie Marcos selbst es formulierte: »Nur ein autoritäres System wird in der Lage sein, die Zustimmung der

Massen zu erreichen und den Druck auszuüben, der nötig ist, um neue Werte, Maßnahmen und Opfer durchzusetzen« (Fieldhouse, 1984). Und genau dies tat er dann. Er verhängte das Kriegsrecht, und die Menschen wurden mit Knüppeln gezwungen, die Umwälzung ihrer Gesellschaft, ihrer Wirtschaft und ihrer natürlichen Umwelt zu ertragen.

Geld leihen

Den willigen Eliten eines nicht industrialisierten Landes viel Geld zu leihen ist mit Abstand die wirksamste Methode, sie zu kontrollieren und auf diesem Weg Zugang zu den Märkten und den natürlichen Ressourcen zu erlangen. Doch damit die Regierung die Kredite zurückzahlen und Zinsen dafür entrichten kann, muss das Geld in Unternehmen investiert werden, die auf dem Weltmarkt konkurrenzfähig sind. Zinsen werden in Devisen gezahlt, in der Regel in US-Dollar. Leider funktioniert das nur in den seltensten Fällen. Zunächst einmal fließen bis zu 20 Prozent des Geldes, manchmal auch sehr viel mehr, als Schmiergeld in die Taschen von Politikern und Beamten. Ein Teil wird für nutzlose Konsumgüter ausgegeben, meistens Luxuswaren für die Elite. Einen großen Teil verschlingen Infrastrukturprojekte, die lange Zeit keinerlei nennenswerten Ertrag bringen, sofern sie überhaupt jemals von Nutzen sind. Und ein noch größerer Teil wird für Waffen ausgegeben, damit die Regierung in der Lage ist, Aufstände der Opfer des Entwicklungsprozesses niederzuwerfen. So geraten die Länder, die sich viel Geld leihen, unvermeidlich in eine Schuldenfalle, aus der sie nicht mehr herauskommen. Statt ihre Ausgaben einzuschränken, nehmen sie immer neue Kredite auf und werden immer mehr von den Gläubigerländern abhängig. Schließlich können die Gläubiger durch den IWF den Schuldnern ihre Kontrolle aufzwingen in Form von so genannten Strukturanpassungsprogrammen (SAP), was praktisch bedeutet, dass sie die Volkswirtschaft eines Landes übernehmen, um die regelmäßige Bedienung der Kredite sicherzustellen. Damit ist das Schuldnerland de facto zu einer Kolonie geworden.

Diese Form der informellen kolonialen Machtausübung ist

keineswegs neu. Sie wurde bereits in der Kolonialzeit praktiziert, etwa Mitte des 19. Jahrhunderts in Tunesien und Ägypten. So erhielt der Bey von Tunis viel Geld für den Aufbau seiner Armee mit dem Hintergedanken, auf diese Weise seine Bindungen zur Türkei zu lockern – keine sonderlich profitable Investition, und natürlich dauerte es nicht lange, bis der Bey die Zinsen nicht mehr bezahlen konnte. Der Großteil des Geldes wurde in Form von Anleihen zur Verfügung gestellt, und die Anleihen wurden hauptsächlich von Franzosen gehalten. Die Gläubiger betrachteten die Entwicklung mit wachsender Sorge und wandten sich Hilfe suchend an das französische Außenministerium, wo ihnen auch Hilfe versprochen wurde. Die Wirtschaft des Bey wurde unter Aufsicht gestellt, »ein von Franzosen und Briten häufig in Lateinamerika angewendetes Verfahren« (Fieldhouse, 1984), das bis heute praktiziert wird.

Im Jahr 1869 wurde eine gemeinsame französisch-tunesische Überwachungskommission eingesetzt, und die verhängten Maßnahmen waren, gelinde gesagt, drakonisch. Die Kommission konnte die staatlichen Einnahmen nach Belieben einziehen und verteilen, um sicherzustellen, dass die Inhaber der Anleihen Vorrang vor allen anderen Gläubigern hatten. (Bezeichnenderweise zwang Präsident Clinton 1994 Mexiko zu einem ähnlichen Verhalten als Bedingung dafür, dass ihm die Milliarden von Dollar zur Verfügung gestellt wurden, die es brauchte, um seine Wall-Street-Gläubiger auszuzahlen.)

Ab 1869 standen in Tunesien »die öffentlichen Finanzen und damit praktisch die Regierung unter ausländischer Kontrolle« (Fieldhouse, 1984). Tunesien war de facto auf den Status einer Kolonie reduziert worden. Um die Anleihen bedienen zu können, musste der Bey die Steuern anheben, was den Unmut der Bevölkerung schürte. Schließlich annektierte Frankreich zum Schutz seiner Interessen Tunesien 1881.

In Ägypten war der Gang der Dinge ähnlich, allerdings noch etwas komplexer. Ägypten unterhielt bereits seit den Dreißigerjahren des 19. Jahrhunderts Handelsbeziehungen zu Europa. In den Fünfzigerjahren gründeten europäische Banken Niederlassungen in Alexandria. Die Regierung gab viel Geld für die Modernisierung von Armee und Verwaltung aus und ebenso für öffentliche Bauvorhaben, darunter auch der Suezkanal. Es blieb nicht aus, dass die Ausgaben bald die Einnahmen überstiegen. Der Khedive war gezwungen, große Kredite bei ausländischen Bankiers aufzunehmen und schließlich Staatsanleihen aufzulegen. 1862 gab Ägypten die ersten Auslandsemissionen aus, und bereits 1875 war das Land bei europäischen Banken hoch verschuldet (Owen und Sutcliffe, 1976). Wie auch heute die Regierungen von Entwicklungsländern sah sich damals die ägyptische Regierung gezwungen, die Produktion für den Export zu steigern – Baumwolle und Zucker –, weil nur so ausreichend Devisen für den Schuldendienst hereinkamen. Immer größere Plantagen wurden angelegt, und für die Bauern bedeutete dies wie üblich die Enteignung. Ebenfalls wie üblich wurden die Anstrengungen der Regierung durch ausländische Wettbewerber zunichte gemacht, in diesem Fall durch subventionierte Exporte aus Russland und Deutschland.

Die ägyptischen Schulden wuchsen enorm von 3 auf 68 Millionen ägyptische Pfund. In den Siebzigerjahren des 19. Jahrhunderts musste die Regierung mehr als zwei Drittel ihrer Einnahmen als Zinsen ins Ausland abführen, mehr als die meisten Entwicklungsländer heute für ihren Schuldendienst aufwenden müssen. 1877 blieben nur rund 10 Prozent der Einnahmen für Ausgaben im eigenen Land übrig. Der Khedive musste in großem Umfang kurzfristige Kredite aufnehmen und seine sämtlichen Anteile an der Suezkanal-Kompanie verkaufen. 1876 setzte er die Zinszahlungen auf die Staatsanleihen aus. Ägypten war bankrott, so wie es Tunesien 1869 gewesen war. Die Inhaber der Anleihen baten daraufhin die Regierungen von Großbritannien und Frankreich um Hilfe und erhielten sie auch. Die Hilfe sah so aus, dass Ägypten genau wie Tunesien unter finanzielle Überwachung gestellt wurde – ganz ähnlich wie heute Länder vom IWF und der Weltbank überwacht werden.

Diese Maßnahme brachte nicht den gewünschten Erfolg und eine direktere Intervention wurde nötig. Eine Untersuchungskommission wurde eingesetzt, die Ägyptens Finanzangelegenheiten durchleuchtete, schließlich musste der Khedive zwei Europäer als Minister in sein Kabinett aufnehmen, die dafür sorgten, dass die Empfehlungen des Berichts umgesetzt wurden. Aber auch diesmal blieb der Erfolg aus. Alle erdenklichen Lösungsansätze wurden vorgeschlagen, doch vergebens, bis das

Land 1882 formell von Großbritannien annektiert wurde. Roger Owen schreibt, »der Verlust der wirtschaftlichen Unabhängigkeit ging nicht einfach dem Verlust der politischen Unabhängigkeit voraus, vielmehr bereitete er den Weg dafür« (Owen und Sutcliffe, 1976). Magdoff fasst die ägyptischen Erfahrungen so zusammen:

Ägypten verlor seine Souveränität auf ähnliche Weise wie Tunesien: großzügige Kredite seitens der Europäer, Bankrott, wachsender Einfluss ausländischer Gläubiger, [Ausbeutung] der Bauern, um für den Schuldendienst die Einnahmen zu erhöhen, wachsende Unabhängigkeitsbewegung und schließlich militärische Eroberung durch eine fremde Macht (Magdoff, 1978).

Seit Ende der Kolonialzeit haben wir die Technik der Kreditvergabe an Entwicklungsländer als ein Mittel zu ihrer Kontrolle perfektioniert. Vieles läuft heute unter der euphemistischen Bezeichnung »Entwicklungshilfe«. Um sie zu rechtfertigen, wird »Armut« in den Entwicklungsländern als ein Phänomen von »Unterentwicklung« erklärt, und automatisch erscheint Entwicklung als das richtige Heilmittel. Die Entwicklungsländer sind offenbar in ihren Bemühungen ernsthaft behindert, weil ihnen das erforderliche Kapital fehlt und das technische Knowhow – all das, wie Cheryl Payer anmerkt, »was westliche Unternehmen liefern können« (1991). Sie zitiert Galbraith mit den Worten: »Da wir den Impfstoff hatten, haben wir die Pocken erfunden.«

Natürlich gibt es keinen Grund zu glauben, dass die Kreditaufnahme im Ausland, selbst zu entgegenkommenden Konditionen, zu wirtschaftlichem Erfolg, geschweige denn zur Überwindung der Armut führen könnte. Genauso wenig dürfen wir glauben, dass Kredite durch die Steigerung der Exporte zurückgezahlt werden können. Die Volkswirtschaften, die den Entwicklungsländern als Vorbilder vorgehalten werden, sind die so genannten »Tigerstaaten« – oder Schwellenländer – wie Südkorea, Taiwan, Singapur und Hongkong. Weder Singapur noch Hongkong haben, darauf weist Payer hin, ihre Entwicklung in nennenswertem Umfang mit Krediten finanziert.

Taiwan hat in der Anfangszeit kleinere Kredite aufgenommen, schaffte es aber, trotz amerikanischen Drucks keine Ausgaben in großem Stil zu tätigen und nicht immer weiter Geld zu leihen. Südkorea hat als einziges der genannten Länder größere Kredite aufgenommen. Payer argumentiert, Südkorea sei es hauptsächlich deshalb im Gegensatz zu anderen Ländern gelungen, mit Exporten aus seinen Schulden herauszukommen, weil es dem Druck von IWF und Weltbank, seine Märkte zu öffnen, erfolgreich widerstanden habe. Genau wie zuvor in Japan seien Import- und Kapitalkontrollen aufrechterhalten worden. Natürlich erfordere die Entwicklung einiges Kapital, aber »das wirklich knappe Gut in der heutigen Welt ist nicht Kapital, sondern es sind Märkte«.

Entwicklungshilfe ist ein besonders wirkungsvolles Mittel, um Zugang zu Märkten zu bekommen, denn häufig ist Entwicklungshilfe eindeutig an die Bedingung geknüpft, dass im Geberland Güter gekauft werden. Genau wie früher Kolonien gezwungen wurden, Güter bei ihren Kolonialherren zu kaufen, müssen die Empfänger von Entwicklungshilfe einen Großteil des Geldes, das sie eigentlich für die Linderung von Armut und Unterernährung einsetzen wollten, dafür aufwenden, dass sie unwichtige Waren in den Geberländern kaufen. Wenn sie es wagen, sich zu widersetzen, genügt allein die Drohung mit einer Kürzung der Hilfszahlungen, um sie wieder auf Kurs zu bringen, denn in kürzester Zeit werden sie von den Hilfszahlungen hochgradig abhängig.

So drohte vor wenigen Jahren die britische Regierung, Indien die Entwicklungshilfe zu kürzen, wenn es das Vorhaben aufgeben sollte, 21 große Helikopter zum Stückpreis von rund 60 Millionen Pfund Sterling bei der britischen Firma Westland zu kaufen – einziger Lichtblick dabei ist, dass verantwortungsbewusste Mitarbeiter der britischen »Overseas Development Agency« (ODA) entschieden Einspruch dagegen erhoben. Diese Art von Drohung ist eine ausgeklügeltere Strategie, um das zu erreichen, was Großbritannien im 19. Jahrhundert erreichte, als es Krieg gegen China führte, um das Land dazu zu bringen, dass es britischen Händlern in Indien Opium abkaufte.

Allgemein können wir sagen, dass Entwicklungshilfe den armen Menschen in der Dritten Welt nichts nützt, weil sie in ihrer

Existenz von der heimischen Wirtschaft abhängen, und ihre heimische Wirtschaft braucht weder breite Autobahnen noch hohe Staudämme, noch neues Saatgut; sie braucht die Düngemittel und Pestizide der Grünen Revolution genauso wenig wie die Helikopterflotte, die Großbritannien Indien aufzwingen wollte. All diese Güter kommen nur der globalen Wirtschaft zugute, die nur auf Kosten der lokalen Wirtschaft wachsen kann, wobei sie deren Umwelt und soziale Strukturen zerstört und sich deren Ressourcen (Land, Wälder, Wasser und Arbeitskräfte) systematisch zur eigenen Ausbeutung aneignet.

Weltbank und Kolonialherrschaft

Bezeichnenderweise zeigten die Entwicklungsländer zu Beginn der Entwicklungsära in den Vierziger- und frühen Fünfzigerjahren des 20. Jahrhunderts so gut wie kein Interesse, Geld von der wichtigsten Hilfsinstitution, der Weltbank, zu leihen. Dies wurde so interpretiert, dass es ihnen an den technischen und planerischen Kapazitäten fehlte, um geeignete Projekte zu initiieren. Folglich stellte man ihnen diese Kapazitäten zur Verfügung und erzeugte damit eine Nachfrage nach Krediten der Weltbank. Bruce Rich schreibt in seinem Buch *Die Verpfändung der Erde,* dass in den Fünfzigerjahren ein zentrales Anliegen der Weltbank-Politik der »Aufbau von Institutionen« gewesen sei (Rich, 1994). Praktisch sah dies in der Regel so aus, dass innerhalb der Regierungen der Entwicklungsländer weitgehend autonome, von der Weltbank kontrollierte Behörden geschaffen wurden, deren Aufgabe es war, Großprojekte auf den Weg zu bringen, für die kontinuierlich finanzielle Hilfen der Weltbank nachgefragt werden würden. Im Laufe der Jahre wurden in den meisten Entwicklungsländern derartige Behörden errichtet. In Thailand beispielsweise sind dies die staatliche Elektrizitätsgesellschaft, der Verband für Industriefinanzierung und die Behörde für wirtschaftliche und soziale Entwicklung. Diese Institutionen haben bisher 199 Weltbankkredite mit einem Volumen von insgesamt 4374 Milliarden US-Dollar erhalten. Die Weltbank schult ihre Mitarbeiter in ihrem Institut für wirtschaftliche Entwicklung (»Economic Development Institute«, EDI) eigens in der Beurteilung von Projekten und in Strategien der langfristigen Kreditaufnahme.

Viele ehemalige Mitarbeiter solcher von der Weltbank kontrollierter Institutionen bekleiden sehr einflussreiche Positionen in ihren jeweiligen Ländern. Einige sind Regierungschefs oder Minister für Planung und Finanzen geworden. In den Augen von Rich sind diese Institutionen »große Patronagenetzwerke«. Sie hätten der Weltbank zu »wichtigen Stützpunkten« verholfen, »von denen aus sie in der Lage ist, nationale Volkswirtschaften, ja ganze Gesellschaften umzugestalten, ohne dass sie den mühsamen Weg der demokratischen Überprüfung und Diskussion von Alternativen beschreiten muss«. Auf diese Weise habe die Weltbank »teilweise die Machtbefugnisse einer Ersatzregierung« bekommen.

Diese Folgerungen stimmen mit denen einer Studie des »International Legal Centre« in New York überein, in der die Rolle der Weltbank in Kolumbien im Zeitraum 1949 bis 1972 untersucht wurde. Das Fazit dieser Studie lautet, dass die autonomen Behörden, die von der Weltbank in Kolumbien eingerichtet wurden, einen tief greifenden Einfluss auf die politische Struktur und die gesellschaftliche Entwicklung des ganzen Landes hatten, und zwar dergestalt, dass sie »das System der politischen Parteien schwächten und die Rolle von Legislative und Judikative auf ein Minimum reduzierten«. Kolumbien wurde in der Tat zu einer Kolonie der Weltbank oder vielmehr zu einer Kolonie der Vereinigten Staaten und der übrigen Industrieländer, die die Weltbank kontrollieren.

Der IWF hat wie die Weltbank alles in seiner Macht Stehende getan, um Länder mit niedriger Schuldenlast zur Aufnahme immer neuer Kredite zu bewegen. Payer geht so weit zu sagen, »solche Länder wurden vom Währungsfonds mit regelrechten ›Einführungsangeboten‹« umworben – Krediten, die nur an harmlose Bedingungen geknüpft waren. Tansania beispielsweise hatte es seit der Unabhängigkeit transnationalen Konzernen verweigert, innerhalb seiner Grenzen tätig zu werden. Doch 1974 erhielt das Land zur Überbrückung einer kurzfristigen Krise einen Kredit vom IWF mit wenig Bedingungen. 1977 war die Krise überwunden und Tansania hatte »ein komfortables ›Polster‹ an Devisenreserven« aufgebaut. An diesem Punkt ließen der IWF und die Weltbank die Regierung von Tansania wissen, »ihre Reserven seien viel zu groß und könnten die Geberländer veranlassen, ihre Hilfeleistungen zu reduzieren«. Ein armes Land solle nicht »seine Reserven horten, sondern sie für eine raschere Entwicklung ausgeben«. Die Regierung wurde gedrängt, ihr Budgetierungssystem für Devisen, die so genannte »Bewirtschaftung«, aufzuheben und Importkontrollen abzuschaffen. Die Verantwortlichen in Tansania gelangten zu der Überzeugung, der IWF und die Weltbank »erzeugten praktisch die Krise, die ihnen Macht über die tansanische Regierung gab« (Payer, 1991). Wahrscheinlich hatten sie Recht.

Cheryl Payer merkt an, dass auch nach dem Ölpreisschock 1973 IWF und Weltbank den Schuldnerländern nicht etwa klar machten, dass ihre Chancen, sich durch Exporte von ihren wachsenden Schulden zu befreien, nun düsterer waren denn je, sondern sie vielmehr ermutigten, noch mehr Kredite aufzunehmen.

In den Siebzigerjahren war Zaires Präsident Mobutu nicht mehr in der Lage, die Kredite seines Landes zu bedienen. Daraufhin brachte der IWF einen Vertreter, Erwin Blumenthal, in einer Schlüsselposition in der Zentralbank von Zaire unter. Zwei Jahre später, 1980, trat Blumenthal von seinem Posten zurück mit der Begründung, die Korruption in Zaire sei so »schlimm und bösartig«, dass »keine Chance, ich wiederhole, keine Chance« für die zahlreichen Gläubiger des Landes bestehe, ihr Geld jemals wiederzusehen. Das Geld habe lediglich dazu gedient, Mobutus Privatvermögen im Ausland zu vergrößern und Luxusgüter für seine Kumpane zu importieren. Doch nicht einmal Blumenthals Bericht hielt den IWF davon ab, nur wenige Monate später Zaire den größten Kredit zu gewähren, den jemals ein afrikanisches Land bekommen hatte.

Michel Chossudovsky weist darauf hin, wie hart die Kontrolle ist, die die Weltbank und IWF über die Wirtschaftspolitik eines Schuldnerlandes ausüben. Ein Land, das sich im Rahmen eines Strukturanpassungsprogramms Geld leihen wolle, müsse dem IWF zuerst einmal den Nachweis liefern, dass es »ernsthaft zu Wirtschaftsreformen entschlossen« sei. Ohne einen solchen Nachweis könnten die Kreditverhandlungen überhaupt nicht beginnen.

Wenn ein Kredit gewährt wurde, wird das Land viermal pro Jahr vom IWF und der Weltbank überprüft. Sollte dabei der Eindruck entstehen, die Reformpolitik sei nicht »auf Kurs«, werden die Auszahlungen sofort gestoppt, das Land wird auf eine schwarze Liste gesetzt und muss mit Vergeltungsmaßnahmen bei Handel und Kapitalfluss rechnen. Viele Schuldnerländer werden gezwungen, unter enger Überwachung durch IWF und Weltbank »Rahmenprogramme« zu schreiben. Die Weltbank kontrolliert die Umsetzung der Programme durch ihre Vertretung vor Ort und ihre vielen technischen Büros. Außerdem hat sie Vertreter in den Schlüsselministerien des Landes wie Gesundheit, Bildung, Industrie und Landwirtschaft, Verkehr und Umwelt, und sie bestimmt in zunehmendem Maße deren Politik. Die Bank überwacht zudem durch genau diese Maßnahmen die öffentlichen Ausgaben aller von ihr kontrollierten Ressorts.

Wie bereits erwähnt, wird die Arbeit der Weltbank sehr dadurch erleichtert, dass in der Regel viele ehemalige Mitarbeiter in Schlüsselpositionen in der Regierung des Schuldnerlandes sitzen. Sie liegen voll und ganz auf der wirtschaftlichen Linie der Weltbank und sind dafür geschult, ihren Kurs umzusetzen. In Indien waren in den Neunzigerjahren nicht weniger als 21 Schlüsselpositionen im Handels- und im Finanzministerium der Regierung Narasimha Rao mit ehemaligen Weltbank-Mitarbeitern besetzt. Unter der Ägide der WTO, die im Grunde eine Weltregierung mit eigener Legislative, Exekutive und Judikative ist, hat der Westen heute unendlich viel ausgeklügeltere Kontrollmöglichkeiten, als sie die Kolonialmächte einst besaßen.

Die neue Kolonialherrschaft der Unternehmen

Zudem mussten sich nach der Uruguay-Runde des GATT die Entwicklungsländer zu folgenden Maßnahmen verpflichten: alle Auslandsinvestitionen zu akzeptieren; ausländische Unternehmen, die Niederlassungen gründen, wie nationale zu behandeln, egal ob sie in der Landwirtschaft, im Bergbau, in der Produktion oder im Dienstleistungsbereich tätig werden; Zölle und

Importquoten für alle Güter abzubauen, auch für landwirtschaftliche Erzeugnisse, und nicht tarifäre Handelshemmnisse abzubauen wie Arbeitsschutzbestimmungen und Regelungen zum Schutz von Umwelt und Gesundheit, die für die Unternehmen Kosten steigernd wirken könnten.

Günstigere Bedingungen für die transnationalen Konzerne kann man sich kaum vorstellen. Vieles wurde in den GATT-Verhandlungen von der US-Delegation und den Delegationen der EU und Japans durchgesetzt, die offenbar davon ausgingen, dass die große Mehrheit der transnationalen Konzerne ihren Sitz stets in diesen Ländern hatte und auch in Zukunft haben würde.

Doch das könnte sich möglicherweise ändern. Selbst starke nationale Regierungen sind nicht mehr in der Lage, irgendeine Form der Kontrolle über transnationale Konzerne auszuüben. Wenn ein Land ein Gesetz verabschiedet, das transnationale Konzerne als Hindernis ihrer weiteren Expansion ansehen, dann müssen sie nur damit drohen, dass sie das Land verlassen und anderswohin gehen werden. Heute können sie die Drohung im Handumdrehen wahr machen. Tatsächlich können transnationale Konzerne den ganzen Globus absuchen und sich dort niederlassen, wo die Arbeitskräfte am billigsten sind, die Umweltgesetze am laschesten, die Steuern am wenigsten drückend und die Subventionen am höchsten. Auf emotionale Bindungen an einen Staat müssen sie keine Rücksicht mehr nehmen.

Gegenwärtig kontrollieren einige wenige Giganten unter den transnationalen Konzernen den Verkauf bestimmter Waren, und es hat immer weniger Vorteile für sie, wenn sie miteinander konkurrieren. Der Wettbewerb schmälert nur ihre Gewinnmargen. Doch wenn sie kooperieren, können sie auf die Regierungen umso wirkungsvoller Druck ausüben und dem Widerstand von populistischen und nationalistischen Bewegungen und sonstigen Kritikern entgegentreten, die Macht und Einfluss der Unternehmen beschränken möchten.

Die transnationalen Konzerne setzen bereits auf verstärkte vertikale Integration, durch die sie in ihrem jeweiligen Bereich praktisch jeden Schritt der Wertschöpfungskette kontrollieren: vom Abbau der Erze bis zum Bau der Fabriken, der Produktion der Güter und ihrer Lagerung, dem Transport zu Niederlassun-

gen in anderen Ländern und der Vermarktung über den Groß-
und Einzelhandel. Auf diese Weise isolieren sich diese Konzerne wirkungsvoll von den Marktkräften und stellen sicher, dass
sie allein auf jeder Stufe die Preise diktieren und nicht etwa der
Wettbewerb mit Konkurrenten (Hultgren, 1995).

Heute entfallen bereits zwischen 20 und 30 Prozent des Welthandels auf den Handel zwischen transnationalen Konzernen
und ihren Töchtern. Aber das ist kein realer Handel, sondern
vielmehr die Fassade für die weltumspannende, zentrale Planung der Konzerne. Für Paul Ekins, einen ökologisch orientierten Ökonomen aus Großbritannien, sind transnationale Konzerne mehr und mehr »gigantische Bereiche bürokratischer Planung in einer ansonsten marktwirtschaftlichen Umgebung«. Er
sieht eine »fundamentale Ähnlichkeit zwischen den Großkonzernen und Staatsunternehmen. Beide nutzen hierarchische
Kommandostrukturen bei der Ressourcenallokation innerhalb
ihrer organisatorischen Grenzen und nicht den Wettbewerb des
Marktes.« Wie kann verhindert werden, so muss wohl die Frage
lauten, dass eines Tages 50 Prozent, 60 Prozent oder sogar
80 Prozent des Welthandels innerhalb solcher »organisatori-
scher Grenzen« stattfinden? Gegenwärtig können wir nur wenig tun, wir bewegen uns unaufhaltsam in diese Richtung, und
es ist absehbar, dass wir in eine neue Ära der globalen unternehmerischen Zentralverwaltungswirtschaft eintreten, eine Ära,
die zu einer neuen Form des Kolonialismus führen wird: der
globalen Kolonialherrschaft der Unternehmen.

Die neuen Kolonialmächte sind nur ihren Anteilseignern verantwortlich und rechenschaftspflichtig. Sie sind wenig mehr als
Maschinen, die man auf ein einziges Ziel programmiert hat: die
kurzfristige Rentabilität zu erhöhen. Hinzu kommt, dass die
transnationalen Konzerne mittlerweile so mächtig sind, dass sie
nationale Regierungen zwingen können, Unternehmensinteressen zu verteidigen, wenn sie in Konflikt zu den Interessen der
Menschen geraten, die die Regierung ursprünglich gewählt haben, damit sie ihre Interessen schützt. Die neue Kolonialherrschaft der Unternehmen wird darum zynischer und skrupelloser
werden als alles, was wir bisher gesehen haben. Sie wird wahrscheinlich mehr Menschen enteignen, in Armut stürzen und
marginalisieren als der Kolonialismus früherer Zeiten und die

Entwicklungspolitik der letzten fünfzig Jahre. Die einzige Frage lautet: Wie lange wird dieser Kolonialismus existieren können? Meiner Meinung nach werden es nur ein paar Jahre sein, höchstens ein Jahrzehnt, denn eine Weltwirtschaft, die Elend in einer solchen Größenordnung erzeugt, ist eine kurzlebige Monstrosität.

Kapitel 2

Das Scheitern von Bretton Woods

David Korten

David Korten ist hervorgetreten als einer der entschiedensten Kritiker der wirtschaftlichen Theorien und Praktiken, nach denen unser System funktioniert. Er war früher in Asien tätig für die amerikanische »Agency for International Development« (USAID) und die Entwicklungsprogramme der Ford-Stiftung. Er hat an der wirtschaftswissenschaftlichen Fakultät der Stanford University promoviert und in Harvard gelehrt. Korten ist Präsident des »People-Centred Development Forum« in New York und Autor des Buches *When Corporations Rule the World* (1995).

Dem folgenden Beitrag liegt David Kortens wegweisende Rede auf der Konferenz der »Environmental Grantmakers Association of America« zugrunde, die 1994 im Mount Washington Hotel in Bretton Woods tagte. Anlass war der 50. Jahrestag der berühmten Konferenz, bei der die Weltbank und der Internationale Währungsfonds (IWF) geschaffen wurden und aus der wenig später das »General Agreement on Tariffs and Trade« (GATT) hervorging.

Bretton Woods und dieses Hotel erlangten Berühmtheit durch die UN-Konferenz über Finanzen und Währung im Juli 1944. Die Welt litt noch unter dem Zweiten Weltkrieg. Mussolini war gestürzt. Die Alliierten waren in der Normandie gelandet, aber Hitlers Herrschaft sollte noch zehn Monate dauern. Auch im Fernen Osten tobte noch der Krieg, erst 13 Monate später kapitulierte Japan. Die UN-Charta wurde im Jahr nach der Konferenz verabschiedet. In dieser Situation machten sich die im Hotel versammelten Wirtschaftsführer Gedanken über die Zeit nach dem Ende des Krieges, erfüllt von der Hoffnung auf eine durch Wohlstand im Frieden geeinte Welt. Ihr erklärtes Ziel war es, Institutionen zu schaffen, damit diese Vision Wirklichkeit werden konnte.

Bei der Konferenz von Bretton Woods wurden tatsächlich neue Institutionen geschaffen, die seither die Wirtschaftstätigkeit auf der Welt geprägt und kontrolliert haben. Einige Theoretiker sagen allerdings, dass die Pläne für diese Institutionen weiter zurückreichen, bis in die Dreißigerjahre und bis zum »Council on Foreign Relations« (CFR). Der CFR war ein Begegnungsort für einflussreiche Angehörige des wirtschaftlichen und außenpolitischen Establishments der Vereinigten Staaten und stellte sich gerne als Forum für die Präsentation gegensätzlicher Sichtweisen dar, als Denkfabrik für Verantwortungsträger, die ihre Überzeugung einte, dass in der Weltwirtschaft amerikanische Wirtschaftsinteressen dominierten.

Die Mitglieder des CFR kamen bald zu der Einschätzung, dass die nationalen Interessen der USA mindestens freien Zugang zu den Märkten und Rohstoffen der westlichen Hemisphäre, des Fernen Ostens und des britischen Empire erforderten. Am 24. Juli 1941 wurde in einem Memorandum des Rates das Konzept der *Grand Area* skizziert: des Teils der Welt, den die Vereinigten Staaten wirtschaftlich und militärisch beherrschen müssten, um die Rohstoffversorgung ihrer Industrie zu gewährleisten. Der CFR plädierte auch für die Einrichtung weltweiter Finanzinstitutionen mit dem Ziel, »Währungen zu stabilisieren und Kapitalinvestitionen in konstruktive Vorhaben in rückständigen und unterentwickelten Regionen zu erleichtern« (Sklar, 1980). Präsident Franklin D. Roosevelt wurde von den Ansichten des CFR in Kenntnis gesetzt.

Drei Jahre später verlas Henry Morgenthau, der damalige Finanzminister und Präsident der Konferenz von Bretton Woods, eine Grußbotschaft von Präsident Roosevelt und hielt dann seine eigene Eröffnungsrede, in der er die Linie der Konferenz vorgab. Er sprach von der »Schaffung einer dynamischen Weltwirtschaft, in der die Völker aller Länder in der Lage sein werden, in Frieden ihre Möglichkeiten zu verwirklichen und immer mehr die Früchte des materiellen Fortschritts auf der mit natürlichen Reichtümern so unendlich gesegneten Erde zu genießen«. Er appellierte an die Konferenzteilnehmer, das »grundlegende wirtschaftliche Axiom« anzuerkennen, »dass Wohlstand keine festen Grenzen hat. Er ist keine begrenzte Substanz, die sich verringert, wenn man sie teilt.«

Damit formulierte Morgenthau eine von mehreren Grundannahmen des wirtschaftlichen Paradigmas, das die Architekten des Systems von Bretton Woods leitete. Viele dieser Annahmen waren vernünftig, aber zwei besonders wichtige waren durch und durch falsch. Die erste irrige Annahme besagt, dass Wirtschaftswachstum und eine Ausweitung des Welthandels allen zugute kommen. Die zweite irrige Annahme lautet, dass das Wirtschaftswachstum nicht durch die Grenzen des Planeten beschränkt ist.

Nach Abschluss dieser historischen Zusammenkunft waren die Weltbank und der IWF gegründet und es existierte das Fundament dessen, was später das GATT wurde. In den folgenden Jahren hielten sich diese Institutionen treu an ihren Auftrag, das wirtschaftliche Wachstum und die Globalisierung zu fördern. Mit ihren Strukturanpassungsprogrammen (SAP) haben Weltbank und IWF Druck auf die Länder der südlichen Hemisphäre ausgeübt, ihre Grenzen zu öffnen und ihre Volkswirtschaften von Selbstversorgung auf Produktion für den Export umzustellen. Handelsabkommen, die im Rahmen des GATT vereinbart wurden, haben diese Maßnahmen noch unterstützt und die Volkswirtschaften im Norden wie im Süden immer weiter für die freie Einfuhr von Gütern und Kapital geöffnet.

Wenn wir aus 50 Jahren Abstand zurückblicken, erkennen wir, dass die Institutionen von Bretton Woods tatsächlich ihre Ziele erreicht haben. Das Wirtschaftswachstum hat sich verfünffacht. Der internationale Handel ist rund um das Zwölffache angestiegen und die ausländischen Direktinvestitionen sind zwei- bis dreimal so stark gewachsen wie der Handel. Doch tragischerweise haben die Institutionen zwar diese Ziele erreicht, aber ihren Zweck verfehlt. Auf der Welt leben heute mehr arme Menschen als je zuvor. Die Kluft zwischen Arm und Reich wird immer größer. Nahezu überall auf der Welt reißt Gewalt Familien und Gemeinschaften auseinander. Und der Zustand der Ökosysteme des Planeten verschlechtert sich in einem alarmierenden Tempo.

Doch nach wie vor wird behauptet, Wirtschaftswachstum sei die Antwort auf Armut, löse Umweltprobleme, stärke den sozialen Zusammenhalt, und die wirtschaftliche Globalisierung – die Beseitigung ökonomischer Grenzen, um den freien Fluss von Waren und Kapital zu erlauben – sei der Schlüssel zum Wachstum. Tatsächlich können wir beobachten, dass die Politik sich angesichts immer heftigerer ökonomischer, ökologischer und gesellschaftlicher Krisenerscheinungen immer stärker auf die gleichen Rezepte stützt, obwohl die Anzeichen sich häufen, dass sie nicht funktionieren. Und außerhalb der offiziellen Kreise wächst die Überzeugung, dass sie nicht funktionieren können aus Gründen, die ich im Folgenden erläutern werde.

Die ökologische Grenze des Wachstums

Einer der Begründer der ökologischen Ökonomie, Herman Daly, erinnert uns immer wieder daran, dass die menschliche Wirtschaftsordnung in das natürliche Ökosystem unseres Planeten eingebettet und davon abhängig ist. Bis vor kurzem ist allerdings der Umfang unserer Wirtschaftstätigkeit im Vergleich zur Dimension des Ökosystems hinreichend gering gewesen, dass wir in der Theorie wie in der Praxis diese fundamentale Tatsache bis zu einem gewissen Grad ignorieren konnten.

Doch nun haben wir eine entscheidende historische Schwelle überschritten. Weil sich die Wirtschaftstätigkeit seit 1950 verfünffacht hat, beansprucht unser ökonomisches System jetzt die Umwelt auf unserem Planeten bis an ihre Grenze. Mit anderen Worten: Unser Planet »ist voll«.

Den ersten Bereich, in dem wir die Grenzen erreicht und vielleicht schon überschritten haben, stellen nicht, wie viele erwarteten, die nicht erneuerbaren Ressourcen dar, sondern die erneuerbaren Ressourcen und die Fähigkeit unserer Umwelt, Müllhalde zu sein – ihre Fähigkeit, unsere Abfälle aufzunehmen. Diese Grenzen betreffen den Verlust von Böden, Fischgründen, Wäldern und Wasser, die Aufnahme der Kohlendioxid-Emissionen und die Zerstörung der Ozonschicht. Wir können darüber streiten, welche konkrete Grenze gestern Mittag erreicht wurde oder morgen um Mitternacht überschritten wird, aber diese Details sind längst nicht so wichtig wie die grundlegende Wahrheit, dass uns nichts anderes übrig bleibt, als unsere ökonomischen Institutionen der Realität einer »vollen Welt« anzupassen.

Struktur und Ideologie des bestehenden Systems von Bretton Woods sind auf stetig wachsenden ökonomischen Output – Wirtschaftswachstum – und auf die Integration nationaler Volkswirtschaften zu einer fugenlosen globalen Wirtschaft ausgerichtet. Daraus folgt ein sich ständig verschärfender Wettbewerb um die bereits überstrapazierte Umwelt. In der »vollen Welt« beschleunigt der verschärfte Wettbewerb die Zerstörung der regenerativen Fähigkeiten des Ökosystems, von dem wir und künftige Generationen abhängig sind; er verdrängt alle Lebensformen, die nicht für den unmittelbaren menschlichen Konsum gebraucht werden; und er verstärkt die Konkurrenz zwischen Arm und Reich um die Kontrolle der ökologischen Ressourcen. In einer Marktwirtschaft – die nur auf Geld reagiert, nicht auf Bedürfnisse – gewinnen die Reichen in diesem Wettbewerb immer. Wir beobachten das überall auf der Welt: Hunderte Millionen finanziell entrechteter Menschen werden heimatlos, weil ihr Land, ihre Flüsse, ihre Fischgründe so umgewandelt werden, dass sie den Wünschen der Wohlhabenderen entsprechen. Solange die Ressourcen vorhanden sind, können die Forderungen der Reichen erfüllt werden – was vielleicht erklärt, warum so viele Reiche kein Problem sehen. Die Armen erleben die Realität völlig anders, aber in einer Marktwirtschaft zählt ihr Erleben nicht.

Der Markt kann die Frage nach dem angemessenen Umfang der Wirtschaftstätigkeit nicht beantworten. Es gibt keinerlei Preissignale, die anzeigen könnten, dass die Armen Hunger haben, weil sie von ihrem Land vertrieben wurden, dass zu viel CO_2 in die Atmosphäre entlassen wird oder dass Gifte in den Böden und im Wasser nichts zu suchen haben. Die Institutionen von Bretton Woods sind durchdrungen von der marktwirtschaftlichen Ideologie und äußerst sensibel für die Interessen von Unternehmen, sie können aber kaum mehr als Lippenbekenntnisse zu Umweltschutz und Hilfe für die Armen abgeben. Ihre Bemühungen sind de facto darauf ausgerichtet, dafür zu sorgen, dass Menschen mit Geld Zugang zu allen verfügbaren

Ressourcen haben – ohne Rücksicht auf die umfassenden Konsequenzen.

Eine neue Konferenz von Bretton Woods mit dem Ziel, das internationale System den heutigen Gegebenheiten anzupassen, wäre ein wichtiges, visionäres Unterfangen – sofern die Teilnehmer bereit wären anzuerkennen, dass Wirtschaftswachstum nicht länger eine akzeptable politische Priorität ist. Tatsächlich ist es weitgehend irrelevant, ob die Weltwirtschaft wächst oder schrumpft. Da die Schwelle hin zur vollen Welt überschritten ist, geht es nur noch um die Frage, ob die verbliebenen Ressourcen des Planeten so genutzt werden, dass

1. die Grundbedürfnisse aller Menschen befriedigt werden;
2. die Artenvielfalt erhalten bleibt;
3. sichergestellt ist, dass auch künftigen Generationen vergleichbare Ressourcen zur Verfügung stehen.

Unser bestehendes Wirtschaftssystem versagt in allen drei Bereichen.

Ökonomische Ungerechtigkeit

In seinem Buch *How Much Is Enough?* (1992) teilt Alan Durning die Welt in drei Konsumentenklassen: die, die zu viel verbrauchen; die, die das Vorhandene erhalten, und die, die nur unbedeutend konsumieren. Zu viel konsumieren die 20 Prozent der Weltbevölkerung, die rund 80 Prozent der Weltressourcen verbrauchen – das heißt, in deren Leben Autos, Flugzeuge, hoher Fleischkonsum und verschwenderisch verpackte Wegwerfgüter eine zentrale Rolle spielen. Nur marginal konsumieren ebenfalls 20 Prozent der Weltbevölkerung, sie leben unter äußersten Entbehrungen.

Wenn wir anstelle des *Konsums* das *Einkommen* betrachten, fällt der Vergleich noch drastischer aus. Das Entwicklungsprogramm der Vereinten Nationen (»United Nations Development Programme«, UNDP) hat in seinem Bericht für das Jahr 1992 den Champagnerkelch als Metapher für eine Welt der extremen ökonomischen Ungleichheit verwendet. Der Kelch steht für die Verschwendung der 20 Prozent der Menschen, die in den reichsten Ländern der Welt leben und denen 82,7 Prozent des weltweiten Einkommens zufließen. Ganz unten am Boden des Kelches, wo sich die Sedimente absetzen, finden wir die ärmsten 20 Prozent der Weltbevölkerung, die nur 1,4 Prozent des Gesamteinkommens haben. Das Einkommen der oberen 20 Prozent zusammengenommen ist fast 60-mal größer als das der 20 Prozent ganz unten. Die Kluft hat sich zudem seit 1950 verdoppelt, damals war das Einkommen der oberen 20 Prozent nur 30-mal so hoch wie das der unteren 20 Prozent. Und die Kluft vertieft sich weiter.

Dabei untertreiben diese Zahlen die wahre Ungleichheit auf der Welt noch, denn es sind Durchschnittswerte für ganze Länder und nicht individuelle Einkommen. Wenn wir die sehr reichen Menschen betrachten, die in armen Ländern leben, und die sehr armen Menschen in reichen Ländern, dann ist das Einkommen der reichsten 20 Prozent 150-mal so hoch wie das der ärmsten 20 Prozent. Und auch diese Kluft vertieft sich weiter.

Robert Reich, der in der Clinton-Regierung Arbeitsminister war, schreibt in seinem Buch *Die neue Weltwirtschaft* (1991), die wirtschaftliche Globalisierung durch die Institutionen von Bretton Woods habe dazu geführt, die Interessen der reichen Schichten vom Bewusstsein des nationalen Interesses abzutrennen und damit von dem Gefühl der Sorge und der Verpflichtung für die Nachbarn, denen es nicht so gut geht. Eine dünne Schicht von Superreichen mit dem Champagnerglas in der Hand bildet eine Länder übergreifende Allianz, die *globale Interessen* als synonym mit den finanziellen Interessen der Menschen und Unternehmen definiert, die zu dieser Schicht gehören.

Diese Trennung hat heute in nahezu jedem Land der Welt einen Punkt erreicht, dass es keinen Sinn mehr ergibt, zwischen Norden und Süden zu unterscheiden. Die wahre Trennungslinie verläuft nicht zwischen Kontinenten – sie verläuft zwischen Klassen.

Ob beabsichtigt oder nicht, die Politik, die so erfolgreich von den Bretton-Woods-Institutionen vorangetrieben wurde, hat es den Superreichen ermöglicht, den Reichtum der Welt auf Kosten anderer Menschen, anderer Arten und des Ökosystems der Erde unaufhaltsam an sich zu reißen.

Unternehmen außer Kontrolle

Das Problem ist nicht der Markt *per se*. Der Versuch, eine Volkswirtschaft ohne Märkte zu etablieren, endet in einer Katastrophe, wie das Beispiel der Sowjetunion gezeigt hat. Doch es gibt einen entscheidenden Unterschied zwischen Märkten und freien Märkten.

Die Auseinandersetzung zwischen zwei extremistischen Ideologien war ein zentrales Thema des 20. Jahrhunderts. Der Kommunismus forderte alle Macht für den Staat. Der Marktkapitalismus fordert alle Macht für den Markt – ein Euphemismus für die Großunternehmen. Beide Ideologien mündeten in eine Form von Tyrannei. Das Erfolgsgeheimnis des Westens im Zweiten Weltkrieg und in der unmittelbaren Nachkriegszeit war nicht die freie Marktwirtschaft, es war vielmehr der demokratische Pluralismus mit institutionellen Arrangements, die darauf abzielten, Markt und Staat im Gleichgewicht zu halten und die Rechte aktiver Staatsbürger zu schützen, vor allem ihr Recht, dafür zu sorgen, dass Markt und Staat dem allgemeinen Interesse dienten.

Entgegen den Behauptungen von Ideologen, die schrankenlose unternehmerische Freiheit predigen, brauchen die Märkte Regierungen, damit sie effizient funktionieren. In der ökonomischen Theorie und Praxis hat sich die Erkenntnis durchgesetzt, dass die Ressourcenverteilung durch die Märkte nur dann effizient funktioniert, wenn Wettbewerb herrscht und die Firmen für die sozialen und ökologischen Folgen ihrer Tätigkeit aufkommen. Dies verlangt, dass Regierungen Regeln aufstellen und durchsetzen, die für die *Internalisierung* der Kosten sorgen, und dass sie, da erfolgreiche Firmen unvermeidlich wachsen und immer stärker dominieren, regelmäßig eingreifen, solche Firmen zerschlagen und den Wettbewerb wiederherstellen.

Damit die Regierungen die Aufgabe erfüllen können, die Interessen von Markt und Gemeinschaft im Gleichgewicht zu halten, muss der Staat genauso viel Macht haben wie der Markt. Wenn der Markt national ist, muss es eine starke nationale Regierung geben. Wenn die Grenzen des Marktes durch die wirtschaftliche Globalisierung über die Grenzen des Nationalstaates hinaus ausgedehnt werden, entziehen sich die Marktkräfte unvermeidlich dem Zugriff der nationalen Regierung. Dies ist eine der wichtigsten Folgen der Strukturanpassungsprogramme von Weltbank und IWF und der im Rahmen des GATT geschlossenen Vereinbarungen gewesen. Politische Entscheidungen werden dann nicht mehr von Regierungen getroffen, die zumindest in der Theorie den Interessen aller Bürger verpflichtet sind, sondern von den transnationalen Konzernen, die naturgemäß den Interessen ihrer wichtigsten Anteilseigner verpflichtet sind. So sind Gesellschaften nicht mehr in der Lage, ökologische und andere Probleme anzupacken.

Enorme wirtschaftliche Macht ist in den Händen einiger weniger globaler Unternehmen konzentriert, die sich frei von allen Zwängen nur um ihr Wachstum kümmern können. Anstrengungen, durch Kartellgesetze solche Konglomerate aufzubrechen und den Wettbewerb auf den Märkten wiederherzustellen, sind wie vieles andere der Globalisierung zum Opfer gefallen. Stattdessen fördert die Politik heute noch Firmenzusammenschlüsse zur Stärkung ihrer Position auf den Weltmärkten.

Der rapide Stellenabbau bei großen Firmen hat bei manchen Beobachtern den Eindruck erzeugt, dass die Firmen an Macht verlieren. Aber dieser Eindruck täuscht. Die 500 größten Unternehmen auf der Liste des Wirtschaftsmagazins *Fortune* haben von 1980 bis 1993 4,4 Millionen Arbeitsplätze abgebaut. Im selben Zeitraum haben sich ihre Umsatzzahlen um das 1,4fache erhöht, ihre Vermögenswerte um das 2,3fache und die Gehälter ihrer CEOs um das 6,1fache. 50 der 100 größten Wirtschaftseinheiten der Welt sind heute Unternehmen, und das ohne Berücksichtigung von Banken und Finanzinstitutionen.

Jeder Wirtschaftszweig, in dem fünf Firmen mindestens 50 Prozent des Marktes kontrollieren, gilt unter Ökonomen als hochgradig monopolistisch. Der *Economist* hat kürzlich berichtet, dass fünf Firmen mehr als 50 Prozent des Weltmarktes in den folgenden Bereichen kontrollieren: Gebrauchsgüter, Automobilindustrie, Fluglinien, Raumfahrt, elektronische Komponenten, elektrische und elektronische Geräte sowie Stahl. Fünf Firmen kontrollieren mehr als 40 Prozent des Weltmarktes in der Ölindustrie, bei Personal Computern und – was im Hinblick auf die öffentliche Debatte über diese Themen besonders alarmierend ist – bei den Medien.

Foren für die Herrschaft der Eliten

An dieser Stelle sollte noch darauf hingewiesen werden, dass Bretton Woods nicht das einzige Forum war, auf dem die Eliten aus Wirtschaft und Politik die globale Strategie der westlichen Welt gestalteten. Im Mai 1954 traf sich erstmals ein mächtiger Kreis von Verantwortlichen als inoffizielle, informelle Gruppe ohne feste Mitgliederstruktur, die nur unter der Bezeichnung »Bilderberg-Gruppe« bekannt wurde. Sie spielte bald eine wichtige Rolle beim Zusammenwachsen Europas und bei der Ausarbeitung eines Konsenses unter den führenden Politikern der atlantischen Staaten über Probleme, denen sich die vom Westen dominierten transnationalen Systeme gegenübersahen. Zu den Teilnehmern gehörten Staatschefs, andere wichtige Politiker, einflussreiche Unternehmer und Banker sowie eine bunte Mischung von Intellektuellen, Gewerkschaftlern, Diplomaten und einflussreichen Vertretern der Presse, die Sympathie für die Ansichten des Establishments erkennen ließen. Ein Bilderberg-Insider meinte: »Heute gibt es wenige Verantwortliche in den Regierungen beiderseits des Atlantiks, die nicht wenigstens an einem dieser Treffen teilgenommen haben.«

Im Laufe der Zeit gewann Japan an Macht und Unabhängigkeit in der Weltwirtschaft, und daraus ergab sich die Notwendigkeit, ein Forum zu schaffen, das auch die Japaner einbeziehen und eine formellere Struktur haben würde als die Bilderberg-Treffen.

Aus derartigen Überlegungen heraus gründeten David Rockefeller, der Präsident der Chase Manhattan Bank, und Zbigniew Brzezinski 1973 die Trilaterale Kommission. Brzezinski leitete das Gremium bis 1977 als koordinierender Direktor, in dem Jahr wurde er Sicherheitsberater von Präsident Jimmy Carter.

Mitglieder der Trilateralen Kommission sind auch die Leiter von vier der größten transnationalen Konzerne der Welt außerhalb des Bankensektors, führende Vertreter von fünf der sechs größten internationalen Banken und die Chefs großer Medienhäuser. Die US-Präsidenten Jimmy Carter, George Bush und Bill Clinton gehörten der Trilateralen Kommission an, ebenso Thomas Foley, der ehemalige Sprecher des Repräsentantenhauses. Viele wichtige Mitglieder der Regierung Carter waren Mitglieder bei Bilderberg und in der Trilateralen Kommission. Viele Personen, die Präsident Clinton in sein Kabinett oder auf andere Positionen berufen hat, waren Mitglieder der Trilateralen Kommission.

Sowohl Bilderberg wie die Trilaterale Kommission boten und bieten Foren, wo sich die Topmanager der größten Weltunternehmen regelmäßig, informell und privat mit den wichtigsten Politikern und Meinungsführern treffen, um die kurz- und langfristigen Probleme zu erörtern, denen sich die mächtigsten Mitglieder der westlichen Allianz gegenübersehen.

Bis zu einem gewissen Grade tragen die Begegnungen zur »Stabilität« in der Weltpolitik bei, aber sie bringen die Öffentlichkeit um ihre Chance auf eine sinnvolle Mitarbeit und Mitentscheidung – was manche Teilnehmer auch explizit wünschen. Besonders bedeutsam ist bei solchen Gruppen, dass die beiden großen amerikanischen Parteien vertreten sind. Vor dem Hintergrund, dass sowohl George Bush wie Bill Clinton der Trilateralen Kommission angehörten, ist natürlich leichter zu verstehen, warum bei der amerikanischen Haltung gegenüber GATT und NAFTA der Übergang von der republikanischen Bush-Regierung zur demokratischen Clinton-Regierung so reibungslos vonstatten ging. Die Entschlossenheit, mit der Clinton Ziele verfolgte, die viele Progressive als politische Anliegen von Bush betrachteten, brachte ihm großes Lob von seinen Kollegen in der Trilateralen Kommission ein.

Kontrollinstrumente

Unternehmen haben enorme politische Macht und sie nutzen sie aktiv, um die Regeln des Marktes zu ihren Gunsten zu verändern. Heute ist das GATT eines der wichtigsten Instrumente zur Umgestaltung des Marktes. Im Rahmen des neuen GATT-Abkommens wurde eine Welthandelsorganisation (»World Trade Organization«, WTO) geschaffen mit weit reichenden Befugnissen, um Unternehmen den rechtlichen Schutz zu sichern, den sie ihrer Meinung nach brauchen, damit sie bei ihren ausgedehnten Operationen auf nichts anderes als ihre eigene Bilanz Rücksicht nehmen müssen.

Die WTO soll über Klagen gegen nationale oder lokale Gesetze jedes Landes verhandeln können, wenn ein anderes Land darin ein Handelshemmnis sieht. Geheime Gremien, die mit drei nicht gewählten Handelsexperten besetzt sind, beraten über den Streitfall, und ihre Entscheidungen können nur durch das einstimmige Votum aller Mitgliedsländer zu Fall gebracht werden. Generell kann man sagen, dass jeder Gesundheits-, Sicherheits- oder Umweltstandard, der über die von Vertretern der Wirtschaft gesetzten internationalen Standards hinausgeht, mit großer Wahrscheinlichkeit als ein Handelshemmnis eingestuft wird, sofern nicht die betroffene Regierung nachweisen kann, dass die Standards auf einer soliden wissenschaftlichen Grundlage ruhen.

So mächtig die großen Unternehmen auch sind, sie wirken selbst zunehmend nur als Agenten des globalen Finanzsystems, das zur mächtigsten Regulierungsinstanz der Welt geworden ist. Innerhalb dieses Systems liegt die Macht bei einer kleinen Gruppe privater Finanzinstitutionen, die nur ein Ziel haben: möglichst viel Geld anzuhäufen. Ein lückenloses elektronisches Netz erlaubt es jedem, der einen PC hat und den richtigen Zugangscode besitzt, in Sekundenschnelle Milliarden von Dollar auf den weltweiten Finanzmärkten zu verschieben. Die Finanzwelt ist zu einem gigantischen Computerspiel geworden. In diesem Spiel geht es um die schnelle Rendite, nicht um langfristige Verantwortung und komplexe Verpflichtungen gegenüber produktiven Unternehmen, die echte Werte zur Befriedigung realer Bedürfnisse von realen Menschen produzieren. Vielmehr sucht man kurzfristigen Gewinn aus der Spekulation auf schwankenden Märkten und Profite aus vielen gleichzeitigen Geschäften auf unterschiedlichen Märkten, wobei kleinste Preisschwankungen ausgenützt werden. »Kurzfristig« bemisst sich bei diesem Spiel in Mikrosekunden, »langfristig« in Tagen. Welche Folgen finanzielle Transaktionen, bei denen es um mehr als eine Billion US-Dollar pro Tag geht, für die Umwelt, für die Gesellschaft und auch für die Wirtschaft haben, bleibt den Akteuren verborgen.

Joel Kurtzman, ehemals Wirtschaftsredakteur der *New York Times* und heute Herausgeber des *Harvard Business Review,* schätzt, dass auf jeden Dollar, der heute in der produktiven

Wirtschaft zirkuliert, 20 bis 50 Dollar entfallen, die in der Welt der reinen Finanztransaktionen im Umlauf sind. Da diese Transaktionen über nicht überwachte internationale Computernetzwerke laufen, weiß niemand, um welche Summen es sich tatsächlich handelt. Die eine Billion Dollar, die täglich auf den internationalen Devisenmärkten umgesetzt wird, ist das 20- bis 30fache der Summe, die im täglichen Handel mit realen Gütern und Dienstleistungen fließt. Wenn die mächtigsten Regierungen der Welt abgestimmte Schritte unternehmen, um die Wechselkurse auf den Devisenmärkten zu stabilisieren, können sie bestenfalls magere 14 Milliarden pro Tag in die Waagschale werfen – ein Taschengeld im Vergleich zu den Summen, die von Spekulanten und bei Arbitragegeschäften bewegt werden (siehe Kapitel 4).

Die Unternehmen, die in reale Werte investieren (im Unterschied zu den ephemeren Transaktionen auf den Finanzmärkten), sind durch den daraus resultierenden Druck gezwungen, ihre Geschäftstätigkeit so zu restrukturieren, dass die kurzfristigen Rückflüsse an die Anteilseigner maximiert werden. Ein Weg besteht darin, zu straffen, zu rationalisieren und zu automatisieren, durch den Einsatz der neuesten Technologien Hunderttausende von Arbeitsplätzen abzubauen. Ergebnis ist Wirtschaftswachstum, das keine Arbeitsplätze schafft. Die heutigen Volkswirtschaften können Arbeitsplätze gar nicht so schnell schaffen, wie die Technologie und dysfunktionale Wirtschaftssysteme sie vernichten. In fast jedem Land der Welt gibt es einen Überschuss an Arbeitskräften, und von den Menschen, die das Glück haben, einen Arbeitsplatz zu besitzen, sind immer mehr in prekären Arbeitsverhältnissen ohne soziale Absicherung. Daraus resultieren Angst und Unsicherheit, und der Hinweis auf die Folgen für die Arbeitsplätze verhindert wirkungsvolles Handeln zugunsten der Umwelt.

Ein anderer Weg, Unternehmensgewinne zu steigern, besteht darin, die Kosten der Geschäftstätigkeit auf die Gemeinschaft abzuwälzen und dabei Standorte gegeneinander auszuspielen, die sich mit Beihilfen, Steuerbegünstigungen und Zugeständnissen bei Umwelt- und Arbeitsschutzvorschriften gegenseitig überbieten und damit die Standards immer weiter senken. In ähnlicher Weise werden die Arbeitnehmer gegeneinander ausgespielt in einem Kampf ums Überleben, der die Löhne auf den kleinsten gemeinsamen Nenner herunterdrückt. Das ist die wahre Bedeutung der globalen Wettbewerbsfähigkeit – Wettbewerb zwischen Standorten. Die großen Unternehmen hingegen minimieren den Wettbewerb durch Zusammenschlüsse und strategische Allianzen.

Wenn ein Unternehmen bei diesem Spiel nicht vorbehaltlos mitmacht, wird es wahrscheinlich als Übernahmekandidat ins Visier eines Unternehmensausschlachters geraten, der es aufkauft und die Schritte unternimmt, die das alte Management – vielleicht aus sozialem Verantwortungsgefühl und Loyalität gegenüber den Arbeitskräften und der Gemeinschaft – unterlassen hat. Der Umbau des globalen Wirtschaftssystems macht es selbst sehr sozial eingestellten und verantwortungsbewussten Managern nahezu unmöglich, ein Unternehmen so zu führen, dass es seine Verantwortung gegenüber dem öffentlichen Interesse wahrnimmt.

Wir stecken in einem furchtbaren Dilemma. Wir haben einen geschichtlichen Wendepunkt erreicht, an dem wir die Natur und den Sinn des von Menschen erreichten Fortschritts grundsätzlich überdenken müssen. Doch Vorstellungen und Entscheidungen, die vor rund 50 Jahren entstanden sind, haben Ereignisse ausgelöst, die die Machtverteilung in den Gesellschaften überall auf der Welt in einer Weise veränderten, dass der notwendige Wandel im Denken und in den Strukturen nur schwer durchsetzbar scheint. Dies ist so rasch vonstatten gegangen, dass nur wenige es überhaupt mitbekommen haben. In den Medien, die von der Werbung der Unternehmen abhängig sind, werden die wirklichen Probleme nicht diskutiert.

Es bleibt die Tatsache, dass Nachhaltigkeit in der wachstumsorientierten, globalisierten Wirtschaft ein »Unmöglichkeitstheorem« ist, wie Herman Daly es nennt. Wie sieht die Alternative aus? Für diejenigen von uns, die sich intensiv mit dieser Frage befassen, liegt die Antwort im Gegenteil der Globalisierung, in der Förderung von ökonomischer Lokalisierung: Die Wirtschaftstätigkeit muss auf kleinere, überschaubare Einheiten heruntergebrochen werden, sodass die Menschen, die die Entscheidungen treffen, unmittelbar die Folgen spüren, die positiven wie die negativen. Das bedeutet, dass das Kapital wieder lokal verankert wird und die Kontrolle darüber auf so viele Menschen wie möglich verteilt wird.

Einer derartigen Umkehr der gegenwärtigen Trends stehen mächtige Interessen entgegen. Das größte Hindernis hängt jedoch damit zusammen, dass die öffentliche Diskussion über das Thema nur eingeschränkt stattfindet. Als Erstes muss daher das Thema auf den Tisch kommen und zu einem zentralen Gegenstand des politischen Diskurses werden. Bücher wie das vorliegende können vielleicht dazu beitragen.

Kapitel 3

Technologien der Globalisierung

Jerry Mander

Jerry Mander ist Präsident des »International Forum on Globalization« (IFG), eines Bündnisses von 60 Organisationen in 20 Ländern,
das Aufklärungsprojekte und Kampagnen zu Themen der globalisierten Wirtschaft durchführt. Er ist außerdem Programmdirektor der
»Foundation for Deep Ecology« und arbeitet am »Public Media Centre«, einer nicht gewinnorientierten Werbeagentur, die nur für Um-
weltprojekte und soziale Anliegen tätig wird. In den Sechzigerjahren
leitete Mander eine große Werbeagentur in San Francisco, bis er sich
ganz den Umweltproblemen zuwandte. 1971 gründete er »Public Interest Communications«, die erste nicht gewinnorientierte Werbeagentur in den Vereinigten Staaten, die für Aktionsgruppen aus dem
Umwelt-, Nachbarschafts- und sozialen Bereich arbeitete. Er war
auch Direktor des Elmwood Institute, einer ökologisch orientierten
Denkfabrik. Er hat mehrere Bücher geschrieben, u. a. *Four Argu-
ments for the Elimination of Television* (1977) und *In the Absence of
the Sacred* (1991). Jerry Mander ist Wirtschaftswissenschaftler, er
hat an der Columbia University Business School internationale Ökonomie studiert.

Heute ist es ein Gemeinplatz, neue Technologien als »revolutionär« zu bezeichnen, aber nur selten erfahren wir, ob eine rechte oder eine linke Revolution gemeint ist. Das gilt für die meisten dominierenden Technologien und für die mit den größten
Auswirkungen. Auto, Fernsehen und Computer beispielsweise
haben die Gesellschaft so verändert, dass wir uns kaum noch
daran erinnern, wie die Welt ausgesehen hat, bevor es all dies

gab. Die Gesellschaft nimmt den Vormarsch dieser Technologien mit Besorgnis erregender Passivität auf und ohne systematische Reflexion der damit einhergehenden sozialen und politischen Veränderungen. In der Tat bezeichnen wir die Technologien zwar als revolutionär, erkennen aber kaum an, dass sie überhaupt politische Implikationen besitzen, etwa den Prozess der Globalisierung beschleunigen. Der große Technologiekritiker Langdon Winner hat geschrieben, »alle Artefakte machen Politik«, das heißt, jede Technologie hat absehbare gesellschaftliche, politische und ökologische Folgen. Er sagt: »Das merkwürdigste Rätsel unserer Zeit ist, dass wir so bereitwillig durch den Prozess schlafwandeln, in dem die Bedingungen der menschlichen Existenz neu hergestellt werden ... Im technischen Bereich schließen wir immer wieder neue Gesellschaftsverträge ab zu Bedingungen, die erst nach der Unterzeichnung offenbar werden« (Winner, 1986).

Zwei Jahrzehnte zuvor hat Marshall McLuhan eine der wichtigsten und zugleich am meisten missverstandenen Bemerkungen des 20. Jahrhunderts gemacht, als er sagte, »das Medium ist die Botschaft« (1964). Er meinte damit, dass die bedeutsamsten Aspekte der Technologie nicht in ihrem offensichtlichen Inhalt liegen (das Auto als Transportmittel, die neuen Programme, die das Fernsehen ins Haus bringt), sondern in den Systemveränderungen, die sie auslösen. Wir müssen lernen, bestimmte Fragen zu stellen: Wie verändert die Technik unsere Arbeitswelt, das Familienleben, die Freizeit, die Kunst? Welche Auswirkungen hat sie auf unsere Alltagserfahrungen? Wie verändert sie unsere Vorstellungen von uns selbst, von der Gemeinschaft, von Politik, Natur, Zeit, Entfernung? Wie beeinflusst sie, was wir lernen, was wir wissen und was wir wissen können? Welche Auswirkungen hat sie auf Gesundheit und Krankheit von uns Menschen und auf die Umwelt? Wie verändert sie die Machtverteilung in einer Gesellschaft? Bewirkt sie eher eine Zentralisierung oder eine Dezentralisierung von Macht? Bewirkt sie eine Homogenisierung der Kulturen oder trägt sie zur Erhaltung der Vielfalt bei? Wer gewinnt und wer verliert?

Warum hat unsere Gesellschaft kein Verfahren entwickelt, umfassend die Wirkungen einer bestimmten Technologie zu erörtern, zu bewerten und darüber abzustimmen, bevor sie so sehr alles beherrscht, dass es kaum noch einen Weg zurück gibt? In der Tat verändern bestimmte technologische Innovationen die Gesellschaft sehr viel dramatischer, als es die Politiker tun, über die wir abstimmen. Beispielsweise wird die Allgegenwart des Computers unser Leben sehr viel mehr verändern als der Wechsel von einem republikanischen zu einem demokratischen Präsidenten oder umgekehrt. Doch über den Vormarsch des Computers stimmt weder der Kongress ab noch das Volk. Selbst in unserer durch und durch demokratischen Gesellschaft haben wir kein Verfahren, wie über Technik entschieden wird, und wenig Erfahrung darin, technische Errungenschaften kritisch zu bewerten. Wir haben nur den Markt, der die Entscheidungen für uns trifft, und die Vorgänge auf dem Markt laufen stark verzerrt ab, wie wir sehen werden.

Wie ist es dazu gekommen? Unter Dutzender möglicher Erklärungen beschränke ich mich auf drei Hauptpunkte.

Der erste Punkt hängt mit dem Informationsklima rund um Technologie zusammen. Es ist leider eine Tatsache, dass in unserer Gesellschaft die ersten Informationen über neue Technologien unweigerlich von Unternehmen und Wissenschaftlern kommen, die diese Technologien erfinden und vermarkten und die viel daran verdienen, wenn wir eine positive Haltung dazu einnehmen. Ihre Schilderungen sind natürlich optimistisch, sogar utopisch, und sie geben Hunderte von Millionen Dollar für Werbung und Öffentlichkeitsarbeit aus. Die »Grüne Revolution« wird den Sieg über den Hunger auf der Welt bringen. Die Atomenergie wird die Energieprobleme weltweit lösen und uns mit sauberer, sicherer, billiger, unerschöpflicher Energie versorgen. Das Fernsehen wird das Bewusstsein weltweit vereinen und uns Frieden und Harmonie bescheren. Die Computerrevolution macht alle Informationen der Welt für jeden Menschen mit einem Klick verfügbar.

Ähnlich optimistische Aussagen ließen sich über jede neue Technologie finden. Diejenigen, die so etwas sagen, haben keinen Vorteil davon, wenn wir die möglichen negativen Konsequenzen der neuen Produkte kennen lernen, deshalb werden vor unseren Augen immer nur die positiven Szenarien ausgebreitet und wir hören praktisch keine Gegenstimmen. Doch wie wir inzwischen erfahren haben, sind sich viele Produzenten und Industriezweige – darunter die Atomindustrie, die chemische Industrie, die Hersteller von Autos, Tabak und Zigaretten – zwar der negativen Implikationen ihrer Technologien bewusst, ziehen es aber vor, ihr Wissen für sich zu behalten und es vor der Öffentlichkeit und vor kritischen Fragen zu verbergen.

Seit Beginn der Industriellen Revolution hat eine Welle utopischer technischer Visionen nach der anderen uns so mit positiven Erwartungen überschwemmt, dass die Entwicklung neuer Technologien praktisch zu einem Synonym für den generellen Fortschritt der Gesellschaft geworden ist. Erst lange nachdem eine technische Neuerung in die Serienproduktion gegangen ist und eine wichtige Rolle in unserem Alltagsleben erlangt hat, werden die negativen Auswirkungen für Mensch und Natur offensichtlich. Aber selbst dann sehen die üblicherweise vorgeschlagenen Lösungen so aus, dass eine neue Generation von Technik eingeführt wird, um die Probleme der vorangehenden Generation zu überwinden. Damit rollt die Welle der nächsten Technikgeneration.

Und es kommt noch ein zweiter Faktor ins Spiel, der unsere außerordentliche Passivität gegenüber der Technologie erklärt: Wenn wir uns über die Vorzüge einer bestimmten Technik klar zu werden versuchen, tun wir das immer in Bezug auf uns persönlich. Das Auto bringt uns relativ bequem an unser Ziel. Das Fernsehen unterhält und informiert uns. Das Flugzeug lässt Entfernungen schrumpfen, innerhalb von Stunden erreichen wir jeden Punkt auf der Erde. Der Computer schreibt, speichert Daten, verbindet uns mit Gleichgesinnten, beschleunigt Arbeitsabläufe und ermöglicht es uns, unsere Anschauungen gegenüber einem riesigen Publikum zu »veröffentlichen«. Jede Technik ist entweder nützlich oder unterhaltsam, sonst hätten wir von vornherein kein Interesse daran. Doch wenn wir unsere abschließenden Urteile über Technik hauptsächlich auf unsere persönlichen Erfahrungen gründen, bleiben die gesellschaftliche, die politische und die ökologische Dimension ausgespart, mit anderen Worten: Die Wirkungen auf alle und alles außer uns selbst wird nicht wahrgenommen. Welche weiteren Folgen hat das Reisen mit Hochgeschwindigkeit? Ist eine kleinere Welt eine bessere Welt? Wer sonst profitiert von weltumspannenden Computernetzwerken?

In unserer individualistischen Gesellschaft sind wir nicht daran gewöhnt, Urteile außerhalb unserer eigenen Erfahrung zu fällen, doch genau dies – die Suche nach den systemischen oder holistischen Wirkungen – kann uns helfen, die positiven und negativen Effekte bestimmter Technologien abzuschätzen. Die Frage lautet dann nicht, ob und wie eine Technologie uns nützt, sondern wer am meisten davon profitiert und welche weiteren Folgen sie hat.

Das bringt uns zu dem dritten und, wie ich finde, wichtigsten Grund für unsere Passivität gegenüber der Technologie: Wir lassen uns von der Vorstellung täuschen, dass Technologien neutral sind, dass es nur darauf ankommt, wer die Kontrolle über eine bestimmte Technik hat, dass die Technik für sich genommen keine Eigenschaften besitzt, die unvermeidlich bestimmte ökologische oder politische Folgen auslösen. Vielleicht gehört es zu den wichtigsten Faktoren der Überlebensfähigkeit in unserer Zeit, dass wir uns von dieser Vorstellung verabschieden. Jede Technik hat eine vorgegebene politische Richtung und es ist entscheidend wichtig, dass wir dies wahrnehmen und in unseren Urteilen und Einstellungen berücksichtigen.

Ich möchte diesen Punkt mit zwei vertrauten Beispielen aus der Energietechnik verdeutlichen: mit der Atomenergie und der Solarenergie. Beide Techniken ermöglichen es, dass wir Licht im Haus haben, den Kühlschrank, den Fernseher und den Computer nutzen können. Aber damit enden auch schon die Gemeinsamkeiten.

Die innere Tendenz einer Energietechnik

Wenn eine Gesellschaft sich für die Nutzung der Atomenergie entscheidet, entscheidet sie sich nicht nur für eine bestimmte Form der Lieferung von Energie. Bau und Betrieb von Atomkraftwerken erfordern eine umfassende, technisch hoch entwickelte und kostspielige Infrastruktur. Es können sich nicht ein paar Nachbarn zusammentun und beschließen, Atomstrom zu produzieren. Nur große, zentralistische Institutionen können ein Atomkraftwerk betreiben; ohne solche Institutionen ist Atomenergie undenkbar.

Atomkraftwerke müssen darüber hinaus mit militärischen Mitteln vor terroristischen Angriffen und dem Diebstahl gefährlichen Materials geschützt werden. Außerdem fällt bei der Produktion von Atomstrom gefährlicher Müll an, der zum Teil für einen Zeitraum von 250 000 Jahren an einem sicheren Ort gelagert werden muss – ein bis heute technisch noch nicht gelöstes Problem – und in der gesamten Zeit technisch-wissenschaftlich-militärische Überwachung und Schutz braucht, was keine Gesellschaft gewährleisten kann. Damit sind schon viele Entscheidungen präjudiziert, und künftigen Generationen bleiben keine Wahlmöglichkeiten mehr. Was passiert zum Beispiel, wenn eine Gesellschaft in ein paar Jahrhunderten zu Agrarstrukturen und wenig Technik zurückkehren möchte? Sie müsste dann immer noch den gefährlichen Atommüll aus früheren Jahrhunderten überwachen und die technischen Fähigkeiten dafür erhalten. So hat die heutige Entscheidung für die Atomenergie weitreichende Folgen für die künftige Gesellschaftsform.

Die Sonnenenergie hingegen hat vollkommen andere intrinsische (wesensmäßige) Merkmale. Diese Technologie ist so einfach und billig, dass wahrscheinlich meine Söhne und ich zusammen mit ein paar Freunden Solaranlagen auf den meisten Häusern in unserer Nachbarschaft installieren könnten ohne die Hilfe irgendwelcher zentralistischer Finanzinstitutionen. Wir bräuchten keinen militärischen Schutz für die Anlagen, es würde so gut wie keine gefährlichen Abfälle geben, und die Technologie würde in keiner Weise die künftige Gesellschaftsform präjudizieren.

Demnach wäre es fair zu sagen, dass die Atomenergie eine geeignete Technologie für eine industrialisierte Massengesellschaft wie die unsrige ist und große, zentralisierte militärische und finanzielle Strukturen verlangt. Die Sonnenenergie hingegen ist die richtige Technologie für Gesellschaften, die aus kleinen Einheiten bestehen und lokale Märkte versorgen, und sie hat sehr geringe Auswirkungen auf die Umwelt.

Wichtig ist festzuhalten, dass die entscheidenden Merkmale dieser konkurrierenden Technologien *wesensmäßig* zu ihnen gehören. Wenn auf einmal wir, die Autoren des vorliegenden Buches, für die Atomkraftwerke der Welt zuständig wären, bliebe uns wohl nichts anderes übrig, als sie mehr oder weniger genauso zu betreiben, wie sie bisher betrieben wurden, allenfalls vielleicht mit mehr Vorsicht. Aber die wesentlichen Implikationen der Atomkraft – in finanzieller, militärischer und ökologischer Hinsicht – würden fortbestehen, weil sie durch die Technik vorgegeben sind. Deshalb ist es vollkommen absurd zu sagen, dass die beiden Technologien neutral sind, denn sie sind wesensmäßig prädisponiert, vollkommen unterschiedliche Folgen zu erzeugen.

Diese Form der komparativen *systemischen* Technikanalyse sollte stattfinden, lange bevor unsere Gesellschaft die Entscheidung für die Nutzung einer bestimmten Energieform trifft. Andere Energiequellen wie Kohle, Gas, Öl oder Biomasse sollten in den umfassenden Vergleich mit einbezogen werden, lange bevor Unternehmen mit ihren Marketinginteressen Einfluss ausüben können. Letzten Endes lautet die Frage: Welche Form von Technik passt zu welcher Gesellschaftsform?

Nehmen wir das Beispiel des Automobils.

Referendum über das Auto

Was wäre passiert, wenn zum Zeitpunkt der Erfindung des Automobils der Öffentlichkeit eine systematische Analyse vorgelegt worden wäre? Die meisten negativen Folgen waren durchaus im Voraus bekannt, denn die Unternehmen gaben riesige Summen dafür aus, das Marktpotenzial ihres Produkts und mögliche negative Nebenwirkungen zu erforschen. Unternehmen mögen keine Überraschungen. Eine hervorragende Untersuchung darüber, wie viel über die Auswirkungen bestimmter Technologien zum Zeitpunkt ihrer Erfindung bekannt war, enthalten die Berichte zur retrospektiven Technikfolgenabschätzung, die von der amerikanischen »National Science Foundation« finanziert und vom Massachusetts Institute of Technology durchgeführt werden.

Als Henry Ford und andere vor der Jahrhundertwende erstmals das Automobil vorstellten, wurde die Technologie wie immer nur in »Best-case«-Szenarien beschrieben. Das Auto werde eine »revolutionäre« neue Ära der persönlichen Freiheit und

Demokratie einleiten in der Form von schneller, sauberer (keine knöcheltief aufgeweichten Straßen und keine Pferdeäpfel) und unabhängiger privater Fortbewegung. Aber was wäre gewesen, wenn man den Menschen gesagt hätte, dass das Auto die moderne Betonstadt mit sich bringen würde? Dass es zu Krebs verursachender Luftverschmutzung beitragen, zu Lärmbelastung, weltweiter Erwärmung, erheblichen Abfallproblemen und der raschen Erschöpfung der Ressourcen der Erde führen würde? Was wäre gewesen, wenn man gesagt hätte, dass aus Gründen der effizienten Produktion Automobile schließlich von einigen wenigen Großunternehmen hergestellt würden, die dadurch enorme wirtschaftliche und politische Macht erlangen? Dass diese Großunternehmen eine neue Form der Massenproduktion erfinden würden – das Fließband –, das die Entfremdung der Arbeiter, körperliche Probleme, Drogenmissbrauch und Alkoholismus zur Folge haben würde? Dass die Großunternehmen sich zusammentun und dafür sorgen würden, dass andere Massenverkehrsmittel wie Züge nach und nach verschwinden? Dass das Automobil das Wuchern der Vorstädte und die Zerstörung von Landschaften bewirken würde? Was wäre gewesen, wenn gesagt worden wäre, dass jedes Jahr 30 000 Menschen bei Unfällen mit dem Automobil ums Leben kommen? Wenn die Öffentlichkeit im Vorhinein darüber informiert worden wäre, welcher gigantische Bedarf an Erdöl durch das Automobil erzeugt wird und dass einmal schreckliche Kriege um Ölquellen geführt werden? Was wäre gewesen, wenn die Öffentlichkeit realisiert hätte, dass das Auto und die Straßen noch die entlegensten Gesellschaften so verändern würden, dass sie alle dem Muster der Industriegesellschaften gleichen? Dass Städte wie Bangkok und Katmandu eines Tages wie Manhattan zur Hauptverkehrszeit aussehen würden?

Hätte eine Öffentlichkeit, die all diese Folgen gekannt hätte, die Entwicklung des privaten Automobils weiter unterstützt? Hätte sie das Auto immer noch für eine gute Sache gehalten?

Ich weiß es einfach nicht, ob eine über all dies informierte Öffentlichkeit sich tatsächlich gegen das Auto entschieden hätte, wenn sie die Wahl gehabt hätte. Vielleicht hätte sie nicht dagegen votiert. Aber die Öffentlichkeit war nicht so umfassend informiert.

Wenn eine derartige öffentliche Diskussion über das Automobil stattgefunden hätte, dann hätte es sicher mehr Unterstützung für öffentliche Transportmittel gegeben, und wir hätten bestimmt nicht im gleichen Umfang die Verbreitung von Privatfahrzeugen und das Wuchern von Straßen erlebt. Einige Länder und Orte hätten vielleicht Privatfahrzeuge ganz verboten und auf diese Weise ihre ursprünglichen gesellschaftlichen, kulturellen, biologischen und geografischen Merkmale bewahrt.

Fernsehen: das Klonen von Kulturen

Mehrere Autoren dieses Buches beschreiben Aspekte der Globalisierung und der Homogenisierung von Werten, von Kultur und von Wahrnehmungsweisen als Folge des weltweiten Exports von westlichen Filmen, westlicher Mode und Musik und westlichen Fernsehprogrammen (siehe die Kapitel 14 und 15). Da die neuen Handelsabkommen erfolgreich die verbliebene Kraft einzelner Länder aushöhlen, sich solchen kulturellen Invasionen zu widersetzen, beschleunigt sich der Prozess des Klonens von Kulturen, der schon seit einiger Zeit im Gange ist.

Seit dem Aufkommen des Satellitenfernsehens in den Siebziger- und Achtzigerjahren können über 75 Prozent der Weltbevölkerung jeden Tag Fernsehprogramme empfangen. Menschen in abgelegenen Teilen von Borneo, irgendwo im Himalaja und in der fernen Tundra Sibiriens sehen die gleichen Sendungen, meist von westlichen Firmen produziert, die allesamt westliche Werte und westliche Vorstellungen verbreiten und damit einen enormen Kulturwandel bewirken.

Ich hatte Gelegenheit, diesen Prozess Mitte der Achtzigerjahre im Mackenzie River Valley in den kanadischen Northwest Territories hautnah mitzuerleben, wo ich mich auf Einladung der »Native Women's Association« aufhielt. Die Frauen machten sich große Sorgen über die raschen Veränderungen in ihren Siedlungen, seit kurz zuvor der Empfang von Satellitenfernsehen ermöglicht worden war.

Das Mackenzie Valley erstreckt sich südlich vom Polarkreis über 2400 Kilometer bis zum Great Slave Lake. Falls Ihnen der Name nichts sagt, möchte ich Sie kurz daran erinnern, dass vor einigen Jahren dort ein russischer Satellit mit Nuklearantrieb abgestürzt ist. Man hatte zunächst gefürchtet, er könnte auf Paris oder New York oder Tokio stürzen, und die Presse berichtete schließlich mit Erleichterung, er sei »in einer unbewohnten Eiswüste« niedergegangen.

Dass dieses Gebiet als »unbewohnt« bezeichnet wurde, zeigt, wie unsichtbar die Urbevölkerung für die Massenmedien ist. Tatsächlich ist das Gebiet seit 4000 Jahren besiedelt, dort leben 26 Gemeinschaften von Dene-Indianern und Inuit-Völkern (Eskimos), alles in allem etwa 20 000 Menschen. Sie sprechen 22 Sprachen, die meisten als Muttersprache. An vielen Orten haben sich traditionelle Wirtschaftsformen erhalten wie Jagen, Eisfischen und Hundeschlittenfahren, hauptsächlich aus dem Grund, weil die kanadische Regierung kaum Interesse an dem Gebiet hatte. Aber als in den Sechzigerjahren Öl entdeckt wurde, brauchte man Arbeitskräfte für die Ölfelder, und die kanadische Regierung beschloss, dass es an der Zeit war, aus den Ureinwohnern richtige Kanadier zu machen.

Das Fernsehen ist üblicherweise das Mittel der Wahl für eine solche kulturelle Konversion. Die Regierung bot allen 26 Gemeinschaften kostenlose Satellitenschüsseln und Fernsehgeräte an; die meisten, wenn auch nicht alle, nahmen das Angebot an.

Als ich in Yellowknife ankam, der Hauptstadt der Northwest Territories (mit damals 9000 Einwohnern, die einzige Stadt mit befestigten Straßen und Autoverkehr), betrug die Temperatur 40 Grad unter Null. Die Frauen, die mich begrüßten, erzählten mir, sie seien zunächst angetan gewesen vom Fernsehen. Die einzelnen Siedlungen der Dene und Inuit liegen oft Hunderte von Kilometern auseinander und es gibt keine Straßen. Die Kommunikation war schwierig: Hundeschlitten, Funk und Flugzeug. »Bis vor kurzem hat das keine Rolle gespielt«, sagte mir die Sprecherin des Dene-Volkes, Cindy Gilday. »Die meisten Gemeinschaften sind seit Jahrhunderten auf sich selbst gestellt, aber nun verändert die Regierung die Dinge so rasch, dass die Menschen wissen müssen, was vor sich geht.«

Das Fernsehen erschien zunächst als ein logischer Fortschritt bei den Kommunikationsmöglichkeiten, aber es erfüllte die Erwartungen nicht. Wie an den meisten bislang isolierten Orten in den Entwicklungsländern, wohin das Fernsehen neu gekommen ist, wurden auch die in den Northwest Territories ausge-strahlten Programme nicht vor Ort produziert, sondern aus den USA und anderen westlichen Staaten importiert. 60 Prozent der Sendungen stammten aus den Vereinigten Staaten, so *Dallas, Edge of Night, Happy Days* und *The Six Million Dollar Man* (jüngst kam noch CNN hinzu). Gilday sagt:

Nur eine Stunde pro Woche gibt es ein lokales Programm, und das hat selten mit der Urbevölkerung zu tun, obwohl wir hier die Mehrheit sind ... Wir sehen bereits die verheerenden Aus-wirkungen des Fernsehens, vor allem bei den Dörfern draußen im Busch. Im Fernsehen werden Verhaltensweisen und Werte glorifiziert, die für das Leben hier Gift sind. Unsere Traditio-nen haben viel mit Überleben zu tun. Nur wenn die Menschen den Zusammenhalt in der Gemeinschaft, Teilen und nicht ma-terialistische Einstellungen pflegen, können sie hier leben. Aber das Fernsehen zeigt uns Tag für Tag die entgegengesetz-ten Werte.

Viele Frauen, mit denen ich sprach, waren Lehrerinnen, und sie berichteten, sie hätten sofort Veränderungen in den Dörfern ge-sehen, als das Fernsehen kam. Die Kinder hätten schlagartig das Interesse an ihrer Muttersprache verloren, stattdessen wollten sie kanadisches Englisch lernen. Und sie wollen alle möglichen neuen Sachen wie Autos, dabei gibt es in den meisten Siedlun-gen gar keine Straßen. Sie wollen nicht mehr lernen, wie man an Eislöchern fischt oder wie man jagt. »Aber am schlimmsten ist, was in den Beziehungen zwischen den Jungen und den Al-ten passiert«, sagten mir die Frauen. »Im Fernsehen wird der Eindruck erweckt, dass nur die jungen Leute zählen und dass die Alten nichts zu sagen haben. Doch zu unseren Kulturen ge-hört es, dass die Alten den Jungen Geschichten erzählen und den Kindern beibringen, was es heißt, Indianer zu sein.«

Am schwersten wiege, dass keine Geschichten mehr erzählt würden. Üblicherweise hätten abends die alten Menschen in ei-ner Ecke des Hauses gesessen, die Kinder um sich versammelt und ihnen alte Geschichten über das Leben am Polarkreis er-zählt. Die Alten seien damit das Fenster gewesen, durch das die jüngere Generation ihre eigene Vergangenheit und ihre Traditionen betrachtet habe; auf diese Weise hätten die Kinder ihre indianischen Wurzeln spüren können. Und das sei eine Schule gewesen, die sie gelehrt habe, an einem so unwirtlichen Ort zu überleben. Die Frauen waren entsetzt, dass das Fernsehen all dies ausgelöscht hatte. Es war in ihren Augen der Tod ihrer Kultur. Gilday sagte zu mir:

Sie müssen sich vorstellen, dass die meisten Menschen hier immer noch in Häusern mit ein oder zwei Räumen leben. Der Fernsehapparat läuft den ganzen Tag, die kleinen Kinder und die alten Leute sitzen davor und starren darauf. Sie sehen eine für sie vollkommen fremde Welt, und sie hören keine Geschichten mehr. Sie wollen nicht mehr Indianer sein. Sie hassen es, Indianer zu sein.

Sie wollen Kanadier und Amerikaner sein ... Es ist so verrückt und so schrecklich. Niemand hat uns je gesagt, dass all das mit dem Fernsehen kommen würde. Es ist wie eine Invasion aus dem Weltall. Erst tauchten die staatlichen Beamten hier auf, dann kamen die Ölfirmen und jetzt ist es das Fernsehen.

Weil das Satellitenfernsehen *Dallas*, *The Edge of Night* und die *Oprah Winfrey Show* zu 75 Prozent der Erdbevölkerung bringt, passiert weltweit das Gleiche wie im Mackenzie Valley. Das Fernsehen ist das wirksamste Instrument zum Klonen von Kulturen, das jemals erfunden wurde, und es ist ein Wegbereiter: für Autos, für geteerte Straßen, für westliche Restaurantketten, für den Übergang von der Selbstversorgung zur exportorientierten Produktion, für einen hektischen Lebensstil voller Stress, für den Verlust traditioneller Fertigkeiten, für das Eintauchen in die Welt von Computern, Walkmans, CDs und so weiter.

Natürlich kann man argumentieren, dass die Vorteile der modernen Welt das Opfer wert sind, selbst wenn das Opfer zum Zeitpunkt des Wandels noch gar nicht absehbar ist und als eine erschreckende Überraschung kommt. Tatsächlich ist es der oberste Rechtfertigungsgrund in der gesamten westlichen Entwicklungsethik, dass der Verlust der kulturellen und biologischen Vielfalt kein zu hoher Preis ist, dass die Errungenschaften die Opfer wert sind, auch wenn irgendwann die ganze Welt so aussieht wie Bakersfield in Kalifornien. Ob man diese Sichtweise nun teilt oder nicht, auf jeden Fall sollten wir uns sehr genau klar machen, um welchen Handel es hier geht, und wir sollten uns die Freiheit und die Gelegenheit zu der Feststellung offen lassen, dass alle dabei verlieren könnten.

Das Fernsehen erfüllt die Versprechen, die seine Erfinder uns gegeben haben: Es erzeugt ein weltweit einheitliches Bewusstsein. Aber ist das gut so?

Die Computerrevolution

Die Computerrevolution ist eine eigenartige Revolution, weil jede Gruppe in der Gesellschaft, auch die, die ansonsten über die meisten Themen vollkommen unterschiedliche Auffassungen haben, hier einer Meinung sind: Sie ist eine gute Sache. Die Ingenieure und die Künstler, die Al Gores und die Newt Gingriches, Unternehmen und ihre kritischen Gegenspieler, Linke und Rechte – sie alle lassen sich blenden von den Aussichten auf schöne neue Computerwelten, auch wenn möglicherweise jeder eine etwas andere Vorstellung davon hat.

Die meisten meiner Freunde und Kollegen hegen ebenfalls optimistische Erwartungen. Die Schriftsteller unter meinen Freunden können sich nicht mehr vorstellen, Bücher ohne Computer zu verfassen, obwohl es in der Geschichte einige Autoren gibt – von Shakespeare über Hemingway bis zu Atwood und Illich –, denen dies gelungen ist. Selbst heute schreiben manche Autoren noch von Hand (darunter Edward Goldsmith und Wendell Berry). Und es bleibt die eindrucksvolle Tatsache, dass 400 000 Generationen von Menschen ihr Leben ohne Computer bewältigt haben. Es ist also möglich.

»Das ist nicht der springende Punkt«, wenden meine Freunde ein. Sie halten mir vor, ich würde nicht sehen, dass der Computer jedem von uns »mehr Möglichkeiten« gibt (eine im Zusammenhang mit Computern heute beliebte Wendung) und uns helfen kann, uns gegen die Übermacht der Unternehmen zu behaupten. Der Computer, so sagen sie, gibt dem Individuum wieder echte Macht, im Cyberspace können wir neue Allianzen schmieden mit gleichgesinnten Radikalen an ihren Bildschirmen, wir können E-Mail und Websites nutzen, um Informationen zu verbreiten und Aktionen zu organisieren. In dieser Betrachtung erscheint der Computer eindeutig als eine Technik, die im Dienste der »progressiven«, demokratischen, dezentralistischen Kräfte steht.

Die eher esoterisch Gestimmten unter meinen Kollegen verweisen gern auf Äußerungen von Kevin Kelly, dem einflussreichen Herausgeber des Magazins *Wired,* der davon spricht, dass die Verbreitung des PCs eine neue »revolutionäre« politische Struktur geschaffen habe. »Das richtige Symbol für die heutige Zeit ist nicht mehr das Atom«, sagt Kelly, »sondern das Netz.« Das politische Zentrum sei weggefegt worden, eine revolutionäre Struktur sei an seine Stelle getreten. Dies führe zu einer neuen dezentralisierten Weltsicht, die »die Macht der kleinen Spieler« vergrößere und die Heterogenität fördere. Es führe auch zu einer neuen Form der reinen Demokratie und zu »Anfängen einer Technospiritualität« (Kelly, 1994).

Mit der »Technospiritualität« hat Kelly Recht, auch wenn ich sagen muss, dass ich die alte Form der Spiritualität vorziehe, die keine Vermittlung durch Maschinen brauchte. Zu der Hauptidee, dass das alte politische Zentrum beseitigt wurde und dass unsere neue Netz- oder Webpolitik uns eine computergestützte Demokratie beschert, die im Cyberspace funktioniert, möchte ich eine grundsätzliche Frage stellen: Sollen wir das nicht lieber als *virtuelle Demokratie* bezeichnen? Der moderne Kasinokapitalismus, der in Kapitel 4 beschrieben wird, zeigt es uns: Die riesigen Finanzinstitutionen unserer Tage könnten in ihrem gegenwärtigen Umfang nicht existieren, wenn es keine Computer gäbe. Die Computer sind ihr globales Nervensystem, sie bieten die Möglichkeit, den Weg von Milliarden von Einheiten zu verfolgen und zu koordinieren, sie zu bestimmten Zwecken in die gleiche Richtung zu lenken. Richard Sclove vom Loka Institute hat es so ausgedrückt:

> *In den Medien wird so viel Wirbel darum gemacht, wie die neuen Technologien die Demokratie stärken werden. Doch tatsächlich werden nicht die Individuen gestärkt, sondern vielmehr multinationale Unternehmen und Banken gegenüber Arbeitnehmern, Konsumenten und politischen Systemen* (Sclove, 1994).

Nach meiner Überzeugung wird die Computertechnologie mehr als alle anderen jemals gemachten Erfindungen zur raschen Zentralisierung von Macht beitragen. Während wir an unseren PCs sitzen und Texte schreiben, E-Mails verschicken und unsere neuen Freiheiten im Cyberspace wahrnehmen, nutzen die transnationalen Konzerne ihre globalen Netzwerke, hinter denen viel größere Ressourcen stehen. Sie tauschen nicht nur Informationen aus, sondern erreichen konkrete Ergebnisse, die dann so aussehen: abgeholzte Wälder, forcierte Entwicklung der Infrastruktur, Zerstörung von ländlichen und bäuerlichen Gesellschaften, Entwurzelung von Millionen Menschen und Kontrolle über die Regierung. In symbiotischer Verbindung mit anderen Technologien der raschen wirtschaftlichen Entwicklung operieren sie in einem solchen Umfang und mit einem solchen Tempo, dass die Stärkung des Individuums durch den Computer vergleichsweise kläglich dagegen aussieht. Um es in traditionellen politischen Begriffen auszudrücken: Die neuen Telekommunikationstechnologien nützen den Unternehmen, den zentralistischen, industriellen Kräften (den »Rechten«?) sehr viel mehr als den dezentralisierten, lokalen, in kleinen Gemeinschaften verankerten Interessen (der »Linken«?), für Letztere ist es eine klare Einbuße.

So viel zu der Behauptung, Computer würden »die Macht der kleinen Spieler« vergrößern.

Ich habe einige Makroeffekte des Computers beschrieben. Aber es müssen auch noch andere Dimensionen erwähnt werden: die Rolle der Computerproduktion bei der Erzeugung der gefährlichen Krisen in den Industrie- und den Entwicklungsländern; der Einsatz von Computern als Überwachungsinstrumente, um die Leistung von Arbeitnehmern zu messen und zu objektivieren; die Art, wie PCs die militärischen Möglichkeiten der fortgeschrittenen Industrieländer enorm vergrößert haben. Das wurde erkennbar in dem schrecklichen »Launch-on-warning«-Automatismus des Kalten Krieges und in den »klinisch sauberen Schlägen« des sehr viel heißeren und aktuelleren Krieges der USA gegen den Irak, wo computergesteuerte Bomben das Töten übernahmen und es den Menschen ersparten (allerdings nicht denjenigen, auf die die Bomben niedergingen), mit den schmutzigen Seiten des Krieges in Berührung zu kommen.

Dann ist da noch die ganz schlichte Dimension der Geschwindigkeit. E. F. Schumacher hat uns einst gesagt, »small is beautiful«, klein ist schön, aber man könnte auch sagen, *langsam* ist schön, vor allem dann, wenn es um die Bewahrung der natürlichen Umwelt geht. Computer beschleunigen die Kommunikation über große Distanzen, das ist höchst vorteilhaft für die großen, zentralistischen Institutionen, die wir in diesem Buch beschreiben. Natürlich profitieren auch Widerstandsbewegungen von der Beschleunigung, aber bei ihnen dient sie höchstens dem Versuch, mit den Hochgeschwindigkeitsaktivitäten der Unternehmen Schritt zu halten.

Haben wir durch den Computer tatsächlich etwas gewonnen? In politischer Hinsicht glaube ich nicht. In ökologischer Hinsicht haben wir ganz sicher nichts gewonnen. Um das Überleben der Natur zu sichern, muss alles langsamer werden, vor allem die Entwicklung und vor allem die Menschen, und sich den weniger spektakulären und ruhigeren Rhythmen der natürlichen Welt wieder angleichen. In unserer Cyber-Walkman-Flugzeug-Fax-Handy-Satelliten-Welt sind wir so mit der technischen Hochgeschwindigkeitsrealität verschmolzen, dass Werte der Natur und die Sorge um die Natur aus unserem Bewusstsein verschwinden.

Die Auswirkungen des Computers auf Bildung und Gesellschaft

C. A. Bowers, Professor für Erziehungswissenschaften an der Portland State University, beschäftigt sich damit, wie der Einsatz von Computern die grundlegenden ökologischen und politischen Werte der Menschen verändert, die sie nutzen. Bowers argumentiert, dass die Verbreitung der Computer zum Verlust von ökologischer Sensibilität und ökologischem Verständnis führt, weil allein die Tatsache, dass Computer eingesetzt werden, insbesondere in Lernprozessen, einen ganzen Bestand an Ideen und Erfahrungen ausschließt, die früher die Bausteine für eine wachsende Verbundenheit mit der Erde bildeten. Bowers lehnt Computer in der Grundschule und in weiterführenden Schulen ab mit der Begründung, dass sie nicht nur die Art verändern, wie die kindlichen Gehirne Informationen verarbeiten, und nicht nur Auswirkungen darauf haben, was die Kinder wissen, sondern darauf, was sie wissen *können* – das heißt, Computer verändern die Wege der kindlichen Erkenntnis. Wenn sich unsere Kultur beherrschen lässt von Wissen, das in Datenbanken abgelegt wird, und beschränkt ist auf Informationen, die in digitaler Form weitergegeben werden können, opfert sie das eher unterschwellige, in Kontexten verankerte und im Gedächtnis gespeicherte Wissen, das in einer mit der Natur verbundenen Kultur, im sinnvollen Lernen durch den Austausch mit anderen Menschen und in einem auf ökologischem Bewusstsein gründenden Wertesystem zusammengetragen wird (Bowers, 1993).

Mit der Entscheidung, Computer im großen Stil als Lernmittel an den Schulen einzusetzen, so Bowers, nehme unsere Gesellschaft eine massive gesellschaftliche Umgestaltung in Kauf und lasse zu, dass die Menschen in einer absehbaren Weise verändert werden. McLuhan hat gesagt, dass wir uns in die Techniken verwandeln, die wir nutzen. Bowers sagt, je mehr wir Computer einsetzen und je größer weltweit die Rolle des Computers ist, desto stärker wirkt er kulturell vereinheitlichend, und desto größer ist die Wahrscheinlichkeit, dass unsere neue weltumspannende digitale Kultur sich wenig um das Verschwinden der Natur scheren wird.

Richard Sclove ergänzt noch einen letzten politischen Aspekt:

Die Menschen nutzen Telekommunikationstechniken, um [virtuelle] soziale Bindungen zu knüpfen, die ganz und gar nichts mit räumlicher Nähe und direkten Bekanntschaften zu tun haben. Ich kann heute regen Austausch mit Menschen in Amsterdam pflegen und gleichzeitig nicht die geringste Ahnung haben, was mit meinem Nachbarn eine Tür weiter los ist. Wenn wir unser Leben online verbringen, mit wenig unmittelbarer Erfahrung der natürlichen Umwelt – ohne sinnliche Wahrnehmung –, wird unsere Bereitschaft ausgehöhlt, verantwortlich gegenüber der Umwelt zu handeln ... Das letzte politische Risiko sieht dann so aus: Je mehr die virtuelle Gemeinschaft den direkten Austausch verdrängt, desto größer wird das Missverhältnis zwischen der Zugehörigkeit zu sozialen

Gruppen, die nicht territorial gebunden sind, und der Zugehö-
rigkeit zu einem politischen System, das territorial gebunden
ist. Wie kann ein Staat noch seine politische Macht ausüben,
wenn die Bürger, die innerhalb der Staatsgrenzen leben, keine
Beziehungen mehr untereinander und keine Beziehungen zu
den Realitäten des Ortes haben?

Megatechnologie

Die einzelnen Technologien müssen nicht nur für sich genommen systematisch auf ihre ideologischen Implikationen untersucht werden, sondern auch in ihrem Zusammenspiel. Zum
Beispiel konnte man vor gerade einmal zwanzig Jahren noch
davon sprechen, dass zwei verschiedene Teile des Planeten
unterschiedliche Regionen mit je eigener Kultur, eigenen Le-
bensgewohnheiten, Vorstellungswelten, Gepflogenheiten und
Machtstrukturen waren. Man konnte auch noch von verschiedenen geografischen Verhältnissen sprechen. Und man konnte
über die einzelnen Technologien so sprechen, als wäre jede von
der anderen verschieden: Fernsehen im Unterschied zu Computern, Laser im Unterschied zu Satelliten.

Demgegenüber hat uns die technologische Evolution an einen Punkt gebracht, wo die Unterscheidungen zwischen Kulturen, Orten, Organisationsstrukturen und Formen der Technik
vom Vereinheitlichungsdruck eines übergeordneten technischen Molochs ausgelöscht werden. Telekommunikation, Da-
tenübertragung mit Hochgeschwindigkeit, Satellitsysteme,
Roboter, Lasertechnik und die vielen anderen neuen Technologien haben ein weltweit verzahntes Kommunikationssystem
möglich, praktikabel und unausweichlich gemacht, das es
Unternehmen erlaubt, mit einer nie da gewesenen Geschwindigkeit und Effizienz global zu agieren. In einem solchen System sind die Unternehmen selbst ein elementarer Bestandteil
der technischen Maschinerie. Tatsächlich sind sie ebenfalls Formen von Technik. Sie erfinden die Maschinen, die auf dieser
globalen Ebene agieren, und gleichzeitig werden sie in einem
sich immer mehr beschleunigenden symbiotischen Kreislauf
von ihnen hervorgebracht.

Schließlich muss zur Vervollständigung des Bildes noch eine letzte Form von Technik erwähnt werden: das kürzlich umgestaltete globale Wirtschaftssystem, das eigens darauf ausgerichtet wurde, den Widerstand gegen den Vormarsch der Homogenisierung durch Megatechnologie zu brechen.

Die großen Handelsabkommen sind ein integraler Bestandteil der globalen Technikstruktur, ja, sie sind das »Bewusstsein« des auf Megaentwicklung, Megatechnologie und kulturelle Einheitlichkeit ausgerichteten Modells, das den ganzen Globus umfasst und unser aller Leben durchdringt.

Vor diesem Hintergrund wird es die Demokratie in der Zukunft schwer haben. Schon jetzt erlebt die Demokratie ihren schlimmsten Rückschlag, direkte Folge der De-facto-Verschwörung zwischen den technischen Strukturen, den Technologien selbst und den Unternehmenszielen, alles im Rahmen des westlichen Entwicklungsparadigmas. Wir müssen uns rasch über das gesamte Konglomerat der Kräfte – der *Megatechnologie* – klar werden. Sonst werden wir blind und hilflos daneben stehen, wenn Natur, Kultur und die Vielfalt in einem bislang ungekannten Ausmaß zerstört werden.

Individuelle Technologien haben bestimmte definierte Aufgaben. Das Fernsehen liefert weltweit die Bilder für die neue Vision der weltumspannenden Unternehmen. Die Computer bilden das Nervensystem, das den Aufbau der neuen globalen Organisationen erleichtert. Handelsabkommen untergraben den Widerstand. Die Telekommunikation liefert die Möglichkeit, Kapital und Ressourcen sekundenschnell zu verschieben. Gentechnologie und Raumfahrt dehnen die Weltmärkte auf bislang unerforschte Gebiete aus – die Zellstruktur von Lebewesen und die unendlichen Weiten des Weltalls. Gemeinsam und mit anderen Technologien zusammen bilden sie die neue Technosphäre, die das Anathema zu Demokratie und Vielfalt ist.

Die Reaktion auf diesen Trend ist natürlich das Bemühen, ihn umzukehren, den kleinen Einheiten wieder echte Macht zu geben und die Gruppierungen, Kulturen und Länder zu unterstützen, die sich dem Vormarsch der Megatechnologie widersetzen.

Kapitel 4

Elektronisches Geld und die Kasinoökonomie

Richard Barnet und John Cavanagh

Richard J. Barnet war Abrüstungsexperte in der Kennedy-Administration. Er hat 14 Bücher geschrieben, die aktuellsten sind *The Youngest Minds* (mit Ann Barnet, 1998) und *Imperial Corporations and the New World Order* (mit John Cavanagh, 1994). Barnet gehörte 1963 zu den Mitbegründern des »Institute for Policy Studies« und ist gegenwärtig Ehrendozent an dem Institut. Er hat Hunderte von Artikeln über Außenpolitik, Globalisierung und innenpolitische Fragen in einer Vielzahl von Magazinen veröffentlicht, darunter *New Yorker, Harpers Magazine, New York Review of Books* und *The Nation*.
John Cavanagh ist Direktor des »Institute for Policy Studies« und Vizepräsident des »International Forum on Globalization«. Er hat an zehn Büchern über die globalisierte Wirtschaft mitgearbeitet, in jüngster Zeit an dem Band *A Field Guide to the Global Economy* (mit Sarah Anderson und Thea Lee, 2000). Seine Artikel erscheinen in der *Washington Post,* der *New York Times,* in *Foreign Policy* und anderen Publikationen. Cavanagh hat Hochschulabschlüsse am Dartmouth College und an der Princeton University erworben. Für die Welthandels- und Entwicklungskonferenz der Vereinten Nationen und die Weltgesundheitsorganisation hat er Studien über transnationale Konzerne verfasst.

Am 30. Januar 1995, 24 Stunden bevor der amerikanische Präsident Bill Clinton die mexikanische Wirtschaft mit einem Hilfspaket in Höhe von 50 Milliarden US-Dollar vor der Zahlungsunfähigkeit rettete, stand das Weltfinanzsystem gefährlich nahe am Rand des Zusammenbruchs. Als Meldungen rund um den Globus liefen, dass Mexiko womöglich die Zinsen auf seine Staatsanleihen nicht mehr bezahlen könnte, floh das Kapital aus den Aktienmärkten in Brasilien und Argentinien und selbst aus so weit entfernten Ländern wie Polen und der Tschechischen Republik. Die asiatischen Märkte wurden nur verschont, weil die Börsen wegen des chinesischen Neujahrsfestes geschlossen blieben.

Gerade einmal zweieinhalb Jahre später, Mitte 1997, rollte eine vergleichbare Panikwelle über die Finanzmärkte der Welt. Diesmal nahm die Krise ihren Ausgang in Thailand und erfasste rasch die Philippinen, Südkorea, Indonesien, Russland und Brasilien. Als die internationalen Investoren in einem Land nach dem anderen in Panik gerieten, floss ihr Spekulationsgeld schneller ab, als es gekommen war. Große Währungsspekulanten wie George Soros verschärften die Krise noch, indem sie gegen die Währungen der betroffenen Länder spekulierten. Die Politik des Internationalen Währungsfonds (IWF) beschleunigte den Exodus des Geldes weiter. Von Südkorea bis Brasilien stürzten die Devisen- und Aktienkurse ab, und der Einbruch bedeutete Armut, Not und Tod für die Betroffenen und wachsende Schäden für die Umwelt. Krisen dieser Art werden in den nächsten Jahren häufiger auftreten, und die nächste Krise hat womöglich weltweit noch viel schlimmere Auswirkungen. Die Wurzeln der Krisen liegen in zwei Bereichen:

1. Die totale Deregulierung der Weltfinanzsysteme hat dazu geführt, dass Banken und andere Finanzinstitutionen heute praktisch nicht mehr kontrolliert werden.
2. Die Revolution in der Kommunikationstechnologie, die parallel dazu stattgefunden hat, hat die Größenordnung, das Tempo und die Art der finanziellen Aktivitäten radikal verändert.

Die Kombination dieser Faktoren hat es den Devisenspekulanten ermöglicht, nach Lust und Laune zu agieren und enorme Summen auf elektronischem Wege in Sekundenbruchteilen von einem Land ins andere zu bewegen, ohne dass irgendeine Regierung die Chance hat, diesen Vorgang zu kontrollieren. In unserer globalisierten Cybertech-Welt ist das Geld von der Bindung an einen Ort befreit und, wie wir sehen werden, auch von den Bindungen an die meisten früheren Quellen der Wertschöpfung: Güter und Dienstleistungen. Das Geld ist selbst das Produkt, das mit Geld gekauft und verkauft wird.

Weil enorme Summen erforderlich sind, um bei diesem globalen Geldspiel mitmachen zu können, nimmt die Zahl der Banken und Geldhäuser rasch ab, während die verbliebenen Banken immer größer werden – mit der Folge, dass sie noch schwieriger zu überwachen sind. Dies hat ganz klar die Auswirkung, dass das Weltfinanzsystem außerordentlich anfällig für technische Störungen, für die höchst risikoreichen Folgen der kurzfristigen Spekulation und willkürliche Entscheidungen ohne jede Rücksichtnahme geworden ist. Falls irgendwo in diesem empfindlichen Gleichgewicht etwas schief geht, was in einer eng verflochtenen, auf dem Freihandel basierenden Wirtschaft immer wahrscheinlicher wird, dann kann leicht das folgende Szenario eintreten: Wenn eine Krise an einem Ort die Geldflüsse an allen anderen Orten direkt beeinflusst, geraten die Spekulanten in Panik; spekulatives Geld wird ohne Vorwarnung abgezogen (wie es in Mexiko, Asien, Russland und Brasilien geschehen ist), und wir werden einen raschen Dominoeffekt auf den wechselseitig abhängigen Aktienmärkten der Welt erleben. Das kann bis zum Kollaps der Weltwirtschaft führen.

Im Folgenden erörtern wir einige der Faktoren, die dahinter stehen.

Die Natur des elektronischen Geldes

Bei den meisten finanziellen Transaktionen von Unternehmen und Privatpersonen ist immer noch Bargeld im Spiel, das heißt, es gehen Banknoten (und Münzen) von Hand zu Hand, die von Finanzministerien und Notenbanken ausgegeben wurden. Nach Angaben der amerikanischen Notenbank wird immer noch ein Großteil aller Transaktionen in Dollar bar bei Banken, Supermärkten, an Tankstellen, in Restaurants und dergleichen abgewickelt. Aber die Milliarden, die zwischen Ländern, zwischen und innerhalb von Unternehmen und zwischen großen Investoren und Unternehmern hin und her schwappen, werden über ein elektronisches Netzwerk von einem Konto zum anderen verschoben. Anders als Abhebungen an Geldautomaten finden diese großen Transaktionen nicht unter den Augen der Öffentlichkeit statt. Die Anzahl der elektronischen Transfers macht zwar nur einen kleinen Teil aller Transfers aus, aber dabei sind fünf von sechs Dollar im Spiel, die in der Weltwirtschaft unterwegs sind.

In den Börsensälen rund um die Welt schreien sich die Händler zwar immer noch ihre Kommandos zu, wenn sie Geld in der einen oder anderen Form kaufen und verkaufen, aber immer mehr Dollar, Yen und Euro gehen von einem Konto auf ein anderes, Hunderte oder Tausende von Kilometern entfernt, weil sich irgendwo in einem Raum jemand in ein globales elektronisches Netzwerk eingeloggt und eine Taste gedrückt hat. Deutlich mehr als 2 Milliarden Dollar pro Tag gelangen als Bits und Bytes in unvorstellbarer Geschwindigkeit auf die andere Straßenseite oder ans andere Ende der Welt. Wie James Grant, der Herausgeber von *Grant's Interest Rate Observer,* es formuliert hat: Eine Schatzanweisung »existiert nur noch als Aufzeichnung in einem Computer« (Passell, 1992).

Die Informationstechnologie hat das globale Bankwesen mehr als jede andere Form der wirtschaftlichen Betätigung verändert. Die Software, die in den elektronischen Netzwerken läuft, gestattet mittlerweile, rund um die Uhr und rund um den Globus mit einer Fülle von Geldprodukten zu handeln – mit Effekten, Optionen, Futures und so weiter –, und sie hat die menschliche Seite der Bankgeschäfte verändert. Wie Felix Rohatyn von Lazard Frères es ausdrückt: »Die Menschen kaufen und verkaufen ein Aufleuchten auf einem Computerbildschirm. Sie handeln mit Menschen, die sie nie zu Gesicht bekommen, sie telefonieren mit Menschen in Räumen ohne Fenster. Sie sitzen da und schauen auf Bildschirme. Es ist fast wie bei der modernen Kriegführung, wo die Menschen in Bunkern sitzen und auf Bildschirme starren und Knöpfe drücken, und dann passiert etwas« (Sampson, 1989).

Der schiere Umfang der Finanzoperationen reduziert die Kosten beträchtlich. Mehrere Millionen Dollar können zu Gebühren von gerade einmal 18 US-Cent rund um den Globus bewegt werden. Bankers Trust hat die modernste Software für Devisengeschäfte entwickelt und damit gegenüber anderen Händlern einen Vorteil von ein paar Sekunden errungen – genug Zeit, um vier oder fünf Transaktionen auszuführen. Die Möglichkeit, ein paar Sekunden schneller als andere Marktteilnehmer auf neue Informationen reagieren zu können, kann Milliarden Dollar wert sein (O'Brien, 1992).

Die Einführung modernster Errungenschaften der Informationstechnologie hat das Erscheinungsbild und die Tätigkeit von Banken von Grund auf verändert. Computer und elektronische Kommunikationsnetzwerke haben die Märkte für Geldprodukte vergrößert und die Kosten für Transfers verringert, in den meisten Fällen gingen dabei Tausende von Arbeitsplätzen von Bankangestellten, Kassierern, Boten und dergleichen verloren. Aber die Einrichtung der automatisierten Systeme hat auch enorme Investitionen verlangt. 1990 gaben die Geschäftsbanken in den Vereinigten Staaten 15 Milliarden Dollar für die Neueinführung von Informationstechnologie aus, und das war nur der Anfang. Die Notwendigkeit, große Summen für derartige Investitionen bereitzustellen, hat Geschäfts- und Investmentbanken zu Rationalisierungen veranlasst. Die Institute fusionieren, um durch die gemeinsame Nutzung teurer Datensysteme Kosten zu sparen. Diese Systeme erleichtern die rasche Abrechnung von Geldgeschäften; nur ein paar Sekunden Verzögerung bei der Ausführung einer Transaktion können einen hohen Verlust bedeuten, wenn Millionen von Dollar im Spiel sind.

Mit anderen Worten: Das weltumspannende Bankwesen ist bei der Abwicklung und Kontrolle der Transfers heute hochgradig abhängig von einigen wenigen zentralisierten, elektronischen Operationen, von Programmen und Rechnern, die das Geld »in Form von gewichtslosen Photonen durch den elektromagnetischen Äther« schicken, wie Peter Passell von der *New York Times* den Vorgang beschrieben hat (1992).

Der Albtraum bei den elektronischen Geldtransfers – über den die meisten Banker am liebsten nicht nachdenken – sieht so aus, dass ein gigantisches Betrugsmanöver, ein Blitzeinschlag oder ein besonders bösartiger Computervirus zu einem Wirrwarr der Zahlen, zum Stopp aller Transaktionen oder gar zum Zusammenbruch des weltweiten Bankensystems führen und in die erste von einem Computer verursachte Panik auf den Finanzmärkten der Welt münden könnte.

Peter Passell schreibt, schon 1989 seien bei einem betrügerischen Transfer von einer Bank in Zürich an die Staatsbank von New South Wales auf dem Weg über deren New Yorker Filiale 20 Millionen US-Dollar verschwunden. Ein malaysischer Betrüger habe sich die Kooperation zweier Angestellter der Schweizer Bank gesichert und eigens für die Transaktion eine Briefkastenbank in Kamerun gegründet. Die Diebe wurden verhaftet und verurteilt. Die Überweisung der 20 Millionen Dollar erfolgte innerhalb von Sekundenbruchteilen, die Wiederbeschaffung des Geldes dauerte deutlich länger. Drei Jahre später fehlten immer noch 12 Millionen. Trotz aller technischer Vorkehrungen und Hürden sind sehr viel raffiniertere Coups von Insidern denkbar, bei denen es um noch mehr Geld gehen könnte.

In Anbetracht des enormen Volumens, das der tägliche Zahlungsverkehr erreicht hat, bieten Geschwindigkeit und Anonymität des Systems, mit dem Geldtransfers rund um die Welt erfolgen, gute Bedingungen für kriminelle Machenschaften und Steuerbetrug im großen Stil.

Elektronische Transfers sind diskret. Jeder, der sein Geld vor den Augen von Steuerfahndern, Gläubigern oder dem Ehegatten verstecken möchte, kann per Fax oder Modem mit seiner Bank Kontakt aufnehmen und den Transfer auf elektronischem Weg rund um den Globus einleiten, ohne dass er ein Wort mit einem Bankangestellten wechseln muss. Steuerparadiese sind beliebte Oasen für Gelder aus illegalen Geschäften und unversteuerte Gewinne. Tatsächlich dienen die meisten Konten, die an solchen verschwiegenen Orten unterhalten werden, dem Zweck, den neugierigen Blicken der Kontroll- und Steuerbehörden zu entgehen. Steuerparadiese sind in der Regel sehr klein – die Cayman-Inseln, die Bahamas und Bermudas, die Kapverdischen Inseln, Hongkong, Bahrain –, meistens Inseln mit angenehmem Klima, guten Flugverbindungen und vielen Faxgeräten. Der Finanzdistrikt von Grand Cayman soll weltweit die höchste Dichte an Faxgeräten haben, mit deren Hilfe 548 Bankfilialen, die Einlagen von rund 650 Milliarden Dollar verwalten, ihre Transaktionen abwickeln.

Das Volumen und die Reichweite, die mit den sekundenschnellen Bankgeschäften rund um die Welt möglich sind, machen diesen Geschäftszweig hoch profitabel, aber einige Ökonomen fürchten, dass genau diese Merkmale auch ins Verderben führen könnten. An einem durchschnittlichen Tag veranlassen und erhalten mehr als 100 Banken im Zentrum New Yorks Zahlungsanweisungen von 2 Milliarden Dollar pro Minute. Während Barzahlungen im Augenblick der Transaktion erfolgen, werden die Orderbücher mit den elektronischen Transaktionen erst am Ende des Geschäftstages geschlossen und die Konten abgerechnet. Passell (1992) vergleicht den Vorgang mit einem Pokerspiel:»Jede Institution, die im Rückstand ist, zahlt in die Kasse, so wie die ›Bank‹ beim Spiel die Konten von einem halben Dutzend Spielern ausgleicht, wenn das Spiel zu Ende ist.« Wenn eine Bank einmal nicht genug Geld hat, um die Konten am Ende eines Geschäftstages glattzustellen, würden die elektronischen Orders storniert – und jede Bank, die eine Überweisung an die betreffende Bank getätigt hat oder von ihr erwartet, würde das spüren. Womöglich müssten Hunderte von Transaktionen korrigiert werden, das System wäre überlastet, und wenn dann noch mehrere Banken betroffen wären und womöglich ein Aktiencrash dazukäme, könnte dies eine Kettenreaktion von Bankenzusammenbrüchen auslösen. Das ganze System würde womöglich für Wochen ausfallen, und in dieser Zeit stünde den Unternehmen kein Kapital zur Verfügung.

Die Banken beteuern stets, dass ein solches Szenario äußerst unwahrscheinlich sei, aber sie räumen ein, dass die Komplexität, das Tempo und die Dynamik des globalen Bankenverkehrs Risiken mit sich bringen, die wir nicht überschauen. Solche Risiken gehörten nun einmal zum technischen Fortschritt, hören wir. Und wie bei anderen technischen Katastrophen – von Tschernobyl bis Bhopal – würde auch ein Computerzusammenbruch auf den Finanzmärkten letztlich unschuldige Arbeitnehmer und Bürger treffen, so wie es in Mexiko, Asien und andernorts bereits der Fall war.

Globalisierung und der Druck zur Deregulierung

Die Technologie des Geldverleihens und die Explosion der Finanzinnovationen haben sich so rasch entwickelt, dass die Bankengesetze nicht Schritt halten konnten, die ursprünglich für einfachere und langsamere Zeiten ersonnen wurden. Der von verschiedenen Seiten ausgehende Druck der Globalisierung wurde genutzt, um alle möglichen Regulierungen der Finanzbranche aufzuheben. Für die amerikanischen Banken gelten mehr Vorschriften als für ihre deutschen und japanischen Konkurrenten und deshalb, so wird argumentiert, bestehe keine Chancengleichheit. Größere und mit mehr Macht ausgestattete deutsche und japanische Banken hätten einen Wettbewerbsvorteil gegenüber den global agierenden Banken, die amerikanischem Recht unterliegen.

Veränderungen bei den japanischen Bankengesetzen haben den Standortvorteil der in Tokio beheimateten Banken noch weiter verbessert. Zu Beginn der Neunzigerjahre sagte der damalige amerikanische Finanzminister Nicholas Brady in einer Rede vor der Vereinigung amerikanischer Bankiers, die Stärkung der Wettbewerbskraft des amerikanischen Finanzbereichs sei von entscheidender Bedeutung für die Förderung des Wirtschaftswachstums. Der Schlüssel dazu sei die Abschaffung des »alten, willkürlichen rechtlichen Rahmens, der für das Bankwesen gilt, insbesondere der überholten Einschränkungen hinsichtlich Produkten und Geografie«. Mit anderen Worten: Den Banken sollte erlaubt werden, ihr ursprüngliches Tätigkeitsfeld zu verlassen – wo sie vielleicht lokalen Unternehmen und der Öffentlichkeit von Nutzen waren – und nach Asien, Europa oder an andere Orte zu gehen, wo sie nur für ihren eigenen Nutzen arbeiten.

Das Argument, die Globalisierung verlange Deregulierung, ist mindestens ein Vierteljahrhundert alt. Die Deregulierung der amerikanischen Finanzbranche ist bereits seit Jahren im Gange und ist Teil einer weltweiten Verschiebung in den Beziehungen zwischen Regierungen und Banken. Weitgehend haben die amerikanischen Finanzinstitute selbst für die Deregulierung gesorgt. Durch neue Formen der Zusammenarbeit wie die Gründung von Holding-Gesellschaften und Firmenzusammenschlüsse haben sich die Geschäftsbereiche Bankwesen, Brokerage und Versicherungen den rechtlichen Einschränkungen entzogen, die regelten, wo auf der Welt und auf welchen Feldern sie tätig sein durften, lange bevor der Kongress entsprechende Gesetze zur Deregulierung erlassen hat. Dank der Informationstechnologie und der Erfindungsgabe von Programmierern und Rechtsanwälten reist das Geld nun schneller, weiter und auf Wegen, die sich die für das Bankwesen und die Bankenaufsicht zuständigen Behörden nie hätten träumen lassen. Wie Clive Crook im *Economist* formuliert hat, ist die Deregulierung oft »nur das Eingeständnis, dass die Regeln nicht mehr funktionieren« (Crook, 1992).

Aber die Deregulierung, ob nun durch Umgehung von Bestimmungen oder durch entsprechende Gesetze, hatte ungeahnte und äußerst unangenehme Folgen. Schließlich waren die Bankengesetze zum Schutz der Bürger und vor dem Hintergrund der Katastrophen früherer Generationen geschrieben worden.

Die Entwicklung von heimatlosem Geld

In den letzten dreißig Jahren verfolgten die amerikanischen Banken eine neue Strategie, um sich der Kontrolle durch den Gesetzgeber zu entziehen. Sie verlegten immer mehr Aktivitäten in andere Länder, weit weg vom Zugriff des Finanzministeriums und der Notenbank. Auch in diesem Fall haben die Aufsichtsbehörden unwissentlich den Prozess beschleunigt. Seit den Fünfzigerjahren war Amerika rund um die Welt mit Unternehmen, Soldaten, Militäreinrichtungen und Hilfsprogrammen der Regierung präsent, die alle Milliarden von Dollar außerhalb der USA ausgaben, und dieses viele Geld in den Händen von Ausländern wurde allmählich zu einem ernsthaften Weltproblem. Damals erholten sich Deutschland, Japan und die anderen Industrieländer von den Zerstörungen des Zweiten Weltkriegs und produzierten eine Flut von Gütern. Es war daher weder nötig noch vorteilhaft, viel aus den Vereinigten Staaten zu importieren. Ausländer besaßen Hunderte von Milliarden Dollar, viel mehr, als sie je für den Einkauf von Waren und Dienstleistungen in den USA ausgeben würden. Von der Tatsache abgesehen, dass der Dollar die durch Gold gedeckte Reservewährung der Welt war, entwickelten sich die überbewerteten Dollarbestände außerhalb der USA zu einem Problem. Wenn die Dollarbesitzer das Geld auf den Markt brachten, standen die

Vereinigten Staaten vor der finanziellen Katastrophe, da das Finanzministerium verpflichtet war, Dollar gegen Gold einzutauschen zum Kurs von 35 Dollar pro Unze Gold. Die Regierung hatte nur die Wahl, entweder das teure militärische Engagement in Übersee zu reduzieren oder den Dollar abzuwerten. Beide Alternativen passten nicht zum Selbstbild der Vereinigten Staaten, dass sie die größte Supermacht der Welt waren.

Zum ersten Mal erlebte Amerika erhebliche Zahlungsbilanzprobleme. Während die Ausländer nicht benötigte, überbewertete Dollarbestände in Banktresoren in London, Paris, Genf und Hongkong horteten, standen die Tore in Fort Knox weit offen und große Mengen Goldbarren für Europa wurden herausgetragen. Um den Abfluss von Gold zu stoppen, versuchte die amerikanische Regierung, Obergrenzen durchzusetzen, wie viel Dollar die US-Banken an Ausländer verleihen durften, und führte Steuern auf Fremdwährungsanleihen ein, die in den Vereinigten Staaten begeben wurden. Aber all diese Maßnahmen beschleunigten den Dollarabfluss nur noch weiter. Die amerikanischen Banken, allen voran die Citibank, waren in Europa und Asien mittlerweile fest etabliert, und die Kreditvergabe im Ausland explodierte als Reaktion auf die Bemühungen der US-Regierung, die Wall-Street-Banken an Kreditgeschäften mit Ausländern zu hindern.

Bereits in den Siebzigerjahren entfielen auf jeden Dollar, den US-Banken in ihren heimischen Niederlassungen an Ausländer verliehen, sechs bis sieben Dollar, die von ihren Niederlassungen im Ausland verliehen wurden. Dieser gesamte Bereich wurde als »Fremdwährungsmarkt« bezeichnet. Die Zusammenführung von Geldern auf dem Fremdwährungsmarkt, meistens Dollar, begann in Europa, um den Finanzbedarf des kommunistischen China zu decken, aber daraus entwickelte sich schon bald ein globaler Geldpool, den auch Kreditnehmer in anderen Ländern nutzen konnten. Das entscheidende Merkmal dieses Fremdwährungsmarktes besteht darin, dass Kreditgeschäfte in einer Währung außerhalb ihres Geltungsbereiches getätigt werden. Derartige Gelder sind weitgehend dem Zugriff der nationalen Behörden der Ursprungsländer entzogen. Wenn amerikanische Firmen, die im Ausland Geld brauchten, sich das Geld auf dem Fremdwährungsmarkt beschafften, lagen sie damit auf der

Linie der amerikanischen Politik, den Abfluss von Kapital aus den Vereinigten Staaten zu bremsen. Doch dieser riesige Pool von Auslandsdollars bildete eine fabelhafte Alternative zum US-Kapitalmarkt. IBM war eines der ersten in Amerika beheimateten Unternehmen, das den Fremdwährungsmarkt intensiv nutzte, aber bald finanzierten viele amerikanische Unternehmen ihre Operationen außerhalb der Vereinigten Staaten ohne Geld von den Banken in ihrem Heimatland. Der Fremdwährungsmarkt expandierte, Bonds wurden ausgegeben und nach und nach immer raffiniertere Finanzprodukte. Binnen kurzer Zeit verband er Finanzmärkte rund um die Welt, die einmal vollkommen unabhängig gewesen waren.

Die Entstehung der Kasinoökonomie

Das Geld wurde selbst zu einem echten globalen Produkt. 1973 lag die Bruttosumme aller Fremdwährungskonten rund um die Welt bei 315 Milliarden Dollar, 1988 waren es bereits über 4 Billionen. Die unglaubliche Expansion wurde durch eine Reihe von Deregulierungsmaßnahmen für internationale Finanztransaktionen ermöglicht, die erfolgten, nachdem die Regierung Nixon das System der festen Wechselkurse aufgegeben hatte und die Regierungen weltweit einen großen Teil ihrer Kontrolle über die Geldpolitik verloren. Über den Wert einer Währung wurde nun zunehmend auf den internationalen Finanzmärkten entschieden, wo Devisenhändler darum feilschten, wie viele Lire oder Drachmen zu einem bestimmten Zeitpunkt für den nun schwankenden Dollar bezahlt werden konnten. Je mehr die Wechselkurse schwankten, desto mehr Interesse hatten die Investoren daran, ihre Spekulationen mit Kontrakten über den Kauf oder Verkauf zu einem festgesetzten Preis an einem festgesetzten Tag abzusichern. Die Möglichkeiten für Spekulationen waren unbegrenzt. Schon 1989 wurden 350 verschiedene Arten von Terminkontrakten, meistens über Finanzprodukte, in Chicago und an den anderen mehr als 70 Terminbörsen gehandelt, die überall auf der Welt aus dem Boden geschossen waren.

Die Verantwortlichen in den Vereinigten Staaten spielten eine

Schlüsselrolle bei der Transformation der Weltfinanzmärkte, und zwar hauptsächlich bei zwei Gelegenheiten. Als Erstes schloss Nixon 1971 das »Goldfenster«. Von da an war es nicht mehr möglich, Dollars in Gold einzutauschen. Dies bedeutete, dass alle, die außerhalb der Vereinigten Staaten Dollarbestände besaßen, die Dollars entweder auf den Konten liegen lassen oder sie in eine andere Währung umtauschen mussten. Das zweite Ereignis trat acht Jahre später ein, als Paul Volcker, der damalige Chef der US-Notenbank, die Inflation in den Vereinigten Staaten durch eine Politik des knappen Geldes zu bekämpfen versuchte. Er bediente sich des Standardinstruments und setzte die Zinssätze, zu denen sich die Geschäftsbanken bei der Notenbank Geld leihen konnten, beträchtlich in die Höhe. Da der Dollar die Reservewährung der Welt war, trieb die Notenbank damit jedoch unbeabsichtigt die Zinsen für die ganze Welt nach oben, und sowohl die Zinssätze wie die Wechselkurse begannen heftig zu schwanken. Wie Michael Lewis es in seinem Buch *Liar's Poker* (1989) ausdrückte: »Von einem Tag auf den anderen verwandelte sich der Bondmarkt von einem ruhigen Plätzchen in ein Kasino.« Das Kaufen, Verkaufen und Verleihen von Währungsprodukten weltweit wurde zu einem eigenen Geschäftszweig. Das meiste hatte wenig oder gar nichts mit Investitionen in die Produktion oder den Handel zu tun. Die ausländischen Direktinvestitionen in den Entwicklungsländern gingen zurück, weil die großen Geschäftsbanken sahen, dass sie mehr verdienen konnten mit Provisionen, Gebühren und Zinsen beim »Recycling« von Zigmilliarden so genannter Petrodollars, die aus Schatztruhen in Kuwait und Saudi-Arabien an die Regierungen und Unternehmen in den ärmeren Ländern flossen.

Wie Richard O'Brien, der Chefökonom der American Express Bank, bemerkte (1992): »Deregulierung und Liberalisierung fördern ganz eindeutig die Globalisierung und Integration. Liberale Märkte und Systeme sind in der Regel offen, ermöglichen einen leichteren Zugang und mehr Transparenz bei Preisbildung und Informationen.« Der Fluss von verfügbaren Informationen schafft eine globale Umwelt, in der heimatloses Geld sich wohl fühlt, und beschleunigt damit das, was O'Brien »das Ende der Geografie« im Bereich Finanzen und Investitionen nennt.

Die Entstehung globaler Finanzmärkte macht es für nationale Regierungen immer schwieriger, eine verantwortungsvolle Wirtschaftspolitik zu formulieren und vor allem auch durchzusetzen. In der zunehmend anarchischen Welt des Hochgeschwindigkeitsgeldes stehen die Politiker vor einem Dilemma: Sie formulieren Vorschriften, und dann können sie sich nur zurücklehnen und zusehen, wie schnell sich die Finanzinstitutionen den Vorschriften entziehen, indem sie ihr Erscheinungsbild verändern, mit einem anderen Unternehmen fusionieren oder auf andere Weise ihre Geschäfte neu ordnen, sodass sie den Kontrolleuren das Leben schwer machen. Zugleich argumentieren die Verantwortlichen in den Banken, dass die Einhaltung der Vorschriften sie im weltweiten Wettbewerb behindert. Doch die Geschichte der Deregulierung ist gepflastert mit Skandalen und Finanzkrisen, bei denen eine Hand voll Banker, aber Millionen von Sparern und Steuerzahlern einen hohen Preis zahlen mussten.

Der globale Wettlauf um Deregulierung

Am 27. Oktober 1986 passierte in der City von London der »Big Bang«, wie der Vorsitzende der Londoner Börse es damals nannte. Damit endeten 200 Jahre bequemer, solider und teurer Handelsgepflogenheiten an der Börse. Über Nacht war der Markt dereguliert worden und offen für ausländische Banken und Wertpapierhandelsfirmen aller Art. Ein elektronisches Handelssystem nach dem Vorbild der neuen amerikanischen Computerbörse NASDAQ wurde in Betrieb genommen und löste den altmodischen Parketthandel ab. Die Händler konnten nun London umgehen und zu viel niedrigeren Kosten direkt Geschäfte mit New York oder Tokio machen. Die Deregulierung war der Versuch, verlorene Geschäftsanteile zurückzuerobern. Wie mehr als zehn Jahre zuvor die New Yorker Börse schaffte nun auch die Londoner Börse feste Provisionen für Händler ab und erlaubte den Firmen, in einer Doppelrolle sowohl als Eigenhändler wie als Makler aufzutreten. Damit konnten sich nun auch die US-Geschäftsbanken, die zu Hause vom Wertpapierhandel ausgeschlossen waren, in London auf dieses Geschäftsfeld stürzen und damit die Trennwand überwinden, die ein altes Bankengesetz in den Vereinigten Staaten dagegen errichtet hatte. (Unter dem frischen Eindruck des Börsenkrachs sollte das Gesetz verhindern, dass Banken Wertpapiere von Unternehmen emittierten.)

In den Siebzigerjahren hatte die globale Expansion durch große Fusionen und Akquisitionen an Tempo gewonnen, und diese globale Restrukturierung der Branche erforderte enorme Summen an Kapital. Anfangs beherrschten die großen Banken dieses Geschäftsfeld, weil sie die Finanzkraft und die Verbindungen besaßen, um über Netzwerke ausländischer Banken Konsortien für die Emission großer Anleihen zusammenzubringen. Aber in den Achtzigerjahren, als die Kapitalwünsche wie Pilze aus dem Boden schossen, stellten die Unternehmen fest, dass die Geldbeschaffung für sie viel billiger war, wenn sie eigene Anleihen und Wertpapiere ausgaben. Finanzinstitutionen aller Art bündelten kleine Anleihen und brachten sie als Wertpapiere auf die Finanzmärkte der Welt.

Kreditnehmer weltweit, einschließlich der größten Unternehmen, konnten sich nun rund um den Globus Geld beschaffen, in unterschiedlichen Formen und zu unterschiedlichen Konditionen. Die Investoren konnten sich gegen die Risiken in einer Volkswirtschaft oder einer Branche absichern, indem sie ausländische Aktien kauften. Die globalen Wertpapiermärkte boten viele Möglichkeiten zur Diversifikation. Gesetze und Bestimmungen, die früher internationale Investments außer Reichweite gerückt hatten, verschwanden. Die Wertpapiermärkte verloren die letzten noch verbliebenen geografischen Fesseln. Es war nun möglich, auf dem New Yorker Markt zu investieren.

Der »Big Bang« löste eine Explosion weiterer Deregulierungsschritte in anderen Finanzzentren überall auf der Welt aus. Computerhandelssysteme, die einen kontinuierlichen Informationsfluss anboten, übernahmen einen immer größeren Anteil des traditionellen Börsenhandels. Die Transaktionen wurden schneller und bequemer und zugleich billiger. Aktien wurden international gehandelte Produkte. London, Amsterdam, Paris, Frankfurt und Zürich wetteiferten darum, wer das am buntesten gemischte Menü aus internationalen Aktien, Optionen,

Swaps und Futures anbieten konnte. 1990 übertraf das Volumen der ausländischen Aktien, die an der Londoner Börse gehandelt wurden, schon das der britischen Aktien.

Die letzte Barriere

Nachdem die Walze der Deregulierung gerade erst die entwickelten Länder überrollt hatte, blieb noch eine letzte Barriere, die der vollkommenen Bewegungsfreiheit des Geldes im Wege stand und die großen Finanzkonglomerate daran hinderte, die Weltmärkte zu beherrschen. Diese Barriere bildeten die armen Länder der Dritten Welt, die sich weiterhin störrisch weigerten, ihren Geschäftsbankensektor dem ausländischen Zugriff zu öffnen. Bei der Uruguay-Runde des GATT (1986–93) kümmerte man sich um dieses Problem.

Den ärmsten Ländern der Welt waren ausländische Banken in aller Regel willkommen, weil sie hilfreiche Dienste leisteten, aber lediglich bis zu einem gewissen Punkt. Die ausländischen Banken wurden unter bestimmten, genau umrissenen Bedingungen als Anbieter von Privatkrediten und Kapitalgeber geschätzt. Aber von wenigen Ausnahmen abgesehen wurden die ausländischen Banken daran gehindert, Eigentumsanteile an Geschäftsbanken zu erwerben. Die Regierungen der Entwicklungsländer argumentierten, da das Finanzwesen ein so wichtiger Faktor bei der Entwicklung sei, müssten die Finanzdienstleistungen fest in heimischer Hand bleiben, den heimischen Interessen dienen und das Geld in der heimischen Volkswirtschaft zurückhalten.

Im Rahmen der Uruguay-Runde der GATT-Verhandlungen starteten die Vereinigten Staaten den Angriff auf den Kontrollanspruch der Entwicklungsländer über ihre Finanzmärkte. Sie und andere westliche Länder argumentierten, »Effizienz« und »Fairness« verlangten, dass ausländischen Banken überall die gleiche Behandlung wie inländischen gewährt werden müsse. Die *Inländerbehandlung* bedeutet im Kern, dass US-Banken Zutritt zu Finanzmärkten in den Entwicklungsländern bekommen sollten, auch wenn sie dabei die volle Kontrolle über die einheimischen Institutionen erlangten. Die heimischen Regierungen sollten demnach alle Versuche aufgeben, die Kontrolle über das Finanzgeschehen in ihrem Land zu behalten.

Dies war einer von mehreren wichtigen Punkten, weshalb die GATT-Verhandlungen sieben Jahre lang nicht von der Stelle kamen. Aber schließlich zwangen die Vereinigten Staaten und die anderen westlichen Länder die armen Länder, klein beizugeben, und nach dem neuen WTO-Abkommen ist die Finanzinvasion nun in vollem Gange.

Während diese Verhandlungen voranschritten, drängten die Vereinigten Staaten zugleich auf Deregulierung der Finanzdienstleistungen in Mexiko und sicherten sich eine Vereinbarung, die nach den Worten des amerikanischen Unterhändlers »gewaltige neue Gelegenheiten« eröffnen sollte, eine Chance, die später mit dem NAFTA-Abkommen festgeschrieben wurde. So konnte ein Mitarbeiter des Finanzministeriums bei inoffizieller Gelegenheit prahlen: »Sie [Mexiko] haben uns ihr Finanzsystem ausgeliefert.« In der Tat, so war es, und in den folgenden Jahren litt Mexiko unter einer Reihe von schweren Wirtschafts- und Finanzkrisen, von denen sich das Land für lange Zeit nicht mehr erholen wird. Die einfachen mexikanischen Staatsbürger zahlen letztlich die Zeche dafür, dass die Vereinigten Staaten Hunderte ihrer eigenen Spekulanten, allen voran Chase Manhattan und Goldman Sachs, gerettet haben.

Die Krisen in Mexiko, in Südamerika und in weiten Teilen der übrigen Welt waren nur die ersten in einer langen Reihe von Katastrophen, die noch kommen werden. In der globalisierten Wirtschaft, die durch Technologien zusammengehalten wird, die es möglich machen, auf Anweisung von Spekulanten und ohne jede Möglichkeit der Kontrolle und Regulierung unvorstellbare Summen in Sekundenbruchteilen um den Globus zu jagen, werden uns weitere Finanzkrisen nicht erspart bleiben. Doch diesen Zustand wird die Welt nicht lange aushalten können. Für Kommunen, Kleinbetriebe und den Durchschnittsbürger sind Bankdienstleistungen damit noch ferner geworden und noch schwieriger erreichbar. Vor allem aber gerät der gesamte internationale ökonomische Apparat dadurch in eine höchst prekäre Lage. Das Weltfinanzsystem könnte sehr schnell zusammenbrechen wie ein Kartenhaus, denn zu einem solchen ist es geworden.

Die Wende kann nur in Form eines Finanzsystems kommen, das nicht auf Spekulation aufbaut, sondern das die geografischen Wurzeln des Geldes berücksichtigt und die Verbindung von Geld mit Waren und Dienstleistungen wieder herstellt, die, wie es früher einmal der Fall war, den Interessen der lokalen und regionalen Wirtschaft dienen. Die Grameen Bank in Bangladesch und die South Shore Bank in Chicago, die sich dem Trend der heutigen Zeit widersetzen, sind interessante und ermutigende Beispiele dafür. Nur durch einen solchen Richtungswechsel können die Finanzinstitutionen ihren Teil zur ökologischen und gesellschaftlichen Nachhaltigkeit beitragen.

Kapitel 5

Herrschaftsmechanismen von Unternehmen

Tony Clarke

Der kanadische Wissenschaftler Tony Clarke ist seit mehr als zwanzig Jahren Aktivist und Führer von sozialen Bewegungen. Er hat 1974 an der Universität Chicago einen Doktortitel in Sozialethik erworben und wurde zunächst Direktor der Abteilung für soziale Angelegenheiten der katholischen Bischofskonferenz von Kanada, später Leiter der Kommission für Gerechtigkeit und Frieden des kanadischen Kirchenrates. Von 1987 bis 1993 leitete er das Netzwerk »Action Canada«, ein Bündnis von Gruppen, die in sozialen Fragen und Fragen der Arbeitswelt aktiv waren und gegen den Beitritt Kanadas zum amerikanisch-kanadischen Freihandelsabkommen und zur NAFTA kämpften. Clarke ist auch Leiter des Unternehmensausschusses des »International Forum on Globalization«. Er hat mehrere Bücher verfasst, darunter die Titel *Behind the Mitre: The Moral Leadership Crisis in the Canadian Catholic Church* (1995) und *Witness to Justice* (1979, zusammen mit Theresa Clarke).

Richard Barnet und Ronald Müller schrieben 1974 in ihrem bekannten Buch *Die Krisenmacher*: »Die Männer an der Spitze der globalen Unternehmen verfügen erstmals in der Geschichte der Menschheit über genügend Organisation, Technologie, Geld und Ideologie, um den Erfolg versprechenden Versuch zu unternehmen, die Erde als integrierte Einheit in den Griff zu bekommen.«

In den mehr als 25 Jahren, die seither vergangen sind, haben die transnationalen Konzerne (TNKs) ihre Kontrolle und ihre Macht über die Welt vergrößert. Heute sind 47 der 100 größten

Wirtschaftseinheiten der Welt TNKs, 500 Unternehmen kontrollieren 70 Prozent des weltweiten Handels und gerade einmal einem Prozent der TNKs auf unserem Planeten gehört die Hälfte sämtlicher Direktinvestitionen im Ausland.

Diese Konzerne konzentrieren sich entlang der Machtachsen der industrialisierten Welt. Nach der *Fortune*-Liste der 500 weltweit größten Unternehmen von 1998 hatten 443 ihren Hauptsitz entweder in den Vereinigten Staaten (185), in Europa (158) oder in Japan (100). Gleichzeitig haben der neue freie Markt und die Freihandelsabkommen (wie GATT und NAFTA) weltweit die Bedingungen geschaffen, dass TNKs und Banken Kapital, Technologien, Waren und Dienstleistungen frei in der Welt bewegen können, unbehindert von nationalen Vorschriften und demokratisch gewählten Regierungen.

Tatsächlich ist eine gewaltige Machtverschiebung weg von den Nationalstaaten und demokratisch gewählten Regierungen hin zu transnationalen Unternehmen und Banken im Gange. Mittlerweile bestimmen die TNKs das Leben der breiten Mehrheit der Menschen auf der Erde, doch die neuen Realitäten finden nur selten ihren Niederschlag in den Strategien der Bürgerbewegungen für demokratischen gesellschaftlichen Wandel. Allzu oft richten sie ihre Strategie primär darauf aus, die Politik von Regierungen zu verändern, während von der realen Macht, die die TNKs hinter den Kulissen ausüben, kaum einmal die Rede ist und sie noch seltener angegriffen wird. Wenn die Schachzüge transnationaler Konzerne doch einmal ins Visier von Bürgerbewegungen geraten, dann besteht die Tendenz, dass diese sich eher an Einzelheiten festbeißen als an den großen systembedingten Problemen.

Im 21. Jahrhundert ist es unabdingbar, dass die gesellschaftlichen Bewegungen sowohl im Norden wie im Süden neue Strategien entwickeln, um die dominierende globale Herrschaft der transnationalen Unternehmen in Frage zu stellen.

In dem folgenden Überblick werden einige zentrale Elemente der neuen Machtstrukturen vorgestellt, die heute, im Zeitalter der Globalisierung, Unternehmen wirksame Kontrolle über das Leben von Menschen und Staaten geben. Im Anschluss daran werden einige Vorschläge erörtert, wie diese Situation geändert werden kann.

Wie David Korten darlegt (vgl. Kapitel 2), treffen sich die weltweit führenden Vertreter aus Wirtschaft und Politik in den letzten 30 Jahren regelmäßig auf internationalen Eliteforen, etwa im »Council on Foreign Relations« (CFR) und in der Trilateralen Kommission, und stimmen dort ihre Positionen zu Fragen der Globalisierung ab.

Hinter verschlossenen Türen konnten sie sich auf bestimmte gemeinsame Strategien einigen, darunter die globale wirtschaftliche Integration, die »Harmonisierung« von Maßnahmen beim Handel, bei Steuern und Vorschriften, eine für alle Staaten gemeinsame Wirtschaftsphilosophie und politische Strategien, wie die entsprechenden Veränderungen zu erreichen sind. Mit der Verabschiedung der neuen Freihandelsvereinbarungen, die das Abkommen von Bretton Woods erweiterten und die Welthandelsorganisation (WTO) begründeten, hat diese nicht gewählte und niemandem verantwortliche globale Elite sich machtvolle Instrumente geschaffen, um in den drei dominierenden Regionen der Welt zu herrschen.

Unabhängig davon, wo sie nominell beheimatet sind, verhalten sich japanische, nordamerikanische und europäische Unternehmen zunehmend wie Staatenlose, jonglieren mit vielen verschiedenen nationalen Identitäten und Loyalitäten, um ihre Interessen im weltweiten Wettbewerb durchzusetzen. Gleichgültig, in welcher Region der Welt sie agieren, über ihre Niederlassungen in Übersee, über Joint Ventures, Lizenzabkommen und strategische Allianzen können sie wechselnde ausländische Identitäten annehmen, wie es gerade ihren Zielen nützt. Dabei entwickeln sie chamäleonartige Fähigkeiten, ihr Erscheinungsbild zu verändern und sich den jeweiligen Gegebenheiten vor Ort anzugleichen. Wie ein Unternehmenschef es ausgedrückt hat: »Wenn wir nach Brüssel gehen, sind wir EU-Mitglieder, und wenn wir nach Washington gehen, sind wir eine amerikanische Firma.« Wann immer es nötig ist, hüllen sie sich in die passende nationale Flagge, damit sie Steuererleichterungen, Forschungsbeihilfen oder die Unterstützung der Regierung bei Verhandlungen bekommen, in denen ihre Marktinteressen berührt werden. Dabei drehen staatenlose Unternehmen die nationalen Regierungen so um, dass diese für ihre Interessen arbeiten.

Die Allianz von Unternehmen und Staat

In den meisten Industrieländern haben Wirtschaftsforen, bestehend aus den Chefs der größten Unternehmen und Banken, neue Allianzen zwischen Unternehmen und Staat geschmiedet. In den Vereinigten Staaten beispielsweise nimmt der mächtige »US Business Round Table«, der die 200 größten Unternehmen vertritt, auf den höchsten Ebenen des Entscheidungsapparates in Washington direkten Einfluss in Fragen des internationalen Handels, internationaler Investitionen und internationaler Finanztransaktionen. In Japan sind die Verbindungen zwischen den großen Unternehmen und der Regierung durch die japanische Vereinigung der Wirtschaftsverbände *(Keidanren)* institutionalisiert. Die führende Wirtschaftslobby in Europa ist der »European Round Table of Industrialists«, dem die 50 größten transnationalen Unternehmen des Kontinents angehören, und in Kanada ist es der »Business Council on National Issues«, der die 150 größten Unternehmen des Landes vertritt.

Sobald unter den wichtigsten transnationalen Konzernen ein Konsens über den einzuschlagenden politischen Kurs erreicht ist, werden zu zentralen politischen Themen massive Lobby- und Werbekampagnen eingeleitet. Mit einem Netzwerk von politischen Forschungseinrichtungen und Werbeagenturen im Rücken tragen solche Wirtschaftskoalitionen Fakten, politische Positionen, Expertenanalysen und Meinungsumfragen zusammen und organisieren Lobbygruppen für ihre Kampagnen mit dem Ziel, ihre nationalen Regierungen und deren politischen Kurs zu verändern. Sie kämpfen für Steuersenkungen, Privatisierungen und Deregulierungen und nehmen damit den nationalen Regierungen einen Großteil ihrer Machtinstrumente weg.

Das fundamentale Ziel der neuen Freihandelsabkommen (wie GATT und NAFTA) ist es, den transnationalen Konzernen und Banken vollen Handlungsspielraum zu geben, unbehindert durch einzelstaatliche Gesetze und Verfassungen. Wie Carla Hills, die ehemalige Chefunterhändlerin der Vereinigten Staaten bei NAFTA und GATT, es ausgedrückt hat: »Wir wollen, dass Konzerne im Ausland investieren können, ohne dass sie einen einheimischen Investor als Partner haben müssen, nur einen bestimmten Prozentsatz ihres Gewinns exportieren dürfen, gezwungen sind, einheimische Vorprodukte zu verwenden, oder durch ein Dutzend andere Vorschriften eingeschränkt werden.« Als Ergebnis solcher Lobbyarbeit garantieren heute die »Inländerklauseln« im NAFTA- und GATT-Abkommen ausländischen Investoren die gleichen Rechte und Freiheiten wie heimischen Firmen. Die neuen Investitionsregeln stellen sicher, dass vielfältige Vorschriften der Einzelstaaten aufgehoben werden, darunter Bestimmungen hinsichtlich ausländischer Investitionen, Exportquoten, Beschaffung vor Ort, Arbeitsinhalten und technischer Spezifikationen. Dank dieser neuen Form der Absicherung erhalten die Rechte der Konzerne mehr Gewicht als die Rechte der Bürger in den jeweiligen Staaten. Überdies wiegen im Konfliktfall die Vereinbarungen von GATT und NAFTA schwerer als die Rechtsetzung der beteiligten Einzelstaaten.

Die Schaffung einer globalen Konsumentenkultur ist ein weiteres Schlüsselelement der neuen Tyrannei der Unternehmen. Die transnationalen Firmen wollen ihre Produkte mit im Prinzip gleichen Werbestrategien in Bangkok und Santiago, in Paris, Tokio, New York und London verkaufen. Das beste Beispiel dafür ist Coca-Cola, das über alle nationalen und kulturellen Grenzen hinweg zu einem globalen Symbol geworden ist. Durch Fernsehbilder und Satellitenkommunikation kann jeder Winkel der Erde mit den gleichen Ansichten, Vorlieben und Wünschen versorgt werden, und so wird weltweit eine unternehmensfreundliche Verbraucherkultur erzeugt. Man schätzt heute, dass alle transnationalen Firmen halb so viel Geld für Werbung ausgeben, wie alle Staaten der Welt zusammen für Bildung aufwenden. Die Werbestrategien der Unternehmen führen dazu, dass in den Köpfen der Menschen private Interessen (die der Konzerne) mit öffentlichen Interessen verknüpft werden. Die Folge ist eine globale Monokultur, die nicht nur lokale Vorlieben und kulturelle Unterschiede ignoriert, sondern zu einer Form der sozialen Kontrolle von Einstellungen, Erwartungen und Verhaltensweisen der Menschen überall auf der Welt zu werden droht.

Bis zur Gründung der Welthandelsorganisation (WTO) waren die beiden zentralen Institutionen des Bretton-Woods-Systems, die Weltbank und der Internationale Währungsfonds (IWF), die wichtigsten Instrumente, mit denen die neuen globalen Manager die Kontrolle der Unternehmen über Länder und Völker sicherten, besonders in den Entwicklungsländern. Die Weltbank und der IWF sind durch die Kreditvergabe direkt mit dem transnationalen Finanzsektor verbunden. Kreditvereinbarungen werden routinemäßig geheim zwischen Vertretern von Regierungen und Banken ausgehandelt, die in der Regel dem Volk nicht verantwortlich sind, obschon sie in seinem Namen das Volksvermögen an ausländische Kreditnehmer verleihen. Die Bank und der Fonds müssen, wie ein Kommentator schrieb, »als Regierungsinstitutionen« betrachtet werden, »die durch ihre finanziellen Möglichkeiten die Macht haben, ganze Rechtsordnungen zu erlassen und sogar die verfassungsmäßigen Strukturen der Kredit nehmenden Länder zu verändern«. Die Vertreter dieser Organisationen haben oft die Macht, die »Handels- und Fiskalpolitik eines Landes, seine Anforderungen an den Staatsdienst, das Arbeitsrecht, das Gesundheitswesen, Umweltschutzbestimmungen, die Energiepolitik, die Raumplanung, die Beschaffungspolitik und die Haushaltspolitik umzukrempeln«.

In den Achtzigerjahren nutzten Weltbank und IWF Umschuldungsverhandlungen dazu aus, in den Entwicklungsländern rigide Auflagen zur Umgestaltung ihrer Volkswirtschaften durchzusetzen. Jedes Strukturanpassungsprogramm (SAP) verlangte grundlegende wirtschaftliche und gesellschaftliche Veränderungen, um die Ressourcen und die Produktivität des betreffenden Landes in die Schuldentilgung und die Stärkung der Wettbewerbsfähigkeit zu lenken. Dazu gehörten Deregulierung im großen Maßstab, Privatisierung, Abwertung der Währung, Kürzungen bei den Sozialausgaben, Senkung der Unternehmenssteuern, vermehrter Export von natürlichen Ressourcen und landwirtschaftlichen Produkten und die Aufhebung von Einschränkungen für ausländische Investitionen.

Um durch den Außenhandel die Mittel für den massiven Schuldendienst aufzubringen, waren die Entwicklungsländer gezwungen, ihre Volkswirtschaften ganz auf den Export auszurichten, ihre natürlichen Ressourcen und landwirtschaftlichen Erzeugnisse auf den globalen Märkten zu verkaufen, und dabei gerieten sie rasch in immer stärkere Abhängigkeit von importierten Waren und Dienstleistungen. So sind die Strukturanpassungsprogramme Instrumente für die Rekolonisierung vieler Entwicklungsländer zum Nutzen der transnationalen Konzerne und der Banken geworden (siehe dazu die Kapitel 1 und 10).

Die Welthandelsorganisation, die als Ergebnis der Uruguay-Runde des GATT geschaffen wurde, soll in der Tat als globale Lenkungsinstanz für die transnationalen Unternehmensinteressen dienen. Die WTO hat legislative und judikative Befugnisse und das Mandat bekommen, alle Barrieren abzubauen, die internationale Investitionen und den internationalen Wettbewerb behindern. Im Rahmen der WTO kann eine Gruppe nicht gewählter Vertreter des internationalen Handels als globales Parlament agieren, das die Macht hat, sich über wirtschafts- und sozialpolitische Entscheidungen der Nationalstaaten und demokratischer Gesetzgebungsinstanzen rund um die Welt hinwegzusetzen. Gleichzeitig können die größten transnationalen Konzerne der Welt in der neuen WTO massiv Macht ausüben durch direkte Verbindungen mit den für Handel zuständigen Vertretern der beteiligten Länder. In den Vereinigten Staaten beispielsweise sind im »Advisory Committee for Trade Policy and Negotiations« Unternehmensgiganten wie IBM, AT&T, Bethlehem Steel, Time Warner, Corning, Bank of America, American Express, Scott Paper, Dow Chemical, Boeing, Eastman Kodak, Mobil Oil, Amoco, Pfizer, Hewlett-Packard, Weyerhauser und General Motors vertreten – alle sind ebenfalls Mitglieder des Business Roundtable.

Systeme unternehmerischer Herrschaft

In den folgenden Abschnitten werden einige Mittel und Wege beschrieben, wie transnationale Unternehmen und Banken die globalen Systeme übernommen haben.

Globale Finanzen

Die Globalisierung der Finanzmärkte hat geradezu revolutionäre Ausmaße erreicht. Die Zeiten, als nationale Verantwortliche die Finanzmärkte durch Bankengesetze, durch Devisenreserven, Einlagensicherung, Höchstgrenzen für Zinssätze und die Trennung des Depositengeschäfts vom Investmentbanking stabilisieren konnten, sind vorbei. Ein Land nach dem anderen hat eine massive Deregulierung des Finanzwesens und eine Verschmelzung von Depositengeschäft und Investmentbanking erlebt. Zudem umgehen heute die transnationalen Konzerne ganz einfach die Banken und beschaffen sich Geld, indem sie Anleihen begeben. Die Informationstechnologie hat das Bankwesen weltweit so verändert, dass heute jeden Tag fast zwei Billionen US-Dollar rund um den Globus geschickt werden. Elektronische Handelssysteme ermöglichen mehr als 150 000 internationale Transaktionen an einem einzige Tag. Tempo und Vielzahl der Transaktionen – von Malaysia über Toronto nach New York, weiter über Miami und die Cayman-Inseln auf die Bahamas und in die Schweiz – erschweren es, den Weg des Geldes zu verfolgen, geschweige denn zu regeln. Dieser deregulierte weltweite Finanzmarkt ist mittlerweile so instabil und anfällig, dass eine Finanzkrise in einem Land (wie in Mexiko) die Finanzmärkte in anderen Ländern in Aufruhr versetzen kann, bevor die nationalen Regierungen auch nur die Chance haben zu reagieren. Wenn nicht radikal neue Regulierungsmaßnahmen eingeführt werden, wird künftig das volatile weltweite Finanzsystem die Fiskalpolitik der nationalen Regierungen diktieren und bedrohen (siehe Kapitel 4).

Globale Güterproduktion

Nachdem die Auto-, Elektronik-, Textil- und Bekleidungsindustrie ihre Heimatländer verlassen und Produktion wie Zulieferung auf eigenständige Vertragspartner im Ausland verlagert haben, ist die »globale Fabrik« mit einer radikal neuen internationalen Arbeitsteilung entstanden. Dank der Globalisierung der Produktionsnetzwerke können transnationale Herstellerfirmen ihre Geschäftstätigkeit rund um den Globus abwickeln, immer auf der Suche nach Orten, wo die Arbeitskräfte noch billiger sind, die Investitionen noch mehr Profit bringen und keine gewerkschaftlich organisierten Arbeitnehmer Ansprüche stellen. Die neue »globale Fabrik« hat dazu geführt, dass im industrialisierten Norden (in den Vereinigten Staaten, in Japan und Europa) in dramatischem Umfang Arbeitsplätze in der Industrie verloren gegangen sind, weil die Firmen ihre Produktion in Billiglohnländer mit niedrigen Steuersätzen im Süden verlagert haben. Immer öfter finden sich Arbeitnehmer überall auf der Welt in einem großen, globalen Arbeitskräftepool wieder, und die Arbeiter in London, New York und Montreal bekommen die Ausbeutung in Guatemala, Malaysia und China als Druck auf ihre Löhne zu spüren. Die Kluft zwischen den Arbeitslöhnen im Norden und im Süden wird langsam kleiner, aber dabei besteht die höchst reale Gefahr, dass der Druck des weltweiten Wettbewerbs zur Harmonisierung auf dem niedrigsten gemeinsamen Niveau führt.

Globale Güterdistribution

Richard Barnet und John Cavanagh beschreiben in ihrem Buch *Global Dreams* (1994), wie der globale Supermarkt die landwirtschaftliche Produktion überall auf der Welt verändert und gleichzeitig die Möglichkeiten der Länder aushöhlt, die Grundversorgung ihrer Bevölkerung mit Nahrungsmitteln zu sichern. Transnationale Lebensmittelkonzerne verlangen, die Subventionen für die Landwirtschaft einzustellen und die Schutzbestimmungen aufzuheben, die bislang dafür gesorgt haben, dass Lebensmittel im industrialisierten Norden relativ billig waren. Gleichzeitig sind viele arme Länder im Süden, die einst Selbstversorger bei Nahrungsmitteln waren, jetzt aber vor dem Hintergrund ihrer Verschuldung unbedingt Außenhandel treiben müssen, gezwungen, wertvolles Ackerland an die transnationalen Agrarkonzerne abzutreten und »Cash-Crops« anzubauen, Erzeugnisse für den Export, während sie gleichzeitig Nahrungsmittel für die Versorgung ihrer eigenen Bevölkerung importieren müssen. »Exportiere oder stirb« lautet die Maxime, aber »exportiere und stirb« ist allzu oft die Realität. Die Einführung biotechnischer Produktionsmethoden – Vanillearoma aus dem Labor, gentechnisch veränderter Sellerie, kälteresistente Blumen und Tomaten, Wachstumshormone für Kühe, dazu der Transport von Nahrungsmitteln über große Entfernungen – stellt eine weitere Bedrohung nicht nur für das Überleben der Kleinbauern in den armen Ländern dar, sondern auch für die Qualität und Sicherheit von Nahrungsmitteln generell. Die großen Nahrungsmittelkonzerne – General Foods, Kraft, Pillsbury, Philip Morris, Del Monte, President's Choice, Procter and Gamble, Pepsico und andere – haben mittlerweile ihre Geschäftstätigkeit koordiniert und ihre Marketingstrategien global ausgerichtet. Für die nationalen Regierungen wird es immer schwieriger, angemessene Lebensmittelkontrollen an den Grenzen sicherzustellen, besonders angesichts der großen Einfuhrmengen von Früchten und Gemüse; deshalb werden zunehmend Begasungen mit Stoffen wie Methylbromid durchgeführt, die schädlich für die Ozonschicht sind.

Der Traum der Unternehmen, die ganze Welt in ein globales Shoppingparadies zu verwandeln, ist in greifbare Nähe gerückt. Dank massiver Werbung rund um den Globus kennt heute jedes Kind Coca-Cola und Marlboro. Global agierende Einzelhändler wie Procter and Gamble, Philipp Morris, RJR Nabisco, Kellogg, General Motors, Scars, Unilever, Pepsico, Nestlé und McDonald's geben außerdem Jahr für Jahr Milliarden von Werbedollars aus, um einen immer weiter expandierenden Weltmarkt für den Massenkonsum zu schaffen. Ihre Strategie ist es, die gleiche Ware weltweit auf die gleiche Weise zu verkaufen, ohne besondere Rücksicht auf lokale Sitten und Vorlieben, auf kulturelle und religiöse Unterschiede.

Ressourcenkontrolle
Transnationale Rohstoffgiganten wie Exxon, Mitsubishi, Texas Gulf, Shell, Rio Tinto Zinc, Alcan und eine Fülle weiterer Energie-, Bergbau-, Holz- und Wasserkonzerne haben ihre Operationen in alle Winkel der Erde ausgedehnt. Sie stellen eine ernsthafte Bedrohung für die Umwelt dar, weil sie Böden mit Öl verseuchen, Flussläufe umlenken, weite Landstriche überfluten, große Waldgebiete abholzen, Gewässer leer fischen, urwüchsige Fauna und Flora zerstören. Das einzig Neue dabei ist die allgemeine Deregulierung in Bereichen wie dem Umweltschutz. Die Bestimmungen über Rohstoffe und Energie in den NAFTA- und GATT-Vereinbarungen zielen auf die rasche Nutzung und den Export der natürlichen Ressourcen ab. Die IWF-Forderung »exportiere oder stirb« bedeutet überdies, dass armen Ländern, deren Volkswirtschaften existenziell von Rohstoffen abhängen, nichts anderes übrig bleibt, als ihre Tore für die transnationalen Rohstoffkonzerne zu öffnen und sie frei von Vorschriften und Umweltschutzbestimmungen gewähren zu lassen. Die raschen Produktionssteigerungen beschleunigen nicht nur die Erschöp-

fung nicht erneuerbarer Ressourcen, sondern erhöhen auch die globale Nachfrage nach Trinkwasser, das gegenwärtig ins Visier der transnationalen Konzerne gerät. Wenn wir dann noch die anhaltende Zerstörung der Regenwälder mit bedenken und die zunehmende Verseuchung unseres Ökosystems durch giftige Abfälle, die Firmen wie Union Carbide, Dow Chemical und Du-Pont betreiben, wundern wir uns nicht über die Feststellung, dass unsere Welt am Rande eines ökologischen Holocaust steht.

Banken, Versicherungen, Bildung

Transnationale Konzerne übernehmen auch immer mehr grundlegende Dienstleistungen wie Gesundheitsvorsorge und Bildung, die in den meisten Ländern in die Verantwortung der Regierungen fallen. Durch eine Serie vertikaler und horizontaler Fusionen entsteht nach und nach ein System großer Gesundheitskonzerne. In den Vereinigten Staaten schließen sich Pharmariesen wie Eli Lily mit Krankenversicherungen wie PCS zusammen und betreiben gemeinsam Krankenhäuser, Apotheken, Privatkliniken, Pflegeheime und Arztpraxen. Die größten kommerziellen Krankenhausbetreiber der Welt, Columbia Trust und Health Trust, sind zu einem gigantischen Gesundheitskonzern verschmolzen, Columbia Health Trust, dessen Umsätze die von Eastman Kodak oder American Express übersteigen. In der deregulierten Weltwirtschaft können diese neuen Giganten Teile des staatlichen Gesundheitswesens übernehmen, etwa in Kanada, wo ein enormer Druck besteht, Leistungen des Gesundheitswesens zu privatisieren. Zugleich dringen die TNKs auch in das Bildungssystem vor. In den Vereinigten Staaten werden Organisationen wie das »Business Higher Education Forum« und die »New American Schools Development Corporation« (die Gelder von Unternehmen in gewinnorientierte Grundschulen lenkt) von transnationalen Konzernen wie AT&T, Ford, Eastman Kodak, Pfizer, General Electric, Heinz und vielen anderen getragen. Die jedem Privathaushalt geläufigen Firmennamen Coca-Cola, Pepsi, McDonald's, Burger King und Procter and Gamble sind direkt in die Lehrplanentwicklung für die Schulen involviert und verfolgen dabei ihre Werbeinteressen, sodass die Kinder buchstäblich mit den Unternehmen aufwachsen (siehe Kapitel 20).

Patente auf Lebewesen

Während der regulierende Zugriff der Regierungen auf die TNKs weltweit abgebaut wird, schützen die Urheberrechtsbestimmungen des GATT überall auf der Welt das Monopol der Konzerne auf Informationen und Technologien. Zudem wurde der Schutz des internationalen Patentrechts auf genetisches Material einschließlich Saatgut und natürliche Heilmittel ausgedehnt. Die Patentierung von Lebensformen sichert den TNKs ausgedehnte Kontrolle über gentechnisch veränderte Lebewesen, von Mikroorganismen über Pflanzen bis zu Tieren. Und schlimmer noch: Die TNKs können sich heute ein Monopol nicht nur für die Genforschung sichern, sondern auch für alle Produkte, die daraus hervorgehen, einschließlich einer ganzen Spezies. Die W. R. Grace Corporation beispielsweise hat über ihre Tochterfirma Agracetus Inc. ein amerikaweites Patent auf alle genetisch veränderten, »transgenen« Varietäten von Baumwolle erworben (1992) und ein europaweites Patent auf alle transgenen Sojabohnen (1994). Weitere Patentanmeldungen laufen in anderen Ländern, darunter Indien, China und Brasilien, mit dem Ziel, 60 Prozent der weltweiten Baumwollproduktion zu beherrschen. Das hat zur Folge, dass Bauern, die einen Teil der Samen aus einem Jahr für die Aussaat im nächsten zurückbehalten, auf einmal internationales Patentrecht verletzen. Die Bauern weltweit müssen eine Abgabe an den transnationalen Konzern entrichten, der das Patent für den Samen besitzt, sonst dürfen sie den selbst gezogenen Samen nicht verwenden. Es gibt bereits Bemühungen, solche globalen Monopolregelungen und Patentschutzgesetze auch auf geklonte menschliche Embryonen anzuwenden.

Das Klonen von Kulturen

Ausgerüstet mit Satellitenkommunikationsanlagen verkaufen die globalen Unterhaltungskonzerne ihre Produkte aus der Popmusikkultur rund um die Welt. Das Zielpublikum der globalen Unterhaltungsindustrie sind die zwei Fünftel der Weltbevölkerung unter zwanzig Jahren. Den größten technischen Sprung erreichte die globale Unterhaltungsindustrie in den Achtzigerjahren, als MTV auf Sendung ging. 1993 empfingen 210 Millionen Haushalte in 71 Ländern der Welt das Programm von

MTV. Heute beherrscht das Popmusikimperium von Bertelsmann den Markt unter den Jugendlichen in Europa, Nordamerika und Lateinamerika, und es dringt gegenwärtig nach Asien vor. Sony, Philips und Matsushita expandieren ebenfalls in diese Märkte.

Die sechs großen Unterhaltungskonzerne konzentrieren ihre Kraft zunehmend darauf, sich Märkte in Lateinamerika und Asien zu erschließen, weil dort das Wachstumspotenzial am größten ist. Aber diese Expansion wird auch als eine neue Form des Kulturimperialismus kritisiert. Denn in den armen Ländern in Asien, Afrika und Lateinamerika wird der Vormarsch der großen Sechs mit ihrem »transnationalen Sound« die heimische Musiktradition ersticken und das Interesse für heimische Künstler verringern. Zugleich wird die globale Unterhaltungsindustrie eine Homogenisierung der Kulturen bewirken, die dann überall auf der Welt die Werte und Prioritäten der westlichen Unternehmen widerspiegeln.

Neue Grundlagen für gesellschaftliches Handeln

Die größte Hoffnung, der wachsenden Dominanz der Unternehmen Einhalt zu gebieten, liegt darin, soziale Bewegungen aufzubauen, in denen die Menschen ihre souveränen Rechte über die transnationalen Konzerne und Banken einfordern.

Die meisten Menschen haben heute das Gefühl, dass sie die Kontrolle über ihre wirtschaftliche, gesellschaftliche und ökologische Zukunft verloren haben. Das trifft nicht nur auf die große Mehrheit im Süden zu, wo sie unter den verheerenden Auswirkungen der Strukturanpassungsprogramme leiden, sondern auch immer stärker auf die Mehrheit der arbeitenden Mittelschicht im Norden. Viele mussten den Traum von einem sicheren Vollzeitarbeitsplatz, einer relativ stabilen Nachbarschaft ohne Kriminalität und einer sauberen Umwelt, die eine glückliche Zukunft für ihre Kinder verheißt, aufgeben. Tatsächlich greifen nun in den meisten Ländern Furcht und Unsicherheit um sich. Oft finden sie Ausdruck in ethnischer Gewalt und in jüngster Zeit zunehmend in rechten Bürgermilizen.

Hinter der Politik von Angst und Unsicherheit steht die grundlegende Frage nach dem Schicksal der Demokratie. Diese Situation könnte aber auch dazu beitragen, dass sich neue politische Chancen für den Aufbau von sozialen Bewegungen zur Stärkung demokratischer Kontrolle ergeben.

Volkssouveränität

Beim Aufbau von sozialen Bewegungen muss heute der Begriff der Volkssouveränität als gemeinsame Basis des Handelns betont werden. Allein in diesem Jahrhundert haben überall auf der Welt Völker für die Anerkennung von fundamentalen demokratischen Rechten und Menschenrechten gekämpft – für das Recht auf ausreichende Ernährung, auf Kleidung und ein Dach über dem Kopf, für das Recht auf Arbeit, Bildung und Gesundheit, für das Recht auf eine saubere Umwelt, auf Chancengleichheit und öffentliche Dienstleistungen – und für das Recht auf Selbstbestimmung und Partizipation an allen Entscheidungen, die mit diesen Rechten zu tun haben. Diese grundlegenden Rechte einer Gemeinschaft, die den Kern der Volkssouveränität bilden, wurden in verschiedenen Dokumenten niedergelegt: in der Allgemeinen Erklärung der Menschenrechte, der Internationalen Konvention über wirtschaftliche, soziale und kulturelle Rechte und der Internationalen Konvention über staatsbürgerliche und politische Rechte.

Die Herausbildung des Unternehmensstaates, in dem Konzerne und Banken die Zügel der politischen Führung in die Hand genommen haben, hat jedoch die Verantwortlichkeiten der nationalen Regierungen vollkommen entstellt und verzerrt. Die moralische und politische Verpflichtung der Nationalstaaten, in die Marktwirtschaft einzugreifen, wurde aufgehoben, um sicherzustellen, dass alle Teile des jeweiligen Systems – Wirtschaft, Steuersystem, Sozialsystem, Kultur, Umwelt, Politik – so funktionieren, dass sie ein für transnationale Investitionen und transnationalen Wettbewerb in der neuen globalisierten Wirtschaft günstiges Klima schaffen.

Doch je mehr sich die Politik der Unsicherheit entfaltet, desto wahrscheinlicher wird sich ein rechts gerichteter Nationalismus entwickeln, der neue Formen des Protektionismus gegen Immigration und billige Importe für die großen TNKs bringt – mit anderen Worten: Protektionismus für die Mächtigen. In diesem Klima müssen soziale Bewegungen ihre Kräfte für den Widerstand gegen den Unternehmensstaat und die Ausbreitung des rechten Nationalismus bündeln. Die Energien der Menschen müssen für eine neue soziale Vision des Nationalstaates im Zeitalter der globalen Interdependenz mobilisiert werden, in dem Regierungen wieder die Macht und die Instrumente fordern, die sie brauchen, um demokratische Kontrolle über transnationale Konzerne und Banken auszuüben. In der Tat muss der Nationalstaat neu dafür ausgerüstet werden, das Recht der Menschen auf Entscheidung über ihre wirtschaftliche, gesellschaftliche und ökologische Zukunft zu stärken. Aber dieser neue Nationalismus muss zugleich die Koordination mit den sozialen Bewegungen in anderen Ländern suchen, die einen ähnlichen Kampf führen.

Staatsbürgerliches Manifest

Um neue soziale Bewegungen im Norden und im Süden aufzubauen, die es sich zur Aufgabe machen, die demokratische Kontrolle wiederherzustellen, müssen eine gemeinsame Plattform und eine gemeinsame Agenda entwickelt werden. Dies könnte in Form eines Manifests der Staatsbürger der Welt erfolgen, das folgende Punkte enthielte:

1. das Bekenntnis zum Grundrecht der Menschen, selbst über ihre wirtschaftliche, gesellschaftliche und ökologische Zukunft zu entscheiden;
2. das Bekenntnis zu souveränen Rechten der Menschen gegenüber transnationalen Konzernen und Banken;
3. die Forderung, dass transnationale Konzerne bestimmte grundlegende wirtschaftliche, gesellschaftliche und ökologische Regeln respektieren müssen;
4. die Forderung an die Regierungen, neue Instrumente für die Ausübung demokratischer Kontrolle über die transnationalen Konzerne zu entwickeln und anzuwenden, und
5. das Recht und die Pflicht der sozialen Bewegungen, mit allen Mitteln dafür zu sorgen, dass die Grundrechte der Menschen geschützt werden und die demokratische Kontrolle über die transnationalen Konzerne sichergestellt ist.

Im Mittelpunkt dieses staatsbürgerlichen Manifests würden der Geist und die Praxis der Volkssouveränität stehen. Sein Hauptanliegen wäre es, den sozialen Bewegungen im Norden und im Süden eine gemeinsame Basis für ihr Handeln zu bieten, das darauf gerichtet wäre, den Unternehmensstaat zu demontieren und die Machenschaften der transnationalen Konzerne auf lokaler, regionaler, nationaler und internationaler Ebene in Frage zu stellen.

Kapitel 6

Regeln im Verhalten von Unternehmen

Jerry Mander

Biografische Angaben über Jerry Mander siehe Kapitel 3, »Technologien der Globalisierung«.

Im vorangehenden Kapitel hat Tony Clarke sehr präzise die globale Rolle beschrieben, die Unternehmen heute spielen. Viele weitere Kapitel dieses Buches behandeln bestimmte negative Verhaltensweisen von Unternehmen: die Stilllegung von Fabriken und den Export von Arbeitsplätzen, die Belastung der Umwelt mit giftigen Abfällen, Genpiraterie, schreckliche Beispiele von Umweltzerstörung, die Aufgabe lokaler Bindungen zugunsten von »Freihandelszonen«, wo die Umweltbestimmungen und die Sozialgesetze sehr locker sind. Aber eine wichtige Frage bleibt: Warum verhalten die Unternehmen sich so?

Die meisten Menschen neigen zu der Auffassung, das Verhalten der Unternehmen spiegele nur die *menschliche Gier* wider, und die Probleme mit den Unternehmen seien einzig von den darin tätigen Menschen verursacht – Menschen, die unweigerlich verantwortungslos, unehrlich, von blindem Ehrgeiz getrieben und so auf ihren Vorteil fixiert seien, dass sie ihm alle moralischen, ethischen, sozialen und ökologischen Werte unterordneten.

Die Auffassung, dass das Verhalten von Unternehmen seine Wurzeln in den Menschen hat, die dort arbeiten, greift viel zu kurz und entbindet in letzter Konsequenz die Unternehmen von ihrer Verantwortung, weil sie einzelnen Menschen die Schuld auflädt. Tatsächlich sind die grundlegenden Probleme mit den

Unternehmen struktureller Natur und in den Formen und Regeln ihrer Tätigkeit verankert. Ein Unternehmen ist keineswegs so weitgehend menschlicher Kontrolle unterworfen, wie viele glauben, vielmehr ist es eine größtenteils autonome technische Struktur und funktioniert nach einer Logik, die perfekt auf seine Hauptziele ausgerichtet ist: Profit zu machen, neue Produkte und Technologien zu entwickeln und auf den Markt zu bringen, seine Bekanntheit und Macht auszudehnen und den konsumorientierten Lebensstil auf der ganzen Welt zu verbreiten. Wenn alle Probleme mit Unternehmen auf die dort Beschäftigten zurückgeführt werden könnten, ließen sie sich durch einen Austausch des Personals lösen. Tatsächlich aber müssen alle Beschäftigten in Übereinstimmung mit der Form und dem Gesetz ihres Unternehmens handeln. Wenn jemand versucht, sich dagegen aufzulehnen, wird das Unternehmen ihn oder sie einfach entlassen und durch einen neuen Mitarbeiter ersetzen, der sich an die Spielregeln hält. Die Form bestimmt den Inhalt. Unternehmen sind Maschinen.

Die Allgegenwart der Unternehmen

Weil das Wesen und die Zwänge der Unternehmensstruktur nicht erfasst wurden, erkennt unsere Gesellschaft die Wünsche von Unternehmen nicht und verhält sich passiv. Das hat den Unternehmen ermöglicht, weltweit ihren Einfluss und ihre Macht auszudehnen und sich der Verantwortung zu entziehen. Mehr als andere Institutionen (einschließlich der Regierungen) beherrschen die Unternehmen unsere Vorstellungen, wie das Leben gelebt werden sollte. Die Denkweise von Unternehmen, die Prioritäten von Unternehmen, ihre Verhaltensweisen, Wertesysteme und Organisationsweisen sind heute synonym für »die Art, wie wir leben«. Die unternehmerische Kultur ist praktisch zur Definition der westlichen (amerikanischen) Lebensweise geworden, sie muss mit allen Mitteln verteidigt werden, auch mit militärischen. Nachdem nun die weltumspannenden Handelsabkommen die meisten Hindernisse beseitigt haben, die dem Vormarsch der Unternehmen in alle Länder der Welt entgegenstanden, und die US-Medien weltweit dominieren, wird es nicht mehr lange dauern, bis die amerikanische Unternehmenskultur allgegenwärtig ist.

Wenn Sie Ihr Radio anstellen, das Fernsehen einschalten oder die Zeitung aufschlagen, sprechen Unternehmen zu Ihnen, durch öffentliche Selbstdarstellung und durch Werbung. Amerikanische Unternehmen geben im Jahr über 150 Milliarden Dollar für Werbung aus, das ist weit mehr, als im Land für höhere Bildung ausgegeben wird. In gewisser Weise ist die Werbung die dominierende Bildungsinstitution in den Vereinigten Staaten, vor allem in Fragen des Lebensstils.

Der Zeitschrift *Advertising Age* zufolge kaufen die 100 größten amerikanischen Unternehmen 75 Prozent der Werbeminuten im Fernsehen. Viele Menschen tun solche Zahlen mit einem Achselzucken ab. Aber halten wir uns einmal vor Augen, dass es gegenwärtig 450 000 Unternehmen in den Vereinigten Staaten gibt und rund 250 Millionen Menschen mit höchst unterschiedlichen Ansichten über Lebensstil, Politik, persönliche und nationale Prioritäten. Und gerade einmal 100 Unternehmen entscheiden darüber, was auf die Bildschirme kommt und was nicht. Diese Unternehmen erklären nicht öffentlich, dass sie keine Programme finanzieren wollen, die nicht zu ihren Ansichten passen, sie üben ihre Macht sehr viel subtiler aus. Wenn Fernsehproduzenten darüber nachdenken, was für Programme sie machen wollen, müssen sie alle sonstigen Erwägungen dem Zwang unterordnen, Unternehmen als Geldgeber zu gewinnen. Die Folge ist eine wirksame Zensur.

Nicht genug damit, dass 100 Unternehmen 75 Prozent der Werbeminuten bezahlen und damit die Privatsender beherrschen, sie bezahlen mittlerweile auch für mehr als 50 Prozent des öffentlich-rechtlichen Fernsehens in den USA. Während der Amtszeit von Ronald Reagan wurde die staatliche Unterstützung für nicht kommerzielles Fernsehen so gut wie eingestellt, und den Fernsehsendern blieb nichts anderes übrig, als sich an die Unternehmen zu wenden, um die entstandene Lücke zu füllen. 1995 drohte der Kongress unter Führung von Newt Gingrich, auch noch die verbliebenen Hilfen zu streichen, damit wäre das Feld dann endgültig frei gewesen für die Unternehmen. Je größer der Einfluss der Unternehmen im »öffentlichen« Fernsehen ist, desto länger und präsenter sind auch die Werbeeinblendungen vor und nach den Sendungen, die sie sponsern. Früher ließ es das öffentlich-rechtliche US-Fernsehen mit bescheidenen Botschaften bewenden wie »Diese Sendung wurde Ihnen präsentiert mit freundlicher Unterstützung von Exxon«, heute sehen wir das Logo von Exxon und hören dazu ein oder zwei Werbesätze sowie eine Erkennungsmelodie. Vor kurzem haben mehrere so genannte »nicht kommerzielle« Fernsehsender, darunter der mit PBS verbundene Sender KQED-TV in San Francisco, angekündigt, dass sie nun ebenfalls Werbespots bringen werden. Genau dies war das Ziel all derjenigen von Reagan bis Gingrich, die ihnen die finanzielle Unterstützung entzogen.

Der durchschnittliche amerikanische Fernsehzuschauer sieht heute bereits 22 000 Werbespots im Jahr. 22 000-mal pflanzen Unternehmen Bilder in unsere Köpfe und erzählen uns, dass es eine tolle Sache ist, bestimmte Waren zu kaufen. Manche Spots werben für Autos, andere für Drogen – aber allen gemeinsam ist die Botschaft, dass wir *irgendetwas* kaufen sollen und dass das Leben befriedigender ist, wenn wir es mit Waren überschwemmen. Die Sendungen zwischen den Werbespots sind ebenfalls mit Unterstützung der Unternehmen entstanden und vertreten Wertvorstellungen, die sich mit denen in der Werbung decken.

Unternehmen sind in den Vereinigten Staaten und in einigen anderen Ländern auch die größten Lieferanten von Lernmaterialien für die Schulen. Einige der größten Unternehmen versorgen staatliche und private Schulen kostenlos mit Büchern, Kassetten, Filmen und Software und deklarieren dies als eine »Dienstleistung für die Allgemeinheit« in einer Zeit knapper öffentlicher Kassen. Für ihr Engagement ernten sie viel Lob. Öl- und Chemiefirmen haben besonders großzügig Material verteilt, das jungen Menschen die Natur nahe bringen soll. Die Natur wird darin dargestellt als eine wertvolle Ressource, die der Mensch nutzen kann; es ist die Rede davon, mit Chemikalien, Pestiziden und durch große Agrarfabriken »die Natur zu bewirtschaften«. So wird in Amerika eine ganze Generation von Anfang an darauf trainiert, die Natur in einer Weise zu betrachten, die mit den Zielen der Unternehmen übereinstimmt.

Ähnliche ideologische Abrichtung durch das Fernsehen wird

über kurz oder lang auf der ganzen Welt die Regel sein. Für die Unternehmen ist es auch ein Weg, ideale Bedingungen für ihre weitere Expansion zu schaffen.

Das Gewissen der Unternehmen

Ich warte immer noch auf den Tag, an dem der Präsident eines Unternehmens von der *Fortune*-Liste der 500 größten Unternehmen seine Beschämung über eine Verfehlung gegenüber der Allgemeinheit oder der Umwelt bekennt. Die Stellungnahme könnte ungefähr so lauten:

Im Namen meines Unternehmens, seines Managements und seiner Anteilseigner möchte ich mein tiefes Bedauern darüber äußern, was den Menschen widerfahren ist, die flussabwärts von unserer Fabrik am Green River leben. Voller Beschämung müssen wir eingestehen, dass im Laufe der Jahre die giftigen Abwässer unserer Firma in den Fluss gelangt sind und die Menschen dort gefährdet haben. Wir werden alles tun, um das Leiden zu lindern, das wir verursacht haben. Es bereitet uns große Sorgen, dass die sichere Lagerung derart stark wirkender Chemikalien heute noch unmöglich erscheint, und deshalb werden wir in Zukunft nur noch weniger gefährliche Produktionsverfahren anwenden. Nicht im Entferntesten denken wir daran, diese Gemeinde und die Arbeitskräfte im Stich zu lassen.

Solche Stellungnahmen gibt es nicht, und zwar aus mehreren Gründen. Kein Manager einer Aktiengesellschaft könnte es sich *jemals* erlauben, das Gemeinwohl über die Unternehmensinteressen zu stellen. Vielleicht würde der eine oder andere Verantwortliche das sogar gerne tun, aber eine solche Geste wäre für das Unternehmen mit dem Risiko verbunden, dass die Geschädigten es mit Klagen überziehen. Es könnte auch Klagen von den Anteilseignern gegen das Management geben. Die Unternehmensgesetze besagen, dass das Management einer Aktiengesellschaft gehalten ist, in erster Linie im wirtschaftlichen Interesse der Anteilseigner zu handeln. So sind die Manager rechtlich *verpflichtet,* Gemeinwohlinteressen (wie die Gesundheit und Zufriedenheit der Arbeitnehmer und Umweltaspekte) zu *ignorieren,* wenn sie in Konflikt zu den Gewinninteressen geraten. Und die Unternehmensführung muss *bestreiten,* dass Handlungen des Unternehmens irgendwelche negativen Folgen hatten, wenn sich daraus Kosten ergeben könnten, die den Gewinn schmälern.

Deshalb haben wir unzählige Beispiele erlebt, dass Unternehmen jegliche Verantwortung für Handlungen zurückwiesen, die Todesfälle, Verletzungen oder Krankheiten verursachten. Wir haben gehört, wie die Vertreter von Tabakfirmen ganz offen Lügen über die schädlichen Wirkungen von Zigaretten verbreiteten. Ähnliche Äußerungen haben wir von den Herstellern von Pestiziden, Chemikalien, Asbest und Empfängnisverhütungsmitteln gehört.

In Fällen wie diesen bedeutet das Zurückhalten von Informationen, dass Menschen – manchmal Zehntausende von Menschen – krank werden. Einige sterben sogar. In anderen Zusammenhängen würde dies Anklagen wegen Mordes nach sich ziehen.

Die Schizophrenie der Unternehmen

Dass gegen Unternehmen keine Mordanklagen erhoben werden und dass Unternehmen keine Beschämung über ihre Handlungen zeigen, ergibt sich direkt aus der besonderen Natur der Unternehmensorganisation – ihrer gespaltenen Persönlichkeit. Zwar arbeiten in einem Unternehmen Menschen, aber ein Unternehmen ist selbst keine Person (außer im juristischen Sinne) und hat keine Gefühle. Ein Unternehmen ist nicht einmal ein Ding. Es mag Büros und/oder eine Fabrikhalle haben, in der Produkte hergestellt werden, aber es hat keine physische Existenz oder Form – keine *Körperlichkeit.* Deshalb kann ein Unternehmen, wenn die Bedingungen an einem Ort oder in einem Land ungünstig werden – die Sicherheitsvorschriften zu rigide werden oder die Arbeitnehmer zu aufsässig –, an dieser Stelle verschwinden und sich an anderer Stelle, an einem anderen Ort oder in einem anderen Land, wieder materialisieren. Seit die neuen Freihandelsabkommen in Kraft sind, hat sich diese Tendenz drastisch beschleunigt.

Wenn ein Unternehmen keine Person ist und auch kein Ding, was ist es dann? Es ist im Grunde ein *Konzept,* das einen Namen bekommen hat und eine rechtliche Existenz auf dem Papier. Auch wenn es kein derartiges Wesen gibt, erkennt doch unsere Rechtsordnung das Unternehmen als eine Einheit an. Das gilt auch für die Bevölkerung. Wir stellen uns Unternehmen als etwas Konkretes vor, doch tatsächlich existieren sie nur auf dem Papier und in unseren Köpfen.

Noch seltsamer als die flüchtige Natur der Unternehmen ist die Tatsache, dass unsere Gesetze dieser nicht existierenden Einheit so viele Rechte zusprechen, die denen menschlicher Wesen gleichen. In der Rechtsordnung der Vereinigten Staaten und vieler anderer Länder sind Unternehmen *juristische Personen,* sie haben das Recht, Besitz zu erwerben und zu verkaufen und vor Gericht wegen Beleidigung, Verleumdung oder falscher Anschuldigung zu klagen. Und die *Unternehmensäußerungen* – Werbung, Öffentlichkeitsarbeit – sind in den USA durch den Zweiten Verfassungszusatz über die Freiheit der Rede geschützt. Das letztgenannte Recht wurde auf Unternehmen ausgedehnt ungeachtet der Tatsache, dass 1792, als die »Bill of Rights« entstand, Unternehmen in der Form, wie wir sie heute kennen, noch nicht existierten. (Der Erste Verfassungszusatz sollte ursprünglich die *persönliche* Redefreiheit schützen zu einer Zeit, als die Medien noch aus einzelnen Gazetten, Flugblättern und Büchern bestanden. Das Ergebnis der Ausdehnung des Ersten Verfassungszusatzes auf Unternehmensäußerungen sieht so aus, dass Werbeausgaben in Höhe von 150 Milliarden Dollar aus einer Hand voll von Quellen die öffentliche Wahrnehmung dominieren, ohne dass die Regierung eine Chance hat, regulierend einzugreifen.)

Obwohl die Unternehmen viele »Menschenrechte« besitzen, wird von ihnen nicht verlangt, auch menschliche Verpflichtungen zu übernehmen. Selbst wenn ein Unternehmen fahrlässig Tod oder Körperverletzung verursacht, kann der Staat es nicht ins Gefängnis werfen oder hinrichten. In seltenen Fällen können Einzelpersonen innerhalb eines Unternehmens belangt werden für Handlungen, von denen sie wussten, dass sie Schaden verursachen würden. Ein Unternehmen als Ganzes kann dazu verurteilt werden, eine Geldstrafe zu bezahlen oder bestimmte Praktiken zu ändern, aber seine Struktur muss es nie verändern – sein »Leben« ist nie bedroht. Menschen sterben eines Tages, Unternehmen nicht. In der Regel überlebt ein Unternehmen die Menschen, die einmal zu ihm gehört haben, auch seine Besitzer. Ein Unternehmen ist potenziell unsterblich.

Da diese Einheit, dieses Konzept, dieser Stapel von Papieren, der *Unternehmen* genannt wird, nicht die physische, organische Realität besitzt, die die menschliche Existenz ausmacht, ist es zu Gefühlen wie Scham oder Gewissensbissen nicht fähig. Stattdessen orientieren sich Unternehmen in ihrem Verhalten an ihren eigenen Standards, Regeln, Formen und Zielen, die in den staatlichen Konzessionen niedergelegt sind und durch unsere Rechtsordnungen geschützt werden.

Die inhärenten Regeln des Verhaltens von Unternehmen

Die erste Grundregel des unternehmerischen Handelns lautet, dass das Unternehmen im Laufe der Jahre Gewinn bringen muss. Für Aktiengesellschaften gilt noch eine zweite Grundregel: Sie müssen expandieren und wachsen, weil der Aktienmarkt ein Unternehmen nach seinem Wachstum bewertet. Alle anderen Werte sind zweitrangig: das Wohlergehen der Allgemeinheit, die Zufriedenheit der Arbeiter, die Gesundheit des Planeten und sogar der allgemeine Wohlstand.

So werden die Menschen innerhalb einer unternehmerischen Struktur, was immer ihre persönlichen Wertvorstellungen und Überzeugungen sein mögen, daran gehindert, nach ihren eigenen Maßstäben zu handeln. Wie die Fließbandarbeiter, die sich an das Tempo der Maschine anpassen müssen, sind die Angestellten an den unternehmerischen Apparat gefesselt und gezwungen, nach dessen Regeln zu funktionieren.

In diesem Sinne ist ein Unternehmen dem Wesen nach eine Maschine, eine technologische Struktur, eine Organisation, die ihren eigenen Prinzipien und ihrer eigenen Moral folgt. In einer solchen Struktur ist die menschliche Moral anormal. Wegen dieses doppelten Maßstabs – einer für reale Menschen und ein anderer für fiktive Personen wie Unternehmen – erleben wir manchmal das höchst seltsame Verhalten von Verantwortlichen in Unternehmen, die zwar wissen, was richtig und moralisch ist, sich aber trotzdem ganz anders verhalten.

Nehmen wir als Beispiel den Unfall in der Chemiefabrik von Union Carbide im indischen Bhopal 1984, bei dem Methylisocyanat freigesetzt wurde. Rund 200 000 Menschen trugen Verletzungen davon, 6000 starben. Kurz nach dem Unfall war der Geschäftsführer von Union Carbide, Warren M. Anderson, so erschüttert, dass er die Medien wissen ließ, er werde den Rest seines Lebens versuchen, etwas von dem Leid wieder gutzumachen, das seine Firma verursacht hatte, und Schadenersatz leisten. Gerade einmal ein Jahr später wurde Mr. Anderson in *Business Week* zitiert mit der Äußerung, er habe »überreagiert« und sei nun bereit, die Firma in ihrem Kampf *gegen* Schadenersatzansprüche zu führen. Was war geschehen? Ganz einfach: Mr. Anderson hatte zuerst wie ein menschliches Wesen reagiert. Später begriff er (wahrscheinlich wurde er gedrängt, das zu begreifen), dass seine Reaktion unpassend war für den Geschäftsführer einer Firma, die nicht den bedauernswerten Opfern von Bhopal verpflichtet war, sondern ihren Anteilseignern – das heißt ihren Gewinnerwartungen. Wenn Mr. Anderson weiterhin seine eigenen Gefühle ausgedrückt und das Verschulden der Firma anerkannt hätte, hätte man ihn vermutlich gefeuert.

Menschen innerhalb von Unternehmen können nicht nach ihrem eigenen Gefühl für Recht und Unrecht handeln. Und doch habe ich nur zwei von den Regeln erwähnt, die dabei wirksam werden: das Profitstreben und die Notwendigkeit zu wachsen. Die folgende Liste ist ein Versuch, einige der Grundregeln zu beschreiben, nach denen Unternehmen funktionieren. Zusammengenommen helfen sie zu erkennen, warum sich Unternehmen heute so verhalten, wie sie sich verhalten, und wie sie es erreicht haben, ihre Umwelt und die Menschen in ihrer Umwelt zu beherrschen.

Sieben Regeln im Verhalten
von Unternehmen

1. Das Gebot, Gewinn zu machen

Dies ist der oberste Maßstab für Unternehmensentscheidungen. Es kommt vor dem Allgemeinwohl, der Gesundheit der Arbeiter, der allgemeinen Gesundheit, Frieden, Umweltschutz und nationaler Sicherheit. US-Firmen finden sogar Wege, Handel mit »Staatsfeinden« – Libyen, Iran, Kuba – zu treiben, auch wenn die Politik das mit Abscheu registriert. Das Gebot, Gewinn zu machen, und das Gebot zu wachsen sind die wichtigsten Triebkräfte von Unternehmen, zusammen sind sie sein Lebenstrieb.

2. Das Gebot zu wachsen

Für Unternehmen ist Wachstum eine Frage von Leben und Tod. Das Wachstum bestimmt die Beziehungen zu den Investoren, zu den Aktienmärkten, zu den Banken und das Bild in der Öffentlichkeit. Der Wachstumsimperativ steht auch hinter dem Bestreben von Unternehmen, knappe Ressourcen in entlegenen Teilen der Welt aufzuspüren und auszubeuten.

Dieses Faktum tritt heute klar zu Tage, da die letzten ursprünglichen Naturregionen der Produktion geopfert werden. Die Menschen, die in solchen an Rohstoffen reichen Gegenden zu Hause sind, werden gedrängt, ihre traditionellen Lebensweisen aufzugeben und in die Tretmühle von Produktion und Konsum einzusteigen. Die Planer aus den Unternehmen versuchen bewusst, »unterentwickelte Gesellschaften in die moderne Welt« hineinzuführen, denn damit schaffen sie die Infrastruktur für die Ausbeutung der Rohstoffe und gewinnen neue Arbeitskräfte und Konsumenten. Die Unternehmen behaupten, sie würden die Entwicklung aus altruistischen Gründen fördern – um den Lebensstandard zu erhöhen –, aber Unternehmen kennen keinen Altruismus.

Theoretisch haben *Unternehmen in Privatbesitz* – im Besitz von Einzelpersonen oder Familien – keinen inhärenten Antrieb zu wachsen. In der Praxis hingegen unterwerfen auch sie sich dem Wachstumsimperativ. Die Produktion in großen Stückzahlen bringt Kostenvorteile, Wachstum bedeutet mehr Gewinn.

Großunternehmen in Privatbesitz wie die Bechtel Corporation haben keine Neigung zu zurückhaltendem Wachstum gezeigt, ganz im Gegenteil. Und selbst bei kleineren Privatunternehmen – »grünen« Firmen mit einem »aufgeklärten« Management – ist Widerstand gegen Wachstum eher selten. Die Banken werden Unternehmen kein Geld geben, die nicht weiter wachsen wollen. Und intern sehen das mittlere Management und die Beschäftigten ihre Zukunftsperspektiven eingetrübt. In der Unternehmens-»Kultur« ist es ein Schreckensszenario, Ziele und Gewinne zu beschränken.

3. Amoralität

Da Unternehmen keine menschlichen Wesen sind und keine Gefühle haben, haben sie auch keine Moral und keine altruistischen Ziele. Deshalb werden Entscheidungen, die Gemeinschaftsinteressen entgegenstehen oder die Gesundheit der Allgemeinheit gefährden, auch ohne Skrupel getroffen. Die Verantwortlichen von Unternehmen preisen gerade das »Fehlen von Emotionen« als Grundlage »objektiver« Entscheidungen.

Unternehmen versuchen jedoch, ihre Amoralität zu verstecken und so zu tun, als wären sie altruistisch. Kürzlich hat die amerikanische Industrie eine konzertierte Anstrengung unternommen, um den Eindruck zu erwecken, sie kümmere sich um aktuelle gesellschaftliche Anliegen wie Umweltschutz, Kunstförderung und Aussteigerprogramme für Drogensüchtige. Die Unternehmen bemühen sich genau deshalb, soziales Verantwortungsgefühl zu demonstrieren, weil sie ihrem Wesen nach der Öffentlichkeit gegenüber *nicht* verantwortlich sind. Die Anliegen der Gemeinschaft sind ihnen weitgehend gleichgültig mit Ausnahme derjenigen, die ihren eigenen Zielen nützen.

Zum Beispiel sind die Unternehmen dazu übergegangen, damit zu werben, was sie alles für den Umweltschutz tun. Ein Unternehmen, das Ölplattformen vor der Küste baut, schaltet Anzeigen, auf denen sich Fische unter der Ölplattform tummeln. Firmen aus der Holzwirtschaft, die wegen ihrer Abholzungspraktiken in die Kritik geraten sind, geben Millionen von Dollar für Anzeigen aus, in denen sie ihre Baumschulen vorstellen, als wäre ihnen daran gelegen, in erneuerbare Ressourcen zu investieren.

Tatsächlich kann man die Faustregel formulieren, dass Unternehmen im Allgemeinen mit den Eigenschaften werben, die sie nicht besitzen, um einen negativen Eindruck in der Öffentlichkeit zu zerstreuen. Wenn Unternehmen sagen: »Wir kümmern uns«, dann ist das in der Regel eine Reaktion auf den verbreiteten Eindruck, dass sie sich nicht kümmern. Und sie kümmern sich auch wirklich nicht. Wie sollten sie auch? Unternehmen haben keine Gefühle und keine Moral. Alles, was sie wollen, ist Gewinn machen.

4. Quantifizierung, Linearität und Segmentierung

Unternehmen verlangen, dass subjektive Informationen in eine objektive Form übersetzt werden, das heißt in Zahlen. Dies schließt alle Werte aus den Entscheidungsprozessen aus, die nicht auf diese Weise quantifiziert werden können. Die subjektiven oder spirituellen Aspekte von Wäldern beispielsweise lassen sich nicht quantifizieren und gehen deshalb nicht in die Unternehmensrechnung ein. Wälder schlagen als »Festmeter« zu Buche. Produktionsverfahren, die eine Gefahr für die Gesundheit der Bevölkerung oder das Allgemeinwohl mit sich bringen – Verschmutzung, giftige Abfälle, Krebs erzeugende Stoffe –, werden in wertfreie, objektive Konzepte gefasst wie »Tradeoff« oder »Kosten-Nutzen-Verhältnis«. Automobilproduzenten, die die Sicherheit bestimmter Produktionsstandards bewerten, kalkulieren die Zahl wahrscheinlicher Unfälle und Todesfälle für jeden einzelnen Standard. Diese Zahl wird dann mit den Kosten verglichen, die durch Versicherungsprämien und Schadenersatzklagen von Hinterbliebenen entstehen. Auch die Folgen für das Image bekommen eine Zahl, und aus all diesen Zahlen wird dann eine Lösung errechnet.

Der Druck zur Objektivierung durchdringt jeden Aspekt des Unternehmenshandelns. Auf der Produktionsseite beispielsweise werden große Anstrengungen unternommen, jeden Handgriff eines Arbeiters zu erfassen und festzulegen, wie viel Zeit er dafür brauchen darf. Ziel ist es, Arbeitsprozesse in so viele Segmente zu zerlegen, dass sie irgendwann automatisiert und die Arbeiter durch Maschinen ersetzt werden können. Wenn eine Aufgabe nicht automatisiert ist, wird sie auf die immer gleiche Wiederholung simpelster Handgriffe reduziert. Das ermöglicht es, die Arbeitsleistung unterschiedlicher Personen sehr genau zu vergleichen. Die Arbeiter, die ihren Job behalten, verrichten eine entsetzlich langweilige Tätigkeit und haben nicht im Entferntesten das Gefühl, dass sie an einem gemeinsamen Unternehmen mitwirken. Sie fühlen sich wie Räder im Getriebe, und das sind sie auch.

5. Ungreifbarkeit und Mobilität

Unternehmen existieren außerhalb von Zeit und Raum. Wie wir gesehen haben, sind sie juristische Schöpfungen und existieren nur auf dem Papier. Sie sterben keines natürlichen Todes, sie überleben oft ihre Schöpfer. Und vor allem unter den Regeln des neuen globalen Handels haben sie keine Bindungen mehr an einen bestimmten Ort, an Beschäftigte und Nachbarn. Darin unterscheiden sich die modernen globalen Unternehmen grundlegend von den Bäckereien und Gemüseläden früherer Zeiten, die ihr Überleben dadurch sicherten, dass sie ihre Beziehungen zu den Nachbarn pflegten, die ihre Kunden waren. Da ein Unternehmen heute keine Moral hat, nicht an einen bestimmten Ort gebunden ist und keine physische Natur besitzt (eine Fabrik ist zwar eine physische Einheit, aber sie ist nicht das Unternehmen), kann es seine Operationen jederzeit an einen anderen Ort verlegen, wenn etwas nicht nach seinem Willen läuft: wenn die Arbeiter zu viel fordern, die Steuern zu hoch sind, die Gesetze der Regierung zu streng. Die traditionelle Vorstellung des Engagements für die Gemeinschaft ist die Antithese zum Verhalten von Unternehmen.

6. Gegnerschaft zur Natur

Manche Menschen in Unternehmen lieben persönlich sicher die Natur, aber die Unternehmen selbst und durch Unternehmen geprägte Gesellschaften sind darauf aus, in die natürliche Welt einzugreifen, sie zu verändern und umzugestalten. Unternehmen, die Güter produzieren, machen Gewinn damit, dass sie Rohstoffe in eine Form bringen, die sie verkaufen können. Bodenschätze werden zu Autos. Bäume werden zu Brettern und zu Häusern, zu Möbeln und Papierprodukten. Öl wird zu Energie. Bei all dem wird ein Stück Natur von seinem ursprünglichen Platz weggenommen und in eine neue Form verwandelt. In seltenen Fällen können natürliche Ressourcen erneuert, Bäume neu gepflanzt werden, aber auch dann wird niemals der ursprüngliche Zustand wiederhergestellt. Jede Produktion bedeutet Eingriff und Umgestaltung der Natur. Wenn die natürlichen Ressourcen in einem Teil der Erde aufgebraucht sind, wandert das Unternehmen einfach an einen anderen Standort weiter.

Diese Umgestaltung der Natur kommt bei allen Gesellschaften vor, in denen es Produktion gibt. Aber in kapitalistischen Unternehmensgesellschaften und insbesondere in der globalisierten Wirtschaft ist dieser Prozess noch beschleunigt, weil die kapitalistischen Gesellschaften und Unternehmen wachsen müssen. Die Ausbeutung natürlicher Ressourcen überall auf der Erde und ihre Verarbeitung mit immer schnellerem Tempo gehört wesensmäßig zu einem Unternehmen dazu. Inzwischen hat sich auch beim Konsum das Tempo beschleunigt – es liegt in der Natur von Unternehmen, die Menschen überzeugen zu wollen, dass Waren Befriedigung bringen. Wege der Erfüllung, die ohne Konsum möglich sind – innere Befriedigung, Erfüllung in der Natur und in Beziehungen, Zufriedenheit mit dem, was man hat –, erscheinen aus der Sicht von Unternehmen subversiv. Das Ergebnis ist die Verwüstung der Natur durch die Unternehmen.

7. Homogenisierung

Zur amerikanischen Alltagsrhetorik gehört die Aussage, die Warengesellschaft biete mehr Wahlmöglichkeiten und größere Vielfalt als andere Gesellschaften. *Wahl* bedeutet in diesem Fall Auswahl zwischen Waren, Wahl auf dem Marktplatz: viele Marken, zwischen denen man wählen kann, und viele Ausstattungsvarianten bei ansonsten identischen Produkten (etwa eine Leuchtanzeige am Toaster). Die Unternehmen haben ein Interesse daran, dass wir alle unser Leben in ähnlicher Weise führen und Unterhaltung durch Dinge finden, die wir kaufen. Wenn die Unternehmen auch unterschiedliche Segmente des Marktes besetzen – zum Beispiel das Marktsegment der älteren Menschen oder der Konsumenten von Bioprodukten –, so haben doch alle Unternehmen die gleiche ökonomische, kulturelle und gesellschaftliche Sehweise und sind bestrebt, die Einzelnen und die Gesellschaft dazu zu bringen, dass sie diese Sehweise übernehmen.

Lebensstile und Wirtschaftssysteme, die auf gerechter Verteilung von Waren und Arbeit bestehen, die nicht für die Anhäufung von Gütern plädieren und die nichtmaterielle Werte hochhalten, sind alles andere als gut fürs Geschäft. Menschen, die gemeinsam wohnen, teure Güter wie beispielsweise Waschmaschinen, Autos und Haushaltsgeräte gemeinsam nutzen – oder noch schlimmer, die ohne solche Errungenschaften auskommen –, sind für eine von Unternehmen und Warenproduktion geprägte Gesellschaft anstößig. Sehr viel lieber ist solchen Gesellschaften die Kernfamilie: Jede Familie lebt allein in einem Haushalt, und alle Familien in einem Wohnviertel haben die gleichen Haushaltsgeräte. In jüngster Zeit hat sich gezeigt, dass die vielen Single-Haushalte noch einträglicher sind als die Kernfamilie, weil jede Einzelperson alles kauft, was eine Familie braucht.

Ursprüngliche Gesellschaften, die ein entschieden nichtmaterialistisches Verhältnis zum Leben, zur Erde und zum Geist haben und deren Lebensstil in vollkommenem Gegensatz zur Ideologie der Unternehmen steht, gelten als unterlegen und unaufgeklärt. Sie sind rückständig. Uns wird gesagt, sie beneideten uns um die Wahlmöglichkeiten, die wir haben. Allein durch ihre Existenz sind die ursprünglichen Gesellschaften eine Bedrohung für die weltweite Homogenisierung von Märkten und Kultur. Die Unternehmensgesellschaft arbeitet hart daran, diesen Menschen Einstellungen und Werte beizubringen, die zu den Zielen der Unternehmen passen. In den nicht industrialisierten Teilen der Welt, in welche die Unternehmen gerade erst vordringen, ist der Prozess der Umerziehung gerade im Gange. Die Satellitenkommunikation, die westliches Fernsehen und westliche Werbung dorthin bringt, wird mit einer technischen Infrastruktur verbunden, um das Tempo der Entwicklung zu beschleunigen. Der Großteil dieser Aktivitäten wird von der Weltbank und dem IWF finanziert zusammen mit Institutionen wie USAID, der Interamerikanischen Entwicklungsbank, und der Asiatisch-Amerikanischen Entwicklungsbank, die alle im Dienst multinationaler Unternehmen stehen.

Und was ist letztlich das Ziel? Holly Sklar zitiert in dem von ihr herausgegebenen Band *Trilateralism* (1980) den Chef der Nabisco Corporation: »Eine gemeinsame Welt des homogenen

Konsums ... Ich warte auf den Tag, wenn Araber und Amerikaner, Menschen in Lateinamerika und Menschen in Skandinavien genauso begeistert Ritz Cracker knabbern werden, wie sie Cola trinken und ihre Zähne mit Colgate putzen.«

Form ist Inhalt

Der wichtigste Punkt bei diesen Regeln ist die Tatsache, dass sie die Grundelemente der unternehmerischen Struktur darstellen. Es gehört zum grundlegenden Wesen von Unternehmen, dass sie anmaßend, aggressiv und auf Wettbewerb bedacht sind. Auch wenn sie in einer Gesellschaft existieren, die für sich in Anspruch nimmt, nach moralischen Prinzipien zu handeln, sind sie prinzipiell amoralisch. Insofern ist es unausweichlich, dass sie auch die Gesellschaft um sich herum enthumanisieren. Sie verhalten sich ihren Beschäftigten, auch den Managern, gegenüber illoyal. Wenn die lokalen Interessen in Konflikt geraten zu Zielen des Unternehmens, dann sind sie auch der Lokalität gegenüber illoyal, zu der sie vielleicht viele Jahre lang gehört haben.

Es ist fester Bestandteil des Handelns von Unternehmen, dass sie alles Bewusstsein in eindimensionale Kanäle zu lenken versuchen. Sie müssen bestrebt sein, andere Kulturen zu beherrschen und die Weltbevölkerung so zu »klonen«, dass etwas herauskommt, was ihren Vorstellungen mehr entspricht als das Bisherige. Die Unternehmen kümmern sich nicht um Staaten, sie leben jenseits nationaler Grenzen. Sie wollen die Natur zerstören. Und sie haben ein unerbittliches, unstillbares, gieriges Bedürfnis, zu wachsen und zu expandieren. Indem sie andere Kulturen beherrschen und die Erde aufwühlen, folgen sie blind den Regeln, die in ihnen angelegt sind. Es ist fast so, als wären diese Regeln Teil ihrer genetischen Ausstattung.

Wenn wir diese Grundsätze formulieren, die fest zu Unternehmen gehören, erhalten wir ein Bild, das wir schon weitaus früher hätten haben sollen. Wenn wir erst einmal erkennen, in welche Richtung die Tätigkeit von Unternehmen nur gehen kann, müssen wir die Annahme aufgeben, dass die Unternehmen an sich neutral seien. In Anbetracht der Regeln des unternehmerischen Handelns ist es absurd, vom Verantwortlichen eines Unternehmens moralisches Verhalten zu verlangen. Unternehmen und ihre Beschäftigten reagieren nicht auf Appelle zu moralischem Verhalten. Sie folgen einer Logik und Regeln, die sie unvermeidlich zu dominierendem Verhalten führen. Form ist Inhalt.

Kapitel 7

Monsanto: Ein Beispiel unternehmerischer Arroganz

Brian Tokar

Brian Tokar ist Verfasser der Bücher *Earth for Sale* (1997), *The Green Alternative* (1992) und Herausgeber eines Sammelbandes über die Politik der Biotechnologie (2000). Er lehrt am Institut für Sozialökologie und am Goddard College, beide in Plainfield im US-Bundesstaat Vermont. 1999 wurde Tokar mit dem »Project Censored Award« ausgezeichnet für seinen investigativen Bericht über Monsanto, der erstmals in der Zeitschrift *The Ecologist* im September 1998 erschien.

In den Neunzigerjahren wurde Monsanto gefürchtet und geschmäht als einer der weltgrößten Chemiekonzerne und der mit Abstand aggressivste Verfechter des Einsatzes von Gentechnik in der Landwirtschaft. Das Unternehmen gab Millionen dafür aus, die Menschen davon zu überzeugen, dass das Schicksal der zahllosen Hungernden auf der Welt von der Einführung seines neuen, gentechnisch veränderten Saatgutes abhing. Monsanto versuchte sich als visionäre, welthistorische Kraft darzustellen, die daran arbeitete, mit modernsten wissenschaftlichen Mitteln und von Verantwortungsgefühl für die Umwelt durchdrungen die schwierigsten Probleme der Menschheit zu lösen.

Für Aktivisten, die sich um die ökologischen und gesundheitlichen Folgen der Gentechnik sorgten, war Monsanto die Verkörperung des Bösen. In Großbritannien wurde der Name verballhornt zu »Nonsanto« und »Monsatan«. Die britische Werbekampagne für Monsantos Bemühungen, die Hungernden der Welt zu speisen, wurde derart lächerlich gemacht, dass sie zurückgezogen werden musste.

Heute ist Monsanto die landwirtschaftliche Sparte von Pharmacia, einem transnationalen Pharmakonzern mit Hauptsitz in den Vereinigten Staaten und der Schweiz. Monsantos »visionärer« Vorstandschef Robert Shapiro wurde kurzerhand in den vorzeitigen Ruhestand geschickt, nachdem er innerhalb von knapp drei Jahren in biotechnischen Kreisen vom Propheten zum Paria geworden war. Die Geschichte von Monsanto ist ein passendes Beispiel für die jüngere Geschichte der chemischen und der biotechnischen Industrie in den Vereinigten Staaten und weltweit. Um zu verstehen, warum sich das Blatt für das Unternehmen gewendet hat und warum es nach wie vor eine zentrale Rolle in der globalen Agrarindustrie und bei der Verbreitung von Gentechnik in der landwirtschaftlichen Produktion spielt, müssen wir zunächst einen Blick auf seine Geschichte werfen.

Die Monsanto Chemical Company mit Hauptsitz vor den Toren von St. Louis im US-Bundesstaat Missouri wurde 1901 von John Francis Queeny gegründet. Queeny, der sich als Autodidakt in die Chemie eingearbeitet hatte, brachte die Technik für die Herstellung des ersten künstlichen Süßstoffs Saccharin von Deutschland in die Vereinigten Staaten. In den Zwanzigerjahren war Monsanto einer der führenden Hersteller von Schwefelsäure und anderen wichtigen chemischen Grundstoffen, und seit den Vierzigerjahren ist es eines von nur vier Unternehmen, die regelmäßig auf der Liste der zehn größten amerikanischen Chemieunternehmen auftauchen (*Chemical and Engineering News,* 1998).

In den Vierzigerjahren waren Plastik und synthetische Stoffe das zentrale Geschäftsfeld von Monsanto. 1947 explodierte in einem Dock 80 Meter vor der Plastikfabrik von Monsanto im texanischen Galveston ein Frachter, der Ammoniumnitratdünger geladen hatte. Mehr als 500 Menschen starben, es war einer der ersten großen Chemieunfälle. Die Fabrik produzierte Styrol und Polystyrolplastik, beides spielt bis heute eine wichtige Rolle in der Verpackung von Lebensmitteln und verschiedenen Konsumgütern. In den Achtzigerjahren setzte die amerikanische Umweltschutzbehörde EPA Polystyrol auf Platz fünf ihrer Liste der Chemikalien, deren Produktion besonders viel gefährliche Abfälle verursacht (Peck, 1989).

1929 entwickelte die Swann Chemical Company, die wenig später von Monsanto aufgekauft wurde, die Polychlorbiphenyle (PCBs), die wegen ihrer schweren Entflammbarkeit und extremen chemischen Stabilität hoch gepriesen wurden. Hauptsächliche Verwendung fanden sie im elektrotechnischen Bereich, wo sie als nicht entflammbares Kühlmittel bei einer neuen Generation von Transformatoren eingesetzt wurden. In den Sechzigerjahren war die wachsende Familie von PCB-Produkten in großem Umfang als Schmiermittel, Hydrauliköle, Kühlöle, wasserdichte Beschichtungen und Dichtungsmasse im Einsatz. Hinweise auf die toxischen Wirkungen von PCBs gab es bereits in den Dreißigerjahren. In den Sechzigerjahren fanden schwedische Wissenschaftler, die die biologischen Auswirkungen von DDT untersuchten, signifikante PCB-Konzentrationen in Blut, Haaren und im Fettgewebe von Wildtieren.

Forschungen in den Sechziger- und Siebzigerjahren ergaben, dass PCBs und andere aromatische Chlorkohlenwasserstoffe hochgradig Krebs erregend sind und dass sie in Verbindung stehen mit einer Fülle von Störungen der Fortpflanzung, des Wachstums und der Immunabwehr. Ihre hohe chemische Affinität zu organischen Stoffen, insbesondere zu Fettgewebe, ist dafür verantwortlich, dass sie sich in extrem hohen Konzentrationen im Körper anreichern und auf der Nordhalbkugel in der Nahrungskette aller im Wasser lebenden Tiere vorkommen. Dorsch aus arktischen Gewässern beispielsweise weist PCB-Konzentrationen auf, die 48 Millionen Mal höher sind, als im Umgebungswasser gemessen wurde, und Fleisch fressende Säugetiere wie Polarbären können noch 50-mal höhere Konzentrationen von PCB im Gewebe haben. Obwohl die PCB-Herstellung in den Vereinigten Staaten 1976 verboten wurde, bestehen seine zerstörerischen toxischen und endokrinologischen Wirkungen weltweit fort.

Das Weltzentrum der PCB-Produktion war die Monsanto-Fabrik am Rand von East St. Louis im Bundesstaat Illinois. East St. Louis ist eine am anderen Ufer des Mississippi gelegene Vorstadt von St. Louis mit chronischen wirtschaftlichen Problemen. Neben der Fabrik von Monsanto gibt es noch zwei große Metall verarbeitende Produktionsstätten. »In East St. Louis«, schreibt Jonathan Kozol in seinem Buch über Kinder und Schulen in den USA, »sind die Kinder kränker als anderswo in Amerika.« Die Stadt habe die höchste Quote von Fehlgeburten und Frühgeburten im gesamten Bundesstaat, die dritthöchste Säuglingssterblichkeit und eine der höchsten Quoten von kindlichem Asthma in den gesamten Vereinigten Staaten (Kozol, 1991).

Dioxin: eine giftige Hinterlassenschaft

Die Menschen in East St. Louis sind bis heute ständig den Schrecken von hoher Belastung mit Chemikalien, Armut, Verschlechterung der städtischen Infrastruktur und Kollaps selbst der grundlegenden städtischen Dienstleistungen ausgesetzt. Nicht weit von East St. Louis liegt Times Beach im Bundesstaat Missouri. Diese Kleinstadt erwies sich als so massiv mit Dioxin verseucht, dass die US-Regierung 1982 ihre Evakuierung anordnete. Offensichtlich hatte die Stadtverwaltung wie einige private Landbesitzer auch eine Firma angeheuert, die die Straßen mit Altöl besprühte, um Staubentwicklung zu verhindern. Dieselbe Firma hatte im Auftrag der ortsansässigen Chemieunternehmen deren mit Dioxin kontaminierte Schlammtanks ausgepumpt. Nachdem 50 Pferde, andere Haustiere und Hunderte von Vögeln in einer Ausstellungshalle gestorben waren, die mit dem Öl eingesprüht worden war, wurde eine Untersuchung durchgeführt, die die Todesfälle auf das Dioxin aus den Schlammtanks zurückführte. Zwei kleine Mädchen, die in der Halle gespielt hatten, wurden krank, das eine lag vier Wochen mit ernsten Nierenproblemen im Krankenhaus. Viele Mütter, die mit dem dioxinverseuchten Öl in Kontakt gekommen waren, brachten Kinder mit Defekten des Immunsystems und Fehlfunktionen des Gehirns zur Welt.

Monsanto bestreitet bis heute beharrlich jede Verbindung mit den Vorfällen in Times Beach. Doch die in St. Louis beheimatete Times-Beach-Aktionsgruppe hat Laborberichte veröffentlicht, wonach Proben des kontaminierten Bodens aus Times Beach in hoher Konzentration PCB enthielten, das aus der Produktion von Monsanto stammte (Times Beach Action Group, 1995). »Unserer Ansicht nach ist Monsanto der Kern des Problems, das wir hier in Missouri haben«, erklärt Steve Taylor von der Aktionsgruppe. Taylor räumt ein, dass viele Fragen im Zusammenhang mit Times Beach und anderen kontaminierten Flächen in der Region unbeantwortet bleiben werden. Er betont aber, mögliche Verbindungen zwischen Monsanto und den in Times Beach versprühten Ölrückständen seien gar nicht untersucht worden.

Die Vertuschungsmanöver im Zusammenhang mit Times Beach reichten bis in die höchsten Ränge der Reagan-Administration in Washington. In der Reagan-Ära waren die nationalen Umweltbehörden berüchtigt dafür, dass ihre Verantwortlichen heimliche Deals mit Vertretern der Industrie abschlossen. Ausgewählten Unternehmen sicherte man zu, bei der Anwendung der Gesetze beide Augen zuzudrücken und nur geringe Strafen zu verhängen. Die von Reagan an die Spitze der Umweltbehörde berufene Anne Gorsuch Burford musste nach nur zwei Jahren im Amt zurücktreten, und ihre persönliche Assistentin Rita Lavelle kam für ein halbes Jahr ins Gefängnis wegen Meineides und Behinderung der Justiz. Es wurde bekannt, dass das Weiße Haus Burford angewiesen hatte, Unterlagen über Times Beach und andere kontaminierte Orte in den Bundesstaaten Missouri und Arkansas unter Berufung auf das »Vorrecht der Exekutive« zurückzuhalten; im Anschluss musste sich Frau Lavelle gerichtlich dafür verantworten, dass sie wichtige Dokumente vernichtet hatte. Ein Reporter des *Philadelphia Inquirer* identifizierte in seinen Recherchen Monsanto als eines der Chemieunternehmen, deren Manager Frau Lavelle häufig zum Meinungsaustausch bei einem Mittag- oder Abendessen eingeladen hatten. Die Einwohner von Times Beach hatten sich schon lange um eine Evakuierung bemüht, aber sie wurde bis 1982 hinausgeschoben, elf Jahre nachdem man die Verseuchung des Bodens nachgewiesen hatte und acht Jahre nachdem Dioxin als Ursache festgestellt worden war.

Monsantos Verbindung mit Dioxin begann Ende der Vierzigerjahre mit der Produktion des Unkrautvernichtungsmittels 2,4,5-T. »Unmittelbar nach Produktionsbeginn klagten die Arbeiter über Hautausschläge, unerklärliche Schmerzen in Gliedmaßen, Gelenken und anderen Körperteilen, Schwäche, Reizbarkeit, Nervosität und Verlust der Libido«, berichtet Peter Sills, der an einem Buch über Dioxin arbeitet. »Aus internen Memoranden geht hervor, dass die Firma wusste, wie es um die Männer bestellt war, aber alle einschlägigen Unterlagen wurden unter Verschluss gehalten« (persönliche Mitteilung, 5. August 1998). 1949 ereignete sich eine Explosion bei Monsanto Nitro in West Virginia, wo Unkrautvernichtungsmittel hergestellt wurden, und lenkte neue Aufmerksamkeit auf die Klagen der Arbeiter. Dioxin wurde erst 1957 als Verursacher der Beschwerden identifiziert, aber unterdessen hatte sich anscheinend die Abteilung Chemiewaffen in der US-Armee für den Stoff zu interessieren begonnen. Eine Nachforschung der Zeitschrift *St. Louis Journalism Review* förderte 600 Seiten Berichte und Korrespondenz zwischen Monsanto und der Armee über dieses bei der Herstellung von Unkrautvernichtungsmitteln anfallende Produkt zu Tage, die bis ins Jahr 1952 zurückreichten (Downs, 1998).

Das Herbizid Agent Orange, das die US-Truppen in den Sechzigerjahren im Vietnamkrieg als Entlaubungsmittel einsetzten, war eine Mischung von 2,4,5-T und 2,4-D. Es gab mehrere Hersteller, aber Monsantos Agent Orange hatte einen um ein Vielfaches höheren Dioxingehalt als das Produkt von Dow Chemical, dem zweiten großen Hersteller. So war Monsanto der Hauptangeklagte in dem Verfahren, das Vietnamveteranen in den Vereinigten Staaten anstrengten. Sie führten eine Fülle von Symptomen auf den Kontakt mit Agent Orange zurück. 1984 schlossen sieben Chemiefirmen und die Anwälte der Veteranen einen Vergleich über 180 Millionen Dollar. Der Richter ordnete an, dass Monsanto 45,5 Prozent der gesamten Vergleichssumme zu zahlen habe.

In den Achtzigerjahren führte Monsanto einige Untersuchungen durch, die zeigen sollten, dass die Firma nur minimales Verschulden traf, und zwar nicht nur in dem Verfahren wegen Agent Orange, sondern auch im Falle der Beschäftigten, die in der Produktionsstätte in West Virginia kontaminiert worden waren. Ein über dreieinhalb Jahre laufender Prozess, den Eisenbahnarbeiter angestrengt hatten, die nach einer Zugentgleisung mit Dioxin in Kontakt gekommen waren, zeigte, dass all diese Untersuchungen nach einem gemeinsamen Muster erfolgt waren: Daten wurden manipuliert, und die Studien wurden so angelegt, dass sie die gewünschten Ergebnisse brachten. Ein Verantwortlicher der US-Umweltschutzbehörde zog den Schluss, die Untersuchungen seien so manipuliert worden, dass sie Monsantos Behauptung stützten, Dioxin verursache nichts Schlimmeres als die Hautkrankheit Chlorakne (Jenkins, 1990). Jed Greer und Kenny Bruno von Greenpeace fassen das Ergebnis so zusammen (1996):

Nach Aussagen aus dem Gerichtsverfahren hatte Monsanto Arbeiter, die mit Dioxin in Berührung gekommen waren, und solche, die nicht damit in Berührung gekommen waren, falschen Kategorien zugeordnet; sie hatte willkürlich mehrere Krebserkrankungen unberücksichtigt gelassen; sie hatte es versäumt zu überprüfen, ob etliche Betroffene, bei denen ein übliches Kontaktekzem diagnostiziert worden war, nicht tatsächlich an Chlorakne litten; sie hatte keine Versicherung abgegeben, dass die vorgelegten Aufzeichnungen nicht manipuliert worden waren; und sie hatte falsche Angaben über die Kontamination von Monsanto-Produkten mit Dioxin gemacht.

Das Verfahren, in dem die Geschworenen Monsanto zu einer Geldstrafe in Höhe von 16 Millionen Dollar verurteilten, brachte ans Licht, dass viele Produkte von Monsanto, von gebräuchlichen Unkrautvertilgungsmitteln bis zu dem keimtötenden Santophen im Desinfektionsmittel Lysol, mit Dioxin kontaminiert waren und dass die Verantwortlichen dies wussten. »Die Aussagen von Verantwortlichen bei Monsanto im Prozess ergaben das Bild einer Unternehmenskultur, in der Verkaufszahlen und Gewinn einen höheren Stellenwert haben als die Sicherheit der Produkte und der Beschäftigten«, schrieb die Zeitung *Globe and Mail* aus Toronto nach Abschluss des Verfahrens (Ferguson, 1990). Die in dem Prozess verhängte Geldstrafe wurde zwei Jahre später von der Berufungsinstanz aufgehoben. »Sie kümmerten sich einfach nicht um die Gesundheit und Sicherheit ihrer Arbeiter«, sagt Peter Sills. »Anstatt sich zu bemühen, die Produktion sicherer zu machen, setzten sie auf Einschüchterung und drohten ihren Arbeitern mit Kündigung, um sie gefügig zu machen.«

Eine anschließende Untersuchung von Dr. Cate Jenkins von

der US-Umweltschutzbehörde erbrachte weitere Beweise für systematische Fälschungen von Forschungsergebnissen. 1990 drängte sie ihre Behörde, eine polizeiliche Untersuchung in der Firma durchzuführen und Beweismittel für Verfehlungen zusammenzutragen. Jenkins zitierte aus internen Dokumenten von Monsanto, aus denen hervorging, dass die Firma für das US-Landwirtschaftsministerium Proben von Unkrautvernichtungsmittel »geschönt« hatte; sich hinter Hinweisen auf »chemische Verfahren« verschanzt hatte; Versuche abgewehrt hatte, den Einsatz von 2,4-D und verschiedenen Chlorphenolen einzuschränken, Beweise für die Kontamination von Lysol unterschlagen und mehrere hundert besonders schwer erkrankte Beschäftigte aus ihren Gesundheitsstudien ausgeklammert hatte:

Monsanto hat die Kontamination etlicher seiner Produkte mit Dioxin verschleiert. Monsanto hat es entweder versäumt, die Kontamination zu melden, oder die falsche Information gegeben, dass angeblich keine Kontamination bestünde, oder der Regierung dioxinfreie Proben zur Untersuchung vorgelegt, die eigens dafür hergestellt waren (Jenkins, 1990).

Eine neue Generation von Unkrautvertilgungsmitteln

Ende der Neunzigerjahre trugen Unkrautvertilgungsmittel mit dem Wirkstoff Glyphosat wie das Produkt Roundup ein Sechstel zum Jahresumsatz von Monsanto bei und erbrachten die Hälfte des operativen Gewinns (so der Aktienanalyst Dain Bosworth, zitiert bei Bruno, 1997). Der Beitrag der Unkrautvernichtungsmittel zum Geschäftsergebnis ist noch erheblich gestiegen, seit Monsanto im September 1997 die Abteilungen Industriechemikalien und synthetische Stoffe in eine eigene Firma namens Solutia ausgegliedert hat. Monsanto vermarktet Roundup aggressiv als sicheres Unkrautvernichtungsmittel mit einem breiten Spektrum von Einsatzmöglichkeiten, von Rasenflächen über Obstplantagen bis zu ausgedehnten Nadelwäldern, wo aus der Luft Herbizide versprüht werden, um das Nachwachsen von Laubbäumen und Sträuchern zu verhindern; so können sich die profitablen Fichten und Tannen besser entwickeln (Aussage der Champion Paper Company, 1996). NCAP, eine Umweltschutzgruppe mit Sitz in Oregon, hat über 40 wissenschaftliche Untersuchungen über die Wirkungen von Glyphosat und der Polyoxyethylenamine, die als Lösungsmittel bei Roundup verwendet werden, gesichtet und kommt zu dem Schluss, dass das Mittel ganz und gar nicht so harmlos ist, wie Monsanto in seiner Werbung behauptet:

Nach der Aufnahme von Roundup kommt es beim Menschen zu akuten Vergiftungserscheinungen wie Magen-Darm-Beschwerden, Erbrechen, Anschwellen der Lungen, Lungenentzündung, Eintrübung des Bewusstseins und Zerfall der roten Blutkörperchen. Arbeiter, die mit dem Abfüllen, Umladen und dem Einsatz von Glyphosat zu tun hatten, klagten über Reizungen der Augen und der Haut. Der Umweltschutzbehörde wurden 109 Fälle von gesundheitlichen Beeinträchtigungen im Zusammenhang mit Glyphosat im Zeitraum von 1966 bis Oktober 1980 berichtet. Dazu zählen Hautreizungen, Übelkeit, Benommenheit, Kopfschmerzen, Durchfall, Sehstörungen, Fieber und Abgeschlagenheit (Cox, 1991).

In diesem Zusammenhang ist der Hinweis wichtig, dass Roundup im großen Stil erst nach dem Zeitraum 1966–1980 eingesetzt wurde.

Eine Reihe von Selbstmorden und Selbstmordversuchen mit Roundup in den Achtzigerjahren in Japan erlaubte den Wissenschaftlern, eine tödliche Dosis von 170 g zu errechnen. Das Unkrautvernichtungsmittel ist für Fische 100-mal giftiger als für Menschen, es ist giftig für Regenwürmer, Bakterien und Pilze im Boden. Die Wissenschaftler haben eine Reihe direkter physiologischer Wirkungen von Roundup bei Fischen und Wildtieren nachgewiesen, außerdem gibt es sekundäre Effekte als Folge der Entlaubung der Wälder. Der Zerfall von Glyphosat in N-nitrosoglyphosat und verwandte Stoffe hat die Sorgen über mögliche Krebs erzeugende Wirkungen von Roundup-Produkten noch vergrößert (Cox, 1991; Mendelson, 1998).

Eine 1993 an der University of California durchgeführte Untersuchung ergab, dass Glyphosat bei Landschaftsgärtnern in

Kalifornien die häufigste Ursache für Erkrankungen im Zusammenhang mit dem Einsatz von Pestiziden war und die dritthäufigste bei Landarbeitern (Cox, 1995). Ein 1996 vom »Vermont Citizens' Forest Roundtable« – einer Gruppe, die sich im Parlament von Vermont erfolgreich für ein Verbot von Unkrautvernichtungsmitteln in Wäldern im gesamten Bundesstaat einsetzte – erstellter Überblick über die wissenschaftliche Literatur erbrachte Hinweise auf Lungenschäden, Herzrasen, Übelkeit, Fortpflanzungsprobleme, Chromosomenschäden und etliche andere Folgen des Umgangs mit Roundup (Knight, 1996). 1997 reagierte Monsanto auf die seit fünf Jahren erhobenen Vorwürfe des Generalstaatsanwalts des Staates New York, dass die Werbung für Roundup irreführend sei. Die Begriffe »biologisch abbaubar« und »umweltfreundlich« wurden in den Anzeigen nicht mehr verwendet, und das Unternehmen zahlte 50 000 Dollar an den Staat als Ersatz von Kosten im Zusammenhang mit seinen Ermittlungen.

Im März 1998 akzeptierte Monsanto eine Geldstrafe in Höhe von 225 000 Dollar, weil in 75 Fällen Behälter mit Roundup falsch etikettiert worden waren. Dies war die höchste Geldstrafe, die jemals nach den Arbeitsschutzrichtlinien des Gesetzes über Insekten-, Pilz- und Rattenbekämpfungsmittel (FIFRA) gezahlt worden war. Dem *Wall Street Journal* zufolge hatte Monsanto Behälter des Unkrautvertilgungsmittels mit Etiketten ausgeliefert, die besagten, dass Gebiete nach dem Einsatz von Roundup vier Stunden nicht betreten werden dürften, während tatsächlich zwölf Stunden vorgeschrieben waren (*Wall Street Journal,* 1998). Das war nur der letzte Fall in einer ganzen Reihe von Verfahren und Strafbefehlen gegen Monsanto in den Vereinigten Staaten. 1986 musste das Unternehmen 108 Millionen Dollar zahlen, nachdem ein Arbeiter in Texas an Leukämie gestorben war; 1990 erging ein Strafbefehl über 648 000 Dollar, weil Monsanto der Umweltbehörde die angeforderten Informationen über Krankheitsfälle nicht geliefert hatte; 1991 verhängte der Generalstaatsanwalt von Massachusetts eine Geldstrafe von einer Million Dollar, nachdem eine Million Liter säurehaltiges Abwasser in die Umwelt gelangt waren; 1992 wurde das Unternehmen im texanischen Houston zur Zahlung von 39 Millionen Dollar verurteilt im Zusammenhang mit der fahrlässigen Entsorgung von gefährlichen Chemikalien – die Aufzählung ließe sich noch beliebig fortsetzen (Greer und Bruno, 1996). 1995 rangierte Monsanto auf Platz fünf der von der Umweltbehörde erstellten Liste der amerikanischen Unternehmen, die die meisten toxischen Stoffe in die Umwelt entlassen hatten, mit 16,8 Millionen Kilo giftiger Chemikalien, die in die Luft, ins Wasser und in die Erde gelangt waren (zitiert bei Anderson und Cavanagh, 1997).

Die schöne neue Welt der Biotechnologie

Viele Kommentatoren haben gezeigt, wie sich die Aggressivität, mit der Monsanto seine neuen biotechnologischen Produkte vermarktet, vom Rinderwachstumshormon (rBGH) über Sojabohnen der Marke »Roundup Ready« und anderem Saatgut bis zu schädlingsresistenten Baumwollarten, nahtlos an die jahrzehntelang verfolgten ethisch fragwürdigen Praktiken anschließt. »Unternehmen haben einen Charakter«, schreibt Peter Sills, »und Monsanto hat einen besonders bösartigen Charakter. Von den Pflanzenschutzmitteln über das Desinfektionsmittel Santophen bis zu den Wachstumshormonen: Sie scheinen es besonders darauf anzulegen, ihren Arbeitern Schaden zuzufügen und Kindern Schaden zuzufügen.«

Ursprünglich war Monsanto eines von vier Chemieunternehmen, die ein synthetisches Wachstumshormon für Kühe auf den Markt bringen wollten. Das Hormon stammte von *E. coli*-Bakterien, die gentechnisch so verändert worden waren, dass sie das bovine Protein produzierten. Wie Jennifer Ferrara in der international viel beachteten Ausgabe von *The Ecologist* über die »Akte Monsanto« schrieb, stellen die 14 Jahre währenden Bemühungen von Monsanto, bei der amerikanischen Lebens- und Arzneimittelbehörde (FDA) die Zulassung seines Wachstumshormons zu erreichen, eine Kette von Konflikten und Auseinandersetzungen dar, während es offensichtlich konzertierte Bemühungen gab, Informationen über krank machende Nebenwirkungen des Hormons zu vertuschen (Ferrara, 1998). Ein Veterinär der FDA, Richard Burroughs, wurde entlassen, nachdem er dem Unternehmen und der Behörde vorgeworfen hatte, sie würden Daten manipulieren und unterdrücken, um die gesundheitsschädlichen Effekte von Wachstumshormonen auf Milchkühe zu verschleiern (Canine, 1991; Tokar, 1992).

1990, als die Zulassung von rBGH unmittelbar bevorstand, leitete ein Veterinärpathologe der Universität Vermont bis dahin zurückgehaltene Berichte an zwei Parlamentarier des Bundesstaates weiter. Daraus ging hervor, dass bei Kühen, die Injektionen des damals noch experimentellen Hormons von Monsanto erhalten hatten, signifikant häufiger Euterentzündungen auftraten und ebenfalls signifikant häufiger schwere Missbildungen bei Nachkommen derart behandelter Kühe registriert wurden (Christiansen, 1995; Tokar, 1992). Eine unabhängig von der Universität durchgeführte Untersuchung ihrer Daten durch eine regionale Bauernvereinigung deckte weitere Gesundheitsprobleme bei Kühen im Zusammenhang mit rBGH auf, so eine Häufung von Erkrankungen an Klauen und Beinen, Stoffwechsel- und Fortpflanzungsstörungen und Gebärmutterinfektionen. Der amerikanische Bundesrechnungshof (GAO) wollte den Fall weiter untersuchen, erhielt aber weder von Monsanto noch von der Universität alle Unterlagen, die erforderlich gewesen wären, um den angegebenen schädlichen Folgen nachzugehen. Immerhin kamen die Prüfer zu dem Ergebnis, dass die mit rBGH behandelten Kühe ein Drittel höhere Raten von Mastitis (Euterentzündungen) hatten als unbehandelte Kühe, und empfahlen weitere Forschungen zu der Frage, ob mit einer erhöhten Antibiotikabelastung der Milch behandelter Kühe zu rechnen sei (Christiansen, 1995).

Monsantos Wachstumshormon erhielt 1994 von der FDA die Marktzulassung. Im Jahr darauf veröffentlichte Mark Kastel vom Bauernverband Wisconsin einen Bericht über die Erfahrungen der Bauern in Wisconsin mit rBGH. Er stellte noch mehr als die 21 potenziellen Gesundheitsrisiken fest, die Monsanto selbst in der Packungsbeilage zu Posilac – unter diesem Namen wurde das Wachstumshormon verkauft – auflisten musste. Kastel stieß auf etliche Berichte, dass Kühe nach der Behandlung mit rBGH plötzlich eingegangen waren, auf sehr viele Euterentzündungen, schwere Stoffwechselstörungen, Probleme beim Kalben und auf vereinzelte Hinweise, dass Kühe nach Absetzen des Mittels regelrechte Entzugserscheinungen zeigten. Viele erfahrene Bauern, die mit rBGH experimentiert hatten, mussten auf einmal große Teile ihrer Herde ersetzen (Kastel, 1995). Anstatt die von den Bauern gemeldeten Probleme zu untersuchen, ging Monsanto in die Offensive. Die Firma drohte die kleinen Milchbetriebe zu verklagen, die damit warben, dass ihre Produkte frei von künstlichen Hormonen seien, und unterstützte mehrere große Milchvermarkter in ihrem Prozess gegen das erste und einzige Gesetz in den Vereinigten Staaten, das einen Packungshinweis auf den Einsatz von rBGH verlangte (Tokar, 1995).* Unterdessen häuften sich die Anhaltspunkte, dass rBGH Gesundheitsschäden bei Kühen und Menschen verursachte.

Monsantos Bemühungen zu verhindern, dass gentechnisch veränderte Sojabohnen und Mais, die zum Export bestimmt waren, gekennzeichnet werden mussten, folgten der gleichen Strategie, mit der das Unternehmen auf Berichte über negative Wirkungen der Wachstumshormone reagiert hatte. Monsanto argumentiert, die herbizid-resistenten Sojabohnen der Varietät »Roundup Ready« würden letztlich den Verbrauch von Herbiziden vermindern. Sehr viel wahrscheinlicher ist es jedoch, dass sie den Gebrauch von Unkrautvernichtungsmitteln noch weiter erhöhen werden. Unkraut, das nach dem ersten Ausbringen solcher Mittel noch vorhanden ist, wird dann häufig mit einem weiteren Herbizideinsatz bekämpft (Schmitz, 1998). »Es wird den exzessiven Einsatz von Unkrautvernichtungsmitteln fördern«, sagte Bill Christison, der in Missouri Sojabohnen produziert, zu Kenny Bruno von Greenpeace International. »Wenn es ein Verkaufsargument für Roundup Ready gibt, dann dies, dass du auf einer Fläche mit viel Unkraut trotzdem Sojabohnen pflanzen und dein Problem mit viel Chemie bekämpfen kannst, aber gerade das sollte man nicht tun« (Bruno, 1997). Christison weist die Behauptung von Monsanto zurück, herbizid-resistentes Saatgut sei erforderlich, um Bodenerosion durch exzessive Nutzung zu verhindern, und berichtet, die Farmer im Mittleren Westen hätten eine ganze Reihe eigener Methoden entwickelt,

---

* Das Etikettierungsgesetz des Bundesstaates Vermont wurde primär mit der Wahlfreiheit der Konsumenten begründet, weniger mit Gesundheitsschutz, und wurde schließlich von einem Bundesrichter zu Fall gebracht, der urteilte, die verpflichtende Angabe von rBGH verletze das verfassungsmäßige Recht des Unternehmens, zu schweigen.

um den allzu intensiven Einsatz von Herbiziden zu vermeiden. Wo für die Bauern die Fallstricke liegen, wenn sie solches gentechnisch veränderte Saatgut verwenden, wurde 1999 durch eine Untersuchung an der Universität Georgia noch einmal verdeutlicht. Demnach verlieren die Pflanzen von Roundup-Ready-Sojabohnen bei Bodentemperaturen über 40 °C ihre Festigkeit und knicken leicht um, was für die Bauern drastische Ertragseinbußen bedeutet (*New Scientist*, 1999).

Andererseits hat Monsanto seine Roundup-Produktion in den letzten Jahren gesteigert. Da das US-Patent für Roundup im Jahr 2000 ausgelaufen ist und weltweit die Konkurrenz durch generische Glyphosat-Produkte immer größer wird, ist die gemeinsame Vermarktung des Herbizids Roundup zusammen mit dem Saatgut »Roundup Ready« ins Zentrum von Monsantos Strategie gerückt, um die Verkaufszahlen bei den Herbiziden weiter zu steigern (Monsanto, Jahresbericht 1997). Es ist noch nicht umfassend untersucht worden, welche gesundheitlichen und ökologischen Folgen die Verwendung von Roundup-resistentem Saatgut haben könnte, von Allergien über invasives Wachstum und Wuchern von Unkraut bis zu der Möglichkeit, dass die Resistenz gegen Unkrautvernichtungsmittel durch Pollenflug an andere Sojabohnen und verwandte Pflanzen weitergegeben wird (Greenpeace, 1997).

Die Erfahrungen der amerikanischen Baumwollfarmer mit Monsantos gentechnisch verändertem Saatgut sind noch vielsagender. Monsanto brachte ab 1996 zwei Varietäten von gentechnisch veränderter Baumwolle auf den Markt. Die eine Varietät ist Roundup-resistent und die andere mit der Bezeichnung »Bollgard« enthält ein von einem Bakterium produziertes Toxin, das die Pflanzen vor den drei wichtigsten Baumwollkrankheiten schützen soll. Das Toxin, das vom *Bacillus thuringiensis (Bt)* stammt, wurde im organischen Landbau seit den frühen Siebzigerjahren in der Form eines natürlichen bakteriellen Sprays verwendet. Aber während das Bakterium *Bt* relativ kurzlebig ist und sein Toxin in einer Form abgibt, die nur in den basischen Verdauungssystemen bestimmter Wurm- und Raupenarten wirksam wird, gibt das gentechnisch mit *Bt* veränderte Saatgut eine aktive Form des Toxins ab, und zwar so lange die Pflanze lebt (Tokar, 1996). Ein Großteil des derzeit im

Handel befindlichen Gentech-Mais beispielsweise ist eine Varietät, die *Bt* abgibt und die Pflanzen vor Maispest und anderen häufigen Krankheiten schützen soll.

Als ein großes Problem bei diesen Pestizide absondernden Pflanzen galt von Anfang an, dass das Vorhandensein des Toxins über die gesamte Lebensspanne der Pflanze hinweg wahrscheinlich zur Entwicklung resistenter Stämme der Krankheitserreger führen dürfte. Die amerikanische Umweltbehörde hat festgestellt, dass die verbreitete Resistenz gegen *Bt* den natürlichen Einsatz des *Bt*-Bakteriums innerhalb von drei bis fünf Jahren unwirksam machen könnte, und verlangt von den Bauern, dass sie zur Vorbeugung bis zu 40 Prozent nicht *Bt*-resistente Baumwolle anbauen. Zum zweiten könnte das aktive Toxin, das die Pflanzen abgeben, nicht nur die Schädlinge bekämpfen, sondern auch nützliche Insekten wie Motten und Schmetterlinge.

Aber die schädlichen Auswirkungen von *Bt*-abgebender »Bollgard«-Baumwolle machten sich viel schneller bemerkbar, so schnell, dass Monsanto und seine Partner 1997 und 1998 2,3 Millionen Kilogramm gentechnisch manipulierten Baumwollsamen vom Markt nahmen und in einen Millionenvergleich mit Farmern im Süden der Vereinigten Staaten einwilligten. Drei Farmer, die den Vergleich mit Monsanto ablehnten, erhielten vom Mississippi Seed Arbitration Council fast 2 Millionen Dollar. Die Pflanzen wurden nicht nur von den Larven des Eulenfalters angegriffen, gegen den sie Monsanto zufolge angeblich resistent sein sollten. Etlichen Berichten zufolge keimte darüber hinaus der Samen nicht zuverlässig, die Pflanzen blieben klein und waren häufig verkrüppelt. Einige Farmer beklagten Ausfälle von mehr als 50 Prozent. Ähnliche Erfahrungen gab es auch mit Roundup-resistentem Baumwollsamen. Die Pflanzen wuchsen kümmerlich, viele Samenkapseln waren missgebildet und fielen in unreifem Zustand plötzlich ab.

Ungeachtet dieser Probleme hat Monsanto den Einsatz von Gentechnik in der Landwirtschaft durch die Übernahme einiger der größten, am längsten etablierten Saatgutproduzenten in den Vereinigten Staaten weiter vorangetrieben. Ende der Neunzigerjahre kaufte Monsanto Holdens Foundation Seeds, einen Lieferanten von Keimplasma, das auf 25 bis 35 Prozent der

Maisanbaufläche in den USA verwendet wird, sowie Asgrow Agronomics, laut Monsanto »der führende Züchter, Entwickler und Lieferant von Sojabohnen in den Vereinigten Staaten« (RAFI-Kommuniqué, 1997). 1998 vervollständigte Monsanto seine Palette mit der Übernahme von De Kalb Genetics, dem zweitgrößten Saatguthersteller in den USA und dem neuntgrößten weltweit, und über zwei Jahre bemühte sich Monsanto, Delta and Pine Land aufzukaufen, den größten amerikanischen Produzenten von Baumwollsamen. Durch den Erwerb dieser Firma wollte Monsanto 85 Prozent des amerikanischen Marktes für Baumwollsamen kontrollieren, und es hätte dabei auch die Patentrechte für die berüchtigte »Terminator«-Technologie für sterile Pflanzen bekommen, die Delta Pine zusammen mit dem amerikanischen Landwirtschaftsministerium entwickelt hatte.

Monsanto verfolgte auch in anderen Ländern aggressiv die Strategie, Unternehmen zu übernehmen und Marktanteile zu erobern. 1997 kaufte Monsanto Sementes Agroceres SA, das »führende Saatgetreideunternehmen in Brasilien« mit einem Marktanteil von 30 Prozent. Im folgenden Jahr untersuchte die brasilianische Bundespolizei den illegalen Import von mindestens 200 Säcken gentechnisch veränderter Sojabohnen, und eine Spur führte zu einer Filiale von Monsanto in Argentinien. Nach brasilianischem Recht dürfen transgene Produkte aus dem Ausland nur nach einer Quarantänezeit und nach Tests auf mögliche schädliche Folgen für die einheimische Flora importiert werden. In Kanada musste Monsanto 1997 60 000 Sack gentechnisch veränderten Rapssamen (»Canola«) zurückrufen, weil diese Partie des Roundup-resistenten Saatguts ein anderes Gen enthielt als das, was für den Verzehr durch Menschen und Nutztiere zugelassen war (Montague, 1997).

Die Herbizide und gentechnisch veränderten Produkte von Monsanto sind seit langem Gegenstand öffentlicher Kontroversen, und auch seine pharmazeutischen Produkte sind heftig umstritten. Über viele Jahre war der Süßstoff Aspartam, verkauft unter verschiedenen Handelsnamen, das Flaggschiff von G. D. Searle, der Pharmasparte von Monsanto (die heute eine selbstständige Abteilung von Pharmacia ist). 1981, vier Jahre bevor Monsanto Searle erwarb, bestätigte eine aus drei unabhängigen Wissenschaftlern bestehende Untersuchungskommis-

sion der FDA Meldungen, die seit Jahren kursierten, Aspartam
»könnte Gehirntumore auslösen« (Montague, 1996). Die FDA
widerrief Searles Zulassung für den Verkauf von Aspartam,
aber ein von Präsident Reagan berufener neuer Verantwortlicher hob die Entscheidung wieder auf.

Eine 1996 im *Journal of Neuropathology and Experimental
Neurology* veröffentlichte Studie hat einen steilen Anstieg der
Zahl von Hirntumoren kurz nach der Markteinführung von Aspartam nachgewiesen und damit der Besorgnis neue Nahrung
gegeben. Dr. Erik Millstone von der Abteilung Wissenschafts-
politik der University of Sussex zitiert etliche Berichte aus den
Achtzigerjahren, die Aspartam mit einer Reihe von Unverträg-
lichkeitsreaktionen bei sensiblen Konsumenten in Verbindung
bringen, darunter Kopfschmerzen, Sehstörungen, Benommenheit, Schwerhörigkeit, Muskelkrämpfe und epilepsieähnliche
Anfälle (Millstone, 1996). 1989 geriet Searle in Konflikt mit der
FDA, die dem Unternehmen irreführende Werbung für sein
Krebsmittel Cytotec vorwarf. Die FDA kritisierte, die Anzeigen
richteten sich an einen viel breiteren und viel jüngeren Adres-
satenkreis, als sie vorgegeben habe. Searle/Monsanto musste in
einer Reihe von medizinischen Zeitschriften eine Anzeige
schalten mit der Überschrift »Veröffentlicht zur Korrektur einer
früheren Anzeige, die die Lebensmittelbehörde als irreführend
ansah« (Koenig, 1990).

Monsantos grüne Wende

Vor dem Hintergrund dieser langen, verwirrenden Geschichte
wird verständlich, warum informierte Bürger in Europa und
den Vereinigten Staaten sich sträuben, die Zukunft unserer
Nahrungsmittel und unserer Gesundheit in die Hände von
Monsanto zu legen. Aber Monsanto hat sich sehr bemüht, den
Anschein zu erwecken, von derartiger Opposition lasse man
sich nicht einschüchtern. In Großbritannien hat das Unternehmen eine Million Pfund für eine Werbekampagne ausgegeben;
es unterstützt den renommierten botanischen Garten von Missouri und sponsert eine hervorragende Ausstellung über Artenvielfalt im Amerikanischen Museum für Naturgeschichte in

New York – kurzum, es setzt alles daran, grüner, verantwortungsvoller und zukunftsorientierter zu erscheinen als seine Gegner.

In den Vereinigten Staaten hat Monsanto Unterstützung auf den höchsten Ebenen der Clinton-Administration gefunden. Im Mai 1997 wurde Mickey Kantor, einer der Architekten von Bill Clintons Wahlsieg 1992 und Handelsbeauftragter in Clintons erster Amtszeit, in den Vorstand von Monsanto gewählt. Marcia Hale, die eine Zeit lang als Clintons persönliche Assistentin arbeitete, wurde dann Pressesprecherin von Monsanto in Großbritannien. Al Gore, der in den Vereinigten Staaten für seine ökologisch engagierten Reden und Schriften bekannt ist, ist mindestens seit seinen Tagen im amerikanischen Senat ein Befürworter der Biotechnologie. Gores wichtigster innenpolitischer Berater Ende der Neunzigerjahre, David W. Beier, leitete früher die Abteilung Regierungskontakte bei Genentech Inc.

Mit seinem neuen Konzernchef Shapiro zog Monsanto alle Register, um sein Image als Händler gefährlicher Chemikalien loszuwerden und stattdessen als aufgeklärte, zukunftsorientierte Institution zu erscheinen, die dafür kämpft, dass alle Menschen auf der Welt genug zu essen haben. Shapiro, der seine Karriere 1979 bei G. D. Searle begann und 1982 Präsident der Nutrasweet Group von Searle wurde, gehörte zum Beratergremium des Präsidenten für Handelspolitik und war eine Amtsperiode lang Mitglied in einem weiteren innenpolitischen Beraterstab des Präsidenten. Er beschreibt sich gerne als einen Renaissancemenschen mit Visionen, der die Ressourcen des Unternehmens dafür einsetzen möchte, um die Welt zu verändern. »Der einzige Grund, in einem großen Unternehmen zu arbeiten, ist, dass man dort wirklich wichtige Dinge im großen Maßstab tun kann«, sagte er einmal in einem Interview mit der Zeitschrift *Business Ethics*.

Monsantos Jahresbericht 1997 war eine regelrechte Fallstudie für die grüne Wende eines Unternehmens. Roundup ist demnach kein Unkrautvernichtungsmittel, sondern ein Hilfsmittel, das übermäßige landwirtschaftliche Nutzung verhindert und damit die Gefahr der Bodenerosion verringert. Gentechnisch verändertes Saatgut soll nicht Monsantos Gewinn steigern, sondern die gravierenden Probleme einer wachsenden Erdbevölkerung lösen. Biotechnologie dient nicht dazu, alles Leben auf der Erde auf den Status einer Ware zu reduzieren – Dinge, die gekauft und verkauft, vermarktet und patentiert werden –, sondern ist vielmehr ein Vorbote der »Individualisierung«: Anstelle von vielen einzelnen Massenprodukten gibt es nur noch spezialisierte, auf Bestellung gefertigte Produkte (Monsanto, Jahresbericht 1997, S. 10). Das ist Newspeak in Vollendung und klingt seltsam aus dem Mund einer Firma, die bekannt ist für ihre aggressive Vermarktung gentechnisch veränderter Nahrungsmittel, deren profitabelstes Produkt ein Unkrautvernichtungsmittel ist und die berüchtigt ist für ihre Versuche, Kritiker einzuschüchtern und Kritik in den Medien zu unterdrücken.

Schließlich ist Monsantos aggressive Werbung für Biotechnologie nicht allein Ausdruck unternehmerischer Arroganz, sondern die praktische Umsetzung eines angeblichen »Naturgesetzes«. Den Lesern des Jahresberichts 1997 wurde eine Analogie zwischen dem heutigen raschen Anwachsen der Zahl identifizierter DNS-Basenpaare präsentiert und dem exponentiellen Trend zur Miniaturisierung in der Elektronikindustrie, der seit den Sechzigerjahren zu beobachten ist. Monsanto bezeichnet das exponentielle Wachstum des »biologischen Wissens«, wie es das nennt, schlichtweg als »Monsantos Gesetz«. Wie bei jedem anderen mutmaßlichen Naturgesetz bleibt einem gar nichts anderes übrig, als zuzusehen, wie die Voraussagen sich erfüllen, und in diesem Fall besagt die Voraussage nichts Geringeres als fortgesetztes exponentielles Wachstum von Monsantos Einfluss weltweit.

Im Jahr 1999 gerieten Shapiro und seine Kollegen jedoch zunehmend in die Defensive. Mehrere Versuche, mit größeren Firmen zu fusionieren – offensichtlich auf der Suche nach finanzieller Hilfe, weil die jüngsten Übernahmen von Saatgutfirmen 8 Milliarden Dollar gekostet hatten –, waren gescheitert. Die aggressive und oft rücksichtslose Verbreitung von Genmais und Gensojabohnen hatte dazu geführt, dass Monsanto in Europa zu einem Synonym für all das geworden war, was an der Gentechnologie bedrohlich und unkontrollierbar erscheint. Die »Terminator«-Technologie, die Monsanto von Delta and Pine Land übernehmen wollte (während es zugleich ähnliche Technologien selbst entwickelte), war in den Mittelpunkt des weltweiten Widerstandes gegen gentechnisch verändertes Saatgut gerückt. Die Deutsche Bank hatte verlautbaren lassen, gentechnisch verändertes Saatgut stelle ein wirtschaftliches Risiko für die Bauern dar, und empfahl ihren Investoren, keine Aktien von Unternehmen mehr zu kaufen, die in der landwirtschaftlichen Biotechnologie tätig waren. Das *Wall Street Journal* berichtete, dass Monsanto, der einst als unbesiegbar geltende Weltmarktführer in der Biotechnologie, für die Investoren bedeutend wertvoller wäre, wenn es in einzelne Bereiche zerschlagen würde.

Im Oktober 1999 machte Monsanto weltweit Schlagzeilen mit der Ankündigung, es werde davon Abstand nehmen, »Terminator«-Saatgut zu vermarkten, das Pflanzen produziert, von denen sich kein Samen gewinnen lässt. Robert Shapiro nahm per Videoschaltung an einer Business-Konferenz von Greenpeace in London teil, um zu demonstrieren, dass er den »Dialog« und eine »gemeinsame Basis« suchte (Greenpeace, 1999). Monsanto bekam viel Beifall, weil es scheinbar auf seine Kritiker gehört hatte, vor allem auf den Präsidenten der Rockefeller Foundation (und ehemaligen Vizekanzler der Universität Sussex) Gordon Conway, der, so wurde berichtet, Shapiro überzeugt hatte, das »Terminator«-Saatgut aufzugeben. Aber Monsanto steckte bereits in ernsten Schwierigkeiten, und das vermeintliche Zugeständnis beim »Terminator« war ein vergleichsweise geringer Preis, den man in der Hoffnung zahlte, insgesamt die Zukunft von gentechnisch verändertem Saatgut retten zu können. Der Fall ist geradezu ein Lehrstück dafür, wie moderne Unternehmen Öffentlichkeitsarbeit betreiben: Ein Unternehmen wird gedrängt, Fehler zuzugeben, und versucht seine Glaubwürdigkeit wiederherzustellen, indem es scheinbar Umweltschutzgruppen in die unternehmerischen Entscheidungen mit einbindet.

Ende 1999 hatte Monsanto den Plan aufgegeben, Delta and Pine Land – den Inhaber der Patentrechte für das »Terminator«-Saatgut – zu übernehmen, und Shapiro wechselte auf einen Vorstandsposten ohne operative Kompetenz zu Pharmacia, der Firma, die aus der Fusion von Monsanto mit Pharmacia and Upjohn entstanden war. Pharmacia versuchte den Kurssturz seiner Aktien abzufedern, indem es dafür plädierte, bis zu 20 Prozent der Landwirtschaftssparte des neu entstandenen

Unternehmens, die noch unter dem Namen Monsanto firmierte, zu verkaufen. Es könnte sein, dass Monsanto auf der Suche nach neuen Geldquellen letztlich gezwungen ist, sein berüchtigtes Saatgutmonopol aufzugeben.

Wie immer die Sache ausgehen mag, diese Entwicklungen bestätigen, dass der Ausbau der Biotechnologie auch nicht das Geringste mit einem »Naturgesetz« zu tun hat. Technologien sind für sich genommen keine gesellschaftlichen und schon gar keine »natürlichen« Kräfte, und sie sind auch keine neutralen »Werkzeuge«, die wir zu jedem beliebigen gesellschaftlichen Zweck einsetzen können. Sie sind vielmehr Produkte bestimmter gesellschaftlicher Institutionen und wirtschaftlicher Interessen. Wenn eine technische Entwicklung einmal in Gang gesetzt ist, kann sie sehr viel folgenreicher sein, als ihre Schöpfer es vorausgesagt haben: Je mächtiger die Technologie, desto weiter reichen die Folgen.

Wenn wir Monsanto und seine Biotechnologie ablehnen, heißt das nicht, dass wir Technik an sich ablehnen. Vielmehr wollen wir eine lebensfeindliche Technologie der Manipulation, der Kontrolle und des Profits durch eine ganz und gar ökologische Technologie ersetzen, die die Lebensmuster der Natur respektiert, die individuelle und die allgemein-gesellschaftliche Gesundheit verbessert, kleine Gemeinschaften fördert und in menschlichen Dimensionen bleibt. Wenn wir an die Demokratie glauben, müssen wir das Recht haben zu entscheiden, welche Technologien für unsere Gemeinschaften am besten sind, und dürfen nicht zulassen, dass nichtverantwortliche Organisationen wie Monsanto, DuPont, Novartis und andere transnationale Biotechnologie-Giganten für uns entscheiden. Technologien sollen nicht nur der weiteren Bereicherung einiger weniger dienen, sondern wir wollen unsere Technologie auf die Hoffnung gründen, dass mehr Harmonie zwischen unseren menschlichen Gemeinschaften und der natürlichen Welt möglich ist. Es geht um unsere Gesundheit, unsere Nahrungsmittel und die Zukunft des Lebens auf der Erde.

Kapitel 8

Freihandel: Der große Zerstörer

David Morris

David Morris ist einer der am häufigsten zitierten Kritiker der neuen Freihandelsabkommen. Er argumentiert mit den Schäden für die Umwelt und den zerstörerischen Wirkungen für lokale Gemeinschaften. Morris ist Direktor und Vizepräsident des »Institute for Local Self-Reliance« (ISLR) in Minneapolis, einer Forschungs- und Bildungseinrichtung, die über Möglichkeiten des ökologisch nachhaltigen Wirtschaftens informiert und technische Unterstützung leistet. Das ISLR entwickelt zusammen mit Bürgergruppen, staatlichen Institutionen und Unternehmen Strategien, wie sich Ressourcen lokal gewinnen und einsetzen lassen, um daraus maximalen wirtschaftlichen Nutzen zu ziehen.

Freihandel ist die Religion unserer Zeit. Die globalisierte Wirtschaft erscheint als der Himmel, und die Theorien des Freihandels bilden das breit angelegte analytische und philosophische Fundament dafür. Selbst die höhere Mathematik muss zur Untermauerung dieser Theorien herhalten. Aber letztendlich ist der Freihandel weniger eine wirtschaftliche Strategie als eine ethische Doktrin. Obwohl das Konzept vorgibt, wertfrei zu sein, ist es in Wahrheit von Werten durchdrungen. Dazu gehört die Behauptung, Einkaufen sei das höchste Gut. Mobilität und Veränderung sind angeblich gleichbedeutend mit Fortschritt. Die Verschiebung von Kapital, Material, Waren und Menschen ist wichtiger als die Autonomie, die Souveränität und zudem wichtiger als die Kultur der lokalen Gemeinschaften. Statt die sozialen Beziehungen zu fördern und zu festigen, die eine lebendige Gemeinschaft ausmachen, will die Freihandelstheologie unser Verhalten mit einer eng gefassten Definition von Effizienz lenken.

Die Postulate des Freihandels

Für die meisten von uns sind nach einer Generation Gehirnwäsche über die angeblichen Vorzüge des Freihandels die Lehrsätze dieser Doktrin scheinbar selbstverständlich:

- Wettbewerb regt zu Innovationen an, steigert die Produktivität und senkt die Preise.
- Die Arbeitsteilung erlaubt Spezialisierung, und das steigert wiederum die Produktivität und senkt die Preise.
- Je größer die Produktionsanlage ist, desto stärker sind Arbeitsteilung und Spezialisierung und desto mehr Vorteile gibt es.

Die Anbetung von schierer Größe durchdringt auch alle Bereiche der Politik. Das amerikanische Finanzministerium schlägt vor, fünf bis zehn Großbanken zu schaffen. »Wenn wir in einer globalisierten Welt der Finanzdienstleistungen konkurrenzfähig sein wollen, müssen wir unsere Ansichten über die Größe der amerikanischen Institutionen ändern«, verlautete aus dem Ministerium in Washington (Nash, 1987). Der Vizevorsitzende von Citicorp warnt die Amerikaner davor, »an der herzerwärmenden Idee festzuhalten, dass 14 000 Banken wunderbar für das Land sind« (Nash, 1987). Das liberale Magazin *Harper's* pflichtet bei: »Ja, die Farmen sind größer geworden genau wie fast jede andere Art von Wirtschaftsunternehmen. Sie sind gewachsen, um von den Vorteilen der Massenproduktion profitieren zu können, die die modernen Produktionstechniken bieten.« Lester Thurow, US-Präsidentenberater bei den Demokraten, kritisiert Antitrust-Gesetze als »eine alte Vorstellung der Demokraten, die ganz einfach aus der Mode« sei. Er argumentiert, selbst IBM mit seinen 50 Milliarden Dollar Umsatz sei für den globalen Markt nicht groß genug. »Es kommt vor, dass große Firmen kleine Firmen zermalmen«, räumt Thurow ein, »aber es ist sehr viel besser, wenn kleine amerikanische Firmen von großen amerikanischen Firmen zermalmt werden als von großen ausländischen Firmen« (Thurow, 1980). Das Magazin *In These Times,* das sich einst als unabhängige sozialistische Wochenzeitschrift bezeichnete, kam zu dem Schluss:»Japanische Stahlfirmen haben amerikanische Stahlfirmen zum Teil deswegen im Wettbewerb geschlagen, weil sie größere Fabriken gebaut haben.«

Die Vernarrtheit in alles, was groß ist, führt logischerweise zum nächsten Postulat des Freihandels: der Notwendigkeit globaler Märkte. Alles, was der Ausweitung der Märkte im Wege steht, schränkt die Möglichkeit der Spezialisierung ein, erhöht damit die Kosten und verschlechtert die Position im Wettbewerb.

Der letzte Pfeiler des Freihandels ist das Gesetz von den komparativen Kostenvorteilen, die es in zwei Formen geben soll: als absolute und als relative Standortvorteile. Absolute Standortvorteile sind leichter zu verstehen: Vom Klima und der Ressourcenausstattung her sollte Guatemala eher Bananen anbauen und Minnesota Hechte züchten. So hat jede Region einen Vorteil davon, wenn sie sich auf das spezialisiert, was bei ihr am besten gedeiht. Die relativen Standortvorteile sind schwieriger zu verstehen, aber ein letztlich noch viel machtvolleres Konzept. David Ricardo, der Architekt der Freihandelslehre, hat sie im 19. Jahrhundert so erklärt:

Zwei Männer können beide Schuhe und Hüte herstellen, aber der eine ist dem anderen in beiden Tätigkeiten überlegen. Wenn er Hüte macht, ist er allerdings nur um ein Fünftel oder 20 Prozent besser als sein Konkurrent, während er, wenn er Schuhe macht, ein Drittel oder 33 Prozent besser ist. Liegt es nicht im Interesse beider Männer, dass der, der in beidem besser ist, nur noch Schuhe herstellt und der andere nur Hüte?
(Ricardo, 1996)

Das heißt, auch wenn eine Gemeinschaft jedes Produkt effizienter herstellen kann als eine andere, sollte sie sich auf die Produkte spezialisieren, bei denen sie relativ gesehen besonders effizient ist, und für die anderen Handel treiben. Jede Gemeinschaft und auch jedes Land sollte sich auf das spezialisieren, was sie beziehungsweise es am besten kann.

Welche Implikationen haben diese Lehrsätze des Freihandels? Gemeinschaften und Länder sollen die Selbstversorgung lassen und sich in Abhängigkeit begeben. Wir sollen uns von der Produktion vieler Güter abwenden und uns auf einige wenige konzentrieren. Wir sollen importieren, was wir brauchen, und exportieren, was wir herstellen.

Größer ist besser. Lieber Konkurrenz als Kooperation. Materialistisches Eigeninteresse spornt die Menschen an. Abhängigkeit ist besser als Unabhängigkeit. Das sind die Pfeiler des Freihandels. Alles in allem schließen wir einen Handel ab. Wir geben die Verfügungsgewalt über unsere Angelegenheiten aus der Hand und erhalten dafür das Versprechen von mehr Arbeitsplätzen, mehr Gütern und einem höheren Lebensstandard.

Die wirtschaftlichen Argumente für den Freihandel sind gewichtig. Doch die meisten von uns haben sich nicht durch die Theorie überzeugen lassen, sondern die verbreitete Vorstellung, dass der Freihandel eine unausweichliche Entwicklung unseres marktwirtschaftlichen Systems ist, hat uns in den Bann geschlagen. Wir glauben, dass Volkswirtschaften wie natürliche Organismen eine Evolution von einfachen zu immer komplexeren Formen durchlaufen.

Vom finsteren Mittelalter über die Stadtstaaten und die Nationalstaaten bis zur weltumspannenden Wirtschaftsordnung und bald auch zur Produktion im Weltall hat sich die Geschichte systematisch entfaltet. Die Anhänger des Freihandels meinen, dass der Versuch, die ökonomische Evolution aufzuhalten, genauso ist, als wollte man versuchen, die natürliche Evolution aufzuhalten. Der Vorschlag, wir könnten doch einen anderen Entwicklungsweg wählen, gilt bestenfalls als der Wunsch, die Geschichte zurückzudrehen, und schlimmstenfalls als ein unnatürlicher Akt, geradezu als Versündigung.

Diese Form des geschichtlichen Determinismus hat Folgen. Wir bewegen uns nicht nur von einfachen zu komplexen Wirtschaftsweisen. Wir bewegen uns von wirtschaftlicher Integration zu wirtschaftlicher Zerstückelung, wir trennen den Produzenten vom Konsumenten, den Bauern von der Küche, das Kraftwerk vom Elektrogerät, die Entsorgungsanlage vom Mülleimer, die Bank vom Kontoinhaber und letztlich den Staat von seinen Bürgern. Im Prozess der Entwicklung trennen wir Entscheidungsgewalt und Verantwortung – jene, die die Entscheidungen treffen, sind nicht dieselben, die die Entscheidungen tragen müssen.

Genau wie der Homo sapiens als die größte Leistung der Natur gilt, erscheint das multinationale und supranationale Unternehmen als unser am höchsten entwickeltes wirtschaftliches Wesen. Eine weltumspannende Wirtschaft verlangt weltumspannende Institutionen. Der Nationalstaat verschwindet allmählich, und zwar gleichermaßen als Objekt, mit dem wir uns verbunden fühlen und uns identifizieren, wie als wichtiger Akteur in Weltangelegenheiten. Die planetarische Wirtschaft verschmilzt und verschlingt Nationen. Yoshitaka Sajima, Vizepräsident der amerikanischen Niederlassung von Mitsui and Company, sagt dazu:»Die Vereinigten Staaten und Japan treiben nicht einfach miteinander Handel – sie sind wechselseitig ein Teil voneinander geworden« (Holstein, 1986a). Lamar Alexander, der ehemalige republikanische Gouverneur von Tennessee, bestätigt Sajimas Feststellung mit der Aussage, das Ziel seiner wirtschaftlichen Entwicklungsstrategie sei es,»die Wirtschaft von Tennessee mit der japanischen Wirtschaft zu verzahnen« (Holstein, 1986b).

In Europa ist der gemeinsame Markt von sechs Ländern in den Fünfzigerjahren über zehn in den Siebzigern bis auf derzeit sechzehn angewachsen, und die Barrieren zwischen diesen Ländern werden rasch abgebaut. Immer seltener gibt es noch italienische, französische oder deutsche Unternehmen, immer häufiger europäische Superkonzerne. Die Regierungen der Vereinigten Staaten, Kanadas und Mexikos haben die NAFTA gegründet, um die Länder des nordamerikanischen Kontinents wirtschaftlich miteinander zu verschmelzen.

Heute ist weltweit akzeptiert, dass die Förderung des Exports das Fundament erfolgreicher wirtschaftlicher Entwicklungsprogramme darstellt. Ob es sich um ein so kleines Land wie Singapur handelt oder um ein so großes wie die Vereinigten Staaten, immer nimmt man an, dass die Exporte ausschlaggebend für die wirtschaftliche Gesundheit des Landes sind.

Die Globalisierung fordert unsere Aufmerksamkeit und unsere Ressourcen. Unsere Hauptaufgabe sei es, so wird uns gesagt, im Entstehen begriffene globale Systeme zu erweitern und funktionsfähig zu halten. Gespräche über Handelsbeziehungen stehen ganz oben auf allen Tagesordnungen. Politiker bemühen sich, stabile Rahmenbedingungen für die globalen Finanzmärkte und die Wechselkurse zu schaffen. Die besten und klügsten Köpfe der heutigen Zeit setzen ihre ganze Erfindungskraft ein, um globale Regelungen für die Finanzmärkte zu ersinnen, so dass Kapital möglichst ungehindert von einem Land zum nächsten fließen kann.

Der hohe Stellenwert, den die Globalisierung erhält, führt dazu, dass wir unsere Loyalitäten neu verteilen und nachbarschaftliche Bindungen sich lockern. »Die neue Ordnung kennt keine Loyalität zu Arbeitern, Produzenten, zum Unternehmen, zu Branchen, Fabriken, Gemeinschaften, nicht einmal Loyalität zum eigenen Land«, schrieb die *New York Times* (Prokesch, 1987). Martin S. Davis, der Chef von Gulf and Western, erklärt: »Derartige Bindungen gelten nach den neuen Regeln als verzichtbar. Man darf nicht emotional an bestimmte Güter gebunden sein« (Waters, 1993). Heute sind wir alle nur noch Güter.

Es ist nicht einfach, Loyalitäten über Bord zu werfen, aber es soll angeblich der Preis für die Vorteile sein, die das globale Dorf uns bietet. Jede Gemeinschaft muss die Produktionskosten so weit wie möglich senken, auch wenn das bedeutet, dass noch die letzten Reste sozialer Verpflichtung und lange bestehender Traditionen weichen müssen.

Stanley J. Mihelick, der für die Produktion zuständige Vizepräsident von Goodyear, beschreibt die überarbeitete Version des amerikanischen Traums: »Solange wir nicht ein reales Lohnniveau erreichen, das sehr viel näher bei Ländern wie Brasilien und Korea liegt, können wir nicht die Produktivitätsgewinne mit den Löhnen weitergeben und dabei konkurrenzfähig bleiben« (Mihelick, 1987).

Lohnsteigerungen, Umweltschutz, Krankenversicherung, Firmenhaftung – alles, was die Produktionskosten erhöht und die Wettbewerbsfähigkeit eines Unternehmens vermindert, ist eine Bedrohung für unsere Volkswirtschaft. Wir müssen das gute Leben aufgeben, um unsere Wirtschaft zu stützen. Wir befinden uns in einem globalen Überlebenskampf. Wir sind an den Freihandel gekettet.

Die Doktrin gerät ins Wanken

Genau an diesem Punkt der Geschichte, an dem die Lehrsätze von Freihandel und Globalisierung so sehr dominieren, werden die Absurditäten des globalen Systems immer deutlicher. Nehmen wir das Beispiel von Zahnstocher und Essstäbchen. Vor ein paar Jahren aß ich in einem Restaurant in St. Paul in Minnesota. Nach dem Essen nahm ich mir einen Zahnstocher in einer Plastikhülle, die den Aufdruck *Japan* trug. Japan hat wenig Holz und kein Öl, doch in unserer globalisierten Wirtschaft lohnt es sich, kleine Holzstückchen und viele Fässer Öl nach Japan zu bringen, erstere in eine Verpackung aus letzteren zu stecken und das fertige Produkt nach Minnesota zu transportieren. Mein Zahnstocher dürfte rund 50 000 Kilometer weit gereist sein. Aber keine Angst, in gewisser Weise schlagen wir zurück. In Hibbing, ebenfalls in Minnesota, gibt es mittlerweile eine Fabrik, die pro Jahr eine Milliarde Wegwerfessstäbchen für den japanischen Markt herstellt. Vor meinem geistigen Auge sehe ich zwei Schiffe, die sich irgendwo im Nordpazifik begegnen. Das eine Schiff bringt kleine Holzstückchen aus Minnesota nach Japan, das andere bringt kleine Holzstückchen aus Japan nach Minnesota. Das ist die Logik des Freihandels.

Nirgendwo wird die Absurdität des Freihandels deutlicher als in der bitteren Not der Entwicklungsländer. Sie wurden ermuntert, sich für den Aufbau einer wirtschaftlichen Infrastruktur Geld zu leihen, damit sie in der Lage wären, sich auf das zu spezialisieren, was sie am besten beherrschten (komparative Kostenvorteile), und dadurch ihre Exportmöglichkeiten zu vergrößern. Um die Schulden zurückzuzahlen, müssen die Entwicklungsländer ihre Exporte steigern.

Ein Ergebnis dieser Übereinkunft war eine dramatische Verschiebung bei der Nahrungsmittelproduktion vom Konsum im Land zum Export. Nehmen wir den Fall Brasilien. Die Pro-Kopf-Produktion von Grundnahrungsmitteln (Reis, schwarze Bohnen, Maniok und Kartoffeln) fiel in Brasilien von 1977 bis 1984 um 13 Prozent. Die Pro-Kopf-Quote von exportierbaren Nahrungsmitteln (Sojabohnen, Orangen, Baumwolle, Erdnüsse und Tabak) schnellte um 15 Prozent in die Höhe. Heute leiden 50 Prozent der Brasilianer an Unterernährung, aber ein führender brasilianischer Agrarwissenschaftler sagt immer noch, die Förderung des Exports sei »eine Frage des nationalen Überlebens«. Im globalen Dorf überlebt ein Land, indem es seine Bevölkerung verhungern lässt.

Die wachsende Ungleichheit

Wie steht es nun mit den angeblichen Vorteilen des Freihandels, etwa einem höheren Lebensstandard?

Es hängt davon ab, wessen Lebensstandard man betrachtet. Die Ungleichheit zwischen und meist auch in den Ländern hat zugenommen. Zwei Jahrhunderte Welthandel haben die Unterschiede im Lebensstandard deutlich vergrößert. Dem Ökonomen Paul Bairoch zufolge war das Bruttosozialprodukt im Jahr 1750 in den entwickelten Ländern ungefähr genauso hoch wie in den nicht entwickelten. 1930 betrug das Verhältnis 4:1 zugunsten der entwickelten Länder. Heute liegt es bei 8:1.

Ungleichheit ist beides, sie ist Ursache und Wirkung der Globalisierung. Ungleichheit innerhalb eines Landes verschärft den Drang zur Globalisierung, weil sie die Zahl der Menschen verringert, die über ausreichende Kaufkraft verfügen. Folglich muss ein Produzent sein Produkt an die reichen Menschen in vielen Ländern verkaufen, damit er in einer so großen Stückzahl produzieren kann, dass die Kosten möglichst niedrig sind. Ungleichheit ist auch eine Folge der globalisierten Wirtschaft, weil die exportorientierten Branchen wenig Beschäftigte haben, die unverhältnismäßig mehr verdienen als ihre Kollegen in anderen Branchen, und weil die entwickelten Länder in der Regel mehr Geld aus den Entwicklungsländern herausziehen, als sie bei ihnen investieren.

Der Freihandel sollte unseren Lebensstandard erhöhen. Doch selbst in den Vereinigten Staaten, dem am weitesten entwickelten Land, ist der Lebensstandard etlicher Menschen seit 1980 gesunken. Und das Bild wird noch dramatischer: Mehreren Erhebungen zufolge mussten die amerikanischen Arbeitnehmer 1988 fast einen halben Tag länger arbeiten, um auf den gleichen Reallohn wie 1970 zu kommen. Der durchschnittliche Arbeitnehmer hat heute weniger Freizeit als vor 200 Jahren.

Eine neue Denkweise

Es ist an der Zeit zu überprüfen, ob die Doktrin vom Freihandel und ihre Schöpfung, die globale Wirtschaft, heute noch richtig sind. Dafür müssen wir als Erstes über Werte sprechen. Es mag sein, dass die Menschen habgierig und konkurrenzorientiert sind, aber sie sind auch liebevoll und kooperationsbereit. In mehreren Studien wurde nachgewiesen, dass der Bereich der ehrenamtlichen, unbezahlten Tätigkeiten genauso umfassend und produktiv sein kann wie die bezahlte Arbeit.

Ohne Frage haben wir immer mehr menschliche Beziehungen in geschäftliche Transaktionen verwandelt, aber es ist sehr ungewiss, ob dies eine notwendige und vorteilhafte Entwicklung war.

Wir dürfen Wandel nicht mit Fortschritt verwechseln. Bertrand Russell hat einmal gesagt, Wandel sei unvermeidlich und Fortschritt problematisch. Wandel hat mit Wissenschaft zu tun. Beim Fortschritt geht es um Ethik. Wir müssen uns entscheiden, welche Werte uns am wichtigsten sind, und dann ein Wirtschaftssystem schaffen, das diese Werte stärkt.

Die falschen Postulate des Freihandels

Wenn der Preis den Ausschlag dafür geben soll, was wir kaufen, verkaufen und wo wir investieren, dann sollte der Preis uns auch etwas über die Effizienz eines Produktes sagen. Wir könnten Effizienz so messen, dass wir den Verbrauch natürlicher Ressourcen bei der Herstellung von Produkten feststellen und darauf achten, dass bei der Umwandlung von Rohstoffen in Konsum- oder Wirtschaftsgüter möglichst wenig Müll entsteht. Bisher wurde Effizienz allerdings meist in menschlichen Begriffen gemessen – das heißt danach beurteilt, wie viele Arbeitsstunden für die Herstellung eines Produkts aufgewendet wurden.

Der Preis ist jedenfalls kein Maßstab für wirkliche Effizienz. Tatsächlich ist der Preis überhaupt kein Maßstab. In der globalen Ökonomie sind die Preise für Rohstoffe, Arbeit, Kapital, Transport und Abfallbeseitigung ausnahmslos hoch subventioniert. Zum Beispiel kann der Lohnunterschied bei vergleichbar qualifizierten Arbeitskräften bis zu 30 : 1 betragen. Solche Unterschiede sind selbst für den produktivsten Arbeitnehmer nicht angemessen. Ein Arbeiter in Amerika produziert vielleicht doppelt so viel pro Stunde wie ein Arbeiter in Mexiko, aber er verdient zehnmal so viel.

In Taiwan beispielsweise ist das Streikrecht sehr eingeschränkt. In Südkorea dürfen Gewerkschaften nur mit Erlaubnis der Regierung gegründet werden. In vielen Entwicklungsländern gibt es keine Mindestlöhne, keine Höchstarbeitszeit und keine Umweltgesetze. Wie der Ökonom Howard Wachtel geschrieben hat: »Unterschiede bei den Produktkosten, die mit totalitären politischen Institutionen zusammenhängen oder mit Einschränkungen wirtschaftlicher Rechte, stellen keinen natürlichen unternehmerischen Vorteil dar. Der Freihandel aber kümmert sich nicht um die unterschiedlichen politischen oder wirtschaftlichen Institutionen, die in einem Land die Rechte des Einzelnen schützen und im anderen Land diese Rechte verweigern.«

In den entwickelten Ländern hängt der Preis von Waren auch sehr stark von Subventionen ab. In den Vereinigten Staaten beispielsweise fiel früh die Entscheidung, dass der Staat die Transportsysteme des Landes aufbauen sollte. Direkt oder indirekt baute die Öffentlichkeit die Schienenwege, Kanäle, Häfen, Straßen und Flughäfen.

Schwere Lastwagen zahlen keine ausreichend hohen Abgaben, um die Straßenschäden zu decken, die sie verursachen. Die kalifornischen Farmer kaufen Wasser zu einem Preis, der gerade einmal 5 Prozent des gängigen Marktpreises beträgt, die übrigen 95 Prozent werden durch hohe direkte Subventionszahlungen an die Farmbetriebe gedeckt. In den Vereinigten Staaten trägt die Gesellschaft insgesamt die Kosten der Umweltverschmutzung durch die Landwirtschaft. Und nachdem wir auf diese Weise überall in Produktionsprozesse eingegriffen haben, stellen wir fest, dass es billiger ist, die Produkte dort herzustellen, wo sie auch verkauft werden.

Die Preise in einem Land geben uns nicht die richtigen Signale, sie sind nicht dasselbe wie Kosten. Der Preis ist das, was der Einzelne zahlt, *Kosten* sind das, was die Gemeinschaft zahlt.

Die meisten wirtschaftlichen Programme in der industrialisierten Welt führen zu einer enormen Diskrepanz zwischen dem Preis einer Ware oder Dienstleistung für den Einzelnen und den Kosten dieser Ware oder Dienstleistung für die Gesellschaft insgesamt.

Oft ist es schwierig, die Kosten für die Gesellschaft zu beziffern, aber das heißt nicht, dass sie unbedeutend wären. Denken wir nur an die Stadtsanierungsprogramme. In den Fünfziger- und Sechzigerjahren wurden ganze Innenstadtviertel planiert und als moderne Stadtzentren neu aufgebaut. Wolkenkratzer und Einkaufspassagen entstanden, die Einnahmen aus der Grundsteuer stiegen, und man hielt das Ganze für eine gute Sache. Später fanden Soziologen, Wirtschaftswissenschaftler und Stadtplaner heraus, dass die heruntergekommenen Quartiere, die man da planiert hatte, keine desolaten Slums und Brutstätten von Gewalt gewesen waren, sondern intakte ethnische Gemeinschaften, wo die Menschen seit Generationen lebten und arbeiteten, wo Kinder zur Schule gingen und spielten. Wenn man einen Dollarbetrag dafür ansetzen müsste, was es kostete, dass so vielen Menschen ihr Heim weggenommen wurde, dass Lebensentwürfe zerstört, Menschen neu untergebracht und ein nachbarschaftliches Leben neu aufgebaut werden musste, würden wir womöglich feststellen, dass die Stadt als Ganzes mit der Sanierung nur ein Verlustgeschäft gemacht hatte. Wenn wir ein Bilanzierungssystem hätten, das wirklich alle Kosten berücksichtigt, hätten wir die Stadtsanierung vielleicht nie in Angriff genommen.

Unsere Weigerung, die gesellschaftlichen Kosten bestimmter Entwicklungen zu verstehen und zu beziffern, hat in der Stadt und auf dem Land einiges Leid verursacht. Im Jahr 1944 untersuchte Walter Goldschmidt im Auftrag des US-Landwirtschaftsministeriums die wirtschaftlichen und sozialen Merkmale zweier ländlicher Gemeinden in Kalifornien, die in allen Punkten bis auf einen gleich waren. Dinuba war von bäuerlichen Familienbetrieben umgeben, Arvin von landwirtschaftlichen Großbetrieben. Goldschmidt fand heraus, dass Dinuba die stabilere Gemeinde war, einen höheren Lebensstandard hatte, mehr Kleinunternehmen, mehr kleine Läden, bessere Schulen und sonstige Einrichtungen für Familien und dass die Beteiligungsquote der Bürger an öffentlichen Angelegenheiten höher war. Das Ministerium berief sich auf eine Klausel in Goldschmidts Vertrag und verbot ihm, seine Erkenntnisse zu veröffentlichen. Fast dreißig Jahre blieb die Untersuchung in der Schublade. Unterdessen förderte das Ministerium weiter Untersuchungen, die die rasche Umwandlung aller Dinubas in unserem Land in Arvins propagierten. Die Krise der landwirtschaftlichen Betriebe, die wir heute erleben, ist eine Folge davon. Ökonomen sprechen gerne von externen Kosten. Die Kosten, die es verursacht, wenn Arbeitsplätze verlagert werden, wenn die Gewalt in den Familien wächst, Nachbarschaften zerbrechen, die Umwelt belastet wird und eine Kultur verschwindet – all dies sind »externe Kosten«. Extern für wen, möchte man fragen.

Die Theorie der komparativen Kostenvorteile verliert rasch an Überzeugungskraft. Die Zeiten sind vorbei, als eine Technologie sich langsam verbreitete. Vor dreihundert Jahren wurde in Norditalien jeder mit dem Tod bestraft, der das Geheimnis der Seidenweberei stahl und weitergab. Zu Beginn der Industriellen Revolution schützte Großbritannien seine Vormachtstellung in der Textilherstellung, indem es den Export von Maschinen und die Auswanderung von Männern verbot, die solche Maschinen bauen und bedienen konnten. Ein britischer Lehrjunge namens Samuel Slater brachte 1789 die Industrielle Revolution in die Vereinigten Staaten: Er hatte sich die Konstruktion eines Webstuhls genau eingeprägt und war dann ausgewandert.

Heute ist der Technologietransfer ganz einfach. Dem Marktforschungsunternehmen Dataquest zufolge vergehen gerade einmal drei Wochen von der Einführung eines neuen Produkts in den USA, bis es kopiert, produziert und aus Asien wieder nach Amerika reimportiert wird. So viel zu den komparativen Kostenvorteilen.

Die Effizienz kleiner Stückzahlen

Das bringt uns zum Thema Größenvorteile. Ohne Frage sinken die Stückkosten drastisch, wenn die Produktion aus einer Garage in eine Fabrik verlagert wird. Aber wenn die Fabrik ihren Ausstoß um das Hundertfache steigert, fallen die Produktionskosten nicht im entsprechenden Umfang weiter. Der größte Teil der Kostenvorteile entsteht auf relativ bescheidenen Produktionsniveaus.

Das US-Landwirtschaftsministerium hat die Effizienz landwirtschaftlicher Betriebe untersucht und ist zu dem Ergebnis gekommen: »Ab einem Bruttoumsatz von etwa 40 000 bis 50 000 Dollar – die Untergrenze für die Kategorie mittlere Umsätze – trägt Größe nicht mehr zur Steigerung der Effizienz bei« (Miller, 1979). In einem anderen Bericht des Landwirtschaftsministeriums heißt es ganz ähnlich: »Mittelständische bäuerliche Betriebe sind genauso effizient wie große Farmen« (USDA, 1973).

Professor Joseph Bains von der Universität Harvard hat in seinen bahnbrechenden Untersuchungen aus den Fünfzigerjahren herausgefunden, dass viel kleinere Fabriken wirtschaftlich konkurrenzfähiger sein können, als man bis dahin angenommen hatte. Darüber hinaus wurde festgestellt, dass eine Fabrik erheblich verkleinert werden kann, bevor Preissteigerungen bei ihren Produkten erforderlich werden. Mit anderen Worten: Wir können Schuhe für eine Region produzieren anstatt für das ganze Land, ohne dass die Schuhe deswegen mehr kosten müssen. Wenn wir die Subventionierung des Transportsystems durch die Regierung einstellen, können die lokal produzierten und vermarkteten Schuhe sogar billiger sein als die aus dem Ausland importierten.

Moderne Technologien ermöglichen kleinere Produktionsstätten. Zum Beispiel produziert eine traditionelle Floatglas-Fabrik 550 bis 600 Tonnen Glas pro Tag zu jährlichen Produktionskosten von 100 Millionen Dollar. Mit Investitionen von nur 40 bis 50 Millionen Dollar können Minifabriken etwa 250 Tonnen täglich für einen regionalen Markt produzieren, und zwar zu denselben Kosten pro Tonne wie die Großfabriken.

Die Verbreitung programmierbarer Werkzeugmaschinen beschleunigt diesen Trend noch. 1980 entwickelten Industrieingenieure Werkzeugmaschinen, die für eine Vielzahl von Formen programmiert werden können; eine typische japanische Werkzeugmaschine kann heute rund 100 verschiedene Teile aus einem Materialblock herstellen. Was heißt das? Erich Bloch, der Direktor der »National Science Foundation«, meint, die Produktion werde in Zukunft »so flexibel sein, dass es möglich ist, das erste Exemplar eines Produkts zu Kosten herzustellen, die nur geringfügig über den Kosten des tausendsten liegen« (Brandt, 1986). Patrick A. Toole, der für die Produktion zuständige Vizepräsident von IBM, folgerte: »Der ideale Standort für die Fabrik der Zukunft ist dort, wo die Produkte auch konsumiert werden« (Brandt, 1986). Auch dies noch zu den »komparativen Kostenvorteilen«.

Ein Fazit

Wenn wir unsere Fähigkeit aufgeben, für uns selbst zu produzieren, wenn wir Entscheidungsgewalt und Verantwortung trennen, wenn die, die von unseren Entscheidungen betroffen sind, nicht länger auch die sind, die entscheiden, wenn Kosten und Nutzen von Produktions- und Entwicklungsprozessen nicht mehr in derselben Gleichung auftauchen, dann gefährden wir unsere Sicherheit und unsere Zukunft.

Nun könnte man entgegensetzen, dass der Freihandel nicht allein die Ursache unserer Probleme ist. Das stimmt. Doch der Freihandel, so wie er heute gepredigt wird, fördert und verstärkt viele unserer größten Probleme. Es ist ein ideologisches Konglomerat, das eine ruinöse Politik begünstigt. Und besonders tragisch ist, dass es immer schwieriger wird, einen anderen Weg einzuschlagen, je weiter wir uns auf Gigantomanie, Globalisierung und Abhängigkeit einlassen. Wenn wir unsere individuellen Fähigkeiten verlieren, unsere produktive Basis aufgeben, unsere Kultur, unsere Traditionen und unsere natürlichen Ressourcen zerstören, wenn wir die Bande persönlicher und familiärer Verantwortung durchtrennen, dann wird es immer schwieriger, so etwas wie Gemeinschaft wieder aufzubauen. Es ist sehr, sehr schwer, ein organisches Wesen aus seinen Einzelteilen wieder zusammenzusetzen.

Das bedeutet, dass wir jetzt handeln müssen. Die schrankenlose Mobilität von Kapital, Arbeit, Waren und Rohstoffen ist nicht das höchste gesellschaftliche Gut. Wir müssen die Postulate des Freihandels grundsätzlich in Frage stellen, müssen eine andere Philosophie entwickeln, eine andere Strategie wählen.

Es gibt einen anderen Weg. Damit er zum vorherrschenden Weg wird, müssen wir die Regeln ändern – und wir müssen unser eigenes Verhalten überdenken. Das heißt nicht nur, dass wir die angebliche Wertneutralität des Freihandels in Frage stellen, sondern dass wir eine ganz neue Denkweise propagieren: eine Wirtschaftsweise, in der die Gemeinschaft zählt.

Teil II
Auswirkungen der Globalisierung

Kapitel 9

Die arglose Bestie: Vermutungen über das Seelenleben von Globalisierern

Carl Amery

Carl Amery, Jahrgang 1922, lebt als freier Schriftsteller in München. Er war Mitglied der Gruppe 47 und Präsident des westdeutschen P.E.N.-Clubs. Mit seinem erzählerischen Werk wie mit seinen Schriften zu religiös-politischen und ökologischen Fragen ist er immer ein engagierter Zeitkritiker mit ḵlaren gesellschaftlichen Analysen. Als wertkonservativer Katholik trat er scharf gegen die restaurativen Tendenzen in der Kirche auf. Aus seiner humanistischen Verantwortungsethik begründen sich sein Einsatz für eine ökologische Politik und auch sein engagiertes Auftreten »wider den totalen Markt«.

1

Vor kurzem las ich im Magazin *Newsweek* ein Interview mit dem gegenwärtigen Vorsitzenden der WTO, einem stämmigen neuseeländischen Politiker, aus Anlass des Beginns der nächsten Globalisierungsrunde. Natürlich sprach man auch über die harschen Meinungsverschiedenheiten, welche die Debatte der Weltöffentlichkeit um WTO, GATT und neuestens GATS bestimmen. Der Politiker gab zu, dass es Leute gebe, die die Hereinnahme von sozialen und ökologischen Komponenten in die Verhandlungen forderten. Er fand dies übertrieben und meinte: »Wenn wir das alles an uns ziehen würden, wären wir in der Tat eine hübsch große Bestie – *quite a beast.*«

2

Das Statement nahm mir, ich gebe es zu, die Luft weg. Das ginge wohl fast jedem Globalisierungsgegner so. Er vermutet

Machtstreben hinter den globalen Machtprojekten, er vermutet Profitstreben, er vermutet sogar Niedertracht (und die Aufsätze dieses Bandes belegen das ja genügend) – was er sicher nicht vermutet, ist Bescheidenheit.

Aber wenn nun der (wenigstens nominell) Hauptverantwortliche für die nächsten Runden subjektiv ehrlich ist? Wenn er genau von dem überzeugt ist, was er da sagt?

Vor kurzem habe ich aus Arbeitsgründen die Texte von hochgestellten Kapitalismus-Theoretikern durchgeackert (es handelt sich um den ehemaligen Vorsitzenden des WWF, Michel Camdessus, und den Professor Michael Novak vom »American Enterprise Institute«, beides gute Katholiken). Dabei bemächtigte sich meiner mehr und mehr das Gefühl, dass es für die Globalisierungsdebatte wesentlich sein muss, dem Seelenleben der globalen Marionettenspieler etwas näher zu kommen. Das Interview-Statement regte mich vollends an, ja nötigte mich dazu, einer These näher zu treten, die ich gern für unsinnig hielte; der These nämlich, dass die wahren und ehrlichen Champions der Globalisierung überhaupt nicht wissen, was sie anrichten – und zwar aus den gleichen Gründen wie der zitierte Politiker: aus Gründen einer Fakten entstellenden oder wenigstens ausklammernden Borniertheit, die sich verbal als Bescheidenheit ausdrückt – und die sie in ihrer eigenen Seele wohl auch als solche wahrnehmen.

3

Diese Bescheidenheit ist traditionell, ist historisch bedingt. Adam Smith, der erste große liberale Wirtschaftstheoretiker, dem man die Entdeckung der »unsichtbaren Hand« des Marktes zuschreibt (sie kommt in seiner *Inquiry* nebenbei als Metapher vor), sah sich im späten 18. Jahrhundert noch von robusten und kaum hinterfragten religiösen und politischen Institutionen, einer erzmoralischen öffentlichen Meinung umgeben; er wohnte, um das Bild zu wechseln, in einem grundsoliden, mehrstöckigen Haus, wo der Wirtschaftsbetrieb im Keller und im Parterre untergebracht ist. Worum es ihm und allen liberalen Nachfolgern ging, waren keine großen Tugendgebäude, keine Philosophie des Seins und Sollens, sondern es war schlicht das Plädoyer an die Politik und die moralisch-gesellschaftliche Kultur, sich möglichst wenig in die Angelegenheiten der Produktion, der Dienstleistungen und des Marktes, sozusagen des Parterre- und Kellerbetriebs einzumischen. Diese könne man ruhig dem Selbstinteresse der Beteiligten überlassen, was letzten Endes zu besseren, ja moralischeren Resultaten führen würde als politisch und moralisch institutionalisierte Besserwisserei.

4

Diese Tradition hat zwei Jahrhunderte überlebt – auf dem Papier der »demokratischen Kapitalisten«. Camdessus spricht ausdrücklich von »drei Händen«, welche die menschliche Gesellschaft brauche: eine politisch-gesetzgeberische, welche die Rahmenbedingungen des Zusammenlebens festlegt; eine sozial-kulturelle, welche den Wertebestand der Gesellschaft bestimmt und sichert – und dann eben die gar nicht so unsichtbare der Wirtschaft, welche für den Wohlstand der Völker sorgt. Novak spricht im ganz ähnlichen Sinne von drei »Systemen«.

Zum Kernbestand neoliberaler Überzeugungen gehört, dass die beiden anderen Systeme dauernd ihre Grenzen überschreiten und sich in die arglose Reichtumsbeschaffung der Wirtschaftshand einmischen. Ganz abgesehen vom Erbübel Steuer werden auch noch Sozial- und Tarifgesetze erlassen, die das freie Vertragsverhältnis zwischen den Wirtschaftenden verzerren. Von Kommunen werden Bebauungsrichtlinien vorgeschrieben, welche die Errichtung neuer Immobilien problematisch machen. Verschmutzungslimits werden gesetzt, welche die Stahlwerke, sagen wir, von Bethlehem am Susquehanna River sehr bald konkurrenzunfähig machen könnten (ein ausdrückliches Beispiel des besorgten M. Novak), und so fort.

Diese Ungleichheiten der weltweiten Wirtschaftsbedingungen, so das neoliberale Credo, kommen einer permanenten Enteignung gleich. Sie sollten durch möglichst weit gefasste multilaterale Abkommen allmählich zum Verschwinden gebracht werden. Mit Politik hat das, darauf besteht das Credo, eigentlich gar nichts zu tun; es soll im Gegenteil die Politik an der ständigen Einmischung in wirtschaftliche Angelegenheiten hindern.

Folgerichtig braucht dergleichen auch nicht in Tuchfühlung mit den staatlichen Institutionen (Parlamenten, Gerichten, Kreis- und Stadtbehörden) verhandelt zu werden. Die bisher spektakulärsten Gespräche zu dem Problemkreis, die Verhandlungen zum geplanten MAI-Abkommen, die in einem hübschen Château bei Paris stattfanden, liefen denn auch zwei Jahre lang unter Ausschluss der Öffentlichkeit, wie sich das für Geschäftssachen gehört. Nur eine schnöde Indiskretion brachte die Geschichte zuerst den kanadischen Gewerkschaften, dann einer weiteren Öffentlichkeit zur Kenntnis. In Frankreich führte dies immerhin zu einer heftigen Debatte in der Nationalversammlung; der deutsche Bundestag, damals noch in Bonn, musste sich mit der vagen Antwort des liberalen Wirtschaftsministers auf die Anfrage von einem Dutzend Abgeordneten begnügen. (Das unterentwickelte Interesse der deutschen Öffentlichkeit für solche Probleme, ja für das gesamte Feld wirklich globaler Zustände, ist notorisch – und notorisch beklagenswert.)

5

Lässt man die Hand der Wirtschaft frei walten (so das Credo weiter), ist sie die sicherste Garantie dafür, dass Armut und Elend schwinden, dass der längst bewiesene Wachstumseffekt des freien Güterverkehrs in immer weiteren Wohlstand münden wird. (Camdessus wird hier wahrlich prophetisch; er zitiert Jesus in der Synagoge von Nazaret:

Der Geist des Herrn ruht auf mir, denn der Herr hat mich gesalbt. Er hat mich gesandt, damit ich den Armen gute Nachricht bringe... damit ich ein Gnadenjahr des Herrn ausrufe... Heute hat sich das Schriftwort erfüllt...

Doch wie erfüllt sich bei Camdessus das Schriftwort? Durch den Markt, und ausschließlich durch den Markt!)

Damit aber alles dem Markt zugeführt werden kann, muss alles einen Preis erhalten, sonst ist fairer Handel überhaupt nicht möglich. Die vielen Dinge auf der Welt, die noch keinen haben, müssen also einen bekommen – schon weil man mit neuer Ware wieder neue Märkte erschließen kann. Es ist deshalb notwendig, die bisher so genannten freien Güter, deren vornehmstes das Leben selbst ist, mit Handelspreisen zu versehen. Auch dies hat mit Übergriffen ins politische oder ins gesellschaftlich-kulturelle System nichts zu tun. Es handelt sich nur um eine Bereinigung, die schon vor ein paar Jahrhunderten mit den so genannten *enclosures* begonnen hat – mit der Einzäunung bisherigen englischen Gemeindelandes, also der Überführung der Allmende in Privatbesitz.

6

Was gehörte alles zur Allmende? Sie lässt sich gut anhand der alten Elemente, ihrer Vierzahl, demonstrieren: Erde, Wasser, Luft und Feuer.

Die *Erde*, so sahen wir, war das erste Opfer der Privatisierung. Privatbesitz an Grund und Boden ist noch heute den so genannten traditionellen Gesellschaften schwer beizubringen. Aber darüber ist genug gehandelt worden.

Das *Wasser* scheint sich nun wirklich schlecht privatisieren zu lassen – aber da stecken wir mitten in einer atemberaubenden Globalisierung und damit Privatisierung der Ressource. Das internationale Kapital sieht ungeheure Märkte aufsteigen.

Die *Luft* ist vorläufig zur allgemeinen Plünderung freigegeben; immerhin gibt es in smoggebeutelten japanischen Großstädten schon Zahlautomaten für gelegentliche Sauerstoffhappen, und die atmosphärische Qualität erlesener Wohngebiete wird zusammen mit dem Grundstück erworben und kalkuliert.

Zum *Feuer* zählen selbstverständlich alle Energieformen. Nach wie vor verdanken wir den größten Teil davon dem Sonnenfeuer, das sich leider vor Ort noch nicht kommerzialisieren lässt. Dafür schafft man eine extrem energophile Industrie- und Wohnkultur, für die man dann fossil-nukleare (und damit kommerzialisierbare) Ressourcen erschließt.

Dazu kommt nun in jüngster Zeit ein Feld der Allmende, das geradezu rauschhafte Profite verspricht: das Leben selbst, seine Reproduktionsvorgänge und ihre Bedingungen. Eine Schleppe von Ethikkommissionen hinter sich herschleifend, bemächtigt sich der globale Markt (mit dem Werkzeug des *Produktionsfaktors Wissenschaft*) aller Bausteine und Vorgänge pflanzlichen, tierischen und menschlichen Lebens. Ihre restlose Monetarisierung wird angestrebt, mittels einer lebhaften Diskussion werden bislang elitäre Verheißungen wie pränatale Diagnostik, Gentransplantation usw. zu gesellschaftlichen Angeboten, damit zu Bedürfnissen und sozialen Zwängen weiterentwickelt.

Zur Allmende gehörte von jeher auch jene Quantität von bargeldloser Dienstleistung, die selbstverständlich aus der Nachbarschaft und der Volkszugehörigkeit erwuchs; ausgerechnet auf diesen Feldern (Heilung und Pflege, Feste und Haartracht und Musik, die Erziehung von Jugend usw.) soll, so der Hintergedanke von GATS, im nächsten Jahrzehnt ein ungeheurer Markt entstehen – Preisschild an Preisschild in den Milliarden-Dollar-Bereich hinein. Und auch hier wird es der WTO darauf ankommen, Wettbewerbsverzerrungen abzuschaffen – spezielle Bildungstraditionen vermutlich, lieb gewordene alte Straßenbahnwagen und -strecken, Reste alter Kräuterweisheit und was sonst noch an Unrentablem sein Geisterwesen treiben mag.

Heimische Trachten und Getreidesorten sind dann passé. Entweder sie werden zu marktfähigen, das heißt im Weltvergleich preiswerten Gütern, oder sie werden vom unerbittlichen Gesetz der Rentabilität verschlungen. Mit anderen Worten: Die Wirtschaftshand, das Wirtschaftssystem frisst sich immer tiefer in die Alltagskultur, in die Biodiversität der menschlichen Ökumene hinein – an die Stelle des hiesigen Brots oder Fladens tritt der wohlsortierte Global-Universal-Bäckerladen mit seinen industriellen Zulieferern, auf der Primärbasis der besten oder bestmechanisierten Böden des Globus, den neolithischen Subsistenz-Bauernstand endgültig erledigend. An die Stelle der geografisch-charakteristischen Textilien tritt die sukzessive Diversität der Moden, zehnmal so viel Ressourcen fressend, aber lokale *Memoria* für immer verschlingend. Das nennt sich, selbstverständlich, Wohlstand.

Und so kommt es, dass Völker und Regionen, die nach den üblichen Kriterien des Bruttosozialprodukts durchaus steigenden Wohlstand aufweisen, in Wahrheit sowohl »natürliches« wie »kulturelles« Kapital verlieren und dadurch de facto weiter verarmen. Zu den verlorenen Gütern gehört, unter anderem, der alttestamentarische Dekalog: Nur noch Scherben von ihm liegen auf dem Blachfeld des totalen Marktes herum. (Das wird, ironischerweise, gerade von den Neokonservativen beklagt, die zu den lautesten Herolden der arglosen Bestie gehören.)

Ganz ähnlich zerstörerisch läuft die Konfrontation mit dem dritten, dem politischen System ab. Die Borniertheit der arglosen Bestie hindert sie zu begreifen, dass das, was sie als Aufhebung einer Enteignung, einer Wettbewerbsverzerrung, als Herstellung von Chancengleichheit definiert, in Wahrheit politische Kompetenz und Autorität mindert und sogar aufhebt. Beispiele für diesen Autoritätsverlust gibt es in Hülle und Fülle, sie brauchen hier nicht wiederholt zu werden.

7

Schutt und Wüste, die Endprodukte der seit Jahrhunderten schon laufenden Globalisierung, zeugen von der zentralen Verblendung der arglosen Bestie, damals wie heute: ihr grundsätzliches Unverständnis für die Gesetze der Energie-Erhaltung und der Entropie. Indem die Propheten von GATT und WTO verkünden, dass sie ökologische Kriterien nicht als ihr Ressort betrachten, dass es ihnen ausschließlich um freien Warenfluss gehe, offenbaren sie dieses zentrale Unverständnis und machen es für alle sichtbar.

Es ist hilfreich, in solchem Zusammenhang auf den Naturbegriff der »demokratischen Kapitalisten« einzugehen. Bei Camdessus ist nicht viel zu finden, ein schwarzgraues Wölkchen namens »Umweltverschmutzung« treibt da mittelgründig am Markthimmel vorüber. Lohnender ist die Suche bei Michael Novak. Er glaubt zunächst die Naturschützer damit zu kontern, dass er ihnen vorwirft, die »wahre Natur« der Natur zu verkennen. Die Natur sei gleichgültig, grausam, aggressiv, arbeite mit Sturmfluten, Erosionen, Vulkanausbrüchen, zu viel Hitze und Kälte, habe der Menschheit seit ihrem Auftauchen jede Menge Schaden zugefügt; man habe die Natur von vornherein zurichten, »bändigen« müssen, damit sie dem Menschen hilfreich und dienstbar wurde. Diese Bändigung, anders ist Novak nicht zu interpretieren, wird aufs Erfolgreichste und Glücklichste durch die kapitalistische Produktion und den kapitalistischen Handel fortgesetzt und überhöht (worin er als gläubiger Christ gleichzeitig die Fortsetzung der Schöpfung sieht). Nur so habe ein Reichtum entstehen können, der nicht aus dem »Nullsummenspiel« des Feudalismus und der Klassenkämpfe, sondern aus einem stetigen *Win-win*-Prozess mit wachsendem Sozialprodukt stamme.

Nun, als Erstes stellt man verblüfft fest, dass die »Bändigung« im Sinne von Michael Novak genau jene Zerstörungskräfte überhaupt nicht abgeschwächt hat und abschwächt, die er eigens als solche aufzählt. Vulkanausbrüche sind nach wie vor äußerst schwierig vorauszusehen und nicht zu verhindern (auch die große Yellowstone-Caldera nicht, die jederzeit hochgehen und zumindest die nördliche Hemisphäre als Sitz der Zivilisation auf längere Zeit ausschalten kann). Die anderen Aggressionen der Natur, Hurrikane und Tornados, Sturmfluten, Überschwemmungen, gehen nicht nur weiter, sondern gewinnen in jüngster Zeit rapide an Schwung, nicht zuletzt aufgrund der intensiven »Bändigung« der natürlichen Ressourcen durch den globalen Intensivierungsprozess des Industriesystems. Da scheint M. Novak einiges entgangen zu sein; nämlich ein ganz anderes Nullsummenspiel, in dem der ziemlich dämliche Bridgespieler *Homo oeconomicus* seine scheinbar so guten Karten jubelnd auf die Platte drischt, während die zähe alte *Gaia* ihre entscheidenden Trümpfe und vor allem ihre lange Hand, den Verlust der Lebensgrundlagen, bald genug herausrücken wird ...

Den Kampf gegen diesen Verlust nun, mit anderen Worten: einen effektiven Umweltschutz mit möglicher Zurückgewinnung an Lebensterrain, verschiebt Novak auf das gloriose Ende der »Bändigung«, auf die Zeit endgültigen globalen Reichtums. Dann, so ist zu folgern, hat die Menschheit genug Geld und Muße, um sich der Pflege von Parks, Golfplätzen und sauberen Seen widmen zu können.

Das gleicht verzweifelt der Bastelei am Perpetuum mobile, das seine eigene Antriebsenergie erzeugt; vielmehr am Perpetuum mobile zweiten Grades, das neben dem eigenen Antrieb zusätzliche Arbeitsenergie abwirft. Solche Missverständnisse wären bei einem wahrhaft modernen Naturverständnis ausgeschlossen. Die Ökonomie ist eben, das kann nicht oft genug wiederholt werden, ein Unterfall der Ökologie; und ein Handikap der so genannten Globalisierung sind einfach die ökologischen Transport- und Abfallkosten. Ihre Höhe lässt den guten alten Ricardo-Satz vom komparativen Preisvorteil zusammenbrechen. Es gibt Berechnungen, welche fast die Hälfte der Weltverseuchung dem Verbrennungsmotor, also dem wichtigsten Transportwerkzeug der Globalisierung, zuschreiben. Mit anderen Worten: Aus dem Perpetuum mobile zweiten Grades, den Umwelt heilenden Rendite-Überschüssen, kann nichts werden.

8

Und so schiebt sich die arglose Bestie, keusch auf ihren eigenen arglosen Pfad konzentriert, über den Globus. Ihre Schleim- und Kotspur verätzt den Mutterboden der Gaia, aber gründlich und immer gründlicher mampft sie die erreichbaren Ressourcen, bändigt die ungebärdige Natur zwischen ihren Mahlzähnen, meidet jeden Blick auf die von ihr geschaffene Wüste. »Wenn ich das zur Kenntnis nähme«, meint sie mit fromm zitternden Wimpern, »wäre ich ja ein Ungeheuer – *quite a beast.*«

Kapitel 10

Die Strukturanpassungsprogramme von IWF und Weltbank

Walden Bello

Walden Bello ist ein philippinischer Aktivist, Wissenschaftler und Schriftsteller. Er promovierte 1975 an der Princeton University in Soziologie, war Dozent an der University of California in Berkeley und lehrt heute an der Universität der Philippinen. Während der Marcos-Diktatur setzte sich Bello als Lobbyist in Washington, DC für eine Demokratisierung der Philippinen ein. Bis vor kurzem arbeitete er außerdem als geschäftsführender Direktor des »Institute for Food and Development Policy« in San Francisco, das auch unter dem Namen *Food First* bekannt ist. Er ist der Autor von *A Siamese Tragedy: Development and Disintegration in Modern Thailand* (1998) und von *Dragons in Distress* (1990, mit Stephanie Rosenfeld), einem Buch, das die schrecklichen sozialen und ökologischen Kosten dokumentiert, die bei dem häufig beschriebenen wirtschaftlichen »Erfolg« der Schwellenländer als Nebenwirkungen auftraten. Außerdem schrieb er *Development Debacle: The World Bank in the Philippines* (1982, mit David Kinley und Elaine Elison) und war Koautor von *Dark Victory: the US Structural Adjustment, and Global Poverty* (1994, mit Shea Cunningham und Bill Rau), einer Kritik der Strukturanpassungsprogramme.

Strukturanpassungskredite (SAKs) werden seit Anfang der Achtzigerjahre an verschuldete Länder vergeben. Sie haben das kurzfristige Ziel, die Banken im Norden zu retten, die zu viele Kredite an Entwicklungsländer vergeben haben, und das langfristige Ziel, die Länder im Süden noch weiter in die vom Norden dominierte Weltwirtschaft zu integrieren. Um diese beiden

Ziele zu erreichen, wurden gehorsame Schuldner unter den Entwicklungsländern von Weltbank und IWF mit kurzfristigen Strukturanpassungs- oder Sofortkrediten in Höhe von Milliarden US-Dollar ausgestattet, die dann als Zinszahlungen an die Banken überwiesen wurden. Um jedoch SAKs zu erhalten, mussten die Regierungen der südlichen Länder sich zur Durchführung von Strukturanpassungsprogrammen (SAPs) verpflichten, die ihre Volkswirtschaften angeblich effizienter machen und nachhaltiges Wachstum bewirken sollten. Die Bedingungen für die Vergabe von SAKs umfassten:

- Aufhebung der Beschränkungen für Auslandsinvestitionen in der Industrie, im Bankwesen und bei anderen Finanzdienstleistungen. Einheimische Industrien und Banken durften nicht mehr bevorzugt behandelt oder vor ausländischen Interventionen geschützt werden.

- Umorientierung der Volkswirtschaft auf den Export, damit das betroffene Land Devisen für den Schuldendienst einnehmen konnte und zugleich abhängiger von der Weltwirtschaft wurde. Die Folgen waren eine schlechtere Selbstversorgung und ein Rückgang der Vielfalt heimischer Produkte zugunsten einzelner Industrieprodukte oder landwirtschaftlicher Monokulturen.

- Kürzung von Löhnen oder Verzicht auf Lohnerhöhungen, um die Exporte »wettbewerbsfähiger« zu machen. Eine radikale Kürzung der Staatsausgaben, einschließlich der Budgets für Gesundheit, Bildung und Soziales, begrenzte die Inflation und garantierte, dass alles verfügbare Geld in die zunehmende Exportproduktion floss. Dagegen wurden die wenigen noch verbliebenen sozialen Dienstleistungen weitgehend abgebaut.

- Reduzierung von Zöllen, Importquoten und anderen Importrestriktionen, um den Weg für die Integration in die Weltwirtschaft zu ebnen.

- Abwertung der Landeswährung gegenüber harten Währungen wie dem US-Dollar, um die Wettbewerbsfähigkeit der Exporte noch mehr zu verbessern.

- Privatisierung von Staatsunternehmen, um ausländischem Kapital noch besseren Zugang zu verschaffen.

- Durchführung eines Deregulierungsprogramms, also Aufhebung staatlicher Vorschriften zum Arbeits- und Umweltschutz und zum Schutz der natürlichen Ressourcen, um die Kosten für exportorientierte Konzerne zu senken und die Wettbewerbsfähigkeit ihrer Exporte zu erhöhen. (Mit der Nebenwirkung, dass auch andere Länder – sogar Industrienationen – Löhne und Sozialleistungen senken mussten, um konkurrenzfähig zu bleiben.)

Da sich die Strukturanpassungsprogramme über so viele wirtschaftspolitische Dimensionen erstreckten, bedeutete die Annahme eines SAK, dass sich ein Land praktisch der wirtschaftlichen Kontrolle der Weltbank und des IWF unterwarf.

Die Globalisierung der »Anpassung«

Ursprünglich waren nur wenige Staaten scharf darauf, solche Kredite zu bekommen. Doch Mitte 1982 bot der Ausbruch der Schuldenkrise in der weniger entwickelten Welt eine großartige Gelegenheit, die von der Regierung Reagan angestrebte erneute Unterordnung des Südens in die Tat umzusetzen. Als es für eine wachsende Zahl weniger entwickelter Länder immer schwieriger wurde, die riesigen Kredite zu bedienen, die sie in den Siebzigerjahren bei Banken des Nordens aufgenommen hatten, nutzte die amerikanische Regierung die in Bretton Woods gegründeten Institutionen, um in dieser »Periode der Finanzprobleme darauf zu bestehen, dass die Schuldnerländer ihre Volkswirtschaften von staatlichem Einfluss befreien, um weiter kreditwürdig zu bleiben« (Sheahan, 1992).

In Übereinstimmung mit den Richtlinien des US-Finanzministeriums machten (und machen) die US-Privatbanken eine Umschuldung stets von der Zustimmung der Weltbank abhängig. Wie vorauszusehen, kam die Schuldnerländer diese Zustimmung teuer zu stehen, genau wie die Kredite der Weltbank, die sie verzweifelt brauchten, um Zinsen an die Privatbanken zu bezahlen. Oder wie es ein Vertreter des US-Finanzministeriums formulierte, der an den Umschuldungsverhandlungen mit Mexiko beteiligt war: »Nur Ländern, die sich zu marktwirtschaftlich orientierten Reformen verpflichten, wird [von der Weltbank] geholfen« (Miller, 1991).

Die Schuldnerländer hatten keine andere Wahl als zu kapitulieren. Anfang 1986 hatten 12 der 15 von Finanzminister James Baker als wichtigste Schuldner bezeichneten Länder – darunter Brasilien, Mexiko, Argentinien und die Philippinen – Strukturanpassungskrediten zugestimmt. Der Anteil der SAKs am Gesamtkreditvolumen der Weltbank stieg von drei Prozent im Jahr 1981 auf 25 Prozent im Jahr 1986. Ende 1992 waren etwa 297 SAKs vergeben worden.

13 Jahre nachdem die Weltbank das erste SAP eingeführt hatte, erklärte sie die Strukturanpassung zu einem Erfolg. In ihrer Publikation *Global Economic Prospects and the Developing Countries* (1993) versicherte die Bank, dass sich die Zukunftsaussichten der Entwicklungsländer verbessert hätten, was vor allem auf die umfangreichen Wirtschaftsreformen zurückzuführen sei, darunter insbesondere auf die Privatisierung, auf die Reduzierung von Handelsbeschränkungen und auf den Abbau von Haushaltsdefiziten und Auslandsschulden. Dies war allerdings nur die Ansicht einer Minderheit.

Eine ganze Reihe umfassender Studien, darunter sogar eine des IWF, kam zu dem Ergebnis, dass die SAKs ihr offizielles Ziel, das Wachstum zu steigern, nicht erreicht hatten. Der Wirtschaftswissenschaftler Mohsin Khan vom IWF verglich Länder, die zwischen 1973 und 1988 Stabilisierungs- und Anpassungsprogramme durchgeführt hatten, mit Ländern, die dies nicht getan hatten, und stellte fest, dass das Wirtschaftswachstum der Letzteren höher war.

Die Wirtschaftswissenschaftlerin Eva Jespersen von der UNICEF konzentrierte sich in ihrer Studie auf die Ergebnisse in Afrika in den Achtzigerjahren. Sie beurteilte 24 Länder, die Anpassungsprogramme umgesetzt hatten, nach drei Kriterien: der Kapitalakkumulationsrate, dem Anteil der Produktion am Bruttoinlandsprodukt (BIP) und dem Wachstum der Exporte (Cornia und andere, 1992). Die Daten zeigten, dass sich die Kapitalakkumulation in 20 Ländern verlangsamt hatte; in 18 Ländern hatte der Anteil der Produktion am BIP stagniert, und in 13 Ländern hatten die Exporte abgenommen. Außerdem hatten die in 11 Ländern erzielten Exportzuwächse die Zunahme der Importe nicht ausgleichen können.

Warum Stagnation?

Warum waren die Ergebnisse so enttäuschend? Laut dem Wirtschaftswissenschaftler Lance Taylor vom MIT und seinen Mitarbeitern besteht die Ursache darin, dass Weltbank und IWF das Problem falsch diagnostizierten. Das wichtigste Wachstumshemmnis in der Zeit vor den SAKs bestand nicht darin, dass die Volkswirtschaften der Entwicklungsländer ungenügend in die Weltwirtschaft integriert waren, wie der IWF und die Weltbank behaupteten, sondern darin, dass sie zwei großen Schocks unterworfen waren: der Ölpreiserhöhung durch die OPEC in den Siebzigerjahren und der Schuldenkrise in den frühen Achtzigerjahren (Fanelli, 1982).

Gestützt auf die Daten der Weltbank fanden Taylor und seine Mitarbeiter heraus, dass die viel geschmähte frühere Strategie der so genannten *Importsubstitution* die Produktivität effektiver gefördert hatte. (Die Politik der Importsubstitution förderte die lokale Produktion für den lokalen Verbrauch und damit Produktvielfalt und nationale wirtschaftliche Unabhängigkeit insbesondere bei den grundlegenden Gütern und Dienstleistungen. Sie war in Lateinamerika von 1960 bis 1973 allgemeine Praxis.) Dagegen gingen nach der Schuldenkrise von 1982 die privaten Investitionen in den Entwicklungsländern drastisch zurück, während die von den multinationalen Entwicklungsbanken zur Verfügung gestellten Gelder vor allem in die Rückzahlung alter Schulden flossen. Zur gleichen Zeit kam es zu einem massiven Abfluss von Ressourcen in die Industrieländer, die sonst für Investitionen im Inland hätten eingesetzt werden können.

Wie auch andere Kritiker der SAPs betonen Taylor und seine Mitarbeiter, dass dies eine Vielzahl negativer Folgen hatte, die mit den Theorien von IWF und Weltbank nicht vorausgesagt werden konnten, aber jedermann mit einem gesunden wirtschaftspolitischen Menschenverstand unvermeidlich erscheinen mussten.

Durch die Kürzung von Staatsausgaben und Löhnen und die buchstäbliche Zerstörung der alten Binnenwirtschaft zugunsten einer neuen exportorientierten Wirtschaftsstruktur muss ein Strukturanpassungsprogramm notwendigerweise zu einer Phase des wirtschaftlichen Abschwungs und einer Zunahme der Arbeitslosigkeit führen. Selbst wenn dies eintritt, verbieten die Programme es jedoch dem Staat, einzugreifen und den Niedergang der Privatinvestitionen aufzuhalten. Das Ausbleiben der staatlichen Intervention verschärft die genannten Trends noch weiter und produziert einen Teufelskreis von Stagnation und Niedergang und nicht Wachstum, neue Arbeitsplätze und steigende Investitionen, wie es die Theorie der Weltbank ursprünglich voraussagte.

Wenn, um den Export noch mehr zu fördern, zu dieser monetären und fiskalischen Sparpolitik noch eine Abwertung der Landeswährung und eine Aufhebung der Preiskontrollen bei Importen hinzukommt, wird der wirtschaftliche Abschwung noch weiter verschärft. Diese Maßnahmen müssen sowohl den Kapitalimport als auch den Import von Rohstoffen und Komponenten für lokale Montagewerke verteuern. Zum Beispiel hat die Einführung von Marktpreisen für Kunstdünger in vielen Ländern zu einem geringeren Einsatz des Produkts, zu niedrigeren Erträgen und zu geringeren Investitionen in der Landwirtschaft geführt.

Zugleich hat der erhöhte Export einer kleinen Bandbreite von Agrarprodukten (wie Zucker, Palmöl und Bananen), welche die Weltbank (unabhängig von der Nachfrage) Entwicklungsländern zum Anbau empfiehlt, einen kontinuierlichen Preisverfall und dadurch oft schrumpfende Deviseneinnahmen zur Folge. Allerdings werden die Devisen ohnehin größtenteils für den Schuldendienst und nicht für produktive Investitionen im Inland eingesetzt.

Chile: ein ökonomisches Versuchslabor

Die scharfe Diskrepanz zwischen den erwarteten und den tatsächlichen Ergebnissen eines Strukturanpassungsprogramms lässt sich am Beispiel Chiles in den Achtzigerjahren illustrieren. Chile war wahrscheinlich das Land mit dem am längsten laufenden Strukturanpassungsprogramm der Welt. Seine Umsetzung begann, unmittelbar nachdem General Augusto Pinochet 1973 in einem blutigen Putsch die demokratisch gewählte Regierung von Präsident Salvador Allende gestürzt hatte. Und die Anpassung nahm in Chile eine besonders radikale Form an, da an der University of Chicago ausgebildete Wirtschaftswissenschaftler mit Zustimmung des neuen diktatorischen Regimes versuchten, eine von massiven staatlichen Eingriffen abhängige Volkswirtschaft in ein marktwirtschaftliches Paradies zu verwandeln. Alle Standardmerkmale der Strukturanpassungsprogramme wurden ins Spiel gebracht und mit ideologischem Fanatismus in die Realität umgesetzt.

Ende der Achzigerjahre war die chilenische Wirtschaft tatsächlich transformiert:

- Etwa 600 staatliche Unternehmen waren verkauft, nur knapp 50 waren noch im Staatsbesitz.
- Chile hatte sich von einer der protektionistischsten Volkswirtschaften in eine der offensten verwandelt. Alle mengenmäßigen Handelsbeschränkungen waren aufgehoben, und für alle Güter war ein einheitlicher Zolltarif von 10 Prozent eingeführt worden.
- Ausländische Investoren hatten durch Beteiligungen an früheren Staatsunternehmen eine starke Position in Schlüsselbereichen der chilenischen Wirtschaft erobert, etwa in der Stahlproduktion, in der Telekommunikation und bei den Fluggesellschaften.
- Der inländische Finanzmarkt war radikal dereguliert worden.
- Das Land war wirtschaftlich wesentlich stärker in die internationale Wirtschaft integriert, sodass das gesamte Handelsvolumen 1990 54,4 Prozent des BIP betrug, während es 1970 erst 35 Prozent betragen hatte.

Weltbank und IWF hatten bei dieser Transformation eine zentrale Rolle gespielt, und sie waren stolz auf die Ergebnisse ihrer Anstrengungen. Aber hatten sie wirklich Erfolg gehabt? Das kommt darauf an, nach welchen Kriterien man urteilt. Misst man den Erfolg an den Auswirkungen auf Chiles Auslandsschulden, waren die Ergebnisse der Strukturanpassung nicht gerade berauschend. 1991 waren die Auslandsschulden des Landes auf 19 Milliarden US-Dollar gestiegen – 49 Prozent des BSP, wobei 9 Prozent des BIP für den Schuldendienst aus dem Land flossen. Tatsächlich jedoch war die Lage noch viel schlimmer, da ein beträchtlicher Anteil der als festverzinsliche Schuldverschreibungen aufgenommenen Schulden in so genannten »debt-equity swaps« gegen normale Aktien aus Schlüsselbereichen der chilenischen Wirtschaft getauscht worden war.

Wenn nachhaltiges Wachstum als entscheidendes Erfolgskriterium betrachtet wird, kann man Chile kaum als erfolgreich bezeichnen. Wie Ricardo French-Davis und Oscar Munoz zeigen, betrug das Wachstum des BIP in der Ära Pinochet (1974–1989) durchschnittlich nur 2,6 Prozent pro Jahr. Dagegen lag es von 1950 bis 1961 bei 4 Prozent und von 1961 bis 1971 – als noch keine Strukturanpassungsprogramme umgesetzt wurden – bei 4,6 Prozent. Das Ergebnis der Anpassung ist sogar noch verheerender, wenn man es nach dem Wachstum des BIP pro Kopf der Bevölkerung beurteilt. Dieser Wert lag in den Siebzigerjahren bei durchschnittlich 1,1 Prozent und in den Achtzigerjahren nur noch bei 0,9 Prozent (Inter American Development Bank, 1992).

Die Ergebnisse sind sogar noch enttäuschender, wenn man in Betracht zieht, dass die Politik der freien Marktwirtschaft Chile in zwei schwere Depressionen stürzte: die erste in den Jahren 1974/75, als das BIP um 12 Prozent abnahm, und die zweite 1982/83, als es um 15 Prozent sank. Wie Lance Taylor und seine Mitarbeiter in ihrem Bericht für die Welthandels- und Entwicklungskonferenz der Vereinten Nationen (UNCTAD) feststellten, »taumelte die chilenische Volkswirtschaft durch eine zwölfjährige Kette von katastrophalen Experimenten, die von der Weltbank und dem Internationalen Währungsfonds üppig unterstützt wurden« (Fanelli, 1992).

Die Gründe für das Scheitern von Weltbank und IWF bei der Umstrukturierung der chilenischen Wirtschaft sind offensichtlich. Durch die Kombination einer niedrigeren Investitionsrate mit einer radikalen Liberalisierung des Handels verlor der Fertigungssektor den Boden unter den Füßen und schrumpfte von durchschnittlich 26 Prozent des BIPs in den späten Sechzigerjahren auf durchschnittlich 20 Prozent in den späten Achtzigern. Tatsächlich schrumpfte der Fertigungssektor von 1979 bis 1981 sogar absolut, und erst 1988 überschritten die Bruttogewinne der Industrie wieder das Niveau, das 1974 bestanden hatte. Andererseits erlebten exportorientierte Unternehmen in den Bereichen Forstwirtschaft, Fischerei, Landwirtschaft und Bergbau eine starke Expansion. Dies führte jedoch unter anderem zu ernsten Umweltproblemen. Die Abholzung großer Flächen alter *Alerce*-Wälder, die massive Zunahme von Monokulturen in der Landwirtschaft und von intensiver Fischzucht in großem Maßstab, der Bau gewaltiger Staudämme und die Ersetzung natürlicher Wälder durch Plantagen mit schnell wachsenden, ausländischen Hölzern, das alles führte zu einer massiven Zunahme von Bodenerosion und Desertifikation, zur Verschmutzung von Flüssen und Flussdeltas und zu einem starken Rückgang der Artenvielfalt.

Zudem war die umstrukturierte chilenische Volkswirtschaft aufgrund ihrer extremen Abhängigkeit von dem Export von Rohstoffen und veredelten Waren und ihrer schrumpfenden Fertigungsbasis Ende der Achtzigerjahre weit weniger stabil als vor der Ära Pinochet.

Noch unerträglicher als diese wirtschaftlichen Auswirkungen der Strukturanpassung dürften jedoch die sozialen Folgen der radikalen Marktwirtschaftspolitik gewesen sein: Als 1983 die Schuldenkrise ausbrach, übernahm der Staat (und damit der Steuerzahler) die gewaltigen Schulden privater Finanzinstitute, wobei deren Besitzer und Manager keineswegs für ihre Inkompetenz und Verantwortungslosigkeit bestraft wurden, sondern weitermachen durften wie zuvor.

Damit der Staat für diese Verluste bezahlen konnte, wurden die öffentlichen Ausgaben massiv gekürzt, die Löhne eingefroren und der chilenische Peso drastisch entwertet, was den Lebensstandard der Armen entsprechend verschlechterte. In der Tat führte die Verknappung der inländischen Ausgaben für Güter und Dienstleistungen zu einem 15-prozentigen Rückgang des BIP und dazu, dass innerhalb eines Jahres 30 Prozent der Beschäftigten arbeitslos wurden und die Arbeitslosigkeit auch in den drei Jahren danach bei 25 Prozent stagnierte. Eine reale Abwertung des Peso um 50 Prozent führte bei den Arbeitern zu einem Kaufkraftverlust von beinahe 20 Prozent. Die neuen Arbeitslosen erhielten nur eine minimale Arbeitslosenunterstützung, die zudem nur an die Hälfte der Anspruchsberechtigten ausbezahlt wurde.

Es verwundert nicht, dass zwischen 1980 und 1990 der Anteil

der Familien, die unter der »absoluten Armutsgrenze« lebten, von 12 auf 15 Prozent stieg und der Anteil derer, die unterhalb des »Existenzminimums« (aber über der absoluten Armutsgrenze) lebten, von 24 auf 26 Prozent zunahm. Dies bedeutete, dass am Ende der Pinochet-Ära etwa 40 Prozent oder 5,2 Millionen der 13 Millionen Chilenen als arm eingestuft waren, und das in einem Land, dass einst über eine breite Mittelklasse verfügt hatte. Die Zunahme der Armut bedeutete eine Zunahme von Hunger und Unterernährung. Tatsächlich betrug die Kalorienversorgung pro Kopf 1970 bei 40 Prozent der Bevölkerung noch 2019 Kalorien, sank bis 1980 auf 1751 Kalorien und betrug 1990 nur noch 1629 Kalorien – beträchtlich weniger als die internationale Mindestnorm für ausreichende Ernährung.

Ähnlich verheerende Auswirkungen hatte die Strukturanpassung in Chile auch auf die Einkommensverteilung. Der Anteil der ärmsten 50 Prozent der Bevölkerung am Volkseinkommen sank von 20,4 auf 16,8 Prozent, während der Anteil der reichsten 10 Prozent von 36,5 auf 46,8 Prozent stieg.

Zu diesem in vielfacher Hinsicht hohen Preis muss der Wechsel von einer populären demokratischen Regierung zu einer Militärdiktatur hinzugerechnet werden. Dieser Wechsel war – genau wie auf den Philippinen – vermutlich sogar notwendig, um ein sozial derart zerstörerisches Programm der wirtschaftlichen Umstrukturierung durchzusetzen. Tatsächlich kam eine Studie der Europäischen Organisation für wirtschaftliche Zusammenarbeit und Entwicklung (OECD) zu dem Schluss, dass der von Chile für seine Strukturanpassung entrichtete Preis »einer der höchsten in Lateinamerika« gewesen sei, und auch sie stellte die Frage, ob »diese Art der Anpassung unter einer demokratischen Regierung machbar gewesen wäre« (Meller, 1992).

Die chilenische Erfahrung in den Achtzigerjahren ist in dieser Hinsicht keineswegs einmalig. Damals war die Lage in den meisten Ländern des Südens mit Ausnahme Südostasiens und einiger Gebiete Südasiens durch Stagnation oder scharfe Einbrüche des Wirtschaftswachstums, zunehmende Armut und eine Verschärfung der Ungleichheit gekennzeichnet, die sowohl innerhalb der Länder als auch zwischen verschiedenen Ländern herrschte.

Da das durchschnittliche Pro-Kopf-Einkommen im Süden während der Achtzigerjahre stagnierte und das Pro-Kopf-Einkommen im Norden jährlich um 2,4 Prozent stieg, wurde die Kluft zwischen dem Lebensstandard im Norden und dem Lebensstandard im Süden ständig größer, bis das durchschnittliche Jahreseinkommen im Norden mit 12 510 US-Dollar das 18-Fache des südlichen Durchschnittseinkommens betrug.

Die schlimmste Verwüstung erlebten in jenem Jahrzehnt die Regionen, die am stärksten der Strukturanpassung unterworfen wurden. In Lateinamerika wurden die Strukturanpassungsprogramme mit besonderem Eifer durchgeführt, »was den Fortschritt der Sechziger- und Siebzigerjahre weitgehend zunichte machte« (Iglesias, 1992). Die Anzahl der in Armut lebenden Lateinamerikaner stieg von 130 Millionen im Jahr 1980 auf 180 Millionen zu Beginn der Neunzigerjahre. In einem Jahrzehnt negativen Wachstums nahm die Ungleichheit der Einkommen in Lateinamerika weiter zu, wobei diese Ungleichheit im Weltmaßstab ohnehin bereits zu den schlimmsten gehört. Wie Enrique Iglesias, der Präsident der Interamerikanischen Entwicklungsbank, berichtet, »entfiel der Großteil der Anpassungskosten disproportional auf die mittleren und unteren Einkommensgruppen, während bei den obersten 5 Prozent der Bevölkerung der Lebensstandard gleich blieb oder sich in manchen Fällen sogar noch verbesserte« (Iglesias, 1992).

Hunger und Unterernährung nahmen zu, und damit kehrten auch Tuberkulose und Cholera – Krankheiten, die von der modernen Medizin fast ausgerottet schienen – auf dem ganzen Kontinent mit Macht zurück; allein im Jahr 1991 forderte die Cholera in Peru mindestens 1 300 Opfer.

In Afrika südlich der Sahara waren die negativen Folgen sogar noch schlimmer. Die Gesamtschulden betrugen dort durchschnittlich über 110 Prozent des BIP im Vergleich zu 35 Prozent bei der Gesamtheit der Entwicklungsländer. Die Region wurde abgeschnitten von allen erheblichen Kapitalströmen außer Entwicklungshilfe, schwer geschädigt durch fallende Preise für ihre Rohstoffe, ruiniert durch Hunger und Bürgerkrieg und ausgepresst durch Strukturanpassungsprogramme mit der Folge, dass in den Achtzigerjahren das Pro-Kopf-Einkommen um jährlich 2,2 Prozent sank. Gegen Ende des Jahrzehnts war es auf denselben Stand wie bei der Entkolonialisierung in den Sechzigerjahren zurückgefallen. Von den 690 Millionen in der Region lebenden Menschen waren 1995 etwa 200 Millionen als arm klassifiziert. Fünf Jahre später hatte »die Hälfte der rund 600 Millionen Afrikaner südlich der Sahara nicht mehr als 0,65 US-Dollar pro Tag«, wie im Misereor-Jahresbericht 2000 festgestellt wird.

Strukturanpassung: das Ergebnis

Beurteilt nach ihren offiziellen Zielen – Lösung der Schuldenprobleme der Entwicklungsländer und Erzeugung neuen und nachhaltigen Wachstums bei gleichzeitigem Abbau von Armut und Arbeitslosigkeit –, war die Strukturanpassung ein furchtbarer Fehlschlag.

Beurteilt nach ihren heimlichen, strategischen Zielen jedoch war sie ein durchschlagender Erfolg. Von Argentinien bis Ghana wurde die Rolle des Staates in der Wirtschaft drastisch beschränkt. Staatliche Unternehmen wurden privatisiert; protektionistische Beschränkungen für Importe aus dem Norden wurden radikal aufgehoben; Restriktionen für ausländische Investitionen wurden abgebaut; und mit quasi-religiösem Eifer wurden Maßnahmen zur Exportförderung eingeführt. In der Folge waren die Schuldnerländer insgesamt in der Lage, die Zinsen für die Kredite zu bezahlen, die sie bei den Banken des Nordens aufgenommen hatten. Vor allem jedoch wurden sie stärker in den kapitalistischen Weltmarkt eingebunden und dadurch in ihrer Versorgung zunehmend abhängig von den Mächten im Norden und den transnationalen Konzernen, die jene Mächte effektiv kontrollieren.

Kapitel 11

Saurierfonds

Walden Bello

Biografische Details zu Walden Bello siehe Kapitel 10.

Als der IWF auf der Jahrestagung von Weltbank und IWF Ende September 1999 überraschend verkündete, bei seiner Arbeit mit Entwicklungsländern werde künftig die »Armutsbekämpfung« im Mittelpunkt stehen, spekulierten zahlreiche Beobachter in Washington, dass die Tage von Michel Camdessus als Geschäftsführendem Direktor des IWF gezählt seien.

Tatsächlich trat Camdessus, dessen 13-jährige Leitung des Fonds eng mit dem Paradigma der Strukturanpassung verknüpft war, Mitte November 1999 zurück, kurz nachdem einer seiner größten Unterstützer, der neue US-amerikanische Finanzminister Larry Summers, vor dem Kongress verkündet hatte, die USA würden ein »neues System für die internationale Unterstützung von Entwicklungsländern befürworten – ein System, das über einen geschlossenen IWF-zentrierten Prozess hinausgeht, der sich auf Kosten einer breiteren menschlichen Entwicklung zu oft auf enge makroökonomische Ziele konzentriert hat« (*Washington Post,* 1999).

Legitimationskrise

Während die Weltbank unter James Wolfensohn schon Mitte der Neunzigerjahre von Selbstzweifeln ergriffen wurde, machte der IWF ungebrochen weiter und führte das Ausbleiben von

Beweisen für den Erfolg seiner Strukturanpassungsprogramme schlicht darauf zurück, dass den betroffenen Regierungen der politische Wille fehle, die Anpassung durchzusetzen. Durch eine Erweiterung der Programme (Extended Structural Adjustment Facility, ESAF) versuchte der IWF sogar Länder über einen längeren Zeitraum mit Kapital zu versorgen, damit sie die erwünschten Reformen zur Liberalisierung des Marktes voll institutionalisieren und dauerhaft etablieren konnten.

Erst die asiatische Finanzkrise zwang den Fonds schließlich, sich mit der Realität auseinander zu setzen. 1997/98 engagierte sich der IWF mit großer Zuversicht in Thailand, Indonesien und Korea, und zwar mit dem klassischen Rezept einer kurzfristigen Steuer- und Geldpolitik, verbunden mit Strukturreformen zur Liberalisierung, Deregulierung und Privatisierung. Diesen Preis verlangte der IWF für die Finanzhilfen, mit denen die betroffenen Länder die massiven Schulden bezahlen sollten, die ihre Privatwirtschaft aufgenommen hatte. Das Ergebnis war jedoch, dass sich die Konjunkturkrise zu einer tiefen Rezession weiterentwickelte, da die betroffenen Staaten durch den Druck auf ihre Geld- und Haushaltspolitik keine Möglichkeit mehr hatten, Maßnahmen gegen den Rückgang ihrer Privatwirtschaft zu ergreifen. Wenn in einigen dieser Volkswirtschaften heute eine gewisse Erholung erkennbar ist, dann nach Ansicht vieler Beobachter trotz und nicht wegen der Maßnahmen des IWF.

Für eine Welt, die schon lange über die Arroganz des IWF ergrimmt ist, war diese Entwicklung der Tropfen, der das Fass zum Überlaufen brachte. 1998/99 wurde die Kritik am IWF immer lauter und bezog sich nicht mehr nur auf sein hartnäckiges Festhalten an der Strukturanpassung und deren Funktion als Rettungsmechanismus für das internationale Finanzkapital, sondern auch auf fehlende Transparenz und Rechenschaftspflicht. Wie verwundbar der Fonds inzwischen war, zeigte sich, als der US-amerikanische Kongress über die Initiative der G-7 (Gruppe der sieben führenden Industrienationen der Welt) debattierte, 40 armen Ländern die Schulden zu erlassen. Abgeordnete schilderten den IWF als die Institution, die die Schuldenkrise der armen Länder überhaupt erst verursacht hatte, und einige forderten dazu auf, ihn innerhalb von drei Jahren abzuschaffen. So sagte die Abgeordnete Maxine Walters: »Muss der

IWF dabei überhaupt noch eine Rolle spielen, nachdem wir die schmerzhafte Entdeckung machen mussten, dass seine Art zu arbeiten, den Hungertod von Kindern verursacht?« (*Business World,* 1999).

Angesichts solcher Kritik der Volksvertreter des mächtigsten Fondsmitglieds behauptete der US-amerikanische Finanzminister Larry Summers, dass der Prozess, bei dem der IWF im Mittelpunkt gestanden hatte, durch »ein neues, offeneres und breiter angelegtes Verfahren ersetzt wird, an dem zahlreiche internationale Organisationen beteiligt werden und bei dem Politiker und Gruppen der Zivilgesellschaft in den betroffenen Ländern eine zentralere Rolle erhalten« (*Washington Post,* 1999).

Sehr schön, aber entspricht es der Realität?

Die Strukturanpassung ist also tot, und Weltbank und IWF haben zum rechten Glauben gefunden. Schön wär's, aber ist das wirklich alles so einfach?

Tatsache ist, dass sowohl der IWF als auch die Weltbank und die Asiatische Entwicklungsbank (ADB), seit sie das Paradigma der Strukturanpassung über Bord geworfen haben, nach Ansicht vieler Kritiker orientierungslos sind. Sie bekennen sich rhetorisch zu dem großen Ziel der Armutsbekämpfung, haben aber keinen innovativen makroökonomischen Ansatz, um es zu erreichen. Wolfensohn und sein früherer Chefökonom Joseph Stiglitz sprechen davon, die »makroökonomischen« und »sozialen« Aspekte der Entwicklung »zusammenzubringen«, doch die Vertreter der Weltbank können auf keine andere Strategie verweisen, als die Kredite für Gesundheits-, Bevölkerungs-, Ernährungs-, Bildungs- und Sozialpolitik auf 25 Prozent der gesamten Kreditvergabe der Weltbank zu steigern. Die ADB hat sogar noch weniger Erfahrung auf dem Gebiet der Armutsbekämpfung, und das Strategiepapier, das sie im Jahr 2000 herausgab, enthält zwar eine lange Liste löblicher Ziele, aber selbst Insider der Entwicklungsbank räumen ein, dass es hinsichtlich makroökonomischer Innovation nichts Neues bringt. Die größte Ratlosigkeit aber herrscht bei den Wirtschaftswissenschaftlern des

IWF. Einige von ihnen gaben bei der Tagung von IWF und Weltbank im September 1999 gegenüber Vertretern von Nichtregierungsorganisationen (NGO) sogar zu, dass sich ihr neuer Ansatz bisher darauf beschränkt habe, die bisherige Strukturanpassung in »Armutsbekämpfung« umzutaufen, und sie erwarteten, dass die Weltbank nun die Führung übernehme.

Unter diesen Umständen ist es keine Überraschung, dass sich das alte System wieder durchsetzt. So verlangte der IWF von Thailand, das ohnehin bereits sein Musterschüler war, das Haushaltsdefizit abzubauen, obwohl die wirtschaftliche Erholung des Landes noch keineswegs gesichert war; und er drängte Indonesien, seinen Einzelhandel für ausländische Investoren zu öffnen, obwohl dies einen Anstieg der Arbeitslosigkeit zur Folge haben musste. Auch vergaben die Technokraten von der ADB energiewirtschaftliche Kredite und Mittel aus dem Miyazawa-Fonds an die Philippinen, damit das Land die Privatisierung seiner staatlichen Energiegesellschaft beschleunigte, obwohl die sieben privaten Monopole, die das Staatsunternehmen ersetzen sollen, den Verbrauchern wahrscheinlich höhere Gebühren abverlangen werden.

»Es handelt sich immer um den alten Ansatz von Deregulierung, Privatisierung und Liberalisierung, nur mit Sicherheitsnetzen«, lautet die zutreffende Beschreibung eines philippinischen Gewerkschaftsführers, der von multilateralen Institutionen oft als Berater in Anspruch genommen wird.

Auch die Rechenschaftspflicht ist nach wie vor ein Problem. Man kann sich nicht einfach vom Schauplatz seines Verbrechens davonstehlen, ohne zuzugeben, dass man Unrecht getan hat. Die Weltbank und der IWF haben den Entwicklungsländern über zwei Jahrzehnte lang gewaltigen wirtschaftlichen und sozialen Schaden zugefügt. Sollten sie dafür nicht zur Rechenschaft gezogen werden? Sollten Camdessus und die ganze Führungsspitze des IWF, einschließlich seines Stellvertreters Stanley Fisher und des Chefs der Abteilung Asien-Pazifik Hubert Neiss, die bis zum Schluss blind am Konzept der Strukturanpassung festhielten, nicht die Verantwortung für ihre schweren Fehler übernehmen? Camdessus und Neiss sind zwar zurückgetreten, aber sie zeigen keine Reue bezüglich ihrer Politik.

Viele alte Kritiker des IWF sehen die Dinge nicht so rosig. Ihrer Ansicht nach wurde Camdessus geopfert, um die Reformanstrengungen abzuschwächen in einer Zeit, da der IWF Glaubwürdigkeit und Legitimität »verzweifelt benötigt«, wie es die *Financial Times* formulierte. Diese Furcht ist wohlbegründet, denn Larry Summers, die zentrale Figur, was die Zukunft des IWF betrifft, scheint in den meisten seiner jüngsten Erklärungen die Notwendigkeit eines Paradigmawechsels vergessen zu haben. So sagte er zu den Elementen einer »neuen« IWF-Strategie: »Nach dem neuen Ansatz wird der IWF auch weiterhin sicherstellen, dass die makroökonomische Politik eines Landes zufriedenstellend ist, bevor Schulden erlassen und neue, an Bedingungen geknüpfte Kredite bewilligt werden« (Summers, 1999a). Ist das gemeint, wenn ein System aufgegeben werden soll, »das über einen geschlossenen IWF-zentrierten Prozess hinausgeht, der sich auf Kosten einer breiteren menschlichen Entwicklung zu oft auf enge makroökonomische Ziele konzentriert hat«?

Noch aufschlussreicher ist Summers' Ansicht, dass eine der wichtigsten Prioritäten des neuen IWF »eine starke Förderung der Marktöffnung und Liberalisierung des Handels« sein müsse, wenn man bedenkt, dass gerade die Liberalisierung des Handels einer der umstrittensten Aspekte des alten Ansatzes der Strukturanpassung war. Die Liberalisierung des Handels, fuhr Summers fort,

ist häufig eine Schlüsselkomponente der IWF-Arrangements. Im Verlauf der Verhandlungen strebt der IWF die fortdauernde Einhaltung von bestehenden Handelsverpflichtungen und als Strategie zur Wachstumsförderung die Verpflichtung zu weiteren Marktöffnungsmaßnahmen an. Zwei Beispiele: Indonesien hat im Rahmen seines IWF-Programms die Importmonopole für Sojabohnen und Weizen abgeschafft, sich zum schrittweisen Abbau aller Importhemmnisse mit Ausnahme der Zölle bereit erklärt, alle Kartelle für Sperrholz, Zement und Papier aufgelöst, die Beschränkungen für Auslandsinvestitionen im Einzel- und Sekundärhandel aufgehoben und ausländischen Banken erlaubt, inländische Banken zu kaufen. Das Programm, das Sambia 1999 mit dem IWF vereinbarte, verpflichtet die sambische Regierung, bis 2001 den Durchschnittszoll auf ausländische Waren auf 10 Prozent zu senken und den Höchstzoll von 25 auf 20 Prozent zu senken. Im Juli wurde das Importverbot für Weizenmehl aufgehoben (Summers, 1999b).

Schauen wir den Tatsachen ins Auge: Wer dies einen »neuen Ansatz« nennt, nimmt es mit der Wahrheit nicht sonderlich genau.

Radikale Reform oder Stilllegung?

Wie müsste eine wirkliche Umstrukturierung aussehen? Sie müsste mehr bieten als nur ein offenes Auswahlverfahren für den neuen geschäftsführenden Direktor – ein Auswahlverfahren, wie es von Jeffrey Sachs unterstützt wird, das auch Nicht-Europäern den Zugang ermöglichen soll. Das Problem liegt nämlich in der Struktur und Kultur der Institution selbst: an fehlender Rechenschaftspflicht außer gegenüber dem US-Finanzministerium, an der Überzeugung, fehlende Transparenz sei eine Bedingung für Effizienz, und an einem tief verwurzelten Elitebewusstsein, das es der Bürokratie nicht erlaubt, von Außenseitern zu lernen.

Wenn dies die eigentliche Krankheit ist, dann muss die Operation radikaler sein. Ich würde folgende Maßnahmen vorschlagen:

- Erstens: Das alte System der Strukturanpassung ist in den laufenden Programmen so stark eingebettet, dass ein klarer Bruch mit der Vergangenheit nur stattfinden kann, wenn die Strukturanpassungsprogramme in den Entwicklungsländern und der ehemals sozialistischen Welt nicht nur umbenannt, sondern allesamt sofort aufgegeben werden – auch die Anpassungsprogramme, die Indonesien, Thailand und Korea im Gefolge der Finanzkrise in Asien aufgezwungen wurden.
- Zweitens: Das Personal des IWF sollte sofort von 1000 auf 200 Mitarbeiter reduziert werden, und sowohl die Investitionsausgaben als auch die operativen Ausgaben der Institution müssen massiv gekürzt werden. Die meisten Wirtschaftswissenschaftler des IWF sind heute mit dem Mikro-

management von Strukturanpassungsprogrammen beschäftigt. Sie würden eindeutig nicht mehr gebraucht, wenn dem Vorschlag der Finanzminister und Präsidenten der Zentralbanken der G-7 gefolgt wird, den Entwicklungsländern bei der Formulierung und Durchführung ihrer Armutsbekämpfungsprogramme ein größeres Mitspracherecht einzuräumen, und wenn Jeffrey Sachs' Rat befolgt wird, die Haupttätigkeit des IWF auf die Überwachung der Weltkapitalmärkte und des Weltwährungssystems zu beschränken.

- Die dritte und wichtigste Maßnahme jedoch ist die Einberufung einer internationalen Kommission, die entscheidet, ob der IWF in dem von Sachs und anderen vorgeschlagenen Rahmen reformierbar ist oder ob er – um eine Wendung zu übernehmen, die sonst auf alte Atomkraftwerke Anwendung findet – stillgelegt werden muss – eine Lösung, die ich bevorzugen würde. Die Mitglieder einer solchen Entscheidungskommission sollten zur Hälfte aus Organisationen der Zivilgesellschaft stammen, denn es sind diese Gruppen, die entscheidend dazu beigetragen haben, die zerstörerischen Auswirkungen der Anpassungsprogramme aufzudecken, und die heute in vielen der zukunftsweisendsten Experimente im Bereich der sozialen Entwicklungshilfe an der Basis engagiert sind. Macht von unten und dezentralisierte Operationen sind heute das Markenzeichen so vieler erfolgreicher Organisationen, dass der von oben nach unten zentralisierte IWF im Vergleich dazu eindeutig steinzeitlich wirkt.

Legitimität und Glaubwürdigkeit des IWF sind so schwer erschüttert, dass er in einer schweren Krise steckt. Wenn die internationale Zivilgesellschaft nicht interveniert, und zwar jetzt und mit Macht interveniert, dann warten die herrschenden Mächte, bis der Sturm sich gelegt hat, und reden dabei, wie Larry Summers, von Reformen. Radikale Reform oder Stilllegung? Das ist die Frage der Stunde, an der wir unsere Interventionsstrategien orientieren müssen.

Kapitel 12

Brutstätten der Ausbeutung: Freihandelszonen in der globalisierten Wirtschaft

Alexander Goldsmith

Alexander Goldsmith studierte Anthropologie am Jesus College in Cambridge. Er wurde Journalist und spezialisierte sich auf Umweltthemen, gründete zusammen mit Martin Wright den *Environmental Digest*, wurde Herausgeber des *Geographical Magazine*, das in Zusammenarbeit mit der »Royal Geographic Society« produziert wird, und war danach der Herausgeber von *Green Futures*, der Zeitschrift von »Forum for the Future«.

Freihandelszonen (FHZ), auch Exportproduktionszonen genannt, wurden erstmals in den frühen Siebzigerjahren geschaffen, und zwar mit dem offiziellen Ziel, ausländische Investoren in »unterentwickelte« Regionen zu locken. Junius Jayawardene, der Staatspräsident von Sri Lanka, formulierte dies folgendermaßen, als er 1978 die FHZ Katunayake gründete: »Auslandsinvestitionen in unserem Land helfen uns, bessere Technologie zu erwerben, neue Exportmärkte zu erschließen und Arbeitsplätze zu schaffen.«

Freihandelszonen sind Regionen, die vom »Gastland« einen steuerlichen oder juristischen Sonderstatus erhalten, damit sie leichter transnationale Konzerne anziehen als benachbarte Regionen und Länder. Die meisten FHZs haben folgende Merkmale gemeinsam: lockere soziale, ökologische und arbeitsrechtliche Bestimmungen, leicht verfügbare billige Arbeitskräfte sowie steuerliche und finanzielle Anreize. Letztere können eine große Vielfalt von Formen annehmen, wobei es sich jedoch generell um Zollfreiheit, die Abwesenheit von Devisenbewirtschaftung, Steuerfreijahre und Gratisgrundstücke oder reduzierte Mieten handelt.

Heute gibt es weltweit etwa 800 FHZs in 40 Ländern im Vergleich zu 116 im Jahr 1986. Damals lagen über 48 Prozent der FHZs in Lateinamerika und der Karibik und 42 Prozent in Asien. Sie verfügten über mehr als eine Millionen Beschäftigte. Die Größe einer FHZ kann sehr unterschiedlich sein. Manche haben 30 000 Beschäftigte und manche nur 100.

FHZs ziehen arbeitsintensive Tätigkeiten wie etwa die Textilherstellung oder die Montage elektronischer Geräte an. Fast 50 Prozent aller Beschäftigten in den asiatischen FHZs arbeiten für die Elektronikindustrie. Arbeitskräfte sind hauptsächlich unverheiratete Frauen zwischen 17 und 23; in den mexikanischen FHZs stellen Frauen dieses Alters etwa 50 Prozent der Beschäftigten. Sie sind deshalb so beliebt, weil ihre Löhne meist niedriger sind als bei Männern (häufig weniger als ein US-Dollar pro Tag) und weil sie für eintönige Arbeiten, die geschickte Finger erfordern, als besser geeignet gelten.

Mexikos *Maquiladoras* gehören zu den bestdokumentierten FHZs. Die dort angesiedelten Betriebe sind größtenteils in US-amerikanischem Besitz; das Material für die Montage wird aus den USA importiert, und die montierten Waren werden wieder exportiert. Bei Unterzeichnung des Abkommens über die Nordamerikanische Freihandelszone (NAFTA) im Jahre 1992 gab es 2100 solche Betriebe, und sie waren nach dem Öl die zweitgrößte Devisenquelle Mexikos. Schon 1989 brachten sie dem Land 3 Milliarden US-Dollar ein. Sie beschäftigten eine halbe Million Mexikaner und machten 20 Prozent der mexikanischen Fertigungsindustrie aus. Vor Inkrafttreten des NAFTA-Abkommens erhob Mexiko keinen Zoll für die Importe in die FHZs, und die USA verzollten nur die Wertschöpfung.

Die *Maquiladoras* sind durch schlechte Lebens- und Arbeitsbedingungen und strenge Beschränkungen der gewerkschaftlichen Einflussnahme gekennzeichnet. Gesundheits- und Arbeitsschutzvorschriften werden routinemäßig missachtet. 1993 ergab eine Untersuchung bei zwölf nach dem Zufallsprinzip ausgewählten, in US-amerikanischem Besitz befindlichen Betrieben, dass sie alle gegen mexikanische Umweltschutzgesetze verstießen. Eine in Arizona ansässige Umweltschutzgruppe fand heraus, dass diese Betriebe über den Verbleib von 95 Prozent der Abfälle, die sie zwischen 1969 und 1989 produziert hatten, keine Rechenschaft ablegen konnten. Das aktive Arbeitsleben der Beschäftigten in solchen Betrieben dauert durchschnittlich zehn Jahre. Und die Fluktuation der Arbeitskräfte beträgt jährlich fast 180 Prozent, obwohl es an alternativen Arbeitsplätzen mangelt.

Die *Maquiladoras* importieren den Großteil ihrer Werkstoffe aus den USA und sind verpflichtet, die Abfälle zur Entsorgung wieder dorthin auszuführen. Laut der US-amerikanischen Umweltschutzbehörde (EPA) wird jedoch nur ein kleiner Prozentsatz rückgeführt. Das mexikanische Gegenstück der EPA, die Sedesol, schätzt, dass etwa die Hälfte der 2100 Fabriken Giftmüll produzieren, aber nur 307 haben eine offizielle Genehmigung dafür.

Mitte der Neunzigerjahre stellte die US-amerikanische »National Toxics Campaign« in der Umgebung der Fabriken hohe Schadstoffmengen fest, darunter auch Abwässer, die so stark mit dem Lösungsmittel Xylol verseucht waren, dass der Grenzwert für Trinkwasser um das 6000fache überschritten wurde. Tests, die von einem von der EPA autorisierten Labor vorgenommen wurden, ergaben später für Xylol Konzentrationen, die 50 000-mal höher waren, als in den USA erlaubt, und für Methylenchlorid das 215 000fache des US-amerikanischen Grenzwerts.

Durch die Umweltverschmutzung verursachte Gesundheitsprobleme waren die unausweichliche Folge. In Brownsville, Texas, wurden zwischen 1990 und 1992 30 Babys mit Anencephalie geboren, einer tödlichen Krankheit, bei der sich kein Gehirn entwickelt und die Schädelhöhle mit Flüssigkeit gefüllt ist. In Brownsville an der Grenze zu Mexiko gibt es viermal so viele Fälle von Anencephalie wie im US-amerikanischen Durchschnitt. Im selben Zeitraum wurden in Matamoros, auf der mexikanischen Seite der Grenze, 53 Fälle von Anencephalie dokumentiert. Im März 1993 klagten 27 Familien aus Brownsville gegen 88 verschiedene FHZ-Betriebe in Matamoros. Sie führten aus, ein von den vorherrschenden Winden über den Rio Grande getragener Cocktail von Lösungsmitteln, Säuren und Schwermetallen sei für die hohe Zahl von Kindern mit Spina bifida und Anencephalie verantwortlich. Unter den Angeklagten befanden sich Partner von internationalen Markenfirmen wie General Motors, Union Carbide, Fisher Price und Zenith Electronics. All diese Konzerne weisen jegliche Verantwortung zurück. Ebenfalls in Matamoros stellten Sozialarbeiter fest, dass 110 Kinder ähnliche Missbildungen aufwiesen, nämlich Downsyndrom und eine Anzahl weiterer körperlicher und geistiger Behinderungen. Alle 76 Mütter dieser Kinder hatten als Schwangere bei Mallory Capacitors gearbeitet, einem FHZ-Betrieb, der elektronische Bauteile herstellt. Laut eigener Aussage hatten die dort Beschäftigten – fast ausschließlich junge Frauen – ohne angemessene Sicherheitsvorrichtungen oder Schutzkleidung mit hochgiftigen Polychlorbiphenylen (PCB) arbeiten müssen.

Offensichtlich gehört es mit zu dem Paket von »Anreizen«, mit denen FHZs für die Industrie attraktiv gemacht werden, dass die dort angesiedelten Betriebe das Recht erhalten, die Umwelt zu verschmutzen, auf fundamentale Sozialleistungen zu verzichten und ihre Arbeiter zu vergiften. Gemeinsam mit den üppigen finanziellen und steuerlichen Anreizen bilden diese Faktoren einen integralen Bestandteil der »Subventionen«, die ein Staat anbietet, um Industrie auf sein Gebiet zu locken.

»Mexikanische Arbeiter, darunter auch Kinder«, schreibt David Korten in seinem Buch *When Corporations Rule the World* (1995), »verdanken ihre hervorragende Wettbewerbsfähigkeit der Tatsache, dass sie ihre Gesundheit, ihr Leben und ihre Zukunft opfern, um die Gewinne von Investoren zu subventionieren.«

Gibt es nun, etliche Jahre nach der Gründung von NAFTA und WTO, Anzeichen für den so oft versprochenen steigenden Wohlstand und die besseren sozialen und ökologischen Bedingungen auf dem Gebiet der NAFTA? Keineswegs. Wie Lori Wallach 1998 schrieb, haben die USA durch die Nordamerikanische Freihandelszone 400 000 Arbeitsplätze verloren, während nur ein paar Tausend neue Stellen überzeugend auf das Abkommen zurückgeführt werden konnten. Ebenso gab es entgegen den offiziellen Voraussagen auch keine Verbesserung bei dem ökologischen Dauerproblem mit den *Maquiladoras*. Stattdessen führte die Zunahme der Produktion und Lagerung von Sondermüll zu einer Verschlechterung der Wasserqualität und einer Zunahme umweltbedingter Krankheiten. So nahm die Tuberkulose auf beiden Seiten der Grenze extrem zu, und die Zahl der mit tödlicher Anencephalie geborenen Babys stieg weiter an.

Auch gelangten über die durchlässiger gewordene Grenze zwischen Mexiko und den USA wesentlich mehr Drogen und ungenießbare Lebensmittel in die USA und sehr viel mehr illegale Handfeuerwaffen nach Mexiko.

Die Argumente zugunsten der FHZs basieren auf einem Fehlschluss: Die Lockerung von sozialen und ökologischen Vorschriften soll Wohlstand schaffen, der irgendwann zu einer erneuten Verschärfung der Vorschriften führen soll. Leider verhält es sich eher umgekehrt. FHZs wirken wie soziale und ökologische »schwarze Löcher«, die strengere Normen in benachbarten Regionen aufsaugen und verschlingen.

Wenn eine Regierung eine FHZ gründet, verzichtet sie auf die Souveränität über das betroffene Gebiet. Die Rolle der FHZs in der Weltwirtschaft gleicht der von Steueroasen, die als Schlupflöcher für Kapital dienen, das sich dem staatlichen Zugriff entzieht. FHZs sind Orte, an denen solches Kapital investiert werden kann.

Dazu schreiben Richard Barnet und John Cavanagh in ihrem Buch *Global Dreams* (1994):

Die Führer der Nationalstaaten verlieren einen Großteil ihrer früheren Kontrolle über ihr Territorium. Mehr und mehr müssen sie sich den Forderungen von anderer Seite beugen, weil die anderen schon innerhalb ihrer Mauern sind. Unternehmen, die routinemäßig grenzüberschreitend operieren, verbinden weit voneinander entfernte Gebiete zu einer neuen Weltwirtschaft, die alle Arten von traditionellen politischen Arrangements und Konventionen umgeht. Steuergesetze, die für ein anderes Zeitalter gemacht wurden, traditionelle Methoden zur Kontrolle von Kapitalströmen und Zinsraten, beschäftigungspolitische Anstrengungen und alte Ansätze zur Erschließung von Rohstoffen und zum Umweltschutz veralten und sind nicht mehr durchsetzbar oder irrelevant.

Die komplexen Wechselwirkungen zwischen Handel, Territorium und Souveränität sind in den Wachstumsdreiecken Südostasiens gut zu beobachten. Diese Wachstumsdreiecke sind

Quasi-FHZs, in denen Regionen verschiedener Staaten miteinander kooperieren. Eines davon ist das Wachstumsdreieck Singapur-Batam-Johor, das eine synergetische Beziehung zwischen drei politisch geteilten, aber geografisch benachbarten Regionen herzustellen versucht.

Es war der stellvertretende Außenminister von Singapur, der 1989 erstmals die Einrichtung eines Wachstumsdreiecks vorschlug. Laut William Mellor, einem führenden Journalisten der Zeitschrift *Asia Inc.*, fehlte es Singapur an Land und Arbeitskräften, aber es war technologisch sehr fortgeschritten und sehr finanzstark, und es besaß hervorragende internationale Transportverbindungen. Die Insel Batam, die nur 20 Kilometer von Singapur entfernt liegt, war 1978 in Konkurrenz zu Singapur von Indonesien zum »Freihafen« erklärt worden. Sie verfügte über viel Land und Frischwasser und dank dem indonesischen Übersiedlungsprogramm über billige Arbeitskräfte. Der malaysische Bundesstaat Johor auf dem Festland war mit Singapur durch Straße und Schiene verbunden. Er verfügte ebenfalls über Land und über zahlreiche Facharbeiter und angelernte Arbeitskräfte.

Das Dreieck wurde trotz beträchtlichen Misstrauens zwischen den beteiligten Staaten geschaffen. In Malaysia war man besorgt, dass die Verbindung zwischen Johor und Singapur enger werden könnte als die zwischen Johor und der malaysischen Bundesregierung. Indonesien fürchtete, von Singapur ausgenutzt zu werden. Doch der wirtschaftliche Druck machte die Schaffung des Dreiecks unvermeidlich. »Nationalbewusstsein und Nationalregierungen werden auch in Zukunft sehr wichtig bleiben«, zitiert Mellor das Institut für strategische und internationale Studien in Kuala Lumpur. »Aber die Geschäfte werden nach ihren eigenen Regeln fließen – wie Wasser.«

Das Wachstumsdreieck Singapur-Batam-Johor ist nur eines von mehreren, die in Südostasien entstanden sind. Viele von ihnen machten natürlich durchaus Sinn, weil sie alte Verbindungen zwischen Regionen neu knüpften, deren historische Handels- und Kulturverbindungen in der kolonialen und postkolonialen Zeit zerstört wurden. Zugleich stellten sie jedoch neue Stützpunkte der Ausbeutung dar und waren kaum Kontrollen unterworfen. Außerdem ist natürlich in Regionen, die noch über relativ unangetastete natürliche Ressourcen verfügen, die Umwelt ein genauso wichtiger Faktor wie billige Arbeitskräfte, Investitionskapital und Steuerbefreiung.

Die FHZs beeinflussen die Weltwirtschaft auch durch den neuen Konkurrenzdruck. Dank der Aufhebung grundlegender sozialer und ökologischer Normen produzieren sie billiger und ziehen Arbeit aus Regionen ab, wo diese Normen noch aufrechterhalten werden. Ein Bericht der Weltbank von 1980 über Sri Lanka stellte mit diplomatischer Vorsicht fest, dass »einige Exporte ausländischer Firmen vielleicht auf Kosten der potenziellen Exporte von Firmen aus Sri Lanka gingen«.

Das Phänomen FHZ ist nicht mehr nur auf »Entwicklungsländer« beschränkt. In dem Bemühen, sich an das Wettbewerbsklima anzupassen, das durch die FHZs geschaffen wurde, wird auch in den Industrieländern an verschiedenen Orten und in unterschiedlichem Umfang mit neuen Anreizen gespielt. In den USA überbieten sich Städte, Countys und sogar Bundesstaaten gegenseitig in dem Bemühen, Konzerne auf ihr jeweiliges Territorium zu locken – unabhängig von den sozialen und ökologischen Kosten. In *When Corporations Rule the World* schildert David Korten dieses Verhalten am Beispiel von Moore County in South Carolina wie folgt:

Die County profitierte stark davon, dass große Hersteller in den Sechziger- und Siebzigerjahren die gewerkschaftlich organisierten Industrieregionen im Nordosten der USA verließen, weil sie mit dem Versprechen von Steuerfreijahren, lockeren Umweltbestimmungen und willigen Arbeitskräften in den Süden gelockt wurden. Moore County bot seinen Investoren nicht nur großzügige Steuererleichterungen an, es arbeitete auch mit ihnen zusammen und baute ihnen öffentlich finanzierte Betriebe, die genau auf ihre Bedürfnisse zugeschnitten waren. Als Proctor Silex sein dortiges Werk erweiterte, legte Moore County eine Anleihe im Wert von 5,5 Millionen US-Dollar auf, um die Anschlüsse an das Wasser- und Abwassersystem zu finanzieren – obwohl in der Nähe wohnende Einwohner der County noch ohne fließendes Wasser und andere öffentliche Dienstleistungen auskommen mussten. Im Jahr 1990 beschloss NACCO Industries, der Mutterkonzern von Proctor Si-

lex, seine Fließbänder nach Mexiko zu verlegen. Der Konzern entließ 800 Arbeiter in Moore County und hinterließ Fässer mit Giftmüll sowie die Schulden, die die County seinetwegen gemacht hatte.

Auch ganze Nationalstaaten sind inzwischen nicht mehr immun gegen die von Präsident Reagan ausgelöste Deregulierungswut. Reagan gründete die »Task Force on Regulatory Relief« unter dem Vorsitz seines Vizepräsidenten George Bush, und als Bush Präsident wurde, wurde der »Council on Competitiveness« unter seinem Vizepräsidenten Quayle für Deregulierung zuständig. Beide Organe hintertrieben nach Aussage von Bürgerinitiativen wie »Public Citizens' Congress Watch« in Washington, DC erfolgreich die Einhaltung von Arbeitsschutzvorschriften, behinderten Produktkontrollen zum Verbraucherschutz, schraubten die Sicherheitsmaßnahmen im Straßenverkehr zurück und verschlechterten den Umweltschutz (Watzman und Triano, 1991).

Es ist also wenig überraschend, dass im Gefolge des NAFTA-Abkommens eine Vielzahl sozialer und ökologischer Vorschriften in Nordamerika unter schweren Beschuss geraten sind. So wurde etwa 1998 die kanadische Regierung vom Ethyl-Konzern verklagt, weil sie einen Treibstoffzusatz des Unternehmens verboten hatte.

Auch Großbritannien hatte ein Deregulierungsprogramm. Die 1993 zu seiner Leitung eingesetzte Projektgruppe machte insgesamt 605 Empfehlungen. Sie betrafen vor allem das heutige Ministerium für Umwelt, Verkehr und Regionen. Die Gruppe empfahl, Vorschriften im Gesundheits- und Sicherheitsbereich, in der Biotechnologie und in der Werbung sowie Vorschriften zur Erhaltung von Hecken und zur Energieersparnis in Gebäuden zu lockern.

In einer 1994 vom britischen Handels- und Industrieministerium finanzierten Broschüre werden die zahlreichen Vorteile angepriesen, die eine Niederlassung in Großbritannien für multinationale Konzerne attraktiv machen. Sie lobt das »wirtschaftsfreundliche Umfeld« und die »liberale, wenig anspruchsvolle Arbeitsgesetzgebung«, wirbt mit »Arbeitskosten, beträchtlich unter dem Niveau anderer europäischer Länder«, mit dem

»Fehlen von Devisenkontrollen bei der Repatriierung von Gewinnen« und mit dem »festen Vorsatz, die Belastung der Wirtschaft zu verringern«. Um ihr Anliegen deutlich zu machen, geht die Broschüre ins Detail: »Großbritannien hat die am wenigsten belastenden Arbeitsgesetze in ganz Europa, das heißt, es gibt kaum Vorschriften, was Arbeitszeit, Überstunden und Urlaub betrifft. Viele Unternehmen, die in Großbritannien Niederlassungen gegründet haben, schlossen separate Tarifverträge mit den Gewerkschaften. Es besteht keinerlei gesetzliche Pflicht, eine Gewerkschaft anzuerkennen. In vielen Wirtschaftszweigen herrscht Schichtarbeit; Frauen und Männer produzieren sieben Tage in der Woche rund um die Uhr.« Außerdem heißt es weiter in der Broschüre: »Es dürfen keine neuen Gesetze oder Bestimmungen eingeführt werden, ohne dass die Kosten für die Unternehmen festgestellt und auf ein Minimum reduziert werden.« Großbritannien war also auf dem besten Wege, zu einer einzigen großen FHZ zu werden – mit den üblichen Folgen.

Freihandelszonen sind nicht mehr auf bestimmte Gegenden beschränkt, sondern haben sich über den ganzen Erdball ausgebreitet. Im Rahmen eines Regelwerks, nach dem Länder (im Interesse ihrer einheimischen Konzerne) die Handelspraktiken oder die Umwelt- und Verbraucherschutzgesetze anderer Länder anfechten können, ist ein alarmierender Prozess der Deregulierung im Gange. Interessierte europäische Konzerne und andere Gruppen können inzwischen durch Klagen amerikanische Konzerne effektiv zur Deregulierung zwingen, und US-amerikanische Unternehmen können ihrerseits genauso mit europäischen verfahren. Dank dieses hübschen Arrangements arbeiten die Konzerne in der Praxis daran, die ganze Welt in eine Freihandelszone zu verwandeln, wo sie genauso unkontrolliert operieren können wie bisher nur in Sri Lanka, in manchen Gebieten Mexikos und an einer begrenzten Zahl anderer Orte. Wie weit dieser globale Prozess noch fortschreiten wird, bevor die Öffentlichkeit reagiert, wird sich zeigen.

Kapitel 13

Die globale Wirtschaft und die Entwicklungsländer

Martin Khor

Martin Khor studierte an der Cambridge University Wirtschaftswissenschaften, arbeitete als Dozent an der Science University of Malaysia und schrieb mehrere Bücher und Aufsätze über Handel, Entwicklung und Umwelt. Er war stellvertretender Vorsitzender der Expertengruppe der Vereinten Nationen für Menschenrechte und wirkte als Berater bei verschiedenen Forschungsprojekten der Vereinten Nationen mit. Martin Khor ist Direktor des »Third World Network«, das NGOs aus verschiedenen Entwicklungsländern umfasst, Honorary Secretary der Consumers' Association von Penang in Malaysia und Vorstandsmitglied des IFG (International Forum on Globalization).

Vor der Kolonialherrschaft und dem Eindringen westlicher Wirtschaftssysteme lebten die Menschen in den Entwicklungsländern in relativ autarken Gemeinschaften. Sie pflanzten Reis und andere Grundnahrungsmittel an und befriedigten ihre Bedürfnisse nach Wohnung, Kleidung und anderen Dingen durch Heimarbeit oder kleine Industrien, die sich auf die Ressourcen vor Ort und die tradierten Fertigkeiten ihrer eigenen Kultur stützten. Produktionsweise und Lebensstil waren dabei weitgehend in Einklang mit der natürlichen Umwelt.

Die Kolonialherrschaft – begleitet von der zwangsweisen Einführung neuer Wirtschaftssysteme, neuer Feldfrüchte und der industriellen Ausbeutung von Mineralvorkommen sowie dem Anschluss an den Weltmarkt (wobei Ressourcen aus den Entwicklungsländern exportiert und westliche Industrieprodukte importiert wurden) – veränderte die sozialen und wirtschaftlichen Strukturen in den Entwicklungsländern. Die neuen Strukturen, das neue Verbraucherverhalten und die neuen technischen Systeme fassten in den Entwicklungsländern so stark Fuß, dass die Einfuhr von westlichen Werten, Produkten, Technologien und von westlichem Kapital auch nach der Entlassung in die politische Unabhängigkeit fortgesetzt wurde und sogar expandierte. Die Entwicklungsländer wurden immer abhängiger von globalen Handels-, Finanz- und Investitionssystemen, und transnationale Konzerne gründeten Handels- und Produktionsbasen in der Dritten Welt und verkauften dort ihre Produkte.

Im Rahmen von Infrastrukturprogrammen, für die die Industriestaaten Mittel bereitstellten, liehen nun multilaterale Institutionen wie die Weltbank und transnationale Banken den Entwicklungsländern Milliarden US-Dollar zur Finanzierung teurer Infrastrukturprojekte und zum Import ausgesprochen kapitalintensiver Technologien. Diese Entwicklung wurde auch von Stiftungen und Forschungseinrichtungen vorangetrieben, unter anderem von Wissenschaftlern, die neue Agrartechnologien erforschten, um die Entwicklungsländer zu »modernisieren« – das heißt Bedingungen zu schaffen, unter denen diese Länder ihre Technologie und ihre Produktionsmittel von transnationalen Konzernen beziehen müssen.

Um die Einfuhr moderner Technologien und Produktionsmittel zu finanzieren, waren die Entwicklungsländer gezwungen, noch mehr Güter zu exportieren, vor allem natürliche Ressourcen wie Holz, Öl und andere Minerale sowie für den Export angebaute Feldfrüchte, deren Anbau einen immer größeren Anteil des insgesamt verfügbaren Ackerbodens in Anspruch nahm. Wirtschaftlich, finanziell und technologisch wurden die Entwicklungsländer immer tiefer in den Strudel des Weltwirtschaftssystems hineingerissen und verloren, oder verlieren bis heute, ihre ursprünglichen Fertigkeiten, ihr Selbstvertrauen, ihre Zuversicht und häufig sogar die Rohstoffbasis, die sie zum Leben brauchen. Freilich stehen auch die wirtschaftlichen und technologischen Systeme der westlichen Welt vor einer Krise. Die Entwicklungsländer sind jetzt an diese Systeme gekoppelt, haben aber kaum Kontrolle über sie. Das Überleben und die Lebensfähigkeit der meisten Gesellschaften in der Dritten Welt wird deshalb in den nächsten paar Jahrzehnten auf dem Spiel stehen. Sogar heute schon gibt es zahlreiche Beispiele dafür, dass das westliche System in den Entwicklungsländern die Umwelt zerstört und eine Verschlechterung der Volksgesundheit verursacht hat.

Der Import gefährlicher Technologien und Produkte

Viele transnationale Konzerne haben ihre Produktion in Entwicklungsländer verlegt, wo die Arbeits- und Umweltschutzbestimmungen sehr locker sind oder gar nicht existieren. Einige Großunternehmen konzentrieren auch ihre Verkaufsanstrengungen auf die Märkte der Entwicklungsländer. Sie können dort Produkte minderer Qualität verkaufen oder solche, die schlichtweg giftig und deshalb in den Industrieländern verboten sind.

Die Entwicklungsländer sind heute also mit extrem gefährlichen oder potenziell hoch giftigen Technologien konfrontiert, die großen Schaden verursachen können. Die schreckliche Tragödie von Bhopal, wo 6000 Menschen durch ausströmendes Giftgas getötet wurden und 200 000 bleibende Gesundheitsschäden erlitten, ist das bisher schlimmste Beispiel dafür, was passieren kann, wenn ein transnationaler Konzern aus dem Westen unter Sicherheitsbedingungen arbeitet, die in seinem Herkunftsland inakzeptabel wären. Es gibt viele hundert weitere unsichere Industrieanlagen, die an Entwicklungsländer verkauft oder von transnationalen Konzernen dorthin verlegt wurden, weil ihnen die Gesundheits- und Umweltschutzvorschriften in ihren Herkunftsländern zu streng waren. Das Atomkraftwerk in der Provinz Bataan auf den Philippinen ist ein solches Beispiel.

Gefährliche Produkte werden ebenfalls zunehmend auf die Märkte der Entwicklungsländer verschoben. Es gibt zahlreiche Beispiele: Medikamente, Verhütungsmittel und Pestizide, die in Europa, den USA oder Japan schon lange verboten sind, aber von Unternehmen aus diesen Ländern in der Dritten Welt verkauft werden; Zigaretten mit viel höherem Teer- und Nikotingehalt als in den reichen Ländern; Milchprodukte, die durch die Katastrophe von Tschernobyl radioaktiv verseucht waren usw. Die gesundheitlichen Folgen für die Menschen in den Entwicklungsländern sind entsetzlich. So wird zum Beispiel geschätzt, dass jährlich 40 000 Personen in der Dritten Welt an Pestizidvergiftungen sterben. Außerdem sterben Millionen Säuglinge an zu stark verdünnter oder verschmutzter Babynahrung, die von transnationalen Konzernen mit dem Argument vermarktet wird, Babynahrung sei gesünder als Muttermilch.

Die aus den Industrieländern eingeführten gefährlichen Technologien und Produkte ersetzen häufig einheimische Technologien und Produkte, die besser geeignet sind, den Bedarf von Produzenten und Verbrauchern in den Entwicklungsländern zu decken. Arbeitsintensive Technologien, die in der Gemeinschaft für Beschäftigung sorgen und (wie etwa traditionelle Fischereimethoden) umweltfreundlich sind, werden durch kapitalintensive moderne Technologien ersetzt, die in vielen Fällen auch noch umweltschädlich sind. Angemessene Produkte oder Verfahren (wie etwa das Stillen) werden durch moderne Produkte ersetzt, die den Menschen durch massive Werbung und Verkaufsförderung und aggressive Preispolitik schmackhaft gemacht werden. Auf diese Weise verliert die Bevölkerung der Entwicklungsländer viele ihrer ursprünglichen Fertigkeiten, Technologien und Produkte, die dem Ansturm der neuen modernen Welt nicht gewachsen sind.

Die Grüne Revolution

Das moderne Industriesystem hat das Gesicht der Landwirtschaft in den Entwicklungsländern stark verändert. In vielen Ländern der Dritten Welt ist ein Großteil des Ackerbodens, auf dem früher traditionelle Nahrungsmittel angebaut wurden, durch das neue System der Monokulturen und Plantagen belegt, die nur für den Export produzieren. Wenn die Preise für die Exportprodukte hoch sind, können die für den Export produzierenden Bauern ein höheres Einkommen erzielen; aber wenn die Preise wie in den letzten Jahren verfallen, können sie von ihren Einnahmen nicht mehr genügend Nahrungsmittel kaufen; außerdem verlieren viele Landarbeiter dann ihren Arbeitsplatz.

Die so genannte Grüne Revolution ist ein Programmpaket, das es möglich macht, durch die Einführung besonders ertragreicher Sorten (insbesondere bei Reis), durch den Einsatz großer Mengen von Kunstdünger und Pestiziden sowie durch Mechanisierung und Bewässerung mehrmals pro Jahr zu ernten. Trotz ihres offiziellen Ziels, die Nahrungsmittelversorgung zu verbessern, war die gesamte Grüne Revolution wenig mehr als ein Programm zur Eroberung neuer Märkte für die US-amerikanische Chemieindustrie, das weitgehend durch US-amerikanische Entwicklungshilfe finanziert wurde. In vielen Gebieten, wo diese »Revolution« durchgeführt wurde, gab es zunächst einen Anstieg der Produktion, weil mehr als einmal im Jahr geerntet werden konnte. Doch der so erzielte Einkommenszuwachs bei den Bauern wurde bald schon durch erhöhte Ausgaben für importierte Chemikalien und Maschinen aufgezehrt und übertroffen. Eine Landwirtschaft mit hohem Input begünstigt die reicheren Bauern, die sich die Chemikalien leisten können, und ruiniert die ärmeren Bauern, die es nicht können. Auch der Einsatz von Pestiziden forderte mit Tausenden von Vergiftungsfällen schweren Tribut. Zudem sind die ertragreichen Feldfruchtarten besonders empfindlich gegen Schädlingsbefall, besonders dann, wenn die Insekten gegen Pestizide resistent werden. In manchen Gebieten sind die Erträge inzwischen gefallen.

Unterdessen werden Tausende einheimischer Reissorten, die Generationen von Schädlingen überlebt haben, nicht mehr angebaut und nur noch in Forschungslabors aufbewahrt, die größtenteils von internationalen Behörden und Konzernen in den reichen Ländern kontrolliert werden. Bauern und Regierungen der Entwicklungsländer sind zunehmend von der Gnade transnationaler Nahrungsmittelkonzerne und Forschungseinrichtungen abhängig, die in den Entwicklungsländern die Samen und das Keimplasma der alten Sorten sammeln und patentieren lassen (siehe Kapitel 18).

Gentechnik: die neueste Waffe

Obwohl die Anwendung der Gentechnik in der Landwirtschaft noch relativ neu ist, hat sie in den Volkswirtschaften der Dritten Welt schon jetzt ernsten Schaden angerichtet. Ein paar Beispiele sollen dies illustrieren:

Gentechnisch hergestellter Fruchtzucker hat schon in den Neunzigerjahren über zehn Prozent des Weltzuckermarktes erobert. Der dadurch verursachte Preisverfall kostete Zehntausende von Arbeitern in der Zuckerproduktion der Dritten Welt die Arbeitsplätze. Über 70 000 Bauern, die in Madagaskar Vanillepflanzen anbauten, wurden ruiniert, als eine texanische Firma Vanille im Gentechlabor herstellte. 1986 verlor der Sudan seinen Exportmarkt für Gummi arabicum, als eine New Yorker Firma ein neues Verfahren zur Herstellung von Gummi entdeckte.

Heute können Rohstoffe im Wert von vielen Milliarden US-Dollar, die bis jetzt aus der Dritten Welt in die reichen Länder exportiert werden, durch gentechnische Produkte ersetzt werden. Dies wird die Einnahmen der Entwicklungsländer noch einmal drastisch verringern.

Der moderne Fischfang zerstört die Fischgründe

In vielen Entwicklungsländern ist Fisch die Hauptquelle von tierischem Eiweiß, und der Fischfang war dort früher eine wichtige wirtschaftliche Tätigkeit. Beim traditionellen Fischfang wurde mit einfachen Netzen und Reusen gearbeitet, und es wurden bestimmte Prinzipien beachtet, um die Umwelt zu schonen. Die Maschen der Netze waren groß genug, um den Fang kleiner Fische zu vermeiden, und die Laichgründe wurden verschont, sodass sich der Fischbestand ungestört vermehren konnte. Fischen war eine harte Arbeit und erforderte viele Kenntnisse, die von Generation zu Generation weitergegeben wurden. Boote und Netze wurden in der Regel aus lokalen Rohstoffen hergestellt, und die ganze Gemeinde war am Fischfang, an der Fischkonservierung, am Flicken der Netze, an der Herstellung der Boote usw. beteiligt.

Die Einführung des modernen Fischfangs mit dem Schleppnetz wurde in vielen Fällen durch Entwicklungshilfe finanziert. (In Malaysia beispielsweise wurde die Schleppnetzfischerei im Rahmen eines deutschen Hilfsprogramms eingeführt.) Es kam zu einer enormen Vermehrung der Trawler, die in der Regel nicht Fischern, sondern Geschäftsleuten gehörten und von lohnabhängigen Mannschaften gefahren wurden. Dies führte zu gravierender Überfischung, wobei der Fisch oft nicht einmal als Lebensmittel für Menschen diente, sondern als Fischmehl an Tiere verfüttert wurde. Das Ziel beim Fischfang mit dem Trawler ist maximaler Fang für maximalen, schnellen Profit. Die Netze sind in der Regel engmaschig, sodass auch kleine Fische gefangen und verkauft werden können. Außerdem wurden Grundschleppnetze verwendet, die den Meeresboden abschabten und Laichgründe zerstörten. Das Ergebnis war ein Rückgang der Fischbestände in vielen Teilen der Dritten Welt, von dem sowohl die traditionelle als auch die moderne Fischerei betroffen war.

In vielen Flüssen sind die Fischbestände inzwischen durch giftige Industrieabwässer zerstört, die Fische töten und das Trinkwasser vieler Dörfer verseuchen. Auch in den überfluteten Reisfeldern, wo die Bauern früher durch Fischfang ihren Speiseplan ergänzten, wurde der Fischbestand durch die im Rahmen der Grünen Revolution eingeführten Pestizide vernichtet.

Diese Entwicklung bedroht die Existenzgrundlage von Millionen kleiner Fischer in den Entwicklungsländern, während eine wichtige Proteinquelle für die Gesamtbevölkerung zu versiegen droht. In Malaysia, wo es früher Fisch im Überfluss gab und er als das Fleisch der Armen galt, gehören Meeresfrüchte wegen des Rückgangs der Fischbestände inzwischen zu den teuersten Speisen in den Restaurants, während die Versorgung der Armen mit Fischeiweiß massiv zurückgegangen ist.

Holzeinschlag in tropischen Wäldern

Eine weitere schnell verschwindende Ressource der Entwicklungsländer ist der tropische Regenwald. Wälder wurden traditionell von indigenen Völkern bewohnt, deren Landwirtschaft auf Brandrodung basierte, ein der modernen Propaganda zum

Trotz umweltfreundliches System, das im bergigen Terrain der Wälder kaum Bodenerosion verursacht und Tausende von Jahren stabil war. Dieses System ist durch massiven Holzeinschlag bedroht, seit transnationale Konzerne für den Export in die Industrieländer Holz schlagen oder gar den Primärwald abholzen, um für die US-amerikanische Hamburgerindustrie Viehweiden zu schaffen. Zwischen 1900 und 1965 wurde die Hälfte der Waldgebiete in den Entwicklungsländern gerodet und seit 1965 hat sich der Zerstörungsprozess weiter beschleunigt. Jährlich werden viele Millionen Hektar Regenwald abgeholzt oder ernsthaft geschädigt, sodass sehr bald kaum noch Primärwald übrig sein wird.

Die massive Entwaldung hat eine Unzahl ökologischer und sozialer Folgen: Für Millionen Ureinwohner in der gesamten Dritten Welt bedeutet sie den Verlust ihres Landes und ihrer Lebensweise (oder sogar ihres Lebens); sie führt zur Vernichtung unersetzlichen Mutterbodens durch massive Bodenerosion, wenn die Baumdecke entfernt wird; zu extremer Verringerung der Speicherkapazität für Regenwasser im Einzugsgebiet von Flüssen, da nach dem Verlust der Baumdecke mehr Wasser in die Flüsse abfließt; zu gewaltigen Überschwemmungen in weiter flussabwärts gelegenen Gebieten durch extreme Verschlammung der Flusssysteme; und natürlich zu einer weiteren Verschärfung des Klimawandels.

Moderne Industrieanlagen und Megaprojekte zur Energiegewinnung

Die Einführung von westlichen Konsumgütern, Industrieanlagen und Großprojekten zur Energiegewinnung hat ebenfalls stark zur Verschlechterung der Lebensqualität in den Entwicklungsländern beigetragen.

Die einheimischen Kleingewerbe in der Dritten Welt stellten einfache Güter her, die die Grundbedürfnisse einer Mehrheit der Bevölkerung deckten. Die zur Herstellung dieser Produkte eingesetzte Technologie war ebenfalls einfach und arbeitsintensiv. Viele dieser einheimischen Kleinbetriebe wurden durch die Einführung moderner Produkte verdrängt. Letztere hatten, wenn sie stark beworben wurden, einen unrealistischen Glanz, im Vergleich zu dem die lokalen Produkte an Attraktivität verloren. Wenn die modernen Produkte hohe Marktanteile erobert hatten, gründeten (größtenteils ausländische) moderne, kapitalintensive Produzenten Niederlassungen in Entwicklungsländern und verdrängten die traditionellen örtlichen Gewerbetreibenden.

Viele Entwicklungsländer wollten sich jedoch nicht nur mit einer modernen Konsumgüterindustrie begnügen. Sie kopierten auch die Städte der Industrienationen und setzten auf eine moderne Infrastruktur und große Industrieprojekte: Stahlwerke, Zementfabriken, Autobahnen, gewaltige Brücken und Wolkenkratzer. Die politische und wirtschaftliche Elite dieser Länder hat das Gefühl, ihre Länder müssten all das besitzen, damit sie genauso entwickelt erscheinen wie Industrieländer.

Moderne Industrieanlagen und eine moderne Infrastruktur funktionieren nur bei riesigem Energieverbrauch, daher die Notwendigkeit von Megaprojekten im Energiesektor, insbesondere für Staudämme und Atomkraftwerke. Jedes dieser Projekte hat seine eigenen Probleme. Riesige Staudämme machen die Überflutung gewaltiger Landstriche mit Wald und Ackerland erforderlich, was die Vertreibung von Tausenden bedeutet. Auch sind die Stauseen, weil sie verschlammen, nicht lange funktionstüchtig, weshalb sie sich in der Regel finanziell nicht amortisieren; ihre Kosten sind weit größer als ihr Nutzen. Zudem haben sie negative gesundheitliche Auswirkungen, da Stauseen und Bewässerungsgräben die Ausbreitung von Schistosomiasis (einer von Schnecken übertragenen Krankheit), von Malaria und von anderen Krankheiten fördern, die im Zusammenhang mit stehenden Gewässern vorkommen. Schließlich besteht auch noch die Möglichkeit einer großen Tragödie, falls ein Damm bersten sollte, wie es in Indien und anderswo schon geschehen ist.

Atomkraftwerke, die in die Dritten Welt verkauft werden, haben in der Regel nicht dieselbe Qualität und erfüllen nicht dieselben Sicherheitsnormen wie die in den Industrieländern installierten Anlagen, da die Qualitätskontrollen in den Industrieländern strenger sind und sie bessere Experten haben. Wenn sich herausstellt, dass ein in einem Entwicklungsland gebautes

Atomkraftwerk unsicher ist, steht die dortige Regierung vor einem Dilemma: Soll sie den Betrieb einstellen und einen riesigen Verlust machen, oder soll sie das Werk weiterlaufen lassen und einen katastrophalen Unfall riskieren? Auf den Philippinen baute die Westinghouse Corporation ein Atomkraftwerk für zwei Milliarden US-Dollar, doch es gab so starke Zweifel an seiner Sicherheit, dass die Regierung beschloss, es »einzumotten«. Auch wenn ein Atomkraftwerk als betriebssicher gilt und normal arbeitet, gibt es freilich noch immer keinen Weg, den radioaktiven Müll sicher zu entsorgen.

Die erwähnten riesigen Infrastruktur- und Energiegewinnungsprojekte kosten oft Hunderte Millionen oder gar Milliarden US-Dollar. Sie werden ausnahmslos von transnationalen Konzernen vermarktet, die mit genehmigten Projekten gewaltige Umsätze und Gewinne machen. Die Finanzierung läuft über die Weltbank, über transnationale Geschäftsbanken oder über Regierungen der Industrieländer, in der Regel im Rahmen von Entwicklungshilfeprogrammen. Die Projekte sind für eine wirkliche Entwicklung jedoch nur selten geeignet, da die Anlagen am Ende meist nicht ausgelastet oder absolut ineffizient oder zu gefährlich sind, um sie überhaupt in Betrieb zu nehmen. Sie verschlingen jedoch ungeheure Investitionssummen und berauben dadurch örtliche Gemeinschaften der dringend benötigten Finanzierung echter Entwicklungsprojekte, während viele Entwicklungsländer zu ihrer Finanzierung Kredite aufnehmen und sich oft hoffnungslos im Ausland verschulden. Schließlich haben solche Projekte die Zerstörung und Vertreibung armer Dorfgemeinschaften zur Folge. Besonders häufig sind dabei Ureinwohner betroffen. Sie werden zu Hunderttausenden »umgesiedelt«, wenn die Stauseen ihre Wälder und Felder überfluten. Viele Millionen Menschen wurden in den letzten 50 Jahren auf diese Weise vertrieben.

Der Abfluss von Ressourcen
aus dem Süden in den Norden

Dank ihrer machtvollen Technik und ihrer Herrschaft über das neue globale Handels- und Finanzsystem saugen die Industrieländer in großem Tempo Holz, Minerale und Metalle aus den Entwicklungsländern ab und verwenden deren Ressourcen an Land und Arbeitskräften, um die Werkstoffe herzustellen, die sie für ihre moderne Industriewelt brauchen. Man sollte nicht vergessen, dass die Industrieländer – mit etwa einem Fünftel der Erdbevölkerung – vier Fünftel der globalen Ressourcen verbrauchen, und zwar größtenteils für die Herstellung von Luxusprodukten. Dagegen verbrauchen die Entwicklungsländer mit drei Vierteln der Erdbevölkerung nur 20 Prozent der Ressourcen. Da die Einkommen auch in den Entwicklungsländern ungleich verteilt sind, wird ein großer Teil dieser Ressourcen verwendet, um dieselben Luxusprodukte zu erzeugen oder zu importieren, an denen man sich auch in den Industrieländern erfreut, und um kapitalintensive Technologien einzuführen, die der Herstellung solcher Konsumgüter für die Oberschicht dienen. Nur ein kleiner Teil der globalen Ressourcen wird also eingesetzt, um die Grundbedürfnisse der mehrheitlich armen Bevölkerung in den Entwicklungsländern zu decken, die immer tiefer in Armut und Mittellosigkeit absinkt. Dies ist die wichtigste ökologische und soziale Tragödie unseres Zeitalters.

Schlimmer noch, ausgerechnet die Gewinnung von Rohstoffen in der Dritten Welt führt dort zu Umweltkatastrophen wie massiver Bodenerosion und Versteppung, Verschmutzung der Wasservorräte und zur Vergiftung der Bevölkerung durch schädliche Substanzen und Industrieunfälle. Die Rohstoffbasis, auf die lokale Gemeinschaften traditionell zurückgreifen, um ihren Produktions- und Haushaltsbedarf zu decken, ist in raschem Schwinden begriffen. Die für die heimische Nahrungsmittelproduktion benötigten Böden werden unfruchtbar; Wälder, die der Urbevölkerung als Lebensraum dienen, werden abgeholzt; Wasser aus Flüssen und Brunnen ist mit Schlamm und industriellen Abwässern verschmutzt.

Der Ressourcentransfer von Süd nach Nord hat viele Spielarten: Erstens gibt es den Transfer materieller Ressourcen. So kommen 20 Prozent des industriell verarbeiteten Holzes aus tropischen Wäldern, aber über die Hälfte dieser Menge wird in die reichsten Länder der Welt exportiert. Die entwickelten Länder produzieren und behalten 80 Prozent des Industrieholzes und importieren zusätzlich über die Hälfte des restlichen globalen Holzertrags. Der größte Teil wird für Möbel und Wohnungsbau, aber auch als Verpackungsmaterial und sogar für Streichhölzer benutzt. Auf diese Weise geht den Entwicklungsländern viel Holz verloren, aus dem in den Industrieländern Luxusgüter hergestellt werden, während es für die Bevölkerung in den Entwicklungsländern inzwischen schwierig ist, Holz für elementare Zwecke wie den Bau von Häusern, Möbeln und Booten zu beschaffen.

Zweitens findet ein Transfer finanzieller Ressourcen statt, weil die Preise für Rohstoffe aus der Dritten Welt (deren Gewinnung oft mit großen Umweltschäden verbunden ist) sehr niedrig sind und immer noch weiter fallen. Sozial bedeutet dies einen drastisch sinkenden Lebensstandard, Massenentlassungen und einschneidende Sparmaßnahmen bei den Staatsausgaben in vielen Entwicklungsländern.

Drittens werden viele der »Entwicklungsprojekte«, die zum Abfluss von Ressourcen führen, durch ausländische Kredite finanziert. Es kommt selten vor, dass diese Projekte genügend Gewinn für die Rückzahlung der Schulden abwerfen, also müssen die Kredite letztlich von der ohnehin schon verarmten Bevölkerung zurückgezahlt werden.

Das neue GATT

Diese negative Entwicklung wurde durch die Uruguay-Runde des GATT und die Gründung der WTO noch verschlimmert. Letztere ist in Wirklichkeit eine von den transnationalen Konzernen beherrschte Weltregierung. Sie hat legislative, exekutive und judikative Befugnisse, mit denen sie Entscheidungen von Nationalregierungen in so wichtigen Bereichen wie Bank-, Versicherungs-, Informations- und Kommunikationswesen, im Bereich der Medien und in Dienstleistungsbereichen wie Recht, Medizin, Tourismus, Buchhaltung, Werbung und sogar Gesundheit, Bildung und Umweltschutz aufheben kann (siehe Kapitel 20).

Inzwischen ist absehbar, dass aufgrund der neuen WTO-Regeln viele Dienstleistungsbranchen in den Entwicklungsländern innerhalb der nächsten Jahre unter die direkte Kontrolle transnationaler Dienstleistungsunternehmen geraten werden. Dies bedeutet, dass transnationale Konzerne aus dem Norden die letzten Sektoren in den Volkswirtschaften der Dritten Welt, die noch von einheimischen Unternehmen beherrscht sind, übernehmen werden. Industrieproduktion und Landwirtschaft werden in vielen Entwicklungsländern heute schon von transnationalen Konzernen des Nordens, insbesondere jedoch der USA, kontrolliert, weil sie entweder Produkte auf dem Weltmarkt einkaufen müssen oder weil die ausländischen Konzerne durch Investitionen eine beherrschende Stellung errungen haben. Unter dem neuen WTO-Regiment können die Probleme nur weiter zunehmen, mit denen die Entwicklungsländer seit Beginn der Kolonialzeit konfrontiert sind (siehe Kapitel 10, 11 und 18).

Eine alternative Vision

Obige Analysen lassen deutlich erkennen, dass eine radikale Umstrukturierung der internationalen Wirtschafts- und Finanzordnung erfolgen muss, um wirtschaftliche Macht, Vermögen und Einkommen gerechter zu verteilen und die entwickelte Welt zu einer Senkung ihres irrational hohen Konsumniveaus zu zwingen. Wenn dies geschieht, geht auch der Einsatz industrieller Technik zurück, und es gibt weniger Bedarf für die ungeheure Verschwendung von Energie und Rohstoffen durch die Produktion überflüssiger Güter, die lediglich die »effektive Nachfrage« stützen und damit den monströsen Wirtschaftsapparat der Industrieländer am Laufen halten soll. Wenn schon die Entwicklungsländer eine angemessene Technologie benötigen, dann ist es noch viel dringender, dass die ökologisch und sozial überholte Hochtechnologie der Industrieländer durch eine angemessene Technologie ersetzt wird.

Es besteht jedoch kaum Hoffnung, dass sich die Industrieländer dieser Umstrukturierung freiwillig unterziehen werden. Sie werden sie erst akzeptieren, wenn sie dazu gezwungen sind – entweder durch eine neue Einigung der Dritten Welt im gleichen Geist, wie er in den Siebziger- und frühen Achtzigerjahren die OPEC beherrschte, oder durch den wirtschaftlichen oder materiellen Zusammenbruch des Weltwirtschaftssystems.

Auch in den Entwicklungsländern sollte eine Umverteilung von Vermögen, Ressourcen und Einkommen stattfinden, damit die Bauern ihre eigenen Felder bestellen können und nicht mehr in den Lagern der Holzfäller oder auf den Gütern der transnationalen Konzerne Arbeit suchen müssen. Auf diese Weise wird sich das Schwergewicht der Produktion wieder von Luxusgütern auf elementare Güter und Dienstleistungen verlagern. Wenn den Armen mehr Ressourcen zugeteilt werden, wird sich Nachfrage nach diesen elementaren Gütern und Dienstleistungen erhöhen. Wenn ein Staat seiner Bevölkerung die Grundvoraussetzungen bietet, wenigstens in den Bereichen Nahrungsmittelherstellung, Wohnungsbau und Gesundheit für sich selbst zu sorgen, kann er seine Abhängigkeit vom Weltmarkt reduzieren.

Auf diese Weise könnte man eine stetige Verminderung der umweltschädlichen Ausbeutung von Ressourcen erreichen. Bei zunehmender Selbstversorgung, die auf einer Umverteilung der Einkommen und einem Wiederaufblühen der einheimischen Landwirtschaft und des einheimischen Gewerbes beruht, könnten sich die Entwicklungsländer auch leisten, den transnationalen Konzernen zunehmend härtere Bedingungen zu stellen. So könnten sie beispielsweise darauf bestehen, dass Unternehmen, die sich bei ihnen niederlassen, mindestens dieselben Gesundheits- und Arbeitsschutznormen einhalten, die in den Industrieländern gelten. Und sie könnten Produkte, Technologien, Industriezweige und Projekte ablehnen, die mit einer nachfrageorientierten, ökologisch nachhaltigen Entwicklung unvereinbar sind.

Bei der Entwicklungsplanung sollten grundsätzlich immer die Prinzipien ökologisch nachhaltiger Entwicklung beachtet werden: Minimierung des Verbrauchs nicht erneuerbarer Ressourcen und Entwicklung von Technologien, Verfahren und Produkten, die sicher sind, eine hohe Lebensdauer haben und echten Bedürfnissen entsprechen.

Bei der Suche nach einer neuen Wirtschafts- und Gesellschaftsordnung sollten wir erkennen, dass es die Dritte Welt sein wird, in der die neuen, ökologisch gesunden Gesellschaften geboren werden. In fast allen Entwicklungsländern gibt es bis heute noch große Gebiete, wo Gemeinschaften ihren Lebensunterhalt auf Arten verdienen, die mit der Erhaltung ihrer Kultur und ihrer natürlichen Umwelt vereinbar sind. Solche Gemeinschaften sind in der entwickelten Welt fast ganz verschwunden. Wir müssen das technologische und kulturelle Wissen wieder entdecken und anerkennen, das in den herkömmlichen Landwirtschafts-, Gewerbe-, Wohnungsbau-, Wasserversorgungs-, Hygiene- und Gesundheitsversorgungssystemen steckt.

Damit ist nicht die kritiklose Verklärung alles Traditionellen im Glauben an ein goldenes Zeitalter in der Vergangenheit gemeint. Ausbeuterische Feudalsysteme oder Sklavenhaltergesellschaften zum Beispiel machten den Menschen auch in der Vergangenheit das Leben schwer. Aber viele einheimische Technologien, Fertigkeiten und Verfahren sind in den Entwicklungsländern noch immer ein fester Bestandteil des Lebens, und sie sind für eine nachhaltige Entwicklung und ein harmonisches Verhältnis zu Umwelt und Gemeinschaft genau das Richtige. Die einheimischen Traditionen müssen die verdiente Anerkennung erfahren. Sie dürfen nicht von der Modernisierung verschlungen werden.

Zunächst einmal sollten die Regierungen und Völker der Entwicklungsländer ihre Besessenheit von modernen Technologien ablegen, die dazu führt, dass ein immer größerer Teil der verfügbaren Mittel für gigantische Staudammprojekte, Atomkraftwerke und die Schwerindustrie verbraucht wird und letztendlich nur der Produktion von Luxusgütern dient.

Wir müssen ökologisch gesunde und sozial gerechte politische Lösungen entwickeln und für sie kämpfen, um Grundbedürfnisse etwa nach Wasser, Gesundheit, Nahrung, Bildung und Information zu erfüllen. Wir brauchen die dafür geeigneten Technologien, und vor allem müssen wir bei der Produktion von Konsumgütern die richtigen Prioritäten setzen; wir dürfen nicht die angemessene Technologie für die Produktion der falschen Produkte akzeptieren. Produkte und Techniken müssen sicher sein; sie müssen menschliche Grundbedürfnisse erfüllen, und sie sollten die Umwelt nicht belasten oder zerstören. Der vielleicht schwierigste Aspekt bei alledem ist die Notwendigkeit, die Programmierung rückgängig zu machen, der die Bevölkerung in den Entwicklungsländern durch die moderne Kultur unterworfen wurde, die unsere Gesellschaften durchdringt. Nur wenn dies gelingt können Lebensstile, persönliche Vorlieben und Sozialstatus wieder vom Industriesystem und der ihm entsprechenden Kultur entkoppelt werden.

Die Entwicklung und Umsetzung einer neuen Wirtschafts- und Gesellschaftsordnung, die auf ökologisch vernünftigen Grundsätzen basiert sowie die Menschenrechte und die Erfüllung menschlicher Grundbedürfnisse garantiert, ist keine leichte Aufgabe, das wissen wir nur zu gut. Vielleicht ist es sogar eine unmögliche Aufgabe, eine Herausforderung, die in den Augen von Zynikern und in schwachen Momenten auch in den Augen wohlwollender Menschen nur mit einer Niederlage enden kann. Trotzdem handelt es sich um die größte Herausforderung in der Welt von heute, denn es geht um das Überleben der Gattung Mensch und der Erde. Wir in den Entwicklungsländern sind gerne bereit, uns dieser Herausforderung zu stellen. Wir hoffen, dass wir zusammen mit unseren Freunden in den Industrieländern stark genug werden, um die vielen Wege zu einer gerechten und nachhaltigen gesellschaftlichen und ökologischen Ordnung zu verfolgen.

Kapitel 14

Modernisierungs- und Globalisierungsdruck

Helena Norberg-Hodge

Seit 30 Jahren und auf drei Kontinenten führt die schwedische Philosophin, Lehrerin und Aktivistin Helena Norberg-Hodge einen Kampf gegen die Auswüchse der heutigen wirtschaftlichen Entwicklungsmodelle, insbesondere, was deren Auswirkungen auf traditionelle Gesellschaften und lokale Kulturen betrifft. Sie war die erste Ausländerin, die sich in dem indischen Distrikt Ladakh niederlassen durfte. Sie lernte die Landessprache, diente der Bevölkerung über 30 Jahre lang als Lehrerin und half ihr, den versteckten Gefahren und kulturell zerstörerischen Auswirkungen der Modernisierung zu widerstehen. Außerdem spielte sie in Europa eine führende Rolle bei der norwegischen Volksabstimmung gegen den Beitritt zur Europäischen Union (EU) und ist heute eine der Direktorinnen des »International Forum on Globalization Europe«. In den USA führt ihre Organisation, die »International Society for Ecology and Culture«, Aufklärungskampagnen zum Thema Globalisierung durch. Helena Norberg-Hodge ist die Autorin von *Ancient Futures: Learning from Ladakh* (1991) und Koautorin von *From the Ground Up* (1993).

Ladakh ist ein Wüstengebiet im Hochland von Tibet und liegt im äußersten Norden Indiens. Von außen betrachtet ist es ein wilder und unwirtlicher Ort. Im Sommer ist es ausgedörrt und öde; und im Winter ist der Boden dank der harten, unerbittlichen Kälte fest gefroren. Ladakhs Landschaft wurde oft als monoton beschrieben.

Fast nichts wächst wild – nicht der kleinste Strauch, kaum ein Grashalm. Selbst die Zeit scheint in der dünnen Luft stillzustehen. Und doch haben die Ladakhis in einem der höchsten, trockensten und kältesten bewohnten Gebiete der Erde nicht nur seit 2000 Jahren überlebt, sondern auch Wohlstand erworben. Sie haben der öden Wüste grüne Oasen abgerungen – Terrassenfelder mit Apfel- und Aprikosenbäumen, Gerste, Weizen und Gemüse, bewässert mit dem Schmelzwasser von Gletschern, das viele Kilometer über steingefasste Kanäle herangeführt wird. Mit fast steinzeitlichen Techniken und den knappen verfügbaren Ressourcen haben die Ladakhis eine bemerkenswert reiche Kultur geschaffen, die nicht nur ihre materiellen, sondern auch ihre psychischen und spirituellen Bedürfnisse deckt.

Bis 1962 war Ladakh oder »Kleintibet« fast völlig isoliert von den Kräften der Modernisierung. In jenem Jahr jedoch baute die indische Armee in Reaktion auf den Konflikt in Tibet eine Straße, die die Region mit den Nachbarregionen Indiens verband. Mit der Straße erreichten nicht nur neue Konsumgegenstände und die staatliche Bürokratie die Region, sondern auch ein erster und, wie ich zeigen werde, irreführender Eindruck von der Außenwelt. Im Jahr 1975 wurde das Gebiet für ausländische Touristen geöffnet, und der Prozess der »Entwicklung« setzte unübersehbar ein.

Da ich die Sprache seit meinem ersten Jahr in Ladakh fließend spreche und damals schon fast zwei Jahrzehnte engen Kontakt mit der ladakhischen Bevölkerung hatte, konnte ich fast wie ein Insider beobachten, welche Auswirkungen diese Veränderungen auf das Selbstbild der Ladakhis hatten. Es dauerte kaum mehr als ein Jahrzehnt, bis ihr ursprünglicher Stolz einer Art Minderwertigkeitskomplex Platz gemacht hatte. Im modernisierten Teil der Gesellschaft schämen sich heute die meisten jungen Ladakhis – insbesondere männliche Jugendliche unter 20 – ihrer kulturellen Wurzeln und versuchen verzweifelt, modern zu sein.

Tourismus

Die ersten Touristen, die nach Ladakh kamen, wirkten auf die Bevölkerung wie Wesen von einem anderen Planeten. Wenn ich versuchte, die moderne Welt mit den Augen der Ladakhis zu betrachten, wurde mir bewusst, dass unsere Kultur von außen gesehen viel erfolgreicher wirkt, als wir sie von innen erfahren. Viele Touristen gaben in Ladakh täglich bis zu 100 US-Dollar aus – was dort etwa so war, als hätten sie in Amerika 50 000 Dollar an einem Tag ausgegeben. In der traditionellen Subsistenzwirtschaft Ladakhs spielte Geld nur eine geringe Rolle und wurde hauptsächlich für den Kauf von Luxusgütern wie Edelsteinen, Silber und Gold verwendet. Grundbedürfnisse wie Nahrung, Kleidung, Wohnung wurden ohne den Einsatz von Geld gedeckt. Die zu diesem Zweck benötigte Arbeit kostete nichts, sondern entsprang einem raffinierten Netz von zwischenmenschlichen Beziehungen.

Die Ladakhis wussten nicht, dass Geld für die Fremden eine ganz andere Bedeutung hatte, dass sie es in ihrer Heimat zum Überleben brauchten; dass Nahrung, Kleidung, Wohnung allesamt Geld kosteten – viel Geld. Im Vergleich zu diesen Fremden kamen sich die Ladakhis plötzlich arm vor.

Dieses neue Gefühl stand in radikalem Gegensatz zu dem früheren Selbstbewusstsein der Bevölkerung. 1975 führte mich ein junger Ladakhi namens Tsewang in dem abgelegenen Dorf Hemis Shukpachan herum. Ich war erstaunt, dass alle Häuser so groß und schön waren, und bat Tsewang, mir die Häuser der Armen zu zeigen. Tsewang wirkte einen Augenblick verwirrt, dann sagte er: »Wir haben keine Armen hier.«

Acht Jahre später hörte ich Tsewang mit ein paar Touristen sprechen: »Wenn Sie uns Ladakhis nur helfen könnten«, sagte er, »wir sind so arm.«

Der Tourismus und die Bilderwelt der westlichen Medien wecken nicht nur die Illusion, dass wir Westler alle Multimillionäre wären, sondern sie schaffen auch den Mythos, dass wir nie arbeiten. Es sieht so aus, als würde unsere Technik für uns arbeiten. In Wirklichkeit verbringen wir in unserer modernen Industriegesellschaft mehr Zeit mit Arbeit als die Bevölkerung in ländlichen, landwirtschaftlich geprägten Volkswirtschaften. Doch für die Ladakhis sieht das ganz anders aus. Für sie ist Arbeit körperlich: Pflügen, Gegenstände schleppen. Wer am Steuer eines Autos sitzt oder Knöpfe auf einer Schreibmaschine drückt, verrichtet in ihren Augen keine Arbeit.

Das Bild der Medien

Die Entwicklung hat nicht nur den Tourismus gebracht, sondern auch Filme aus dem Westen und aus Indien und, in jüngerer Zeit, das Fernsehen. Sie alle zeigen überwältigende Bilder von Luxus und Macht. Sie zeigen zahllose Werkzeuge, magische Geräte und Maschinen – Maschinen, die Bilder machen, Maschinen, um die Zeit abzulesen, Maschinen, um Feuer zu machen, um sich von einem Ort zum anderen zu bewegen, um mit jemandem in weiter Ferne zu sprechen. Die Maschinen können alles; kein Wunder, dass die Touristen so sauber aussehen und so weiche, weiße Hände haben.

Die Medien konzentrieren sich auf die Reichen, die Schönen und die Mobilen, deren Leben nur aus Action und Glamour besteht. Für junge Ladakhis ist dieses Bild unwiderstehlich. Es ist eine unglaublich aufregende Version des urbanen amerikanischen Traums mit dem Schwerpunkt auf Geschwindigkeit, Jugendlichkeit, extremer Sauberkeit, Schönheit, Mode und Konkurrenzfähigkeit. In diesem Bild dominiert der »Fortschritt«: Der Mensch beherrscht die Natur, und technische Veränderungen werden vorbehaltlos gutgeheißen.

Im Kontrast zu diesen utopischen Bildern von einer anderen Kultur erscheint das Dorfleben primitiv, töricht und ineffizient. Diese eindimensionale Sicht des modernen Lebens wirkt wie ein Schlag ins Gesicht für die jungen Ladakhis. Während ihre Eltern von ihnen erwarten, dass sie sich für ein Leben entscheiden, bei dem sie für sehr wenig oder gar kein Geld auf dem Feld arbeiten und sich die Hände schmutzig machen müssen, schämen sie sich ihrer eigenen Kultur. Das traditionelle Ladakh erscheint absurd im Vergleich mit der Welt der Touristen und Filmhelden.

Dieses Muster wiederholt sich überall in den ländlichen Gebieten der südlichen Erdhalbkugel, wo Millionen junger Leute meinen, die moderne Kultur der industrialisierten Länder sei ihrer eigenen weit überlegen. Dies ist nicht verwunderlich: Da sie die moderne Welt von außen sehen, können sie nur ihre materielle Seite erkennen – und das heißt: ihre überlegene Seite. Viel schwerer sind die sozialen und psychischen Dimensionen erkennbar, der Stress, die Einsamkeit, die Angst vor dem Alter.

Auch Umweltzerstörung, Inflation oder Arbeitslosigkeit sind für sie unsichtbar. Dies hat zur Folge, dass junge Ladakhis Minderwertigkeitsgefühle entwickeln, dass sie ihre eigene Kultur pauschal verurteilen und sich zugleich radikal für die globale Monokultur begeistern. Sie sind scharf auf Sonnenbrillen, Walkmans und Bluejeans – nicht weil sie Jeans schöner oder bequemer finden, sondern weil diese das moderne Leben symbolisieren.

Bildung westlichen Stils

Niemand kann den Wert der Schulbildung bestreiten – die Erweiterung und Vertiefung des Wissens. Heute jedoch ist Bildung in den Entwicklungsländern etwas ganz anderes geworden. Sie isoliert Kinder von ihrer Kultur und von der Natur und macht sie zu Fachidioten in einem verwestlichten städtischen Umfeld. Dieser Vorgang ist in Ladakh besonders auffallend, wo die moderne Schulbildung fast wie eine Augenbinde funktioniert, weil sie die Kinder für den Kontext blind macht, in dem sie leben. Wenn sie die Schule verlassen, sind sie nicht mehr in der Lage, sich ihrer eigenen Ressourcen zu bedienen, sie können nicht mehr in ihrer eigenen Welt funktionieren.

Mit Ausnahme der religiösen Erziehung in den Klöstern kannte die traditionelle Kultur Ladakhs keinen separaten Bildungsprozess. Bildung war das Produkt der engen Beziehung des Individuums zur Gemeinschaft und zum Ökosystem. Kinder lernten von ihren Großeltern, ihren Eltern und Verwandten, von ihren Freunden und aus ihrer natürlichen Umgebung.

Wenn sie beim Säen halfen, lernten sie beispielsweise, dass es auf der einen Seite des Dorfes ein bisschen wärmer war als auf der anderen. Aus eigener Erfahrung lernten sie die verschiedenen Sorten von Gerste zu unterscheiden und welcher spezifische Anbau für jede Sorte am besten war. Sie lernten, selbst kleinste Wildpflanzen zu erkennen und zu verwerten und ein bestimmtes Tier auf einer fernen Bergflanke zu erspähen. Sie lernten etwas über Bindungen, Prozesse und Veränderungen, über das fein gewebte Netz sich wandelnder Beziehungen in ihrer natürlichen Umgebung.

Generation um Generation lernten die heranwachsenden La-dakhis, wie man sich mit Kleidung und Wohnung versorgt. Wie man Schuhe aus Yakleder und Gewänder aus Schafwolle her-stellt; wie man aus Lehm und Steinen Häuser baut. Bildung war ortsspezifisch und förderte eine unmittelbare Beziehung zu al-lem Lebendigen. Sie vermittelte den Kindern ein intuitives Wis-sen, durch das sie als Erwachsene Ressourcen effektiv und nachhaltig nutzen konnten.

Keine dieser Fähigkeiten wird in den modernen Schulen ver-mittelt. Die Kinder werden dazu ausgebildet, Spezialisten in ei-ner technologischen statt in einer ökologischen Gesellschaft zu werden. Die Schule ist ein Ort, wo man die traditionellen Fer-tigkeiten vergisst und, schlimmer noch, wo man sie verachten lernt.

Westliche Bildung kam erstmals in den Siebzigerjahren in die Dörfer der Ladakhis. Heute gibt es 200 Schulen in der Region. Ihre Lehrpläne sind eine schlechte Imitation der Lehrpläne in anderen Teilen Indiens, die wiederum eine schlechte Imitation der britischen Lehrpläne sind. Jedenfalls haben sie fast nichts Ladakhisches an sich. Als ich einmal ein Klassenzimmer in der Distrikthauptstadt Leh besuchte, sah ich in einem Lehrbuch die Zeichnung eines Kinderschlafzimmers, das sich in London oder New York hätte befinden können. Man sah einen Stapel sauber gefalteter Taschentücher auf einem Bett mit vier Pfosten und erfuhr, in welche Schublade des Toilettentischs die Tücher ge-hörten. Viele andere Schulbücher waren ähnlich absurd und unpassend. In einer Klasse sollten die Schüler als Hausaufgabe den Neigungswinkel des schiefen Turms von Pisa berechnen. Andere mussten sich mit einer englischen Übersetzung der *Ilias* herumschlagen.

Die meisten Fertigkeiten, die die ladakhischen Kinder in der Schule lernen, werden sie nie wirklich brauchen können. Im Kern erhalten sie eine minderwertige Spielart der Ausbildung, die für einen New Yorker, Pariser oder Berliner angemessen wäre. Sie lernen aus Büchern, deren Autoren nie einen Fuß nach Ladakh gesetzt haben, die keine Ahnung haben, wie man 4000 Meter über dem Meeresspiegel Gerste anpflanzt oder aus sonnengetrockneten Ziegeln Häuser baut.

Diese Situation ist nicht auf Ladakh beschränkt. Der Prozess, den man Bildung nennt, basiert heute überall auf der Welt auf denselben Annahmen und demselben eurozentrischen Modell. Der Schwerpunkt liegt auf weit entfernten Fakten und Zahlen, auf »universalem« Wissen. Die Lehrbücher enthalten Informationen, von denen man meint, dass sie für den ganzen Planeten geeignet seien. Da jedoch nur solches Wissen universal anwendbar ist, das kaum Bezug zu spezifischen Ökosystemen und Kulturen hat, ist der Lernstoff der Kinder im Wesentlichen künstlich – ohne lebendigen Kontext. Wenn sie sich entsprechend weiterbilden, lernen sie vielleicht, Häuser zu bauen, aber diese »Häuser« sind die universalen Kästen aus Beton und Stahl. Wenn sie Landwirtschaft studieren, lernen sie industriellen Ackerbau – mit Kunstdünger und Schädlingsbekämpfungsmitteln, großen Maschinen und hybridem Saatgut. Das westliche Bildungssystem macht uns alle ärmer, indem es die Menschen rund um den Erdball lehrt, dieselben globalen Ressourcen zu nutzen, und jene ignoriert, die das natürliche Umfeld bietet. Auf dieses Weise schafft das westliche Bildungssystem künstlich Knappheit und Konkurrenz.

In Ladakh und anderswo ignoriert die moderne Ausbildung nicht nur die lokalen Ressourcen, sondern sie nimmt auch den Kindern ihre Selbstachtung. Alles in der Schule wirbt für das westliche Modell mit der direkten Folge, dass die Kinder sich und ihre Traditionen für minderwertig halten.

Bildung westlichen Stils holt die Leute weg von der Landwirtschaft und hinein in die Stadt, wo sie von der Geldwirtschaft abhängig werden. Im alten Ladakh gab es keine Arbeitslosigkeit. Doch im modernen Bereich der Gesellschaft herrscht nun harte Konkurrenz um eine sehr begrenzte Anzahl bezahlter Stellen, vor allem um Verwaltungsposten. Deshalb ist Arbeitslosigkeit jetzt schon ein großes Problem.

Die moderne Bildung hat auch einige offensichtliche Vorteile gebracht, wie etwa die Verminderung des Analphabetentums. Sie hat die Ladakhis auch in die Lage versetzt, sich besser über die Kräfte zu informieren, die in der übrigen Welt eine Rolle spielen. Doch indem sie das tat, hat sie die Einwohner Ladakhs untereinander gespalten und von ihrem Land getrennt und sie auf der niedrigsten Rangstufe der globalen Wirtschaft angesiedelt.

Lokale versus globale Wirtschaft

Als ich zum ersten Mal nach Ladakh kam, hatte die westliche Makroökonomie das Gebiet noch nicht erreicht, und die lokale Wirtschaft war noch auf dem eigenen Boden verwurzelt. Hersteller und Verbraucher waren in einer auf Gemeinschaft beruhenden Wirtschaftsweise eng miteinander verbunden. Zwei Jahrzehnte Entwicklung haben in Ladakh jedoch eine Reihe fundamentaler Veränderungen herbeigeführt. Die wichtigste ist vielleicht die neue Abhängigkeit von Nahrungsmitteln und Energie, deren Quellen Tausende von Kilometern entfernt sind.

Der Weg zur Globalisierung hängt von kontinuierlichen Investitionen des Staates ab. Globalisierung erfordert den Aufbau einer industriellen Infrastruktur großen Maßstabs; sie erfordert Straßen, Einrichtungen zur Massenkommunikation, Kraftwerke und Schulen zur Ausbildung von Fachleuten. Unter anderem können dank dieser stark subventionierten Infrastruktur Waren in großen Mengen zentral produziert, über weite Strecken transportiert und zu künstlich niedrig gehaltenen Preisen verkauft werden. Diese Preise sind manchmal niedriger als die Preise der lokal hergestellten Waren. In Ladakh bezahlt der indische Staat nicht nur für Straßen, Schulen und Kraftwerke, sondern versorgt das Gebiet auch mit subventionierten Nahrungsmitteln aus der indischen Kornkammer, dem Punjab. Die lokale Volkswirtschaft in Ladakh – die seit 2000 Jahren genügend Nahrung für die Bevölkerung liefert – wird jetzt mit den Produkten industriell bewirtschafteter Farmen überschwemmt, die sich auf der anderen Seite des Himalaja befinden. Die Lebensmittel kommen tonnenweise in Lastwagen an und sind im lokalen Bazar billiger als die Nahrung, die ein paar hundert Meter entfernt angebaut wird. Für viele Ladakhis lohnt es sich deshalb nicht mehr, Landwirtschaft zu betreiben.

Nicht nur Nahrungsmittel, sondern eine Vielzahl von Produkten werden in Ladakh eingeführt, etwa Kleidung, Haushaltswaren oder Baumaterial. Auch diese Importe stammen aus fernen Regionen Indiens und können oft zu niedrigeren Preisen hergestellt und vertrieben werden als lokal produzierte Güter – auch dies aufgrund der stark subventionierten industriellen Infrastruktur. Das Ergebnis dieser Langstreckentransporte subventionierter Güter besteht darin, dass die lokale Wirtschaft in Ladakh langsam, aber sicher zerstört wird und mit ihr die lokale Gemeinschaft, die einst durch gegenseitige Abhängigkeit zusammengehalten wurde.

Orthodoxe Wirtschaftswissenschaftler würden diese negativen Folgen natürlich nicht ernst nehmen, da sie nicht so leicht quantifizierbar sind wie die Geldgeschäfte, die das Ziel der wirtschaftlichen Entwicklung sind. Sie würden außerdem sagen, dass Regionen wie der Punjab in der Nahrungsmittelherstellung einen »komparativen Vorteil« gegenüber Ladakh hätten und es deshalb sinnvoll sei, wenn der Punjab sich auf Nahrungsmittelproduktion spezialisiere und Ladakh sich auf irgendein anderes Produkt festlege. Dann könnten beide Gebiete miteinander Handel treiben. Wenn jedoch die in großer Entfernung hergestellten Güter stark subventioniert sind, kann von einem echten komparativen Vorteil keine Rede sein oder, was das betrifft, von »freien Märkten«, von »offenem Wettbewerb bei der Preisgestaltung« oder von irgendeinem der anderen Grundsätze, mit denen Planer und Wirtschaftswissenschaftler die von ihnen befürworteten Veränderungen rationalisieren. Tatsächlich sollte man stattdessen über den unfairen Wettbewerbsvorteil reden, den die industriellen Produzenten dank einer stark subventionierten Infrastruktur besitzen, die auf zentralisierte Massenproduktion getrimmt ist.

In der Vergangenheit hatten einzelne Ladakhis wirkliche Macht, denn die politischen und wirtschaftlichen Einheiten waren klein, und jedermann konnte direkt mit den anderen Mitgliedern der Gemeinschaft verhandeln. Heute werden die Menschen durch »Entwicklung« in immer größere politische und wirtschaftliche Einheiten gepresst. Politisch ausgedrückt: Jeder Ladakhi ist nur noch Mitglied in einer Volkswirtschaft mit 800 Millionen und einer Weltwirtschaft mit etwa 6 Milliarden Mitgliedern.

Bei der traditionellen Wirtschaftsweise wusste jeder, dass er direkt von Verwandten, Freunden und Nachbarn abhängig war. Im neuen Wirtschaftssystem jedoch nehmen politische und wirtschaftliche Interaktionen den Umweg über eine anonyme Bürokratie. Das Gewebe der lokalen Interdependenz löst sich auf, und die Distanz zwischen den Menschen nimmt zu. Dasselbe gilt auch für das traditionell hohe Niveau von Toleranz und Zusammenarbeit. Besonders stark sind die Auflösungserscheinungen bei den Dörfern in der Nähe von Leh. Dort haben Zank und Streit in eng verflochtenen Gemeinschaften und sogar in Familien in den letzten Jahren dramatisch zugenommen. Ich habe sogar hitzige Diskussionen über die Zuteilung von Wasser aus dem Bewässerungssystem erlebt, die früher in einem kooperativen Rahmen reibungslos bewerkstelligt wurde.

Gegenseitige Hilfe wird durch Abhängigkeit von fernen Kräften ersetzt, und die Leute bekommen das Gefühl, nicht mehr über ihr eigenes Leben entscheiden zu können. Auf allen Ebenen verbreitet sich Passivität, ja Apathie; man übernimmt keine persönliche Verantwortung mehr. Im traditionellen Dorf war zum Beispiel die Reparatur von Bewässerungskanälen eine Aufgabe, die von der ganzen Gemeinschaft wahrgenommen wurde. Sobald ein Kanal undicht wurde, begann man in Gruppen zu schaufeln, bis er wieder dicht war. Inzwischen wird diese Arbeit als Aufgabe der Regierung betrachtet, und der Kanal bleibt leck, bis andere ihn reparieren. Je mehr der Staat für die Dorfbewohner tut, umso weniger sind diese noch geneigt, sich selbst zu helfen.

Im Zuge dieser Entwicklung wandelt sich das Bild, das die Ladakhis von ihrer eigenen Vergangenheit haben. In meiner Anfangszeit in Ladakh erklärten mir die Leute, dass es nie Hunger gegeben habe. Immer wieder hörte ich den Ausdruck *tungbos zabos,* »genug zu trinken und genug zu essen«. Heute hört man, besonders im modernen Bereich der Gesellschaft, die Leute sagen: »Entwicklung ist wichtig; früher kamen wir nicht zurecht, wir hatten nicht genug.«

Auch die kulturelle Zentralisierung durch die Medien trägt zu der erwähnten Passivität mit bei und erzeugt wachsende Unsicherheit. Ursprünglich gehörte zum Dorfleben viel Tanz, Gesang und Theater. Menschen jeden Alters nahmen daran teil. Wenn eine Gruppe ums Feuer saß, tanzten sogar die Einjährigen mit Hilfe älterer Geschwister, die sie auf den Beinen hielten. Alle konnten singen, schauspielern und musizieren. Nun, da das Radio nach Ladakh gekommen ist, brauchen sie nicht mehr zu singen oder ihre eigenen Geschichten zu erzählen. Sie können einfach dasitzen und dem *besten* Sänger, dem *besten* Geschichtenerzähler zuhören. Dies hat zur Folge, dass sie gehemmt und unsicher werden. Sie vergleichen sich nicht mehr mit ihren Nachbarn und Freunden, die reale Menschen sind – manche können vielleicht besser singen, andere besser tanzen –, sondern mit den Stars im Radio, und denen fühlen sie sich immer unterlegen. Die Bindungen einer Gemeinschaft zerbrechen, wenn man nur noch passiv den Allerbesten lauscht, anstatt zusammen Musik zu machen und zu tanzen.

Künstliche Bedürfnisse

Bevor sich ihre Welt durch Tourismus und Modernisierung veränderte, waren die Ladakhis psychisch und materiell unabhängig. Sie hatten keine Sehnsucht nach der Art von Entwicklung, die später als Notwendigkeit angesehen wurde. Immer wieder fragte ich damals die Leute nach den Veränderungen, die auf sie zukamen, und sie zeigten kein großes Interesse daran, modernisiert zu werden. Manchmal begegneten sie der Entwicklung sogar mit Misstrauen. Wenn in abgelegenen Gebieten eine Straße gebaut werden sollte, standen die dort Ansässigen dem Projekt bestenfalls zwiespältig gegenüber. Dasselbe galt auch für die Elektrifizierung. Ich weiß noch genau, wie die Leute von Stagmo über den Wirbel lachten, der gemacht wurde, als ihre Nachbardörfer elektrisches Licht bekamen. Sie fanden es einen Witz, so viel Geld und Anstrengung für etwas aufzuwenden, das ihnen als ein lächerlicher Gewinn erschien. »Lohnt sich diese ganze Mühe wirklich, nur damit man dieses Ding von der Decke baumeln hat?«, sagten sie.

Als ich jedoch in jüngerer Zeit dasselbe Dorf besuchte und mit dem Dorfrat sprach, sagte man als Erstes zu mir: »Warum machen Sie sich die Mühe, in unser rückständiges Dorf zu kommen, wo wir im Dunkeln leben?« Sie sagten es in scherzhaftem Ton, aber es war offensichtlich, dass sie sich schämten, keine Elektrizität zu besitzen.

Bevor die Selbstachtung und das Selbstwertgefühl der Ladakhis erschüttert waren, brauchten sie keine Elektrizität, um zu beweisen, wie zivilisiert sie waren. Innerhalb kurzer Zeit jedoch wurde ihre Selbstachtung durch die Entwicklung so untergraben, dass inzwischen nicht mehr nur Elektrizität, sondern auch Reis aus dem Punjab und Plastik Bedürfnisse geworden sind. Ich habe Leute mit Stolz Armbanduhren tragen sehen, die sie nicht lesen konnten und für die sie auch sonst keine Verwendung hatten. Und das Bedürfnis, modern zu sein, geht mit zunehmender Ablehnung der eigenen Kultur einher. Selbst auf die traditionellen Speisen ist man nicht mehr stolz. Wenn ich heute in einem Dorf zu Gast bin, entschuldigen sich die Leute, dass sie die traditionelle geröstete Gerste *ngamphe* servieren und keine Instantnudeln.

Es mag überraschen, aber die Modernisierung in Ladakh führt auch zu einem Verlust an Individualität. Wenn die Leute ihr Leben in Frage stellen und unsicher werden, geraten sie unter einen Konformitätsdruck, der sie zwingt, ihre eigenen Ideale aufzugeben – zugunsten des amerikanischen Traums. Im traditionellen Dorf dagegen, wo für den oberflächlichen Betrachter alle dieselbe Kleidung tragen und gleich aussehen, gibt es anscheinend mehr Freiheit, sich zu entspannen, und die Dörfler können sein, wie sie sind. Als Teil einer eng verbundenen Gemeinschaft fühlt sich der Mensch sicher genug, er selbst zu sein.

Ein gespaltenes Volk

Die tragischste aller Veränderungen, die ich in Ladakh beobachtet habe, ist vielleicht der Teufelskreis, durch den die individuelle Verunsicherung zu einer Schwächung der Bindungen an Familie und Gemeinschaft führt, was wiederum die Selbstachtung des Einzelnen schwächt. Bei dem gesamten Prozess spielen Konsumzwänge eine zentrale Rolle, da Verunsicherung einen Hunger nach Statussymbolen auslöst. Das Bedürfnis nach Anerkennung und Akzeptanz bildet den Antrieb für den Erwerb von Besitztümern, mit denen man angeblich etwas darstellt. Dieser Antrieb ist letztlich viel wichtiger als die Faszination, die die Dinge selbst ausüben.

Es bricht einem das Herz, wenn man mit ansehen muss, wie Menschen Dinge kaufen, um bewundert, respektiert und letztlich geliebt zu werden, tatsächlich jedoch fast immer das

Gegenteil damit erreichen. Der Mensch mit dem chromglänzenden neuen Auto setzt sich von den anderen ab, und dies steigert sein Bedürfnis nach Anerkennung noch. Ein Teufelskreis wird in Bewegung gesetzt, bei dem die Leute von sich selbst und von den anderen immer mehr abgespalten werden.

Ich habe erlebt, wie Menschen auf vielerlei Arten voneinander getrennt wurden. Eine Kluft tut sich auf zwischen Jung und Alt, Mann und Frau, Reich und Arm, Buddhisten und Moslems. Die neu geschaffene Kluft zwischen den modernen, gebildeten Experten und den analphabetischen »rückständigen« Bauern ist vielleicht die größte von allen. Modernisierte Einwohner von Leh haben mehr gemeinsam mit den Einwohnern von Delhi oder Kalkutta als mit ihren eigenen Verwandten, die auf dem Land geblieben sind. Und sie haben die Tendenz, alle zu verachten, die weniger modern sind. Einige Kinder, die im modernen Bereich der Gesellschaft leben, sind ihren Eltern und Großeltern inzwischen so fern, dass sie nicht einmal mehr die gleiche Sprache sprechen. Sie wurden in Urdu und Englisch ausgebildet und haben ihre Muttersprache verlernt.

Eine weitere Folge dieser Art von Entwicklung ist, dass rund um den Erdball Männer ihre Familien auf dem Land verlassen, um in der modernen Wirtschaft Geld zu verdienen. Die Männer werden Teil des auf Technologie basierenden Lebens außerhalb ihrer Heimat und gelten als die einzig produktiven Mitglieder der Gesellschaft. In Ladakh werden die Rollen von Männern und Frauen zunehmend polarisiert, da ihre Arbeit immer unterschiedlicher wird.

Die Frauen werden zu unsichtbaren Schatten. Sie bekommen kein Geld für ihre Arbeit, also gelten sie nicht mehr als »produktiv«. Ihre Arbeit schlägt im Bruttosozialprodukt nicht zu Buche. In den staatlichen Statistiken sind etwa zehn Prozent der Ladakhis, die im modernen Sektor der Gesellschaft arbeiten, nach Berufen geordnet aufgelistet. Die anderen 90 Prozent – Hausfrauen und traditionelle Bauern – sind als Nicht-Arbeiter auf einen Haufen geworfen. Bauern und Frauen werden mehr und mehr als minderwertig betrachtet, und sie entwickeln auch selbst Gefühle der Unsicherheit und Unzulänglichkeit.

Im Laufe der Jahre habe ich erlebt, wie die starken, extrovertierten Frauen von Ladakh einer neuen Generation von Frauen wichen – Frauen, die keine Selbstsicherheit mehr haben und extrem um ihre äußere Erscheinung bemüht sind. Auch traditionell war es wichtig, wie eine Frau aussah, aber ihren Fähigkeiten – und auch ihrer Toleranz und ihren sozialen Talenten – wurde viel mehr Wert beigemessen.

Trotz ihrer neuen dominanten Rolle leiden auch die Männer eindeutig unter dem Zusammenbruch der familiären und gemeinschaftlichen Bindungen. Unter anderem verlieren sie den Kontakt zu ihren Kindern. Wenn sie jung sind, hindert sie ihr neues Macho-Image, irgendwelche Gefühle zu zeigen, und in ihrem späteren Leben als Väter hält die Arbeit sie von zu Hause fern.

Der Bruch zwischen Jung und Alt

In der traditionellen Kultur profitierten die Kinder nicht nur vom ständigen Kontakt mit Mutter und Vater, sondern auch von einer Lebensweise, in der die verschiedenen Altersgruppen andauernd miteinander zu tun hatten. Es war ganz natürlich für ältere Kinder, sich für die jüngeren verantwortlich zu fühlen. Ein jüngeres Kind wiederum betrachtete die älteren mit Respekt und Bewunderung und versuchte so zu sein wie sie. Aufwachsen war ein natürlicher, kein konkurrenzbestimmter Lernprozess.

Heute werden die Kinder in der Schule in verschiedene Altersgruppen aufgeteilt. Diese Art von Gruppenbildung hat höchst negative Auswirkungen. Durch künstliche soziale Einheiten, in denen alle das gleiche Alter haben, werden die Möglichkeiten der Kinder, voneinander zu lernen, stark reduziert. Stattdessen werden automatisch die Bedingungen für Konkurrenz geschaffen, weil jedes Kind unter Druck kommt, genauso gut zu sein wie die anderen. In einer Gruppe von zehn Kindern unterschiedlichen Alters gibt es selbstverständlich viel mehr Kooperation als in einer Gruppe von lauter Zwölfjährigen.

Die Aufspaltung in verschiedene Altersgruppen ist nicht auf die Schule beschränkt. Heute gibt es die Tendenz, möglichst viel Zeit mit Gleichaltrigen zu verbringen. Daraus ist gegenseitige Intoleranz zwischen Jung und Alt entstanden. Kleine Kinder haben immer weniger Kontakt mit ihren Großeltern, die oft im Dorf zurückbleiben. Ich habe im Lauf der Jahre bei vielen traditionellen Familien gelebt und konnte beobachten, wie stark die Bindung zwischen den Kindern und ihren Großeltern war. Es handelt sich offensichtlich um eine natürliche Beziehung, die eine ganz andere Dimension hat als die zwischen Kindern und Eltern. Diese Bindung zu brechen ist eine echte Tragödie.

Ähnliche Zwänge tragen auch zum Zusammenbruch der traditionellen Familie bei. Das westliche Modell der Kernfamilie gilt inzwischen als Norm, und die Ladakhis beginnen sich ihrer traditionellen Praxis der Vielmännerei zu schämen, die sich bremsend auf das Bevölkerungswachstum auswirkte. Dass die jungen Leute die alte Familienstruktur zugunsten strenger Monogamie verwerfen, führt zu einem beträchtlichen Bevölkerungswachstum. Zudem verliert auch das Klosterleben an gesellschaftlichem Ansehen, und die Anzahl zölibatär lebender Mönche und Nonnen geht zurück, was ebenfalls das Bevölkerungswachstum verstärkt.

Gewalt

Interessanterweise hat eine Anzahl von Ladakhis den Anstieg der Geburtenraten mit der Ankunft der modernen Demokratie in Verbindung gebracht. »Macht ist eine Frage der Stimmen«, lautet ein geläufiger Slogan. Damit meint man, dass im modernen Sektor der Gesellschaft der Zugang zur Macht von der Größe der eigenen Gruppe abhängig ist. Die Konkurrenz um Arbeitsplätze und politischen Einfluss innerhalb der neuen zentralisierten Strukturen bringt die Ladakhis immer mehr auseinander. Ethnische und politische Unterschiede haben eine politische Dimension angenommen, die in einem bisher unbekannten Ausmaß Erbitterung und Neid verursacht.

Diese neue Form von Konkurrenz ist einer der schmerzlichsten trennenden Faktoren, die ich in Ladakh beobachtet habe. Paradoxerweise nahm er parallel zum Niedergang der traditionellen Frömmigkeit zu. Als ich erstmals nach Ladakh kam, war ich verblüfft über den gegenseitigen Respekt und die Zusammenarbeit zwischen Buddhisten und Moslems. In den letzten paar Jahren jedoch hat die wachsende Konkurrenz tatsächlich zu Gewaltausbrüchen geführt. Es hatte immer wieder Reibereien zwischen Einzelpersonen gegeben, aber dass es Spannungen zwischen Gruppen gab, fiel mir erst 1986 auf. Damals hörte ich das erste Mal, wie ladakhische Freunde Menschen danach beurteilten, ob sie Moslems oder Buddhisten waren. In den folgenden Jahren gab es hier und da Anzeichen, dass nicht alles zum Besten stand, aber niemand war darauf gefasst, als im Sommer 1989 plötzlich Kämpfe zwischen den beiden Religionsgruppen ausbrachen. Es gab schlimme Unruhen im Bazar von Leh; die Polizei erschoss vier Menschen, und über einen Großteil von Ladakh wurde eine Ausgangssperre verhängt.

Seitdem ist die offene Konfrontation wieder verebbt, aber Misstrauen und Vorurteile auf beiden Seiten stören weiterhin die Beziehungen. Für ein Volk, dem Gewalt und Zwietracht fremd sind, waren die Auseinandersetzungen eine traumatische Erfahrung. Eine moslemische Frau hätte für alle Ladakhis sprechen können, als sie unter Tränen zu mir sagte:»Diese Ereignisse haben meine Familie auseinander gerissen. Einige sind Buddhisten, einige Moslems, und jetzt sprechen sie nicht einmal mehr miteinander.«

Der unmittelbare Anlass der Unruhen hatte darin bestanden, dass sich die Buddhisten von der moslemisch dominierten Staatsregierung mehr und mehr benachteiligt fühlten. Umgekehrt bekamen die Moslems das Gefühl, ihre Rechte als Minderheit verteidigen zu müssen, als die buddhistische Mehrheit sich politisch durchzusetzen versuchte.

Die eigentlichen Gründe für den Gewaltausbruch sind jedoch viel schwer wiegender. Die Geschehnisse in Ladakh sind keine isolierte Erscheinung. Die Spannungen zwischen den Moslems in Kaschmir und der von Hindus dominierten Zentralregierung in Delhi, zwischen den Hindus in Bhutan und ihrer buddhistischen Regierung und zwischen den Buddhisten in Nepal und ihrer hinduistischen Regierung sowie zahllose ähnliche Spannungen rund um den Erdball hängen meiner Ansicht nach alle mit derselben tiefer liegenden Ursache zusammen. Die stark zentralisierende Kraft des gegenwärtigen globalen Entwicklungsmodells treibt verschiedene Völker aus ländlichen Gebieten in große urbane Zentren und konzentriert Macht und Entscheidungsfindung auf einige wenige. In diesen Zentren sind Arbeitsplätze knapp, die Bindungen der alten Gemeinschaft sind zerbrochen, und die Konkurrenz nimmt dramatisch zu. Insbesondere junge Männer, die für Stellen im modernen Sektor der Gesellschaft ausgebildet wurden, sehen sich in einen mörderischen Konkurrenzkampf verstrickt. In dieser Lage werden alle religiösen oder ethnischen Differenzen automatisch übertrieben und verzerrt wahrgenommen. Außerdem tendiert die an der Macht befindliche Gruppe unvermeidlich dazu, die eigenen Leute zu bevorzugen, während die anderen oft benachteiligt werden.

Die meisten Leute halten ethnische Konflikte für eine unvermeidliche Konsequenz, wenn Menschen mit unterschiedlichen kulturellen oder religiösen Traditionen zusammenleben. In den Ländern des Südens wird durchaus wahrgenommen, dass sich die Spannungen durch die Modernisierung verschärfen. Doch die Verschärfung wird in der Regel nur als eine befristete Phase auf dem Weg zum »Fortschritt« betrachtet – eine Phase, die erst dann endet, wenn die kulturellen Unterschiede durch Entwicklung ausradiert sind und eine völlig säkulare Gesellschaft entstanden ist. In den industrialisierten Ländern dagegen führt man offene religiöse und ethnische Auseinandersetzungen auf den befreienden Einfluss der Demokratie zurück. Die Konflikte, lautet die Annahme, hätten schon immer unter der Oberfläche geschwelt, und nur die Unterdrückung durch den Staat habe einen offenen Ausbruch der Flammen verhindert.

Es ist leicht zu verstehen, warum lieber die Tradition als die Moderne für die Konflikte verantwortlich gemacht wird. Selbstverständlich sind ethnische Spannungen ein Phänomen, das schon vor Kolonialismus, Modernisierung und Globalisierung existierte. Doch nach fast zwei Jahrzehnten persönlicher Erfahrungen auf dem indischen Subkontinent bin ich überzeugt, dass »Entwicklung« nicht nur Spannungen verschärft, sondern selbst welche schafft. Wie bereits erwähnt, führt Entwicklung künstliche Knappheit herbei, was zwingend die Konkurrenz verschärft. Und, ebenso wichtig, die Leute geraten unter Druck, einem westlichen Ideal zu entsprechen – blond, blauäugig, »schön« und »reich« –, das für sie absolut nicht zu erreichen ist.

Das Streben nach einem solchen Ideal bedeutet, die eigene Kultur und die eigenen Wurzeln zu verwerfen – ja, die eigene Identität zu verleugnen. Die unvermeidlichen Folgen sind Entfremdung, Groll und Wut. Ich bin überzeugt davon, dass ein Großteil der Gewalt und des Fundamentalismus in der heutigen Welt ein Produkt dieses Prozesses ist. In der industrialisierten Welt wird uns der Einfluss der verführerischen Bilder aus Medien und Werbung auf die Selbstachtung des Einzelnen immer bewusster, sie verursachen Probleme, die von Essstörungen wie Magersucht und Bulimie bis zu gewaltsamen Auseinandersetzungen um teure und »prestigeträchtige« Turnschuhe oder andere Kleidungsstücke reichen. Im Süden, wo die Kluft zwischen Realität und westlichem Ideal viel größer ist, sind die psychologischen Auswirkungen noch viel schwer wiegender.

Der Vergleich zwischen Alt und Neu

Es gab viele echte Probleme in der traditionellen Gesellschaft, und Entwicklung bringt einige reale Verbesserungen. Wenn man jedoch die eigentlich wichtigen Beziehungen betrachtet – zum Land, zu anderen Menschen und zum eigenen Selbst –, dann erscheint Entwicklung in einem anderen Licht. Aus dieser Sicht sind die Unterschiede zwischen Alt und Neu krass und beängstigend. Es wird deutlich, dass die traditionelle, auf der Natur beruhende Gesellschaft mit all ihren Mängeln und Begrenzungen sozial wie ökologisch nachhaltiger war. Sie war das Ergebnis eines Dialogs zwischen den Menschen und ihrer Umgebung, einer kontinuierlichen Ko-Evolution und eines 2000-jährigen steten Wandels nach dem Prinzip von Versuch und Irrtum. Die traditionelle buddhistische Weltsicht der Ladakhis betonte den Wandel, aber dieser Wandel vollzog sich in einem Rahmen, der von Mitgefühl und von einem tiefen Verständnis für den Zusammenhang zwischen allen Wesen und Dingen geprägt war.

Die alte Kultur entsprach fundamentalen menschlichen Bedürfnissen und respektierte natürliche Grenzen. Und sie funktionierte. Sie funktionierte für die Natur, und sie funktionierte für die Menschen. Die verschiedenen verbindenden Beziehungen im traditionellen System verstärkten sich gegenseitig und förderten Harmonie und Stabilität. Vor allem jedoch gibt es für mich, seit ich mitansehen musste, wie drastisch sich meine Freunde veränderten, keine Zweifel mehr, dass die Bindungen und Verantwortlichkeiten der traditionellen Gesellschaft keineswegs eine Last waren, sondern dass sie ein starkes Gefühl der Sicherheit vermittelten, das eine Voraussetzung für inneren Frieden und Zufriedenheit zu sein scheint. Ich bin fest davon überzeugt, dass Ladakhis in der Zeit vor Entwicklung und Globalisierung wesentlich glücklicher waren als heute. Sie waren versorgt, und die Umwelt wurde gut erhalten – welche Kriterien zur Beurteilung einer Gesellschaft könnten wichtiger sein?

Dagegen schneidet das neue Ladakh ziemlich schlecht ab, wenn es nach diesen Kriterien beurteilt wird. Die moderne Kultur bringt Umweltprobleme hervor, die zu einem irreversiblen Niedergang führen werden, wenn man sie weiter unbeachtet lässt; und sie produziert soziale Probleme, die unvermeidlich zu einem Zusammenbruch der Gemeinschaft und einer Erschütterung der persönlichen Identitäten führen.

Kapitel 15

Die globale Homogenisierung der Kultur

Richard Barnet und John Cavanagh

Biografische Details über Richard Barnet und John Cavanagh siehe Kapitel 4, »Elektronisches Geld und die Kasinoökonomie«.

Satelliten, Kabel, Walkmans, Videorecorder, CDs und andere Wunderwerke der Unterhaltungselektronik sind die Arterien, durch die die modernen Unterhaltungskonzerne die Weltkultur homogenisieren. Mit dem Fall der Berliner Mauer und der Übernahme der Ideologie der freien Marktwirtschaft in den früheren kommunistischen Ländern wird buchstäblich der ganze Planet an die Musik, die Filme, die Nachrichten und andere Kulturprodukte angeschlossen, die vorwiegend in den Film- und Aufnahmestudios der USA entstehen. Der Einfluss dieser Homogenisierung auf die reiche kulturelle Vielfalt von lokalen Gemeinschaften rund um den Erdball ist immens und nimmt allmählich scharfe Konturen an.

Im Gegensatz zu amerikanischen Autos, Fernsehern und Maschinen sind amerikanische Kulturprodukte überall in der Welt erfolgreich. Wiederholungen von *Dallas* und der *Bill Cosby Show* flimmern auf allen Kontinenten über die Fernsehschirme. Das 1990 produzierte Filmmärchen *Pretty Woman* wurde Wochen nach seinem Start in Israel und Schweden zum größten Kassenschlager aller Zeiten. Disneyland ist inzwischen ein Weltreich; seine japanische Inkarnation am Stadtrand von Tokio zieht 300 000 Besucher in der Woche an, und Euro Disneyland, ein Freizeitpark bei Paris, der ein Fünftel der Fläche beansprucht, die die Stadt selbst hat, sollte nach den Plänen der

Betreiber mehr Touristen anziehen als der Eiffelturm, die Sixtinische Kapelle, das Britische Museum und die Schweizer Alpen zusammen.

Nach dem Fall der Berliner Mauer Ende 1989 strömten ostdeutsche Familien in Scharen nach Westberlin, um die Früchte des Kapitalismus zu schmecken; was sie am meisten interessierte, waren Bananen und Schallplatten mit Popmusik. In Rio schmücken Schulkinder ihre Schulbücher mit Bildern von Michael Jackson. In Kaschmir summen Teenager Beatles-Songs. Auf der ganzen Welt hört man Popmusik und sieht sich spannende Videos an, die das Gefühl der Verbundenheit mit einer größeren Welt vermitteln. Die meisten Konsumenten dieser globalen Kulturprodukte sind jung.

Während Regierungen, Familien und Stammesstrukturen durch die radikalen gesellschaftlichen Veränderungen um die Jahrtausendwende in die Krise gestürzt werden, entwickeln sich Popstars zu globalen Autoritätsfiguren. Dank Mikrofon und Kamera können ein paar Megastars auf große Entfernung den Anschein von Macht und starkem Engagement vermitteln. Im Gegensatz zu Eltern, Mullahs, Häuptlingen, Bürokraten und Politikern verlangen sie nur wenig von ihren Fans, außer dass sie Spaß haben und tüchtig einkaufen. Bei den wenigen Gelegenheiten, wenn Popstars bei ihrem globalen Publikum um persönliche Spenden werben – für den Regenwald, für die Bekämpfung von Hunger und AIDS oder für politische Gefangene –, ist das weltweite Ergebnis erstaunlich.

Globale Unterhaltungskonzerne richten ihre Hoffnung auf die zwei Fünftel der Weltbevölkerung, die unter zwanzig sind. Der Wettbewerb um Millionen neuer Fans immer jüngeren Alters ist intensiv. Sony hat mit spielzeugartigen Radios des Typs »My first Sony« und seinem neuen Label »Sony Kids' Music« auf dem Kindermarkt Fuß gefasst und verkauft zudem ein ständig wachsendes Sortiment von Kindervideos.

Die spektakulärste Vergrößerung der Macht globaler Unterhaltung brachten seit den Achtzigerjahren Spartensender wie MTV. Der Sender, der im August 1981 startete, erreicht nach eigenen Angaben heute über 350 Millionen Haushalte in 140 Ländern. In vielen Ländern hat er sich außerdem mit dem Kinderkanal »Nickelodeon« die Kinder als Zielgruppe erschlossen. (In den Neunzigerjahren war der Hit von Nickelodeon die *Ren & Stimpy Show*, eine Zeichentrickserie über einen hyperaktiven Chihuahua und eine Katze, die Haarbälle hochwürgt.) Der Besitzer dieses globalen Netzes ist Sumner Redstone, ein Mulitmilliardär aus Boston, der ein Vermögen mit Kinos machte. Obwohl sein Name der Öffentlichkeit unbekannt ist, ist er eine der einflussreichsten Bildungsinstanzen für junge Menschen auf der ganzen Welt. Als MTV bekannt gab, dass es sein Netz auf China, Korea und Taiwan ausdehnen und *Ren & Stimpy* auch in Europa zeigen wollte, feierte Redstone die Ankunft des globalen Kindes. »Genau wie Teenager überall auf der Welt gleich sind, sind auch Kinder überall auf der Welt gleich«, erklärte er.

Obwohl Hunderte Millionen von Kindern und Teenagern rund um den Erdball dieselbe Musik hören und dieselben Filme und Videos anschauen, schaffen die weltweit verbreiteten Unterhaltungsprodukte kein positives neues globales Bewusstsein – nur eine weit verbreitete Leidenschaft für noch mehr globale Waren und Erlebnisse aus zweiter Hand. Die exotische Bilderwelt von Musikvideos weckt bei ihren Konsumenten die Illusion der Verbundenheit mit globalen Strömungen, aber dies führt kaum zu einer Identifikation mit dem Wohl der gesamten Menschheit und des Planeten selbst, wie es Kant und McLuhan und andere Philosophen des Bewusstseins erhofft und vorausgesagt hatten. *Warenbewusstsein* ist bis jetzt das einzige Bewusstsein, das gefördert wird.

Die Ausbreitung kommerziell produzierter Popmusik, größtenteils aus den USA, beschleunigt sich, während einige der einstmals imposanten ideologischen Barrieren fallen. Der Zusammenbruch des Kommunismus erleichtert den Export von Musik, Filmen und Videos nach Osteuropa, in die frühere Sowjetunion und nach China. Doch die Integration großer Teile der Welt in einen globalen Markt von TV-Storys und Songs ist keine leichte Aufgabe.

Die stärkste noch verbliebene ideologische Barriere für amerikanische Musik, Film und Fernsehen ist der islamische Fundamentalismus. In der Khomeini-Ära waren US-amerikanische Kulturprodukte im Iran *die* Symbole für satanische Dekadenz. Je fanatischer die Behörden im Iran und in Saudi-Arabien versuchten, ihre traditionelle Kultur zu säubern, desto mehr Leute fühlten sich von der verbotenen Musik und den verbotenen Filmen angezogen. Im ganzen Iran entstanden geheime Videoclubs, und die Leute kamen scharenweise, um sich die neuesten US-amerikanischen Fernsehprogramme und natürlich auch pornografische Filme anzuschauen. Schwarzkopien von Michael-Jackson-Videos wurden für 50 US-Dollar zum Verkauf angeboten, und Untergrund-Diskos erlebten einen Boom. Islamische Revolutionswächter gingen regelmäßig gegen all diese Aktivitäten vor, doch in jüngster Zeit mehren sich die Anzeichen für eine Liberalisierung. Die Technologien zur Verbreitung der westlichen Kulturprodukte sind so effektiv, dass die Unterhaltungsindustrie bereits Pläne für den Tag macht, an dem der Iran wieder in den globalen Musik- und Filmmarkt integriert sein wird.

Das größte Wachstumspotenzial für Popmusik haben Lateinamerika und Asien. (Von Afrika ist seltener die Rede.) BMG Ariola Discos hat in Brasilien einen Marktanteil von 55 Prozent. Trotz der politischen und wirtschaftlichen Schwierigkeiten Brasiliens fährt BMG weiter einen expansiven Kurs. Heute kaufen nur 50 Millionen von 150 Millionen Brasilianern Tonträger. Doch BMG erwartet, dass »in ein paar Jahren weitere 50 Prozent wirtschaftlich aktiv sein und unser Marktpotenzial verdoppeln werden«.

Musiker, Gesellschaftskritiker und Politiker in den armen Ländern Asiens, Afrikas und Lateinamerikas sind besorgt, dass das massive Vordringen transnationaler Musik nicht nur die lokalen Künstler um ihre Beschäftigungsmöglichkeiten bringen wird, sondern auch die traditionelle Musik ihrer einheimischen Kultur zum Untergang verurteilt. »Ich fürchte, dass die Leute auf diese billige Art von Musik konditioniert werden, wenn all diese Kassetten, die noch das abgelegenste Dorf erreichen, weitere 10 oder 15 Jahre das Land überschwemmen, während die Leute ihre eigene Musik nicht bekommen können.« Diese Äußerung eines Musikers aus Sri Lanka ist typisch für die verbreitete Angst in der nicht industrialisierten Welt, dass industrielle Musikprodukte Hunderte, vielleicht sogar Tausende von Jahren traditioneller Musik wegschwemmen werden. »Auch wenn wir ein kleines Land sind, haben wir immer noch unsere eigene Art zu singen, Lieder zu begleiten, zu intonieren und uns zu bewegen. Wir können einen kleinen, aber einzigartigen Beitrag zur Weltkultur leisten. Aber es kann auch sein, dass unser Beitrag verloren geht.«

Seit den Achtzigerjahren machte die Umweltschutzbewegung uns mit dem Gedanken vertraut, dass die Artenvielfalt eine wichtige globale Ressource ist, dass die Erde etwa durch das Aussterben herrlicher tropischer Vögel und afrikanischer Käferarten ärmer wird und dass das Artensterben unter Umständen auch das Überleben der menschlichen Spezies bedrohen könnte. Die Bewegung zum Schutz der Kultur hat keine mächtigen Organisationen, die ihre Botschaft verkünden, aber sie hat eine große, unorganisierte, globale Anhängerschaft. Das Gefühl, dass die Weltkultur verarmt, wenn sie an Vielfalt verliert, wird von vielen Künstlern, Kulturkonservativen und Kulturnationalisten geteilt. Doch diese Bedenken haben keine Chance gegen die Macht der globalen Popkultur. Sie bedroht die lokalen Kulturtraditionen und die Gemeinschaften, denen sie entspringen.

Der Einfluss der globalen Musikindustrie auf den Charakter lokaler Musik ist beträchtlich. Der indische Popstar Babydoll Alisha singt Songs von Madonna auf Hindi. Tunesische Künstler verwenden inzwischen bei Live-Konzerten routinemäßig Synthesizer als Begleitung für die traditionellen Dudelsäcke. Die Notwendigkeit, teure elektronische Instrumente zu finanzieren, und die Abhängigkeit von Elektrizität verändert lokale Musikkulturen. In Trinidad beschneidet die Einführung des Mehrspurverfahrens bei Musikaufnahmen die Arbeitsmöglichkeiten der berühmten Steelbands. Früher kamen Hundert Musiker mit gestimmten Steeldrums in irgendeinem Hinterhof zusammen, und man nahm das Ganze mit zwei Mikrofonen für die lokale Musikproduktion auf. Heute werden laut Roger Wallis von der Swedish Broadcasting Corporation ein paar der besten Musiker in ein Studio gebracht und »nehmen all die verschiedenen Stimmen hintereinander auf verschiedene Spuren des Bandgeräts auf. Der endgültige Mix ist vielleicht technisch perfekt, aber er hat nichts mehr mit der kollektiven Kommunikation von 100 Musikern und ihrem Publikum zu tun.«

Die Globalisierung des Musikmarkts und die Technik der

Mehrspuraufnahme haben die Entstehung von neuen Sounds auf der ganzen Welt ermöglicht. Alles, von *Zouk, Rhi und Jit* aus Afrika über den *Salsa* aus der Karibik bis zu den *Bhangra*-Gesängen Indiens, wird mit einer Vielzahl US-amerikanischer Pop-Genres gemixt und global als »Weltmusik« vermarktet. Der *Lambada,* der von französischen Unternehmern als Modetanz aus Brasilien vermarktet wurde, stammte eigentlich aus Bolivien. Eine überwiegend von senegalesischen Musikern gespielte Plattenaufnahme dieser Musik wurde ein Welthit. Paul Simon verwendete südafrikanische Musiker für sein Hit-Album *Graceland,* aber er schrieb seine eigenen Texte dafür, und die politische Botschaft wurde verwässert.

Lokale Musiker sind natürlich fasziniert von dem Publikum, dem Ansehen und dem Geld, das sie durch die internationalen Musikfirmen gewinnen können, aber einige sind besorgt, dass reiche kulturelle Traditionen ausgebeutet und abgeschöpft werden, um internationale Produkte herzustellen. Die Konzerne geben sich zwar große Mühe, ihre eigenen Produkte vor Raubkopien zu schützen, haben aber kein schlechtes Gewissen, wenn sie die Musik eingeborener Völker aus ihrem ursprünglichen Zusammenhang reißen und als frei verfügbare Ware behandeln.

Natürlich haben Maler und Komponisten immer bei anderen künstlerischen Traditionen Anleihen gemacht. So verwertete Picasso afrikanische Masken, und Dvořák schuf aus Volkstänzen raffinierte kammermusikalische Werke. Doch es gibt eine Grenze zwischen der kreativen Anleihe bei einer exotischen Musiktradition und dem Diebstahl ganzer Songs, die nicht durch Copyright geschützt sind, und manchmal wird diese Grenze überschritten.

Das spektakuläre Wachstum der globalen kommerziellen Unterhaltungsindustrie hat eine Vielzahl von Erklärungsversuchen hervorgebracht. Offensichtlich spielt die Technologie dabei eine wichtige Rolle. Die Vernetzung der Welt durch die globale Übertragung von Bildern, Sprache und Musik per Satellit beschleunigt das Wachstum des globalen Marktes für Filme, Videos und Fernsehprogramme gewaltig. Der Videorecorder verwandelt Haushalte, Bars, Tagesstätten, Busse, Wartesäle und Pflegeheime in eine weltumspannende Kinokette. Auf der fernen Insel Siquijor auf den Philippinen versammeln sich die Bewohner immer noch in ihrem »Hangout« und essen *Halo-halo* (gehacktes Eis, Cornflakes, Früchte und Bohnen), aber sie schauen sich dabei *Rambo* auf Video an. In Kolumbien halten Busse auf Langstrecken Filmfans mit *Robocop* die ganze Nacht auf dem Rand ihrer Sitze (und hindern den Rest der Reisenden am Einschlafen). Nachtstunden, die einst als kommerziell uninteressant galten, verwandeln sich plötzlich in vermarktbare Zeit; Nachteulen, ans Haus gefesselte Invaliden, Kinder mit genug Taschengeld zum Ausleihen eines Videos und Fernsehsüchtige aller Art können sich zu jeder Tages- und Nachtzeit Videos ansehen. Alte Fernsehprogramme und Filme werden über Satellit oder per Kabel in Wohnstuben, Schulen und Gefängnisse auf der ganzen Welt übertragen und erlangen damit eine gewisse Unsterblichkeit, die den meisten Kulturprodukten bisher nicht beschieden war. Nicht viele tote Dichter, Weise oder Bestsellerautoren stehen lange in den Regalen, aber dank Videotechnik und dem fast universalen Hunger auf amerikanische Filme, Musik und Fernsehprogramme spielen tote Rockstars und Filmschauspieler ewig weiter.

Eine überzeugende Erklärung für das Phänomen lautet, dass es ein Vakuum füllt, das vom Zusammenbruch der traditionellen Familie, der Verkümmerung des gesellschaftlichen Lebens und dem Verlust des Vertrauens in die Politik hinterlassen wurde – alles Phänomene, die ein weltweiter Trend zu sein scheinen. Andere, wie etwa Helena Norberg-Hodge, vertreten die Ansicht, dass die Unterhaltungsindustrie selbst für den Zusammenbruch dieser Traditionen mitverantwortlich ist (siehe Kapitel 14). Die Popkultur wirkt wie ein Schwamm, der alle Freizeit und Energie aufsaugt, die früher vielleicht der Erziehung, der Teilnahme an politischen, religiösen oder nachbarschaftlichen Aktivitäten gewidmet war oder für handwerkliche Tätigkeiten, Lesen und Weiterbildung eingesetzt wurde. Solche Beschäftigungen mögen heute ein bisschen altmodisch wirken, obwohl die politische Theorie immer noch von der Annahme ausgeht, dass sie für das Funktionieren einer demokratischen Gesellschaft von zentraler Bedeutung sind. Dennoch werden Erfahrungen aus zweiter Hand, wie sie durch Filme, Videos und Musik vermittelt werden, immer mehr zum Ersatz für das gemeinschaftliche Leben. Da es für junge Menschen in vielen Teilen der Welt immer schwieriger wird, eine befriedigende Lebensaufgabe zu finden, bietet die Flut kommerzieller Töne und Bilder eine Fluchtmöglichkeit.

In Lateinamerika und großen Teilen von Asien beherrschen amerikanische Filme und Fernsehprogramme den Äther. Es kostet fast nichts, einen alten, zweitklassigen Hollywoodfilm oder eine Wiederholung von Uraltshows wie *I Love Lucy* oder *Mr. Ed* auszustrahlen. Selbst weniger altertümliche Programme wie *Dallas* oder *L.A. Law* sind viel billiger als Lokalprogramme mit lokalen Talenten – und das amerikanische Produkt wird wahrscheinlich eine bessere Einschaltquote haben. Von allen Filmen, die im brasilianischen Fernsehen gezeigt werden, stammen laut dem brasilianischen Filmproduzenten Luis Carlos Barreto 99 Prozent aus den reichen Ländern, vor allem aus Hollywood. Das Fernsehen ist in den meisten armen Ländern das machtvollste Bildungsinstrument für die Masse der Bevölkerung. Kulturnationalisten in Lateinamerika und in Teilen Asiens sind empört darüber, dass die einflussreichsten Lehrer der nächsten Generation Hollywoodstudios und global arbeitende Werbeagenturen sind. Neuere Trends auf der ganzen Welt – Fortschritte in der Übertragungstechnik, Privatisierung, Deregulierung und Kommerzialisierung der elektronischen Medien – erschweren es jedoch Familien und Lehrern immer mehr, mit den globalen Medien um die Aufmerksamkeit der nächsten Generation zu konkurrieren.

Kapitel 16

Fünf Jahre Welthandelsorganisation: Ein trauriges Fazit

Lori Wallach

Lori Wallach ist Direktorin des »Public Citizen's Global Trade Watch«. Bekannt wurde sie als Kommentatorin und Aktivistin in den Bereichen Handel und wirtschaftliche Globalisierung. Sie spielte eine führende Rolle in der amerikanischen Bürgerbewegung gegen die Nordamerikanische Freihandelszone (NAFTA), gegen das Allgemeine Zoll- und Handelsabkommen (GATT) und gegen dessen Nachfolgeorganisation WTO. 1991 verfasste sie das »Public Citizen's Trade Programme«, und vor kurzem brachte sie das Buch *Whose Trade Organization: Globalization and the Erosion of Democracy* (Wallach et al., 1999), heraus, das die fünfjährige Geschichte der WTO im Einzelnen analysiert.

Im Jahr 1997 weigerte sich der US-amerikanische Kongress nach fast zehnjähriger Öffentlichkeits- und Basisarbeit von Bürgerinitiativen, Präsident Clinton ein so genanntes »Fast-Track-Mandat« für geplante Handelsverträge zu erteilen. Zum ersten Mal seit Jahrzehnten war damit im Kongress der Konsens zugunsten einer Ausweitung des »Freihandels« gebrochen. Wenn der Präsident ein »Fast-Track-Mandat« besitzt, kann der Kongress von ihm ausgehandelte Handelsverträge nicht mehr in einzelnen Punkten verändern, sondern nur noch insgesamt ablehnen oder billigen. Ein solches Mandat hatte eine zentrale Rolle gespielt, als der Kongress 1993 der Gründung der NAFTA und 1994 den Ergebnissen der Uruguay-Runde des GATT und der Gründung der WTO zustimmte. 1997 hätte Clinton das Mandat benötigt, um NAFTA und WTO weiter auszubauen.

Acht Monate später verhinderte die amerikanische Bürgerbewegung zusammen mit progressiven Umweltschutz-, Verbraucherschutz-, Gewerkschafts- und Menschenrechtsgruppen sowie kleinen Bauernverbänden aus zahlreichen anderen Ländern das geplante Multilaterale Abkommen über Investitionen (MAI). Das extreme Globalisierungsprojekt war nach vier Jahren heimlicher Verhandlungen in der OECD fast vollendet. Doch es zerfiel zu Asche, als die Bürgerinitiativen es dem »Dracula-Test« unterwarfen und die bis dahin geheime, empörende Vorlage dem Sonnenlicht einer kritischen Öffentlichkeit aussetzten.

Ihre bis heute schlimmste Demütigung erlebten die Befürworter von Globalisierung und Konzernherrschaft jedoch im November 1999 in Seattle. Die dortige Ministerkonferenz der WTO wollte zahlreiche sozial und ökologisch verheerende neue Bestimmungen verabschieden und eine so genannte Millenniumsrunde beschließen, in der weitere Handelsabkommen für das neue Jahrtausend festgelegt werden sollten. Doch die Pläne wurden nie in die Tat umgesetzt. Dies war vor allem den Massendemonstrationen zahlreicher Gruppen zu verdanken, die viele verschiedene Bereiche der Zivilgesellschaft repräsentierten, und der Tatsache, dass sich führende Politiker der Entwicklungsländer weigerten, die Abschlusserklärung der Konferenz zu unterzeichnen.

Noch im Jahr 1994 hatte die Regierung Clinton ein sehr positives Bild davon gezeichnet, wie sich die Uruguay-Runde und die WTO in fast jeder Hinsicht auf die USA und den Rest der Welt auswirken würden. Angeblich sollten sie die Staatssouveränität nicht untergraben und keinen negativen Einfluss auf die nationalstaatliche Umweltschutz- und Lebensmittelgesetzgebung haben. Und sie sollten die Familieneinkommen steigern, zu einem beispiellosen Wirtschaftswachstum führen und blühende Konsumgesellschaften hervorbringen, die US-amerikanische Waren kaufen würden.

Fünf Jahre WTO

Das wichtigste Werkzeug, um staatsbürgerlichen Widerstand gegen die Erweiterung der WTO zu mobilisieren, ist die fünfjährige Geschichte der WTO selbst. In fast allen Schlüsselbereichen, in denen die USA und andere Staaten eine positive Wirkung der WTO versprochen hatten, verschlimmerte die Handelsorganisation die zuvor herrschenden Verhältnisse. Die wirtschaftliche Bilanz der Organisation ist recht gut bekannt: Die Welt wurde von einer beispiellosen globalen Finanzkrise erschüttert, teilweise verursacht durch die Deregulierung von Investitionen und Finanzdienstleistungen, die die Uruguay-Runde vorangetrieben hatte. Die Ungleichheit der Einkommen sowohl zwischen verschiedenen Ländern als auch innerhalb der Länder nahm rapide zu. In fünf Jahren WTO schrumpfte der Anteil der ärmsten Länder am Welthandel weiter. Trotz Effizienzgewinnen gab es in zahlreichen Ländern keine Lohnerhöhungen, und die Rohstoffpreise sanken auf ein Rekordtief, was für eine Mehrheit der Weltbevölkerung eine reale Verschlechterung ihres Lebensstandards zur Folge hat. Das Pro-Kopf-Einkommen in Afrika sank und in Lateinamerika stagnierte es. Neue Daten über den Rückgang der Armut, die von den Verteidigern des Status quo stolz in die Welt hinausposaunt werden, sind in Wirklichkeit entlarvend. Die Befürworter der WTO betonen, dass die Anzahl der Menschen, die von weniger als einem US-Dollar pro Tag leben müssen, abgenommen habe, verschweigen jedoch, dass diese Verbesserung in China stattgefunden hat, einem Land, das das neoliberale Modell bis heute ablehnt. Wenn man China mit seiner nicht konvertierbaren Währung, seinen Handelsbeschränkungen und seiner Industriepolitik in der Armutsbilanz nicht berücksichtigt, dann stellt sich heraus, dass die Zahl der Personen mit weniger als einem US-Dollar pro Tag in Wirklichkeit gestiegen ist.

Noch weniger bekannt und sehr dramatisch ist die Rolle der WTO als eine Art Krebsgeschwür der demokratisch kontrollierten Politik all ihrer Mitgliedsstaaten, sabotiert sie doch eine wachsende Anzahl nationaler, regionaler und lokaler Initiativen in den Bereichen Nahrungsmittelsicherheit, Umwelt, Menschenrechte, öffentliches Gesundheitswesen und auf anderen Feldern.

Mit nur einer interessanten Ausnahme (auf die wir noch zurückkommen) hat die WTO alle innerstaatlichen Gesetze in den Bereichen Umweltschutz, Gesundheitsschutz und Nahrungsmittelsicherheit als illegal abgelehnt, die sie zu beurteilen hatte, darunter das europäische Verbot von hormonbehandeltem Rindfleisch, Vorschriften zur Benzinreinheit nach dem US-amerikanischen Clean Air Act und die US-amerikanische Umsetzung eines globalen Artenschutzvertrags zum Schutz der Meeresschildkröte. Die bloße Drohung einer Überprüfung durch die WTO hat zur Verwässerung vieler anderer Initiativen geführt, etwa bei Guatemalas Umsetzung des internationalen UNICEF/WHO-Kodex zur Vermarktung von Babynahrung, bei der humanen Gesetzgebung der EU zur Fallenstellerei oder bei dem Versuch Thailands, seine Verbraucher mit preisgünstigeren Medikamenten zu versorgen. Inzwischen schwoll die Zahl der Drohungen und Forderungen im Zusammenhang mit den WTO-Regeln immer mehr an. So attackierte Kanada das französische Asbestverbot, die USA und die EU griffen Japan an wegen der Art, wie es seine Verpflichtungen aus dem Kyoto-Protokoll erfüllte, und vieles mehr.

Trotz dieser inakzeptablen Bilanz registrieren bisher nur wenige Bürger in den Mitgliedsstaaten der WTO, dass sie Zeugen eines zeitlupenhaften Putsches gegen die demokratische Regierungsform ihrer Länder sind.

Dieser blinde Fleck wird teilweise dadurch verursacht, dass der Charakter der WTO in der Öffentlichkeit nicht richtig verstanden wird. Die Gründung der WTO im Jahr 1995 verwandelte das GATT – das praktisch ein Handelsvertrag zwischen verschiedenen Staaten war – in eine neue mächtige Handelsbehörde. Das 1947 geschlossene und später in acht »Verhandlungsrunden« um zusätzliche Inhalte und Signatarstaaten erweiterte Allgemeine Zoll- und Handelsabkommen (GATT) erstreckte sich auf traditionelle Handelsangelegenheiten: Es baute Mengenbeschränkungen und Zölle ab, um den Warenhandel zu erleichtern. Und es enthielt außerdem mehrere einfache Grundsätze wie etwa den, dass im Ausland hergestellte Waren nicht benachteiligt werden dürfen, sondern einheimische und ausländische Güter gleich behandelt werden müssen.

Die Umwandlung des GATT in die WTO

Mit Gründung der WTO wurden die alten grundlegenden Handelsregeln begraben und durch ein neues, über 800 Seiten starkes Regelwerk ersetzt. Es schreibt vor, welche Ziele die Mitgliedsstaaten der WTO überhaupt politisch verfolgen dürfen, und es legt fest, welche Mittel zur Erweiterung der WTO-Ziele eingesetzt werden dürfen.

Die Umwandlung des GATT in die WTO bedeutete einen Wechsel von den breit formulierten Handelsregeln des GATT zu einem einheitlichen Wertesystem, das die WTO allen Ländern aufzwingt und nach dem sie Entscheidungen über die Politik einzelner Länder trifft.

Auch wenn für verschiedene Problembereiche verschiedene Regeln gelten, sind doch alle von dem Motto »Handel über alles« beherrscht.

Anstatt nämlich in- und ausländische Waren einfach gleich zu behandeln, müssen die Mitgliedsstaaten der WTO der Maximierung der internationalen Handelsströme eine höhere Priorität einräumen als fast allen anderen politischen Zielen. So schreiben viele WTO-Bestimmungen, die die Handlungsfreiheit von Staaten in den Bereichen Gesundheits- und Umweltschutz einschränken, sogar ausdrücklich vor, dass die Politik in diesen Bereichen »die nachteiligen Auswirkungen auf den Handel auf ein Mindestmaß zu beschränken hat«. Das heißt, die Politiker müssen zuerst überlegen, welchen Einfluss ein Gesundheitsgesetz auf den Handel hat, und nicht, wie wirksam es die öffentliche Gesundheit schützt.

Der WTO-Vertrag umfasst viele neue Abkommen, die dem staatlichen Handeln neue Grenzen setzen, wo es früher vom internationalen Handelsrecht nicht betroffen war. In manchen Fällen unterwerfen die WTO-Abkommen Bereiche, die mit dem Handel an sich nichts zu tun haben, einfach der Jurisdiktion der WTO, indem sie sie mit dem Attribut »handelsbezogen« versehen. So etablierte die WTO in direktem Widerspruch zu dem, was man gemeinhin unter »freiem Handel« versteht, ein neues weltweit gültiges Patentrecht, das den Patentinhabern ein 20-jähriges Monopol einräumt und fast alles zur Patentierung zulässt, auch Saatgut und lebenswichtige Medikamente. Ein Abkommen über handelsbezogene Investitionsmaßnahmen verbietet den Staaten sogar, (auch nicht-diskriminierende) Bedingungen für Investitionen aufzustellen, mit denen die inzwischen reichen Staaten früher Strukturpolitik machten, und es verbietet, die Produktion oder den Export von Waren an die Bedingung zu knüpfen, dass sie einen bestimmten Anteil aus einheimischer Produktion enthalten müssen.

Auch verlangen die neuen WTO-Regeln nicht mehr lediglich eine Gleichbehandlung ausländischer und inländischer Waren. Vielmehr erließ die WTO in einem umfangreichen neuen Regelwerk zu Nahrungsmittelqualität, Arbeitsschutz und Produktsicherheit Bestimmungen, die das *Niveau* bestimmen, für das sich ein Land beim Gesundheits- oder Umweltschutz entscheiden darf. Die neuen WTO-Abkommen unterwerfen außerdem alle Dienstleistungssektoren – Bankwesen, Verkehr, Telekommunikation und vieles mehr – sowie alle staatlichen Aufträge dem Regelwerk der Welthandelsorganisation.

Die mächtigen Geheimtribunale der WTO

Die effektive Durchsetzung der umfangreichen Beschränkungen staatlichen Handelns beruht auf der Verhängung von Wirtschaftssanktionen durch das WTO-eigene Streitbeilegungssystem. Im Gegensatz zu internationalen Umweltverträgen, durch die die Unterzeichner Verpflichtungen eingehen, die sie innerhalb ihrer nationalen Grenzen verwirklichen sollen, hat die WTO selbst exekutive Befugnisse und verfügt über einen eigenen Mechanismus zur Geltendmachung ihrer Bestimmungen. Nach den WTO-Regeln kann ein Mitgliedsland Gesetze eines anderen Mitgliedslandes vor einem WTO-internen Schlichtungsgremium anfechten.

Solche Streitfälle werden durch Tribunale von drei Handelsbürokraten entschieden, die unter Ausschluss der Öffentlichkeit tagen und entscheiden, ob die Gesetze eines Mitgliedslandes den von der WTO erlaubten Spielraum verletzen. Es ist keine Berufungsinstanz außerhalb der Organisation zugelassen, sondern nur ein ständiges Berufungsorgan der WTO, das ebenfalls unter strikter Geheimhaltung verhandelt. Das heißt, Öffentlichkeit und Presse haben keinen Zugang zu den Anhörungen und den für das Verfahren relevanten Dokumenten. Durch die Qualifikationen, die für die Mitglieder dieser Schiedsgerichte vorgeschrieben sind – etwa eine frühere Beschäftigung bei GATT – ist sichergestellt, dass ihre Mitglieder den Primat der Handelsregeln über die Politik der Einzelstaaten befürworten – auch in ihrem eigenen Interesse, denn das Berufungsorgan der WTO besteht aus Personen, die allesamt von der WTO bezahlt werden. Es gibt keine grundlegenden Garantien für ein faires Verfahren – etwa sinnvolle Regeln, wie bei Interessenkonflikten von Gremienmitgliedern verfahren wird, oder Garantien, dass die Schlichter auch tatsächlich qualifiziert sind, über die enorme Bandbreite politischer Streitfragen zu entscheiden, die von den WTO-Regeln berührt werden. Tatsächlich wurden die grundlegenden Interpretationen des internationalen Rechts durch die WTO-Schiedsgerichte von Völkerrechtlern unlängst in verschiedenen Artikeln als fehlerhaft kritisiert. Trotz dieser enormen strukturellen Mängel sind die Urteile der WTO-Tribunale mit starkem Nachdruck verbunden, denn im Gegensatz zu den Bestimmungen anderer internationaler Abkommen kann die WTO ihren Regeln durch Wirtschaftssanktionen Geltung verschaffen.

Wenn ein nationales Gesetz bei der WTO erfolgreich beanstandet wurde, hat das unterlegene Land nur drei Möglichkeiten: Es kann das Gesetz aufheben oder ändern; es kann sich mit dem klagenden Land auf eine finanzielle Entschädigung einigen, oder es muss Wirtschaftssanktionen in Kauf nehmen.

Wie von ihren Kritikern befürchtet, ist die WTO mit ihren reaktionären Regeln und ihrer strukturell bedingten Abneigung gegen die Beteiligung der Öffentlichkeit für Konzernherrn und Politiker zu einem perfekten Instrument geworden, um Projekte zu verwirklichen, die in jedem offenen, demokratischen Forum scheitern würden. Laut einem WTO-Vertreter, der 1998 in einem Artikel der *Financial Times* zitiert wurde, ist die WTO »der Ort, wo sich Regierungen unter Ausschluss der Öffentlichkeit gegen ihre jeweiligen inländischen Interessengruppen liieren«. Eine solche Haltung ist zwar völlig inakzeptabel, aber die Äußerung ist erfrischend ehrlich und wirft ein scharfes Licht auf das Selbstbild der WTO und das Bild, das die Industrie und ihre Mitgliedsstaaten von ihr haben.

Die weltweite Torpedierung gemeinnütziger Gesetze durch die WTO

In den mehr als fünf Jahren ihres Bestehens haben Klagen bei der WTO bei einer wachsenden Zahl von einzelstaatlichen Gesetzesvorhaben in den Bereichen Umwelt, Gesundheit und Entwicklung zu deren Verwässerung geführt. Um ein Bild vom Ausmaß des bereits angerichteten und des potenziellen Schadens zu vermitteln, werden im Folgenden mehrere Fälle genauer dargestellt.

Mit Hormonen behandeltes Fleisch

Im Jahr 1997 urteilte die WTO gegen ein von der EU verhängtes Verbot von Rindfleisch, das Rückstände künstlicher Hormone enthielt. Dass die Klage von den USA auf Betreiben ihrer Agrar- und Pharmaindustrie und trotz starken Widerstands US-amerikanischer Verbraucher- und Kleinbauernverbände eingereicht wurde, ist ziemlich allgemein bekannt. Weniger bekannt sind ihre Folgen, obwohl viele sie direkt zu spüren bekommen haben.

Das europäische Verkaufsverbot für mit Hormonen behandeltes Rindfleisch wurde von der WTO für regelwidrig erklärt, obwohl die EU es auf inner- und außereuropäische Produkte anwandte. Die künstlichen Hormone werden durch Pflaster verabreicht, die den Rindern an ein Ohr geheftet werden. Sie wurden verboten, als ihre Einnahme in hohen Konzentrationen bei kleinen Jungen zur Brustvergrößerung und bei sehr kleinen Mädchen zum Einsetzen der Menstruation führte. Außerdem wurde in US-amerikanischen und europäischen Studien nachgewiesen, dass die Hormone Krebs verursachen können. Ungeklärt ist nach wie vor, welche gesundheitlichen Auswirkungen der Verzehr von Fleisch hat, das nur die *Rückstände* von Hormonen enthält.

Durch die Entscheidung der WTO wurde die EU gezwungen, entweder das von den Verbrauchern geforderte Verbot hormonverseuchten Fleisches aufzuheben oder Wirtschaftssanktionen der USA in Kauf zu nehmen. Die EU blieb hart, und in der Folge hatten die europäischen Produzenten (und die amerikanischen Verbraucher) unter einer breiten Palette hoher Strafzölle in Höhe von insgesamt 180 Millionen US-Dollar zu leiden. Die Vereinigten Staaten wiesen sogar das europäische Angebot zurück, so lange Entschädigung an sie zu zahlen, bis die EU die von der WTO vorgeschlagenen Untersuchungen zur Risikobewertung durchgeführt hatte. Die USA vertreten die Ansicht, dass ein Land nach den Bestimmungen der WTO Gesetze abschaffen muss, die gegen die WTO-Regeln verstoßen.

Die Entscheidung im Fall des hormonbehandelten Rindfleisches zeigt deutlich, dass sie Wertentscheidungen beeinflusst, die mit dem Handel nichts zu tun haben, etwa die Entscheidung, welches Niveau von Gesundheitsschutz die EU ihren Verbrauchern bieten will. Außerdem versetzte die WTO-Entscheidung dem Vorsorgeprinzip den Todesstoß, auf das sich die EU bei ihrer Risikovermeidung gestützt hatte.

Das Vorsorgeprinzip

Das im internationalen Umweltrecht und vielen nationalen Rechtsvorschriften in der EU, den USA und zahlreichen anderen Ländern gültige Vorsorgeprinzip geht von der Prämisse aus, dass die Wissenschaft nicht immer die komplexen Informationen oder Einsichten besitzt, die für einen wirksamen oder rechtzeitigen Schutz nötig wären. Nach dem Vorsorgeprinzip werden Staaten auch dann aktiv, um ihre Bürger vor unnötigen und möglicherweise irreversiblen Schäden zu schützen, wenn ein Risiko noch nicht mit letzter Sicherheit wissenschaftlich abgeklärt ist. Nach dem Vorsorgeprinzip liegt die Beweislast beim Hersteller – das heißt, er muss die langfristige Unschädlichkeit seines Produkts beweisen, bevor er es auf den Markt bringen darf – und nicht bei der Regierung, die sonst beweisen müsste, dass das Produkt gefährlich ist, um es vom Markt fern zu halten. Indem die US-Gesundheitsbehörde zum Beispiel vorsorglich die Zulassung des Beruhigungsmittels Thalidomid (in Deutschland damals unter dem Markennamen Contergan im Handel) verzögerte, vermied sie vermutlich eine katastrophale Epidemie von Missbildungen bei Säuglingen. In den Ländern, wo Thalidomid zugelassen war, verursachte es schätzungsweise 10 000 angeborene Missbildungen. Als das Medikament in der EU und Kanada zugelassen wurde, hatten Tests an Versuchstieren keine negativen Wirkungen gezeigt. Die langfristigen Gefahren – nicht für die schwangeren Frauen, sondern für deren ungeborene Kinder – wurden tragischerweise erst später entdeckt.

Gentechnisch veränderte Organismen (GVO)

Aus der WTO-Entscheidung im Fall des hormonbehandelten Rindfleisches folgt, dass gesundheitspolizeiliche Vorschriften nach den WTO-Regeln unzulässig sind, solange ein Risiko nicht wissenschaftlich bewiesen ist. Der potenzielle Bumerang-Effekt dieser Entscheidung für eine Vielzahl von Gesetzen auf der ganzen Welt ist gewaltig, und die Vorschrift zur Verwendung und Kennzeichnung von gentechnisch veränderten Organismen (GVOs) dürfte sich als nächster Streitfall erweisen. Rund um den Erdball – in der EU, Japan, Australien und anderen Ländern – erlassen Regierungen Vorschriften zum Umgang mit gentechnisch verändertem Saatgut und gentechnisch veränderten Lebensmitteln. Da sich die Anzeichen für die Gefährlichkeit von GVOs häufen – beispielsweise bestätigte kürzlich eine wissenschaftliche Studie das Ergebnis einer früheren Untersuchung, dass die Raupen von Monarchfaltern nach Aufnahme von gentechnisch verändertem Pollen eine erhöhte Sterberate aufwiesen –, ergreifen viele Staaten Maßnahmen, um möglicherweise irreversible Umwelt- oder Gesundheitsschäden zu verhindern.

Trotzdem haben die USA angedroht, gegen die EU-Vorschriften über GVOs bei der WTO zu klagen. Sie vertreten die Ansicht, dass staatliche Vorschriften zum Umgang mit GVOs – sogar die Vorschrift, gentechnisch veränderte Nahrungsmittel auf dem Etikett zu kennzeichnen – gegen die WTO-Regeln verstoßen, solange nicht spezifische Umwelt- oder Gesundheitsschäden wissenschaftlich bewiesen sind.

Die Rindfleischentscheidung der WTO hat außerdem gezeigt, dass die Handelsorganisation die Rolle der Wissenschaft stark überbewertet und versucht, bei politischen Entscheidungen alle »nicht-wissenschaftlichen« Faktoren auszuschließen. Obwohl die Wissenschaft bei der politischen Entscheidungsfindung unbestreitbar eine positive Rolle spielen kann, bleiben doch Unsicherheiten, etwa was das Gesundheitsrisiko beim Kontakt mit einer Reihe von Chemikalien betrifft. Außerdem spielen Ermessensfragen immer eine zentrale Rolle in der Politik. Die Wissenschaft kann zwar die notwendigen Informationen für eine Entscheidung liefern, aber letztlich ist es immer das Parlament oder ein lokales politisches Gremium, das die politische Entscheidung trifft, welchen Risiken die Gesellschaft etwa durch ein Nahrungsmittelgesetz ausgesetzt wird. So kann etwa der US-Kongress die politische Entscheidung treffen, in einem bestimmten Fall jedes Risiko auszuschließen, oder er kann sich für ein zulässiges Risiko entscheiden. In den USA gilt zum Beispiel die Toleranzgrenze Null für das Bakterium Listeria in kalt geräuchertem Fisch, Dosenhummer und essfertigen Meeresfrüchten, und es werden entsprechend strenge Nahrungsmittelkontrollen vorgenommen. Kanada dagegen hat weniger strenge Gesetze. Es hält die US-amerikanischen Vorschriften für übertrieben und hat deshalb die amerikanischen Listeria-Vorschriften in sein »Register US-amerikanischer Handelshemmnisse« aufgenommen.

Ökologische Etikettierung

Als eine andere Vorsichtsmaßnahme der USA von den neuen WTO-Regeln betroffen war, vertraten die Vereinigten Staaten sogar sich selbst gegenüber vor einem der zahlreichen WTO-Unterausschüsse dieselbe industriefreundliche Position. Sie plädierten für neue WTO-Regeln, die bei Lebensmitteln und anderen Produkten ökologische Aussagen auf dem Etikett verbieten, wenn diese nicht auf ein wissenschaftlich ermitteltes Gesundheitsrisiko für den Menschen hinweisen. Nach ihrem Vorschlag sollte es verboten sein, den Verbraucher auch nur über die ökologischen Auswirkungen eines Produkts oder seiner Herstellung zu informieren, um ihm seine Kaufentscheidung zu erleichtern. Glücklicherweise wurde der Vorschlag dank des Widerstands anderer WTO-Mitglieder bis heute nicht angenommen, und unter dem Druck von Verbraucher- und Umweltschutzgruppen haben die USA aufgehört, gegen die ökologische Etikettierung in Europa mit einer Klage bei der WTO zu drohen.

Dadurch, dass die WTO im Fall des hormonbehandelten Rindfleischs entschied, gesundheitspolizeiliche Vorschriften hätten auf einer wissenschaftlich fundierten Risikobewertung zu beruhen, nahm sie ihren Mitgliedsstaaten die Möglichkeit, ihre eigenen Wertentscheidungen zu treffen. Sie können nicht einfach darauf verzichten, ihre Bürger niedrigen Dosen hochgiftiger Substanzen auszusetzen, deren Wirkung nicht abschätzbar ist – sondern müssen auf das unsichere Ergebnis einer wissenschaftlichen Risikobewertung warten.

Einschleppung fremder Arten

Heute schon verlangen WTO-Entscheidungen, dass Länder bestimmte von der WTO definierte Risikobewertungen vornehmen, *bevor* sie Vorschriften gegen das Einschleppen fremder Arten erlassen, die eine Gefahr für die biologische Vielfalt darstellen oder Pflanzen- und Tierkrankheiten auslösen können. So entschied die WTO gegen ein australisches Importverbot für rohen Lachs. Es sollte verhindern, dass Bakterien, von denen Lachse in anderen Ländern befallen sind, auch australische Lachsbestände infizieren. Die WTO urteilte, Australien habe zwar eine Risikobewertung durchgeführt und nachgewiesen, dass eine Gefahr für seinen Lachs bestehe, aber es habe nicht bewiesen, wie hoch die Wahrscheinlichkeit sei, dass der Schaden tatsächlich eintrete. Also wurde das Gesetz von der WTO zum illegalen Handelshemmnis erklärt.

Mit einer ähnlichen Argumentation erklärte die WTO auch ein japanisches Gesetz für illegal, das eine Einschleppung des Apfelwicklers in Japan verhindern soll, der ein verheerender Obstschädling ist. Das Ergebnis beider Klagen hatte Hongkong offensichtlich genau studiert, als es eine Klage gegen die Abwehrmaßnahmen vorbereitete, die die USA gegen die mögliche Einschleppung einer asiatischen Art des Bockkäfers trafen. Dieser gefährliche Baumschädling kam in chinesischen Rohholzverpackungen in die USA, die teilweise über Hongkong geliefert wurden. In Illinois und New York mussten ganze Obstbaumhaine in Hafennähe abgebrannt werden, da die Ausbreitung des Käfers nur durch Fällen und Verbrennen der betroffenen Bäume und ihrer Nachbarbäume gestoppt werden kann. Nach den Bestimmungen der USA muss hölzernes Verpackungs- und Transportmaterial wie etwa Paletten vor der Einfuhr in die Vereinigten Staaten gegen Schädlinge behandelt werden. Dagegen vertritt Hongkong die Ansicht, dass dieses Verhalten vor Abschluss der von der WTO verlangten Risikobewertung seine Rechte als WTO-Mitglied verletzt.

Das französische Asbestverbot

Der einzige Fall, in dem die WTO nicht gegen eine angefochtene umwelt- oder gesundheitspolitisch motivierte Bestimmung urteilte, war die politisch heiß diskutierte kanadische Klage gegen das französische Asbestverbot. Asbest ist erwiesenermaßen Krebs erregend. Kanada produziert 90 Prozent des weltweit exportierten Asbests. 1996 verbot Frankreich als neuntes EU-Mitglied nach Deutschland, Österreich, Dänemark, den Niederlanden, Finnland, Italien, Schweden und Belgien alle Formen von Asbest. Kanada focht das Verbot mit der Begründung an, ein Land könne nach den Regeln der WTO zwar Vorschriften bezüglich eines Stoffes erlassen, ihn aber nicht völlig verbieten. Das Urteil über die kanadische Klage wurde vor der WTO-Konferenz Ende 1999 in Seattle erwartet. Da eine Entscheidung gegen das Verbot der WTO sehr geschadet hätte, wurde sie jedoch verschoben. Vertreter der Welthandelsorganisation bedrängten in diesem Fall das zuständige Schiedsgericht, die WTO zu retten und für das Asbestverbot zu entscheiden, obwohl die WTO-Regeln gegen technische Handelshemmnisse so rückständig sind, dass eigentlich das gegenteilige Urteil hätte erfolgen müssen. Mitte 2000 wurde die Entscheidung schließlich verkündet. Das französische Asbestverbot wurde mit einer extrem eng gefassten Begründung genehmigt. Das Urteil war zwar positiv, doch seine Begründung verschärft die Interpretation der ohnehin schon sehr restriktiven WTO-Regeln für gesundheitspolitisch begründete Ausnahmen noch weiter. Die Entscheidung baute extrem hohe Hürden auf, was die Anerkennung eines menschlichen Gesundheitsrisikos betraf, und es waren beträchtliche juristische Verrenkungen notwendig, um sie überhaupt mit den WTO-Regeln in Übereinstimmung zu bringen.

Sanktionsdrohungen der WTO lähmen die Politik

Die gemeinwohlfeindliche Haltung der WTO kommt nicht nur bei direkten Klagen gegen die Nahrungsmittel- und Arbeitsschutzgesetze einzelner Länder zum Tragen, sondern wirkt schon im Vorfeld lähmend auf den Gesundheits- und Verbraucherschutz. So erreichten zum Beispiel die USA durch die bloße Androhung einer Klage bei der WTO, dass Korea die Frist für die Lagerhaltung von Fleisch von 30 auf 90 Tage verlängerte.

Außerdem verkürzte das Land nach einer US-amerikanischen Klagedrohung die Zeit, die es für die Nahrungsmittelinspektion in Anspruch nahm, sodass die Nahrungsmittel nun den Verbraucher erreichen, bevor die Ergebnisse der mikrobiellen Tests vorliegen.

Da die WTO ihrer Tradition treu bleibt, im Zweifel gegen öffentliche Gesundheits- und Verbraucherschutzbestimmungen zu entscheiden, etabliert sich der neue Trend, dass Unternehmen und Staaten nicht mehr Klage erheben, sondern die bloße Drohung mit Sanktionen der WTO nutzen, um eine Verwässerung nationalstaatlicher Gesundheits- oder Arbeitsschutzgesetze zu erreichen. Mit dieser Methode wurde beispielsweise Thailand dazu gebracht, eine Kommission abzuschaffen, die den Verbraucherpreis für bestimmte Medikamente festsetzte, und es steht zu befürchten, dass sie auch weiterhin gegen Entwicklungsländer eingesetzt wird, die häufig nicht die Ressourcen und Fachleute haben, um sich gegen eine potenziell kostspielige offizielle Klage bei der WTO zu wehren.

Außerdem etabliert sich der beängstigende Trend, dass die WTO-Regeln über den Schutz geistigen Eigentums genutzt werden, um gesundheitspolitische Projekte zu torpedieren, darunter sogar solche, die von der Weltgesundheitsorganisation vorgeschlagen wurden oder anderswo auf der Welt als ganz normal gelten. Das Völkerrecht wird verzerrt, wenn die Besitzrechte von Konzernen höher bewertet werden als das Lebensrecht von Völkern und die Pflicht gewählter Regierungen, für öffentliche Gesundheit und soziale Sicherheit zu sorgen. Im folgenden Beispiel wurde ein wichtiges gesundheitspolitisches Projekt aus Angst vor seiner kostspieligen Verteidigung vor den Handelstribunalen in Genf und möglichen Wirtschaftssanktionen fallen gelassen – noch bevor die WTO überhaupt formell eingeschaltet wurde.

Der Babynahrungskodex von UNICEF und WHO
Der US-Konzern Gerber Products wollte sich nicht an ein guatemaltekisches Gesundheitsgesetz halten, das die Verwendung von Säuglingsbildern auf den Etiketten von Babynahrung verbot, wenn diese für Kinder unter zwei Jahren bestimmt war. Durch das Gesetz wurde der internationale UNICEF/WHO-Ko-

dex zur Vermarktung von Babynahrung in die Tat umgesetzt, der zum Schutz der Säuglinge das Stillen fördern soll. Zu diesem Zweck sieht der Kodex unter anderem die Abschaffung von Verpackungen für Babynahrung vor, die bei analphabetischen Eltern die Vorstellung von gesunden, wohlgenährten Kindern wecken könnten.

Alle in- und ausländischen Firmen, die in Guatemala Babynahrung oder andere Ersatzprodukte für Muttermilch verkauften, änderten ihre Verpackungen wie von dem Gesetz vorgeschrieben, nur Gerber nicht. Nach der Verabschiedung des Gesetzes ging die Kindersterblichkeit in Guatemala beträchtlich zurück, und das Land wurde in UNICEF-Veröffentlichungen als Musterbeispiel für die Umsetzung des Babynahrungskodex gelobt.

In der Folge verhandelte die Regierung Guatemalas mit Gerber über die Einhaltung des Gesetzes. Zu Gerbers Warenzeichen gehörte das fette Gesicht des »Gerber-Babys«. Mehrere Jahre lang musste die guatemaltekische Regierung zusehen, wie Gerber ihre Bestimmungen ignorierte und das Kindergesicht auf den Packungen ließ, dann zog sie ein Verbot aller Gerber-Produkte in Erwägung. An diesem Punkt drohte Gerber, Guatemala wegen Verletzung des Allgemeinen Zoll- und Handelsabkommens (GATT) zu verklagen (Kelly, 1994). Tatsächlich waren die Mitgliedsstaaten der WTO nach dem damals fast verabschiedeten Abkommen über das Recht auf geistiges Eigentum verpflichtet, Warenzeichen wie das vertraute fette Gerber-Babygesicht zu schützen. Und Gerber drohte in einem Brief an den Präsidenten Guatemalas, wenn sein Land diese Rechte nicht respektiere, werde man Rechtsmittel bei der GATT einlegen (Kelly, 1994).

Als die WTO 1995 ihre Arbeit aufnahm, hatte Gerber mit seinen Drohungen Erfolg. Um die Kosten eines Verfahrens oder eventueller Sanktionen zu vermeiden, änderte Guatemala sein Gesetz, sodass importierte Babynahrung von den ansonsten konsequenten Kinderschutzmaßnahmen ausgenommen war.

Angriffe auf den Umweltschutz

Die WTO hat gegen alle Umweltschutzgesetze geurteilt, die sie bis heute begutachtet hat. Ihre Entscheidungen gegen die Bestimmungen zum Schutz von Delphinen und Meeresschildkröten und gegen die Vorschriften zur Benzinreinheit im US-amerikanischen Clean Air Act lassen eine systembedingte Parteinahme gegen das Recht souveräner Staaten erkennen, Umweltgesetze zu verabschieden und effektiv umzusetzen. Diese Parteilichkeit ist in den WTO-Regeln und in der Struktur des Streitbeilegungsverfahrens begründet. Alle drei Entscheidungen haben dazu geführt (oder werden bei ihrer Umsetzung dazu führen), dass die betroffenen US-Gesetze abgeschwächt werden müssen.

1992 hatte eine Kommission des GATT ein US-amerikanisches Gesetz zum Schutz der Meeressäuger beanstandet. Dieses Gesetz verbot in den USA den Verkauf von Thunfisch, der von in- oder ausländischen Fischern mit Methoden gefangen war, denen Hunderttausende von Delphinen zum Opfer fielen. Vier Jahre später warb die Regierung Clinton im Kongress intensiv für eine Änderung des Gesetzes. Sie wollte die Entscheidung des GATT umsetzen, weil Mexiko mit einer Klage bei der WTO gedroht hatte. So kam es, dass Anfang 2000 in den USA auch solcher Thunfisch wieder verkauft werden durfte, der mit kilometerlangen Netzen gefangen war, in denen ganze Delphinschulen verendeten. Tatsächlich brachte die Regierung Clinton sogar eine Gesetzänderung durch, nach der dieser Thunfisch mit dem Aufdruck »delphinfreundlich gefangen« versehen werden sollte. Eine Klage von Umweltschützern hat diesen Etikettenschwindel verhindert, aber der »delphintödliche« Thunfisch darf wieder vermarktet werden.

Gefahr für den Schutz der Meeresschildkröte

Im so genannten »Garnelen-Schildkröten-Fall« erklärte eine Schiedskommission der WTO die Bestimmungen im US-amerikanischen Gesetz zum Schutz bedrohter Arten (Endangered Species Act) für illegal, mit denen die USA ihre Verpflichtungen aus dem multilateralen Artenschutzabkommen CITES erfüllen. Nach dem US-Gesetz müssen alle Garnelen, die in den USA vermarktet werden, so gefangen werden, dass die vom Aussterben bedrohte Meeresschildkröte dabei nicht gefährdet wird. Die Regierung Clinton versuchte die WTO-Entscheidung so umzusetzen, dass sie eine US-amerikanische Vorschrift, die zuvor für Lieferländer als solche gegolten hatte, nur noch auf die einzelnen Garnelenboote anwandte. Dies förderte die Praxis der »Garnelenwäsche«: Garnelen, die mit illegalen Fangmethoden gefangen waren, wurden einfach auf Booten eingeführt, die nach dem Gesetz als »schildkrötenfreundlich« galten. Auch gegen diesen Schachzug klagten Umweltschützer vor US-Gerichten, und die Regierung Clinton beschloss, mit der weiteren Verwässerung des Gesetzes zu warten, bis das Rennen zwischen Bush und Gore in den Präsidentschaftswahlen entschieden war.

Im Allgemeinen verkündet Renato Ruggiero, der Generaldirektor der WTO, in der Öffentlichkeit, dass seine Organisation die Grundsätze der nachhaltigen Entwicklung unterstütze (»die Umwelt hat in der Agenda der WTO einen hohen Stellenwert, und das wird auch so bleiben«). Inzwischen gestand er in einem plötzlichen Anfall von Ehrlichkeit jedoch ein, dass umweltpolitische Normen in der WTO »zum Untergang verurteilt sind und dem internationalen Handelssystem nur schaden können«.

Multilaterale Umweltschutzabkommen und die WTO

Die Entscheidungen gegen den Delphinschutz und gegen den Schildkrötenschutz werfen ein scharfes Licht auf die beunruhigende Tendenz der Schiedskommissionen von GATT und WTO, bestehende multilaterale Umweltschutzverträge zu missachten. Bei ihrer Entscheidung über das US-amerikanische Thunfisch-Embargo weigerte sich das WTO-Tribunal, die internationalen Abkommen zum Schutz von Delphinen zu berücksichtigen. Es ignorierte das internationale Präjudiz zugunsten des Artenschutzes und befand, das US-Gesetz verletze das Allgemeine Zoll- und Handelsabkommen (GATT), weil es extraterritorial angewandt werde. Das WTO-Tribunal ignorierte ebenso die Anstrengungen der USA, ein multilaterales Abkommen über Fang und Weiterverarbeitung von Thunfisch zu schließen.

Was den »Garnelen-Schildkröten-Fall« betrifft, so haben die USA mit 17 anderen Ländern ein Abkommen über Schutzmaßnahmen für Schildkröten beim Fang von Garnelen unterzeichnet. Trotzdem urteilte die WTO, dass die USA das Importverbot für anders gefangene Garnelen unilateral und extraterritorial und, nach den WTO-Regeln, diskriminierend verhängt habe, obwohl es sowohl für ausländische als auch für inländische Fangboote galt. Auch lehnte die WTO es ab, Artikel 20 des GATT-Abkommens anzuwenden, der Ausnahmen vom Freihandelsprinzip zulässt, um natürliche Ressourcen sowie Leben und Gesundheit von Menschen, Tieren und Pflanzen zu schützen. Dies, obwohl das US-amerikanische Garnelen-Embargo mit dem multilateralen Artenschutzabkommen CITES übereinstimmte, das die Verhängung von Wirtschaftssanktionen erlaubt, wenn ein Land vom Aussterben bedrohte Arten gefährdet.

Unterschiede in der Herstellungsweise von Produkten sollen unbeachtet bleiben

Im Streit um den Delphinschutz spielte ein Grundsatz der WTO eine Schlüsselrolle, der es Staaten verbietet, anhand der Herstellungsweise zwischen ansonsten ähnlichen Produkten zu unterscheiden. Die Möglichkeit, zwischen unterschiedlichen Herstellungsmethoden zu differenzieren, ist jedoch unverzichtbar für den Umweltschutz und für eine Politik, die nachhaltige Entwicklung fördert. Die Bedingungen, die bei der Herstellung von Gütern und der Gewinnung von Rohstoffen herrschen, und die Verfahren, die dabei zum Einsatz kommen, sind entscheidende Faktoren, um auf dem Planeten mehr Nachhaltigkeit und soziale Gerechtigkeit zu erreichen. Handelsregeln, die keine Differenzierung zwischen unterschiedlichen Produktionsmethoden erlauben, nehmen dem Staat die Möglichkeit, offensiv Umweltschutz zu betreiben oder Phänomene sozialer Unterdrückung wie etwa Kinderarbeit effektiv zu bekämpfen.

Die WTO untergräbt die Setzung nationaler Prioritäten

Im Januar 1996 kam es zum ersten Verfahren vor einem WTO-Tribunal gegen ein Gesetz eines Mitgliedsstaates. Angefochten wurde eine Vorschrift zum Schadstoffgehalt von Kraftstoffen im US-amerikanischen »Clean Air Act«. Das Luftreinhaltungsgesetz schrieb für Kraftstoffe, die in den meistverschmutzten Städten der USA verkauft wurden, einen Reinheitsgrad von

15 Prozent über dem Schadstoffgehalt von 1990 vor. In allen anderen Gebieten der USA durfte der Reinheitsgrad von 1990 nicht unterschritten werden.

Nach anfänglichen Schwierigkeiten, die Bestimmung adäquat zu formulieren, fand die US-Umweltschutzbehörde EPA schließlich einen realisierbaren, vertrauenswürdigen und wirtschaftlich sinnvollen Weg, dafür zu sorgen, dass alle in den Vereinigten Staaten verkauften Kraftstoffe den neuen Bestimmungen entsprachen. Um der Industrie die Umstellung zu erleichtern und zugleich maximalen Gesundheitsschutz zu gewährleisten, führte die EPA eine herstellerbezogene Übergangslösung ein: Bis 1998 durften alle in- und ausländischen Erzeuger den Schadstoffgehalt nicht überschreiten, den ihre Kraftstoffe 1990 gehabt hatten. Für Hersteller, die den Schadstoffgehalt ihrer Kraftstoffe für das Jahr 1990 nicht dokumentieren konnten, galten die Mittelwerte aller in- und ausländischen Hersteller, die für 1990 die notwendigen Angaben gemacht hatten. Durch diese Übergangslösung hatten alle Hersteller genügend Zeit, einen einheitlichen Grenzwert zu erreichen.

Venezuela und Brasilien fühlten sich durch die Übergangslösung der EPA jedoch benachteiligt, weil sie nach der herstellerbezogenen Regelung unter Umständen einen höheren Reinheitsgrad einhalten mussten als einige US-amerikanische Erzeuger, und sie erhoben Klage bei der WTO. Die Schiedskommission der WTO entschied zu ihren Gunsten und begründete ihre Entscheidung damit, die von der EPA zur Umsetzung des Luftreinhaltungsgesetzes erlassenen Vorschriften könnten tatsächlich die unbeabsichtigte Auswirkung haben, ausländische Erzeuger gegenüber US-Erzeugern zu benachteiligen. Die USA legten Berufung ein und argumentierten, ihre Politik sei nicht diskriminierend, da US-amerikanische und ausländische Erzeuger ohne ausreichende Angaben über den Schadstoffgehalt von 1990 gleich behandelt würden. Doch die Berufungsinstanz hielt das Urteil gegen die USA aufrecht. Sie gestand zu, dass die Luft eine schutzwürdige natürliche Ressource sei, meinte aber, dass die von den USA zu diesem Zweck eingesetzten Mittel nicht den WTO-Regeln entsprächen.

Die beiden Urteile ließen den USA nur die Wahl, entweder die EPA-Vorschriften aufzuheben und venezolanische Kraftstoffe mit höherem Schadstoffgehalt zuzulassen (ein Wettbewerbsnachteil für die US-amerikanischen Firmen, die die Bestimmungen inzwischen umgesetzt hatten) oder die Vorschriften nicht aufzuheben und mit jährlich 150 Millionen Dollar Wirtschaftssanktionen in Form venezolanischer Strafzölle auf US-amerikanische Produkte dafür zu bezahlen. Im August 1997 verwässerten die USA ihr Luftreinhaltungsgesetz, indem sie auf eine Methode zur Begrenzung der Schadstoffe in ausländischen Kraftstoffen zurückgriffen, die die EPA zuvor verworfen hatte, weil sie ihrer Ansicht nach in der Praxis nicht durchführbar war.

Der Fall zeigt, dass die WTO eine Bedrohung für die nationale Souveränität ihrer Mitgliedsstaaten darstellt. Die EPA-Bestimmungen hatten alle Hürden im demokratischen Gesetzgebungsverfahren genommen: Zuerst hatten Gegner der Regulierung – darunter auch die Regierung Venezuelas, vertreten durch die mächtige US-amerikanische Lobbying-Firma Arnold & Porter – versucht, eine Verabschiedung des Gesetzes im Kongress zu verhindern. Als sie damit scheiterten, hatten sie sich an seiner Formulierung beteiligt. Als die Regierung trotz allen Widerstands der Regulierung zugestimmt hatte, hatten sie mit einer Klage gedroht und waren erneut im Kongress aktiv geworden, um eine Änderung der Bestimmungen zu erreichen. Zu diesem Zeitpunkt hatten die US-amerikanischen Raffinerien beschlossen, die gesetzlichen Vorschriften einzuhalten, und bereits 37 Milliarden US-Dollar investiert. Die Vertreter der brasilianischen und venezolanischen Ölindustrie ihrerseits hatten den Kampf gegen das Gesetz fortgesetzt und bei den mit Bürokraten besetzten Geheimtribunalen der WTO geklagt, die nicht gewählt und niemandem rechenschaftspflichtig sind. Nur dort, unter Ausschluss der Öffentlichkeit, konnte es gelingen, das Gesetz zu verwässern.

Zusammenfassung

Dieses Kapitel bietet nur einen kleinen Ausschnitt aus der Geschichte der WTO in deren ersten fünf Jahren. Selbst diese Teilbewertung führt jedoch klar vor Augen, dass die WTO inakzeptable Auswirkungen hat.

Sei einiger Zeit gelingt es Bürgerinitiativen rund um den Erdball, die durch ein dichtes Kommunikationsnetz miteinander verbunden sind und sich international koordinieren, immer besser, die Öffentlichkeit, die Presse und die Politiker in ihren Ländern über die Folgen der Globalisierung und der internationalen Handelsabkommen aufzuklären. Sie veranstalteten im Vorfeld der WTO-Ministerkonferenz in Seattle eine einjährige Aufklärungskampagne unter dem Motto *WTO: No New Round, Turnaround* (»WTO: Keine neue Verhandlungsrunde, sondern Umkehr«) und erinnerten ihre Regierungen daran, dass sie eine Rechenschaftspflicht gegenüber der Öffentlichkeit haben. Diese Kampagne trug wesentlich dazu bei, dass die geplante Millenniumsrunde zur Erweiterung der WTO scheiterte. Alle, die sich an den international koordinierten Aktionen in zahlreichen Ländern beteiligten, hatten eine gemeinsame Überzeugung: Wenn die Menschen die wahren Ziele des Globalisierungsprojekts und dessen Auswirkungen auf ihr Leben erkennen, wird das Projekt stark an Legitimität verlieren, und seine politischen Realisierungschancen werden sinken.

Schon heute hat sich das leuchtende Bild der Globalisierung, wie es in den PR-Kampagnen der Globalisierungbefürworter gemalt wird, dank einer besser informierten Öffentlichkeit deutlich verfinstert. Kaum jemand hält das Globalisierungsprogramm der Konzerne noch für eine positive Kraft. Mehr und mehr Menschen erkennen außerdem, dass die von der WTO vorangetriebene Globalisierung nicht unvermeidlich ist, sondern nur eine von vielen Möglichkeiten, Volkswirtschaften, Rechtssysteme und politische Projekte zu gestalten. Wenn die Ergebnisse so unannehmbar sind wie bei der WTO, dann muss man sich für eine andere Gestaltungsmöglichkeit entscheiden.

Zu diesem Zweck haben die »Citizens' Coalitions« und viele einzelne NGOs aus 72 Ländern eine Offensive unter dem Motto *WTO: Shrink or Sink* (»WTO: Schrumpfen oder untergehen«) gestartet. Sie will durch elf Änderungen in den WTO-Regeln erreichen, dass die WTO nicht mehr gegen die Interessen der Allgemeinheit verstößt.

Der mit vielen unterschiedlichen Mitteln geführte Kampf, die wirtschaftliche Globalisierung als sorgfältig geplantes Projekt im Interesse der Konzerne mit verheerenden Folgen für das demokratische Regierungssystem zu entlarven, trägt im Umweltschutz, in der Gesundheitspolitik und in anderen Bereichen jetzt schon Früchte und wird unbeirrt fortgeführt. Er wird genügend öffentlichen Druck mobilisieren, um den Globalisierungswahn zu stoppen.

Kapitel 17

Die ökologischen Kosten der wirtschaftlichen Globalisierung

Simon Retallack

Simon Retallack ist Chef vom Dienst für die Sondernummern der Zeitschrift *The Ecologist* und einer der Direktoren des »Climate Initiatives Fund« – einer Stiftung, die mit ihren Fördergeldern Anstrengungen zur Verlangsamung der Klimaveränderung unterstützt. Er studierte Politologie an der London School of Economics und arbeitete als Forscher an der Londoner Denkfabrik Demos. Außerdem lehrte er als Gastdozent am »International Forum on Globalization« in San Francisco, für das er kürzlich ein Gutachten über die ökologischen Auswirkungen der wirtschaftlichen Globalisierung mit verfasste und herausgab. Er schreibt und referiert regelmäßig über klimatische und handelspolitische Probleme.

Die Natur ist als solche und in ihrer Bedeutung für das menschliche Leben von fundamentalem Wert. Ohne sie könnten wir nicht überleben. Dennoch haben wir uns so weit von ihr getrennt, dass wir ein Wirtschaftssystem entwerfen konnten, das sie zerstört.

Die revolutionären Maßnahmen zur Schaffung einer globalisierten Wirtschaft haben neue Regeln und eine neue Dynamik hervorgebracht, die mit Umweltschutz unvereinbar sind. Insbesondere die Schaffung zunehmend globaler, entfesselter Handels- und Investitionsmärkte hat die destruktiven Auswirkungen wirtschaftlicher Tätigkeit auf der Erde beträchtlich gesteigert. Sie erschöpft den weltweiten Vorrat an natürlichen Ressourcen und nähert sich der ökologischen Belastbarkeitsgrenze der Erde mit derart rasender Geschwindigkeit, dass sie die Fähigkeit des Planeten gefährdet, auch kommenden Generationen noch als Lebensgrundlage zu dienen.

Erschwerend kommt hinzu, dass die neuen Regeln und die neue Dynamik der wirtschaftlichen Globalisierung zugleich staatliche Auflagen und Steuern verhindern oder zu deren Abschaffung führen, die die Umwelt schützen sollen, und zwar genau zu dem Zeitpunkt, da sie am nötigsten gebraucht würden. Aufgrund dieser Entwicklung sind die wichtigsten wirtschaftlichen Akteure der heutigen Zeit, die Konzerne, zunehmend in der Lage, ohne Beschränkungen zu operieren – eine Tatsache, die zu einem gravierenden Verlust an wirtschaftlicher Verantwortlichkeit und Demokratie führt und die Möglichkeit demokratisch beschlossener Umweltschutzmaßnahmen erheblich einschränkt.

Das Ergebnis sind chronische globale Krisen wie Entwaldung, Artensterben, Klimaveränderung, Rückgang der Fischbestände, Bodenverschlechterung, Bodenverlust und Frischwassermangel. Die wirtschaftliche Globalisierung bewirkt eine gefährliche Überbeanspruchung der Erde.

Die Auswirkungen der Liberalisierung von Handel und Investitionen

Nationalstaatliche Handels- und Investitionshemmnisse wurden in den vergangenen 20 Jahren rund um den Erdball drastisch reduziert – durch die Umsetzung von Strukturanpassungsprogrammen des IWF und der Weltbank überall in den Entwicklungsländern, durch die neoliberalen Regierungen, die in den meisten Ländern des Nordens an die Macht gelangten, durch die Schaffung von Freihandelsregionen in Europa und Nordamerika und durch die Umsetzung der internationalen Abkommen, die während der verschiedenen GATT-Runden beschlossen wurden (siehe Kapitel 10).

In der Folge verzwölffachten sich zwischen 1970 und 1992 die ausländischen Direktinvestitionen transnationaler Konzerne in den Entwicklungsländern (*World Investment Report,* 1998). Sie wuchsen zwischen 1992 und 1997 nochmals um das Dreifache und stiegen auf 149 Milliarden US-Dollar, während die Gesamtsumme an ausländischen Direktinvestitionen 400 Milliarden US-Dollar betrug – auch diese Summe hatte sich seit 1994 fast verdoppelt. Die weltweite Öffnung der Märkte für ausländische Produkte und die Exportförderung führten zu einer ähnlich explosiven Zunahme des Welthandels: Sein Volumen wuchs von 380 Milliarden US-Dollar im Jahr 1950 auf 5,86 Billionen US-Dollar im Jahr 1997, ein Anstieg um das 15fache (*World Economic Outlook*, 1997).

Der durch die wirtschaftliche Globalisierung verursachte Boom im Welthandel und bei den Investitionen hat eine Anzahl sehr spezifischer Umweltprobleme mitverursacht. Handel erfordert Verkehrsmittel. Da die heutigen Transportmittel von fossilen Brennstoffen angetrieben werden – die bei ihrer Verbrennung eine Reihe schädlicher Gase, darunter auch Treibhausgase, freisetzen –, hat die Zunahme des Verkehrs, die mit der Zunahme des Welthandels notwendigerweise einhergeht, zu einer direkten Verschärfung der Luftverschmutzung und der globalen Klimaveränderung (siehe Kapitel 21) geführt. Dieselbe Entwicklung hat auch das Phänomen der Bioinvasion verschärft, das eine der Hauptursachen für das Artensterben darstellt. Mit Bioinvasion ist gemeint, dass Tier- und Pflanzenarten aus weit entfernten Ökosystemen in der Ladung oder dem Ballast von Schiffen, Flugzeugen und Lastwagen an neue Orte verbracht werden, wo sie häufig katastrophale Folgen für die Artenvielfalt haben.

Viele bedrohte Arten sind durch eine weitere Folge der Liberalisierung des Handels noch zusätzlich bedroht. Die Abschaffung der Grenzkontrollen – beispielsweise im europäischen gemeinsamen Markt – und der zunehmende handelsbedingte Verkehr über die Grenzen in Nordamerika und andere internationale Grenzen hinweg hat die Bekämpfung des illegalen Handels mit gefährdeten Tierarten beträchtlich erschwert. Dieselbe Entwicklung erleichtert auch den illegalen Handel mit Sondermüll und mit verbotenen Fluorchlorkohlenwasserstoffen (FCKWs), die bei der Zerstörung der Ozonschicht eine zentrale Rolle spielen.

Am schlimmsten ist die Liberalisierung des Handels vermutlich jedoch wegen ihrer ökologischen Gesamtwirkung. Das Niederreißen der Handelsbarrieren hat den Konzernen – deren wichtigstes Ziel die Expansion ist, um den Marktwert ihrer Aktien und die Gewinne ihrer Aktionäre zu erhöhen – Zugang zu zwei wichtigen neuen Märkten verschafft. Der erste ist ein riesiger neuer Markt von Verbrauchern, denen die Konzerne ihre Industrieerzeugnisse verkaufen können, indem sie sie durch Werbung davon überzeugen, dass der Konsum von Waren ihnen Befriedigung verschafft. Der zweite Markt ist ein riesiger neuer Markt für natürliche Ressourcen, die zur Produktion für die neuen Verbrauchermärkte und zur Aufrechterhaltung des hohen Konsumniveaus in den industrialisierten Ländern gebraucht werden.

Im Rahmen dieser Entwicklung werden Produkte, Technologien und Lebensstile, die bisher auf die industrialisierten Länder beschränkt waren und oft mit hoher Umweltverschmutzung verbunden sind, weltweit exportiert und verkauft. Dies gilt beispielsweise für Kraftfahrzeuge, deren Anzahl von weltweit einigen Tausend im Jahr 1900 auf etwa 700 Millionen im Jahr 1999 zugenommen hat. Seit die Märkte für Importe geöffnet sind, gibt es in den meisten neu industrialisierten Ländern einen Autoboom. Südkorea und Thailand hatten beispielsweise Anfang der Neunzigerjahre bei den verkauften Autos jährliche Zuwachsraten von 25 bzw. 40 Prozent zu verbuchen. Das Ergebnis ist eine verheerende Luftverschmutzung in Ballungsräumen und eine Zunahme der Treibhausgase, die die Klimaveränderung beträchtlich beschleunigt.

Der gewaltige Strom von Produkten, den die Konzerne auf ihre alten Märkte pumpen, und der anschwellende Strom, mit dem sie die neuen Verbrauchermärkte überschwemmen, machen es inzwischen erforderlich, dass auch ein unaufhörlicher und anschwellender Strom von Rohstoffen zur Verfügung steht. Erze werden abgebaut und in Autos verwandelt; Bäume werden gefällt und in Papier, Verpackungsmaterial und Möbel verwandelt; Öl und Kohle werden gefördert und zu Elektrizität umgewandelt; Fischbestände werden abgefischt und zu Fischprodukten gemacht; und für den Export bestimmte Agrarprodukte laugen die Böden aus. Mit dem Abbau der Export- und Importbeschränkungen sind diese natürlichen Ressourcen, von denen viele nicht erneuerbar sind, in einem bisher beispiellosen Umfang zugänglich und nutzbar geworden. Sie können gekauft werden, um den Produktionsbedarf der Konzerne zu decken, was zumindest teilweise erklärt, warum der weltweite Verbrauch von Werkstoffen wie Mineralen, Metallen, Holz- und Erdölprodukten seit 1900 um das 18fache zugenommen hat (Gardner und Sampat, 1999). Die Folge ist eine rapide Beschleunigung des Ressourcenverbrauchs. Der Abbau von Mineralen und Metallen verursacht immer größere und verheerendere Umweltschäden, von der Emission von Schadstoffen und der Produktion von Abfällen bis zur Verwüstung ganzer Landstriche. Der Bergbau trägt heute mehr von der Erdoberfläche ab als die natürliche Erosion durch Flüsse. Der Niedergang der weltweiten Fischbestände und die Entwaldung haben katastrophale Ausmaße angenommen; die meisten großen kommerziellen Fischgründe sind inzwischen durch Überfischung bedroht, und über 70 Prozent der großen, noch unberührten Wälder unseres Planeten sind durch den massiven Holzeinschlag gefährdet. Die Erzeugung von Agrarprodukten für den Export verursacht ebenfalls schwere, langfristig untragbare Umweltschäden, etwa Bodenerosion und Bodenzerstörung durch Überweidung, Wasserverlust, Desertifikation, chemische Verseuchung, Artensterben und Entwaldung.

All diese Schäden werden durch die wirtschaftliche Globalisierung mitverursacht und verschärft. Die Aufhebung der Export- und Importschranken hat unvermeidlich Exportzwänge zur Folge. Die Logik des Freihandels zwingt zur Spezialisierung, um Standortvorteile wahrzunehmen; und die Exporte müssen Devisen für den Schuldendienst bei den Banken des Nordens erbringen. Ohne diese Exportzwänge würden die meisten natürlichen Ressourcen, aus denen Grundstoffe hergestellt werden, gewiss nicht in dem gegebenen Ausmaß ausgebeutet werden. 1990 waren beispielsweise alle in Botswana geförderten Diamanten für den Export bestimmt. Dasselbe gilt für 99 Prozent des in Burundi angebauten Kaffees, für 93 Prozent der Bananen in Costa Rica, für 83 Prozent der Baumwolle in Burkina Faso, für 71 Prozent des Tabaks in Malawi; für die Hälfte der in Malaysia gefällten Bäume und für die Hälfte des isländischen Fischfangs (French, 1993).

Auch die Aufhebung der Hemmnisse für Auslandsinvestitionen im Rahmen der wirtschaftlichen Globalisierung führt zu einem schnelleren Abbau von Ressourcen, denn sie erlaubt Konzernen, die Rohstoffe entweder unverarbeitet exportieren oder sie für ihre eigene Produktion verwenden, ihre Geschäfte auf die ganze Welt auszudehnen. Dank dieser Entwicklung haben transnationale Ölkonzerne wie Exxon-Mobil und Shell, Bergbaukonzerne wie Rio Tinto Zinc und BHP, Holzverarbeiter wie Mitsubishi und Boise Cascade, Fischereikonzerne wie Pescanova und Arctic-Tyson Foods, Wasserversorger wie Vivendi SA und Suez Lyonnaise des Eaux und Nahrungsmittelkonzerne wie Cargill und Monsanto auf allen Erdteilen Fuß gefasst. In einer Welt mit reduzierten Investitionsbarrieren kann jedes Unternehmen, das über genügend Kapital verfügt, in beliebiger Menge natürliche Ressourcen wie Öl, Erdgas, Minerale, Holz, Fisch, Wasser und Feldfrüchte gewinnen. Sind die Ressourcen in einem Gebiet weitgehend erschöpft, dann zieht es einfach in ein anderes Gebiet um. Die Folge sind massive und häufig irreversible Umweltschäden.

Aber nicht nur die Gewinnung der Rohstoffe verursacht Umweltschäden, auch ihre Weiterverarbeitung zu immer komplexeren Industriegütern ist oft mit großen Umweltbelastungen verbunden. Und sie erfordert große Mengen Energie – größtenteils aus fossilen Brennstoffen, die für Luftverschmutzung und Klimaveränderung mitverantwortlich sind. In der Produktion werden außerdem große Mengen von Chemikalien eingesetzt. Da Erzeugung und Export von Industriegütern weltweit exponential zunehmen, hat auch die Weltproduktion von synthetischen organischen Chemikalien enorm zugenommen. Die Weltproduktion von Chemikalien stieg von 7 Millionen Tonnen im Jahr 1950 auf fast eine Milliarde Tonnen in der Gegenwart und bringt gewaltige Mengen an Sondermüll hervor (Karliner, 1997). Die Folge ist ein beträchtlicher Rückgang der Artenvielfalt und ein entsetzlicher Anstieg der Krebsraten. So erkrankt ein weißer US-Amerikaner heute doppelt so wahrscheinlich an Krebs wie sein Großvater (Davis et al., 1994).

Die wirtschaftliche Globalisierung fördert diese Trends nicht nur, indem sie die Exportproduktion anheizt. Die Trends werden auch durch die Liberalisierung im Bereich der Investitionen gefördert, die es den Konzernen erlaubt, ihre industrielle Produktion auf die ganze Welt auszudehnen – mit entsprechender

Zunahme der ökologischen Probleme, die solche Aktivitäten verursachen. Computer-, Auto-, Stahl-, Papier- und Chemieindustrie haben sich inzwischen auf dem ganzen Erdball ausgebreitet, allesamt Industriezweige, die beträchtliche Mengen an Sondermüll produzieren – mit schlimmen Folgen für öffentliche Gesundheit und Artenvielfalt.

Auch die Aufhebung von Investitionshemmnissen wirkt sich oft verheerend aus. Konzerne aus dem Norden können Herstellungsprozesse, die ökologisch so schädlich sind, dass sie im Norden hohe Gebühren für die Beseitigung des Schadens zahlen müssten oder die in den meisten Industrieländern sogar ganz verboten sind, nun in Länder verlagern, wo die Umweltgesetze oder deren Umsetzung sehr locker sind (siehe Kapitel 12). Es sind viele Fälle dokumentiert, in denen besonders gefährliche Unternehmensbereiche aus dem Norden in den Süden verlegt wurden, um strengen und kostspieligen Umweltgesetzen auszuweichen, so etwa Blei- und Kupferschmelzen, verschiedene Mineralverarbeitungsbetriebe sowie Betriebe zur Herstellung oder Verarbeitung von Asbest, Benzidinfarbstoffen, Ozon zerstörenden FCKWs und bestimmten Schädlingsbekämpfungsmitteln wie etwa DDT (Leonard, 1988). Eine ganze Anzahl schlimmer Umweltprobleme wird dadurch verstärkt – mit gravierenden Folgen für öffentliche Gesundheit und Artenvielfalt.

Ähnlich verheerende Probleme verursacht die Lagerung der zunehmenden städtischen Abfälle. Sie werden durch die wachsende Menge an Konsumgütern und Verpackungsmaterial verursacht, die weltweit auf den Markt geworfen werden, und durch die Ausweitung der industriellen Lebensweise, die durch die Öffnung der Märkte bedingt ist. Die Zunahme von Müllgruben und Müllverbrennung führt zu einer Zunahme von Trinkwasserverschmutzung und Quecksilbervergiftung des Bodens; sie bedeutet, dass mehr Methan (ein hochwirksames Treibhausgas) freigesetzt wird und mehr Krebs erzeugende Dioxine in unsere Atemluft gelangen.

Der Abbau von Handels- und Investitionshemmnissen rund um den Erdball trägt offensichtlich zur Verschärfung all dieser Probleme bei, indem er wachstumsorientierten Konzernen einen nie da gewesenen Zugang zu Verbrauchern und Rohstoffen verschafft und indem er die nicht nachhaltige, industrialisierte

Lebensweise über ihre »natürlichen« Grenzen hinaus fortsetzt und auf die ganze Welt ausdehnt.

Wenn die steigende Flut ökologischer Zerstörung, die daraus folgt, eingedämmt werden soll, ist ihre *Regulierung* durch strengere Umweltschutzbestimmungen notwendiger denn je. Doch ein weiteres Schlüsselphänomen der Globalisierung ist *Deregulierung.* Die durch die Globalisierung verursachte Wettbewerbsdynamik und die neuen Handelsregeln der Weltwirtschaft, die vor allem von der WTO verhängt werden, veranlassen Staaten auf der ganzen Welt, legislative und steuerliche Maßnahmen zum Umweltschutz zurückzuschrauben oder ganz auf sie zu verzichten. Die Beschränkungen für ökologisch schädliche Tätigkeiten von Konzernen werden damit genau zu dem Zeitpunkt abgeschafft, da sie am meisten benötigt würden.

Die Auswirkungen des globalen Wettbewerbs

Während sich die Wirtschaft globalisiert und die Konzerne weltweit tätig werden, bleibt die Macht demokratischer Regierungen auf ihr eigenes Territorium beschränkt. Dadurch können sich die Konzerne ihrer Rechenschaftspflicht vor der Öffentlichkeit und der Kontrolle durch den Staat zunehmend entziehen, was die Durchsetzung verzweifelt benötigter Umweltschutzmaßnahmen sehr erschwert.

In ihrem Kampf gegen ökologisch motivierte Bestimmungen oder Steuern erklären die Unternehmen dem Staat, sie müssten ihre Preise erhöhen, falls ihnen reale oder potenzielle Umweltkosten auferlegt würden. Dadurch werde ihnen auf dem Weltmarkt ein vermeidbarer Wettbewerbsnachteil entstehen, da sie dort mit Waren konkurrieren müssten, deren Preis nicht durch Umweltkosten belastet sei. Sie würden allmählich vom Markt gedrängt, und kostbare Arbeitsplätze würden vernichtet. Falls sich die Konzerne mit dieser Argumentation nicht durchsetzen, fahren sie ihr schwerstes Geschütz auf: Sie drohen damit, die neue Freiheit zu nutzen, die durch den Abbau der Handels- und Investitionshemmnisse entstanden ist, und ihre Betriebe in ein anderes Land zu verlegen, in dem die Umweltgesetze weniger streng sind oder nicht so konsequent durchgesetzt werden.

Sowohl die Staaten in der industrialisierten Welt als auch die in den Schwellenländern reagieren nachweislich sehr empfindlich auf solche Argumente und Drohungen. Sobald sie in die globalisierte Wirtschaft integriert sind, versuchen sie verzweifelt, Investitionen auf ihrem Territorium zu fördern, um damit Arbeitsplätze zu schaffen; sie wollen die Produktivität in ihrem Land steigern, indem sie den Transfer neuer Technologien erleichtern, und sie wollen durch Wirtschaftswachstum ihr Bruttoinlandsprodukt (BIP) steigern. Außerdem hat die wirtschaftliche Globalisierung Reichtum und Macht der transnationalen Konzerne so gewaltig vermehrt, dass es ihnen ein Leichtes ist, Regierungen einzuschüchtern oder zu kaufen. Vermögen und Umsatz der größten transnationalen Konzerne sind heute weit größer als das BIP der meisten Staaten. Tatsächlich sind 51 der 100 größten Wirtschaftseinheiten der Welt (Banken und Finanzinstitute nicht berücksichtigt) heute Konzerne und nicht mehr Staaten (Karliner, 1997).

Die Konzerne nutzen ihre neue Stärke und Mobilität in der globalisierten Wirtschaft, um politischen Druck zu entfalten. Insbesondere spielen sie Staaten und Gemeinden gegeneinander aus, um optimale Investitionsbedingungen herauszuholen. Dies hat einen »globalen Wettlauf nach unten« in Gang gesetzt, bei dem die Investitionsbedingungen auf das Niveau jener Länder absinken, in denen die größte Verzweiflung und Not herrschen. Viele Umweltschutzmaßnahmen werden zurückgenommen oder nicht mehr durchgesetzt, und zahllose weitere treten gar nicht erst in Kraft, nur damit die eigenen Konzerne in der globalisierten Wirtschaft konkurrenzfähig bleiben und ausländische Konzerne investieren.

Am stärksten wird die Deregulierung von Entwicklungsländern vorangetrieben. Gleichgültig, ob sie Strukturanpassungsprogramme von Weltbank und IWF umsetzen oder ihre Regierungen aus eigener Initiative handeln, das Ziel ist immer das gleiche: wettbewerbsfähig genug zu sein, um ausländische Investoren anzuziehen und im Land zu halten. Für Entwicklungsländer wie Indien bedeutet dies die Aufhebung von Umweltschutzgesetzen. Niederlassungsverbote für Industriebetriebe in ökologisch empfindlichen Gebieten werden widerrufen und Naturschutzgebiete verlieren ihren Status, damit sich Zementfabriken, Bauxitminen, Garnelenzuchtbetriebe und Luxushotels ansiedeln können. Forstwirtschaftliche Gesetze werden zugunsten der Papierindustrie abgeschwächt, Fischereigesetze zugunsten transnationaler Fischkonzerne und Bergbaugesetze zugunsten von Bergbaukonzernen.

Immer mehr Entwicklungsländer gehen sogar noch weiter, indem sie ihre natürliche Umwelt auf dem Altar des globalen Wettbewerbs opfern. Sie schaffen Hunderte so genannter »Freihandelszonen«. Diese liegen gewöhnlich in der Nähe wichtiger Kommunikationszentren, und eine lasche Überwachung der Umweltschutzgesetze ist fester Bestandteil des Maßnahmenpakets, das ein »ideales Investitionsklima für ausländische Konzerne« schaffen soll. In der Folge werden ganze Regionen ökologisch verwüstet. Eine besonders berüchtigte Freihandelszone oder *Maquiladora* befindet sich in Mexiko an der Grenze zu den USA. In der Zone sind 3400 Betriebe angesiedelt (siehe Kapitel 12). Auch in den chinesischen Provinzen Kwangtung und Fukien sind *Maquiladora*-ähnliche Zonen entstanden, wo ausländische Unternehmen aufgrund des niedrigen Lohnniveaus und der lockeren Handhabung des Umweltschutzes Milliarden von Dollar investiert haben.

Auch ökologisch sinnvolle Produktionsweisen in Entwicklungsländern geraten durch den Wettbewerbsdruck in der globalisierten Wirtschaft in Gefahr. Die Landwirtschaft ist ein gutes Beispiel dafür: Im Norden werden gewaltige Mengen von Feldfrüchten wie Weizen, Mais und Reis in Monokulturen für den Export angebaut. Dies geschieht mit einem sehr hohen, langfristig untragbaren Einsatz von Chemikalien und maschineller Arbeit sowie unter Einsatz von Gentechnik. Außerdem werden die dortigen Agrarfabriken hoch subventioniert und haben aufgrund ihrer Produktionsmengen niedrigere Kosten. Seit dem Abbau der Importschranken überschwemmen diese Agrarprodukte nun die Märkte in den Entwicklungsländern und unterbieten die dortigen Kleinbetriebe, die mit niedrigem technischen und maschinellen Einsatz arbeiten. Dadurch gerät das ökologischer produzierende Landwirtschaftssystem unter Druck. Die Landwirtschaft in den Entwicklungsländern kann nur konkurrenzfähig bleiben, wenn sie das System ihrer Konkurrenz in der industrialisierten Welt übernimmt – mit weiteren verheerenden Folgen für die Umwelt. Angesichts der Tatsache, dass inzwischen 25 Prozent der mexikanischen Maisimporte gentechnisch modifiziert sind, sagte kürzlich Romarico Arroyo, der mexikanische Landwirtschaftsminister: »Wenn wir uns nicht selbst der Gentechnik bedienen, werden wir kaum noch konkurrenzfähig bleiben« (Tricks und Mandel-Campbell, 1999) – obwohl daraus schwerer Schaden für die Artenvielfalt in Mexiko entstehen könnte.

Noch auf eine weitere Art unterminiert die marktwirtschaftliche Konkurrenz positive umweltpolitische Ansätze in den Entwicklungsländern. Viele dieser Länder haben ihre Umweltschutzbudgets zusammengestrichen, um einen Strukturanpassungskredit (SAK) von IWF oder Weltbank zu erhalten. Diese Kredite sind häufig an die Bedingung geknüpft, die Staatsausgaben und die Steuerlast für die eigenen Unternehmen zu senken, damit diese auf dem Weltmarkt konkurrenzfähiger werden. Zwei Beispiele: Der Haushalt der mexikanischen Umweltschutzbehörde wurde zwischen 1986 und 1989 real um 60 Prozent gekürzt, die brasilianischen Umweltschutzausgaben wurden 1998 um 66 Prozent gekürzt, und ein für den Schutz des Regenwalds am Amazonas bestimmter Fonds wurde von 61,1 Millionen US-Dollar auf 6,4 Millionen US-Dollar verkleinert (Steven Schwartzman, Environmental Defence Fund, Washington, DC).

Als ob das nicht genug wäre, gehen manche Schwellenländer sogar noch weiter, um den Gott der Wettbewerbsfähigkeit und der Auslandsinvestitionen zu versöhnen. So heißt es in einer Anzeige, die die philippinische Regierung in der Zeitschrift *Fortune* platzierte: »Um Unternehmen wie das Ihrige anzuziehen, haben wir Berge versetzt, Dschungel gerodet, Sümpfe trockengelegt, Flüsse umgeleitet, Städte verlegt – alles nur, damit es für Sie und Ihr Unternehmen leichter ist, hier Geschäfte zu machen.«

In der globalisierten Wirtschaft müssen die industrialisierten Länder mit solchen Schwellenländern und, immer noch häufiger, mit anderen modernen Industriestaaten konkurrieren. Deshalb haben sie eigene Deregulierungsprogramme umgesetzt – mit weiteren negativen Folgen für den Umweltschutz. So gründete die US-Regierung unter Reagan einen Sonderausschuss zur Abschaffung unnötiger Vorschriften, der von Vizepräsident George Bush geleitet wurde und bei der Verwässerung, Rücknahme und Verhinderung von Bestimmungen in den Bereichen Umwelt-, Verbraucher- und Arbeitsschutz eine wichtige Rolle spielte. Als George Bush 1989 Präsident wurde, gründete er den »Rat für Wettbewerbsfähigkeit«, der unter seinem Vizepräsidenten Quayle dieselbe Funktion erfüllte. Dieser Rat sorgte dafür, dass die Hälfte der geschützten Feuchtgebiete in den USA für die Erschließung freigegeben wurde, und machte (laut »Public Citizen's Congress Watch«) über 100 negative Korrekturvorschläge zu den Bestimmungen, die die Umweltschutzbehörde EPA für den Clean Air Act von 1990 entwickelt hatte. Mitte der Neunzigerjahre brach eine weitere Flut von umweltpolitischen Deregulierungen über die USA herein, diesmal auf Betreiben der vom damaligen Präsidenten des Repräsentantenhauses Newt Gingrich geführten republikanischen Mehrheit im Kongress. Verursacht war diese Deregulierungswelle mindestens teilweise durch den Druck großer Konzerne, die sich der mächtigen neuen Waffen bedienten, die ihnen die globalisierte Wirtschaft an die Hand gab.

Im Jahr 1995 versuchte zum Beispiel der Holzkonzern Boise Cascade US-Umweltschutzbestimmungen mit der Drohung zu verwässern, bestimmte Unternehmensbereiche nach Mexiko zu verlegen. Die Drohung war durchaus glaubhaft, denn Boise Cascade hatte schon zu Beginn des Jahres Werke in Oregon und Idaho geschlossen und die Produktion nach Guerrero in Mexiko verlegt. Dort profitierte der Konzern von den lockeren Umweltschutzbestimmungen und anderen »Investitionsvorteilen«, die dank der NAFTA dort herrschten. »Wie viele weitere Werke geschlossen werden«, wurde Doug Bertels, der Sprecher von Boise Cascade, vom *Idaho Statesman* zitiert, »hängt davon ab, was der Kongress tut« (Karliner, 1997). Es war bestimmt kein Zufall, dass der Kongress noch im selben Jahre den »Timber Salvage Rider« verabschiedete. Dieser Gesetzeszusatz, der offiziell das Schlagen kranker oder gefährdeter Bäume erlaubte, machte die US-amerikanische Holzindustrie konkurrenzfähiger, indem er große Waldgebiete für den unkontrollierten und subventionierten Einschlag freigab.

Das Bestreben der industrialisierten Länder, ihre wirtschaftliche Konkurrenzfähigkeit aufrechtzuerhalten, hat nicht nur die Abschaffung bestehender Umweltschutzbestimmungen zur Folge. Es verhindert auch eine ausreichende Besteuerung der Unternehmen, um staatliche Umweltschutzprogamme zu finanzieren. Jede Erhöhung der direkten oder indirekten Steuern vermindert entweder die Konkurrenzfähigkeit der eigenen Industrie oder veranlasst die Konzerne, ihre neu entstandene globale Mobilität zu nutzen und ihre Produktion in Steueroasen oder Länder mit niedrigeren Steuern zu verlagern. Beides bedeutet einen empfindlichen Verlust an staatlichen Einnahmen, die dringend in die Gewinnung erneuerbarer Energie, in effizientere Energienutzung, in öffentliche Verkehrsmittel, in Aufforstungsprogramme und in die Behebung von Umweltschäden investiert werden müssten.

Die harten Regeln der globalisierten Wirtschaft

Falls irgendwelche Umweltschutzmaßnahmen die allgemeine Deregulierung im Namen der Wettbewerbsfähigkeit überlebt haben, bekommen sie oft den Todesstoß durch die neuen »harten« Regeln der globalisierten Wirtschaft, die vor allem die WTO durchsetzen will. Der wichtigste Zweck der WTO und dieser Regeln besteht darin, Handelshemmnisse abzubauen. Da viele nationale und internationale Gesetze und Abkommen zum Schutz der Umwelt den Handel in irgendeiner Hinsicht beschränken, hat die WTO es sich zum Ziel gesetzt, sie umzustoßen, abzuschwächen, zu eliminieren oder von vornherein zu verhindern, dass sie verabschiedet werden. Nach den WTO-Regeln hat der Freihandel im Konfliktfall effektiv den Vorrang gegenüber allen anderen Belangen – einschließlich des Umweltschutzes.

Offiziell erlauben die globalen Handelsregeln »Maßnahmen zum Schutze des Lebens und der Gesundheit von Menschen, Tieren und Pflanzen« und auch »Maßnahmen zur Erhaltung erschöpflicher Naturschätze« (Artikel 20, GATT). Wer diese Maßnahmen anwenden will, sieht sich jedoch mit einem unüberwindlichen Gestrüpp juristischer Hindernisse konfrontiert, das heißt, es gilt eine Unzahl von Handelsregeln und Präzedenzfällen zu beachten, bevor die erwähnten Bestimmungen greifen, was diese praktisch bedeutungslos macht.

So ist keine Umweltschutzmaßnahme erlaubt, die »zu einer willkürlichen und ungerechtfertigten Diskriminierung zwischen Ländern, in denen gleiche Verhältnisse bestehen, oder zu einer verschleierten Beschränkung des internationalen Handels führt« (Artikel 20, GATT). Im selben Artikel heißt es außerdem, Maßnahmen zur Erhaltung erschöpflicher Naturschätze seien nur erlaubt, sofern sie »im Zusammenhang mit Beschränkungen der inländischen Produktion oder des inländischen Verbrauchs angewendet werden« (Shrybman, 1999). Tatsächlich darf bei keiner Maßnahme zwischen verschiedenen ausländischen Produzenten oder zwischen ausländischen und inländischen Produzenten einer »gleichartigen« Ware unterschieden werden (Artikel 1 und 3, GATT). Zudem gelten Umweltschutzmaßnahmen, die den Handel beeinflussen, nur dann als legitim, wenn sie »nicht handelsbeschränkender als notwendig« sind, um die angestrebte Erhaltung einer Ressource oder ein anderes ökologisches Ziel zu erreichen (Artikel 2.2. des WTO-Übereinkommens über technische Handelshemmnisse). Auch Normen zu Nahrungsmittelsicherheit, Biotechnologie, Schädlingsbekämpfung und generell zum Umgang mit Tieren und Pflanzen sind, wenn sie Einfluss auf den Handel haben, nur dann erlaubt, wenn ein internationaler wissenschaftlicher Konsens darüber besteht, dass sie in Bezug auf die Risikobewertung gerechtfertigt sind (so in verschiedenen Artikeln des WTO-Übereinkommens über gesundheitspolizeiliche und pflanzenschutzrechtliche Maßnahmen).

Diese Bedingungen sind sehr restriktiv und bieten enormen Spielraum für subjektive Interpretationen – Spielraum, der dank der parteiischen Schlichtungsverfahren der WTO voll zu Gunsten der Handelsfreiheit und zu Ungunsten umweltpolitischer Erwägungen genutzt wird (siehe Kapitel 16).

WTO-Regeln, die Nationalstaaten in ihrer gesetzgeberischen Freiheit beschränken, sofern ein Gesetz den Handel, und sei es auch nur indirekt, hemmen könnte, wurden durch die WTO-Tribunale in allen bisherigen Streitfällen sehr extensiv ausgelegt. Dagegen wurden Regeln, die vielleicht Raum für umweltpolitisch motivierte Handelsbeschränkungen ließen, extrem restriktiv angewandt. Dies erklärt, warum sämtliche Umweltschutzmaßnahmen für regelwidrig erklärt wurden, die bisher von der WTO und zuvor von der GATT begutachtet wurden. Es erklärt auch, warum die bloße Androhung oder Möglichkeit eines Eingreifens der WTO viele Länder dazu bewegt, ihre Gesetze freiwillig zu ändern, um sie »WTO-kompatibel« zu machen. Durch diesen so genannten »Abkühlungseffekt« sind zahllose bestehende oder geplante staatliche Maßnahmen, die für den Umweltschutz lebenswichtig wären, in Gefahr oder werden erst gar nicht mehr diskutiert.

Zu der Vielzahl umweltpolitisch motivierter Beschränkungen, die aufgrund der Welthandelsregeln heute auf dem Spiel stehen, gehört auch die Exportkontrolle. Exportbeschränkungen sind oft ein probates Mittel, um wichtige und knappe natürliche Ressourcen wie Wälder, Fischbestände und Wasserreserven zu schützen, insbesondere wenn ein immer größerer Anteil dieser natürlichen Ressourcen zu Exportzwecken ausgebeutet wird. Wenn Staaten in der Vergangenheit Exportverbote für bestimmte Güter verhängten, um Bestände und lokale Arbeitsplätze zu erhalten – etwa die kanadischen Exportverbote für unbearbeitete Baumstämme und rohen Fisch –, hatten diese eine unmittelbare und offensichtliche Auswirkung auf das Ausmaß des Ressourcenabbaus.

Solche Maßnahmen sind jedoch nach den GATT- und WTO-Regeln illegal, und die Entscheidungen der zuständigen Tribunale haben dies bestätigt. Der Canadian Fisheries Act von 1908 zum Beispiel, der den Export von unverarbeitetem Lachs und Hering verbot, wurde durch eine Kommission der GATT aufgehoben, nachdem ihn die USA 1986 beanstandet hatten, damit ihre eigene Konservenindustrie besser von den wertvollen Fischbeständen Kanadas profitieren konnte.

Auch die Verabschiedung wirksamer Importkontrollen wird durch GATT- und WTO-Regeln verhindert, mit schlimmen Folgen für Umweltschutzgesetze und -bestimmungen. Importquoten oder Importverbote werden aufgehoben, und dasselbe gilt für jede Unterscheidung zwischen verschiedenen ausländischen Produzenten und ausländischen und inländischen Produzenten eines »gleichartigen« Produkts – auch durch Zölle. Waren, die gleich aussehen, dürfen also nicht mehr unterschiedlich behandelt werden, auch wenn sie mit unterschiedlichen Methoden hergestellt werden. Da viele Güter so produziert, angebaut, geerntet oder gefördert werden, dass gravierende Umweltschäden entstehen, bedeutet das Diskriminierungsverbot gegen solche Waren, dass ein wichtiges Werkzeug zur Herstellung ökologischer Nachhaltigkeit verloren geht.

Unter diesen Bedingungen kann der Umweltschutz nur verlieren: Wenn ein Staat eine Ware nur dann auf seinen Binnenmarkt lässt, wenn sie den Umweltschutznormen seiner heimischen Produktion entspricht, kann dieses Verhalten als Verstoß gegen die GATT-Regeln interpretiert und von der WTO verboten werden. Genau dies geschah mit wichtigen Bestimmungen des US-amerikanischen Gesetzes zum Schutz der Meeressäuger und des Gesetzes zum Schutz bedrohter Arten, wie in Kapitel 16 ausgeführt.

Da diese Bestimmungen als Versuch gesehen werden können, multilaterale Umweltschutzabkommen zum Schutz gefährdeter Tierarten wie etwa das Washingtoner Artenschutzabkommen CITES zu erfüllen, haben die WTO-Entscheidungen und die dahinter stehende Logik ernste Konsequenzen für den Artenschutz. Die meisten multilateralen Umweltschutzabkommen sehen handelspolitische Instrumente vor, durch die andere Länder im Namen globaler ökologischer Ziele zu einer Änderung ihrer Politik veranlasst werden können. Sie differenzieren je nach Herkunft und Herstellungsweise zwischen angeblich gleichartigen Produkten und sehen in bestimmten Bereichen generelle Import- oder Exportbeschränkungen vor. Nach den Regeln von GATT und WTO könnten die meisten dieser Umweltschutzabkommen angefochten werden.

Wie Steven Shrybman, der Direktor der »West Coast Environmental Law Foundation« erläutert, verletzen Abkommen wie das Artenschutzabkommen CITES, das Montrealer Protokoll zum Schutz der Ozonschicht oder die Basler Konvention zum Umgang mit Sondermüll jene GATT-Regeln, die mengenmäßige Handelsbeschränkungen verbieten. Denn sie wollen den Handel mit gefährdeten Arten, mit Chemikalien, die die Ozonschicht zerstören, oder mit Sondermüll kontrollieren oder verbieten. Da diese Umweltschutzabkommen es erlauben, auf aus- und inländische Produzenten unterschiedliche Bestimmungen anzuwenden, verletzen sie auch die GATT-Forderung nach Gleichbehandlung in- und ausländischer Hersteller. Die Basler Konvention und CITES versuchen den internationalen Handel mit Müll beziehungsweise mit gefährdeten Tierarten zu beschränken, regulieren jedoch nicht den inländischen Handel oder Verbrauch. CITES und das Montrealer Protokoll verletzen die GATT-Regeln auch, indem sie zwischen »gleichartigen« Produkten unterscheiden, je nachdem ob ein Produkt aus einem Land kommt, wo eine bestimmte Art bedroht ist oder nicht, beziehungsweise ob das Land zu den Unterzeichnern des Protokolls gehört.

Mindestens sieben weitere multilaterale Umweltschutzabkommen, darunter die UN-Konvention zur Klimaveränderung und das Kyoto-Protokoll, verstoßen gegen GATT- und WTO-Regeln und sind deshalb laut Presseerklärung des »World Wide Fund for Nature« (WWF) gefährdet. Die Bedrohung ist ernst zu nehmen, insbesondere da ein Vorschlag der Europäischen Union, den multilateralen Umweltschutzabkommen Vorrang vor WTO-Regeln zu geben, vom Ausschuss für Handel und Umwelt der WTO abgelehnt wurde.

Die einzigen Normen, die die WTO unbedingt anerkannt wissen will, sind jene von der Industrie konzipierten internationalen Regeln, mit der sie nationale Umweltschutznormen umstoßen oder abschwächen kann. Zwei bereits genannte WTO-Abkommen haben den Zweck, die Normen in den Bereichen Umweltschutz und Ernährungssicherheit zu vereinheitlichen – das Übereinkommen über technische Handelshemmnisse (TBT) und das Übereinkommen über die Anwendung gesundheitspolitischer und pflanzenschutzrechtlicher Maßnahmen (SPS).

Nach dem TBT sind nationale Umweltschutzgesetze »technische Handelshemmnisse« (oder auch »nicht-tarifäre Handelshemmnisse«) und müssen an internationale Normen angepasst werden, wenn es solche Normen bereits gibt. Anstatt zu einer Vereinheitlichung auf höchstem Niveau, die überall den Schutz der Umwelt verbessern würde, kommt es dabei eher zu einer Abschwächung der Normen. Regierungen sind oft schweren Pressionen der Industrie ausgesetzt und einigen sich international häufig nur auf den kleinsten gemeinsamen Nenner. Schlimmer noch, nach dem TBT bilden diese internationalen Normen zwar eine Obergrenze für Umweltschutzmaßnahmen, sind jedoch kein Minimalstandard. Schon jetzt werden Bestimmungen des TBT eingesetzt, um eine Reihe von umweltpolitischen Vorschriften zu verwässern oder aufzuheben.

Das andere WTO-Abkommen – das SPS mit Normen zu Nahrungsmittelsicherheit, Biotechnologie, Schädlingsbekämpfung und generell zum Umgang mit Pflanzen und Tieren – legt sogar noch rigorosere Bedingungen fest, wenn ein Staat strengere nationale Normen beibehalten oder einführen will als die lockeren, von der Industrie konzipierten Regeln der WTO. Ein solcher Staat muss eine Risikobewertung vornehmen, deren Ergebnis seine strengeren Normen laut internationalem wissenschaftlichem Konsens rechtfertigt. Ist dieser nicht gegeben, gilt eine Schutzmaßnahme als ungerechtfertigt und stellt ein illegales Handelshemmnis dar. Diese Regel steht in fundamentalem Gegensatz zum Vorsorgeprinzip, das davon ausgeht, dass es besser ist, bei der Abwendung potenzieller Gefahren nicht auf eine absolut gesicherte wissenschaftliche Begründung zu warten. Es kann nämlich Jahre dauern, bis ein wissenschaftlicher Beweis geführt und ein umfassender wissenschaftlicher Konsens hergestellt ist – wenn dies überhaupt gelingt.

Das Vorsorgeprinzip war der Grund, als die EU den Import und Verkauf von Rindfleisch verbot, das von Rindern stammt, die mit künstlichen Wachstumshormonen behandelt wurden. Studien der EU haben ergeben, dass diese Hormone sowohl bei den damit behandelten Tieren als auch beim Menschen das Krankheitsrisiko erhöhen. Die USA und Kanada als Hauptexporteure hormonbehandelten Rindfleischs erhoben bei der WTO Klage gegen das Verbot. Obwohl es nicht nur für ausländische, sondern auch für inländische Produkte gilt, wurde es daraufhin von zwei Streitbeilegungsorganen der WTO für illegal erklärt mit der Begründung, das Gesundheitsrisiko sei nicht wissenschaftlich erwiesen, wie es die WTO-Regeln vorschrieben.

Die Schlichter akzeptierten lediglich den Grenzwert, den die Kommission des Codex Alimentarius 1995 für künstliche Hormone im Rindfleisch als sicher bezeichnet hatte. Die Normen des Codex sind jedoch sehr umstritten, denn die Kommission war übermäßig von der Industrie beeinflusst (allein an ihren Tagungen von 1989 und 1991 nahmen 140 der größten multinationalen Nahrungsmittelkonzerne und agrochemischen Unternehmen teil), und der Codex basiert nicht auf einem breiten Konsens, sondern wurde nur mit knapper Mehrheit verabschiedet: 33 Länder stimmten für den Codex, 29 Länder dagegen und sieben enthielten sich der Stimme (Korten, 1995). Unter diesen Umständen erscheint das europäische Verbot umso berechtigter. Nach den WTO-Regeln jedoch konnte die EU keine ausreichenden wissenschaftlichen Beweise vorlegen, und die Welthandelsorganisation entschied folgerichtig für eine Aufhebung des Verbots. (Die EU weigert sich bis heute, sich der WTO-Entscheidung zu beugen. Das Verbot bleibt in Kraft, obwohl die WTO die USA und Kanada als Hauptbetroffene des Importverbots autorisiert hat, auf europäische Importe Strafzölle in Höhe von 128 Millionen US-Dollar zu erheben.)

Diese Entscheidung hat sehr schwer wiegende Folgen für andere regionale oder nationale Gesundheits- oder Umweltschutznormen auf der ganzen Welt. Auch das Importverbot der EU für bestimmte gentechnisch veränderte Nahrungsmittel und Agrarprodukte ist dadurch gefährdet. Weitere Konflikte und Umweltschäden sind wahrscheinlich.

Die Chancen für nationalstaatliche Umweltschutzmaßnahmen werden noch schlechter, wenn die WTO – wie vorgeschlagen – in der nächsten Verhandlungsrunde über den Welthandel jene Bestimmungen übernimmt, die in dem 1998 in der OECD gescheiterten Multilateralen Abkommen über Investitionen (MAI) vorgesehen waren. Nach diesen Bestimmungen darf beispielsweise ein Land einem Unternehmen mit einem langen Sündenregister als Umweltverschmutzer nicht mehr verbieten, auf seinem Staatsgebiet zu investieren. Auch Gesetze, die neue Investoren verpflichten, bestimmte ökologische Bedingungen einzuhalten, etwa eine umweltfreundliche Technologie einzuführen, könnten verboten werden. Außerdem könnten ausländische Konzerne das Recht bekommen, Nationalstaaten direkt auf finanzielle Entschädigung zu verklagen, wenn sie sich durch deren Politik, einschließlich des Gesundheits- und Umweltrechts, »enteignet« oder künftiger Gewinne beraubt fühlen.

Was für verheerende Konsequenzen solche Regeln für den lokalen, regionalen und nationalen Umweltschutz haben, lässt sich an der Anwendung identischer Regeln des NAFTA-Abkommens deutlich ermessen. Ein Fall aus jüngerer Zeit ist besonders illustrativ: 1996 verbot der kanadische Staat den Import des Treibstoffzusatzes MMT und dessen Transport zwischen verschiedenen kanadischen Provinzen. MMT ist ein Neurotoxin und richtet irreparable Schäden an den Katalysatoren von Kraftfahrzeugen an, wodurch sich der Ausstoß schädlicher Gase wie Kohlenmonoxid, Kohlendioxid und verschiedener Kohlenwasserstoffe erhöht. Sobald das Gesetz verkündet war, verklagte die US-amerikanische Ethyl Corporation, der einzige nordamerikanische Hersteller von MMT, Kanada auf 350 Millionen US-Dollar Schadenersatz. Der multinationale Konzern vertrat die Ansicht, das kanadische Gesetz habe die Gleichbehandlungsregeln der NAFTA für in- und ausländische Investoren verletzt und die kanadischen Investitionen von Ethyl sozusagen »enteignet«. Er argumentierte sogar, allein durch die Vorlage des Gesetzes und die Debatte darüber habe der kanadische Staat den internationalen Ruf von Ethyl geschädigt und dadurch einen Teil der künftigen Gewinne des Konzerns »enteignet«. Juristen warnten die kanadische Regierung, dass sie ein Verfahren nach den NAFTA-Regeln verlieren würde. Also hob diese das Verbot von MMT auf, entschuldigte sich bei dem Konzern und bezahlte mehrere Millionen Dollar Entschädigung.

Dieses Ergebnis stellt einen erschreckenden Präzedenzfall dar. Laut Steven Shrybman sagten in der Folge »eine ganze Reihe von Industrieanwälten, dass es noch viel mehr solche Klagen geben werde, da ihre Klienten ihre Rechte nach den neuen Investitionsabkommen häufiger nutzen würden, um Regierungen zu ›drangsalieren‹, wenn diese Gesetze planten, die den Konzernen missfielen« (Shrybman, 1999). Die Annahme von NAFTA-ähnlichen Investitionsregeln durch die WTO hätte deshalb katastrophale Folgen.

Die Logik, die solchen Regeln zugrunde liegt, ist absolut selbstmörderisch. Wenn ihre Übernahme von der WTO nicht komplett verworfen wird und wenn die *gegenwärtigen Regeln* der WTO nicht geändert werden, müssen wir damit rechnen, dass noch mehr wichtige Umweltschutzgesetze im Namen des Freihandels aufgehoben werden – eine weitere Schwächung der Demokratie und eine Beschneidung der Fähigkeit von Gesellschaften auf der ganzen Welt, die ökologischen und sozialen Krisen der Moderne effektiv zu bekämpfen.

Zusammenfassung

Das umweltpolitische Grundproblem der wirtschaftlichen Globalisierung ist das Problem der Größe: Kleine, lokale wirtschaftliche Tätigkeiten werden groß und global, eine Umwandlung, die fast allen Definitionen von Globalisierung zugrunde liegt. Das Phänomen wird oft als *Delokalisierung* bezeichnet: die Entwurzelung und Verlagerung von Tätigkeiten und Beziehungen, die bis vor kurzem noch lokal waren, auf Netze von Tätigkeiten und Beziehungen, die eine große oder gar weltweite Reichweite haben. Das fundamentale Problem bei dieser Umwandlung wirtschaftlicher Tätigkeiten besteht darin, dass sie letztlich nicht nur die Grundregeln der ökologischen Nachhaltigkeit, *sondern auch* die einer vernünftigen Wirtschaftspolitik verletzt.

Ökologische Nachhaltigkeit bedarf ökonomischer Rechenschaftspflicht, die sich auf lokaler Ebene am besten herstellen lässt. Wenn in einem lokalen wirtschaftlichen System ein lokaler Investor die Umwelt schädigt, ist es wahrscheinlich, dass er und die lokale Gemeinschaft, zu der er gehört, den Schaden sofort bemerken und direkt von ihm betroffen sind. Da die Gemeinde den Investor in der Regel kennt oder direkten Zugang zu ihm hat, hat sie ein starkes Motiv und gute Möglichkeiten, ihn zu einer schnellen Bekämpfung des Problems zu zwingen. In der globalisierten Wirtschaft dagegen ist die Macht nicht mehr rechenschaftspflichtig, und die Entscheidungsträger sind von den Opfern ihrer Entscheidungen weit entfernt, sodass bei Umweltproblemen keine Abhilfe mehr geschaffen wird.

Die wirtschaftliche Globalisierung steigert außerdem das Ausmaß der Umweltschäden auf ein globales Niveau, indem sie das Modell des Absatzmarkts für industrielle Erzeugnisse auf der ganzen Welt verbreitet und riesige Landstriche erfasst, wo es nie zuvor existierte. Doch die globalisierte Wirtschaft kann sich nicht unendlich ausdehnen, wenn die Ökosysteme, von denen sie abhängig ist, weiterhin zerfallen. Wenn sie es trotzdem versucht, wird der Planet unbewohnbar. Oder wie es der *Global Environmental Outlook* der Vereinten Nationen im Jahr 2000 formulierte: »Der gegenwärtige Kurs ist nicht nachhaltig, und ein Aufschieben von Gegenmaßnahmen ist keine Option mehr.«

Letztlich können wir ohne eine gesunde natürliche Umwelt nicht leben, und unsere Volkswirtschaften können ohne sie nicht funktionieren. Wenn wir also wirklich wollen, dass unsere Kinder eine Zukunft haben, dann ist Weitermachen wie bisher keine Option: Eine grundlegende Reform ist unsere einzige Alternative.

Kapitel 18

Die WTO und die Landwirtschaft in den Entwicklungsländern

Vandana Shiva

Die Physikerin Vandana Shiva ist Gründerin und Präsidentin der »Research Foundation for Science, Technology and Ecology« und eine der führenden Aktivistinnen Indiens. Sie spielte eine Schlüsselrolle in der berühmten Chipko-Bewegung zur Rettung der Wälder im Himalaja. Heute arbeitet sie als Lobbyistin für die indischen Bauern und versucht die Einführung der globalisierten, industrialisierten Landwirtschaft und der Biotechnologie in der indischen Nahrungsmittelproduktion zu verhindern. Vandana Shiva gehört zum Vorstand des »International Forum on Globalization« und ist Trägerin des Alternativen Nobelpreises. Ihr jüngstes Buch ist *Biopiracy: The Plunder of Nature and Knowledge* (Boston, 1997).

Befürworter der Globalisierung behaupten häufig, diese sei ein natürlicher, unvermeidlicher und revolutionärer Prozess, der uns Wohlstand und Wachstum schenke und uns alle in einem globalen Dorf vernetze. Nur der Anschluss an die Weltmärkte, heißt es, könne den Menschen in den Entwicklungsländern Arbeitsplätze und ein besseres Leben bescheren. Tatsächlich jedoch ist die Globalisierung kein natürlicher Integrationsprozess. Sie ist ein geplantes Projekt der Diskriminierung, das die Ressourcen und das Wissen der Armen im Süden auf dem Weltmarkt feilbietet und die Menschen ihrer lebenserhaltenden Systeme, ihrer Lebensgrundlagen und ihrer Lebensstile beraubt.

Die globalen Handelsregeln, wie sie die WTO im Abkommen über die Landwirtschaft (AOA) und im Abkommen über handelsbezogene Aspekte der Rechte des geistigen Eigentums

(TRIPS) vereinbart hat, sind in erster Linie Regeln des Raubs, getarnt durch Arithmetik und Juristenchinesisch. Bei diesem wirtschaftlichen Beutezug gewinnen die Konzerne, und es verlieren die Menschen und die Natur. Das übergeordnete Ziel der WTO, den »marktwirtschaftlichen Wettbewerb« zu fördern, hat zwei Funktionen: Zuerst verwandelt es alle Aspekte des Lebens in käufliche Waren. Kultur, Artenvielfalt, Nahrung, Wasser, Lebensgrundlagen, Bedürfnisse und Rechte, all das wird in Märkte verwandelt, auf Märkte reduziert. Anschließend wird die Zerstörung von Natur, Kultur und Lebensgrundlagen unter Berufung auf die Wettbewerbsregeln gerechtfertigt. Politiker greifen ethische und ökologische Vorschriften an, die das Leben schützen und erhalten, und behaupten, das seien »protektionistische« Handelshemmnisse. In Wirklichkeit jedoch vermindert die WTO den Protektionismus nicht – sie ersetzt nur die Vorschriften zum Schutz von Mensch und Natur durch Vorschriften zum Schutz der Konzerne.

Der globale Vormarsch der Konzerne mit dem Ziel, sich die Ressourcen der Armen in den Entwicklungsländern anzueignen, wird nicht nur durch die Herabsetzung oder Abschaffung von Zöllen ermöglicht – eines der Ziele der WTO. Es wird auch durch die Aufhebung ethischer und ökologischer Grenzen ermöglicht, die bisher verhinderten, dass manche Dinge Privateigentum und Handelsware werden konnten. Auf diese Weise vollendet die Globalisierung das Projekt der Kolonialisierung, das der Eroberung und Aneignung von Territorien diente. Biologische Ressourcen und Wasser – die Grundlagen aller Lebensprozesse – werden kolonisiert, privatisiert und in Waren verwandelt.

Auch die Landwirtschaft, die für drei Viertel der Menschheit noch immer die Existenzgrundlage ist und nicht nur eine wirtschaftliche, sondern auch eine kulturelle Tätigkeit darstellt, wird durch die »Liberalisierung des Handels« bedroht, die sowohl durch die Strukturanpassungsprogramme von Weltbank und IWF als auch durch das Landwirtschaftsabkommen der WTO vorangetrieben wird. Die Globalisierung von Ernährungs- und Landwirtschaftssystemen bedeutet in der Praxis, dass die Nahrungskette von Konzernen übernommen wird, und sie bedeutet die Erosion des Lebensmittelrechts, die Zerstörung der kulturellen Vielfalt der Nahrung und der Artenvielfalt der Feldfrüchte. Sie bedeutet auch die Vertreibung von Millionen Menschen, die ihrer landwirtschaftlichen Lebensgrundlagen beraubt werden. Der weltweite Freihandel mit Nahrungsmitteln und anderen landwirtschaftlichen Produkten ist das weltweit größte Programm zur Auslösung von Flüchtlingsströmen, viel wirksamer als etwa der Kosovo-Konflikt. Der Freihandel wirkt wie eine ethnische Säuberung, die sich gegen die Armen richtet, gegen die Kleinbauern in den Entwicklungsländern.

Die Globalisierung der indischen Landwirtschaft

Die Liberalisierung von Handel und Investitionen führt zu einer radikalen Transformation der indischen Landwirtschaft, die für Kleinbauern verheerende Folgen hat. Im Einzelnen führt sie dazu, dass

- Feldfrüchte für den Export statt für den heimischen Verbrauch angebaut werden, was die Zuverlässigkeit der Nahrungsmittelversorgung vermindert;
- lokale Unternehmen und die lokale Produktvielfalt durch eine Flut von Einfuhren ausgelöscht werden und
- das Land für global operierende Konzerne geöffnet wird, die die Nahrungsmittelverarbeitung übernehmen.

Der Wechsel zur Exportproduktion
Baumwolle: Saat des Selbstmords
Die wirtschaftliche Globalisierung führt zu einer Konzentration der Saatgutindustrie, zum Vordringen transnationaler Konzerne in die Landwirtschaft, zur vermehrten Verwendung von Schädlingsbekämpfungsmitteln und, am Ende, zu wachsender Verschuldung, Verzweiflung und manchmal zum Selbstmord von Kleinbauern. Die kapitalintensive, von Konzernen beherrschte Landwirtschaft dringt in Regionen vor, wo die Bauern zuvor zwar arm waren, aber sich selbst mit Nahrung versorgten. In Regionen, wo die industrielle Landwirtschaft dank der Globalisierung bereits Fuß gefasst hat, können Kleinbauern wegen der höheren Lebenshaltungskosten praktisch nicht mehr überleben.

Die neue exportorientierte Politik, die mit der landwirtschaftlichen Globalisierung einhergeht, hat in Indien dazu geführt, dass die Landwirtschaft nun Güter wie Baumwolle für den Export produziert und nicht mehr Nahrungsmittel für den heimischen Markt wie zuvor. Der Baumwollanbau ist sogar in semiaride Gebiete wie Warangal in Andhra Pradesh vorgedrungen, wo die Bauern traditionell Reis, Hülsenfrüchte, Hirse, Ölfrüchte und Gemüse anbauen. Verführt von dem Versprechen, Baumwolle sei wie »weißes Gold« und bringe hohe Gewinne, haben die Bauern in Warangal im vergangenen Jahrzehnt das für die Baumwollproduktion genutzte Land fast verdreifacht, während sie den Anbau traditioneller Nahrungsmittel wie der Getreidesorten *Jawar* und *Bajra* reduzierten.

Sie mussten jedoch erfahren, dass für den Export angebaute Feldfrüchte wie Baumwolle zwar höhere Preise bringen mögen, aber auch höhere Ausgaben erfordern. Unter dem Druck der Konzerne haben die Bauern größtenteils aufgehört, Baumwollsorten zu verwenden, bei denen sie das Saatgut selbst gewinnen können. Stattdessen bauen sie nun sterile Hybridsorten an und müssen das Saatgut jedes Jahr teuer kaufen. Da Hybride empfindlich gegen Schädlinge sind, steigt auch der Einsatz von Pestiziden. Die Ausgaben für Pestizide im Distrikt Warangal haben sich von 2,5 Millionen US-Dollar in den gesamten Achtzigerjahren auf 50 Millionen US-Dollar allein im Jahr 1997 verzwanzigfacht. Arme Bauern können diese Kosten nur aufbringen, indem sie sich verschulden.

Da die Liberalisierung des Handels außerdem zu Haushaltskürzungen bei Kreditgenossenschaften und staatlichen Banken geführt hat, werden zinsgünstige Kredite nicht mehr verlängert oder sogar gekündigt, und die Bauern müssen bei denselben Unternehmen hoch verzinsliche Kredite aufnehmen, die ihnen hybrides Saatgut und Schädlingsbekämpfungsmittel verkaufen. Die Konzerne sind also Geldverleiher, Produktberater, Saatgutlieferanten und Pestizidverkäufer zugleich. Dies führt dazu, dass die Bauern unter einer unbezahlbaren Schuldenlast begraben werden. Der finanzielle Druck wird für eine Epidemie von Selbstmorden im Distrikt Warangal verantwortlich gemacht. 1998 nahmen sich dort 500 Bauern das Leben, und die Selbstmorde setzten sich auch 1999 fort.

In Regionen, wo die hohen Kosten der im Zuge der Globalisierung eingeführten industriellen Landwirtschaft die Bauern ohnehin schon in den Selbstmord treiben, versucht Monsanto gentechnisch verändertes Baumwollsaatgut einzuführen. Das Saatgut wird in der weniger entwickelten Welt mit dem Argument verkauft, dass es ertragreicher sei. Anbauversuche haben jedoch ergeben, dass die Erträge sinken, während der Einsatz von Schädlingsbekämpfungsmitteln steigt. Protestierende Bauern in den Provinzen Andhra Pradesh und Karnataka rissen die gentechnisch veränderten Baumwollpflanzen heraus, und unsere »Research Foundation for Science, Technology and Ecology« erhob Klage vor dem Obersten Gerichtshof Indiens, um die Einführung dieser gentechnisch veränderten Feldfrüchte in der indischen Landwirtschaft zu verhindern. Die Klage stützt sich auf die Überzeugung, dass gentechnisch veränderte Feldfrüchte neue ökologische und wirtschaftliche Risiken mit sich bringen, die sich Bauern in den Entwicklungsländern nicht leisten können.

Garnelenfabriken

Der Prioritätenwechsel von der traditionellen Nahrungsmittelproduktion zur Exportproduktion wird damit begründet, dass er die Nahrungsmittelversorgung sicherer mache, da mit den Exporterlösen Nahrungsmitteleinfuhren bezahlt werden könnten. Tatsächlich jedoch ist die Nahrungsmittelversorgung in der exportorientierten Landwirtschaft unsicherer, weil diese den Wechsel von der nachhaltigen Produktion in kleinem Maßstab zur nicht nachhaltigen industriellen Massenproduktion begünstigt. Auch die Besitzverhältnisse im Bereich der natürlichen Ressourcen und Produktionsmittel ändern sich. Was früher kleinen autonomen Produzenten gehörte, wird nun von großen Industrie- und Handelskonzernen übernommen. Bauern werden von ihren Höfen verdrängt, und Konzerne übernehmen ihr Land, um im industriellen Maßstab Waren wie Garnelen, Blumen, Gemüse und Fleisch für den Export zu produzieren. Die neuen Betriebe verursachen oft ökologische Probleme, was in den betroffenen Gemeinden zu weiterem Elend führt.

Die Veränderung der Garnelenzucht in Indien ist ein hervorragendes Beispiel für die sozialen und ökologischen Kosten der

Industrialisierung der Landwirtschaft. Während die kleinen einheimischen Garnelenzüchter jahrhundertelang nachhaltig wirtschafteten, erfordert der Garnelenexport fabrikmäßige Zuchtbetriebe. Auf jeden Hektar einer solchen Garnelenfarm müssen 80 »Schattenhektar« kommen, um die ökologischen Folgen der industriellen Garnelenzucht aufzufangen. In »Schattenhektar« wird die Fläche gemessen, die bei einer bestimmten wirtschaftlichen Tätigkeit gebraucht wird, um die notwendigen Ressourcen zu liefern und den Müll zu entsorgen.

Die industrielle Garnelenzucht ist auch deshalb so schädlich, weil als Futter für die Garnelen riesige Mengen Seefisch gefangen werden. Er verwandelt sich größtenteils in Abfall und wird wieder ins Meer gepumpt, wobei er das Wasser verschmutzt und die Mangrovenwälder schädigt. Auch die küstennahe Landwirtschaft wird durch die Garnelenzucht zerstört, da bei der Garnelenproduktion Seewasser in die Zuchtteiche gepumpt wird. Dies führt zu einer Versalzung des Bodens, beeinträchtigt die Trinkwasserversorgung und zerstört Bäume und Feldfrüchte in der Nähe der Zuchtbetriebe.

Aufgrund dieser Kosten ist die Behauptung nicht haltbar, der Garnelenexport sei eine wichtige Quelle wirtschaftlichen Wachstums. Für jeden US-Dollar, den die Konzerne durch den Export von Garnelen nach den USA, Europa und Japan verdienen, entsteht den natürlichen Ressourcen und der lokalen Wirtschaft Indiens ein Schaden von schätzungsweise zehn Dollar, etwa durch Wasserverschmutzung, die Zerstörung von Mangroven, Schäden in der Landwirtschaft und die Vernichtung von Fischbeständen.

Die Garnelenfabriken stoßen in Indien auf heftigen Widerstand. Im Dezember 1996 erwirkten betroffene Gemeinden und Umweltschutzgruppen beim Obersten Gerichtshof Indiens ein Verbot der industriellen Garnelenzucht. Doch die Garnelenindustrie konnte einen Vollstreckungsaufschub erreichen und produziert weiter. Am 29. Mai 1999 wurden vier Fischer am Chilka-See in Orissa bei Protesten gegen die Garnelenzüchter getötet, die man dort als »Garnelenmafia« bezeichnet.

Diese Tragödie zeigt beispielhaft, wie die exportorientierte Landwirtschaft Ungerechtigkeiten verschärft oder überhaupt erst schafft, die zur Verletzung von Menschenrechten und zur

Auflösung von Recht und Ordnung führen können. Der Handel kann nur gesteigert werden, indem man Menschen Ressourcen wegnimmt, die sie zum Überleben brauchen. Wenn jedoch die Betroffenen versuchen, ihr Menschenrecht auf Leben und Arbeit zu verteidigen, kooperieren die Unternehmen, die von den Exporten profitieren, häufig mit den Behörden, um den Widerstand der Bevölkerung zu zerschlagen. Viele Menschen verlieren dabei ihren bescheidenen Besitz, und im Extremfall bezahlen sie wie die Fischer von Orissa für die Exporte mit ihrem Leben.

Unrentable Agrarprodukte für den Export
Genau wie beim Garnelenexport sind auch beim Export von Mehl, Fleisch und Gemüse die Kosten häufig weit höher als die Einnahmen. Umfangreiche Fleischexporte weisen beispielsweise »externe Schattenkosten« auf, welche die Exporteinnahmen um das Zehnfache übersteigen. Der Grund dafür ist, dass der ökologische Beitrag, den das Vieh in der kleinbäuerlichen Landwirtschaft leistete, nicht mehr erbracht wird.

Insbesondere in den Entwicklungsländern ist das Vieh nicht einfach Fleisch auf Beinen. Tiere sind die Hauptquelle für organischen Dünger in Form von Mist. Außerdem werden sie etwa beim Pflügen oder bei der Verarbeitung von Feldfrüchten als Arbeitstiere eingesetzt – zum Beispiel bei der Extraktion von Speiseöl durch *Ghanis,* die indischen Ölpressen. Das indische Vieh produziert Milch im Wert von 17 Millionen US-Dollar, es wird bei der Produktion von Getreide im Wert von 1,5 Milliarden US-Dollar eingesetzt und leistet Arbeit im Wert von noch einmal 17 Millionen US-Dollar. Wenn die Tiere geschlachtet werden, gehen all diese Vorteile verloren. Ein exportorientierter Schlachthof verdient am Export von Fleisch 45 Millionen US-Dollar, während die Tiere, von denen das Fleisch stammt, lebend einen wirtschaftlichen Beitrag von schätzungsweise 230 Millionen Dollar hätten leisten können.

Unter dem Druck der so genannten »Liberalisierung« haben sich die Fleischpreise verdoppelt, und die Armen mussten ihren Verbrauch halbieren. Die Preise sind gestiegen, weil Nahrungsmittel exportiert werden, wodurch im Inland Mangel entsteht. »Wir essen nur noch die Hälfte, seit sich die Nahrungsmittelpreise letztes Jahr verdoppelt haben«, sagte eine Hausfrau in Bombay. »Selbst *Dhal* ist ein Luxus geworden. Seit die Milchpreise gestiegen sind, kaufe ich auch keine Milch mehr.« Durch die exportorientierte Landwirtschaft entsteht eine Art landwirtschaftliche Apartheid, weil die Entwicklungsländer nicht mehr Grundnahrungsmittel anbauen, sondern Luxusprodukte für den reichen Norden produzieren. Der Anbau der Grundnahrungsmittel findet überwiegend in den USA und anderen reichen Ländern statt und wird von einigen wenigen mit Saatgut und Getreide handelnden Konzernen beherrscht.

Importe: Zerstörung der Vielfalt

Wenn ein Land gezwungen wird, sein landwirtschaftliches System zu zerstören, um Güter für den Export anzubauen, geht dabei nicht nur die biologische Vielfalt, sondern auch die kulturelle Vielfalt verloren. Eine Vielzahl von Ölsaaten, Getreide- und Gemüsesorten werden durch Sojabohnen aus den USA ersetzt. Der Export zerstört das lokale Versorgungssystem für Nahrungsmittel, indem er ihm Ressourcen entzieht und die Besitzverhältnisse ändert, und der Import wirkt ebenfalls zerstörerisch auf die Nahrungsmittelversorgung, weil er zum Zusammenbruch heimischer Märkte und zur Verdrängung heimischer Produkte führt.

Im August 1999 gab es in Indien einen Skandal um gepanschtes Senföl. Der Schaden blieb auf die Stadt Delhi beschränkt, doch der Skandal wirkte sich auf alle heimischen Ölsorten aus. Die Regierung verbot nämlich Senföl, das in Nordindien am häufigsten zum Kochen benutzt wird, und hob alle Einfuhrbeschränkungen für Speiseöl auf. Die Einfuhr von Sojabohnen und Sojaöl wurde liberalisiert oder dereguliert. Innerhalb einer einzigen Anbauperiode verloren Millionen von Bauern, die Senf, Erdnüsse, Sesam und Gingellikraut anbauten, den Markt für ihre verschiedenen Ölsaaten. Die Liberalisierung der Sojaeinfuhren zerstört die gesamte Produktion und Weiterverarbeitung von Ölsaaten in Indien. Millionen kleiner Ölmühlen müssen schließen. Der Preis für Ölsaaten ist derart eingebrochen, dass die Bauern ihre Produktionskosten nicht mehr decken können. Sesam, Leinsamen und Senf verschwinden allmählich von den Feldern, während der indische Markt mit billigen, subventionierten importierten Sojabohnen überschwemmt wird. Diese Importe beliefen sich auf drei Millionen Tonnen im Jahr (ein Anstieg von 60 Prozent im Vergleich zu früheren Jahren) und kosteten fast eine Milliarde US-Dollar, was die indische Zahlungsbilanz verschlechterte.

Die US-amerikanischen Sojabohnen sind billig, aber nicht weil sie billig produziert, sondern weil sie hoch subventioniert werden. Der Preis für eine Tonne Sojabohnen beträgt 155 US-Dollar. Dies ist nur möglich, weil der Staat seine Sojafarmer mit 193 US-Dollar pro Tonne subventioniert, damit sie auf dem Weltmarkt konkurrenzfähig sind. Trotzdem sind die eigentlichen Nutznießer dieser Subventionen weniger die Farmer als indirekt die Konzerne. Als der indische Binnenmarkt mit den hoch subventionierten Sojabohnen überschwemmt wurde, fielen die Preise im Speiseölbereich auf weniger als ein Drittel. In der lokalen Ölverarbeitungsindustrie musste ein Betrieb nach dem anderen schließen – dabei waren kleine *Ghanis* wie große Ölmühlen gleichermaßen betroffen. Auch die einheimische Produktion von Ölsaaten nahm ab, und die Preise für einheimisches Speiseöl brachen zusammen. Der Erdnusspreis sank um 23 Prozent von 48 Rupien auf 37 Rupien pro Kilogramm. Es kam zu heftigen Protesten, und einige Bauern, die gegen den Zusammenbruch ihrer Märkte protestierten, wurden erschossen.

Kontrolle der Konzerne über Verarbeitung, Verpackung und Vertrieb

Die internationale Agrarindustrie versucht gegenwärtig die Nahrungsmittelverarbeitung in Indien zu übernehmen, indem sie frische, lokal hergestellte Lebensmittel als altmodisch erscheinen lässt und alte, in Plastik oder Aluminium verpackte Lebensmittel als modern. Industrielle Verarbeitung und Verpackung wurden erstmals beim Speiseöl eingesetzt, als durch die Einfuhr von Sojabohnen Millionen Ölmüller und Kleinbauern ihre Existenzgrundlage verloren. Als Nächstes soll die Weizenwirtschaft übernommen werden.

Weizen heißt *Kanak* oder »Gold« in Nordindien. Die indische Weizenwirtschaft beruht auf kleinen dezentralen, lokalen Produktions-, Verarbeitungs- und Vertriebssystemen. Weizen und Mehl sind Nahrungsmittel und Lebensunterhalt für Millionen von Bauern, Händlern und Müllern mit lokalem Einzugsbereich.

Das dezentrale, familienorientierte System der Nahrungsmittelproduktion und -verarbeitung auf kleinen Flächen ist riesig durch die Vielzahl der Beteiligten. Es ist die Existenzgrundlage von Millionen und sorgt zugleich dafür, dass frische, gesunde Nahrung zu erschwinglichen Preisen verfügbar ist. Außerdem hat diese Art der Produktion und Verarbeitung keine schädlichen Auswirkungen auf die Umwelt.

Millionen indischer Bauern bauen jedes Jahr etwa 65 Millionen Tonnen Weizen an. Eine Kette von Händlern liefert den Weizen der Bauernhöfe in die Geschäfte. Der größte Teil davon wird von den Verbrauchern ungemahlen im örtlichen Laden gekauft und zum örtlichen Müller gebracht.

Schätzungen zufolge werden die indischen Verbraucher durch 3,5 Millionen familiengeführte Läden mit Weizen versorgt. Über zwei Millionen kleine ortsansässige Mühlen produzieren frisches Mehl. Außerdem mahlen Millionen Frauen bei sich zu Hause das Getreide selbst. Die Teigrolle, mit der man *Rotis* (Fladenbrote) macht, war schon immer ein Symbol für die Macht der Frauen. Häufig wird fälschlicherweise behauptet, in Indien würden nur zwei Prozent der Nahrungsmittel weiterverarbeitet. Dies rührt daher, dass die Behörden die häusliche Frauenarbeit und ihren volkswirtschaftlichen Beitrag ignorieren.

40 Millionen Tonnen Weizen kommen in den Handel, aber nur 15 Millionen Tonnen werden direkt als Mehl gekauft, weil die Inder frische und hochwertige Nahrungsmittel schätzen. Weniger als ein Prozent des verbrauchten Mehls hat einen Markennamen, denn die Inder verlassen sich lieber auf ihre eigene Qualitätskontrolle in der lokalen Mühle, als altes, verpacktes Markenmehl zu kaufen.

Dieses dezentrale, in kleinen Einheiten organisierte, auf Millionen von Produzenten, Weiterverarbeitern und Händlern basierende Wirtschaftssystem arbeitet mit sehr wenig Kapital und benötigt kaum eine Infrastruktur. Menschen sind der Ersatz für Kapital und Infrastruktur. Indessen verhindert dieses auf die Bedürfnisse der Bevölkerung zugeschnittene Wirtschaftssystem, dass die Agrarindustrie große Gewinne machen kann. Sie hat deshalb ein Auge auf die indische Weizenwirtschaft geworfen, um sie für sich profitabel umzugestalten.

In einem Industriegutachten mit dem Titel *Faida* (Gewinn) wird die Eroberung der Weizen- und Mehlversorgung durch die internationale Agrarindustrie als »die große Chance in Indien« bezeichnet. Dem Gutachten zufolge sollen die Bauern von den Agrarkonzernen abhängig gemacht werden, indem sie Produktionsmittel wie etwa Saatgut direkt von ihnen beziehen. Die lokale Versorgung mit Saatgut soll unterbunden, die lokalen Läden ersetzt und die lokalen Müller ausgeschaltet werden.

Die millionenfache Zerstörung von Existenzgrundlagen sowie die Zerstörung der lokalen, dezentralen Wirtschaftsweise und der Verfügbarkeit von frischem und billigem Mehl wird als »Modernisierung der Nahrungskette« bezeichnet. In den Entwicklungsländern gelten abgepackte Nahrungsmittel als Nahrung der Reichen, obwohl die Reichen in den industrialisierten Ländern tatsächlich lieber frische Nahrung essen, während die Armen dort gezwungen sind, stark verarbeitete und verpackte Lebensmittel zu essen.

Die indische Weizen- und Mehlwirtschaft ist komplex und hoch entwickelt, aber die internationale Agrarindustrie definiert sie als unterentwickelt, weil sie noch nicht von den Global Players wie Cargill oder Archer Daniels Midland (ADM) kontrolliert wird. So heißt es in dem genannten Bericht: »Der indische Weizensektor steckt noch in einem frühen Entwicklungsstadium. Trotz ihrer Bedeutung ist die Industrie hier noch in einem sehr frühen Stadium der Verbesserung.«

Das wichtigste Kriterium, warum die indische Weizenwirtschaft für unterentwickelt erklärt wird, besteht darin, dass die internationalen Konzerne in ihr noch keine Rolle spielen. Unterentwicklung ist die Abwesenheit von Konzernherrschaft. Das heißt im Umkehrschluss, Entwicklung ist die Eroberung eines Wirtschaftsbereichs durch die Konzerne.

Ein dezentrales, lokal geführtes System mit kleinen Produktionseinheiten »steckt noch in einem frühen Entwicklungsstadium« und ist »unterentwickelt«, während monopolisierte Versorgungssysteme als »entwickelt« gelten. Die Eroberung der Nahrungsmittelversorgung soll dank dieser Definitionen als »natürliche Evolution« vom Kleinen zum Großen erscheinen.

Die Erzeugung frischer und gesunder Lebensmittel wird als »technologisch primitiv« bezeichnet. Verunreinigtes altes Mehl mit einem Markennamen gilt dagegen als »hohe Qualität«. Diese verzerrte Sicht der Dinge kommt im folgenden Abschnitt des *Faida*-Gutachtens besonders deutlich zum Ausdruck: »Aufgrund der inadäquaten Technik der Müller beträgt die Haltbarkeit von Mehl in Indien typischerweise 15 bis 20 Tage. Dies ist sehr kurz im Vergleich zu den 6 bis 12 Monaten, die in den Vereinigten Staaten erreicht werden.« Das Gutachten verschweigt, dass die Markenkonzerne in den USA angesichts der gewaltigen Entfernung zwischen Fabriken und Märkten keine andere Wahl haben, als für lange Haltbarkeit zu sorgen.

Orwellsche Sprachverwirrung größten Ausmaßes wird betrieben, um den indischen Bauern und Weiterverarbeitern den Weizenmarkt zu entreißen. Die bestehende dezentrale Struktur wird als *Fragmentierung* definiert. *Zentralisierung* dagegen wird als *Integration* bezeichnet, obwohl dezentrale, lokal kontrollierte Systeme höchst integriert sind, während zentral gesteuerte Systeme auf der Desintegration von Ökosystemen und lokalen Wirtschaftsgemeinschaften beruhen.

Die Agrarindustrie hat bei den indischen Verbrauchern bereits Zweifel an ihrem eigenen, traditionellen Qualitätskontrollsystem geweckt und sie dazu gebracht, auf Marken zu vertrauen. Sie rechnet durch den Verkauf von abgepacktem Markenweizen mit einem potenziellen Umsatz von 30 Milliarden Rupien oder etwa 0,7 Milliarden Euro pro Jahr. Der Weizenmarkt soll von Monopolisten wie Cargill und ADM und der Saatgutmarkt von Monopolisten wie Monsanto, Novartis, DuPont und Zeneca erobert werden. Die Saatgutkonzerne betrachten das von ihnen monopolisierte Saatgut als ihr geistiges Eigentum und zwingen die Bauern, Lizenzgebühren dafür zu entrichten. Außerdem kontrollieren sie noch weitere Produktionsmittel. Der Trend geht zu einer Landwirtschaft, die kaum noch Arbeitsplätze bietet, und wenn, dann nur noch für Traktorfahrer und Pestizidsprayer. Alle anderen Funktionen der Bauern – wie Erhaltung der Artenvielfalt, Bodenpflege, Wasserreinhaltung, Samenzucht – gehen verloren.

Laut dem *Faida*-Gutachten würden fünf Millionen Arbeitsplätze geschaffen, wenn die globalen Konzerne die Nahrungs-

kette übernähmen. Es ist jedoch allgemein bekannt, dass Großunternehmen meist nur in Technik investieren, die Arbeitskräfte freisetzt. ADM zum Beispiel besitzt 200 riesige Getreideaufzüge, 1900 Lastkähne, 800 Lastwagen und Zehntausende von
Güterwagen für Transport und Lagerung von Weizen. Die Anzahl der von ADM geschaffenen Arbeitsplätze ist eher gering,
da das Unternehmen Gebläse benutzt, um Getreide auf- und
abzuladen, und noch weitere Technologien einsetzt, um seine
Arbeitskosten niedrig zu halten.

Vor allem jedoch würde, wenn man die 20 bis 30 Millionen
Bauern, die 2 Millionen Mühlen, die 5 Millionen Händler, die
3,5 Millionen Geschäfte und die von ihnen abhängigen Haushalte in Betracht zieht, allein die Industrialisierung der Weizenwirtschaft die Existenzgrundlage und Lebensweise von mindestens 100 Millionen Menschen zerstören.

Die wahren Interessen bei der Globalisierung der Landwirtschaft

Die Giganten der Agrarindustrie

Giganten der Agrarindustrie wie Monsanto und Cargill treiben
den Prozess der Globalisierung voran, um weltweit die Kontrolle über die Landwirtschaft zu erringen – vom Verkauf von
Saatgut und anderen Produktionsmitteln über den Rohstoffhandel bis zur Nahrungsmittelverarbeitung.

Eine der unheilvollsten Entwicklungen des vergangenen Jahrzehnts war, dass Chemie-, Pharma-, Gentechnik- und Saatgutunternehmen zu Konzernen im Bereich der von ihnen so genannten »Life Sciences« fusionierten. Zutreffender wäre die
Bezeichnung »Death Sciences«, denn diese Konzerne produzieren gentechnisch verändertes Saatgut, das gegen Schädlingsbekämpfungsmittel resistent ist, die Bauern von chemischen
Produktionsfaktoren abhängig macht, die Artenvielfalt zerstört
und die Krisenanfälligkeit der Landwirtschaft erhöht. Dieselben
Konzerne stellen mit einer als »Terminatortechnik« bezeichneten gentechnischen Methode auch steriles Saatgut her, sodass
die Bauern nicht mehr einen Teil der Ernte als Saatgut aufbewahren können, sondern jedes Jahr neues kaufen müssen.

Das Landwirtschaftsabkommen der WTO

Die Strukturanpassung und Liberalisierung des Handels haben bis heute schon Millionen von Bauern auf der ganzen Erde durch steigende Produktionskosten und fallende Rohstoffpreise von ihrem Land vertrieben. Anstatt eine Politik zu unterstützen, die den Bauern helfen würde, führen die WTO-Regeln zu einer Ausrottung der Kleinbauern und sorgen dafür, dass die Landwirtschaft von transnationalen Konzernen beherrscht wird.

Das Landwirtschaftsabkommen der WTO (AOA) ist ein auf festen Regeln beruhendes System zur Liberalisierung des Handels im landwirtschaftlichen Bereich, das von den USA bei der Uruguay-Runde der GATT durchgedrückt wurde. Diese Regeln sind jedoch keineswegs geeignet, um für eine sichere Nahrungsmittelversorgung, eine intakte Umwelt und die Erhaltung bestehender Kulturen zu sorgen. Stattdessen sind sie das ideale Instrument, die Herrschaft der Konzerne über Landwirtschaft und Nahrungsmittelversorgung durchzusetzen.

Die AOA-Regeln gelten für Staaten, obwohl es nicht die Staaten oder deren Bauern sind, die mit Agrarprodukten Welthandel treiben, sondern transnationale Konzerne wie Cargill. Diese Unternehmen profitieren von jeder Regel, die Bauern in den Ruin treibt, weil sie »den Markt bereinigt«. Sie profitieren von jeder Regel, die den internationalen Handel dereguliert, Ein- und Ausfuhren liberalisiert und Ein- und Ausfuhrbeschränkungen verbietet. Die Märkte, die das Landwirtschaftsabkommen öffnet, werden für Konzerne wie Cargill und Monsanto geöffnet.

Dass das Abkommen diese Form annehmen konnte, ist nicht weiter verwunderlich, da die transnationalen Agrarkonzerne immensen Einfluss auf die Verhandlungen hatten. Beispielsweise wurde die Delegation der USA tatsächlich von Clayton Yeutter geführt, einem früheren Angestellten des Cargill-Konzerns.

Das AOA gliedert sich in die drei Teile:
- staatliche Stützung
- Marktzugang
- Ausfuhrwettbewerb

Staatliche Stützung

Die WTO-Regeln zur staatlichen Stützung verpflichteten die Mitgliedsstaaten, ihre staatlichen Subventionen bis 1999 um 20 Prozent unter das Niveau von 1986–1988 zu senken. Für Entwicklungsländer wurde diese Bestimmung auf 13 Prozent Subventionsabbau binnen 10 Jahren abgemildert.

Was Stützung ist, wird durch eine Formel mit der Bezeichnung »aggregiertes Stützungsmaß« (AMS) definiert. Das AMS bezieht sich auf alle staatlichen Stützungsmaßnahmen, die einen messbaren Einfluss auf das Produktionsvolumen haben. Es ist eigentlich nur ein Mittel, um die Öffentlichkeit zu beruhigen, damit sie nicht bemerkt, wie die Konzerne die Nahrungsmittelversorgung erobern. Durch eine extrem komplizierte und verwirrende Einteilung von Sützungsmaßnahmen in »yellow«, »green« und »blue boxes« wird es den Bürgern und Politikern äußerst schwer gemacht zu erkennen, was eigentlich vorgeht.

Mit der Liberalisierung des Handels wurde Indien allerdings die Subventionierung von Kunstdünger als zusätzliche Last aufgebürdet. Die Subventionspolitik der WTO ist also deutlich auf die Unterstützung der Industrie und der Agrarkonzerne des Nordens angelegt und gegen die Interessen der Bauern, insbesondere der Bauern in den Entwicklungsländern.

Marktzugang

Die WTO-Bestimmungen über die Einfuhr von Nahrungsmitteln sind mit »Marktzugang« überschrieben und werden in Teil III, Artikel 4 und 5, und in Anhang 3 des AOA behandelt. Alle Unterzeichnerstaaten müssen quantitative Einfuhrbeschränkungen und andere nicht-tarifäre Maßnahmen in normale Zölle umwandeln. Dies wird als »Tarifizierung« bezeichnet. Die Mitgliedsstaaten müssen einen Mindestmarktzugang einräumen. Dieser muss im ersten Jahr der Umsetzung des Abkommens bei einem Prozent des Inlandsverbrauchs liegen und in gleichen jährlichen Schritten auf zwei Prozent zu Beginn des fünften Jahres gesteigert werden. Danach muss der Anteil auf vier Prozent erhöht werden. »Marktzugangsmöglichkeiten« werden definiert als »Prozentsatz der Einfuhren am jeweiligen internen Verbrauch«.

Zölle und andere Abgaben auf Einfuhren müssen um 36 Prozent gekürzt werden (um 24 Prozent bei Entwicklungsländern), um Einfuhren zu niedrigeren Preisen zu erleichtern. Am Ende dürfen Zölle und andere Abgaben ein Drittel der ursprünglichen Zölle nicht mehr überschreiten. Auch der Abbau mengenmäßiger Beschränkungen für die Einfuhr landwirtschaftlicher Rohstoffe ist ein wichtiges Ziel der Liberalisierung des Handels. Laut Ernährungs- und Landwirtschaftsorganisation der UNO (FAO) werden die Ausgaben der armen Länder für Nahrungsmitteleinfuhren durch die Liberalisierung des Handels weiterhin deutlich steigen. Damit wird auch das Außenhandelsdefizit dieser Länder bedrohlich anwachsen.

Ausfuhrwettbewerb

Die Artikel 8 bis 11 des AOA befassen sich unter dem Stichwort »Ausfuhrwettbewerb« mit dem Thema Exporte. Die offizielle Rechtfertigung für dieses Freihandelsabkommen ist der Abbau von Exportsubventionen, die es den USA und der EU erleichterten, große Überschüsse auf dem Weltmarkt zu verkaufen. Die wichtigsten Bestimmungen hinsichtlich der Exportsubventionen sind folgende:

- Für Exportsubventionen, bemessen sowohl nach dem Umfang der subventionierten Ausfuhren als auch nach den staatlichen Ausgaben für die Subventionen, werden Obergrenzen festgelegt.
- Die entwickelten Länder werden verpflichtet, im Laufe von 6 Jahren den Umfang ihrer subventionierten Ausfuhren um 21 Prozent und die Ausgaben für Subventionen um 36 Prozent zu vermindern.
- Für Entwicklungsländer betragen die Reduktionssätze 14 Prozent beim Exportumfang und 24 Prozent bei den Exportausgaben, und die Umsetzungsperiode beläuft sich auf 10 statt 6 Jahre. Sie dürfen jedoch weiterhin die Vermarktungskosten für Agrarprodukte inklusive Handling und Qualitätsverbesserung sowie andere Verarbeitungskosten und die Kosten für den Transport im In- und Ausland subventionieren.
- Das Abkommen hebt Exportverbote auf, die auf Knappheit im Inland basieren.

Die Liberalisierung der Ausfuhren wurde unter anderem mit dem Argument gerechtfertigt, die Agrarmärkte des Nordens würden dadurch für indische Produkte geöffnet, tatsächlich jedoch sind die indischen Ausfuhren nach Europa inzwischen von 13 auf 6 Prozent gefallen. Einer der Gründe für diese Entwicklung ist, dass im Norden noch immer hohe Subventionen und protektionistische Handelsschranken aufrechterhalten werden. Auf diese Weise wird die Liberalisierung des Handels zu einer Einbahnstraße: Die Märkte des Südens werden für die Unternehmen und Konzerne des Nordens geöffnet, aber die Märkte des Nordens bleiben für den Süden verschlossen.

Nach dem AOA sind noch immer direkte Exportsubventionen von 14,5 Milliarden US-Dollar erlaubt. Die Exportsubventionen, die den Entwicklungsländern erlaubt sind, kommen aber nicht ihren Bauern oder Armen zugute, da nicht Bauern, sondern Unternehmen exportieren. Entwicklungsländer dürfen im Endeffekt nur noch global operierende Konzerne subventionieren, nicht jedoch ihre Bauern und Armen, da Subventionen für Transport, Weiterverarbeitung und Vermarktung weiterhin erlaubt sind.

Die transnationalen Konzerne profitieren nach den WTO-Regeln also nicht nur von den Subventionen des Nordens, sondern auch von denen des Südens. Weitere versteckte Subventionen des Nordens für die Agrarindustrie sind durch das Abkommen nicht berührt. Seit Gründung der WTO haben die USA ihre Exportkredite und Programme zur Vermarktungsförderung ausgebaut. Selbst IWF-Kredite an Entwicklungsländer wurden eingesetzt, um die Ausfuhren US-amerikanischer Agrarkonzerne zu subventionieren.

»Der wichtigste Grund, warum unsere Exporte nach Asien nicht stärker geschrumpft sind«, sagte der US-Landwirtschaftsminister Dan Glickman, »besteht darin, dass unser Ministerium Exportkreditbürgschaften in Höhe von 2,1 Milliarden US-Dollar gewährt hat. Ohne Maßnahmen des IWF wären kurzfristig weitere Agrarexporte im Wert von 2 Milliarden US-Dollar stark gefährdet gewesen und langfristig noch viel größere Mengen.«

Durch das US-amerikanische Farmgesetz von 1996 wurden zum Beispiel 5,5 Milliarden Dollar Exportförderung vorgeschrieben. Eine weitere Milliarde Dollar wurde für die Verkaufsförderung auf »neuen Märkten« bewilligt. Und 90 Millionen US-Dollar wurden für Marktzugangsprogramme bewilligt, um die Produktwerbung von Nahrungsmittel- und Agrarkonzernen im Ausland zu unterstützen.

Die WTO-Regeln bewirken also, dass die Subventionen für Konzerne erhalten und erhöht werden, während die Unterstützung für Bauern und ländliche Gemeinden vermindert wird, gleichgültig ob sich die Regeln auf die Stützung im Inland, auf den Marktzugang oder auf den Ausfuhrwettbewerb beziehen. Wenn die bäuerlichen Existenzgrundlagen geschützt, eine sichere Nahrungsmittelversorgung gewährleistet und eine nachhaltige Landwirtschaft gefördert werden soll, sind grundlegende Veränderungen der entsprechenden Abkommen erforderlich.

Die Notwendigkeit eines Paradigmawechsels
Zur Realisierung dieser Ziele müssen wir eine Bewegung aufbauen, die in den Bereichen Ernährung und Landwirtschaft ein neues Paradigma vertritt. Sie muss die Liberalisierung des Handels selbst als Grund für die Zerstörung der Umwelt und der Lebensgrundlagen der Armen auf der südlichen Erdhalbkugel erkennen. Selbst wo Exporte möglich sind, sind sie im Süden oft mit schweren sozialen und ökologischen Kosten verbunden. Deshalb müssen die Regeln der WTO geändert werden: Importe und Exporte sollten nicht erzwungen werden, und die Bereiche Ernährung und Landwirtschaft sollten nicht an den Freihandel angepasst, sondern so gestaltet werden, dass sie einer sicheren Nahrungsmittelversorgung und dem Umweltschutz dienen.

Der Handel kann und muss bei Ernährungssystemen nicht die höchste Priorität haben, denn dies bedeutet die Herrschaft derjenigen, die vom Handel am meisten profitieren, also die Herrschaft der Konzerne. Nahrungsmittel sind für die Konzerne nur eine Verdienstquelle, keine Quelle von Leben und keine Existenzgrundlage. Da die Konzerne ihre Gewinne nur steigern können, indem sie die Existenzgrundlagen vieler Menschen und autarke Systeme der Saatgut- und Nahrungsmittelproduktion vernichten, ist die Globalisierung des Handels im Agrarbereich gleichbedeutend mit Völkermord. Der Logik des Freihandels darf nicht mehr gefolgt werden, wenn das Leben von Menschen und Tieren auf dem Spiel steht.

Der Schutz der heimischen Landwirtschaft muss als zentrale Voraussetzung einer sicheren Nahrungsmittelversorgung anerkannt werden, und die WTO-Regeln sollten diese Sicherheit nicht untergraben, indem sie regionale Landwirtschafts- und Ernährungssysteme durch subventioniertes Dumping zerstören. Die Errichtung von Zollschranken gegen den Völkermord ist ein moralischer Imperativ.

Aufgrund der Schulden- und Zahlungsbilanzkrise sind die Entwicklungsländer heute zum Anbau von Agrargütern für den Export gezwungen. Ihre Ausfuhren sollten durch Abkommen über *fairen* Handel erleichtert werden – einen Handel, der nicht auf Umweltzerstörung, Vertreibung von Kleinbauern und Zerstörung lokaler Systeme der Nahrungsmittelwirtschaft beruht. Fairer Handel lässt sich nicht durch WTO-Regeln zum Freihandel und zur Öffnung der Märkte erreichen, die dem Süden aufgezwungen werden können, aber dem Norden nicht. Er kann nur in einem solidarischen Geist und mit Regeln der Zusammenarbeit gedeihen. Der mörderische Wettbewerb um Märkte muss durch einen fairen, ethisch vertretbaren Handel ersetzt werden und durch neue Regeln für die Zusammenarbeit zwischen Nord und Süd. Wir müssen eine Bewegung aufbauen, die sich dafür einsetzt, dass Staaten die Bereiche Ernährung und Landwirtschaft aus den Freihandelsabkommen ausklammern dürfen, damit ökologische und soziale Gesichtspunkte den Anbau, Vertrieb und Verbrauch von Nahrungsmitteln bestimmen können.

TRIPS und Biopiraterie

Nicht nur das AOA bedroht Ernährung und Landwirtschaft der Entwicklungsländer, sondern auch durch das Abkommen über »handelsbezogene Aspekte der Rechte des geistigen Eigentums« (TRIPS), das in der Uruguay-Runde der GATT beschlossen wurde. Dieses Abkommen legt für Patente, Urheberrechte und Handelsmarken weltweit durchsetzbare Regeln fest. Diese Regeln erstrecken sich auch auf lebende Ressourcen, sodass Gene, Zellen, Pflanzen und Tiere patentiert und als »geistiges Eigentum« beansprucht werden können. Dies hat zur Folge, dass Entwicklungsländer ihre Produktions- und Verbrauchssysteme umstrukturieren müssen, weil sie die Monopole der so genannten

»Life-Science«-Konzerne respektieren müssen, die in Wirklichkeit mit dem Tod handeln. Im Lauf der Zeit wird das TRIPS-Abkommen schlimme Konsequenzen für die Artenvielfalt im Süden und für das Recht der dort lebenden Menschen auf kulturelle Vielfalt haben. Patentierte landwirtschaftliche, medizinische oder tierische Produkte werden dann nicht mehr frei produziert oder reproduziert werden dürfen. Dies wird die Existenzgrundlage kleiner Produzenten gefährden und die Armen daran hindern, zur Deckung ihrer Grundbedürfnisse in den Bereichen Gesundheit und Ernährung ihre eigenen Ressourcen und ihr eigenes Wissen zu nutzen. Nutzungsgebühren für die Patentinhaber und Strafgebühren für die unerlaubte Herstellung patentierter Produkte werden die Armen noch tiefer in die Verschuldung treiben. Indische Bauern, praktische Ärzte und Händler werden auf lokaler, nationaler und globaler Ebene ihre Marktanteile verlieren.

Weder das TRIPS-Abkommen noch das US-Patentrecht erkennen gemeinschaftliches Wissen als schützenswertes Gut an, noch lassen sie die kollektive, kumulative Innovation, die für die Wissenssysteme von Ureinwohnern kennzeichnend ist, als schützenswert gelten. Deshalb müssen das TRIPS-Abkommen und das US-amerikanische Patentrecht geändert werden, wenn das Wissen der eingeborenen Bevölkerung geschützt werden soll. Nur eine Generalüberholung der westlichen Rechtsauffassung von geistigem Eigentum mit ihren immanenten Schwächen wird die Ausbreitung der Biopiraterie stoppen. Ohne diese Generalüberholung ist das Überleben der einfachen Menschen in Indien und anderswo bedroht, weil man ihr ureigenes Wissen und ihre Ressourcen zur Herstellung patentierter Waren für den Welthandel nutzen wird. Die Gewinne der transnationalen Konzerne werden steigen – auf Kosten des Rechtes auf Nahrung, Gesundheit und geistiges Eigentum von einer Milliarde Inder, von denen zwei Drittel zu arm sind, um ihre Bedürfnisse durch den Weltmarkt zu decken.

Eine Patentierung des Wissens der Urbevölkerung und der Verwendung von Pflanzen kommt einer »Einzäunung« des geistigen und biologischen Gemeineigentums gleich, von dem die Armen abhängig sind. Wenn man die Armen in den Entwicklungsländern ihres Rechts beraubt, das Kapital der Natur – als das einzige Kapital, das ihnen zugänglich ist – frei zu nutzen, treibt man sie in den Untergang. Wie die vielen Tier- und Pflanzenarten, von denen sie abhängig sind, sind auch sie eine bedrohte Art.

Zusammenfassung

Die Millenniumsrunde der WTO ist der Beginn einer neuen demokratischen Debatte über die Zukunft der Erde und die Zukunft ihrer Bewohner. Die zentralisierten, undemokratischen Regeln und Strukturen der WTO, durch die eine globale Konzernherrschaft der Monopole und Monokulturen errichtet wird, muss einer weltweiten Demokratie weichen, die auf den Prinzipien Dezentralisierung und Vielfalt beruht. Die Rechte aller Arten und die Rechte aller Völker müssen wichtiger sein als das Recht der Konzerne, durch grenzenlose Zerstörung grenzenlose Gewinne zu machen.

Freihandel führt nicht in die Freiheit, er führt in die Sklaverei: Durch die Patentierung von Leben wird eine Vielfalt von Lebensformen versklavt, Bauern werden in Hightech-Sklaven verwandelt, ganze Staaten werden in Schuldsklaverei und Abhängigkeit getrieben und zur Zerstörung der eigenen Volkswirtschaft gezwungen.

Wir brauchen ein neues Jahrtausend, das auf wirtschaftlicher Demokratie basiert, nicht auf wirtschaftlichem Totalitarismus. Menschen und andere Lebewesen haben nur dann eine Zukunft, wenn das in den WTO-Regeln verankerte Prinzip, alles zur Ware zu machen, aufgehoben wird. Die Prinzipien der Konkurrenz, der organisierten Gier, der Monokulturen und Monopole, der zentralisierten Herrschaft globaler Konzerne über unser tägliches Leben müssen durch neue Prinzipien ersetzt werden, nämlich dass es Mensch und Natur zu schützen gilt und dass Vielfalt geschenkt und geteilt werden muss. Auch den Prinzipien der Dezentralisierung und Selbstorganisation, wie sie in unseren verschiedenen Kulturen und nationalen Verfassungen verkörpert sind, muss wieder Geltung verschafft werden.

Die WTO-Regeln verletzen die Menschenrechte und die Grundregeln des ökologischen Überlebens. Sie verletzen die Grundregeln der Gerechtigkeit und der Nachhaltigkeit. Sie sind Regeln für einen Krieg gegen die Menschheit und den Planeten. Die Änderung dieser Regeln ist heute die wichtigste Aufgabe im Kampf um Demokratie und Menschenrechte. Sie ist eine Überlebensfrage.

Kapitel 19

Die selbstmörderische Sinnlosigkeit der modernen Landwirtschaft

José Lutzenberger

José Lutzenberger, Jahrgang 1926, brasilianischer Agrarwissenschaftler, arbeitete 15 Jahre in einem multinationalen Chemiekonzern, bevor er 1970 eine Aufsehen erregende und erfolgreiche Kampagne gegen den Pestizideinsatz und für eine biologische Landwirtschaft initiierte. Eine wachsende Zahl landwirtschaftlicher Betriebe arbeitet seitdem mit organischem Dünger, vermeidet chemische Mittel und bemüht sich um regenerative Produktionsmethoden. Lutzenberger gilt als der Vater der brasilianischen Umweltbewegung. Von 1990 bis 1992 war er brasilianischer Umweltminister. Die Ausweisung von Territorien für die indianische Bevölkerung, Brasiliens Verzicht auf Kernwaffen, die Unterzeichnung des Antarktisabkommens und der Walfangkonvention waren wichtige Anliegen seiner Politik. Eine der dringlichsten Aufgaben zur Erhaltung unserer Biosphäre ist für ihn die Erhaltung des tropischen Regenwaldes.

Globale Sicht

Durch die Aufregung über den Rinderwahn, die Maul- und Klauenseuche und die daraus folgenden Änderungen in der europäischen Landwirtschaftspolitk wird endlich für das allgemeine Publikum klar, dass in der modernen Landwirtschaft und besonders in der Massentierhaltung etwas faul ist. Aus der politischen Entscheidung, die Landwirtschaft in Richtung ökologisch-nachhaltig zu orientieren, ergeben sich nun ungeahnte Chancen, die nicht verpasst werden dürfen.

Als Diplomlandwirt habe ich 50 Jahre Berufsleben hinter mir, war 13 Jahre bei einem großen deutschen Chemiekonzern und habe dort vor 30 Jahren gekündigt, weil ich als Biologe und Ökologe die moderne Agrarchemie nicht mehr mit meinem Gewissen vereinbaren konnte. Seitdem bin ich selbstständiger Landwirt. Ich hatte das Glück, außer der deutschen, brasilianischen, venezolanischen, marokkanischen und andinen Landwirtschaft, auf vier Kontinenten die verschiedensten Bauern- und Agrarkulturen kennen zu lernen. Aus ökologischer und auch rein menschlich-sozialer Sicht ist, was man heute weltweit sehen kann, zum Verzweifeln. Wenn wir die Chancen für einen vernünftigen Umschwung nutzen wollen, müssen wir verstehen, was bisher schief gelaufen ist:

Nach der konventionellen Auffassung sind die Methoden der modernen Landwirtschaft der einzige effiziente Weg zur Lösung des Hungerproblems auf der Welt und zur Ernährung der durch die Bevölkerungsexplosion auf uns zukommenden Menschenmassen. Aber das Gegenteil ist der Fall.

Im wiedervereinigten Deutschland gibt es heute nach dem jahrzehntelangen, weiter fortschreitenden Bauernsterben noch ca. eine halbe Million Erwerbstätige in der Landwirtschaft, das sind knapp 0,6 Prozent der Gesamtbevölkerung von 80 Millionen Menschen. In Großbritannien ist in den letzten zwei Jahren die Zahl der Bauern um ein Drittel auf unter 100 000 gefallen (*Newsweek*, 12. 3. 01). Das ergibt weniger als 0,2 Prozent der Bevölkerung. In den USA ist die Situation nicht anders. Während der letzten Wahlkampagne soll es Diskussionen gegeben haben, ob es sich noch lohne, für die Stimmen der Bauern zu werben. Der jetzige brasilianische Bundesminister für Landwirtschaft hat vor kurzem behauptet, die Kleinbauern brauche man für die landwirtschaftliche Produktion nicht zu berücksichtigen. Sie existieren für ihn gar nicht.

Das verleitet zu der Behauptung, die moderne Landwirtschaft sei so effizient, dass kaum ein Prozent der Bevölkerung die Gesamtbevölkerung *ernähren* könne, gegenüber an die 60 Prozent um 1900 und immer noch um die 20 Prozent oder mehr im Jahre 1945, nach Kriegsende. Für diese Behauptung wird aber verglichen, was nicht direkt vergleichbar ist.

Aus gesamtwirtschaftlicher Sicht war der traditionelle, bodenständige Bauer ein nachhaltiges, sich selbst versorgendes, autarkes System der Produktion, Verarbeitung und Verteilung von Nahrungsmitteln. Er produzierte seine eigenen Betriebsmittel und war weder abhängig von transnationalen Konzernen noch von Banken; er kam ohne Subventionen vom Staat oder überstaatlichen Behörden wie der EG in Brüssel aus. Er ernährte tatsächlich die Bevölkerung. Für die heute noch überlebenden Bauern kann man das nicht sagen.

Das soll natürlich nicht heißen, dass alles ideal war, vieles hätte schon früher besser sein können. Aber die Richtung stimmte – fortschreitende Entwicklung zu möglichst lokal angepasster, daher vielseitiger, nachhaltiger Landwirtschaft in einer ökologisch gesunden Landschaft.

Heute will man eine gemeinsame, technokratische Agrarpolitik für einen ganzen Kontinent, und wenn die Globalisierung, wie von den transnationalen Großkonzernen und den ihnen gefügigen Regierungen geplant, weiter voranschreitet, eine gemeinsame, globale, ökologisch und sozial rücksichtslose Agrarpolitik.

Der überlebende »moderne« Bauer ist nur noch das, was die Industrie vom Bauerntum übrig gelassen hat. Im heutigen System – einer enormen, die gesamte Weltwirtschaft durchdringenden technisch-bürokratisch und gesetzlich verankerten Infrastruktur – ist er nur noch ein winziges Rädchen, er wurde total entmündigt.

Die Entmündigung geschah schrittweise und wurde den Bauern als Fortschritt aufgezwungen. All die Teile ihrer Arbeit, die sicheres Einkommen garantierten, hat man ihnen abgenommen, es bleiben die Risiken – das Risiko schlechter Ernten durch schlechtes Wetter und das ökonomische Risiko. Letzteres hat ihnen die Industrie beschert, indem sie sie von immer teureren Betriebsmitteln abhängig machte und die Preise ihrer Erzeugnisse immer weiter nach unten drückte.

Die Strukturen des Systems umschlingen den gesamten Planeten wie ein Polyp. Wenn wir die Wirtschaft als Ganzes betrachten, ist das System nicht produktiver als die traditionelle Landwirtschaft, weder was menschlichen Arbeitsaufwand betrifft noch im Flächenertrag. Abgesehen von der absurden Tierquälerei, ist es in der Massentierhaltung ausgesprochen destruktiv, es zerstört weit mehr Nahrung für Menschen, als es produziert. Es ist nicht nachhaltig, und die Kosten für Mensch und Natur gehören zu den großen Katastrophen nicht nur der Geschichte der Menschheit, sondern auch der Geschichte des Lebens auf diesem Planeten.

Es ist also sinnlos zu sagen, die moderne Landwirtschaft sei so effizient, dass in einem modernen Land ein winziger Bruchteil der Bevölkerung die Gesamtbevölkerung ernähren kann.

Die vorherrschende ökonomische Doktrin geht davon aus, wir brauchten mehr Produktion, um die vielen hungernden Menschen zu ernähren, und das ginge nur durch Mehrertrag. Aber inzwischen weiß jeder gut informierte Mensch, dass Hunger, wo er heute wütet, auf politische, nicht auf technische Probleme zurückzuführen ist. Meistens geht es darum, dass man es den Menschen in den traditionellen Kulturen unmöglich gemacht hat, für sich selbst zu sorgen. Wenn heute von reichen und armen Ländern die Rede ist, sollte man so ehrlich sein, hinzuzufügen, dass die Kolonialpolitik der letzten Jahrhunderte und die Entwicklungspolitik der letzten Jahrzehnte für diese Armut verantwortlich sind. Für die heutige Weltbevölkerung haben wir genug. Die Bevölkerungsexplosion müssen wir allerdings in den Griff bekommen. Auch sie ist zum Teil das Ergebnis des Abbaus gewachsener sozialer Strukturen.

Es wird meistens nicht verstanden – oder verschwiegen –, dass die traditionellen Bauernkulturen, aus Sicht der Ernährung für die Menschheit, weit effizienter waren als das heutige System.

Die »Colonos« in Brasilien

In meiner Heimat, Rio Grando do Sul, Südbrasilien, haben die Bauern, als die »Kolonie« – das waren die Regionen mit deutschstämmigen, italienischen und zum Teil polnischen Bauern – noch intakt war, die lokale und regionale Bevölkerung sehr gut ernährt, und es gab Überschüsse für den Export in andere Staaten Brasiliens. Die modernen, großen, mechanisierten und chemisierten Monokulturen für Soja aber tragen praktisch nichts zur Ernährung der hiesigen Bevölkerung bei, da fast nur für den Export und die Bereicherung einiger weniger gearbeitet wird. Die Agrarpolitik, die diese Art von Landwirtschaft fördert, hat aber dazu beigetragen, dass heute unser Bauerntum vor dem Aussterben steht. Grundnahrungsmittel, wie Maniok, sind inzwischen knapp, schwarze Bohnen, die praktisch zu jeder brasilianischen Mahlzeit gehören, müssen oft importiert werden – aus Mexiko oder aus USA, Kartoffeln und Gemüse aus São Paulo, Knoblauch und Linsen manchmal sogar aus China ... Falls es nicht bald zu einer Wende in der Agrarpolitik kommt, wird unser Bauerntum tatsächlich aussterben. Es fehlt nicht das Land und noch nicht ganz das Wissen, aber ein Großteil der Äcker verwildert oder wird von der Agrarindustrie übernommen, die Bauernhöfe werden zu Ruinen oder zu Wochenendhäusern für Städter. Bald wird es noch schlimmer. Auf den noch nicht aufgegebenen Höfen lebt meistens nur noch das alte Paar, die Kinder sind alle weg. Sie sehen dort keine Zukunft. Die Alten leben von der kümmerlichen Sozialversicherung, und da sie sich keine Arbeitskräfte mehr leisten können, pflanzen sie gerade das Allernotwendigste für den Eigenbedarf, bis sie nicht mehr da sind. Das Wort »Colono« wurde zu einem herablassenden Begriff. Die Kinder der Bauern schämen sich oft schon zu sagen, dass ihre Eltern »Kolonisten« waren.

Im Flächenertrag war der Bauer effizienter als die heutige Agrarindustrie. In unserem subtropischen Klima kommen die großen Monokulturen – mit Soja im Sommer und Getreide im Winter auf derselben Fläche – im Schnitt kaum auf drei Tonnen Hektar/Jahr, der Bauer dagegen, der für die Bevölkerung produzierte, kam mit seinem vielseitigen Anbau – Mischkultur, Fruchtfolge und Eingliederung von Acker und Vieh – auf über zehn Tonnen Hektar/Jahr an Nahrungsmitteln insgesamt.

Bauer und Großagrarier verfolgen verschiedene Ziele. Der Bauer will Nahrungsmittel produzieren: für seine Familie, für seine Gemeinde und etwas Überschuss für den Verkauf. Er will ein schönes Leben im Dorf, mit Kirche, Schule, Mühlen und Handwerkern, Musik und Festen usw. Auch wenn er keinen Pfennig in der Tasche hatte, hatte der Kolonist doch jeden Tag einen üppig gedeckten Tisch. Der Sojaproduzent mit seinen Hunderten von Hektar Monokultur aber kauft Salat, Obst, Butter, Milch und praktisch all sein Essen im Supermarkt.

Das Bauerntum schaffte automatisch eine vielseitig bewirtschaftete und biologisch vielfältige Landschaft. Bei uns schützte der Bauer sogar fast die Hälfte der Landschaft als Naturwald. Für die großen Sojamonokulturen dagegen wurde der letzte Zipfel Naturwald wegrasiert, nicht einmal Hecken zwischen den Feldern werden geduldet.

Beim Großgrundbesitzer ist die Produktion nur ein Mittel zum Zweck, er will Profit machen, Macht erhalten. Das führt zum Ausräumen der Landschaft und zu großen Monokulturen – nur Kaffee, nur Kakao oder Baumwolle oder Kautschuk, nur Soja, nur Rinder oder nur Zuckerrohr, wie im Nordosten Brasiliens. Er braucht dann auch billige Arbeitskräfte. Da er politisch mächtig ist, fördert er eine Politik, die die Menschen arm macht.

Beim Bauern gibt es keine Armut, auch keinen übermäßigen Reichtum. Als im vorigen Jahrhundert in Brasilien noch Sklaverei üblich war, hatten unsere Bauern niemals Sklaven, es arbeitete immer die ganze Familie. Der traditionelle Bauer hatte es auch nicht nötig, die Fruchtbarkeit seines Bodens bei der Industrie zu kaufen. Die Bodenfruchtbarkeit wurde organisch gepflegt – mit Mist, Kompost, Gründüngung, Leguminosen, Fruchtfolge, Mulchen, Mischkultur, Brache, Asche, Gesteinsmehl. Auch wenn der Bauer nicht wusste, was Bakterien oder mineralische Nährstoffe sind, er hatte ein tiefes, intuitives Verständnis für den Boden als ein lebendiges System und für die geschlossenen Kreisläufe der Natur.

Die natürlichen Kreisläufe

Als junger Student der Agronomie, auf einer unserer Studienreisen, saßen wir einmal einem älteren Agronomen in seinem Büro in São Paulo gegenüber. Hinter ihm an der Wand, in großen Lettern, ein sehr weiser Spruch: »Trator não caga« (der Traktor scheißt nicht). Die moderne Landwirtschaft unterbricht heute Kreisläufe, die geschlossen bleiben sollten. So kommt es dazu, dass aus Kapital, zum Beispiel Mist, ein ernstes Problem wird. Hunderte von Millionen Tonnen Gülle entstehen und werden zum größten Teil falsch verwendet. Sie verschmutzen Gewässer und überlasten die Böden, was zu Nitrateinwaschung führt und das Grundwasser verseucht.

Nicht nur auf dem Land werden die natürlichen Kreisläufe unterbrochen. Durch die üblichen Techniken der Entsorgung der Städte, Dörfer und Siedlungen wird alles noch viel schlimmer. Die Fruchtbarkeit unserer Böden landet teilweise im Müll, von da auf Deponie oder Verbrennung. Wo bereits relativ gute Wiederverwertung existierte, wie im deutschen Osten, hat man diese wieder abgeschafft.

Wie ist es möglich, dass eine mächtige, weltweite Zivilisation – der globale Industrialismus –, die bereits den gesamten Planeten beherrscht, die sich für sehr gescheit hält, die über enormes Wissen bezüglich der großen und kleinen Zusammenhänge in der Natur verfügt, sich kollektiv so dumm benimmt?

Das Saatgut kam früher vom eigenen Hof oder vom Tausch mit Nachbarn, was heute oft schon verboten ist. Die Vielfalt der Pflanzensorten, die angebaut wurden, und der Tierrassen, mit denen gearbeitet wurde, war das Ergebnis einer sich über Jahrhunderte und Jahrtausende erstreckenden, bewussten und auch unbewussten Auslese durch die jeweils lokal angepassten Bauernkulturen, ob in Europa, Asien, Afrika, Zentralamerika oder den Anden. Im heutigen Sprachgebrauch der globalen Großkonzerne, die sich jetzt alles Saatgut aneignen wollen, müsste man sagen, die Sorten und Rassen sind »intellektuelles Eigentum« des Bauerntums.

Man denke nur an die vielen Sorten, die aus der Familie der Kreuzblütler herangezüchtet wurden: Kohl, Kraut, Blumenkohl, Rosenkohl, Rüben, Radieschen, Kohlrabi, Raps, Senf, Rettich und vieles, vieles mehr. Oder all die Rinder-, Schweine-, Ziegen-, Schaf- und Geflügelrassen. Hinzu kommen Bienen, Seidenraupen, auch Fische, Krebstiere und Schnecken. Und die vielen Sorten von französischen Champignons und chinesischen Pilzen. Weltweit gesehen, wenn wir alle Kulturpflanzen und Nutztiere berücksichtigen, eine fantastische Vielfalt mit Zehntausenden von Sorten allein bei Reis, Mais und den anderen Getreidearten.

Solange die alten Bauernkulturen einigermaßen intakt überleben konnten, wuchs diese Vielfalt beständig. Anfangs hat auch die moderne Züchtung, meistens staatlich, noch zu einer

Bereicherung beigetragen. Mit der »Grünen Revolution« aber, seit den Fünfzigerjahren, begann ein Abbau in der Sortenvielfalt. Die moderne Biotechnologie mit ihren patentierten Lebewesen und Kultivaren in Händen der transnationalen Konzerne, die im Laufe der letzten Jahrzehnte weltweit fast alle Saatgutfirmen aufgekauft haben, weil ihr Endziel die totale Monopolisierung des Saatguts ist, sorgt jetzt dafür, dass die Vielfalt ganz drastisch reduziert wird – ein weiterer Schritt in der Entmachtung des Bauerntums.

Einer der großen Konzerne, Aventis, der der Landwirtschaft genmanipuliertes Saatgut aufzwingen will, gab vor kurzem bekannt, aus dem Saatgutschatz, den er sich angeeignet hatte, einige tausend Sorten aufgegeben zu haben, weil ökonomisch uninteressant. Da diese Sorten dann praktisch aussterben, ist dies ein Verbrechen, vergleichbar der Vernichtung historischer Denkmäler durch die Taliban in Afghanistan – allerdings ein in der modernen Industriegesellschaft alltägliches Verbrechen im Umgang mit nicht nachwachsenden Rohstoffen und beim Ausrotten unzähliger Arten.

Da der Bauer mit Zugtieren arbeitete, kam auch die Energie vom eigenen Hof. Die Tiere wurden aus dem eigenen Boden ernährt – Weide, Heu, Abfälle, manchmal überschüssiges Korn, das war Sonnenenergie. Fleisch, ob von Rind, Schwein, Huhn, Pute, Schaf oder Ziege; Eier, Milch, Butter und Käse, auch Honig, alle Nahrung, ob von Tier oder Pflanze, kam direkt oder indirekt von der Sonne – über Photosynthese auf eigenem Boden.

Auf diese Weise haben alte Bauernkulturen, wie zum Beispiel die chinesische, europäische und andere in Südostasien, in den Anden, Zentralamerika, Mexiko und Afrika, Jahrhunderte und Jahrtausende lang nachhaltig gewirtschaftet, jeweils in die lokale Ökologie eingebettet, ohne die Fruchtbarkeit der Böden zu beeinträchtigen, im Gegenteil, sie wurde meistens erst richtig aufgebaut. Diejenigen Kulturen, die das nicht schafften, sind verschwunden.

Die vergessene Bedeutung des Bauerntums

Gehen wir zurück zu dem anfangs erwähnten sinnlosen Vergleich. Das alte Bauerntum müsste demnach zahlenmäßig mit dem »food system«, wie es die Amerikaner heute nennen, verglichen werden. Das ist das gesamte System der Produktion, Verarbeitung, Verpackung und Vermarktung von Nahrungsmitteln. Hinzu kommt aber noch mehr, nämlich die Herstellung sämtlicher Betriebsmittel, anteilmäßig über Rohstoffe und Energie bis hin zu den Bergwerken; hinzu kommen außerdem Finanzierung und Transport über Kontinente und Ozeane sowie eine gewaltige Bürokratie in Staat und Konzernen und heute in Europa die EU-Bürokratie. Ebenso müsste man die Agrarhochschulen, Versuchsstationen, Beratungsdienste usw. mitrechnen. Die traditionelle Landwirtschaft hatte dafür keinen Bedarf. Heute sind diese Institutionen, mit wenigen Ausnahmen, von den Konzernen ideologisch vereinnahmt ...

Ich wage zu sagen, hätte man das Bauerntum in Ruhe gelassen, hätte es sich sehr wohl so mancher moderner Technik bedient, aber anders. Die Weiterentwicklung wäre zwar langsamer, aber sozial gerechter und ökologisch in Richtung Nachhaltigkeit verlaufen.

Was stattgefunden hat, ist eine Umstrukturierung in der Arbeitsverteilung – zum Vorteil der Technokratie. Die Person, die in der chemischen Industrie an der Herstellung von Stickstoffdüngern arbeitet, wird in der Statistik unter Chemie geführt; der Informatiker, der die Kredite für die Bauern betreut, wird im Bankwesen erfasst; der Lkw-Fahrer unter Transport usw. Wenn wir wirklich sinnvoll vergleichen wollen, dann müssen wir in der Wirtschaft als Ganzer anteilmäßig sämtliche Arbeitsstunden addieren, die direkt oder indirekt mit Produktion, Verarbeitung, Transport, Betriebsmitteln und Vermarktung zu tun haben, statt nur die Zahl derjenigen Personen zu summieren, die den Trecker oder Mähdrescher fahren, Kunstdünger und Gifte streuen, importiertes Futter an eingesperrte, gequälte Tiere verteilen.

Und dieses *Food*-System verzehrt und verschwendet massiv nicht nachwachsende Rohstoffe, zum Beispiel Phosphatdünger aus den begrenzten fossilen Phosphatlagern – ganze Inseln im Pazifik sind dafür schon abgebaut worden. Die verbleibenden Lager werden noch vor dem Erdöl erschöpft sein. Selbst der Stickstoff kommt in der modernen Landwirtschaft von der Industrie statt vom Bodenleben und von Leguminosen. Er wird zwar der Atmosphäre entnommen und geht letztendlich wieder in sie zurück, wenn er nicht die Böden und Gewässer mit Nitrateinwaschung verseucht. Er wird aber mit enormem Energieaufwand gewonnen, meistens mit fossilen Brennstoffen. Selbst wenn es Wasserkraft ist, ist es Energie, die anderswo Kohle, Erdgas oder Erdöl sparen könnte.

Verschwendung hier, Verelendung dort

Hinzu kommt, wie bereits oben angedeutet, ein enormer, sinnloser Aufwand für Transport, weil kaum noch lokal und regional vermarktet und verbraucht wird. Fast alles, was man sich heute an Nahrung aus dem Supermarkt holen kann, hat Transportwege von Hunderten oder Tausenden von Kilometern hinter sich. Sogar per Luftfracht, der aufwändigsten Form von Transport, werden heute Nahrungsmittel und Blumen über Kontinente und Ozeane transportiert.

Auf dem Acker wird heute, mit nur noch wenigen Ausnahmen, mit dem gewaltigen maschinellen und chemischen Aufwand viel mehr Energie verbraucht, als Sonnenenergie aufgenommen wird. Aber die Landwirtschaft basiert auf dem wunderbaren Prozess der Photosynthese, den das Leben vor über drei Milliarden Jahren hervorgebracht hat und ohne den es sich nicht hätte weiterentwickeln und bis hin zu den höheren Pflanzen und Tieren und zu uns Menschen entfalten können.

Auch die moderne Hochseefischerei, wobei es um reine Plünderung der Meere geht, eine Plünderung, die schon ihrem Ende entgegengeht, wendet ein Vielfaches mehr an Energie auf, als im Fang enthalten ist. Die Sinnlosigkeit dieser Situation kann man mit folgender Metapher veranschaulichen:

Man stelle sich einen Ölbrunnen vor, an dem die Pumpe mehr Energie verbraucht, als das hochgepumpte Öl liefern kann. Volkswirtschaftlich ist diese Ölförderung schädlich. Ist der Betreiber aber politisch mächtig und gelingt es ihm, sich die aufgewendete Energie oder den Preis, den er für sein Öl erzielt, subventionieren zu lassen, dann ist das für ihn ein gutes Geschäft, für die Nation aber ein Schaden.

Wer sich die modernen technokratisch-legalen Infrastrukturen – von den Nutznießern gerne Sachzwänge genannt – genau ansieht, kann leicht erkennen, wie häufig solche Situationen sind, nicht nur im Energieaufwand, auch in der Rohstoffverschwendung, Landschafts- und Naturvernichtung und sozialen Verelendung. Für die großen transnationalen Konzerne ist es natürlich sehr günstig, wenn deren Betriebswirtschaft öffentlich mit Volkswirtschaft verwechselt wird.

Ein desolater Zustand

Der mächtige Polyp, der die Landwirtschaft vereinnahmt, der Bildung, Forschung und Beratung für sich einspannt, erstreckt seine Fangarme bis hin zu den entferntesten Bergwerken und Ölfeldern, ob in der Nordsee oder im Amazonasgebiet; sie reichen von den Raffinerien über die Agrarchemie mit ihren Giftmischern, die Kunststoff- und Farbenchemie für all die Verpackung, die meistens überflüssig und irreführend ist, die Maschinenfabriken und ihre Zulieferer bis hin zu Schlachthäusern, Konservenfabriken, Transportwesen, Supermärkten usw.

Besonders schlimm ist, dass die Nahrungsmittel dabei meistens denaturiert und mit Rückständen aus Agrargiften, mit Additiven und Geschmacks- und Aromaverfälschern kontaminiert werden. Statt Gesundheit über saubere, ganzheitliche Nahrung zu sichern, bietet uns das System eine zum großen Teil schädliche Ernährung. Die ansteckenden Krankheiten glaubte man endgültig unter Kontrolle zu haben, dafür nahmen die – meistens unheilbaren – degenerativen Krankheiten zu. Es breiten sich sogar die Seuchen wieder aus. Kein Wunder, denn der jetzige Lebensstil, und da ist die ungesunde Nahrung nur ein Teil des Übels, beeinträchtigt natürlich das Immunsystem.

Zur praktisch totalen Denaturierung und Kontaminierung unserer Nahrungsmittel ist es erst in den letzten Jahrzehnten gekommen. Welche Lebenserwartung bleibt den heutigen Kindern und Jugendlichen? Und was wird aus den Ungeborenen, die schon im Mutterleib einem Sammelsurium von Spuren und Rückständen der verschiedensten Gifte ausgesetzt sind?

Da im heutigen ökonomischen Denken Umwelt- und Sozialkosten »externalisiert« werden, schert sich das techno-bürokratische Establishment nicht um die sozialen Kalamitäten, die die moderne Landwirtschaft weltweit ausgelöst hat und weiter auslöst. Wo sind die Statistiken über die zig Millionen Bauern und Handwerker, die überall in der Welt, besonders in der Dritten Welt, entwurzelt wurden oder ihre Gesundheit den Agrargiften geopfert haben? Wo werden die Kosten aufgerechnet für den Abbau der gewachsenen sozialen Strukturen, was weltweit zu steigender Kriminalität führt? Wo die Kosten für die ausufernden Elendsviertel der Megalopolen in der Dritten Welt? Für den Genozid an indigenen Stämmen? Für das Aussterben von Sprachen und Kulturen? Ein Prozess, der durch die Globalisierung noch weiter verschlimmert werden wird.

In den Statistiken der Vereinten Nationen kann man nachlesen, dass von den sechs Milliarden Menschen, die heute leben, über ein Drittel mit weniger als einem Dollar pro Tag auskommen muss, und daraus wird gefolgert, dass wir ihnen helfen müssen, sich möglichst schnell zu »entwickeln« – im westlichen Sinne, natürlich. Das ist eine irreführende Behauptung. Wer mit diesem Betrag seinen gesamten Konsum kaufen muss, ist längst verhungert oder erfroren. Die Statistiken sagen nur etwas darüber aus, wie viel »Bruttoinlandsprodukt« oder »Bruttosozialprodukt« (BIP oder BSP) diese Menschen erwirtschaften. Das Bruttosozialprodukt ist aber der sinnloseste Maßstab zum Messen von echtem, menschenwürdigem, nachhaltigem Fortschritt. Damit wird nur der Geldfluss gemessen, egal in welche Richtung und zu welchem Zweck. Das führt dazu, dass die monetären Kosten auch von Kalamitäten, wie zum Beispiel Erdbeben, Sturmfluten und Überschwemmungen, oder Katastrophen, wie Flugzeugabstürze, Bahnunfälle mit Hunderten von Toten, von unseren Ökonomen in ihren Statistiken, wenn sie das »Jahreswachstum« der Nation beziffern, als Fortschritt registriert werden.

Die Menschen, die heute mit einem Bruttoinlandsprodukt von unter einem Dollar leben, sind deshalb noch lange nicht alles arme, unglückliche Menschen. Es gibt leider viel zu viele Menschen, die in äußerstem Elend leben, sich in den krebsartig wachsenden Megalopolen der Dritten Welt von Müll ernähren, und die Zahl steigt rasant. Das sind die vom »Fortschritt« Entwurzelten. Aber bei intakten Indianerkulturen im Urwald ist das BIP gleich null. Das waren glückliche Menschen in einer für sie sinnvollen Welt. Viele intakte Handwerkerkulturen, wie sie in Indien zum Beispiel noch bestehen, trotz der systematischen Vernichtung, der sie im britischen Kolonialismus ausgesetzt waren, haben vergleichsweise sehr geringe BIPs. Auch diese Menschen sind nicht arm, ebenso wenig wie die relativ intakten »primitiven« Bauernkulturen, die es heute noch gibt. Es besteht aber große Gefahr, dass sie bald arm gemacht werden, besonders durch die Globalisierung.

Wenn sich die Globalisierung in den kommenden Jahrzehnten so verwirklicht, wie es die transnationale Technokratie heute fordert, dann werden wir bald erleben, dass eine weitere Milliarde Menschen oder zwei entwurzelt werden. Hugo Chaves, der Präsident Venezuelas, sagte vor kurzem in einem Vortrag an der Universität in Brasilia: »Und was werdet ihr machen, ihr Mittelständler in euren Villen und ihr Reichen hinter den hohen Mauern eurer mit bewaffneten Wächtern verteidigten Burgen, wenn dann die großen Massen der Entwurzelten, Enteigneten und Verzweifelten auf euch zukommen?« Das Wetterleuchten sehen wir schon überall am Horizont.

Das System, welches heute die gewachsenen Strukturen ersetzt und die Menschen entwurzelt, ist außerdem extrem anfällig und wird mit wachsender Komplexität der technologischen und wirtschaftlichen Infrastrukturen immer anfälliger. Vor allem aber trägt es zum Artensterben bei.

Während der dreieinhalb Milliarden Jahre organischer Entwicklung hat es fünf große Phasen des massiven Aussterbens von Arten gegeben und mehrere kleine. Anschließend dauerte es jeweils Millionen Jahre, bis sich aus den wenigen Arten, die überlebten, neue Vielfalt entwickeln konnte. Einige dieser Katastrophen hätten fast das Leben auf unserem Planeten ausgelöscht. Wenn sich der globale Industrialismus, mit seiner immer rasanter fortschreitenden biologischen Verarmung der Welt, nicht sehr bald grundsätzlich ändert, dann wird aus dem heute schon von uns Menschen ausgelösten Massensterben von Arten eine der ganz großen Aussterbephasen der Geschichte des Lebens. Ob wir dann unter den wenigen Überlebenden sein werden?

Wozu all diese Verwüstungen? Nicht etwa für die Ernährung hungernder Südamerikaner, Asiaten oder Afrikaner, sondern für den Export in die EU und Japan und sogar, in der Zwischensaison, nach USA, für die Massentierhaltung mit ihren Butterbergen und Milchseen und neuerdings den großen Keulungen. Auch in der Landwirtschaft, selbst unter Agronomen und Veterinären, ist nur wenigen bewusst, wie zerstörerisch die Massentierhaltung ist und wie sie dazu beiträgt, das Problem des Hungers in der Welt zu verschlimmern.

Ein paar Beispiele

Ich hatte das große Glück, das Leben in den Oasen in der Sahara, in Nordwestafrika, in den Sechzigerjahren aus der Nähe kennen zu lernen. Hoffentlich hat man dort noch nicht »modernisiert«. Die Menschen lebten wie zu Zeiten des Alten Testaments, und sie betrieben eine total angepasste, durch Jahrtausende nachhaltige, hoch produktive, »vierstöckige« Landwirtschaft: Hackfrüchte, Körner und Knollen; Büsche und Bäume, besonders Feigen und Mandeln, und die Datteln an den hohen Palmen. Dort habe ich verstanden, warum die Patriarchen des Alten Testaments den Genuss von Schweinefleisch verboten haben. Fragt man einen Rabbiner oder Mullah, glauben sie meistens, es sei aus hygienischen Gründen. Es hat aber mit ökologischer Vernunft und sozialer Gerechtigkeit zu tun.

Die Haustiere der Oasenkulturen sind das Kamel, der Esel und die Ziege. Diese Tiere ernähren sich hauptsächlich außerhalb der Oase. Das Kamel marschiert Dutzende von Kilometern pro Tag, ernährt sich von Dornenbüschen und trockenem Stroh, es kann Äste verzehren und verdauen. Wenn es in der Oase übernachtet, bleibt der Mist, und es frisst Abfälle, ebenso Esel und Ziege. Kamel und Ziege liefern Milch, das Kamel und der Esel auch noch Arbeit, alle drei werden auch vom Menschen verzehrt. Diese Nutztiere tragen also dazu bei, dass die Tragfähigkeit der Landschaft für Menschen erhöht wird. Sie bringen zusätzliche Photosynthese von draußen in die Oase.

Das Schwein aber braucht dieselbe Nahrung wie wir – Samen, Nüsse, Körner und Früchte, Wurzeln, Knollen und saftiges Grün, es frisst sogar Fleisch. In der Oase müsste es folglich vom Acker ernährt werden. Da in der Oase aber alles knapp bemessen ist, auch die Abfälle, müsste man für jedes erwachsene Schwein einige Menschen in die Wüste schicken. Nur der Mächtige könnte sich das leisten. In der Oase herrschte aber relative soziale Gerechtigkeit. Folglich ist dort das Schwein ökologisch und sozial gesehen Sünde.

In der traditionellen chinesischen Landwirtschaft hingegen, besonders in der tropischen, war das Schwein wichtiger Verwerter der üppig anfallenden grünen Abfälle. Aber nicht nur in der traditionellen chinesischen Landwirtschaft, auch heute bei uns könnte das Schwein ein nützlicher Resteverwerter sein, darf es aber nicht mehr – man denke nur an die gewaltigen Mengen von Essen, die heute allein in den Gaststätten von den Küchen und Tellern in den Müll wandern; an die Verluste durch sinnlose Verpackung, unnötige industrielle Verarbeitung, enorme Transportwege und globale Vermarktung.

Selbst Fische, zum Beispiel Lachse, werden heute in Käfigen unter Wasser gehalten, oder Forellen in Becken am Bach, und mit Kraftfutter gemästet. Sie schmecken auch entsprechend, verglichen mit den natürlich gewachsenen Tieren. Die vielen Formen von Kraftfutter für die verschiedensten Formen von Massentierhaltung sind mit einer der Gründe für das Totfischen der Meere, weil zu diesem Zweck mit feinmaschigen Netzen sogar die kleinsten Jungfische und Laich, alle möglichen Larven von Krebstieren, Mollusken und anderen mitgenommen werden. Auch werden heute weltweit an tropischen Küsten die einmaligen Mangrovenwälder, die für das biologische Gleichgewicht der ozeanischen Ökosysteme – sicher auch für das Weltklima – wichtig sind, vernichtet, um Platz zu machen für Becken zum Mästen von Garnelen, ebenfalls mit Kraftfutter.

Seit einigen Jahren haben unsere Hühnerkonzerne – Brasilien ist großer Exporteur von Hühnerfleisch, besonders in die arabischen Länder und nach Japan – ihre Renditen verbessert, indem die Abfälle, die im Schlachthaus anfallen, aufgearbeitet und dem Kraftfutter beigemengt werden. So macht man die Hühner zu Kannibalen. Vielleicht müssen wir uns bald auch auf einen Hühnerwahn vorbereiten – und auf Lachs- und Garnelenwahn. Diese werden übrigens auch schon mit Körperresten und Antibiotika im Futter traktiert.

Man kann es nicht oft genug wiederholen: Was hat dieser ganze Irrsinn mit dem Lösen des Welthungerproblems zu tun? Er zerstört nicht nur Nahrung, die wir heute eigens für das Huhn anbauen – im Staat Santa Catarina, wo die größten Hühnerkonzerne sind, werden die steilsten Berghänge, nach Brandrodung der letzten noch existierenden Naturwälder, mit Mais für die Kraftfutterfabriken der Hühnerkonzerne bebaut, was zu gewaltiger Erosion und endgültiger Zerstörung der Böden führt. Es wird also auch noch zukünftige Produktivität vernichtet. Die früher auf dem Bauernhof frei laufenden Hühner erhöhten auf nachhaltige Weise die Tragfähigkeit des Bodens für Menschen, das industrielle Huhn verringert sie ganz beträchtlich, es trägt zum Welthunger bei und bedroht die Gesundheit.

Noch ein Beispiel aus meiner Heimat: Der Staat Rio Grande do Sul, flächenmäßig etwa so groß wie die alte Bundesrepublik, hat in seiner Mitte ein Flussnetz, fast so mächtig wie der Rhein. Bis in die Fünfzigerjahre existierte darauf eine intensive Schifffahrt. Sie brachte die Produkte unserer Bauern auf dem vernünftigsten und billigsten, zum Teil auch kürzesten Weg zur Hauptstadt. Als aber dann in São Paulo die ersten großen Montagewerke für Lkws entstanden, kamen bald interessante Ergänzungen zu den Arbeitsgesetzen. Ein Lkw darf 40 Tonnen transportieren, das Gesetz schreibt einen Fahrer mit gültigem Führerschein vor und einen Begleiter. Das kann ein Achtzehnjähriger ohne Führerschein sein, vielleicht der Sohn des Fahrers, der mal zum Spaß mitfährt. Will ich aber auf dem Wasser zehn Tonnen transportieren, muss ich einen Kapitän, einen ersten Offizier, einen Koch und einen Matrosen an Bord haben. Das führte dazu, dass die gesamte Flotte kleinerer und mittlerer Schiffe verschrottet wurde. Angeblich sollte das Gesetz Arbeitsplätze für Flussmatrosen schaffen. Diese haben sich genauso protestlos nacheinander zurückgezogen wie die entwurzelten Bauern.

Die großen Firmen finden immer Wege zur Umgehung der

Arbeitsgesetze. Der »Produzent« mag den Eindruck haben, er sei selbstständiger Unternehmer, tatsächlich ist er Arbeiter ohne sicheren Lohn, ohne feste Arbeitszeiten; wenn notwendig, muss er um Mitternacht raus, und die ganze Familie muss helfen. Er hat keinen Feierabend, keine arbeitsfreien Wochenenden, keinen bezahlten Urlaub, und er muss seine Sozialversicherung ganz selber tragen. Außerdem liegen alle Risiken bei ihm: die biologischen, die klimatischen (zum Beispiel Hitzewellen, die jedes Jahr im Sommer großen Schaden anrichten können) und die finanziellen. Man muss es immer wieder sagen: Das alles hat mit dem Lösen des Welthungerproblems nichts zu tun. Es geht nur um ökonomische Macht! Es steckte natürlich nicht unbedingt Boshaftigkeit dahinter. Die Strukturen sind systemisch gewachsen, am Anfang ziemlich spontan, und wurden dann immer mächtiger. Wer Macht gewinnt, versucht sie technisch, ideologisch und politisch zu untermauern.

Der Irrweg der modernen Landwirtschaft

Als ich von 1945 bis 1950 in Brasilien Landwirtschaft studierte, dann 1951/52 in den USA, war unsere Richtung ganz organisch und ökologisch. Das Wort Ökologie wurde zwar kaum je benutzt, wir dachten und handelten aber meistens ökologisch.

Was aber heute von den landwirtschaftlichen Hochschulen kommt, ist eine Katastrophe. Die jungen Leute lernen, mit wenigen Ausnahmen, für jede Kultur und Situation, ein so genanntes »technisches Paket«. Bei der Chemie waren das früher die »Spritzkalender«. Zu festen Zeitpunkten sollte vorsorglich gespritzt werden, egal ob Schädlingsbefall konstatiert wurde oder nicht. Die Studenten werden auch nicht motiviert, biologisch-ökologisch zu denken. Manche der Professoren machen sich sogar über ökologische Einwände lustig. Schlimmer noch, intellektuelle Neugierde wird den jungen Leuten aberzogen. Zum Glück wächst der Protest der Studenten.

Mit den heutigen wissenschaftlichen Kenntnissen, mit effizienter Technik und der noch überlebenden alten Bauernweisheit, könnten wir eine weit gesündere und nachhaltigere Landwirtschaft betreiben, als es die besten alten Bauernkulturen konnten, mit weniger harter körperlicher Arbeit und mit sozialer Gerechtigkeit. Die Bewegung des organischen Landbaus, die jetzt weltweit einen Aufschwung erlebt, der sich hoffentlich nicht mehr bremsen lässt, ist bereits der Katalysator für den notwendigen Umschwung.

Die moderne Landwirtschaft nennt sich wissenschaftlich. Eine solche Behauptung basiert auf der heute üblichen, von der Technokratie geförderten Verwechslung zwischen Wissenschaft und Technik. Dies ist wohl das Grundaxiom der herrschenden Entwicklungsmythologie. Es wird so nie offen dargelegt, geht aber implizit aus praktisch allen technologischen und ökonomischen Diskussionen hervor.

Wissenschaft kann Technik ermöglichen, sie diktiert sie nicht! Im technischen Detail müssen sich Lösungen natürlich strikt an wissenschaftliche Erkenntnisse halten, das heißt an die Gesetze der Natur. Die Form oder Struktur der einzelnen Artefakte, Instrumente, Maschinen, Methoden, der technologischen und legalen Infrastrukturen aber wird bestimmt durch die Nutznießer, durch deren Interessen. Das ist Politik! Wird etwa geplante Veralterung, wie in der Automobilindustrie üblich, von der Wissenschaft, von den Naturgesetzen diktiert? Noch nicht einmal von vernünftiger Ökonomie! Dabei handelt es sich ganz einfach um Betrug am Kunden. In sauberer Wissenschaft aber gibt es keinen Betrug.

Wissenschaft sollte der saubere, absolut ehrliche, ehrfürchtige Dialog mit dem großen Geheimnis sein – mit der Natur, dem Universum, mit dem Kosmos; wir können auch sagen: mit Gott.

Wissenschaft und Technik sind heute natürlich untrennbar. Je komplexer die Technik, desto tiefer gehende Wissenschaft braucht sie. Und je tiefer die Wissenschaft in das große Geheimnis der Schöpfung vordringt, desto komplexere Technik braucht sie: immer schärfere Messinstrumente, Mikroskope, Teleskope, Teilchenbeschleuniger und vieles, vieles mehr. Aber Wissenschaft ist im Grunde kontemplativ, es geht um Schauen, Verstehenwollen, Sichwundern, um Ehrfurcht; Technik dagegen ist fordernd und drängend, sie will etwas ändern, sich durchsetzen, sie will herrschen – »die Natur beherrschen«.

Technik ist in dem Maße gut oder schlecht, wie ihre Ziele gut oder schlecht sind. Leider hat heute das technokratische Establishment die Wissenschaft vereinnahmt und pervertiert sie. Es lenkt die Forschung fast nur noch in für sie nützliche Richtungen. Die herrschende Mythologie geht davon aus, der einzige, wahre Zweck der Wissenschaft sei, den technischen Fortschritt voranzutreiben.

Was soll an der modernen Landwirtschaft wissenschaftlich sein? Die Behauptung der Wissenschaft setzt voraus, dass die Methoden unvermeidlich sind, weil an der Wissenschaft orientiert. Daran halten sich die Agrarexperten aber nicht. Schon Liebig hat in seinen alten Tagen darauf hingewiesen, wie wichtig Humus im Boden ist; dass die Probleme der Pflanzenernährung nicht allein mit wasserlöslichen Nährsalzen gelöst werden können. Ich habe aber in der chemischen Industrie noch erlebt, dass deren »Wissenschaftler«, die Liebigs Werk sehr wohl kannten, aber nur teilweise zum Vorbild nahmen, die außerdem Zugang zu den neuesten Erkenntnissen über das Bodenleben hatten, behaupteten, Humus und Bodenleben seien für eine moderne Landwirtschaft irrelevant. In der praktischen Beratung handeln sie heute meistens noch so. Gerade im chemischen Pflanzenschutz werden wichtige und neueste wissenschaftliche Erkenntnisse nicht berücksichtigt, weil sie nicht ins Konzept des großen Geschäfts passen.

Persönlich habe ich jahrelang die Entwicklung neuer Agrargifte aus der Nähe beobachten können. Es geht um empirische Entwicklung von Techniken, meist sind es patentierbare Produkte, mit denen man große Geschäfte machen kann. Das Patent und die eingetragene Marke sind für die chemische Industrie das wichtigste Ziel in ihrer »Forschung«. Einfache Lösungen, die der Landwirt selbst erarbeiten und anwenden kann, interessieren nicht; sie werden ignoriert, wenn nicht sogar diskreditiert oder bekämpft ...

Kriegsfolgen

Wie ist es zu der mächtigen Branche der Agrarchemie in der Großchemie gekommen? Diese Entwicklung ging nicht von den Bauern aus, sie kam auch nicht aus der freien Wissenschaft, sie hatte etwas mit der Kriegswirtschaft zu tun.

Als der Erste Weltkrieg ausbrach, haben die Alliierten die deutschen Häfen blockiert. Das sperrte den Zugang zum Chilesalpeter. Nitrate waren aber unentbehrlich für die Herstellung von Sprengstoffen. Leider – muss man heute wohl sagen – gab es bereits ein Verfahren zur Gewinnung von Stickstoff aus der Luft – die Ammoniaksynthese, das Haber-Bosch-Verfahren. Bis dahin galt es als unökonomisch, durch den Krieg wurde es aber industriell großtechnisch ausgebaut. Das Massenschlachten währte vier Jahre. Mehr als zehn Millionen Soldaten beider Seiten, meistens blutjunge Kerle, zum Teil von der Schulbank in den Schützengraben getrieben, mussten ihr Leben lassen, oft auf die grausigste Weise.

Ohne Haber-Bosch-Verfahren damals sähe die Welt heute anders aus. Der Krieg hätte sich nicht richtig entwickeln können, es wäre nicht zu Versailles gekommen, sicher nicht zu Hitler. Hier sehen wir eins der vielen Beispiele, wie eine bestimmte Technik, für bestimmte Absichten genutzt, die Weltgeschichte schwerwiegend beeinflussen kann, ohne dass am Anfang die Konsequenzen vorauszusehen waren.

Was hat das mit Landwirtschaft zu tun? Als der Krieg zu Ende war, hatte die Industrie große Kapazitäten und unverkäufliche Lagerbestände. Man machte daraus Stickstoffdünger und verkaufte ihn an die Bauern. Stickstoffdünger wirkt in der Landwirtschaft wie eine Droge, man kommt nicht mehr leicht davon weg. Je mehr man ihn anwendet, umso mehr braucht man ihn. Es gab zwar vorher schon Kunstdünger, basierend auf Liebigs Erkenntnissen, aber der wurde sehr begrenzt angewendet. Nun entwickelte sich ein gewaltiges Geschäft. Hunderte von Millionen Tonnen Kunstdünger werden heute weltweit auf die Äcker gebracht.

Während des Zweiten Weltkrieges entwickelte Bayer unter anderem Giftgase auf der Basis von Phosphorsäureester. Kriegsende: dieselbe Geschichte; große Kapazitäten für die Produktion, große Lagerbestände, kein kriegerischer Absatz mehr. Jemand überlegte sich: »Was Menschen tötet, tötet auch Insekten.« Die »Produkte« wurden umformuliert zu »Insektiziden«. Diese konnte man wieder wunderbar an die Bauern verkaufen. Das Geschäft bekam zweistellige Wachstumsraten. Auf ähnliche Weise kam auch das DDT in die Landwirtschaft. Es wurde dann nach immer neuen Bioziden gesucht, ganz empirisch. Jede neue Substanz, die in den Chemielabors anfiel, wurde auf ihre Wirkung als Insektizid, Fungizid, Herbizid, Nematizid, Bakterizid usw. getestet. Was günstig aussah, wurde zu Handelsprodukten weiterentwickelt. Der Staat und die Beratungsstellen halfen tüchtig mit. Die landwirtschaftlichen Hochschulen und Versuchsstationen akzeptierten die Logik, wie sie von der Industrie diktiert wurde.

Nach dieser Logik sind die »Feinde« auf dem Acker, im Obst, Gemüse oder Garten, auch die Schmarotzer auf unseren Haus- und Nutztieren oder unerwünschte Geschöpfe in unseren Wohnungen – wie Spinnen, Fliegen oder Schaben und dergleichen – willkürliche, tollwütige Feinde, die wir möglichst ausrotten sollten. Soweit wir das nicht schaffen, müssen wir sie mit unseren schärfsten Waffen bekämpfen und in Schach halten.

Es weiß aber jeder aufmerksame Beobachter der Natur, ob Biologe oder Laie, dass diese Geschöpfe nicht willkürlich angreifen. Wenn dem so wäre, gäbe es längst kein Leben mehr, jede Art wäre längst von ihren Feinden ausgerottet, und diese wären verhungert. Wir haben heute gesicherte wissenschaftliche Erkenntnisse, die beweisen, was organisch arbeitende Bauern schon lange wussten, intuitiv und durch direkte Beobachtung: Die Anfälligkeit von Pflanzen für Schädlinge oder deren Widerstandsfähigkeit wird bestimmt vom Zustand des Stoffwechsels, und diesen kann man mit natürlichen Mitteln steuern – mit besseren Ergebnissen und geringeren Kosten als mit den Giften.

Das Erbe des Kolonialismus

Die Monokultur, aus der sich letztendlich die moderne Landwirtschaft entwickelte, wurde nicht vom Bauerntum erfunden und auch nicht von der Agronomie und Agrarforschung; zu dieser kam es erst durch die großen Plantagen. Auch hier muss man den Ursprung in der Kriegswirtschaft suchen, allerdings nicht in den beiden schlimmen europäischen Bruderkriegen. Es war eine andere, niederträchtige, Form von Krieg: die koloniale Plünderung, die von Europa ausging und sich »im Namen des

Christentums und der Zivilisation« über den Rest der Welt erstreckte. Als es den Engländern gelang, Indien militärisch und durch Korruption lokaler Fürsten zu unterwerfen, wollten sie natürlich möglichst viel Beute machen, und zwar auf Dauer. Beim damals gesunden indischen Bauerntum, welches das Volk gut und vielseitig ernährte, war nicht viel zu holen. Die Briten wollten große Mengen Baumwolle, Tee, Zucker, Gewürze, Öle, auch Korn usw. Aus Berichten aus jener Zeit geht hervor, dass die indischen Bauern den europäischen zum Teil weit überlegen waren. Dasselbe galt für die indischen Handwerker, die damals weit feinere Stoffe (und vieles andere) herstellten. Also hat man einen großen Teil des indischen Bauerntums und der Handwerker, besonders der Weber, entwurzelt, mit allerlei Auflagen, Steuern, Zöllen und mit Flurumstrukturierung zugunsten traditioneller und neuer, gefügiger Fürsten sowie britischer Kolonialherren. Indien musste daraufhin Stoffe aus England importieren und dorthin Baumwolle exportieren, natürlich nicht zum Vorteil indischer Unternehmer – profitiert hat vor allem die East India Company, die von der Krone ein totales Monopol konzediert bekam.

Wir haben hier ein frühes Beispiel dessen, was sich heute die Globalisierung vornimmt: Ausbeutung der Dritten Welt und Abbau der sozialen Errungenschaften in der »Ersten Welt«. De facto geht es dabei um eine neue, subtilere Form des Kolonialismus. Man sollte es ruhig Neo-Kolonialismus nennen.

So kam es in Indien zur Plantagenwirtschaft für den Export in das »Mutterland«. Millionen selbstständige Bauern mussten aufgeben. Sie landeten im Elend oder mussten als Tagelöhner auf den großen Plantagen dienen. Es gab schlimme Hungersnöte. Allein von 1825 bis 1900 sind laut britischen Kolonialberichten insgesamt mehr als 30 000 000 Menschen in Indien verhungert. Gleichzeitig wurden aber Nahrungsmittel nach England exportiert.

In all den anderen britischen, holländischen und französischen Kolonien war es nicht anders. Die Deutschen kamen später, versuchten, die von den traditionellen Kolonialmächten noch nicht unterworfenen Gebiete, wie zum Beispiel das heutige Namibia, das sie Deutsch-Südwestafrika nannten, und andere für sich zu erobern. Bis zum Ersten Weltkrieg waren sie bei diesem makabren Spiel tüchtig dabei.

Spanier und Portugiesen begannen mit ihren Raubzügen schon weit früher, kurz nach der so genannten »Entdeckung« um 1500, in Süd- und Mittelamerika, in der Karibik und in Mexiko, auch in Afrika und später auf den Philippinen. In all diesen Kolonien entstanden Plantagen – Zuckerrohr, Kaffee, Kakao –, abgesehen von der Plünderung der natürlichen »Ressourcen« und der tollwütigen Zerstörung der großen Kulturen.

Die Plantagenwirtschaft im Süden Nordamerikas sowie in Mittel- und Südamerika führte außerdem zu einem der gräulichsten Kapitel der menschlichen Geschichte: zur Sklavenwirtschaft mit Afrikanern, und sie war mit einer der wichtigsten Gründe für die Ausrottung Hunderter von Indianerstämmen. Allein in Brasilien, schätzt man, sind ca. fünf Millionen Indianer umgekommen, mehr als fünfhundert Sprachen sind für immer verschwunden. In ihrem Sklavenmartyrium sind auch Millionen Schwarze umgekommen.

Nicht viel anders als bei Hitler, lag diesen vielen kleinen und großen Holocausts die Vorstellung von Unter- und Übermenschen zugrunde. Offiziell und in den Schulen wird es aber kaum so gesehen. Noch bis in die Fünfziger- und Sechzigerjahre wurde das Massenschlachten von Indianern in Cowboyfilmen verherrlicht. Heute noch gilt der Kolonialismus in vielen Geschichtsbüchern für Kinder und Erwachsene als zivilisatorischer Prozess.

Ich erwähne all dies als Hintergrund zum besseren Verständnis der modernen Landwirtschaft, eigentlich der modernen Technologie ganz allgemein. Die moderne Agrar-»Wissenschaft« geht von der Logik der Monokultur für den Weltmarkt aus. Wenn behauptet wird, es ginge um Lösungen zum Problem des Welthungers, ist es entweder Unwissen oder Heuchelei. Dieser Logik soll sich heute sogar der Familienbetrieb unterwerfen, und daran geht er kaputt. Diese Logik aber ist das Fundament für die Ausweitung der Macht der transnationalen Konzerne.

Wie ich weiter oben bereits sagte: Hätte man die Bauern in den letzten hundert Jahren in Europa, viel früher schon in den Kolonien, sich selbst überlassen, wäre die Entwicklung anders verlaufen, zwar langsamer und vorsichtiger, aber die Bauern hätten sicher auch aus moderner Naturwissenschaft gelernt. Sie hätten so manche moderne Technik genutzt oder selbst entwickelt, aber es wären örtlich angepasste, vielfältige Techniken gewesen, bestimmt keine solchen wie die oben erwähnten oder die Gentechnik. Die Situation der Ernährung der Menschheit wäre weit sicherer. Es wäre nicht zu den gewaltigen Massen entwurzelter, verelendeter Menschen gekommen.

Wissenschaftlich fundierte, ökologisch und sozial vernünftige Landwirtschaft muss sich in die großen und kleinen Kreise der Ökosphäre eingliedern, statt sie aufzureißen, sie zu überwältigen; statt systematisch und nacheinander alle lebenserhaltenden Systeme zu verstümmeln, gar total abzubauen oder zu vergiften und die Verarmung der biologischen Vielfalt voranzutreiben, wie das heute weltweit der Fall ist.

Die »Life-Sciences«

Nun predigen uns die Firmen, die mit genetisch manipuliertem Saatgut dem Bauern noch seinen letzten Rest von Selbstständigkeit entreißen wollen: »We are in the life-sciences«, wir betreiben Lebenswissenschaft. Welch Zynismus! Zutreffender wäre doch wohl: »We are in life-commerce.«

Was hat ein *Terminator-Gen* noch mit Wissenschaft zu tun? Da wird dem Landwirt eine Saat verkauft, die zwar keimt, eine Ernte bringt, deren Saat aber steril ist. Er soll für sein Saatgut ganz von der Firma abhängig werden. Da das aber die Firma zwingen würde, selbst größere Plantagen zu unterhalten, um immer neues *Terminator*-Saatgut verkaufen zu können, hat sie schon einen neuen Trick parat: Diese Arbeit soll der Bauer selber machen und dafür auch noch bezahlen. Er darf von der Firma ein Spezialmittel kaufen, das seine sterile Saat wieder keimfähig macht. Der Landwirt soll also mehr bezahlen für ein beschädigtes Saatgut, und dann soll er bezahlen für die Reparatur. Früher kostete ihn sein Saatgut meistens gar nichts, außer etwas Arbeit. Das ist schon kein Kommerz mehr, sondern Ausbeutung.

Monsanto hat zwar nach der weltweiten Protestwelle, die das *Terminator*-Saatgut ausgelöst hat, angekündigt, solche Produkte nicht mehr auf den Markt bringen zu wollen. Es wurde aber bekannt, dass von ihr über 150 Patentanträge in dieser Richtung in den USA eingereicht wurden. Das amerikanische Ministerium für Landwirtschaft macht mit, hat sogar einige Patente gemeinsam mit Monsanto beantragt.

In Brasilien will Monsanto das *Roundup-Ready*-Saatgut für Soja forcieren – eine Sojasorte, genetisch so manipuliert, dass die Pflanzen für das Herbizid der Firma, *Roundup*, resistent sind. Der Landwirt soll also das »Paket« Saat und Herbizid gleich in einem kaufen.

Andere Firmen bieten Ähnliches für Reis und sonstige Kulturen. Es werden schon Reissorten in den Handel gebracht, die bestimmte Vitamine und Aminosäuren, angeblich für bessere Ernährung, genetisch in den Kern einmanipuliert bekommen. Wozu eigentlich? Vollkornreis macht das umsonst, müsste billiger sein als der schneeweiß polierte Reis und sollte von den Gesundheitsbehörden gefördert werden.

Zum Glück stoßen Monsanto und die anderen Firmen, die den Landwirten gentechnisch verändertes Saatgut aufzwingen wollen, auf wachsenden Widerstand. Einige ihrer Versuchsfelder wurden von Demonstranten vernichtet. Leider aber verstehen viele Umweltaktivisten und Landwirte nicht, worum es wirklich geht. Die Gefahr liegt weniger in schädlicher Nahrung – heute ist ja praktisch alles, was wir im Laden kaufen, durch all die Zugaben, Denaturierungen und Verfälschungen schädlich –, die Gefahr liegt in der weiteren Knebelung der Bauern und der Monopolisierung des Saatguts.

Wir erleben heute eine grundsätzliche Perversion der Wissenschaft und hier besonders der Agrarchemie und der Gentechnik, die sich beide etwas auf ihre Wissenschaftlichkeit einbilden. Während Einstein als junger Mann seine für die klassische Physik umwerfenden Ideen entwickelte, verdiente er sein Brot im Schweizer Patentamt. Er kannte sich also aus im Patentwesen. Es kam ihm aber nicht in den Sinn, seine genialen Ideen patentieren zu lassen. Das entsprach nicht dem Geist der Wissenschaft!

Anfang der Fünfzigerjahre enträtselten F. H. Crick und J. D. Watson, die Begründer der modernen Molekulargenetik, die chemische Struktur der DNS, also des Moleküls, welches in der lebenden Zelle die Vererbung verschlüsselt und kontrolliert. Man stelle sich vor, sie hätten ihre Entdeckung patentiert. Das hätte ihnen totale Kontrolle über sämtliche genetischen Forschungen gegeben. Edison andererseits, der mehr als tausend Patente auf seinen Namen anmeldete, nannte sich nicht Wissenschaftler, sondern Erfinder. Bei der heutigen Perversion würde man ihn wohl Wissenschaftler nennen.

Nun sehen wir gegenwärtig ein fieberhaftes Wettrennen um die Patentierung einzelner Gene, wie zum Beispiel im Falle des menschlichen Genoms und alles dessen, was auf der Ebene der Molekulargenetik und Züchtung sowie Manipulation von Lebewesen entdeckt wird. Patente sind sinnvoll für Erfindungen, nicht für Entdeckungen. Gene, Genome usw. gibt es, seit es Leben gibt, seit Milliarden von Jahren. Wer hat da das Recht, sich so etwas anzueignen? Inzwischen sind transnationale Großkonzerne, die sich kaum ihren Aktionären und sonst sowieso niemandem gegenüber verantwortlich fühlen, dabei, genau das zu tun. Sie patentieren ganze Lebewesen, Tiere, Pflanzen, Teile von Lebewesen und Verfahren des Lebens. Einen großen Teil des menschlichen Genoms haben sie schon patentiert.

Dies ist nur ein weiteres Instrument zur Errichtung einer globalen Technokratie. Die Regierungen sollen nur Handlanger der Konzerne sein und sind es leider großenteils schon. Wie ist es möglich, dass Regierungen und Parlamente, die ihrem Volk gegenüber verantwortlich sein sollten, sich derart den Interessen der transnationalen Konzerne unterwerfen? Die Absichten der Großkonzerne in der Landwirtschaft sind ganz eindeutig. Der Landwirt soll zum total abhängigen Zulieferer und Abnehmer für die Industrie werden – oder verschwinden.

William D. Hefferman, amerikanischer Kritiker des heutigen Nahrungsmittelsystems in seinem Land, in dem kaum ein Dutzend großer Konzerne praktisch die gesamte Verarbeitung von Nahrungsmitteln beherrscht, vergleicht das System mit einer Sanduhr. In den USA gibt es noch ca. eine Million Landwirte auf der Produktionsseite, die für viele Millionen Bürger auf der Konsumentenseite pflanzen. Fast alles, was produziert wird, fließt aber durch das dünne Nadelöhr dazwischen. In dem dünnen Engpass wird alles kontrolliert, auch die Betriebsmittel, besonders aber der jeweilige Preis.

Der Aufstand der Bauern

Autonome Bauern, die sich selbst und ihre Umgebung ausreichend und gesund ernähren, sind aus der Sicht des heutigen ökonomischen, von den transnationalen Konzernen diktierten Denkens subversiv, wie zum Beispiel die Chiapas-Indianer in Mexiko, die gegen den gemeinsamen Markt in Nordamerika (NAFTA) aufgestanden sind. Diese Indianer sind Bauern mit alter Maya- und Aztekenkultur. Solche Kulturen darf man nicht verwechseln mit Jäger-Sammler-Kulturen im Regenwald, im brasilianischen Cerrado, in Patagonien und früher in der Pampa. Ihre Mischkulturen und Fruchtfolgen bringen insgesamt weit höhere Flächenerträge und bessere Nahrung als die modernen, exportorientierten, vom Staat geförderten, chemisierten und mechanisierten Monokulturen.

Die Indianer in Chiapas wissen, dass sie in den Slums landen, wenn die Grenzen Mexikos für die hoch subventionierten US-Agrarprodukte geöffnet werden. Das wäre nicht nur katastrophal für Hunderttausende von Menschen, es wäre auch ethnisches Genozid für Dutzende von Kulturen. In den verschiedenen Bergregionen dort spricht man verschiedene Sprachen, pflegt verschiedene Musik und Tänze, erzählt sich verschiedene Sagen und Weltgeschichten, die religiösen Riten und ihre Bauten sind verschieden.

Es wäre ein weiterer Schritt nach den schon viel zu vielen Schritten in Richtung dessen, worüber sich der große deutsche Schriftsteller Stefan Zweig beklagte – »die Monotonisierung der Welt«. In seinem brasilianischen Exil hat er sich gemeinsam mit seiner Frau das Leben genommen. Wir können nur ahnen, aus welcher Verzweiflung.

Besonders signifikant ist, dass gleichzeitig mit den Indianern auch amerikanische Arbeiter protestiert haben, weil auch sie ihre Arbeitsplätze gefährdet sahen, sollten ihre Industrien nach Mexiko umsiedeln, um dort die Vorteile der niedrigen Löhne und der schlechten Sozialversorgung zu genießen. Auf mexikanischer Seite stehen entlang der Grenze bereits Hunderte von *Maquiladoras,* das sind amerikanische Fabriken, die mehr oder weniger ausschließlich für den Markt in Nordamerika produzieren (vgl. Kapitel 12). Die mexikanische Regierung, der Technokratie hörig, hat kein Interesse, die Situation der Arbeiter zu verbessern.

Jetzt aber kann sie Chiapas nicht mehr ignorieren. Als im Februar 2001 Subcomandante Marcos, Chef der Zapatista-Bauernbewegung, nach langem Marsch quer durch das ganze Land in Mexiko-Stadt ankam, wurde er auf dem Zentralplatz vor der Kathedrale von einer gewaltigen Menschenmasse empfangen. In Bangalore, Indien, war ich selbst dabei, als eine halbe Million Bauern gegen die Weltbank, gegen den Internationalen Währungsfonds, gegen die Welthandelsorganisation und *für* organischen Landbau demonstrierte.

Die noch überlebenden Bauern – egal in welchem Erdteil – müssen wissen, dass sie alle im selben Boot sitzen; und den Konsumenten muss bewusst werden, dass nur ein starkes, sozial und ökologisch verankertes, gesundes Bauerntum, befreit vom Joch der transnationalen Konzerne, nachhaltig gesunde Nahrung liefern kann. Die Gesellschaft muss wissen, wie und wo ihre Nahrung produziert wird, muss an den wichtigen Entscheidungen teilhaben. Davon hängt die nationale Sicherheit ab, und davon hängt auch das Überleben der Zivilisation ab.

Es fehlt nicht an Wissen, an Information und an Tausenden von praktischen, großen und kleinen Beispielen, wie zum Beispiel im organischen Landbau oder in den Bürgerbewegungen zur sozialen Gerechtigkeit und nachhaltigen Entwicklung. Es fehlt an politischem Willen, der noch mit viel persönlicher Anstrengung und Opferbereitschaft von Millionen bewusster Bürger auf fünf Kontinenten erkämpft werden muss.

In der modernen Industriegesellschaft wird es echte Demokratie und gesichertes Überleben erst geben, wenn die technokratischen Strukturen für jedermann transparent gemacht werden, wenn sie möglichst klein und dezentral bleiben, wenn die wichtigen Entscheidungen von der Gesellschaft ausgehen und von ihr bewusst und mitverantwortlich getragen werden – und nicht, wie heute, diktatorisch in den Führungsetagen der transnationalen Konzerne zu deren Vorteil gefasst und mit fügsamer Selbstunterwerfung der Regierungen, egal welcher Parteien, durchgesetzt werden.

Kapitel 20

Die WTO und die Liberalisierung des Handels im Gesundheits- und Dienstleistungsbereich

Agnès Bertrand und Laurence Kalafatides

Agnès Bertrand studierte an der französischen Universität von Nanterre Philosophie. Sie war Generalsekretärin von Ecoropa, einem europäischen Netzwerk von Umweltschutzforschern und -aktivisten. Der französische Zweig von Ecoropa organisierte schon sehr früh eine Kampagne gegen das GATT und gründete die »Alliance Paysans Ecologistes Çonsommateurs« (Allianz der Bauern, Umweltschützer und Verbraucher). Agnès Bertrand ist Mitglied des »International Forum on Globalization« und hat die französische Denkfabrik »Observatoire de la Mondialisation« gegründet, eine der führenden französischen NGOs im Kampf gegen die globalisierte Wirtschaft. Laurence Kalafatides ist eine unabhängige Forscherin und anerkannte Expertin für das GATS. Außerdem ist sie Vizepräsidentin des »Institut pour la Relocalisation de l'Economie« im französischen Gard.

Nach dem Zweiten Weltkrieg wurde die öffentliche Gesundheit ein zentrales Anliegen des Staates, und medizinische Versorgung für alle galt in fast allen Ländern des industrialisierten Westens und sogar in einigen südlichen Ländern als fundamentales Menschenrecht. In Übereinstimmung mit dieser Entwicklung konzipierte die Weltgesundheitsorganisation (WHO) die Politik, die dieses Menschenrecht weltweit verwirklichen sollte. Seit den frühen Neunzigerjahren findet jedoch eine bemerkenswerte Veränderung statt: Die medizinische Versorgung aller Bürger wird nicht mehr wie bisher als eine moralische Pflicht des Staates betrachtet, sondern wird zunehmend als neues Geschäftsfeld angesehen. Der frühere Direktor der WHO Hirochi

Die WTO und die Liberalisierung • 355

Nakajima begrüßt diese Entwicklung. Für ihn muss die Gesundheitsversorgung von der Peripherie ins Zentrum der Wirtschaft gerückt und dadurch zum neuesten Konsumgut werden (*Le Monde Diplomatique,* April 1999).

Wie lässt sich diese Kehrtwendung erklären? Die Antwort lautet, dass die medizinisch-pharmazeutische Industrie inzwischen die Rüstungsindustrie als größten Geschäftsbereich der Welt überholt hat und im neuen Jahrhundert vermutlich das größte Wachstum und die höchsten Gewinne erzielen wird. Dies wird jedoch nur möglich, wenn die Regierungen rückhaltlos mit der Industrie zusammenarbeiten und der Staat geschäftliche Entwicklungen nicht mehr aufzuhalten sucht. Die größten Player im Gesundheitssektor wollen uns natürlich weismachen, dass Privatisierung und Globalisierung der Gesundheitsversorgung auf jeden Fall unvermeidlich seien. Aber wenn dem so ist, dann nur weil machtvolle Interessengruppen weltweit alles tun, um diesen Prozess so unauffällig und effizient wie möglich zu beschleunigen.

Zufällig ergab sich mit der WTO-Konferenz in Seattle dafür eine außerordentlich günstige Gelegenheit. Im November 1999 trafen sich dort 136 Minister der WTO-Mitgliedsstaaten, um unter der grandiosen Bezeichnung »Millenniumsrunde« die Liberalisierung des Welthandels noch weiter voranzutreiben. Auf der Tagesordnung der vorgesehenen neuen Verhandlungsrunde stand die Überarbeitung der bestehenden Übereinkommen über die Landwirtschaft, über den Handel mit Dienstleistungen und über geistiges Eigentum, die schon in dem Abkommen zur Gründung der WTO vom Dezember 1993 enthalten waren. Alle diese Übereinkommen enthalten Pläne für ein weiteres »Rollback« – das heißt eine weitere Deregulierung nationalstaatlicher Gesetze, die als Handelshemmnisse gelten. Dies ist im Jargon der WTO die so genannte »eingebaute Agenda«. Zusätzlich waren neue Verhandlungen zur Verabschiedung von Übereinkommen über Investitionen, über das öffentliche Beschaffungswesen, Wettbewerbspolitik und Handelserleichterung vorgesehen.

Das GATS

Ganz oben auf der Tagesordnung der geplanten Millenniumsrunde stand die Revision des »Allgemeinen Übereinkommens
über den Handel mit Dienstleistungen« (GATS). Wie nicht anders zu erwarten waren die Revisionspläne stärker als je zuvor
von Wirtschaftsinteressen geprägt. Am stärksten engagierte
sich die US-amerikanische »Coalition of Service Industries«
(CSI), die sich von dem neuen Übereinkommen große Vorteile
erwartete – mit ihren eigenen Worten: »eine Gelegenheit für einen Quantensprung«.

Der Dienstleistungsbereich, zu dem auch die Gesundheitsversorgung gehört, ist ebenso riesig wie unklar definiert. Er umfasst einfach alles – Telekommunikation, Transportwesen, Vertrieb, Postzustellung, Versicherungen, Bauindustrie, Umweltschutz, Immobilienhandel sowie die Tourismusindustrie und
Servicekonzerne aller Arten, von McDonald's in Moskau bis zu
den Bordellen in Bangkok. Laut WTO erstrecken sich die
Dienstleistungen, die unter das GATS fallen, auf nicht weniger
als 160 verschiedene Bereiche. Obwohl keine Einigkeit darüber
besteht, was dem Dienstleistungssektor zugeschlagen werden
soll, sorgte die WTO von Anfang an dafür, dass die Gesundheitsversorgung auf jeden Fall mit auf die Tagesordnung kam.
Erstaunlicherweise löste dies keinerlei öffentliche Debatte aus;
in den bekannten Zeitungen und Zeitschriften erschien kein
einziger Artikel zu dem Thema.

Während das Thema Landwirtschaft viel Aufmerksamkeit er-
regte, weil es zum Schlachtfeld zwischen den USA und Europa
wurde, ging das Dienstleistungsabkommen insgesamt fast un-
bemerkt durch. Bei der Unterzeichnung des Schlussabkommens
der Uruguay-Runde, durch das die WTO gegründet wurde, üb-
ten die Industrieländer enormen Druck auf die anderen Staaten
aus. Und bei der hastigen Ratifizierung des Abkommens durch
die Parlamente der Mitgliedsstaaten hatte kaum einer der Abgeordneten auch nur die geringste Ahnung von den weit reichenden Konsequenzen des GATS (oder der WTO-Abkommen
insgesamt). Auch wenn es völlig unglaublich erscheint, ist einer
der Gründe für diese Ahnungslosigkeit, dass die Liste mit den
betroffenen Bereichen den Abgeordneten nie zugänglich ge-

macht wurde! Trotzdem musste der französische Außenminister Alain Juppé, ein engagierter Befürworter des Freihandels, einräumen, dass »das GATS-Übereinkommen sich auf alle Dienstleistungen in allen Bereichen bezieht, mit Ausnahme der vom Staat erbrachten Dienstleistungen«. Natürlich ist das nicht ganz richtig. Juppé hätte hinzufügen müssen, dass selbst dies nur dann zutrifft, wenn der Staat in einem bestimmten Sektor nicht mit einem oder mehreren Dienstleistern konkurriert, und außerdem nur dann, wenn die staatliche Dienstleistung umsonst erbracht wird. Bezeichnenderweise ist das bei der Gesundheitsversorgung in Frankreich nicht der Fall, da der Staat nur 70 Prozent der Kosten trägt.

Die Ziele sind klar. Nach der Liberalisierung der Telekommunikation und der Finanzdienstleistungen, der Post und des Lufttransports soll nun der Gesundheitsbereich für den Wettbewerb geöffnet und letztlich von großen Konzernen übernommen werden. Dadurch wird er, wie man uns versichert, »Größenvorteile« haben, die ihn angeblich noch »effizienter« machen werden. Alle mit ihm verknüpften Bereiche sind ins Auge gefasst: die Behandlung im Krankenhaus, Pflegedienste, Rettungsdienste, Altenheime, Sozialleistungen, »Telemedizin« und natürlich auch der lukrative Bereich der plastischen Chirurgie. Der Patient wird zum Kunden und das Krankenhaus zum Gesundheitssupermarkt. Man fragt sich, wann es den ersten Schlussverkauf geben wird.

Es ist wichtig, bestimmte eindeutige Fakten im Gedächtnis zu behalten. Erstens kommt es nach der Logik der modernen Wirtschaftswissenschaft nicht auf die tatsächlichen menschlichen Bedürfnisse an, sondern auf die »effektive Nachfrage«, also auf Bedürfnisse, hinter denen zahlungskräftige Konsumenten stehen. Privatunternehmen können auf dem Gesundheitsmarkt tatsächlich eine teure Hightech-Versorgung für vermögende Kunden bieten, aber alle anderen Bürger werden sich mit einer erheblich billigeren Gesundheitsversorgung begnügen müssen, da die Ärzte und Krankenhäuser mit sehr knappen Budgets werden auskommen müssen. Dies wird längere Wartelisten und Mängel in der medizinischen Ausrüstung zur Folge haben und natürlich auch eine verstärkte Ausbeutung der Arbeitskräfte, die für weniger Geld länger werden arbeiten müssen. Tatsächlich kann die Unterwerfung des Gesundheitswesens unter die Marktgesetze nur zu verschärfter Ungleichheit und wachsenden Spannungen führen. In den letzten Jahren wurde im Großraum London bereits eine beträchtliche Anzahl Krankenhäuser geschlossen. In Frankreich mussten Krankenhäuser wie etwa das von Alès im Département Gard aufgrund von Sparmaßnahmen einen Teil ihrer Dienstleistungen einstellen. Inzwischen hat der riesige, krakenartige Konzern Vivendi Beteiligungen an zwei Kliniken in derselben Gegend erworben, und dasselbe wiederholt sich auch in anderen Regionen. Kürzlich war in der französischen Zeitung *Le Monde* zu lesen, dass wegen der Krankenhausreform im Raum Paris innerhalb der nächsten fünf Jahre nicht weniger als 100 Krankenhäuser geschlossen werden würden.

Außerdem sollte man sich klar machen, dass in der Gesundheitsversorgung nicht mit gesunden, sondern mit kranken Menschen Geld verdient wird. Aus diesem Grund macht die medizinisch-pharmakologische Industrie praktisch keine Anstrengungen, was die Prävention betrifft. Im Gegenteil, manche Regierungen haben auf Betreiben der Gesundheitsindustrie der alternativen Medizin, die mehr Wert auf Prävention legt, den Krieg erklärt. In Frankreich steht die Homöopathie unter Beschuss. Der Verkauf von 27 medizinischen Präparaten, die für die homöopathische Medizin sehr wichtig sind, wurde kürzlich unter dem lächerlichen Vorwand ausgesetzt, dass sie zuerst nach tierischen Rückständen untersucht werden müssten. Homöopathen sind genau wie Naturheilkundler Konkurrenten, die eine totalitäre medizinisch-pharmazeutische Industrie nicht tolerieren kann, sondern vernichten muss.

Bezeichnenderweise wird sogar der Begriff »Krankheit« neu definiert. Selbst das Alter, von dem ein vergleichsweise wohlhabender Kundenkreis betroffen ist, wird inzwischen als Krankheit bezeichnet, und dasselbe gilt auch für die Fettleibigkeit. Zudem wächst durch die Kommerzialisierung der Medizin der Druck, Umsätze und Gewinne zu steigern, sodass die Tendenz entsteht, nicht mehr die Ursachen einer Krankheit zu kurieren, sondern teure kommerzielle Produkte zu verschreiben, die nur die Symptome bekämpfen.

Mit ein wenig Fantasie lässt sich das Schicksal der medizinischen Forschung voraussehen. Die Zeitungen sind voll von begeisterten Artikeln, die den wissenschaftlichen Fortschritt preisen, der zu künftigen Hightech-Therapien führen wird – mit der Gentechnik an der Spitze. Einzelne Staaten und die EU stellen gewaltige Forschungsmittel für Genforschung und Gentherapie zur Verfügung, obwohl vor allem der private Sektor davon profitiert, sodass der Steuerzahler die Rechnung bezahlt, ohne irgendeinen Einfluss darauf zu haben, wie die Mittel eingesetzt werden. Selbstverständlich ist auch die wissenschaftliche Forschung ein Dienstleistungsbereich, der laut GATS umstrukturiert werden soll.

»Services 2000«

Für die Revision des GATS hatte sich die WTO das von der Dienstleistungslobby geprägte Motto »Services 2000« zu Eigen gemacht. Die wichtigsten Interessenverbände der Dienstleister, die US-amerikanische »Coalition of Service Industries« (CSI), der »Transatlantic Business Dialogue« (TABD), dem die hundert größten Firmen beiderseits des Atlantiks angehören, und das erst kürzlich eigens für die Reform des GATS gegründete »European Services Network« (ESN) stehen Gewehr bei Fuß.

Doch die Konzerne haben die Vorteile, die sie sich von der Revision des GATS versprechen, noch lange nicht »in der Tasche«. Sie sind besorgt, dass sich das Fiasko des Multilateralen Abkommens über Investitionen (MAI) wiederholen könnte, das am Widerstand der Öffentlichkeit scheiterte. Aus diesem Grund halten sie es für wichtig, dass weder die Öffentlichkeit noch die Parlamente genau wissen, worüber eigentlich verhandelt wird. Daher die Undurchsichtigkeit des vom Rat für Dienstleistungen der WTO erstellten vertraulichen Dokuments zur Vorbereitung der Verhandlungen. Die Knackpunkte sind durch ein Netz miteinander verknüpfter und weitgehend unverständlicher Klauseln verschleiert, die den Leser verwirren sollen. Trotzdem ist das Dokument natürlich sehr umfassend; kein Anliegen wurde übersehen. Allerdings hat man, um sicherzugehen, dass das beabsichtigte Ergebnis erzielt wird, nicht alles auf eine Karte gesetzt.

So überredete die »Coalition of Service Industries« die WTO zu einer »flexiblen« und »innovativen« Verhandlungsstrategie. Insbesondere gab die CSI Ratschläge zur Klassifizierung der unterschiedlichen Dienstleistungsbereiche, weil »Flexibilität erforderlich ist, damit auch Dienstleistungen erfasst werden, die vielleicht noch nicht unter (bereits bestehende) Definitionen fallen« (Vastine, 1999). Der Rat für Dienstleistungen der WTO unterstützte diese Verhandlungspositionen und ist darauf vorbereitet, jeden Widerstand abzuwehren, der sich gegen die Kommerzialisierung irgendeines Bereichs der Gesundheitsversorgung erheben könnte.

Anders als in den USA ist die Gesundheitsversorgung für die Wähler in Europa ein wichtiges Anliegen. Deshalb war es für die WTO zentral, die tatsächlichen Vorschläge der Millenniumsrunde möglichst geheim zu halten, die im November 1999 auf der Ministerkonferenz in Seattle beschlossen werden sollten. Insbesondere die Details der Revision von GATS, die (trotz des Abbruchs der Verhandlungen in Seattle) am 1. Januar 2000 begann, sollen nicht an die Öffentlichkeit dringen. Einige der vorgeschlagenen Maßnahmen scheinen in ihrem Ausmaß beschränkt zu sein, aber das gilt nur für kurze Zeit. Tatsächlich haben die Mitgliedsstaaten der Liberalisierung in einigen Bereichen Grenzen gesetzt, aber zugleich die Weichen für eine spätere, weitergehende Liberalisierung gestellt. Mit anderen Worten, in dem Bestreben, seine Krankenhäuser vor der Invasion der Konzerne zu bewahren, hat der Staat den Privaten tatsächlich die Erlaubnis erteilt, sie langfristig zu übernehmen. Der Rat für Dienstleistungen der WTO hat bereits eine Methode entwickelt, um dies zu erreichen. Sie sorgt dafür, dass eine Dienstleistung, die durch »Ausübung hoheitlicher Gewalt« erbracht wird und daher von der Liberalisierung ausgenommen ist, laut GATS, Artikel I.3.C, nicht »zu kommerziellen Zwecken« erbracht werden darf. Da jedoch »Krankenhäuser und Kliniken dem Patienten oder dessen Versicherung die Behandlung in Rechnung stellen, erscheint es in diesen Fällen unrealistisch, für eine Anwendung von Artikel I.3.C zu plädieren«. Mit anderen Worten, selbst wenn eine Behandlung für den Patienten umsonst ist, »aber durch Subventionen oder ähnliche Formen finanzieller Begünstigungen« bezahlt wird, dann muss der betroffene Bereich nicht nur für die Konkurrenz geöffnet werden, sondern dieselben »Subventionen« sollen auch den konkurrierenden kommerziellen Dienstleistern zugute kommen! Es ist natürlich bezeichnend, dass die WTO staatliche Programme zur Gesundheitsversorgung als Subventionen betrachtet.

· Um die Sache noch schlimmer zu machen, gibt es außerdem den Vorschlag, einen so genannten »horizontalen Ansatz« anzuwenden. Dies würde bedeuten, dass eine für einen Bereich, etwa die Telekommunikation, beschlossene Maßnahme *automatisch auch auf alle anderen Bereiche, einschließlich des Gesundheitssektors Anwendung findet.* So müsste zum Beispiel der Unterbereich der »Telemedizin« – bei der die Patienten über Videotelefon einen weit entfernten Arzt konsultieren und von diesem Rezepte übermittelt bekommen – zwangsliberalisiert werden, da die Mitgliedsstaaten das bereits unterzeichnete Übereinkommen über die Telekommunikation hier anwenden müssen.

Für den Fall, dass selbst dieses Arsenal von Bestimmungen die Liberalisierung der Gesundheitsversorgung nicht ausreichend gewährleisten sollte, wurden andere Mittel ins Auge gefasst. So könnte zum Beispiel das Übereinkommen über das öffentliche Beschaffungswesen, abgestützt durch das Übereinkommen über die Wettbewerbspolitik, über das die USA und die EU in der nächsten WTO-Runde verhandeln wollen, denselben Zweck erfüllen.

Es ist sehr wichtig, sich nicht durch das Fachchinesisch der Bestimmungen und Vorschläge verwirren zu lassen. In Wirklichkeit ist die Sache ganz einfach: Die Gesundheitshaushalte der Welt sind gewaltig; sie umfassen Abermilliarden US-Dollar. Warum also nicht den Gesundheitssektor und das öffentliche Beschaffungswesen als Dienstleistungsindustrie definieren? Wie wir gesehen haben, ist es eine der Lieblingsmethoden der WTO, einen Bereich zu liberalisieren, indem sie ihn einer anderen Kategorie zuordnet. Wie die CSI klagt, werden in zahlreichen Ländern »staatliche Aufträge in geschlossenen Verfahren vergeben, die den Interessen auswärtiger Lieferanten zuwiderlaufen«. Deshalb seien klare Regeln notwendig, damit alle öffentlichen Beschaffungsaufträge, gleichgültig ob im Straßenbau oder – wie die Interessenverbände hoffen – im Gesundheitswesen, immer an die »kompetentesten Anbieter« gehen. Die Neudefinition des staatlichen Gesundheitswesens als öffentliches Beschaffungswesen bietet einen gewaltigen Vorteil. Die Mittel, die vom Staat ausgegeben oder, besser gesagt, umverteilt werden – in diesem Fall Sozialabgaben –, können nun von in- und ausländischen Privatfirmen genutzt werden. In Frankreich hat die AXA-Gruppe sich heute schon um das Management der Krankenversicherung in mindestens einer Region beworben. Wenn der Konzern vom Staat grünes Licht bekommt, ist ein Präzedenzfall geschaffen. Nach der Bestimmung, dass ausländische und inländische Unternehmen gleich behandelt werden müssen (Inländerbehandlung), gelten dieselben Bedingungen dann auch für jeden ausländischen Konzern, der sich um eine solche Aufgabe bewirbt. Ähnliche Trends zeichnen sich auch bei der Altersversorgung ab.

Im Gegensatz zum GATS geht es in dem geplanten Übereinkommen über die Wettbewerbspolitik nicht um die Neuklassifizierung von Tätigkeiten, sondern um die Einführung von »einschränkenden Grundsätzen« und »Disziplinen«. »Die Mitglieder der WTO werden angehalten, eine Reform ihrer rechtlichen Rahmenbedingungen vorzubereiten«, erläuterte Robert Vastine, der Präsident der CSI, das Vorhaben. Staatliche Rechtsvorschriften sollten, wie er sagte, vier zentrale Eigenschaften besitzen: »Angemessenheit, Unparteilichkeit, minimale Einmischung und Transparenz.« Selbstverständlich meinte er damit nicht Transparenz im Handeln der Konzerne oder deren minimale Einmischung in das Leben der Menschen. Was er meint und worum es in dem Übereinkommen über die Wettbewerbspolitik geht, ist, dass die Parlamente immer, wenn sie ein Gesetz verabschieden, darauf achten müssen, dass es »angemessen« und »unparteiisch« ist, was die Interessen der Wirtschaft betrifft. Robert Vastine schlägt außerdem vor, in der nächsten WTO-Runde das Streitbeilegungsgremium zu stärken. »Bloße Kompensation reicht nicht aus«, sagte er. »Das Streitbeilegungsgremium muss darauf bestehen, dass die Mitglieder die WTO-Regeln einhalten.« Dies bedeutet offenbar, dass die Verurteilung des europäischen Einfuhrverbots für hormonbehandeltes Rindfleisch durch ein WTO-Gremium und die »Bestrafung« der EU durch eine Anhebung der US-amerikanischen Zölle auf europäische Exporte um 114 Millionen US-Dollar noch nicht reicht. Das nächste Mal, wenn die EU sich weigert, ein Produkt aus den USA zu importieren, wird sie so lange unter massiven Druck gesetzt, bis sie ihre Märkte öffnet und ihrer Bevölkerung das Produkt aufzwingt, ob diese es nun will oder nicht.

Die Europäer wollen den Schutz ihrer Gesundheit jedoch genauso wenig den verantwortungslosen Marktkräften überlassen, wie sie sich mit hormonverseuchtem Rindfleisch zwangsfüttern lassen wollen. Die wirtschaftliche Globalisierung, wie sie bis jetzt unter der Ägide der WTO stattgefunden hat, ist jetzt schon für die Verarmung von vielen Hundert Millionen Menschen, insbesondere in der Dritten Welt, verantwortlich. Die Konzerne sind einfach zu weit gegangen, und man sollte keine Anstrengung scheuen, um sie daran zu hindern, noch weiter zu gehen.

Die zynischen, ja machiavellistischen Machenschaften, mit denen die WTO den wichtigen Gesundheitsbereich weltweit kommerzialisieren, privatisieren und globalisieren will, müssen und werden selbstverständlich an die Öffentlichkeit gebracht werden. Die Weltmeinung wird sich zweifellos gegen sie wenden und von den Nationalstaaten eine schrittweise Rücknahme des gesamten Systems von Handelsgesetzen verlangen, das seit Gründung der WTO eingeführt wurde.

Kapitel 21

Der Weg in die Klimakatastrophe

Ladan Sobhani und Simon Retallack

Ladan Sobhani studierte Internationale Beziehungen an der University of California in Davis mit dem Schwerpunkt Umweltökonomie. Sie forschte für das »International Forum on Globalization« und war an der Organisation von Teach-ins über die WTO, die Weltbank und den IWF beteiligt.
Biografische Details über Simon Retallack siehe Kapitel 17.

Der menschlich verursachte Klimawandel ist vermutlich das derzeit größte Problem der Menschheit. Da wir immer mehr Öl, Kohle und andere fossile Brennstoffe verbrennen, werden immer mehr Wärme speichernde Gase emittiert – vor allem Kohlendioxid –, während wir gleichzeitig die Wälder vernichten, die solche Gase normalerweise absorbieren. Das Ergebnis ist eine Ansammlung von Treibhausgasen in der Atmosphäre, die ein Wiederabstrahlen der Sonnenhitze verhindern und einen Temperaturanstieg an der Erdoberfläche verursachen. Dies ist keine bloße Theorie. Wie das »Intergovernmental Panel on Climate Change« (IPCC) – das offizielle wissenschaftliche Gremium, das die Vereinten Nationen zur Untersuchung des Klimawandels eingesetzt haben – schon 1995 in seinem unter Beteiligung von 2000 Wissenschaftlern erstellten *Second Assessment Report* feststellte, »lassen die vorliegenden Beweise vermuten, dass der Mensch das Weltklima merklich beeinflusst« (IPCC, 1995).

Schon jetzt sind die weltweiten Durchschnittstemperaturen laut IPCC um 0,6 °C über den vorindustriellen Durchschnitt gestiegen. Von 1980 bis 1998 wurden 12 der heißesten Jahre seit dem Beginn der Temperaturmessungen verzeichnet. Durch die höheren Temperaturen entstand auch ein höheres Energieniveau in den Wettersystemen der Erde. Schwere Unwetter waren die Folge. So etwa der Hurrikan Mitch, der 1998 zehntausend Menschen tötete und die Infrastruktur und Wirtschaft zweier mittelamerikanischer Länder zerstörte. Auch beginnt wegen der steigenden Temperaturen das Eis der Polkappen zu schmelzen, und Stechmücken, die Krankheiten übertragen, dringen immer weiter nach Norden vor – sogar bis New York City.

Doch das ist erst der Anfang. Wissenschaftler rechnen in den nächsten 100 Jahren mit einem weltweiten Temperaturanstieg von 2,5 bis 10 °C (Watson et al., 1997; Di Fazio, 1999). Wenn der gegenwärtige Trend anhält, bedeutet dies häufigere und schwerere Stürme, Überschwemmungen und Dürrekatastrophen, Sandstürme, Sturmfluten, zerstörte Küsten, Verseuchung des Grundwassers durch Salzwasser, Missernten, Waldsterben (einschließlich des Regenwalds am Amazonas), die Überflutung flacher Küstengebiete und Inseln und die Ausbreitung von Seuchen wie Malaria oder Denguefieber. Die Landwirtschaft könnte weltweit in eine schwere Krise geraten, und ganze Volkswirtschaften würden zusammenbrechen. Außerdem könnte es Millionen und Abermillionen von Umweltflüchtlingen geben – Menschen, die vor dem Ansturm des Meeres fliehen oder aus Gebieten flüchten, die Wüste geworden sind. Wissenschaftler warnen, dass menschlich verursachte Klimaveränderungen weltweit Millionen Menschenleben kosten werden.

Die wirtschaftliche Globalisierung beschleunigt dieses extrem gefährliche Phänomen, indem sie die industrielle Tätigkeit erweitert und das auf dem Verbrauch von Kohlenstoff beruhende Entwicklungsmodell weltweit verbreitet. Der wachsende Abstand zwischen Herstellern und Verbrauchern und die massive Zunahme des Handels aufgrund der wirtschaftlichen Globalisierung haben eine gewaltige Zunahme des Treibhausgase emittierendes Verkehrs verursacht. Die Liberalisierung des Handels und der Investitionen auf der ganzen Welt erleichtert außerdem die globale Expansion der industriellen Landwirtschaft und der mit ihr verbundenen Nahrungsmittelindustrie; beide sind sehr energieintensiv und produzieren große Mengen von Treibhausgasen. Die Globalisierung steigert auch den Verbrauch energie-intensiver Produkte wie Kraftwagen und Elektrogeräte und führt zum Aufbau von riesigen, energieintensiven Infrastruktu-ren, die auf fossilen Brennstoffen beruhen.

Zugleich werden die Nationalstaaten durch mächtige, von der Globalisierung hervorgebrachte Faktoren daran gehindert, adä-quate Maßnahmen gegen die Umweltzerstörung zu ergreifen. Zu diesen Faktoren gehören das spektakuläre Wachstum der Konzerne, die mit fossilen Brennstoffen arbeiten, und ihr wach-sender Einfluss auf die Regierungen sowie der zunehmende Konkurrenzdruck, dem die heimischen Industrien vieler Länder ausgesetzt sind. Neue Welthandelsregeln stellen inzwischen ei-ne Bedrohung für eine nationalstaatliche Gesetzgebung dar, die darauf abzielt, den Ausstoß von Treibhausgasen zu vermindern. Deshalb wird sich das Klima weiter verändern, mit schwer wie-genden Folgen für uns alle.

Zunehmender Handelsverkehr

Für die moderne Weltwirtschaft und die Denkweise, die ihre Schaffung inspirierte, ist der Fernhandel eine unbedingte Not-wendigkeit. Das zentrale politische Rezept des Neoliberalismus ist der Freihandel, beruhend auf internationaler Spezialisierung und komparativem Kostenvorteil. Gemäß dieser Denkweise soll sich jedes Land auf das spezialisieren und das exportieren, was es am besten tun oder herstellen kann, und alles andere impor-tieren. Dass die meisten Regierungen rund um den Erdball die-se Philosophie angenommen haben (was sich vor allem im Ab-bau von Handelshemmnissen zeigt), hat zur Folge, dass diverse lokale Wirtschaftssysteme, die die lokale Bevölkerung mit fast allem versorgen, was diese benötigt, durch neue Wirtschafts-systeme ersetzt werden, die vor allem für den Export produzie-ren und den größten Teil ihres Bedarfs *importieren*. Dank der wirtschaftlichen Globalisierung werden Produkte, die wir frü-her selbst herstellen konnten, oder Nahrungsmittel, die früher aus klimatischen oder jahreszeitlichen Gründen einfach nicht erhältlich waren, heute das ganze Jahr hindurch importiert. Die geografische Entfernung zwischen Erzeugern und Verbrauchern hat drastisch zugenommen, und die Güter werden viel weiter transportiert, bevor sie zum Verbraucher gelangen. Die durchschnittliche Strecke, die eine Ware 1982 in den USA vom Erzeuger zum Verbraucher zurücklegte, betrug 1000 Kilometer. Heute, da noch mehr lokale Wirtschaftssysteme durch regionale oder globale ersetzt worden sind, ist diese Entfernung vermutlich noch sehr viel größer.

Ähnliche Veränderungen finden auch im Produktionsprozess statt. Durch die Liberalisierung der Investitionen und der Handelspolitik können Nahrungsmittelkonzerne und Fertigungsunternehmen ihre verschiedenen Produktionsphasen in den verschiedensten Teilen der Welt ansiedeln oder sie dort an Subunternehmer vergeben. Auf diese Weise werden Bauteile Zehntausende von Kilometern hin und her transportiert, bis ein Produkt schließlich montiert oder fertig gestellt ist. Laut David Korten ließ beispielsweise Otis Elevator, als es ein neues, hochmodernes Aufzugssystem entwickelte, die Motoren in Japan, das Türensystem in Frankreich, die Elektronik in Deutschland und die Kleinteile in Spanien fertigen. All diese Komponenten wurden zurück in die USA geliefert, wo sie zusammengesetzt und in die ganze Welt exportiert wurden – wobei jeweils Tausende von Kilometer zurückgelegt wurden (Korten, 1995). Ähnlich ergab eine Untersuchung des deutschen Wuppertal-Instituts über die Transportwege verschiedener Lebensmittel, dass die Bestandteile von 150 Gramm Erdbeerjoghurt insgesamt etwa 9000 Kilometer zurücklegen, bevor sie im Becher und beim Verbraucher landen: Die Erdbeeren werden aus Portugal importiert, Mais- und Weizenmehl aus den Niederlanden, Marmelade aus Westdeutschland, Zuckerrüben aus Ostdeutschland und der Joghurt selbst aus Norddeutschland. Selbst das Aluminium für den Deckel legt 300 Kilometer zurück (Lang, 1998).

Auf diese Weise hat die wirtschaftliche Globalisierung zu einem gewaltigen Wachstum bei den wichtigsten internationalen Transportmitteln geführt, die allesamt zum Klimawandel beitragen. Mit der Expansion des Welthandels hat sich die weltweit verschiffte Fracht seit 1950 gewichtsmäßig annähernd verzehnfacht. Im Welthandel werden 90 Prozent der Güter verschifft, und der Energieverbrauch der Schifffahrt ist phänomenal: 140 Millionen Tonnen Treibstoff pro Jahr – das ist mehr als der jährliche Ölverbrauch des gesamten Nahen und Mittleren Ostens. Außerdem wird der Schiffstransport aufgrund der erwarteten Expansion des Welthandels zwischen 1997 und 2010 vermutlich um 85 Prozent zunehmen. Häfen wie Los Angeles sagen binnen der nächsten 25 Jahre eine Verdoppelung ihres Frachtumschlags voraus. Ein solches Wachstum kann nur zur vermehrten Emission von Treibhausgasen führen.

Auch die Weltluftfracht hat sich von 44 Milliarden Tonnenkilometer im Jahr 1985 auf 123 Milliarden Tonnenkilometer im Jahr 1997 beinahe verdreifacht. Boeing sagt eine weitere Verdreifachung der Luftfracht bis 2017 voraus. Der Frachtdienst soll dabei prozentual stärker wachsen als der Passagierdienst. Das Problem bei diesem Boom besteht darin, dass der Lufttransport bei weitem die energieintensivste Transportart ist. Eine Tonne Luftfracht verbraucht 49-mal so viel Energie pro Kilometer wie eine Tonne Schiffsfracht. Der Luftverkehr ist auch deshalb besonders schädlich, weil die Flugzeuge ihre Emissionen hoch in der Troposphäre freisetzen, wo die Luft dünner ist und die Treibhausgase die abgestrahlte Infrarotstrahlung viel stärker absorbieren. Zudem hat der von Flugzeugen ausgestoßene Wasserdampf, der in der Troposphäre Zirruswolken oder Kondensstreifen bildet, vielleicht beträchtlich stärkere Auswirkungen auf das Klima, als bisher angenommen, da Wärme anscheinend von Wolken in großer Höhe besonders effektiv zurückgehalten wird.

Auch der Güterverkehr über Land nimmt aufgrund der wirtschaftlichen Globalisierung zu. In Europa zum Beispiel hat sich nach einer Schätzung der EU der grenzüberschreitende Lastwagenverkehr von 400 Milliarden Tonnenkilometer im Jahr 1970 auf 1200 Milliarden Tonnenkilometer im Jahr 1997 ebenfalls verdreifacht. Diese Zunahme beruht in erster Linie auf der Liberalisierung des Handels, die den Fernhandel viel lohnender gemacht hat, und weniger auf einem größeren Produktionsvolumen und gestiegenem Verbrauch. In den USA hat sich die Eisenbahnfracht seit 1960 mehr als verdoppelt; sie belief sich allein im Jahr 1994 auf 1,2 Billionen Tonnenkilometer, wobei die durchschnittlich zurückgelegte Strecke der Frachtgüter 1300 Kilometer betrug. Sogar noch stärker nahm, insbesondere seit Abschluss des NAFTA-Abkommens, der Lastwagenverkehr zu: Lastwagen legten 1994 auf US-Autobahnen 293 Milliarden Kilometer zurück (Public Citizen, 1996).

Die kumulativen ökologischen Kosten all dieser Ferntransporte sind extrem hoch, und wenn sie im Ladenpreis der Produkte enthalten wären, würden sich Ferntransporte in diesem Ausmaß wirtschaftlich nicht mehr rentieren. Durch die weltweite Öffnung der Märkte für den Freihandel und freie Investitionen hat der Welthandel seit 1950 um das Fünfzehnfache zugenommen. Dadurch wurde die weltweite Nachfrage nach fossilen Brennstoffen zweifellos beträchtlich gesteigert.

Da mehr und mehr Waren über immer größere Entfernungen bewegt werden müssen, wird inzwischen über ein Achtel des weltweit erzeugten Erdöls für Handelstransporte verbraucht (Lang und Hines, 1993). Die Treibhausgase, die bei der Verbrennung dieses Öls entstehen, verursachen eine gefährliche Destabilisierung des Weltklimas.

Die Globalisierung der industriellen Landwirtschaft

In der industriellen Landwirtschaft ist die Produktivität von Ackerboden fast vollständig von der massiven Zufuhr von Energie abhängig, die aus fossilen Brennstoffen gewonnen wird. Die industrielle Landwirtschaft trägt deshalb stark zum Klimawandel bei. Nachdem sie sich in den industrialisierten Ländern bereits weitgehend durchgesetzt hat, breitet sie sich im Zuge der wirtschaftlichen Globalisierung nun auch in Ländern wie China, Indien oder Mexiko aus, wo die Landwirtschaft bis vor kurzem noch viel weniger energieintensiv betrieben wurde. Der rasche Übergang dieser Länder zu Produktionsmodellen mit einem hohen Verbrauch fossiler Brennstoffe wird den weltweiten Ausstoß von Treibhausgasen noch einmal beträchtlich verstärken.

Die drei wichtigsten für den Klimawandel verantwortlichen Treibhausgase sind Kohlendioxid, Methan und Stickstoffoxid. Der Anteil der industriellen Landwirtschaft an den menschlich verursachten Emissionen dieser Gase beträgt 25 bzw. 60 und 80 Prozent (Bunyard, 1996). Dies liegt vor allem daran, dass die industrielle Landwirtschaft die Zufuhr menschlicher und tierischer Energie durch riesige Mengen fossiler Energie ersetzt und davon mehr verbraucht als jede andere Industrie. Beim Transport, beim maschinellen Pflügen, Pflanzen und Ernten und beim Einsatz von Kunstdünger und Pestiziden kommt in der Regel Energie in Form raffinierter Ölprodukte zum Einsatz, während für Bewässerung und andere Zwecke Elektrizität verbraucht wird. Der US-amerikanische Treibstoffverbrauch in der Landwirtschaft betrug 1993 6,4 Millionen Tonnen Benzin und 16 Millionen Tonnen Diesel und belief sich damit auf 11 bzw. 29 Prozent des USA-weiten Gesamtverbrauchs.

Diese Zahlen mögen erschreckend sein, und doch sind in ihnen nicht die noch größeren Energiemengen enthalten, die außerhalb der Farm für die Herstellung von Maschinen, Kunstdünger und Schädlingsbekämpfungsmittel, für Verarbeitung und Verpackung (fast 50 Prozent aller Verpackungen im Konsumbereich dienen in den USA der Verpackung von Lebensmitteln) und für den Transport der Agrarprodukte anfallen, nachdem sie die Farm verlassen haben. Die industrielle Landwirtschaft hat also ganz besonders perverse Folgen: Sie verbraucht vermutlich ein Vielfaches mehr an Energie für die Herstellung der Nahrung, als wir aufnehmen, wenn wir sie essen. Und diese Energie stammt fast ausschließlich aus der Verbrennung fossiler Brennstoffe – bei der große Mengen Treibhausgase freigesetzt werden.

Noch mehr Treibhausgas geht auf das Konto der industriellen Landwirtschaft, wenn man berücksichtigt, welche Folgen der Einsatz von jährlich 70 Millionen Tonnen Kunstdünger hat – eine Praxis, die für mindestens zehn Prozent der gesamten Emissionen von Stickstoffoxid verantwortlich ist. Außerdem führen industrielle Anbaumethoden zur Bodenerosion, durch die allein in den USA jährlich schätzungsweise 16 Millionen Tonnen Kohlenstoff in die Atmosphäre gelangen. Auch beim Reisanbau und der Viehzucht führen intensive industrielle Produktionsverfahren zu erhöhten Emissionen. Reisfelder, die überflutet und nicht durch Regen bewässert werden, setzen mehr Methan frei. Das Fluten schneidet den Boden von der Sauerstoffzufuhr ab, wodurch sich beim Zerfall organischer Materie das Gas bildet. Bei der Viehzucht wird der Mist einer großen Zahl von Tieren, die auf beschränktem Raum gehalten werden, normalerweise in riesigen Haufen gelagert, die bei ihren Zerfallsprozessen ebenfalls Methan freisetzen. Die Emissionen sind ebenfalls höher, wenn Vieh im Stall proteinreiches Futter erhält, als wenn es sich auf der Weide von Gras ernährt. Schätzungen zufolge ist die intensive Viehzucht für 15 Prozent der globalen Methanemissionen verantwortlich.

Der Übergang von der traditionellen, in kleinem Maßstab produzierenden Landwirtschaft zur industriellen Massenproduktion hat noch eine weitere schwer wiegende Auswirkung: die Vertreibung der Menschen von ihrem Land und ihre Abwanderung in die Städte. Heute lebt noch der größte Teil der Erdbevölkerung in ländlichen Gemeinden, die ihren Nahrungsmittelbedarf teilweise oder ganz selbst decken. Indes verlieren immer mehr Kleinbauern auf der ganzen Welt durch den Import industriell erzeugter, subventionierter Nahrung, durch die Mechanisierung der Landwirtschaft, durch das Vordringen der großen Agrarkonzerne und durch die immer stärker zunehmende Konzentration auf die Exportproduktion ihre Existenzgrundlage. Diese entwurzelten Bauern verlassen zu Millionen ihr Land und wandern in städtische Ballungsräume ab. In China zum Beispiel wurden kürzlich innerhalb nur eines Jahres 10 Millionen Bauern durch die Industrialisierung der Landwirtschaft gezwungen, ihr Land zu verlassen, und es wird damit gerechnet, dass in den kommenden Jahrzehnten weitere 440 Millionen chinesische Dorfbewohner in die Städte abwandern. Die Folgen für das Weltklima sind erheblich, denn je größer die Städte, umso größer der Energieverbrauch, da Nahrung und Wasser, Baumaterial und Energie über große Entfernungen in die Städte transportiert werden müssen und dafür eine gewaltige, Energie fressende Infrastruktur erforderlich ist. Zudem müssen die städtischen Müllberge von Lastwagen, Lastkähnen und Güterzügen abtransportiert werden, die ebenfalls fossile Energie verbrauchen.

Die industrielle Landwirtschaft hat sich eindeutig als ein höchst energieintensives, nichtnachhaltiges Modell erwiesen. Ihr Export in alle Länder der Welt ist ein sicheres Rezept zur Beschleunigung des Klimawandels, aber genau das findet statt. Im Zuge der wirtschaftlichen Globalisierung wird der industrielle Ackerbau in immer mehr Ländern rund um den Erdball praktiziert. Durch den Abbau von Handelshemmnissen im Lebensmittelhandel – dank regionaler Verträge und internationaler Handelsabkommen der WTO, der EU und der NAFTA – werden die Weltmärkte mit billigen, subventionierten, in Großbetrieben hergestellten Nahrungsmitteln überschwemmt. Bauern, die traditionell, weniger energieintensiv und weniger subventioniert in Kleinbetrieben produzieren, können gegen diese Produkte immer schwerer konkurrieren. Das heißt, sie sind entweder gezwungen, ebenfalls industriell zu produzieren, oder sie machen Pleite, wie es Millionen bereits passiert ist. Wenn sie dann nicht verhungern, bleibt ihnen oft nichts anderes übrig, als von importierten industriellen Nahrungsmitteln zu leben und ihr Land an reichere Bauern oder Konzerne zu verkaufen, die es zur Erweiterung ihrer industriellen Agrarproduktion nutzen.

Nationalstaaten sind immer weniger in der Lage, ihre Kleinbauern vor einem solchen Schicksal zu schützen, weil sie durch das Landwirtschaftsabkommen der WTO und andere Handelsverträge die Kontrolle über ihre eigene Agrarpolitik verloren haben. Instrumente, die einst dazu dienten, den einheimischen Bauern stabile Preise zu garantieren, sind nach den Regeln der WTO nicht mehr erlaubt. Importkontrollen, die eine Überschwemmung der eigenen Märkte verhindern sollen, bäuerliche Absatzorganisationen, die den Produzenten die Möglichkeit geben, mit in- und ausländischen Käufern kollektiv Preise auszuhandeln, und Unterstützungsprogramme für landwirtschaftliche Familienbetriebe sind nach den WTO-Regeln allesamt verboten oder nur noch beschränkt zugelassen. Infolge dieser Entwicklung werden die noch existierenden kleinen, energiesparenden Agrarproduzenten immer schneller durch große Landwirtschaftsbetriebe mit industrieller Produktionsweise ersetzt. Transnationale Agrarkonzerne wie Cargill und Pepsico, die in industriellem Maßstab produzieren, kontrollieren heute 70 Prozent des Welthandels mit Nahrungsmitteln. Cargill allein hat einen Anteil von 60 Prozent am Welthandel mit Getreide.

Überdies führt die Neuorientierung der Volkswirtschaft auf die Exportproduktion, durch die viele Länder – häufig im Rahmen eines Strukturanpassungsprogramms der Weltbank oder des IWF – in die Weltwirtschaft integriert werden, zu einem gewaltigen Zuwachs bei der Exportproduktion von Feldfrüchten wie Kaffee, Zuckerrohr und Kakao. Diese werden fast immer in Monokulturen angebaut und erfordern einen viel höheren Energieeinsatz als andere Agrarprodukte. Auch durch Liberalisierung und Privatisierung wird die landwirtschaftliche Exportproduktion gefördert, da sie nationale Volkswirtschaften für die Agrarkonzerne des Auslands öffnen. Diese Konzerne sind in der Lage, landwirtschaftliche Betriebe und riesige fruchtbare Ländereien auf der ganzen Welt für die Exportproduktion aufzukaufen.

Die daraus resultierende weltweite Expansion der industriellen Landwirtschaft ist der Grund für den wachsenden Energieverbrauch im Agrarsektor der meisten Länder dieser Erde und hat eine Steigerung der Emissionen von Treibhausgas zur Folge. In Kanada zum Beispiel stieg der Energieverbrauch allein für die Landwirtschaft zwischen 1990 und 1996 um 9,3 Prozent, und der Anteil der Landwirtschaft an den CO_2-Emissionen stieg im selben Zeitraum um 8 Prozent. In den Entwicklungsländern stieg der Energieverbrauch der Landwirtschaft im Verhältnis zum gesamten gewerblichen Energieverbrauch von 1972 bis 1982 um fast 30 Prozent – verursacht durch die erste »Grüne Revolution«, die vielen Entwicklungsländern eine energieintensive industrielle Agrarproduktion bescherte. Seit damals ist der Energieverbrauch in der Landwirtschaft genau wie der Ausstoß von Kohlendioxid, Methan und Stickstoffoxid ständig weiter gestiegen, mit schlimmen Folgen für das Weltklima.

Die Ausbreitung energieintensiver Technologien

Aufgrund der Sättigung der Verbrauchermärkte in den industrialisierten Ländern suchen die großen Konzerne in den Entwicklungsländern neue Verbraucher. Diese Konzerne spielten eine zentrale Rolle bei der Formulierung internationaler Abkommen zum Abbau von Handelshemmnissen – Abkommen, die ohne ein angemessenes internationales Regelwerk für den Umweltschutz den Verbrauch von Kohlendioxid emittierenden Produkten weltweit erleichtern und fördern.

Durch die Liberalisierung von Handel und Investitionen breiten sich umweltschädliche Technologien wie das Auto und andere Einrichtungen mit hohem Energieverbrauch auch in Kulturen aus, die bisher von diesen Gütern nicht abhängig waren. Seit der Öffnung der Märkte für ausländische Einfuhren zu Beginn der Neunzigerjahre erleben zum Beispiel Korea und Thailand bei ihrem Autobestand jährliche Zuwachsraten von 25 bzw. 40 Prozent. Auch die Zahl der Autos in Mexiko nahm allein zwischen 1990 und 1993 um massive 60 Prozent zu. Dieser rapide Zuwachs droht den Klimawandel beträchtlich zu beschleunigen, da Kraftfahrzeuge für einen großen Teil des weltweiten Kohlendioxidausstoßes verantwortlich sind. Er wird jedoch weiter zunehmen, denn die transnationalen Autokonzerne steigern ihre Verkäufe an Länder, die ihre Märkte zügig liberalisieren – etwa an die frühere Sowjetunion, wo Anfang der Neunzigerjahre ein Auto auf 22 Personen kam; an Indien mit einem Auto auf 455 Personen und an China, wo nur jeder Tausendste ein Auto besaß und sich die Bevölkerung bisher vor allem mit Fahrrädern, öffentlichen Verkehrsmitteln und anderen energiesparenden Fahrzeugen bewegte. Schon 1997 jedoch unterzeichnete General Motors (GM) im Zuge der Liberalisierung der Investitionen in China einen Vertrag über eine Milliarde US-Dollar für die Produktion von 100 000 mittelgroßen Personenkraftwagen jährlich. GM hat auch in Russland mit der Produktion begonnen, wo es nicht nur billige Autos für den Export produzieren will, sondern auch hofft, einen größeren Teil des russischen Marktes zu erobern. Der Konzern ist nicht der Einzige, der auf diesem neuen Markt expandiert – allein 1995 wurden über eine Million ausländische Autos und Lastwagen in Russland und der Ukraine verkauft.

Die klimatischen Folgen der weltweiten Verbreitung des Autos im Zuge der wirtschaftlichen Globalisierung sind katastrophal. Doch hinzu kommt noch die weltweite Verbreitung einer Vielzahl moderner Haushalts- und Bürogeräte. Auch Waschmaschinen, Wäschetrockner, Fernsehgeräte, Videorecorder, Computer und Fotokopierer verbrauchen große Mengen fossiler Energie und werden inzwischen rund um den Erdball exportiert und produziert.

Der Aufbau einer globalen Infrastruktur
auf der Basis fossiler Brennstoffe

Internationale Finanzinstitute – der Dreh- und Angelpunkt der globalisierten Wirtschaft – fördern und finanzieren in Entwicklungsländern auf der ganzen Welt Projekte mit hohem fossilem Energieverbrauch. Dabei sind ihre wichtigsten Ziele, erstens in den Entwicklungsländern die für eine Integration in die Weltwirtschaft notwendige energiewirtschaftliche Infrastruktur zu schaffen, zweitens große Mengen billiger Energie für die Erweiterung der Produktion zur Verfügung zu stellen, damit der Verbrauch der Haushalte steigen kann, und drittens die Energieversorgung der riesigen Städte zu sichern, die durch die Globalisierung der industriellen Entwicklung entstehen.

Laut dem US-amerikanischen »Institute for Policy Studies« hat die Weltbank seit der Umweltkonferenz von Rio im Jahr 1992 mit 13,6 Milliarden US-Dollar Energieprojekte gefördert, darunter 51 Kohle-, Öl- oder Gaskraftwerke und 26 Kohlebergwerke. Diese Anlagen werden im Lauf ihrer Betriebszeit 38 Milliarden Tonnen Kohlendioxid emittieren, fast das Doppelte der Menge, die 1996 von allen Ländern zusammen emittiert wurde. Unterdessen sind keine drei Prozent des Energiebudgets der Weltbank erneuerbaren Energien gewidmet. Zwischen 1992 und 1998 gab die Bank 25-mal mehr für die Gewinnung fossiler Brennstoffe aus als für die Gewinnung erneuerbarer Energien (Wysham, 1999). Zudem sind die unmittelbaren Nutznießer der Weltbankprojekte Konzerne aus den G7-Ländern. Sie erhielten 95 Prozent der Aufträge (so kehren für jeden Dollar, den die USA an die Weltbank bezahlen, 1,30 Dollar in Form von Investitionen bei den US-Konzernen in die USA zurück), und sie sind die Hauptverbraucher der Energie, welche diese Projekte erbringen.

US-amerikanische Exportkreditversicherungen wie OPIC und Ex-Im – die amerikanische Geschäftsinteressen in Entwicklungsländern mit Steuergeldern subventionieren – haben ebenfalls Milliarden Dollar in riesige Projekte zur Gewinnung fossiler Energie gesteckt. Laut »Institute for Policy Studies« belief sich die gemeinsame Unterstützung von Ex-Im und OPIC für Kohle-, Öl- und Gasprojekte in 6 Jahren auf insgesamt 23,2 Milliarden US-Dollar. Die geförderten Anlagen werden während ihrer Betriebszeit 29,3 Milliarden Tonnen Kohlendioxid freisetzen – mehr als die gesamten globalen Emissionen des Jahres 1996. Auch die europäischen Steuerzahler finanzieren ein ähnliches »Sozialprogramm für Konzerne« durch ihre nationalen Exportkreditversicherungen. Das britische »Export Credits Guarantee Department« fördert zum Beispiel den Bau der chinesischen Kohlekraftwerke Liaocheng, Heze II, Shiheng II und Huaneng und eines riesigen Kohlekraftwerks im indischen Visakhapatnum. Der gewaltige Kohlekraftwerkkomplex in Paiton auf der indonesischen Insel Java wird von japanischen, US-amerikanischen und deutschen Exportkreditversicherungen mit 3,9 Milliarden US-Dollar an Bürgschaften und Krediten unterstützt. Die Europäische Bank für Wiederaufbau und Entwicklung (EBRD) finanziert ähnliche Projekte. Shell, Amoco, Mitsubishi und Texaco gehören zu den Konzernen, deren Überseeinvestitionen in den Energiesektor von der EBRD subventioniert werden.

In der überwältigenden Mehrheit der Fälle ignorieren die multilateralen Entwicklungsbanken Projekte zur Gewinnung erneuerbarer Energien und torpedieren lokale Produktions- und Verbrauchssysteme, die den Gesamtenergieverbrauch beträchtlich vermindern würden. Um den hohen Energiebedarf des im Zuge der wirtschaftlichen Globalisierung durchgesetzten Entwicklungsmodells zu decken, fördern die Weltbank und die anderen multilateralen Entwicklungsbehörden auf der ganzen Welt den gedankenlosen Aufbau von energiewirtschaftlichen Infrastrukturen, die auf fossiler Energie basieren. Durch dieses Verhalten spielen sie eine führende Rolle bei der Beschleunigung des Klimawandels.

Der reaktionäre Einfluss der transnationalen Konzerne

Obwohl der Klimawandel immer bedrohlicher wird, fällt es den Regierungen schwer, wirksame Gegenmaßnahmen zu ergreifen. Sie sind durch eine Reihe von Hindernissen gelähmt, die im Zuge der wirtschaftlichen Globalisierung entstanden sind, darunter auch der Machtzuwachs der großen Konzerne, insbesondere der Energiekonzerne. Als die wirtschaftliche Globalisierung auf der ganzen Welt neue Handels- und Anlagemärkte öffnete, erhielten die Konzerne die Möglichkeit, stark zu wachsen, ihre Gewinne zu steigern und Konkurrenten auszuschalten oder – häufig durch Fusionen – zu schlucken. Die Treibstoffindustrie und verwandte Branchen machen da keine Ausnahme. So ist zum Beispiel 1998 durch die Fusion der beiden Ölriesen Exxon und Mobil, deren Gesamtwert auf 250 Milliarden US-Dollar geschätzt wurde, der drittgrößte Konzern der Welt und der bei weitem größte Ölkonzern entstanden. Andere kürzlich erfolgte Fusionen umfassen die zwischen BP und Amoco und die Fusion zwischen Total, Petrofina und Elf Aquitaine. Sie waren von unzähligen weiteren Fusionen in der Auto-, Flugzeug- und Versorgungsindustrie begleitet.

Das Ergebnis dieser Konsolidierung der Konzerne ist eine beispiellose Konzentration finanzieller Macht in den Händen von Industriebranchen, die vom Einsatz fossiler Brennstoffe profitieren, eine Konzentration, die so weit gediehen ist, dass viele dieser Konzerne inzwischen wirtschaftlich mächtiger sind als eine beträchtliche Zahl von Nationalstaaten. So übertreffen beispielsweise die Einnahmen von General Motors und Ford – den beiden größten Automobilkonzernen der Welt – das BIP aller afrikanischen Staaten südlich der Sahara. Dieser Reichtum wird von den Energiekonzernen sehr wirkungsvoll eingesetzt, um politischen Einfluss zu nehmen, und zwar so, dass zahlreiche Gesetze zur Bekämpfung des Klimawandels nicht verabschiedet oder verwässert werden.

Es ist kein bloßer Zufall, dass die Länder mit dem höchsten Pro-Kopf-Ausstoß an Treibhausgasen, die – wie die USA und Australien – zugleich den größten Widerstand gegen eine Reduktion dieser Emissionen leisten, auch Konzerne beherbergen, die eine äußerst rege Lobbyarbeit betreiben. Sie geben für die Finanzierung von gesteuerten »Bürgerinitiativen«, Denkfabriken, Lobbyisten, Naturwissenschaftlern, Wirtschaftswissenschaftlern und vor allem Politikern ein Vermögen aus, um wirksame politische Maßnahmen gegen den Klimawandel zu behindern. In den USA zum Beispiel spendeten Öl-, Gas-, Kohle-, Versorgungs- und Automobilkonzerne sowie andere energieintensive Unternehmen zwischen 1992 und 1998 insgesamt

63,4 Millionen US-Dollar an die beiden großen US-amerikanischen Parteien. Allein im Jahr 1998 gaben sie außerdem 30 Millionen US-Dollar für Lobbying bei Politikern und Regierungsbehörden aus. Weitere 13 Millionen US-Dollar machten sie in den drei Monaten vor der Klimaschutzkonferenz von Kyoto für Werbung in Fernsehen, Radio und Presse locker. Viele weitere Millionen wurden eingesetzt, um konzerngesteuerte Interessengruppen wie die »Coalition for Vehicle Choice« und die »Global Climate Coalition«, Denkfabriken wie das »Competitive Enterprise Institute« und die »Heritage Foundation« und einzelne Wissenschaftler wie etwa Robert Balling zu finanzieren, der in den letzten fünf Jahren 700 000 US-Dollar von der Treibstoffindustrie erhielt (Beder, 1999).

Das ausdrückliche Ziel solcher Ausgaben – mit denen Bürgerinitiativen in keiner Weise konkurrieren können – besteht darin, die Beweise für den Klimawandel als unwissenschaftlich zu diskreditieren und selbst minimale Gegenmaßnahmen zu verhindern. Nachdem es den industriegelenkten Gruppen jahrelang gelungen war, eine weltweite Anerkennung des Phänomens aufzuschieben, bekämpfen sie nun erfolgreich zahllose Maßnahmen zur Reduzierung der Emissionen. Zum Beispiel blockierte der Kongress der USA – die für ein Viertel der weltweiten Emissionen von Treibhausgasen verantwortlich sind – nach erfolgreicher Einflussnahme der Konzerne eine Vorlage des Weißen Hauses, die die US-Automobilindustrie zur Herstellung von Autos mit geringerem Kraftstoffverbrauch verpflichten sollte. Ja, der Kongress untergrub sogar die bestehenden minimalen Verbrauchsnormen, indem er eine Ausnahmeregelung für Sport Utility Vehicles (SUV), bullige Geländewagen mit Allradantrieb, durchsetzte. Diese Fahrzeuge verbrauchen bis zu 20 Liter auf 100 Kilometer und haben einen Anteil von 50 Prozent an den in den USA verkauften Neuwagen.

Der Kongress verhinderte auch, dass die Regierung Clinton die Energiesteuer erhöhte und das Budget für die Entwicklung erneuerbarer Energien für 1999 wie vorgeschlagen auf 3,6 Milliarden US-Dollar erhöhte. Er verwarf sogar einen Vorschlag der Regierung, für die auf Staatsland geförderten fossilen Brennstoffe eine Förderabgabe zu erheben, die sich nach dem Marktpreis des Rohstoffs und nicht nach dem subventionierten Preis richtete. Der wichtigste Widerstandsakt des Kongresses ist jedoch der im Juni 1997 vom Senat einstimmig mit 95 zu 0 Stimmen gefasste Byrd-Hagel-Beschluss, der die Ratifizierung des Kyoto-Protokolls verhindert, das die USA verpflichtet hätte, ihren Ausstoß von Treibhausgasen bis 2012 gegenüber dem Stand von 1990 um sieben Prozent zu vermindern. Zudem gelang es dem rechtsgerichteten Republikaner Joe Knollenberg, zu dessen Wahlkreis Detroit, die Hauptstadt der amerikanischen Autoindustrie, gehört, im Verein mit anderen Volksvertretern neue Initiativen zu vereiteln, mit denen die in Kyoto eingegangenen Verpflichtungen doch noch erfüllt werden sollten.

Ein solches politisches Verhalten widerspricht dem gesicherten Stand der Wissenschaft und dem öffentlichen Interesse. Es kann ausschließlich den kurzfristigen Interessen von Konzernen zugute kommen, deren Tätigkeit den Klimawandel mitverursacht. Mit unterschiedlichem Erfolg üben die Energiekonzerne ihre politische Macht in der ganzen Welt auf ähnliche Weise aus, auch in supranationalen Gemeinschaften wie der EU und bei allen internationalen Verhandlungen über den Klimawandel. Durch die wirtschaftliche Globalisierung haben diese Konzerne das notwendige finanzielle und politische Gewicht erlangt, um einen solchen Einfluss auszuüben – mit verheerenden Folgen.

Der globale Deregulierungsdruck

Ein weiteres Hindernis, auf das die Staaten beim Kampf gegen den Klimawandel stoßen, ist der Konkurrenzdruck auf ihre heimische Industrie, der durch die Globalisierung gewaltig zugenommen hat. Da die Globalisierung die Chancen für ausländische Investoren verbessert und die Verlagerung der Produktion nach Übersee erleichtert hat, können sich Unternehmen die gesetzlichen Bedingungen aussuchen, unter denen sie investieren. Wenn die lokalen, nationalen oder regionalen Umweltschutzbestimmungen streng sind, klagen viele Unternehmen über Zusatzkosten, die sie angeblich in der Weltwirtschaft wettbewerbsunfähig machen. Länder, die ernsthafte Anstrengungen zum Schutz der Umwelt unternehmen, sind daher nicht mehr attraktiv als Standorte für Investoren. In diesem Klima wetteifern die Staaten im Einfrieren und Verwässern ihrer Umweltschutzstandards, um Auslandsinvestitionen anzulocken oder die Abwanderung ganzer Branchen zu verhindern, die bei ihnen angesiedelt sind. In einer globalisierten Wirtschaft reicht schon die Drohung mit einem Standortwechsel aus, um bei Politikern akute Deregulierungswut oder politische Lähmung zu erzeugen und Steuererhöhungen oder die Verabschiedung strengerer Umweltgesetze fast unmöglich zu machen. Der gescheiterte Versuch der EU, 1992 die Emission von Kohlendioxid zu besteuern, ist ein gutes Beispiel für dieses Phänomen. Gegner der Steuer vertraten die Ansicht, sie werde die Wettbewerbsfähigkeit europäischer Unternehmen in der ganzen Welt beeinträchtigen, da ihre Konkurrenten sie nicht bezahlen müssten und dadurch einen Wettbewerbsvorteil hätten.

Der US-Senat nannte für seine Weigerung, das Kyoto-Protokoll zu ratifizieren, ähnliche Gründe. Byrd und Hagel, die beiden Autoren des Senatsbeschlusses, der die Ratifizierung des Protokolls verhinderte, argumentierten, Maßnahmen zur Reduktion von Treibhausgasen würden der US-amerikanischen Volkswirtschaft schaden und einen Exodus von Herstellungsbetrieben in die Entwicklungsländer verursachen, die nach dem Kyoto-Protokoll nicht verpflichtet seien, ihre Emissionen zu reduzieren. Dabei vergessen die Gegner des Kyoto-Protokolls zu erwähnen, dass sie selbst es waren, die die Abkommen zur Verminderung oder zum Abbau von Handels- und Investitionshindernissen ratifiziert haben und den Konzernen damit jene größere Mobilität verschafften, die den Standortwechsel von ganzen Industriebranchen ermöglicht.

Angesichts der ökologischen Gefahren, denen wir heute ausgesetzt sind, kann einem möglichen Verlust der Konkurrenzfähigkeit nicht durch Einfrieren, Verwässerung oder Abschaffung von Umweltschutzmaßnahmen begegnet werden. Wenn das heutige Weltwirtschaftssystem des Freihandels und der Investitionsfreiheit die Staaten in ihrer Fähigkeit behindert, Umweltschutzbestimmungen einzuführen und für ihre Einhaltung zu sorgen, dann ist dieses Wirtschaftssystem verfehlt und muss geändert werden.

Die Bedrohung durch Welthandelsregeln

Auch die von der WTO durchgesetzten Welthandelsregeln drohen, die nationalen und internationalen Anstrengungen zur Bekämpfung des Klimawandels zu torpedieren. So könnten beispielsweise die Regeln der WTO aus einer Reihe von Gründen für Angriffe gegen das Kyoto-Protokoll genutzt werden. Durch das Protokoll werden die Unterzeichner angehalten, Maßnahmen zur »Verbesserung der Energieeffizienz in maßgeblichen Bereichen der Volkswirtschaft« zu ergreifen – ein entscheidendes Ziel bei der Abschwächung des Klimawandels. Eine wichtige Methode, um dies zu erreichen, ist die Verabschiedung von Energiesparvorschriften bei Konsumprodukten wie zum Beispiel Kraftfahrzeugen. Als die EU, Japan und die USA dies versuchten, wurden ihre Initiativen jedoch unter Berufung auf die WTO-Regeln angegriffen, und es kam zu schweren Auseinandersetzungen.

Im Januar 1999 verkündete Japan, es wolle für neun verschiedene Gewichtsklassen von Kraftfahrzeugen gesetzliche Vorschriften zum Energieverbrauch erlassen. Auf diese Weise wollte es seine im Kyoto-Protokoll eingegangene Verpflichtung erfüllen, den Ausstoß von Treibhausgasen um sechs Prozent zu reduzieren. Die ins Auge gefassten Normen beruhten auf dem sparsamsten Fahrzeug, das damals innerhalb der jeweiligen Gewichtsklasse auf dem Markt war. Dieser »Spitzenreiter« war zufällig in allen Gewichtsklassen ein japanisches Auto. Inzwischen hatte die EU, um *ihre* Verpflichtung einer Reduktion der Treibhausgasemissionen um acht Prozent unter das Niveau von 1990 zu erfüllen, ein freiwilliges Energiesparabkommen mit dem Verband der europäischen Autohersteller (ACEA) ausgehandelt. Darin erklärten sich die Hersteller bereit, die Kohlendioxidemissionen ihrer Fahrzeuge bis 2008 um 25 Prozent zu senken und zwar basierend auf dem Durchschnittsverbrauch der gesamten Fahrzeugflotte und ohne spezifische Anforderungen an Gewichtsklassen.

Die EU und Japan griffen nun die Energiesparmaßnahmen der jeweils anderen Seite mit dem Argument an, dass sie importierte Fahrzeuge diskriminierten, was nach den Welthandelsregeln verboten ist. Da die Europäer vor allem Fahrzeuge der Mittel- und Luxusklasse nach Japan exportieren, fallen ihre Exporte unter die mittleren und hohen Gewichtsklassen der japanischen Bestimmungen, bei denen die größte prozentuale Verbesserung der Kraftstoffeffizienz vorgeschrieben ist. Deshalb behauptete die EU, die japanischen Vorschriften wirkten sich nachteilig auf *ihre* Autos aus (ein Vorwurf, den die US-Regierung inzwischen im Namen ihrer Autohersteller ebenfalls erhoben hat) und verletzten damit das WTO-Übereinkommen über technische Handelsbarrieren. Japan dagegen behauptete, die auf dem durchschnittlichen Flottenverbrauch beruhenden Normen der EU benachteiligten *seine* Fahrzeugexporte, bei denen es sich vor allem um Fahrzeuge der oberen Preisklassen handelt, deren Kraftstoffeffizienz beträchtlich verbessert werden müsste, damit sie die EU-Normen erfüllten. Einen ähnlichen Streit gab es um die US-Normen zur »Corporate Average Fuel Economy« (CAFE). Die CAFE-Normen sollten die Energieeffizienz von Kraftfahrzeugen verbessern, wurden jedoch von der EU angefochten, weil sie europäische Autohersteller *de facto* diskriminierten. Dabei brachte die EU fast dieselben Argumente vor wie die Gegner der europäischen und japanischen Energiesparvorschriften. Obwohl die US-Normen zum Treibstoffverbrauch gleichermaßen für die US-amerikanische Kfz-Flotte wie für ausländische Flotten galten, gab eine Schlichtungskommission der GATT im Jahr 1994 der EU Recht und hob die US-Normen auf.

Die Besteuerung von CO_2-Emissionen – eine weitere wichtige Komponente jeder ernsthaften Strategie zur Erfüllung der nationalen Verpflichtungen nach dem Kyoto-Protokoll – könnte ebenfalls den WTO-Regeln zum Opfer fallen. Durch solche Steuern werden die Kosten, die bei der Verwendung fossiler Brennstoffe durch den Klimawandel entstehen, den Unternehmen aufgebürdet, was einen Anreiz schafft, weniger Treibstoff zu verbrauchen und energiesparende Produktionsverfahren zu entwickeln. Wie bereits dargelegt, kann die umweltpolitisch motivierte Besteuerung von Handelswaren durch Einzelstaaten für die betroffenen Unternehmen in der Weltwirtschaft einen Wettbewerbsnachteil darstellen, da die Steuern bei ihren ausländischen Konkurrenten nicht erhoben werden. Eine Möglichkeit, dieses Problem zu lösen, bestünde darin, Einfuhren mit einer Steuer zu belegen, die sich nach dem Energieverbrauch bei der Produktion richtet. Doch nach den GATT- und WTO-Regeln für »gleichartige Produkte« wäre dies nicht erlaubt. Jede Benachteiligung einer Handelsware aufgrund ihrer Herstellungsweise – die eine Besteuerung des CO_2-Ausstoßes ja gerade beeinflussen soll – ist danach verboten.

Damit besteht ein fundamentaler Konflikt zwischen der WTO und dem Kyoto-Protokoll. Während nach den WTO-Regeln kein Unterschied zwischen »gleichartigen Waren« gemacht werden darf und sie nicht aufgrund ihrer Herstellung oder ihres Herstellungsorts diskriminiert werden dürfen, *verlangt* das Kyoto-Protokoll bei den drei wichtigsten Mechanismen zu seiner Umsetzung die Unterscheidung zwischen verschiedenen Herstellungstechniken und -verfahren, zwischen Unterzeichnern des Abkommens und anderen Staaten und zwischen entwickelten Ländern mit höheren Emissionen und Entwicklungsländern mit geringeren Emissionen. Ohne solche Unterscheidungen ist eine Reduktion der Treibhausgase letztlich unmöglich, da Klima verändernde Technologien benachteiligt werden *müssen*.

Zusammenfassung

Die wirtschaftliche Globalisierung hat eindeutig beträchtliche Auswirkungen auf die globale Klimaveränderung. Sie verursacht eine Zunahme von Ferntransporten, die mit hohen Emissionen verbunden sind; sie fördert die Ausbreitung der energieintensiven industriellen Landwirtschaft und von Technologien, die mit hohen Emissionen von Kohlendioxid verbunden sind; und sie führt zum Aufbau von Infrastrukturen, die auf fossilen Brennstoffen beruhen. All dies erhöht die Konzentration von Treibhausgasen in der Erdatmosphäre. Außerdem werden im Zuge der wirtschaftlichen Globalisierung Barrieren für den Handel mit Holzprodukten und für den Holzeinschlag der Konzerne abgebaut. Dies fördert die Zerstörung der noch verbliebenen Waldbestände dieser Erde, die eine wichtige Rolle bei der Absorption von Treibhausgasen spielen. Obendrein sind Staaten und Gemeinden – bedingt durch Globalisierungsfolgen wie den Machtzuwachs der transnationalen Konzerne, die Verschärfung des Konkurrenzdrucks und die Schaffung internationaler Handelsregeln, welche demokratische Entscheidungsprozesse unterminieren – immer weniger in der Lage, Maßnahmen zum Klimaschutz zu ergreifen.

Angesichts dieser Befunde und angesichts der monumentalen Bedrohung, die der Klimawandel darstellt, ist es absolut notwendig, die Welthandelsregeln wieder umweltpolitischen Imperativen zu unterwerfen, was unter anderem eine *Relokalisierung* des Handels nach sich ziehen muss. Nur so ist es möglich, den Gesamtenergiebedarf und die Emission von Treibhausgasen zu vermindern. Das energieintensive Modell der wirtschaftlichen Globalisierung muss verworfen werden, wenn wir überhaupt noch eine Chance haben wollen, den Weg in die Klimakatastrophe zu verhindern.

Kapitel 22

Wie zukunftsfähig ist Globalisierung?

Wolfgang Sachs

Dr. Wolfgang Sachs ist langjähriger Aktivist in der europäischen Umweltbewegung. Er ist wissenschaftlicher Mitarbeiter und Projektleiter am Wuppertal Institut für Klima, Umwelt und Energie; als Wissenschaftler, Universitätsdozent und Vortragender ist er in verschiedenen Ländern der Welt tätig. Seit vielen Jahren beschäftigt er sich mit Fragen der Entwicklungspolitik, der globalen Umweltpolitik, der internationalen Verteilung und Gerechtigkeit, der Auswirkungen von Globalisierung auf die Umwelt sowie mit Strategien, um eine nachhaltige globale Entwicklung zu erreichen. Er ist Herausgeber des »Development Dictionary« (1992) sowie des Buches »Der Planet als Patient. Über die Widersprüche globaler Umweltpolitik« (1994) und Autor (*Planet Dialectics. Explorations in Environment and Development,* 1999). Derzeit ist Wolfgang Sachs außerdem Vorsitzender von Greenpeace Deutschland.

Symbole sind umso mächtiger, je mehr Bedeutungen sie in sich aufnehmen können. Sie leben geradezu von Ambivalenz. Das Kreuz Christi zum Beispiel konnte sowohl als Triumphzeichen für Eroberer wie auch als Hoffnungszeichen für Unterworfene gelten. Es war seine Ambivalenz, welche es über alle Parteien hinaushob; Eindeutigkeit in seiner Botschaft hätte es zum Spalter- und nicht zum Einheitssymbol gemacht. Ganz ähnlich das Bild vom blauen Planeten. Es ist zum unbestrittenen Symbol unseres Zeitalters aufgestiegen: Keiner ficht es an, weder die Linke noch die Rechte, weder Konservative noch Neoliberale. Was auch immer die Lager trennt, alle schmücken sich mit Vorliebe mit diesem Sinnbild unserer Epoche. Wer mit diesem Bild antritt, gibt kund, auf der Höhe der Zeit zu sein, weltläufig und zukunftsgerichtet, ganz Zeitgenosse, bereit zum Aufbruch ins nächste Jahrhundert. Auch in diesem Bild verdichten sich die gegensätzlichen Ambitionen unserer Epoche, auch dieses Bild wird von Truppen aus feindlichen Lagern wie ein Banner gehisst – und verdankt genau dieser Vieldeutigkeit seine Prominenz. Das Foto vom Globus enthält die Widersprüche der Globalisierung. Deshalb konnte es zur Allerweltsikone werden.

Begrenzung versus Entgrenzung

Kaum war das Bild verfügbar, Ende der Sechzigerjahre, hatte schon die internationale Umweltbewegung darin ihre Botschaft wiedererkannt. Denn nichts sticht auf dem Bild so deutlich hervor wie die kreisrunde Grenze, welche die leuchtende Erde vom dunklen All absetzt. Es schimmern im fahlen Licht die Wolken, die Meere und die Erdteile; wie eine heimelige Insel im lebensfeindlichen Universum erscheint die Erde dem Betrachter. Der Rand des Planeten wirkt wie eine physische Grenze, die alles Irdische in sich schließt, Kontinente, Ozeane und alle Lebewesen. Für die Umweltbewegung war die Botschaft klar: Das Bild enthüllte die Erde in ihrer Endlichkeit. Das Kreisrund der Erde demonstriert augenfällig, dass die Umweltkosten des industriellen Fortschritts sich nicht auf ewig ins Nirgendwo verschieben lassen, sondern innerhalb eines geschlossenen Systems sich langsam zu einer Bedrohung für alle aufbauen. Offensichtlich ist die Externalisierung von Schadensfolgen letztendlich ein Ding der Unmöglichkeit. Für die Umweltschützer spricht das Bild von der ökologischen Begrenzung der Erde. Es enthält eine Art holistischer Botschaft: In einer endlichen Welt, wo alle von allem betroffen sind, ist wechselseitige Achtsamkeit, ist mehr Selbstreflexivität über die Folgen des eigenen Handelns gefordert. Und die Botschaft war keinesfalls wirkungslos. Vom ahnungsvollen Appell einiger Minderheiten hat sich die Vorstellung vom Planeten als geschlossenem System bis zur völkerrechtlichen Anerkennung durch die Gemeinschaft der Staaten Geltung verschafft. Die internationalen Konventionen zu Ozon,

Klima und Biodiversität belegen, dass die Wahrnehmung der biophysischen Begrenzung des Planeten höchste politische Weihen erlangt hat.

Doch die Ökologen haben schon seit geraumer Zeit das Monopol auf ihr Bild verloren. Zum Beispiel waren auf einigen Flughäfen, in den endlosen Gängen zwischen Check-in und Ausgang, in den letzten Jahren Werbesäulen zu sehen, die in schlagender Weise ein anderes Verständnis von Globalisierung zum Ausdruck bringen. Sie zeigen den blauen Planeten, wie er sich aus dem schwarz-blauen Hintergrund auf den Betrachter zuschiebt, und ein Schriftzug vermeldet lakonisch: »Master-Card. The World in Your Hands«. Dem Passagier soll sich eine Mitteilung einprägen: Wo immer er hinfliegt, überall auf dem weiten Globus, kann er auf den Service seiner Kreditkarte zählen und sich in das erdumspannende Netz von Verbuchung und Abrechnung einklinken. Grenzenlos erstreckt sich das Reich der Kreditkarte, Kaufkraft an jedem Ort und Buchführung in Echtzeit; der Reisende wird überall vom Netz des elektronischen Geldtransfers sicher gehalten. So und in zahlreichen anderen Variationen ist das Bild vom Planeten seit den Achtzigerjahren zum Emblem transnationaler Wirtschaftstätigkeit geworden. Kaum ein Unternehmen, etwa der Telekommunikations- oder Tourismusbranche, scheint darauf verzichten zu können, von der Nachrichtenindustrie ganz zu schweigen.

Wie war das möglich? Weil das Bild noch eine ganz andere Botschaft enthält. Denn das Rund der Grenze erzeugt, die Erde vom schwarzen All abhebend, einen zusammenhängenden und einheitlichen Erdenraum. Vor dessen physischer Tatsächlichkeit verschwinden politische Grenzen zwischen Nationen und Gemeinwesen, die Erde erscheint also als durchgängiger, grenzenfreier Raum. Daraus ergibt sich eine visuelle Botschaft: Was zählt, ist allenfalls der Rand der Erde, politische Grenzen aber zählen nicht. Sichtbar sind nur Ozeane, Kontinente und Inseln, keine Spur von Nationen, Kulturen und Gemeinwesen. Das Bild vom Planeten zeigt eine Welt ohne trennende Grenzen.

Distanzen messen sich auf dem Erdenbild ausschließlich in geografischen Einheiten von Kilometern, nicht in sozialen Einheiten von Nähe und Fremdheit. Überhaupt sehen Satellitenfotos aus wie renaturalisierte Landkarten; sie scheinen die alte

Annahme der Kartografie zu bestätigen, dass Orte nichts weiter sind als Schnittpunkte von zwei Linien, der geografischen Länge und Breite. Ganz im Gegensatz zu den Globen des 19. Jahrhunderts, die fein säuberlich politische Grenzen markieren und Staatsgebiete manchmal durch Farben gegeneinander abheben, lassen diese Fotos jegliche soziale Realität hinter der Tatsächlichkeit der Erdmorphologie verschwinden. Die Welt wird da als durchgängig homogener Raum vorgestellt, der dem Transit keinerlei Widerstand bietet, allenfalls Widerstand geografischer Art, aber keinen, der von menschlichen Gemeinschaften, ihren Rechten, Gewohnheiten und Absichten, herrührt. Alle Punkte der dem Betrachter zugewandten Erdhälfte sind auf dem Bild gleichzeitig einsehbar; wo aber schon der Blick überall und simultan Zugang hat, da liegt auch in der Realität der ungehinderte Zugang nach überallhin nahe. Das Planetenbild bietet die Welt als offenen Mobilitätsraum dar, es verspricht umfassende Zugänglichkeit in alle Richtungen und lädt ein, sich im Expansionsdrang durch nichts außer durch die Grenzen der Erde behindern zu lassen. Durchgängig, durchlässig und kontrollierbar, so entwirft das Foto die Welt. Im Bild steckt auch eine imperiale Botschaft.

So steht das Bild vom blauen Planeten zugleich für die Begrenzung wie für die Entgrenzung wirtschaftlicher Aktivität. Wie bei einem Vexierbild hängt die Bedeutung davon ab, auf welche Gestalt das Auge des Betrachters sich konzentriert: Während die Außengrenze die physische Endlichkeit der Erde hervorhebt, legt der zusammenhängende, durchgängige Binnenraum ihre politisch-soziale Entgrenzung nahe. Kein Wunder daher, dass das Bild sowohl Umweltverbänden wie transnationalen Unternehmen als Feldzeichen dienen kann. Es ist über alle weltanschaulichen Lager hinweg zum Symbol unserer Zeit aufgestiegen, weil es beide Seiten des Grundkonflikts anschaulich macht, der unsere Epoche durchzieht wie kein zweiter: Während sich auf der einen Seite die ökologische Begrenzung der Erde abzeichnet, drängt auf der anderen Seite die Dynamik wirtschaftlicher Globalisierung auf die Entgrenzung aller politisch und kulturell gebundenen Räume. Alle beiden Botschaften der Globalisierung, die von der Begrenzung wie die von der Entgrenzung, haben sich in den letzten Jahrzehnten herausgebildet; beide stehen freilich sowohl im Denken wie in der Politik in widerspruchsvoller Spannung zueinander. Wie dieser Konflikt ausgespielt wird, das wird dem anbrechenden Jahrhundert seine Gestalt geben.

Aufstieg der transnationalen Ökonomie

Seit Mitte der Siebzigerjahre – nachdem das Bretton-Woods-System der fixierten Wechselkurse zugunsten eines Systems beweglicher, vom Markt bestimmter Kurse abgelöst worden war – durchzieht die Weltwirtschaft, erst langsam, dann schneller, eine Dynamik der Entgrenzung. Die Suche nach Rohstoff- und Absatzmärkten hatte kapitalistische Unternehmen zwar schon seit Jahrhunderten über die Grenzen ihrer Länder hinausgetrieben, doch erst in den letzten Jahrzehnten wurde eine internationale Ordnung geschaffen, welche programmatisch auf die Formation einer grenzenlosen, transnationalen Ökonomie hinarbeitet. Während die ersten acht GATT-Runden im Sinne des herkömmlichen Freihandelsideals die Zollgrenzen für Güteraustausch mehr und mehr abbauten, legten die letzte, die Uruguay-Runde, und die neu errichtete Welthandelsorganisation die rechtlichen Fundamente für die politisch unregulierte Mobilität von Gütern, Dienstleistungen, Geldkapital und Investitionen quer über die Welt. Der Kreis der frei handelbaren Waren wurde in der Uruguay-Runde, abgeschlossen 1993, weitergeschlagen und bezieht nun auch »Software-Produkte« wie Planungskontrakte, Urheberrechte, Patente, Versicherungen und weitere Dienstleistungen in die Deregulierung mit ein.

Auch Geldkapital fließt leichter über Grenzen, seit Kapitalverkehrskontrollen über die letzten zwanzig Jahre zuerst in USA und Deutschland, Mitte der Achtzigerjahre in Japan und schließlich in südlichen Ländern abgebaut wurden. Und bei Auslandsinvestitionen drängt die WTO (und die OECD mit dem vorläufig gescheiterten multilateralen Investitionsabkommen) auf die Verpflichtung eines jeden Staates, einheimische keinesfalls gegenüber ausländischen Investoren zu begünstigen – während umgekehrt allerdings die Begünstigung ausländischer gegenüber einheimischen Investoren mehr als erwünscht ist.

Es ist kaum zu übersehen, wie in all diesen Initiativen eine utopische Energie am Werk ist. Sie lässt sich an der immer wieder proklamierten Absicht festmachen, ein *level playing field* schaffen zu wollen. Gleiche Spielstandards überall sollen eine globale Arena für wirtschaftlichen Wettbewerb herstellen, in der nur noch die Effizienz der Anbieter zählt, unbehindert und unverzerrt durch die besondere Tradition und Gestalt eines Gemeinwesens vor Ort. Jeder wirtschaftliche Akteur soll das Recht besitzen, an jedem Ort, zu jeder Zeit, was immer er will anzubieten, herzustellen oder zu erwerben. Dem stehen bislang allerdings die verwirrend unterschiedlichen Sozial- und Rechtsordnungen auf der Welt entgegen, welche aus der Geschichte und aus der Sozialstruktur der jeweiligen Gesellschaft erwachsen. Sie sind in dieser Optik nichts weiter als Hindernisse für das reibungsfreie Funktionieren des Marktes; daher gilt es, grenzüberschreitende Wirtschaftsaktivitäten aus ihrer Einbettung in lokale/nationale Sozialverhältnisse herauszuheben und, wenn überhaupt, weltweit gleichen Regeln zu unterwerfen. Denn die Kräfte des Marktes dürfen nicht blockiert, verwässert oder umgelenkt werden, weil sonst Effizienzverluste entstehen und Wohlstand sich nicht optimal entfalten würde.

Auch im utopischen Weltmodell der wirtschaftlichen Globalisierung erscheint die Erde als ein homogener Raum, durchgängig und durchlässig, wo Güter und Gelder unbehindert zirkulieren können. Nur Angebot und Nachfrage, keinesfalls aber politische Prioritäten, sollen diese Flüsse beschleunigen, verlangsamen und in der Richtung bestimmen. Man stellt sich die Welt als einen enormen Marktplatz vor, wo Produktionsfaktoren dort gekauft werden, wo sie am billigsten sind *(global sourcing)*, und Waren dort abgesetzt werden, wo sie den günstigsten Preis erzielen *(global marketing)*. Ganz wie im Planetenbild spielen Gemeinwesen und ihre Eigenrechte keine Rolle; Lebensorte werden zu bloßen Standorten wirtschaftlicher Tätigkeit verkürzt. Doch zum andauernden Verdruss der neoliberalen Himmelsstürmer erweisen sich Gesellschaften allenthalben als träge und widerständig; die Kärrnerarbeit der Globalisierung besteht darin, die schnöde Wirklichkeit an das ideale Modell anzupassen. Sie sehen es als ihre Mission an, unermüdlich Barrieren für den freien Fluss der Waren zu beseitigen und so die umfassende Zugänglichkeit der Welt herzustellen. Genau darin liegt das Programm des multilateralen Wirtschaftsregimes der WTO.

Für eine blitzartige und ungehinderte Zirkulation ist in der Tat in den letzten Jahrzehnten auch eine Infrastruktur installiert worden, welche erst die materielle Basis für transnationale Integration bietet. Ohne das weltumspannende Netzwerk von Telefonlinien, Glasfaserkabeln, Mikrowellenkanälen, Relaisstationen und Kommunikationssatelliten gäbe es keine grenzenlose Welt, jedenfalls nicht als selbstverständliche Erfahrung im Alltag.

Genau betrachtet nehmen allerdings die Netzwerke transnationaler Interaktion selten Konfigurationen an, die sich über den gesamten Globus erstrecken; sie sind nicht global, sondern vielmehr transnational, weil sie immer nur Ausschnitte der Erde in wechselnder Geografie zusammenschließen. Sie sind eher deterritorialisiert statt globalisiert. Nicht zufällig ist jener Markt am weitestgehenden globalisiert, der mit der körperlosesten aller Waren zu tun hat: dem Geld. Nur dem elektronischen Impuls gehorchend, kann es sich in Echtzeit überallhin bewegen, in einem homogenen Raum, ganz frei von Hindernissen. Es scheint, als ob die Botschaft von der Entgrenzung am besten dann in der Wirklichkeit eingelöst werden kann, wenn sie sich in der Körperlosigkeit des Cyberspace vollzieht.

Wie wirtschaftliche Globalisierung den Ressourcenverbrauch vermindern könnte

Nichts ist den Protagonisten der wirtschaftlichen Globalisierung so sehr ein Dorn im Auge wie geschlossene Wirtschaftsräume. Einfuhrbeschränkungen und Ausfuhrregeln, nationale Produktnormen und Sozialgesetze, Investitionssteuerung und Beteiligungsrechte, kurzum, politische Vorgaben aller Art, welche die Wirtschaftsverfassung eines Staates von der eines anderen abheben, werden von ihnen als Hindernisse für die freie Mobilität der Produktionsfaktoren wahrgenommen. Ihr Bestreben zielt darauf ab, die territorialstaatlich definierten »Behälter«, in denen bisher nationale Märkte eingelassen waren, zu durchlöchern und nach und nach einzureißen. Stattdessen soll eine transnationale Arena entstehen, wo die Wirtschaftsakteure nicht mehr mit Sonderrechten konfrontiert sind, die es ihnen verwehren, die Dynamik des Wettbewerbs voll auszuspielen. Deshalb laufen die multilateralen Wirtschaftsregime, sei es auf kontinentaler Ebene wie unter ASEAN, NAFTA und der Europäischen Union, sei es auf globaler Ebene wie unter GATT und WTO, darauf hinaus, quer zu den Staaten homogene Wettbewerbsräume herzustellen.

Offene Märkte und der Effizienzeffekt

Am Horizont dieser Anstrengungen steht das Versprechen, in einer Welt zu leben, die aus ihren begrenzten Mitteln das Maximum herausholt. Immer mehr Menschen mit immer mehr Ansprüchen sind auf der Erde zufriedenzustellen; aus dieser Herausforderung leiten die Globalisierungsfreunde ihren Auftrag, ja ihre Mission ab, die Wirtschaftsapparate der Welt einer Effizienzkur zu unterziehen. Denn darum geht es bei der Liberalisierung der Märkte: Über die Selektionskraft des Wettbewerbs allerorten den effizienten Einsatz von Kapital, Arbeit, Intelligenz und auch Naturressourcen sicherzustellen (und neue Machtoptionen zu eröffnen). Nur eine solche fortlaufend erneuerte Effizienzkur kann, so das Selbstverständnis der Globalisierer, die Basis für den Wohlstand der Nationen legen. Natürlich handeln Unternehmen nicht aus hehren Motiven, sondern nützen Gewinn- und Siegeschancen, aber von der »unsichtbaren Hand« des Marktes wird doch erwartet, auch im Weltmaßstab letztendlich für mehr Wohlstand zu sorgen. Daher gilt es, eine Dynamik in Gang zu setzen, welche jede Schutzzone der Unterproduktivität dem scharfen Wind des internationalen Wettbewerbs aussetzt.

Ins Visier einer solchen Perspektive geraten vor allem die staatswirtschaftlichen Komplexe im ehemaligen Herrschaftsbereich der Sowjetunion sowie in vielen südlichen Ländern. In der Tat, Protektionismus nach außen und Sklerotisierung der Strukturen nach innen gehen häufig zusammen. Gerade in Ländern, wo sich die Machteliten über die Besetzung des Staates die Reichtümer eines Landes aneignen, bilden sich leicht parasitäre Strukturen. Abgeschottet gegen Wettbewerb, sei es von innen oder von außen, kann es sich die Machtelite leisten, Kapital und sonstige Ressourcen so einzusetzen, dass sie bei geringer Dienstleistung in kurzer Frist ein Maximum an Profit erzielen – das dann zu nicht geringen Teilen auf ausländischen Bankkonten in Sicherheit gebracht wird. Neben der Monopolisierung unternehmerischer Tätigkeit durch den Staat, dem Druck auf die Arbeiter und der Unterversorgung der Konsumenten ist es besonders die zügellose Ausbeutung der natürlichen Ressourcen, welche da schnellen Gewinn abwirft. Wachstum wird dann oft gleichbedeutend mit erweiterter Extraktion von Natur: etwa von Öl in der Sowjetunion, in Nigeria oder Mexiko, von Kohle in Indien und China, von Holz in Elfenbeinküste und Indonesien oder von Mineralien in Zaire. Natürlich war es kein Zufall, dass der Ressourcenverbrauch in den ehemals kommunistischen Ländern weit höher als im Westen lag. Naturschätze wurden dort als kostenloser, weil staatseigener Brennstoff für industriellen Aufschwung verfeuert, und das umso mehr, als Wachstum durch Extensivierung und nicht durch Intensivierung der Produktion erzielt wurde. Daher kommt es auch der Ressourceneffizienz zugute, wenn staatsbürokratisch erstarrte Volkswirtschaften für den Wettbewerb geöffnet werden. Kaum fällt der Wall der Restriktionen und Subventionen, treten von außen neue Anbieter auf den Plan, welche die Verschwendungswirtschaft eindämmen. Globalisierung schleift Hochburgen der Misswirtschaft und vermindert in solchen Fällen Ressourcenverbrauch, indem sie wenigstens die konventionelle ökonomische Vernunft zur Geltung bringt.

Dieser Effizienzeffekt wirtschaftlicher Globalisierung kommt nicht nur über einen erweiterten Markteintritt zum Tragen. Grenzüberschreitende Handels- und Investitionsflüsse öffnen auch den Zugang zu Technologien, die im Vergleich zu einheimisch gebräuchlichen Technologien oftmals beträchtliche Effizienzvorteile mitbringen. Das gilt insbesondere für Sektoren wie Bergbau, Energie, Transport und Industrie. Beispiele reichen von der Einführung sparsamerer Autos aus Japan in den USA über den Einsatz neuer Kraftwerkstechnik in Pakistan bis hin zur Einführung material- und energieeffizienterer Hochöfen für die Stahlgewinnung in Brasilien. Es gibt starke Anzeichen dafür, dass offenere Volkswirtschaften frühzeitiger ressourceneffiziente Technologien zur Anwendung bringen, einfach weil sie besseren Zugang zur jeweils modernsten – und das heißt normalerweise: effizienteren – Anlagentechnik haben. Auch multinationale Unternehmen neigen eher dazu, Technologien über verschiedene Länder hinweg auf fortgeschrittenerem Niveau zu standardisieren, als sich vielerlei Abstimmungskosten einzuhandeln. Der Zusammenhang ist zwar nicht zwingend, aber doch wahrscheinlich; daher lässt sich sagen, dass freizügigere Investitionsregeln im Allgemeinen den Einstieg in einen überlegeneren Technologiepfad ermuntern. Der Effizienzeffekt offener Märkte ist indes nicht nur beim Technologietransfer sichtbar; er macht sich neben der Angebotsseite auch auf der Nachfrageseite bemerkbar. Denn Warenexporte, die von Schwellenländern in die postindustriellen Länder des Nordens gehen, müssen sich an den dortigen Konsumpräferenzen messen. Da auf manchen Märkten im Norden eine umweltbewusstere Nachfrage herrscht, kommt es vor, dass Produktionsstrukturen im Ausfuhrland sich an diesen Standards orientieren. So hat eine solche Nachfrage bewirkt, dass aus den Südländern abgasärmere Motoren, weniger giftiges Plastikspielzeug oder weniger Holz aus Kahlschlag exportiert wird.

Wirtschaftliche Globalisierung ist darauf angelegt, ein Weltreich ökonomischer Effizienz zu errichten; darin liegt ihre Rechtfertigung. Solche Effizienz ist mikroökonomisch verstanden; sie strebt darauf hin, allenthalben die Produktionsfaktoren optimal einzusetzen. Darin ist häufig der Einsatz von Energien und Stoffen enthalten. Auf diesen Effizienzeffekt können sich die Protagonisten der Globalisierung berufen, wenn sie Marktliberalisierung auch als Strategie gegen Ressourcenverbrauch und Umweltverschmutzung anpreisen (OECD, 1998). Freilich müssen sie dazu den Schwachpunkt einer solchen Strategie herunterspielen, denn der Zuwachs an mikroökonomischer Rationalität kann durchaus mit einem Verfall der makrosozialen Rationalität einhergehen, und zwar in den politisch-sozialen Verhältnissen wie auch im Umweltbereich. Denn Marktliberalisierung mag zwar den spezifischen Ressourcenverbrauch senken, d. h. Ressourceneinsatz pro Einheit an Output, doch wird der gesamte Ressourcenverbrauch gleichzeitig wachsen, wenn das Volumen an Wirtschaftstätigkeit expandiert. Wachstumseffekte können allzu leicht Effizienzeffekte aufzehren. In der Tat wurden bislang Effizienzgewinne in der Geschichte der Industriegesellschaft regelmäßig in neue Expansionschancen umgewandelt. Darin liegt – ökologisch gesehen – die Achillesferse der Globalisierung.

Wie wirtschaftliche Globalisierung den Ressourcenverbrauch ausweitet und beschleunigt

Obwohl in den letzten Jahren die Globalisierung der Märkte als eine neue Ära für die Menschheit gefeiert wurde, ist ihr Ziel doch überraschend konventionell. Sie dient erklärtermaßen dazu, der Welt einen Sprung an wirtschaftlichem Wachstum zu bescheren. Indes bedienen sich Unternehmen auch im Zeitalter der Weltmärkte der hergebrachten Wachstumsstrategien wie Rationalisierung oder Expansion. Da ist auf der einen Seite die bewegliche Verteilung der Wertschöpfungskette über weit auseinander liegende Orte, welche es den Unternehmen erlaubt, für den jeweiligen Produktionsschritt den günstigsten Standort zu wählen und Rationalisierungspotenziale auszuschöpfen, die vormals einfach nicht zur Verfügung standen. Auch die gleichzeitig voranschreitende Digitalisierung der Wirtschaftsprozesse öffnete Produktivitätsspielräume, etwa in der Fertigung durch flexible Automatisierung, in der Forschung durch Simulation oder in Kooperationsnetzwerken durch zeitgenaue Logistik. So wurde es mit der entsprechenden Restrukturierung großer Teile der Weltökonomie möglich, über einen langgezogenen Produktivitätswettbewerb den Ende der Siebzigerjahre weitgehend gesättigten OECD-Märkten weiteres Wachstum abzuringen. Auf der anderen Seite lief Wachstum über Expansion, vor allem über die Suche neuer Märkte im Ausland. Viele Unternehmen, die auf den einheimischen Märkten keine großen Chancen mehr sahen, erschlossen Nachfrage in den OECD- und in den Schwellenländern. Es kann als das vereinte Ergebnis beider Strategien gesehen werden, dass die Weltwirtschaft sich von 1975 bis 2000 etwa verdoppelt hat. Auch wenn sich nicht jedes Wachstum des GNP gleich in ein Wachstum des Ressourcenflusses umsetzt, ist außer Frage, dass damit die Biosphäre immer weiter von der Anthroposphäre unter Druck gesetzt wird.

Auslandsinvestitionen und der Expansionseffekt

Der utopische Horizont der Globalisierung liegt darin, für die Mobilität von Kapital und Gütern eine durchgängige, grenzenlose Welt zu schaffen. Während im Gefolge der GATT-Abkommen der Güteraustausch schon seit Jahrzehnten sich vertieft und ausgeweitet hatte, ließ in den letzten 15 Jahren die Entgrenzung der Welt insbesondere die Beweglichkeit privaten Kapitals hochschnellen. Weltweit legte der grenzüberschreitende Güteraustausch zwischen 1980 und 1996 jährlich im Schnitt um 4,7 Prozent zu, aber die Auslandsinvestitionen sind um 8,8 Prozent, internationale Bankkredite um 10 Prozent und der Währungs- und Aktienhandel um 25 Prozent im Jahr gewachsen (*The Economist*, 1997). Blickt man auf die geografische Verteilung dieser Kapitalströme, so springt eine Neuheit ins Auge: Wenngleich der Löwenanteil des Kapitalverkehrs sich nach wie vor innerhalb der Triade USA–Europa–Japan abspielt, ist der private Kapitaltransfer, vor allem in die zehn *emerging markets* Ostasiens und Südamerikas, fast explodiert. Er stieg von jährlich 44 Milliarden Dollar Anfang der Neunzigerjahre auf 244 Milliarden Dollar im Jahre 1996, um sich dann nach der Finanzkrise 1997 in Asien auf etwa 170 Milliarden einzupendeln. Eine wichtige Subkategorie sind dabei die Auslandsinvestitionen, die eingesetzt werden, um Firmen aufzukaufen oder zu errichten; sie fließen etwa zur Hälfte in die verarbeitende Industrie, zu mehr als einem Drittel in Dienstleistungen und zu 20 Prozent in den primären Sektor (French, 1998). Auf der Seite der investierenden Firmen geht es entweder darum, sich in der weiteren Erschließung von Naturressourcen zu engagieren, eine Plattform innerhalb einer transnationalen Produktionskette zu errichten oder Zugang zu Absatzmärkten zu finden. Auf der Seite der aufnehmenden Staaten hingegen steht das Streben nach Investitionskapital und Know-how sowie ganz allgemein der brennende Wunsch, in einen Wachstumspfad einzutreten und irgendwann mit den reichen Ländern gleichzuziehen.

Mit der Migration von Investitionskapital aus den OECD-Ländern verbreitet sich freilich das fossile Entwicklungsmodell in die Schwellenländer und weit darüber hinaus. Ob es Autofabriken in China, Chemiewerke in Mexiko oder industrielle Landwirtschaft in den Philippinen sind, die Südländer steigen allenthalben in die fossile, ressourcenintensive Phase wirtschaftlicher Entwicklung ein. Jener verhängnisvolle Wirtschaftsstil, der sich in Europa gegen Ende des 19. Jahrhunderts konsolidiert hatte und in beträchtlichem Maße auf der Transformation unbezahlter Naturwerte in Warenwerte beruht, expandiert im Gefolge der Auslandsinvestitionen in weitere Zonen der Welt. Ein guter Teil dieser Entwicklung wird zwar auch von einheimisch akkumuliertem Kapital vorangetrieben, doch der rasante Zufluss von Auslandsinvestitionen vertieft und beschleunigt den Einstieg in ökologische Raubökonomien. Es regiert schließlich allenthalben ein industriegesellschaftlicher Anpassungsdruck, der Produktions- und Konsumweisen nachahmt, die angesichts der Naturkrise bereits als historisch überholt gelten können. Denn auf dem konventionellen Entwicklungspfad geht monetäres Wachstum immer mit materiellem Wachstum zusammen, eine gewisse Entkopplung findet erst beim Übergang in eine postindustrielle Ökonomie statt. So treiben gerade die bevorzugten Investitionsziele wie Grundstoffindustrien oder Energie- und Verkehrsinfrastrukturen samt und sonders den Stoffverbrauch in die Höhe. Und selbst wenn der spezifische Ressourceneinsatz niedriger liegt als in der entsprechenden Entwicklungsphase der reichen Länder, so steigert sich doch das absolute Volumen des Ressourcenflusses gewaltig.

Deregulierung und der Wettbewerbseffekt

Eine globale Wettbewerbsarena zu schaffen erfordert nicht nur Anstrengungen quantitativer Expansion, sondern auch Anstrengungen qualitativer Neuordnung. Neben der geografischen Ausweitung der transnationalen Wirtschaft kommt auch der Umbau ihrer inneren Verfassung auf die Tagesordnung. Denn neue Spielregeln für den wirtschaftlichen Wettbewerb sind unverzichtbar, um einen durchgängigen Wettbewerbsraum zu schaffen, der nicht mehr durch nationale Wirtschaftsstile zerstückelt wird. Wer einen geeinten Weltmarkt durchsetzen möchte, hat kaum eine andere Wahl, als die nationalen Regelwerke abzubauen, in die die wirtschaftliche Tätigkeit bisher eingelassen war. Diese Regelwerke spiegeln im Allgemeinen geschichtliche Erfahrungen, soziale Interessenlagen, politische Ideale eines Landes wider; sie verbinden, in brüchigen Kompromissen oder in langfristig geschmiedeten Institutionen, die ökonomische Logik mit anderen gesellschaftlichen Prioritäten. In einer weiteren Stufe jenes säkularen Prozesses, den Karl Polanyi das *dis-embedding* des Marktes aus der Gesellschaft nannte, richtet sich die Dynamik der wirtschaftlichen Globalisierung darauf, Marktbeziehungen aus dem Geflecht nationalspezifischer Normen herauszulösen und weltweit dem Eigengesetz des Wettbewerbs zu unterstellen. Gleichgültig ob es sich um Normen des Arbeitsrechts, der Raumplanung oder der Umweltpolitik handelt, sie sind nicht falsch oder richtig, sondern einfach hinderlich für den Aufbruch in die globale Wettbewerbsarena. Normen wären in dieser Perspektive allenfalls auf globaler Ebene akzeptabel – eine Frage allerdings, die sich in Abwesenheit einer politischen Autorität bislang nicht wirklich stellt. Deregulierung ist daher ein Sammelbegriff für Versuche, die Bindungen von Wirtschaftsakteuren an einen bestimmten Ort und an ein bestimmtes Gemeinwesen zugunsten des globalen Wettbewerbsraums aufzulösen.

Wie jede Regelung wirtschaftlicher Tätigkeiten im Namen des öffentlichen Interesses, so geraten auch Regelungen zum Schutz der Umwelt in vielen Ländern unter Druck. Mit der zunehmenden Zahl an Wettbewerbern auf dem globalen Markt verschärft sich die Konkurrenz; deshalb neigen viele Regierungen dazu, der Wettbewerbskraft einen höheren Stellenwert einzuräumen als dem Umwelt- und Ressourcenschutz. Umweltpolitische Normen, von einer demokratischen Öffentlichkeit oftmals nach jahrelangen Auseinandersetzungen für den Schutz von Natur und Menschen durchgesetzt, werden unter den gewandelten Bedingungen von den Unternehmen verstärkt als Wettbewerbsfesseln wahrgenommen und oft genug bekämpft. Die Konkurrenzinteressen gewinnen Vorherrschaft über die Schutzinteressen; von daher wird es vielfach schwieriger, etwa Waldgebiete in Kanada vor Abholzung zu schützen, die Aufschließung von Mineralvorkommen auf den Philippinen zu verhindern, den Straßenbau in Deutschland zurückzufahren, Ökosteuern in Europa einzuführen oder ökologische Produktnormen in Schweden aufrechtzuerhalten. Insgesamt betrachtet, hat auf jeden Fall der wirtschaftliche Globalisierungsprozess in vielen Ländern echte Fortschritte in der nationalen Umweltpolitik blockiert.

Es ist nicht erstaunlich, dass das Streben nach weltweit gleichen Wettbewerbsbedingungen besonders beim grenzüberschreitenden Handel mit dem Recht eines Gemeinwesens auf Gestaltung der Wirtschaftsprozesse kollidiert. Dürfen, nachdem die Zollbarrieren für Industrieprodukte im Zuge der GATT-Runden weitgehend abgeschafft wurden, nunmehr Importe aus Umweltgründen benachteiligt werden? Diese Frage hat seit der Uruguay-Runde des GATT ein Terrain der Auseinandersetzung eröffnet, wo sich bis heute innerhalb der WTO und der OECD Deregulierungs- und Schutzinteressen wechselnde Kontroversen liefern. Unter den geltenden Handelsregeln sind Staaten berechtigt, Umwelt- und Gesundheitsstandards zu setzen, solange gleichartige Güter, unabhängig davon, ob es sich um importierte oder einheimische Güter handelt, auch den gleichen Regeln unterworfen sind. Freilich bezieht sich dieses Recht nur auf die Beschaffenheit eines Produkts. Zum Beispiel könnte ein Staat entscheiden, alle Autos jenseits einer bestimmten Leistung mit einer Steuer zu belegen. Hier bricht also noch das Prinzip der nationalen Souveränität das Prinzip der unregulierten Zirkulation von Gütern. Hingegen ist es untersagt, im grenzüberschreitenden Verkehr Güter zu diskriminieren, deren Herstellungsprozess nicht bestimmten Umweltstandards gehorcht. Mit welchen Chemikalien Kleidungsstücke hergestellt werden, ob Holzprodukte aus Kahlschlaggebieten stammen, ob gentechnische Methoden zur Pflanzenproduktion eingesetzt wurden, zu alldem dürfen unter den WTO-Regeln die Staaten keine kollektive Präferenz ausdrücken. Weil aber auch Standards für einheimische Produktionsmethoden unter Druck kommen, wenn Importeure in der Lage sind, Wettbewerbsvorteile durch die Externalisierung von Umweltkosten zu erzielen, verfällt damit die Kompetenz von Gemeinwesen, Produktionsprozesse umweltverträglich zu gestalten. Das Deregulierungsinteresse annulliert so das Schutzinteresse. Unter dem Wettbewerbseffekt des Freihandels kommt auch vorsichtiges Umsteuern auf eine nachhaltige Wirtschaft schnell zum Erliegen.

Alle Anstrengungen zur Deregulierung dienen ferner der Absicht, die Wirtschaftsprozesse von »sachfremden« Einflüssen zu reinigen, um eine optimale Effizienz im Einsatz der Produktionsfaktoren sicherzustellen. Davon sollen in erster Linie die

Konsumenten profitieren; denn deregulierte Operationen erlauben ein breiteres Angebot durch leichteren Markteintritt sowie billigere Preise durch schärfere Konkurrenz. Allerdings kann ein reibungsloses Effizienzregime in umweltrelevanten Sektoren zu insgesamt höherem Ressourcenverbrauch führen. Wenn die Preise für Heizöl, Benzin, Holz oder Wasser fallen, dann steigt normalerweise die Nachfrage nach diesen Stoffen, wie es sich obendrein auch weniger lohnt, ressourcenschonende Techniken zur Anwendung zu bringen. So hat die Deregulierung des Strommarkts in den OECD-Ländern zwar den Markteintritt für Betreiber energieeffizienter Kraftwerke begünstigt, aber auch gezeigt, dass geringere Preise den Wechsel zu sauberen Energieträgern wie Erdgas behindern können und vor allem mehr Stromkonsum stimulieren. Überhaupt ist es ziemlich einsichtig, dass sinkende Preise in einem Preissystem, das nicht angemessen Umweltkosten reflektiert, den Ressourcenabbau beschleunigen. Solange die Preise nicht die ökologische Wahrheit sprechen, bringt Deregulierung den Markt nur weiter auf die ökologisch schiefe Bahn. Es ist eben schwerlich rational, noch effizienter in die falsche Richtung zu laufen. Doch je reiner der Wettbewerb dank Deregulierung vonstatten geht, desto weniger kann ökologische Rationalität gegenüber ökonomischer Rationalität ausrichten. Unter dem gegebenen Preissystem vertieft daher globalisierter Wettbewerb die Naturkrise.

Währungskrisen und der Ausverkaufseffekt

Nirgendwo ist der entgrenzte, globalisierte Wettbewerbsraum so vollständig realisiert wie auf den Finanzmärkten. Güter müssen langwierig von einem Ort zum anderen geschafft werden, Auslandsinvestitionen verlangen den Umbau oder Aufbau von Fabriken, selbst Dienstleistungen wie etwa Versicherungen kommen im Auslandsgeschäft nicht ohne ein Netzwerk an Filialen und Vertretern aus. Nur Finanztransfers im Handel mit Aktien, Anleihen und Währungen sind kaum mehr den Hindernissen von Raum und Zeit unterworfen; erst auf den elektronisierten Finanzmärkten findet der Kapitalismus zu seinem heimlichen Ideal: den vollendet reibungslosen Marktbewegungen. Weitgehend gelöst haben sich die Geldmärkte nicht nur von Trägheit zeitlicher Dauer und geografischer Entfernung, sondern auch von der Trägheit der Güterwirtschaft; weniger als zwei Prozent des Devisenhandels sind durch entsprechende Warenströme gedeckt (Zukunftskommission, 1998).

Den Anstoß zu dieser Entwicklung gab 1971 die Aufgabe des Systems fester Wechselkurse, das seit den Vereinbarungen von Bretton Woods die Grundlage der internationalen Finanzarchitektur dargestellt hatte. Damit konnten Währungen zu Waren werden, deren Preis sich nach den Gesetzen von Angebot und Nachfrage auf den Kapitalmärkten einspielt. Der Wert einer Währung allerdings ist für jedes Land von schicksalhafter Bedeutung; er entscheidet über die Kaufkraft einer Volkswirtschaft gegenüber den anderen Volkswirtschaften auf der Welt. In der Tat drücken sich im Auf und Ab frei handelbarer Devisenwerte die Erwartungen über Wachstum und künftige Wettbewerbsstärke aus, welche die Investoren gegenüber einer Volkswirtschaft hegen. In gewisser Weise wird somit die gesamte Ökonomie eines Landes zur Ware, deren relativer Wert sich über die Ertragserwartungen der Investitionsfondsmanager herausbildet. Das gibt den Finanzmärkten eine enorme Macht gerade gegenüber wirtschaftlich labilen Ländern. Regierungen, demokratische und autoritäre gleichermaßen, sehen sich daher oft gezwungen, ihre Wirtschafts-, Sozial- und Steuerpolitik nach den Interessen der Investoren auszurichten; die Interessen der Bevölkerung an sozialer und wirtschaftlicher Sicherheit bleiben dabei oft auf der Strecke. Doch Investoren sind – wie etwa die Währungsstürze in Mexiko Ende 1994, in einer Reihe ostasiatischer Staaten 1997 und in Russland sowie in Brasilien 1998 vor Augen führten – wie ein Rudel nervöser Wildpferde, die je nach Drohsignalen erst in die eine und dann in die andere Richtung galoppieren. Der kollektive Optimismus, mit dem Investoren im Aufschwung Risiken vergessen, wird nur von der kollektiven Panik übertroffen, mit der sie im Abschwung aus Krediten und Währungen fliehen. Anlage suchendes Kapital stürmt in Länder hinein und wieder heraus. Wenn es hereinkommt, lässt es falsche Träume entstehen; wenn es davonstürzt, lässt es menschliche Existenzen und Ökosysteme ruiniert zurück.

Währungskrisen können eine Bedrohung für den Naturbestand in den betroffenen Ländern darstellen. Länder, die reich an exportierbaren Naturressourcen sind, sehen sich unter Druck, deren kommerzielle Ausbeutung zu erweitern und zu beschleunigen. Mit verfallender Währung müssen sie größere Volumen auf den Weltmarkt werfen, um das Einkommen an Auslandsdevisen nicht ins Bodenlose stürzen zu lassen. Eine Währungskrise verschärft den sowieso schon chronischen Hunger verschuldeter Staaten nach ausländischen Devisen, um Kredite zurückzahlen zu können und wenigstens ein Minimum an Nahrungsmitteln, Gütern und Kapital ins Land zu bringen. Da bleibt oft nichts anderes übrig, als die unentgeltlich verfügbare Natur als Devisenbringer einzusetzen; der gegenwärtige Boom in der Ausfuhr von Öl, Gas, Metallen, Holz, Futtermitteln und Agrarprodukten wird zu einem guten Teil von der sich vertiefenden Finanzkrise in südlichen Ländern angetrieben. So verkauft Senegal Fischereirechte an Fangflotten aus Asien, Kanada und Europa, Chile Fällrechte an Holzunternehmen aus den USA oder Nigeria Förderkonzessionen an Ölgesellschaften (French, 1998). In Zeiten der Not sehen sich verzweifelte Länder gezwungen, sogar ihr »Familiensilber« zu verscherbeln. Gerade wertvolle Waldbestände verschwinden Zug um Zug im Gefolge der Schuldenlast. Zum Beispiel hat Mexiko nach dem Crash des Peso 1994 die Gesetze zum Schutz der einheimischen Wälder – und der indigenen Bevölkerung – zurückgenommen, um verstärkten Export zu ermutigen. Oder Brasilien legte einen Aktionsplan auf, um über massive Infrastrukturinvestitionen im Amazonas die Ausfuhr von Holz, Mineralien und Energie kostengünstiger zu gestalten. Oder Indonesien wurde nach dem Währungseinbruch in den Verhandlungen mit dem Internationalen Währungsfonds gezwungen, das Bodenrecht zu ändern, um ausländischen Zellstoff- und Papierunternehmen den Erwerb von Waldgebieten zu ermöglichen (alle Beispiele aus Menotti, 1998). Man könnte geradezu – so spitzt Menotti zu – von einer kausalen Beziehung zwischen fallenden Währungen und fallenden Bäumen sprechen.

Auch die Sanierungsmaßnahmen, welche nach einer Währungs- und Schuldenkrise unter der oftmals erpresserischen Fürsorge des IWF eingeleitet werden, führen im Normalfall zu einem forcierten Verkauf der Naturbestände auf dem Weltmarkt. Denn die zahlreichen Strukturanpassungsprogramme in südlichen und östlichen Ländern zielen darauf ab, über gesteigerte Exporte die Zahlungsbilanz wieder ins Lot zu bringen, auch um durch eine stabilisierte Währung das Land wieder für Investoren zurückzugewinnen. Aber ein Blick in die Geschichte von Strukturanpassungsprogrammen (vgl. Kapitel 10) lehrt, dass – neben den sozial schwächeren Bürgern – gerade die Umwelt als Geisel für Exportaufschwung herhalten muss. Der Abbau umweltschädlicher Subventionen und die fällige Marktliberalisierung fördern zwar im Allgemeinen die Effizienz in der Ressourcennutzung, doch mit der Mobilisierung von Rohstoffen und Agrarprodukten für den Export intensiviert sich meist die Ausbeutungsrate, es steigt der Flächenbedarf wie auch der Pestizideinsatz für Cash-Crops, und es wachsen Tourismus und Transport. Ferner kollidieren die neuen Rechte der Exporteure an den Naturressourcen mit den angestammten Rechten gerade der ärmeren Bevölkerungsgruppen zur Nutzung von Wäldern, Wasser und Land; die Armen werden an den Rand gedrückt und gezwungen, auch wegen der steigenden Preise, marginale Ökosysteme für ihr Überleben zu plündern. Vor diesem Hintergrund kommt daher eine Reihe von Studien zu dem Ergebnis, dass im Gefolge von Strukturanpassungsprogrammen die negativen Umweltauswirkungen bei weitem die positiven übersteigen.

Allerdings macht das Gesetz von Angebot und Nachfrage nicht selten die Früchte der Exportförderung zunichte. Mit steigendem Angebot auf den Rohstoffmärkten fällt häufig der Preis, und der geringere Verdienst muss wiederum mit der Ausfuhr größerer Mengen kompensiert werden. Falls eine Finanzkrise auch Abnehmerländer umfasst, dann fällt auch die Nachfrage, und die Rohstoffpreise geraten noch weiter unter Druck. Genau dies ist nach der Finanzkrise in Asien 1997 geschehen. Die Rohstoffpreise auf dem Weltmarkt rutschten und rutschten, innerhalb eines Jahres um 25 Prozent. Weil mit der Krise auch die Nachfrage in Ländern wie Japan, Korea und Malaysia zurückging, bekam die Abwärtsbewegung der Preise einen weiteren Schub – mit der Folge, dass vom Rohstoffexport abhängige Länder die Ausbeute beschleunigten. Geldflüsse dominieren so die Stoffflüsse, ganz besonders im wirtschaftlichen Niedergang.

Entfernungsschwund und der Transporteffekt

Die plötzliche Einsicht, in einer kleiner werdenden Welt zu leben, kann als die Grunderfahrung der Menschen in Zeiten der Globalisierung gelten. Der Satellitenblick auf den blauen Planeten gibt im Visuellen vor, worauf die Dinge im Wirklichen hinstreben: Alle Orte ereignen sich zur selben Zeit. Während Entfernungen zwischen den Orten belanglos werden, kommt überall dieselbe Zeit zur Vorherrschaft. So verschwindet der Raum, und die Zeit vereinheitlicht sich. Für Devisenhändler wie Nachrichtenredakteure, für Firmenaufkäufer wie Touristen, für Konzernlenker wie für Wissenschaftler bedeuten Entfernungen immer weniger, Zeit freilich immer mehr. Wo etwas auf dem Erdball geschieht, zählt kaum mehr, wichtig ist vielmehr, wann etwas geschieht – rechtzeitig, zu spät oder gar nicht. Globalisierung, in all ihren Facetten, beruht auf der schnellen Überwindung des Raumes und bringt folglich überall unverzögert die Gegenwart zur Geltung. Computer zählen zwar die Sekunden, aber nicht die Kilometer. Das Schrumpfen der Erde und die Übermacht der Zeit, wie nah alles ist und wie schnell alles geht, in diesen Erfahrungen macht sich die wachsende raumzeitliche Kompaktheit des Globus bemerkbar.

Raumüberwindung erfordert Transport, sei es auf physischem oder auf elektronischem Wege. Für den Prozess der Globalisierung ist zunächst die elektronische Vernetzung konstitutiv; ohne die Übertragung von Daten in Echtzeit gäbe es nicht jenes Nervensystem der Signalübermittlung, welches raumlos und reaktionsschnell Ereignisse auf dem Globus zusammenschließt. Hält man sich indes vor Augen, dass der weitaus größte Anteil der Computer- und Internetnutzer in den Industrieländern lebt, dann wird überdeutlich, dass von Globalisierung nur im geografischen, aber nicht im sozialen Sinne gesprochen werden kann. Vom ökologischen Standpunkt aus ist elektronischer Datenverkehr zwar weniger ressourcenaufwändig als physischer Transport, doch sollte der zusätzliche Druck, welcher vom Aufbau und Erhalt der digitalen Infrastruktur auf die Ressourcen der Erde ausgeht, nicht unterschätzt werden. Hochwertige Materialien in Hardware und Peripheriegeräten werden zum Beispiel durch zahlreiche abraum- und giftintensive Verfeinerungsprozesse gewonnen, Kabel und Leitungen sind materialaufwändig, und auch Satelliten und Relaisstationen sind nicht ohne Umweltverbrauch zu haben. Darüber hinaus dürfte die elektronische Vernetzung – entgegen den Erwartungen mancher Propheten des Informationszeitalters – auf lange Sicht alles in allem eher neuen physischen Verkehr erzeugen als ersetzen. Wer auf elektronischem Wege enge Kontakte zu weit entfernten Orten aufgebaut hat, wird über kurz oder lang manche dieser Kontakte auch *face to face* einlösen wollen; gerade die Fernreisen könnten durch die Globalvernetzung einen ziemlichen Auftrieb erfahren. Jedenfalls besteht zwischen elektronischem und physischem Verkehrssystem überwiegend eine positive Rückkopplung; auch von daher heißt Globalisierung mehr Transport.

Alle Formen der wirtschaftlichen Globalisierung, außer den internationalen Finanzmärkten, sind auf physischen Transport angewiesen. Überall spreizen sich die Entfernungen auf, sowohl auf den Konsum- wie auf den Faktormärkten verlängern und vervielfältigen sich die Entfernungen. Immerhin ist der Welthandel vom Wert her mit über 6 Prozent jährlich etwa zweimal so schnell wie die Weltökonomie gewachsen. Allerdings erweckt das Wort »internationaler Handel« falsche Assoziationen. Es handelt sich nicht mehr darum, dass Nationen Güter tauschen, die sie nicht selbst herstellen – wie etwa beim klassischen Tausch von Rohstoffen gegen Industrieerzeugnisse –, sondern gerade beim dominierenden Handel innerhalb der OECD treten ausländische Anbieter zusätzlich zu den einheimischen auf. Sie gleichen nicht mehr die Lücken im einheimischen Angebot aus, sondern versuchen das einheimische Angebot entweder über niedrigere Preise oder über symbolische Ausdifferenzierung aus dem Feld zu schlagen. Koreanische Autos für das Autoland Amerika, mexikanisches Bier für die Biernation Deutschland, etwa die Hälfte des Welthandels findet innerhalb von Industriebranchen statt, d. h., dieselben Waren werden gleichzeitig importiert wie exportiert. Internationaler Warentransport dient daher weniger dem Austausch zwischen Volkswirtschaften mit unterschiedlichem Spezialisierungsprofil, als vielmehr der wettbewerblichen Präsenz vieler Anbieter an möglichst allen Orten.

Entfernungsschwund und Schnelligkeit für den Transport

hochwertiger Güter und ausgewählter Personen garantiert vor allem das System des internationalen Luftverkehrs. So nimmt der Personenverkehr in der Luft gegenwärtig um 5 Prozent im Jahr zu, was auf eine Verdoppelung der Passagierzahlen alle 15 Jahre hinauslaufen würde. Obwohl mittlerweile etwa die Hälfte des Luftverkehrs zu Freizeitzwecken unternommen wird, spiegelt sich doch in der Zunahme der Reiseströme die Geografie wirtschaftlicher Globalisierung wider: Zwischen 1985 und 1996 haben sich die Einkünfte der Fluggesellschaften auf Linien innerhalb Chinas versiebenfacht, innerhalb Südostasiens, zwischen Europa und Nordostasien sowie zwischen Nordamerika und Nordostasien verdreifacht, während auf anderen Linien höchstens von einer Verdoppelung, wenn nicht gar nur von einer Stagnation, wie im Falle Afrikas, die Rede sein kann. Noch stärker wächst der internationale Luftfracht- und Expressverkehr.

Ohne zügig sinkende Frachtkosten wäre der Aufschwung globalisierter Märkte nicht möglich gewesen. Denn Frachtkosten dürfen in solchen Märkten keine ausschlaggebende Rolle spielen, sonst kann sich die Dynamik von Angebot und Nachfrage nicht unabhängig von der Geografie der Standorte entfalten. Je mehr Transportkosten ins Gewicht fallen, desto weniger lohnt es sich, gegenüber weit entfernten Konkurrenten Vorteile über den Kosten- oder Innovationswettbewerb herauszuholen; geringere Grenzkosten in der Produktion wären schnell durch die Kosten für den Transport aufgezehrt. Nur wenn die Kosten der Raumüberwindung tendenziell belanglos werden, können allein betriebswirtschaftliche Strategien die Standortwahl bestimmen. Nun lassen sich eine Reihe von Gründen anführen, welche die Frachtkosten relativ verbilligt haben. Zunächst fällt gerade auf globalisierten Märkten immer weniger Transportvolumen für einen gegebenen Handelswert an. Gemessen am Wert, kann es beispielsweise einem Computerhersteller in Texas ziemlich gleichgültig sein, ob er seine Festplatten aus Singapur oder aus Kalifornien bezieht; Entfernungen verlieren umso mehr an Bedeutung, je weniger der Wert eines Transportgutes mit seiner Größe oder seinem Gewicht zu tun hat. Weiter hat die Transporteffizienz durch größere Laderäume, Containerisation und glatteren Übergang zwischen Transportarten zugenommen. Doch insbesondere schwindet der Entfernungswiderstand, weil der Ölpreis bekanntlich weit davon entfernt ist, die vollen ökologischen Kosten zu repräsentieren, und zudem noch seit 1980 drastisch fällt – und Erdöl ist das Antriebsmittel für fast alle Transporte. Trotz aller Effizienzfortschritte war so der Transport in den OECD-Ländern der einzige Sektor, in dem die CO_2-Emissionen in den letzten Jahren noch zugenommen haben. Darüber hinaus verlangt Transport mehr als Antriebsstoffe: Fahrzeuge, Straßen, Häfen und Flughäfen, die gesamte Infrastruktur der Transportindustrie beansprucht ein beträchtliches Maß an Stoffen und Flächen. Doch solche Kosten werden im Allgemeinen auf die Gesellschaft verschoben; sie tauchen in keinem Frachtpreis auf. Da bleibt dann meist unsichtbar, wie sehr die Überwindung von geografischer Entfernung und zeitlicher Dauer mit der Abschaffung der Natur bezahlt wird.

Wie die wirtschaftliche Globalisierung einer neuen Naturkolonisierung Vorschub leistet

Die Ergebnisse der Uruguay-Runde des GATT, die 1993 mit einem Paket von Handelsvereinbarungen und der Gründung der WTO abgeschlossen wurde, enthielten auch ein Abkommen über geistige Eigentumsrechte. Im Kontrast zur Haupttendenz der Vereinbarungen, die darauf abzielte, nationalstaatliche Regeln für den grenzüberschreitenden Handel abzutragen, ging es da um die Einführung einer neuen Regulierungsebene. Aber beide Strategien, die Deregulierung wie auch die Neuregulierung, wurden im Namen des Freihandels beschlossen. Der Widerspruch löst sich auf, wenn man in Betracht zieht, dass in beiden Fällen die Pointe darin liegt, einheitliche Rechtsvoraussetzungen für den globalen Wirtschaftsraum herzustellen. Während auf der einen Seite die Vielzahl nationaler Hürden, welche sich dem freien Austausch der Güter und Kapitalien entgegenstellen, abzubauen sind, gilt es auf der anderen Seite, ein internationales Rechtsgehäuse zu schaffen, welches diesem Austausch überhaupt erst ein Geleise gibt. Faktormobilität kann sowohl durch eine Vielzahl von Gesetzen behindert werden wie auch durch die Abwesenheit von Gesetzen ins Leere

fallen. Besonders relevant wurde der letzte Fall für Eigentumsrechte an Waren, die sich auf gentechnische Forschung gründen. Denn hier klaffte bisher in den meisten Ländern eine Lücke
in der Rechtssicherheit. Sie zu schließen ist die Absicht der Vereinbarung über den Handel mit Rechten auf geistiges Eigentum
(TRIPS). Ohne ein solches Abkommen wäre besonders die Ausbeute neu verfügbarer Rohstoffreserven, das genetische Material von Lebewesen, kommerziell ohne große Zukunft.

Unter TRIPS sind alle Länder gehalten, für Patente auf Erfindungen, sei es von Produkten oder von Verfahren, in sämtlichen Feldern der Technik Rechtsschutz zu garantieren. Schon
seit langem sichern Patente im industriellen Bereich ihrem Inhaber für eine gewisse Zeit exklusive Einkünfte auf die Nutzung von Erfindungen, während für biologische Produkte und
Verfahren ein solches System erst langsam im Entstehen begriffen ist. Für die Kommerzialisierung forschungsintensiver Erzeugnisse ist Patentschutz aber unerlässlich. Denn erst der Ei-
gentumstitel konstituiert eine Ware; ohne einen solchen wären
nützliche Objekte frei zugänglich und Teil der *Commons* (des
Allgemeinbesitzes) eines Gemeinwesens. Aus diesem Grunde ist
ja eine garantierte Eigentumsordnung das rechtlich-soziale
Korsett einer Marktwirtschaft, wie auch die – mehr oder weniger gewaltsame – Einhegung der ländlichen Commons (Äcker,
Weiden, Wälder, Fischgründe) historisch die Voraussetzung für
den Aufschwung des Agrarkapitalismus war. Handelt es sich
bei den forschungsintensiven Erzeugnissen um Organismen wie
Saatgut oder Pflanzen, dann kommt noch eine weitere Schwie-
rigkeit hinzu: Lebewesen haben die wenig verkaufsfördernde
Eigenschaft, sich selbst zu reproduzieren. Saatgut etwa bringt
Pflanzen hervor, die ihrerseits wieder Saatgut für die nächste
Aussaat in sich tragen. Daher hält der Warencharakter eines Le-
bewesens nicht lange vor, in der zweiten Generation schon
muss es nicht mehr gekauft werden. Dieser Sachverhalt ist für
jeden Investor eine schlechte Nachricht: Wenn Waren sich
selbst reproduzieren können, dann steht die Reproduktion des
Kapitals auf wackeligen Füßen. Da bleiben nur zwei Möglichkeiten: entweder die Reproduzierbarkeit zu unterbinden (zum
Beispiel durch Einbau eines so genannten »Terminator-Gens« in
das Saatgut) oder durch Patente und Lizenzgebühren an der

Nutzung eines technisch modifizierten Lebensprozesses zu verdienen.

Patente auf gentechnische Innovationen sichern die ökonomische Kontrolle von *life-industries* über modifizierte Organismen und deren Nachkommen. Erst durch die Definition von Eigentumsrechten an Zellen, Mikroorganismen und Organismen wird das genetische Material der lebendigen Welt als ein kommerzialisierbares Rohstofflager zugänglich. Patente ermächtigen Firmen, Teile der natürlichen Commons mit Besitztiteln einzuhegen, in eine ökonomische Ressource zu verwandeln und möglichst so zu monopolisieren, dass nicht zahlende Nutzer und nicht vorgesehene Verwendungen eines Organismus ausgeschlossen bleiben. Patente auf Leben spielen damit für die *life-industries* dieselbe Rolle, die Landtitel für den aufsteigenden Agrarkapitalismus gespielt hatten. Sie umgrenzen Eigentum, halten andere Nutzer fern und legen fest, wem die Vorteile einer Nutzung zufließen. Einstmals den Commons zugehörige Tätigkeiten wie Pflanzenanbau, Tieraufzucht oder Heilbehandlung kommen damit zunehmend unter die Kontrolle von Unternehmen. Während Kolonialisten sich früher mineralische oder agrarische Ressourcen durch die physische Kontrolle eines Territoriums aneigneten, sichern sich Gentech-Firmen die Ausbeute genetischer Ressourcen durch weltweit anerkannte Patente auf DNA-Sequenzen.

Die Folgen für die Artenvielfalt von Pflanzen dürften vergleichbar sein. Dabei muss man gar nicht die zahlreichen Gefährdungen ins Auge fassen, die aus einer unkontrollierbaren Verbreitung transgenischer Arten herrühren. Schon ein unfallfreier Einzug der Gentechnik in die Landwirtschaft des Südens würde eine Vielzahl von Pflanzensorten aus der Evolution verschwinden lassen. Während der Agrarkapitalismus an vielen Orten Monokulturen natürlicher Pflanzen hervorbrachte, könnten die *life-industries,* wie ähnlich schon in der »Green Revolution« geschehen, die Spezialisierung auf wenige, genetisch optimierte Nutzpflanzen vorantreiben (Lappé et al., 1998). Zu erwarten wäre ein Verdrängungswettbewerb, bei dem nicht-industrielle sowie lokale Sorten auf der Strecke blieben. Dies untergräbt die Nahrungssicherheit gerade für die Ärmeren, die nicht über Geld zum Kauf der Industriepflanzen verfügen. Und es treibt den Verlust all jener Pflanzen voran, die nicht zu den selektierten, großanbaufähigen Sorten zählen. Ein globales Patentrechtswesen für gentechnische Erfindungen, das Teile des biologischen Erbes der Menschheit zu Zwecken der Kommerzialisierung einhegt und unwiderruflich umgestaltet, droht in einer Verarmung der Biosphäre zu enden.

Wie die wirtschaftliche Globalisierung die Geografie der Umweltbelastung verändert

Seit einigen Jahren finden sich auf deutschen Speisekarten immer mehr Angebote an Lachs, frisch, geräuchert oder gegrillt, fast so, als ob es sich um einen Fisch aus einheimischen Gewässern handeln würde. Mittlerweile verzehrt der deutsche Verbraucher im Jahr immerhin 70 Millionen Kilo des beliebten Fisches, der aus Zuchtfarmen in Norwegen oder Schottland in die Regale der Einkaufsmärkte kommt. Doch wie in jeder Massentierhaltung müssen zur Aufzucht der Tiere ziemliche Mengen an Futtermittel angeliefert werden. Etwa fünf Kilogramm Wildfisch müssen zu einem Kilogramm Fischmehl verarbeitet werden, um wiederum ein Kilogramm Lachs zu produzieren. Gefangen wird das Rohmaterial an Fisch freilich zum großen Teil vor der südamerikanischen Pazifikküste, wo die Fangquoten wegen Überfischung zurückgehen, und zu Fischmehl wird es verarbeitet in peruanischen Hafenstädten, die deshalb in Abgasen, Müll und Abwässern zu ersticken drohen. Während der deutsche Verbraucher sich an frischem, kalorienarmem, ehemals teurem Fisch laben kann, bleiben die Peruaner mit ausgeplünderten Meeren und verdreckten Städten zurück.

Das Beispiel zeigt, wie sich mit der Verlängerung der Zulieferketten die ökologische Arbeitsteilung zwischen den nördlichen und den südlichen (auch östlichen) Ländern verschiebt. Denn Globalisierung der Ökonomie heißt nicht, dass auch Kosten und Nutzen des Wirtschaftens globalisiert würden. Wahrscheinlicher ist vielmehr das Gegenteil: Die Verlängerung der Wertschöpfungsketten und ihre Aufgliederung auf unterschiedliche Standorte in der Welt führen zu einer Neuverteilung von Nutzen und Nachteil entlang dieser Ketten. Indem ein Herstellungsprozess auf Orte in verschiedenen Ländern aufgeteilt wird, setzt sich meist die Tendenz durch, Kosten und Nutzen zu entzerren und nach oben und unten hin in der Kette neu zu verteilen. Es wäre sowieso ein Missverständnis zu glauben, dass mit der weltweiten Vernetzung von Büros, Fabriken, Farmen und Banken auch eine Dezentralisierung aller Funktionen, von der Herstellung über die Planung zur Finanzierung, einhergeht – von einer Dezentralisierung der Einkünfte ganz zu schweigen. Trotz vieler Versuche, die Autonomie von Untereinheiten zu erhöhen, ist insgesamt eher das Gegenteil der Fall: Es kommt mit der Auffächerung wirtschaftlicher Aktivitäten eher zu einer Konzentration von Kontrolle und Profit in den privilegierten Knoten der Netzwerk-Ökonomie. Der Abfluss von Investitionen in ferne Länder wird mit einem Rückfluss an Macht und Gewinn in die Heimatländer, oder genauer: in die *global cities* des Nordens, kompensiert. Während sich in Bangladesch, Ägypten oder Mexiko die speziellen Exportzonen verbreiten, wo billige Arbeitskraft, Steuerfreiheit und lasche Umweltnormen Produktionskosten beträchtlich reduzieren helfen, wachsen in Hongkong, Frankfurt oder London die Hochhaustürme von Banken und Konzernzentralen gen Himmel.

Mit der wirtschaftlichen Machtverteilung ändert sich auch die Verteilung der Umweltbelastungen im geografischen Raum. Definiert man Macht im ökologischen Sinne als die Fähigkeit, auf der einen Seite Umwelt*vorteile* zu internalisieren und auf der anderen Seite Umwelt*kosten* zu externalisieren, dann lässt sich vermuten, dass mit der Verlängerung der Wirtschaftsketten ein Prozess einsetzt, der die Vorteile an deren oberem Ende und die Nachteile an deren unterem Ende konzentriert. In anderen Worten: Die Umweltkosten, welche innerhalb der transnationalen Wertschöpfungsketten anfallen, werden besonders in den Ländern des Südens und Ostens zunehmen, während die postindustriellen Ökonomien immer umweltfreundlicher werden. In der Tat stützen, neben zahlreichen Einzelbeispielen, auch eine Reihe hoch aggregierter Daten über internationale Stoffflüsse diese Annahme. So beträgt der im Ausland anfallende Anteil des gesamten Ressourcenverbrauchs für Länder wie Deutschland 35 Prozent, Japan 50 Prozent und die Niederlande 70 Prozent (Adriaanse et al., 1997). Je kleiner die Fläche eines Industrielandes, desto größer ist wahrscheinlich die geografische Trennung zwischen den Orten, wo die Umweltbelastungen anfallen, und den Orten, wo die Konsumvorteile genutzt werden. In all diesen Ländern gab es in den letzten 15 Jahren die Tendenz, dass bei den Importen – weniger bei den Rohmaterialien als bei den Halbfertigprodukten – ein wachsender Anteil des Umweltverbrauchs im Ausland verbleibt.

Im landwirtschaftlichen Bereich liefern südliche Teile der Welt nicht mehr nur agrarische Massengüter wie seit den Zeiten des Kolonialismus, sondern Erzeugnisse mit einem hohen Dollarwert je Gewichtseinheit für kaufkräftige Konsumenten im Norden. Leicht verderbliche Frischware wie Tomaten, Salat, Früchte, Gemüse, Blumen kommen per Luftfracht für Europa aus dem Senegal oder aus Marokko, für Japan aus den Philippinen, für die USA aus Kolumbien oder Costa Rica. Gesundheitsbewusste Käufer mit mittlerem und höherem Einkommen erfreuen sich an dem saisonunabhängigen Angebot, während die Plantagen und Glashäuser in den Herkunftsgebieten Bewässerung, Pestizide und die Verdrängung von Bauern erfordern. Veredelung des Konsums im Norden auf Kosten der Umwelt und der Subsistenz im Süden, dieses Muster hat sich seit den Siebzigerjahren auch über den Markt an Futtermitteln weiter vertieft; für die Rinder- und Schweinezucht bezieht Europa Maniok oder Soja neben den USA aus Ländern wie Brasilien, Paraguay, Argentinien, Indonesien, Malaysia und Thailand. Das alte Gesetz, dass der Markt nicht den Bedürfnissen der Menschen, sondern der Kaufkraft folgt, schlägt in einer entgrenzten Weltwirtschaft immer stärker durch.

Doch es war die Expansion des fossilen Entwicklungsmodells in die ein bis zwei Dutzend aufstrebenden Volkswirtschaften in Süd und Ost, was die Geografie der Umweltbelastungen am meisten verändert hat. Mit dem Einstieg der Schwellenländer in das mit fossilen Ressourcen wirtschaftende Zeitalter bot es sich an, die industriellen Herstellungsketten über die OECD-Länder hinaus zu verlängern. In der Grundstoffindustrie, der Metallverarbeitung und der chemischen Industrie wächst der Anteil der Südländer, während jener der OECD-Länder langsam zurückgeht. Dabei handelt es sich weniger um eine Migration aus Umweltgründen als um eine Neuverteilung der Funktionen innerhalb der Weltwirtschaft. Die umweltbelastenden Stufen in einer internationalen Produktionskette sind eher in wirtschaftlich weniger entwickelten Regionen angesiedelt, die saubereren und immateriellen Stufen vorrangig in den G7-Staaten. Ferner zeigt ein Blick auf die Computerbranche, wie gerade die Hightech-Industrie von der neuen ökologischen Arbeitsteilung lebt: Bei den 22 Computerfirmen in den Industrieländern ist mehr als die Hälfte der zumeist toxischen Chipherstellung in Entwicklungsländern angesiedelt (French, 1998). Zeichnet sich da in Umrissen die künftige Restrukturierung der Weltwirtschaft ab? Die Software-Ökonomien des Nordens planen und brüsten sich ihrer saubereren Umwelt, die Industrieökonomien der Schwellenländer fertigen und haben mit klassischer Verschmutzung von Wasser, Luft und Boden zu kämpfen, während die Rohstoffökonomien der armen Länder extrahieren und die Lebensbasis jenes Drittels der Menschheit unterminieren, das direkt von der Natur lebt.

Welche Globalisierung und wessen?

Globalisierung ist kein Monopol der Neoliberalen. Denn in die Transnationalisierung der sozialen Beziehungen sind die unterschiedlichsten Akteure mit den unterschiedlichsten Philosophien verwickelt. Und die Umweltschutzbewegung gehört zu den wichtigsten Agenten des globalen Denkens. Dementsprechend vermittelt auch jenes Symbol der Globalisierung, das Bild vom blauen Planeten, mehr als nur eine Botschaft. Der imperialen Botschaft von der Entgrenzung stand immer schon die holistische Botschaft von der Endlichkeit und Einheit des Planeten gegenüber. Angefangen vom *Earth Day* 1970, der von manchen Betrachtern als der Beginn der amerikanischen Umweltbewegung angesehen wird, bis hin zur Klimakonferenz der Vereinten Nationen 1997 in Kyoto und den Folgekonferenzen zieht sich eine klare Linie. Damals, bei den Versammlungen zum ersten *Earth Day,* untermauerten Redner und Demonstranten ihre Forderung nach umfassendem Umweltschutz, indem sie auf Fotos von der Erde zeigten, die ein knappes Jahr zuvor vom Mond aus geschossen worden waren. Und fast dreißig

Jahre später prangte das Emblem des Planeten auf der Stirnwand jenes Konferenzsaales, wo die Regierungen der Welt zum ersten Mal rechtlich bindende Verpflichtungen zur Begrenzung klimaschädlicher Emissionen eingingen. Darüber hinaus erscheint in dem Bild die Erde als ein einheitlicher Naturkörper, der die Menschen und sonstige Lebewesen zu einem gemeinsamen Schicksal bestimmt. So globalisiert das Bild die Wahrnehmung der Natur wie auch die Wahrnehmung der menschlichen Geschichte; erst mit dem Bild wurde es möglich, im tatsächlichen Sinne von der »einen Erde« und der »einen Welt« zu sprechen. In der Tat, ohne das Foto von der Erde würde sowohl der Name des Umweltverbandes »Friends of *the* Earth« wie auch der Titel des Brundtland-Reports, dem wichtigsten UN-Dokument zur Umwelt, »*Our Common* Future«, keinen rechten Sinn ergeben.

Aber die Wirkung des »blauen Planeten« und seiner Botschaft von der Begrenzung geht noch tiefer: Sie erzeugt eine Wahrnehmung, welche lokales Handeln in einen globalen Rahmen stellt. Denn das Bild zeigt die Grenze des äußersten Lebensraums eines jeden Betrachters. Weiß nicht jeder, dass er selbst, bei genügend großer Auflösung, auf dem Bild zu finden wäre? Denn das Subjekt des Betrachters lässt sich beim Blick auf die schwebende Erde nicht vom Objekt der Betrachtung trennen; bei kaum einem anderen Bild ist Selbstreferenz so unvermeidlich eingebaut. Diese visuelle Überblendung von globaler und individueller Existenz hat die kognitiven und moralischen Koordinaten der Eigenwahrnehmung verschoben: Die Folgen einer Handlung, so legt das Bild nahe, können bis an die Grenzen der Erde reichen, und alle sind dafür verantwortlich. Mit einem Male sind etwa Autofahren oder Fleischkaufen mit dem Treibhauseffekt verbunden, und auch die Spraydose oder die Flugreise stehen im Geruch globaler Grenzüberschreitung. »Global denken, lokal handeln«, dieser Wahlspruch der Umweltbewegung hat seinen Teil dazu beigetragen, den *global citizen* zu schaffen, und zwar einen solchen, der die planetarische Grenze dort draußen in seinem Denken und Handeln verinnerlicht. Indem es so Planet und Subjekt in ein gemeinsames Drama spannt, gewinnt die Botschaft von der Begrenzung ihre moralische Macht. So repräsentiert die ökologische Erfahrung ohne

Zweifel eine Dimension der Globalisierungserfahrung, weil sie bei den Menschen die überkommene Vorstellung umstößt, in geschlossenen und gegeneinander abgrenzbaren Räumen von Nationalstaaten und -gesellschaften zu leben und zu handeln (Beck, 1997).

Die Umweltbewegung muss sich allerdings heute eingestehen, dass – wie vorläufig auch immer – die imperiale Botschaft gewonnen hat. Dass sich mittlerweile multinationale Konzerne fast vollständig des Bildes vom blauen Planeten bemächtigt haben, ist dafür nur ein Indiz. Das entgrenzende Denken, jene Wahrnehmung, welche die Welt als einen homogenen Raum begreift, der auf dem ganzen Erdenrund einsehbar und zugänglich zu sein hat, ist allenthalben zur Hegemonie gelangt. Imperial ist dieser Blick, weil er beansprucht, die Welt ungehindert zu durchmessen und nach Gutdünken in Beschlag zu nehmen, ganz so als ob es keine Orte, keine Gemeinwesen und keine Nationen gäbe. Die Regelwerke des GATT, des NAFTA und der WTO wurden aus dem Geiste der Entgrenzung geboren. Sie kodifizieren die Welt als frei zugängliche Wirtschaftsarena, in der die ökonomische Logik das Recht auf Vorfahrt genießt. Die neu etablierten Regeln zielen darauf ab, im globalen Raum die transnationalen Wirtschaftsunternehmen als souveräne Subjekte auszurufen, losgelöst von Verpflichtungen gegenüber Regionen und Gemeinwesen. Daher wird jeglicher Protektionismus zugunsten von Staaten eliminiert – nur um ihn allerdings durch einen Protektionismus zugunsten von Konzernen zu ersetzen. Transnationale Zweckverbände können in diesem Sinne vielerlei Freiheits- und Schutzrechte beanspruchen; territoriale Gemeinwesen – von Bürgern oder Bürgerverbänden ganz zu schweigen – haben dahinter zurückzutreten.

Man wird im Rückblick auf das letzte Jahrzehnt des 20. Jahrhunderts den Schluss ziehen müssen, dass Rio de Janeiro wohl für die Rhetorik taugte, Marrakesch hingegen in vollem Ernst implementiert wurde. Dabei steht Rio de Janeiro 1992 mit der Umweltkonferenz der Vereinten Nationen für die lange Reihe internationaler Abkommen, besonders herausragend die internationalen Konventionen zu Klima und zu Biodiversität, mit denen Umweltregime geschaffen wurden, welche die Dynamik der Weltwirtschaft in ökologisch weniger schädliche Bahnen lenken sollten. Und Marrakesch steht für die Gründung der Welthandelsorganisation, nach dem Ende der Uruguay-Runde des GATT, und die wachsende Bedeutung des Internationalen Währungsfonds als Schattenregierung für zahlreiche Länder. Damit wurden die Fundamente für ein Wirtschaftsregime gelegt, in dem transnationale Wirtschaftsakteure zur unregulierten Investitionstätigkeit auf dem Erdball ermächtigt werden. Beide transnationalen Regime, das Umweltregime und das Wirtschaftsregime, sind Versuche, der transnationalen Wirtschaftsgesellschaft eine politisch-rechtliche Verfassung zu geben; doch beide Regime stehen in beachtlichem Gegensatz zueinander. Dem Umweltregime geht es um den Schutz des Naturerbes, dem Wirtschaftsregime um das allgemeine Recht auf Aneignung dieses Erbes; während die Umweltabkommen auf dem Respekt vor Naturgrenzen aufbauen, suchen die Wirtschaftsabkommen das Recht auf freie wirtschaftliche Expansion zum Erfolg zu bringen. Paradoxerweise setzen beide Regime obendrein auf unterschiedliche Systeme der Verantwortung und Rechenschaftslegung. Auf der einen Seite appellieren die Umweltabkommen an souveräne Staaten als verantwortliche Einheiten, welche das Gemeinwohl innerhalb ihres Territoriums zur Geltung bringen sollen. Auf der anderen Seite gehen die Wirtschaftsabkommen von souveränen, transnational operierenden Unternehmen aus, die keinem Territorium zugehörig und damit auch keinem Staat gegenüber verantwortlich sind. Schon 1997 waren unter den 100 größten Ökonomien der Welt nur noch 49 Länder, jedoch 51 Unternehmen (Anderson et al., 1997).

So bleibt ganz offen, wie die widerstreitenden Botschaften, welche das Bild vom blauen Planeten mitteilt, je versöhnt werden können. Auch der transnationalen Zivilgesellschaft ist es schließlich nur punktweise gelungen, die Unternehmen erfolgreich mit ihrer Verantwortung für die Natur und für die übergroße Mehrheit der Weltbürger zu konfrontieren. Wenn die holistische Botschaft für »Nachhaltigkeit« und die imperiale Botschaft für »wirtschaftliche Globalisierung« steht, dann muss man eher vermuten, trotz mancher Synergien auf Mikroebene, dass die Kluft sich weiter vertieft. Aber vielleicht liegt darin die Größe eines Symbols: dass es auch auseinander treibende Wahrheiten in einer visuellen Form zusammenhalten kann.

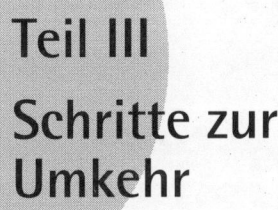

Teil III

Schritte zur Umkehr

Kapitel 23

Abschied vom »Ende der Geschichte«: Organisation und Vision in konzernkritischen Bewegungen

Naomi Klein

Naomi Klein wurde 1971 in Montreal geboren, nachdem ihre Eltern aus Protest gegen den Vietnamkrieg die Vereinigten Staaten verlassen hatten. Sie studierte Anglistik und Philosophie an der Universität von Toronto. Heute ist sie als freischaffende Journalistin tätig. Ihr Bestseller *No Logo!* (Riemann Verlag, 2001) machte sie zur prominentesten Sprecherin der Globalisierungsgegner. *DIE ZEIT* schrieb am 27. 12. 2001 über sie: »Die globale Kultur der Konzerne, Institutionen und Regierungen hat zurzeit kaum einen gefährlicheren Feind.« Die Londoner *Times* erklärte sie zur »wohl einflussreichsten Person unter 35 Jahren«, und das amerikanische Frauenmagazin *Ms.* wählte sie im Dezember 2001 zur Frau des Jahres.

Eine mögliche andere Welt

»Wir sind hier, um zu beweisen, dass eine andere Welt möglich ist!«, sagte der Mann auf der Bühne, und die 10 000-köpfige Menge brüllte zustimmend. Das Seltsame war nur, dass wir keine bestimmte andere Welt bejubelten, sondern eine *mögliche* andere. Wir bejubelten den Gedanken, dass eine andere Welt, wenigstens theoretisch, existieren konnte.

Seit 30 Jahren trifft sich eine ausgewählte Gruppe von Wirtschaftsführern und wichtigen Politikern in der letzten Januarwoche auf einem Berggipfel in der Schweiz und tut, was sie ihrer Ansicht nach als Einzige tun kann: Sie entscheidet, wie die Weltwirtschaft gelenkt werden sollte. Wir jubelten, weil es die letzte Woche im Januar 2001 war und wir uns nicht auf dem Weltwirtschaftsforum im schweizerischen Davos, sondern auf dem ersten jährlichen Weltsozialforum in der brasilianischen Stadt Porto Alegre befanden. Obwohl wir weder Wirtschaftsführer noch wichtige Weltpolitiker waren, würden wir doch die Woche damit verbringen, darüber zu sprechen, wie die Weltwirtschaft gelenkt werden sollte.

Viele sagten, sie hätten das Gefühl, in diesem Raum werde Geschichte gemacht. Ich spürte etwas weniger Greifbares: den Abschied vom »Ende der Geschichte«. Passenderweise war »Eine andere Welt ist möglich« das offizielle Motto des Treffens. Nach eineinhalb Jahren Protest gegen Welthandelsorganisation, Weltbank, Internationalen Währungsfonds, Weltwirtschaftsforum, beide US-amerikanischen Parteien und die britische Labour-Party – um nur ein paar Institutionen zu nennen – verstand sich das Weltsozialforum als eine Gelegenheit für die sich formierende Bewegung, nicht mehr nur hinauszuschreien, wogegen sie ist, sondern allmählich auch zu artikulieren, wofür.

Porto Alegre war als Konferenzort ausgewählt worden, weil die Stadt selbst und die Provinz Rio Grande do Sul von der brasilianischen Arbeiterpartei (Partido dos Trabalhadores, PT) regiert werden, die für ihre innovative, partizipatorische Politik weltbekannt ist. Die Konferenz war von einem Netz brasilianischer Gewerkschaften und NGOs sowie von ATTAC France organisiert worden. Und die PT hatte keine Ausgabe gescheut, um sie zu beherbergen: Sie hatte für hochmoderne Konferenzräume und eine mit Stars gespickte Liste von Rednern und Musikern gesorgt; die Delegierten wurden von freundlichen Beamten der örtlichen Tourismusbehörde und von freundlichen Polizisten begrüßt – ein ziemlicher Kulturschock für Menschen, die eher daran gewöhnt sind, mit Wolken von Pfefferspray empfangen zu werden, sich zur Durchsuchung an der Grenze nackt auszuziehen zu müssen und durch »Bannmeilen« am Demonstrieren gehindert zu werden. Wenn Seattle für viele die Coming-out-Party einer Widerstandsbewegung war, dann war Porto Alegre laut Soren Ambrose vom globalisierungskritischen Netzwerk »50 Years is Enough« die »Coming-out-Party für ernsthaftes Nachdenken über Alternativen«.

Der Vorwurf, dass es der Bewegung an Alternativen fehlt –

oder wenigstens an einem klaren Brennpunkt –, ist seit der Schlacht von Seattle im Jahr 1999 eine Art Mantra geworden, eine Kritik, die in dem Artikel »The New Radicals« in *Newsweek* (Dez. 1999) zusammengefasst wird: »Was bis heute zu fehlen scheint, ist eine klar formulierte Vision, ein Credo, das der Bewegung, so wie sie ist, einen gewissen Brennpunkt geben könnte.« Zweifellos hatten die Kritiker in Abwesenheit eines solchen medienfreundlichen Etiketts die Freiheit, junge Aktivisten als alles zu porträtieren, vom trommelschlagenden oder als Bäume verkleideten Idioten bis zu gewalttätigen Schlägern, die nichts als Zerstörung im Sinn haben.

Dieses allgemein wahrgenommene Defizit an einer klaren Vision zu beheben, war die *Raison d'être* des Weltsozialforums. Die Organisatoren betrachteten die Konferenz offensichtlich als Gelegenheit, das Chaos auf den Straßen in eine Art strukturierte Form zu pressen. Und in 60 Vorträgen und 450 Workshops gab es in der Tat genügend Ideen – über neue Steuersysteme (wie die Tobin-Steuer), genossenschaftliche Ökofarmen, partizipatorisch verabschiedete Haushalte oder kostenlose Software –, um nur einige zu nennen. Indessen stellte ich mir eine Frage, die bei ähnlichen, wenn auch kleineren Ereignissen häufig auftaucht. Selbst wenn wir es schafften, einen Zehn-Punkte-Plan zustande zu bringen – einen Plan von brillanter Klarheit, eleganter Kohärenz und einheitlicher Erscheinung –, wem genau würden wir dann diese Zehn Gebote übergeben? Oder anders formuliert: Wer sind eigentlich die Führer dieser Bewegung – wenn sie überhaupt welche hat?

Keine Anführer, keine Hierarchien, keine Ideologien

Im April 2001, als die Proteste gegen die geplante »Amerikanische Freihandelszone« (FTAA) in Quebec teilweise gewaltsam wurden, spielten Presse und Polizei ein Spiel, das man »Finde den Anführer« nennen könnte. Mark Steyn, ein Kolumnist in Conrad Blacks satirischer Online-Zeitschrift *National Post,* machte als Anführerin Maude Barlow aus, die Vorsitzende des »Council of Canadians« (einer der weltweit größten und engagiertesten NGOs gegen den Freihandel), indem er eine 50 000-köpfige Menschenmenge hartnäckig als »Maudes Mob« bezeichnete und sogar so weit ging, Maude Barlow selbst mit Vergeltung zu drohen. »Das nächste Mal, wenn ein Mitglied von Maudes Mob einen Stein auf mich wirft, nehme ich ihn mit nach Hause und schmeiße ihn bei ihr ins Fenster«, schrieb er (*National Post*, April 2001). Die Polizei dagegen behauptete, Jaggi Singh, einer der Organisatoren der »Anti-Capitalist Convergence«, habe seinen Lakaien befohlen, den Zaun anzugreifen, der einen Großteil von Quebec City umgab. Das wichtigste von der Polizei als Waffe bezeichnete Gerät war das Katapult eines Straßentheaters, das Teddybären und andere ausgestopfte Tiere über den Zaun schleuderte. Singh hatte mit dem Katapult nichts zu tun, und er tat bei den Protestaktionen nichts anderes, als Reden über die Gewalt des Staates zu halten. Trotzdem lautete die Rechtfertigung für seine Festnahme und dafür, dass er nicht auf Kaution freigelassen wurde, er sei eine Art Strippenzieher des Protests, der bei den Aktionen anderer den Koordinator spiele.

Ähnlich verhielt es sich auch bei anderen Protestaktionen. Bei den Demonstrationen gegen den Parteitag der Republikaner im August 2000 in Philadelphia wurde die Kaution von John Sellers, einem der Gründer der Ruckus Society, auf eine Million US-Dollar festgesetzt. Zwei Monate zuvor war David Solnit, einer der Gründer der Puppen bauenden politischen Theatergruppe »Art and Revolution«, während einer Konferenz der Organisation amerikanischer Staaten in Windsor, Ontario, ebenfalls in Vorbeugehaft genommen worden.

Dass die Polizei systematisch »Anführer« des Protests aufs Korn nimmt, ist eine gute Teilerklärung für das tiefe Misstrauen gegen traditionelle Hierarchien, das in der neuen Bewegung herrscht. Tatsächlich ist die Figur, die einem echten »Führer« am nächsten kommt, Subcomandante Marcos, ein Mann in den Bergen von Chiapas, der seine wahre Identität geheim hält und sein Gesicht hinter einer Maske verbirgt. Marcos, der Inbegriff des Anti-Führers, betont, dass seine schwarze Maske ein Spiegel ist: »Marcos ist in San Francisco ein Schwuler, in Südafrika ein Schwarzer, in Europa ein Asiate, in San Ysidro ein Chicano, in Spanien ein Anarchist, in Israel ein Palästinenser, in den

Straßen von San Cristobal ein Maya-Indianer, in Deutschland ein Jude, in Polen ein Zigeuner, in Quebec ein Mohawk-Indianer, in Bosnien ein Pazifist, eine Frau nach 22 Uhr allein in der U-Bahn, ein Bauer ohne Land, ein Bandenmitglied in einem Slum, ein Arbeitsloser, ein unglücklicher Student und natürlich auch ein Zapatista in den Bergen« (Collier, 1994). Mit anderen Worten, er ist einfach wir: Wir selbst sind der Führer, nach dem wir gesucht haben.

Diese Kritik an Hierarchien geht weit über ein Misstrauen gegen charismatische Führer hinaus. Viele Mitglieder der konzernkritischen Protestbewegung stehen allumfassenden Ideologien, politischen Parteien, ja überhaupt jeder Gruppe kritisch gegenüber, die die Macht zentralisieren und Teile der Bewegung als untergeordnete Zellen und Ortsvereine organisieren könnte. Deshalb können die Intellektuellen und Organisatoren auf der Bühne des Weltsozialforums zwar durchaus helfen, die Ideen der Menschen auf der Straße zu strukturieren, aber sie haben ganz entschieden nicht die Macht, ja nicht einmal den Apparat, um diese Straßenbewegung zu führen. In diesem amorphen Kontext waren die auf dem Weltsozialforum ausgebrüteten Ideen und Pläne zwar nicht gerade irrelevant, aber sie waren nicht so wichtig, wie ihre Schöpfer offensichtlich gehofft hatten. Sie waren dazu bestimmt, in der Flutwelle von Information emporgeschwemmt und umhergeschleudert zu werden, die das globale konzernkritische Netzwerk tagtäglich produziert und konsumiert – Web-Tagebücher, Manifeste von NGOs, akademische Referate, selbst gemachte Videos, leidenschaftliche Appelle.

Wer eine Neuauflage eher traditioneller antikapitalistischer Politik erwartet, dem mag die konzernkritische Bewegung aufgrund dieser Abwesenheit klarer Strukturen aufreizend passiv erscheinen. Offensichtlich sind ihre Mitglieder so desorganisiert, dass es ihnen nicht einmal gelingt, positiv auf die Leute zu reagieren, die sich ihnen als Organisatoren anbieten. Natürlich sind sie dabei, wenn es ums Demonstrieren geht, kann man die alte Garde förmlich sagen hören, aber es sind MTV-geprägte Aktivisten – flatterhaft, unkonzentriert, ohne klare Linie.

Nur dass es vielleicht nicht ganz so einfach ist. Vielleicht machen die Protestaktionen von Seattle bis Quebec City deshalb so einen unkonzentrierten Eindruck, weil sie nicht Demonstrationen einer einzigen großen Bewegung sind, sondern eine Konvergenz, ein Zusammenspiel vieler kleinerer Bewegungen. Jede hat einen ganz bestimmten multinationalen Konzern (wie etwa Nike), eine bestimmte Branche (wie die Agrarindustrie) oder eine neue Handelsinitiative (wie die »Amerikanische Freihandelszone«) im Auge, oder sie verteidigt die Selbstbestimmung von Ureinwohnern (wie die Zapatistas).

Wer etwas genauer hinschaut, erkennt, dass diese kleineren, gezielten Bewegungen tatsächlich dieselben Kräfte bekämpfen, Kräfte, die vielleicht am besten von der »Nationalen Befreiungsarmee« der Zapatistas skizziert wurden, als sie am 1. Januar 1994 (dem Tag, als das Nordamerikanische Freihandelsabkommen in Kraft trat) ihren Aufstand begann. Der strategische Sieg der Zapatistas bestand darin, deutlich zu machen, dass der Kampf in Chiapas nicht als beschränkter »ethnischer« oder »lokaler« Konflikt abgetan werden konnte, sondern universal war. Sie erreichten dies, indem sie nicht nur den mexikanischen Staat, sondern auch den »Neoliberalismus« als ihren Feind identifizierten. Die Zapatistas konnten klar machen, dass die Armut und Verzweiflung in Chiapas lediglich die weiter fortgeschrittene Version einer Entwicklung war, die sich auf der ganzen Erde vollzog und mit den ersten Untaten des Kolonialismus begonnen hatte. Es ist ein 500-jähriger Vorsprung als Kolonisierte, dem die Ureinwohner von Chiapas ihren Platz in der Avantgarde verdanken. In seinen Kommuniqués weist Comandante Marcos auf die riesigen Menschenmassen hin, die von einem Wohlstand nicht profitieren, den sie mit ihrem Boden und ihrer Arbeit ermöglicht haben. »Die neue Verteilung der Welt schließt ›Minderheiten‹ aus. Ureinwohner, Jugendliche, Frauen, Homosexuelle, Lesben, Farbige, Einwanderer, Arbeiter, Bauern; die Mehrheit, die das Fundament der Welt bildet, stellt sich der Macht als entbehrlich dar. Die neue Verteilung der Welt schließt die Mehrheiten aus« (Marcos, 1996a).

Ein Nein und viele Jas

Während der Neoliberalismus der gemeinsame Gegner ist, zeichnet sich zugleich der Konsens ab, dass partizipatorische Demokratie auf lokaler Ebene – ob in Gewerkschaften, Stadtvierteln, Farmen, Dörfern, anarchistischen Kollektiven oder bei der Selbstregierung von Ureinwohnern – das Mittel ist, Alternativen zum Neoliberalismus zu entwickeln. Das gemeinsame Thema ist ein übergreifendes Bekenntnis zu Selbstbestimmung und Vielfalt: kultureller Vielfalt, Artenvielfalt und, ja, auch politischer Vielfalt. Die Zapatistas nennen dies eine Bewegung mit »einem Nein und vielen Jas«, eine Beschreibung, die klar macht, dass es sich überhaupt nicht um *eine* Bewegung handelt und dass es sich auch gar nicht um *eine* Bewegung handeln sollte (Ponce de Leon, 2001).

Statt einer einzigen Bewegung sind es Tausende von Bewegungen, die da entstehen. Sie sind eng miteinander vernetzt, genau wie ihre Websites im Internet durch »Hotlinks« verknüpft sind. Diese Analogie ist nicht bloß zufällig, sie ist der Schlüssel, um den fundamentalen Wandel der politischen Organisationsarbeit zu verstehen. Zwar haben viele erkannt, dass die Massenproteste in letzter Zeit ohne das Internet unmöglich gewesen wären, aber sie übersehen, dass die Kommunikationstechnologie, die die Kampagnen erleichtert, die Bewegung nach ihrem eigenen Bilde formt. Dank Internet kann sich eine Mobilisierung mit geringem bürokratischem Aufwand und minimaler Hierarchie vollziehen; erzwungener Konsens und angestrengte Manifeste treten allmählich in den Hintergrund und werden durch eine Kultur des ständigen, locker strukturierten und manchmal übereifrigen Informationsaustauschs ersetzt.

Die Ereignisse in Quebec City im April 2001 wurden in den Medien häufig als zwei verschiedene Protestveranstaltungen dargestellt – als ein »friedlicher« Protestmarsch der Gewerkschaften und als ein Krawall gewalttätiger Anarchisten. In Wirklichkeit jedoch fanden an diesem Wochenende Hunderte von Protestveranstaltungen statt. Eine wurde von einer Mutter und ihrer Tochter aus Montreal organisiert. Eine andere von einer Busladung Studenten aus Edmonton. Wieder eine andere organisierten einige Bedienungen aus einem lokalen Café in ihrer Mittagspause. Natürlich gab es gut organisierte Gruppen in Quebec City: die Gewerkschaften hatten Busse, aufeinander abgestimmte Transparente und eine vorgeplante Demonstrationsroute; der »Schwarze Block« der Anarchisten hatte Gasmasken und Funkverbindungen. Aber tagelang waren die Straßen auch voller Menschen, die einfach zu einem Freund gesagt hatten: »Gehen wir nach Quebec.« Und sie waren voller Einwohner von Quebec City, die einfach gesagt hatten: »Gehen wir auf die Straße.«

Das Netz aus Naben und Speichen

In den vier Jahren vor Seattle hatte es bei Gipfeln der WTO, der G 7-Länder und der APEC (der Länder für die asiatisch-pazifische Wirtschaftskooperation) in Auckland, Vancouver, Manila, Birmingham, London, Genf, Kuala Lumpur und Köln jeweils ähnliche Konvergenzen gegeben. Dabei kristallisierte sich allmählich eine Form von Aktivismus heraus, die den organischen, dezentralen, vielfach vernetzten Pfaden des Internets entspricht – ein Fleisch gewordenes Internet sozusagen. Das Forschungszentrum TeleGeography in Washington hat sich die interessante Aufgabe gestellt, die Architektur des Internets zu kartografieren, als ob es sich um das Sonnensystem handelte. Letztes Jahr verkündete TeleGeography, dass das Internet nicht wie ein gigantisches Gewebe strukturiert sei, sondern wie ein Netz aus »Naben und Speichen«. Die Naben sind die Handlungszentren und die Speichen die Verbindung zu anderen Zentren, die autonom, aber miteinander verbunden sind.

Dies liest sich wie eine perfekte Beschreibung der so genannten Antiglobalisierungsproteste: ein massenhaftes Zusammenspiel aktivistischer Naben, auf die jeweils Hunderte oder vielleicht auch Tausende autonome Speichen zulaufen. Bei den Demonstrationen nehmen die Speichen die Gestalt von »Bezugs-« oder »Basisgruppen« an – zwei bis zwanzig Demonstranten, die jeweils einen Sprecher oder eine Sprecherin wählen, die sie bei den regelmäßigen Treffen des »Speichenrats« vertritt. Bei einigen Veranstaltungen haben die Aktivisten richtige große Netze dabei. Wenn es Zeit für ein Treffen ist, legen sie das Netz auf dem Boden aus, rufen: »Alle Speichen ins Netz!«, und veranstalten eine Art Vorstandssitzung auf der Straße.

Die Bezugs- oder Basisgruppen einigen sich meist darauf, ihre Aktionen locker zu koordinieren und – bei manchen Ereignissen – eine Reihe von Grundsätzen der Gewaltfreiheit zu beachten (das absolute Minimum ist dabei die Absprache, andere nicht durch Gewaltanwendung bei einer als gewaltfrei geplanten Protestaktion zu gefährden). Abgesehen von solchen Absprachen fungieren die Bezugsgruppen jedoch als getrennte Einheiten, die ihre eigenen strategischen Entscheidungen treffen können – ein Modell der koordinierten Dezentralisierung, das man absolut nicht begreift, wenn man nach offiziellen oder heimlichen Führern sucht. Jaggi Singh zum Beispiel agierte bei den Treffen der Sprecherräte im Vorfeld der Protestaktionen gegen die FTAA in Quebec City nur als Moderator – als eine Art Protokollant, der über all die geplanten autonomen Aktionen Buch führte. Eine Gruppe verkündete, sie werde bei den Demonstrationen als Straßenband mitmarschieren, eine andere wollte den Sicherheitszaun mit Toilettenpapier umwickeln, wieder eine andere wollte Hunderte von Papierflugzeugen durch den Maschendraht fliegen lassen, und eine Bezugsgruppe von Harvard-Studenten wollte der Polizei aus Foucaults Werken vorlesen. Militantere Aktionen wurden dagegen nicht in den Sprecherrat eingebracht, sondern nur in der relativen Sicherheit der eigenen Bezugsgruppe besprochen.

Das Ergebnis dieser vielen kleinen konvergierenden Protestaktionen ist entweder erschreckend chaotisch oder erfrischend poetisch – oder beides. Statt eine einheitliche Front zu bilden, kreisen kleine Einheiten von Aktivisten das Ziel aus allen Richtungen ein. Und anstatt komplizierte nationale oder internationale Bürokratien aufzubauen, werden befristete Strukturen geschaffen: Leere Gebäude werden hastig in »Konvergenzzentren« verwandelt, und unabhängige Medienmacher improvisieren Nachrichtenzentren für Aktivisten. Die hinter solchen Demonstrationen stehenden Ad-hoc-Bündnisse sind oft nach dem Datum des geplanten Ereignisses benannt – etwa J18, N30, A16, S11, S26 –, und wenn der betreffende Tag vorbei ist, hinterlassen sie praktisch keine Spuren, außer einer archivierten Website.

Das Modell der Naben und Speichen ist mehr als eine bloße Taktik für Demonstrationen; die Protestaktionen selbst bestehen aus »Bündnissen von Bündnissen«, wie es Kevin Danaher von »Global Exchange« formulierte. Jede konzernkritische Kampagne besteht aus einer Vielzahl von Gruppen, und zwar meist aus NGOs, Gewerkschaften, Studenten und Anarchisten. Sie nutzen sowohl das Internet und regelmäßige internationale Konferenzschaltungen als auch persönliche Treffen für eine Vielzahl von Aktionen, von dem Erstellen einer Liste mit den letzten Vergehen der Weltbank über die Bombardierung des Shell-Konzerns mit Faxen und E-Mails bis zum Vertrieb von Anti-Sweatshop-Flugblättern, die man für eine Demo bei Nike-Town aus dem Internet herunterladen kann. Die Gruppen bleiben autonom, aber ihre internationale Koordination ist gut und für ihre Gegner oft verheerend.

Ein Mangel an Visionen?

Der Vorwurf, dass es der konzernkritischen Bewegung an »einer Vision« fehle, löst sich in Nichts auf, wenn man ihn im Kontext dieser Kampagnen betrachtet. Es trifft zu, dass der Massenprotest in Seattle, Washington, DC, Prag und Quebec City mit seinem Durcheinander von Parolen und Anliegen in den Augen eines oberflächlichen Beobachters wie eine farbenprächtige Parade von Kritikern und Querulanten wirken kann. Bei der Suche nach dem Zusammenhang in diesen großen Demonstrationen der Stärke verwechselt der Beobachter vielleicht den äußeren Anschein mit der Sache selbst – er sieht den Wald vor lauter Bäumen nicht mehr, weil die Leute als Bäume verkleidet sind. Die Speichen *sind* die Bewegung, und innerhalb der Speichen herrscht kein Mangel an Visionen.

Die studentische Bewegung gegen Sweatshops begann zwar als Kritik an den Konzernen und Universitätsverwaltungen, die Aufträge an solche ausbeuterischen Betriebe vergeben; sie ging aber bald dazu über, alternative Verhaltenskodizes zu formulieren und mit dem »Worker Rights Consortium« ihre eigene Kontrollinstanz aufzubauen. Wichtiger noch, gewerkschaftlich aktive Studenten haben sich auch den Problemen auf dem eigenen Campus zugewandt und engagieren sich inzwischen für das Verwaltungs- und Bedienungspersonal an der Universität und die eingewanderten Landarbeiter, die ihre Cafeterias beliefern. Die Bewegung gegen gentechnisch veränderte Lebensmittel hat einen politischen Sieg nach dem anderen errungen: Zuerst erreichte sie, dass gentechnisch veränderte Lebensmittel aus den Regalen der britischen Supermärkte verschwanden, dann, dass in der EU Kennzeichnungsvorschriften erlassen wurden, und dann machte sie mit dem »Montrealer Protokoll zur biologischen Sicherheit« einen gewaltigen Schritt nach vorn. Unterdessen haben Gegner der exportorientierten Entwicklungspolitik von Weltbank und IWF ganze Bücherregale voller Material über gemeinschaftsorientierte Entwicklungsmodelle, Schuldenerlasse und Wiedergutmachungsmaßnahmen sowie über Prinzipien der Selbstbestimmung produziert.

Auch bei den Kritikern der Öl- und Bergbauindustrie herrscht kein Mangel an Ideen über nachhaltige Energiewirtschaft und verantwortlichen Rohstoffabbau – auch wenn sie kaum je Gelegenheit erhalten, ihre Vorstellungen in die Praxis umzusetzen. Selbst die wachsende Bewegung gegen die großen Pharmakonzerne hat genug Ideen, wie man Aidskranke zu erschwinglichen Preisen mit Medikamenten versorgen könnte; das Problem ist nur, dass sie für ihre Bemühungen ständig vor die Handelsgerichte gezerrt wird. Derweil beschränken sich die Zapatistas nicht mehr darauf, nur *Ya basta* (»Es reicht«) zur NAFTA zu sagen, sondern sie stehen in der Bewegung für radikale demokratische Reformen in Mexiko an vorderster Front. Sie haben bei der Beendigung der 71-jährigen Alleinherrschaft der korrupten Regierungspartei (der »Partei der Institutionalisierten Revolution«) eine wichtige Rolle gespielt und die Rechte der Urbevölkerung ganz oben auf ihre politische Agenda gesetzt.

Der dezentrale Charakter der genannten Kampagnen bedeutet nicht, dass sie unzusammenhängend oder zersplittert wären. Vielmehr haben sie sich geschickt, ja sogar genial sowohl an die zuvor schon bestehende Fragmentierung innerhalb der progressiven Netze als auch an die allgemeineren kulturellen Veränderungen angepasst. Die traditionellen Institutionen wie Gewerkschaften, Kirchen, politische Parteien, die die Bürger einst fein säuberlich in klar strukturierte Gruppen organisierten, sind alle im Niedergang begriffen. Dennoch treibt etwas Zehntausende von Einzelpersonen auf die Straßen – irgendeine Intuition, ein fundamentaler Instinkt, vielleicht schlicht das zutiefst menschliche Bedürfnis, Teil von etwas zu sein, das größer ist als man selbst. Was außer einem solchen Netz könnte all diese Menschen auffangen?

Die Struktur der Bewegung ist auch ein Nebenprodukt der explosiven Zunahme der NGOs, die seit dem Klimagipfel von Rio im Jahr 1992 an Macht und Bekanntheit gewaltig zugenommen haben. So viele NGOs sind an konzernkritischen Kampagnen beteiligt, dass sich ihre unterschiedlichen Stile, Taktiken und Ziele nur im Organisationsmodell der Naben und Speichen unterbringen lassen. Wie das Internet selbst sind sowohl die Netzwerke der NGOs als auch der Bezugsgruppen unbegrenzt erweiterbare Systeme. Wenn jemand meint, nicht in eine der etwa 30 000 bereits existierenden NGOs oder der Tausenden von Gruppen zu passen, dann gründet er einfach seine eigene Gruppe und vernetzt sich.

Manchen ist dieser lockere Zugang zum politischen Aktivismus ein Gräuel. Aber gleichgültig, ob einem das Modell gefällt oder nicht, eine seiner größten Stärken besteht zweifellos darin, dass es außerordentlich schwer zu kontrollieren ist, vor allem weil es sich so sehr von den Organisationsprinzipien der Institutionen und Konzerne unterscheidet, gegen die es sich richtet. Es reagiert auf den Konzentrationsprozess bei den Konzernen mit einem Labyrinth von Fragmenten, auf Zentralisierung mit seiner eigenen Spielart der Lokalisierung und auf die Konsolidierung von Macht mit radikaler Verteilung von Macht.

Auch diese Strategie wurde am geschicktesten von den Zapatistas in Mexiko eingesetzt. Anstatt sich zu verbarrikadieren, öffneten sie schon durch ihr erstes Kommuniqué sperrangelweit die Tore und forderten die Welt auf, ihre »Schlachten zu überwachen und zu kontrollieren«. Im Sommer nach ihrem Aufstand luden sie zum »Nationalen Demokratischen Konvent« in den Dschungel ein; es kamen 6000 vorwiegend mexikanische Teilnehmer. 1996 waren sie Gastgeber des »Ersten Internationalen Treffens für die Menschlichkeit und gegen den Neoliberalismus«; etwa 3000 Aktivisten kamen nach Chiapas in Mexiko und trafen sich mit Gesinnungsgenossen aus aller Welt. Solche häufig informellen Netze sorgen dafür, dass sich der Kampf der Zapatistas nicht eindämmen lässt.

Geniale Planlosigkeit

Joshua Karliner vom »Transnational Resource and Action Center« nennt dieses netzartige System eine »genial planlose Reaktion auf die Globalisierung«. Und weil die Reaktion planlos war, verfügen wir bis heute nicht über die richtigen Worte, um sie zu beschreiben, ein Umstand, der vielleicht der Grund für die ziemlich amüsante Produktion von Metaphern sein könnte. Ich habe mich für »Naben und Speichen« entschieden, dagegen sagt Maude Barlow vom »Council of the Canadians«: »Wir stehen vor einem Felsblock, den wir nicht entfernen können, also versuchen wir unten durch, um ihn herum oder oben drüber zu kommen.« John Jordan aus Großbritannien, einer der Gründer von »Reclaim the Streets«, gebraucht folgendes Bild: »Transnationale Konzerne sind wie riesige Tanker, und wir sind wie ein Schwarm Fische. Wir können schnell reagieren, sie nicht.« Die »Free Burma Coalition« in den USA spricht von einem Netzwerk von »Spinnen«, die ein so starkes Netz spinnen, dass sogar die mächtigsten Multis darin hängen bleiben können.

Bei fast allen weltweiten Protestaktionen verblüffte diese Nicht-Strategie selbst jene Sicherheitskräfte, die sich auf die extremsten Ausschreitungen vorbereitet hatten. Sie verzögerte nicht nur die Eröffnung der Welthandelskonferenz in Seattle, sondern ermöglichte auch, dass als »rosa Feen« verkleidete Demonstranten während des Treffens von Weltbank und IWF in Prag auf den Mauern des Kongresszentrums tanzten und dass beim Amerikagipfel in Quebec City große Teile des Sicherheitszauns niedergerissen wurden. Charles Ramsey, der Polizeichef von Washington, DC, erklärte, wie das Netz der Demonstranten für die Sicherheitskräfte aussah: »Man muss es selbst erlebt haben, damit man wirklich nachvollziehen kann, wie gut sie organisiert sind, auf wie viel verschiedene Arten sie angreifen können«, sagte er am zweiten Tag der Demonstrationen gegen die Weltbank in der US-Hauptstadt, wobei er sich ein bisschen wie General Custer anhörte, als dieser über die raffinierte Taktik der Sioux im Jahr 1876 sprach (*Palmbeach Post,* April 2000). Bezeichnenderweise ist es ein Bericht des US-amerikanischen Militärs über den Aufstand der Zapatistas, der die umfassendste Bestandsaufnahme dieser »Netzwerkkriege« bietet. Nach einer Studie der RAND Corporation führten die Zapatistas einen »Krieg der Flöhe«, der dank des Internets, der Versammlungen und des globalen Netzes von NGOs zu einem »Krieg der Schwärme« wurde. Die militärische Herausforderung eines solchen »Kriegs der Schwärme« besteht laut der Studie darin, dass er »keine zentrale Führung oder Kommandostruktur besitzt; er hat viele Köpfe und ist deshalb unmöglich zu enthaupten« (Ronfeldt, 1998).

Natürlich hat dieses vielköpfige System auch seine Schwächen, und auf den Straßen von Washington während der IWF/Weltbank-Konferenz im April 2000 waren sie unübersehbar. Man hatte zwar sämtliche Straßenkreuzungen auf dem Weg zum Sitz der Weltbank und des IWF blockiert, aber erst *nachdem* die Konferenzteilnehmer schon ihr Ziel erreicht hatten. Nun entschied man sich, es jeder Gruppe selbst zu überlassen, »ihre« Kreuzung für den Rückweg der Konferenzteilnehmer weiter zu blockieren oder sich der zentralen Hauptdemonstration anzuschließen. Die Entscheidung war total fair und demokratisch und hatte nur einen einzigen Fehler: Sie machte absolut keinen Sinn. Die Blockade der Zufahrtswege war eine koordinierte Aktion. Wenn einige Kreuzungen geräumt und andere weiter blockiert wurden, mussten sich die Delegierten auf dem Weg nach Hause nur nach links, statt nach rechts wenden, und schon waren sie durch. Natürlich passierte genau das.

Als ich zusah, wie Gruppen von Demonstranten aufstanden und abwanderten, während andere sitzen blieben und trotzig ihre Kreuzung weiter bewachten, erschien mir die Situation als eine passende Metapher für den Zustand des jungen Netzwerks von Aktivisten. Fraglos ist die Kommunikationskultur im Netz besser, was Geschwindigkeit und Umfang des Informationsaustauschs als was das Herbeiführen von Entscheidungen betrifft. Das Netz bringt es fertig, dass sich Zehntausende mit ihren Transparenten am selben Platz versammeln. Doch es kann wenig dazu beitragen, dass sich die Demonstranten darauf einigen, was sie eigentlich fordern wollen, bevor sie auf die Barrikaden gehen – oder wenn die Schlacht geschlagen ist. Vielleicht liegt es daran, dass diese großen Demonstrationen inzwischen einen gewissen Wiederholungscharakter haben: Ihre Versatzstücke, vom eingeworfenen McDonald's-Schaufenster bis zu den riesigen Puppen, gleichen sich so stark, dass sie ein wenig langweilig wirken. Das Netz hat sie möglich gemacht, aber es ist nicht besonders erfolgreich darin, sie weiterzuentwickeln.

Aus diesem und anderen Gründen stehen in der Bewegung viele dem *summit hopping* oder »Gipfel-Hopsen« zunehmend kritisch gegenüber, und alle sind sich darin einig, dass sich die Bewegung in der Zeit zwischen den Massenprotesten besser strukturieren muss. Offensichtlich sind diese Großdemonstrationen mit viel zu hohen Erwartungen verbunden. So verkündeten die Organisatoren der Demonstration in Washington, DC, dass sie die beiden 30 Milliarden Dollar schweren Institutionen Weltbank und IWF buchstäblich »lahm legen« und zugleich der aktienhungrigen Öffentlichkeit geniale Erkenntnisse über die Fehler des neoliberalen Wirtschaftssystems vermitteln würden. Das konnte nicht klappen; keine einzelne Demonstration ist dazu in der Lage. Und die Großdemonstrationen werden immer schwieriger. Die direkten Aktionen in Seattle waren so wirkungsvoll, weil sie die Polizei überraschten. Inzwischen ist jedoch auch die Polizei Abonnent aller E-Mail-Nachrichtendienste, und sie hat sich dank der angeblichen anarchistischen Bedrohung viele hübsche neue Spielsachen kaufen dürfen – von Überwachungsgeräten aller Art bis zum Wasserwerfer. Wichtiger noch, als im September 2000 die Protestaktionen in Prag anliefen, war die Bewegung, wie dezentral sie auch sein mochte, schon in ernster Gefahr, weltfremd zu erscheinen, abgeschnitten von den alltäglichen Problemen der Menschen.

Die Suche nach mehr Struktur

Die Frage lautet also: Wenn es mehr Struktur geben soll, dann was für eine? Wollen wir eine internationale politische Partei, die sich für eine demokratische Weltregierung einsetzt? Oder neue Parteien in den Nationalstaaten? Oder wie wäre es mit einem Netz von Stadt- und Gemeinderäten, die neue Strukturen partizipatorischer Demokratie einrichten? Oder sollte die Bewegung sich völlig aus der Parteipolitik heraushalten und sich darauf konzentrieren, alle Kräfte als Gegenmacht gegen den Staat zu mobilisieren?

Diese Fragen sind nicht nur taktischer, sondern strategischer und häufig auch philosophischer Natur. Im Grunde hängt die Antwort davon ab, wie man den so schwer zu fassenden Begriff der Globalisierung definiert. Ist das Problem mit der Globalisierung nur, dass eine gute Idee in die falschen Hände gefallen ist, und könnte man das Problem lösen, wenn man internationale Institutionen wie die WTO lediglich demokratisieren und rechenschaftspflichtig machen würde? Brauchen wir nur genügend weltweit gültige Vorschriften zum Umweltschutz, zur Besteuerung finanzieller Transaktionen und zur Aufrechterhaltung von arbeitsrechtlichen Normen? Oder ist die Globalisierung im Kern eine Krise der repräsentativen Demokratie, bei der Macht und Entscheidungsfindung an Institutionen delegiert werden, die immer weiter von den Orten entfernt sind, wo sich ihre Entscheidungen auswirken – bis Demokratie am Ende nur noch bedeutet, alle paar Jahre für einen Politiker zu stimmen, der sein Mandat benutzt, um Machtbefugnisse seines Nationalstaates an die WTO oder den IWF abzutreten? Versucht die Bewegung ihre eigene, humanere Form der Globalisierung durchzusetzen oder ist sie *prinzipiell* gegen das Zentralisieren und Delegieren von Macht – egal, ob dieses auf einer linken oder einer neoliberalen Ideologie beruht?

Zwar besteht ein breiter Konsens über die Notwendigkeit, sich an einen Tisch zu setzen und mit der Klärung dieser Fragen zu beginnen, aber schon für die nächste Gruppe von Fragen gibt es herzlich wenig Übereinstimmung. An wessen Tisch? Und wer darf überhaupt entscheiden? Das Weltsozialforum war in Porto Alegre im Januar 2001 bis jetzt bei weitem der ehrgeizigste Versuch, diesen Prozess in Gang zu bringen, und es zog die eindrucksvolle Zahl von 10 000 Delegierten an. Kaum einer von ihnen schien jedoch zu wissen, was ihn erwartete. Eine neue Art von UNO? Ein riesiges Teach-in? Eine Parodie auf die Parlamente? Eine Party? Wie sich herausstellte, war die Organisationsstruktur des Forums so undurchsichtig, dass niemand recht wusste, wie Entscheidungen getroffen wurden oder wie man diese Entscheidungen in Frage stellen konnte. Es gab kein offenes Plenum und keine Gelegenheit, über die Struktur künftiger Veranstaltungen abzustimmen.

Obwohl das Forum sich nicht als Protestaktion verstand, begannen die Delegierten am dritten Tag zu tun, was sie am besten konnten: Sie protestierten. Es gab Demonstrationen und – mindestens ein halbes Dutzend – Manifeste. Die Organisatoren des Forums gerieten unter Beschuss und sahen sich mit allen nur denkbaren Vorwürfen konfrontiert, vom Reformismus bis zum Sexismus, von der Nicht-Berücksichtigung des afrikanischen Kontinents ganz zu schweigen. Die Vertreter der »Anti-Capitalist Youth« erhoben den Vorwurf, die Organisatoren würden die Rolle der direkten Aktionen beim Aufbau der Bewegung nicht ausreichend würdigen. Sie verdammten in ihrem Manifest das Forum, weil es die verschwommene Sprache der Demokratie als »Trick« benutze, um eine kontroversere Diskussion des Klassenproblems zu vermeiden. Die Vertreter der PSTU (Partido Socialista dos Trabalhadores), einer abgespaltenen Fraktion der brasilianischen Arbeiterpartei, gingen dazu über, Vorträge über die Möglichkeit einer anderen Welt mit einem Sprechchor zu stören. »Eine andere Welt ist nur möglich, wenn ihr den Kapitalismus zerschlagt und den Sozialismus einführt!«, lautete ihre Parole, die sich auf Portugiesisch allerdings viel besser anhörte.

Ein Teil der Kritik war unfair. Auf dem Forum war eine außerordentliche Bandbreite von Ansichten vertreten, und es war genau diese Vielfalt, die Konflikte unvermeidlich machte. Ein Großteil der Kritik war jedoch legitim und hat Implikationen, die weit über eine einwöchige Konferenz hinausreichen. Wie *werden* denn nun Entscheidungen in dieser Bewegung, in diesem Netz von Bewegungen getroffen? Bei den Anarchisten verbirgt sich hinter all dem Gerede über radikale Dezentralisierung häufig eine sehr reale Hierarchie. Sie basiert darauf, wer die Computernetze besitzt, versteht und beherrscht, durch die Aktivisten miteinander verbunden sind, ein Phänomen, das Jesse Hirsch, einer der Gründer des anarchistischen Computernetzes »Tao Communications«, als »absurde Adhocratie« bezeichnet. Und was die NGOs betrifft, wer soll bei ihnen entscheiden, welche »Repräsentanten der Bürgergesellschaft« sich in Davos oder Quebec City auf die andere Seite des Zauns begeben – während die Demonstranten vor dem Zaun mit Wasserwerfern und Tränengas traktiert werden? Unter den Organisatoren von Protestaktionen besteht kein Konsens, ob die Teilnahme an solchen offiziellen Veranstaltungen richtig ist, und vor allem ist auch kein wirklich repräsentatives Verfahren etabliert, um solche Entscheidungen zu treffen: Es gibt keinen Mechanismus, mit dem akzeptable Mitglieder für eine Delegation von Aktivisten bestimmt werden könnten, und keinen anerkannten Kanon von Zielen, an denen man Erfolg oder Misserfolg einer Teilnahme an solchen Veranstaltungen messen könnte.

Trotzdem waren und sind diese Verfahrensfragen sehr wichtig angesichts der im Herbst 2001 in Katar beschlossenen neuen Verhandlungsrunde der WTO und der laufenden Verhandlungen über die Amerikanische Freihandelszone (FTAA). Wie soll man entscheiden, ob sich die Bewegung für arbeitsrechtliche und ökologische »Sozialklauseln« in internationalen Abkommen einsetzen soll, ob sie lieber für die Ausklammerung ganzer Bereiche – wie etwa Nahrungsmittelsicherheit und Landwirtschaft – eintreten oder ob sie die Abkommen insgesamt bekämpfen soll?

Ernsthafte Debatten über Strategie- und Verfahrensfragen sind notwendig, aber es ist kaum zu erkennen, wie sie sich entfalten können, ohne eine Bewegung zu lähmen, deren größte Stärke bisher ihre Beweglichkeit war. Das Problem ist teilweise strukturell. Für die Anarchisten, die einen großen Teil der Basisarbeit leisten, sind direkte Demokratie, Transparenz und kommunitäre Selbstbestimmung keine erhabenen politischen Fernziele, sondern fundamentale Grundprinzipien, die in ihren eigenen Organisationen gelten. Trotz ihrer Leidenschaft für Verfahrensfragen haben sie jedoch die Tendenz, sich gegen eine Strukturierung oder Zentralisierung der Bewegung zu wehren. Im Gegensatz dazu sind viele der wichtigsten NGOs, auch wenn sie theoretisch oft mit dem Demokratieverständnis der Anarchisten übereinstimmen, traditionell hierarchisch organisiert. Dem »International Forum on Globalization« – dem Braintrust des nordamerikanischen Teils der Bewegung – mangelt es an Transparenz bei Entscheidungen, außerdem ist es keiner breiten

Mitgliedschaft verantwortlich. Und traditionelle, auf einer breiten Mitgliederbasis beruhende Organisationen wie Parteien und Gewerkschaften spielen in den gewaltigen Netzwerken der Aktivisten nur noch eine begrenzte Rolle.

Die vielleicht wichtigste Lehre von Porto Alegre besteht darin, dass Demokratie und Rechenschaftspflicht zuerst in kleinerem Maßstab strukturiert werden müssen – innerhalb lokaler Gemeinschaften und Bündnisse und innerhalb einzelner Organisationen, um sie dann zu verbreitern. Ohne diese Grundlage besteht nicht viel Hoffnung auf einen einigermaßen demokratischen Prozess, wenn sich 10 000 Aktivisten mit sehr verschiedenem Hintergrund an einem Ort versammeln.

Ein Modell aus den Bergen Mexikos

Auf der Suche nach einem Modell, wie man den Zusammenhalt einer Bewegung sichern könnte, deren größte taktische Stärke bisher ihre Ähnlichkeit mit einem Mückenschwarm war, ist es nützlich, sich nochmals dem zuzuwenden, was einem Führer dieser Bewegung am nächsten kommt: eine Maske, zwei Augen und eine Pfeife alias Subcomandante Marcos. Er wurde nicht durch eitle Selbstsicherheit zum Führer, sondern indem er mit politischer Unsicherheit fertig wurde – indem er lernte zu folgen. Zwar liegt bis heute keine Bestätigung für Marcos' wirkliche Identität vor, aber die bekannteste Legende über ihn lautet wie folgt: Marcos lebte als marxistischer Intellektueller und Aktivist in der Stadt, bis er von der Polizei gesucht wurde und in der Stadt nicht mehr sicher war. Er floh in die Berge von Chiapas im äußersten Süden Mexikos, voller Zuversicht, die armen Massen der Ureinwohner durch brillante Rhetorik von der Notwendigkeit einer bewaffneten proletarischen Revolution gegen die Bourgeoisie überzeugen zu können. Er sagte, die Arbeiter auf der ganzen Welt müssten sich vereinigen, doch die Mayas starrten ihn fassungslos an. Sie sagten, sie seien keine Arbeiter, und außerdem sei Land kein Besitz, sondern das Herz ihrer Gemeinschaften. Nach seinem Scheitern als marxistischer Missionar vertiefte sich Marcos in die Kultur der Mayas. Je mehr er lernte, umso weniger wusste er.

Aus diesem Lernprozess ging eine neue Art von Armee hervor, die EZLN. Diese »Zapatistische Armee zur Nationalen Befreiung« wurde nicht durch eine Elite von Guerillakommandeuren, sondern mittels geheimer Ratsversammlungen und öffentlicher Versammlungen durch die Gemeinschaften selbst geführt. »Unsere Armee«, sagt Marcos, »wurde unglaublich indianisch.« Dies bedeutete, er war kein Kommandeur, der Befehle brüllte, sondern ein Subcomandante, der den Willen der Räte auszuführen hatte. Seine ersten Worte in dieser neuen Eigenschaft lauteten: »Durch mich spricht der Wille der ›Zapatistischen Armee zur Nationalen Befreiung‹.« (Ponce de Leon, 2001)

Es ist verführerisch, das zapatistische Modell mit dem Argument abzulehnen, dass es nur für Kämpfe der Ureinwohner tauglich sei, aber das hieße, seine Bedeutung völlig misszuverstehen. Der Grund, warum sich inzwischen 45 000 Websites in irgendeiner Form mit den Zapatistas befassen, warum Marcos' Kommuniqués in mindestens 14 Sprachen erhältlich sind und warum 22 Bücher über die Zapatistas geschrieben und 12 Dokumentarfilme über sie gedreht wurden, liegt darin, dass an der Theorie des Zapatismus etwas ist, das weit über Chiapas hinausreicht. Es hat, glaube ich, mit ihrem Revolutionsverständnis zu tun und damit, wer ihrer Ansicht nach die Macht haben sollte. Noch vor einigen Jahren wäre der Gedanke, ein Kommando der Zapatistas würde nach Mexico City reisen, um eine Rede vor dem mexikanischen Kongress zu halten, völlig unvorstellbar gewesen. Die Anblick maskierter Guerillas in einem Zentrum der politischen Macht bedeutet (selbst wenn sie ihre Waffen daheim gelassen haben) nur eins: Revolution. Als die Zapatistas jedoch im März 2001 wirklich nach Mexico City reisten, waren sie nicht daran interessiert, die Regierung zu stürzen oder ihren eigenen Führer zum Präsidenten zu erheben. Tatsächlich ließen sie Marcos sogar draußen, als sie endlich Zutritt zum Kongress erhielten.

Wenn die Zapatistas das Recht auf ihren Boden, auf ihre eigene Sprache und Kultur und auf direkte politische Vertretung fordern, dann verlangen sie, dass der Staat *weniger* Macht über ihr Leben bekommt und nicht mehr. Die Zapatistas unterscheiden sich dadurch von der typischen marxistischen Guerilla, dass sie nicht die Herrschaft erringen wollen, sondern autonome Räume erobern und aufbauen wollen, wo »Demokratie, Freiheit und Gerechtigkeit« gedeihen können. Diese Ziele sind direkt mit einem Organisationsmodell verknüpft, das Gemeinschaften nicht in Arbeiter, Krieger, Bauern und Studenten unterteilt, sondern stattdessen versucht, Gemeinschaften als Ganzes zu organisieren – Bereiche und Generationen übergreifend –, so dass echte »soziale Bewegungen« entstehen. Für die Zapatistas ist die Schaffung dieser autonomen Zonen kein Rezept, um aus dem kapitalistischen Wirtschaftssystem auszusteigen, sondern eine Basis, um ihm die Stirn zu bieten. Marcos ist überzeugt, dass diese freien Räume, die aus zurückerobertem Land, gemeinschaftlicher Landwirtschaft und dem Widerstand gegen die Privatisierung entstehen, letztlich eine Gegenmacht gegen den Staat aufbauen.

Dieses Organisationsmodell hat sich in ganz Lateinamerika ausgebreitet, ja auf der ganzen Welt. Es ist bei den Hausbesetzungen der italienischen Anarchisten erkennbar (die »soziale Zentren« gründen) und bei der Bewegung der landlosen Bauern in Brasilien, die ungenutztes Ackerland besetzen. Das besetzte Land wird unter der Parole »Occupar, Resistir, Producir« (besetzen, Widerstand leisten, produzieren) nachhaltig bewirtschaftet, und es werden Märkte aufgebaut und Schulen gegründet. Dieselben Ideen wurden während der langen, militanten Besetzung der Universität in Mexico City auch von den Studenten der »Nationalen Autonomen Universität von Mexiko« energisch vertreten. »Zapata sagte einmal, das Land gehört denen, die es bearbeiten«, stand auf ihren Transparenten zu lesen, »WIR SAGEN, DIE UNIVERSITÄT GEHÖRT DENEN, DIE DARIN STUDIEREN.«

Was sich organisch herauszubilden scheint, ist nicht etwa eine Bewegung für eine einzige demokratische Weltregierung, sondern die Vision eines immer engmaschigeren internationalen Netzwerks ausgesprochen lokaler Initiativen, deren jede auf direkter Demokratie beruht.

Wenn Kritiker sagen, dass es der Widerstandsbewegung an einer Vision mangelt, meinen sie damit, dass sie keine übergreifende revolutionäre Philosophie besitzt – etwa den Marxismus, ein radikales ökologisches Konzept oder die Vorstellung von einer herrschaftsfreien Gesellschaft –, zu der sich alle ihre Mitglieder bekennen. Das ist absolut zutreffend, und wir sollten dafür außerordentlich dankbar sein. Im Moment sind die konzernkritischen Demonstranten und Aktivisten von Möchtegern-Führern umringt, die sehnsüchtig auf eine Gelegenheit warten, sie als Fußsoldaten zu rekrutieren. In den USA zum Beispiel wartet am einen Ende des Spektrums die Sozialistische Arbeiterpartei, um all die ungebremste Anfangsenergie von Seattle und Washington in ihren eigenen sektiererischen, linientreuen Rahmen zu pressen. Am anderen Ende steht John Zerzan aus Eugene, Oregon, der Krawalle und die Zerstörung von Eigentum als den ersten Schritt auf dem Weg zum Zusammenbruch der Industrialisierung und der Rückkehr zu einem ursprünglichen »Anarcho-Primitivismus« – einem Art Jäger-und-Sammler-Utopia – betrachtet.

Es ist ein großes Verdienst der jungen Widerstandsbewegung, dass sie all diese Programme und die zahlreichen großzügig angebotenen Manifeste bis jetzt abgewehrt hat und lieber wartet, bis sie durch ein hinreichend demokratisches und repräsentatives Verfahren die nächste Stufe ihres Widerstands erreicht. Wird es sich um einen Zehn-Punkte-Plan handeln? Eine neue politische Doktrin? Vielleicht nicht. Vielleicht wird das chaotische Netzwerk von Naben und Speichen etwas ganz anderes hervorbringen: keinen Bauplan für irgendeine utopische neue Welt, sondern den Plan zum Schutz der Möglichkeit vieler Welten oder, wie die Zapatistas sagen, »einer Welt, in der viele Welten Platz haben« (Marcos, 1996b). Vielleicht wird diese »Bewegung der Bewegungen« auf einen Frontalangriff gegen die Vertreter des Neoliberalismus verzichten und sie stattdessen von allen Seiten umzingeln.

Kapitel 24

Richtungswechsel: Von globaler Abhängigkeit zu lokaler Interdependenz

Helena Norberg-Hodge

Biografische Details über Helena Norberg-Hodge siehe Kapitel 14.

Rund um den Erdball – vom hohen Norden bis zum tiefen Süden, von ganz rechts bis ganz links – wächst die Erkenntnis, dass die wirtschaftliche Globalisierung zerstörerische Auswirkungen hat. Dagegen ist die Überzeugung, dass die Lösung in einer Relokalisierung der wirtschaftlichen Tätigkeit liegt, weit weniger verbreitet. Viele können sich anscheinend einen Wechsel zu einer lokaleren Wirtschaftsweise kaum vorstellen. »Die Zeiten haben sich geändert«, hört man sie sagen. »Wir leben in einer globalisierten Welt.«

Oberflächlich betrachtet ist dies ein absolut vernünftiger Standpunkt. Wie sollte man die ökosoziale Krise von heute auch anders bekämpfen können als auf globaler Ebene? Doch die Sache ist nicht so einfach. Wir müssen unterscheiden zwischen bloßen Maßnahmen gegen eine weitere Globalisierung und Anstrengungen, die echte Lösungen bringen könnten. Der beste Weg, die wild gewordene Weltwirtschaft zu bremsen, wären zweifellos multilaterale Verträge, die es den Staaten ermöglichten, ihre Bevölkerung und ihre Umwelt vor den Exzessen des Freihandels zu schützen. Solche internationalen Schritte würden jedoch als solche noch keine Gesundung von Wirtschaftssystemen und Gemeinschaften herbeiführen. Langfristige Lösungen für die sozialen und ökologischen Probleme von heute erfordern eine große Bandbreite kleiner, lokaler Initiativen, die so vielfältig sind wie die Kulturen und das Umfeld, in

dem sie arbeiten. Wenn man diese Aktivitäten kleinen Maßstabs im Zusammenhang mit der politischen Abwendung von
der Globalisierung sieht, gewinnen sie eine andere Bedeutung.
Vor allem sollte man sie dann nicht mehr als isolierte, verstreu-
te Anstrengungen betrachten, sondern sich Institutionen vorstellen, die *Aktivitäten kleinen Maßstabs in großem Umfang
propagieren.*

Konzeptionelle Widerstände
gegen die Lokalisierung

Ein Trend zum Lokalen kann immer noch unpraktisch oder utopisch erscheinen. Ein Grund dafür ist die Ansicht, dass eine Be-
tonung der lokalen Wirtschaft die absolute Autarkie auf Dorf-
ebene bedeutet, ohne jeden Handel. Das wichtigste Problem
von heute ist jedoch nicht, ob die Menschen in kalten Weltre-
gionen Orangen haben, sondern ob Weizen, Eier oder Milch
Tausende Kilometer weit transportiert werden sollten, wenn
man sie im Umkreis von 80 Kilometern produzieren kann. In
der Mongolei, einem Land, das seit Tausenden von Jahren von
lokalen Milchprodukten lebt und heute einen Bestand von
25 Millionen Milch produzierenden Tieren hat, findet man vorwiegend deutsche Butter in den Läden. In Kenia ist Butter aus
Holland halb so teuer wie die lokale Butter; in England kostet
Butter aus Neuseeland viel weniger als englische Butter; und in
Spanien stammen die Milchprodukte vorwiegend aus Dänemark. Unter diesen absurden Bedingungen werden Menschen
in ihren alltäglichen Bedürfnissen von Produkten abhängig, die
– häufig unnötig – Tausende Kilometer transportiert worden
sind. Das Ziel der Lokalisierung bestünde nicht darin, jeglichen
Handel abzuschaffen, sondern unnötige Transporte zu verhindern und zugleich Veränderungen zu fördern, die eine Volkswirtschaft sowohl auf nationaler als auch auf kommunaler Ebene stärken und diversifizieren. Der Grad der Diversifikation, die
hergestellten Güter und das Ausmaß des Handels würden natürlich je nach Region variieren.

Ein weiterer Stolperstein ist der Glaube, dass ein größerer
Grad von Autarkie des Nordens den Volkswirtschaften der Ent-

wicklungsländer schaden würde, da diese angeblich die Märkte des Nordens benötigen, um ihre Armut zu überwinden. Tatsächlich jedoch würde ein Trend zu einer stärker lokalisierten Produktion in kleinerem Maßstab sowohl dem Norden als auch dem Süden nützen – und zudem für sinnvollere Arbeit und mehr Arbeitsplätze sorgen. Heute wird ein Großteil der natürlichen Ressourcen des Südens zu immer ungünstigeren Bedingungen in Form von Rohstoffen in den Norden geliefert. Die besten Böden des Südens sind der Produktion von Nahrungsmitteln, Fasern und sogar Blumen für den Norden gewidmet. Und ein Großteil der Arbeitskräfte des Südens ist damit beschäftigt, Waren für die Märkte des Nordens herzustellen. Wenn wir selbst mehr produzierten, würde der Süden keineswegs weiter verarmen, sondern könnte mehr von seinen Rohstoffen und seinem Arbeitskräftepotenzial für die eigene Bevölkerung nutzen.

Es ist sehr wichtig, die Unterschiede zwischen den Volkswirtschaften des Nordens und des Südens zu verstehen. Ein Projekt, das im Norden vielleicht gut funktioniert, muss für weniger industrialisierte Volkswirtschaften nicht unbedingt von Nutzen sein. Zum Beispiel kann die Einführung von Kleinkrediten für Kleinunternehmen zur Zerstörung lokaler, ohne Geld funktionierender Wirtschaftssysteme beitragen. Sie kann die Bevölkerung von einer sehr unsteten und ungerechten Weltwirtschaft abhängig machen, in der sich Faktoren wie eine Währungsabwertung katastrophal auswirken können. Auch sollten wir erkennen, dass keine Arbeitsplätze entstehen, wenn man 1000 Personen, die auf dem Land in stabiler Subsistenzwirtschaft vom Ackerbau leben, in einen städtischen Ballungsraum lockt, wo sie um 100 Arbeitsplätze konkurrieren: Tatsächlich werden auf diese Weise 900 Menschen *arbeitslos*.

Das Konzept der Lokalisierung widerspricht auch dem Glauben, schnelllebige urbane Räume seien das Zentrum »echter« Kultur und Vielfalt, während kleine, lokale Gemeinden unvermeidlich provinziell, also von Engstirnigkeit und Vorurteilen geprägt seien. Es ist kein Wunder, dass diese Ansicht besteht. Im Verlauf des gesamten Industrialisierungsprozesses wurde den ländlichen Gebieten systematisch politische und wirtschaftliche Macht entzogen, was bei der Landbevölkerung zu einem entsprechenden Verlust an Selbstachtung führte. In den kleinen Landgemeinden von heute leben die Einwohner oft an der Peripherie, während die Macht – und sogar das, was wir Kultur nennen – anderswo zentralisiert ist.

Das Landleben im Westen wird seit vielen Generationen an den Rand gedrängt, und die meisten Menschen im industrialisierten Westen haben eine sehr verzerrte Vorstellung davon, wie das Leben in kleinen Gemeinden aussehen kann. Obwohl in den Entwicklungsländern ein Großteil der Bevölkerung in Dörfern lebt, haben Kolonialismus und Entwicklung auch dort untilgbare Spuren hinterlassen. Um zu sehen, wie Gemeinden sind, wenn ihre Einwohner lokal noch echte wirtschaftliche Macht besitzen, müssen wir zurückschauen – in manchen Fällen Hunderte von Jahren zurück – in eine Zeit, bevor sich die genannten Veränderungen ereigneten. Wie in Kapitel 14 geschildert, habe ich mit eigenen Augen gesehen, wie sich die weitgehend autarke, auf Gemeinden basierende Kultur von Ladakh durch wirtschaftliche Entwicklung veränderte. Noch vor einem Jahrzehnt war die lokale Kultur durchtränkt mit Lebendigkeit und Freude und mit einer Toleranz für andere, die eindeutig mit der Selbstachtung der Ladakhis und der Selbstbestimmtheit ihres Lebens zu tun hatte. Durch die wirtschaftliche Entwicklung jedoch wurde das lokale Wirtschaftssystem zerschlagen; die Entscheidungsgewalt wurde fast über Nacht von Haushalt und Dorf auf Bürokratien in fernen Städten übertragen; die Medien vermittelten den Kindern einen »faszinierenden« städtischen Lebensstil, der keinen lokalen Bezug hatte und sich radikal von dem der älteren Generationen unterschied. Wenn die kulturelle Vitalität und Selbstachtung der Ladakhis weiterhin durch die wirtschaftliche Entwicklung unterminiert wird, kann es gut sein, dass das Dorfleben in Ladakh immer mehr dem Klischee vom Leben in einer westlichen Kleinstadt entspricht.

Ein weiterer Faktor, der das Nachdenken über ein menschengerechteres ländliches Wirtschaftssystem erschwert, ist die ebenfalls weit verbreitete Ansicht, »dass zu viele Leute zurück aufs Land gehen«. Es ist bemerkenswert, dass eine Urbanisierung der Weltbevölkerung nicht ebenso skeptisch betrachtet wird. Nur allzu leicht wird vergessen, dass die Mehrheit der Bevölkerung – vor allem in den Entwicklungsländern – bereits auf dem Land *ist.* Diese Landbevölkerung zu ignorieren und so zu tun, als gehöre die Urbanisierung zur *Condition humaine,* ist eine höchst gefährliche Fehlwahrnehmung, die den ganzen Urbanisierungsprozess vorantreibt. Es gilt als »utopisch«, wenn man eine »Verländlichung« der Bevölkerung Europas oder Amerikas vorschlägt; aber die chinesischen Pläne, innerhalb der nächsten paar Jahrzehnte 440 Millionen Menschen in die Städte umzusiedeln, verursachen kaum ein Heben der Augenbrauen. Diese »Modernisierung« der chinesischen Wirtschaft ist derselbe Prozess, der überall im Süden zu einer unkontrollierbaren Explosion der städtischen Ballungsräume geführt hat – von Bangkok und Mexiko City bis Bombay, Jakarta und Lagos. In diesen Städten herrscht massive Arbeitslosigkeit, Millionen sind obdachlos oder leben in Slums und das Sozialgefüge zerfällt.

Selbst im Norden geht die Verstädterung weiter. Ständig werden ländliche Gemeinden aufgelöst und ihre Bewohner in die wuchernden Vorstädte der Metropolen getrieben. In den USA, wo nur noch 2 Prozent der Bevölkerung auf dem Land leben, verschwinden immer noch 35 000 Bauernhöfe pro Jahr. Es ist unmöglich, dieses Modell dem Rest der Welt anzubieten, wo die Mehrheit der Bevölkerung ihren Lebensunterhalt als Bauern verdient. Trotzdem hört man niemanden sagen: »Wir sind zu viele, um alle in die Stadt zu ziehen.«

Stattdessen vernehmen wir, dass die Verstädterung aufgrund der Überbevölkerung notwendig sei. Dahinter steckt die Annahme, dass die Zentralisierung irgendwie effektiver ist, dass die Stadtbevölkerung irgendwie weniger Ressourcen verbraucht. Eine genaue Betrachtung der tatsächlichen Kosten der Urbanisierung in der globalisierten Wirtschaft zeigt jedoch, wie wenig dies der Wahrheit entspricht. Städtische Ballungsräume auf der ganzen Welt haben einen extrem hohen Ressourcenverbrauch. Die großen zentralisierten Systeme, die sie benötigen, sind fast ausnahmslos umweltschädlicher als kleine, diversifizierte, lokal angepasste Produktionsverfahren. Lebensmittel und Wasser, Baumaterial und Energie, all das muss mittels gewaltiger, Energie verschlingender Infrastrukturen über weite Strecken transportiert werden; die Müllberge der Stadt müssen entweder mit Lastwagen davongekarrt oder unter hoher Belastung der Umwelt verbrannt werden. In den immer gleichen Hochhäusern aus Glas und Stahl, deren Fenster sich nicht öffnen lassen, muss sogar die Atemluft durch Ventilatoren und Pumpen mit Hilfe nicht erneuerbarer Energie herbeigeschafft werden. In den reichsten Vierteln von Paris wie in den Elendsvierteln von Kalkutta sind die Stadtbewohner gleichermaßen vom Transport ihrer Nahrungsmittel abhängig, sodass jedes Kilogramm Nahrung, das sie verzehren, mit dem Verbrauch von mehreren Litern Erdöl, beträchtlicher Luftverschmutzung und einer beträchtlichen Menge Abfall verbunden ist.

Schlimmer noch, die städtischen Ballungsräume westlichen Musters nutzen – gleichgültig ob im tropischen Brasilien, im trockenen Ägypten oder im subarktischen Skandinavien – alle dieselbe schmale Bandbreite von Ressourcen und haben besser an den jeweiligen Ort angepasste Methoden verdrängt, die sich auf lokale Ressourcen, Wissen und Artenvielfalt stützten. Kinder in norwegischen Fischerdörfern essen gern Kabeljau, während die Bewohner des tibetischen Hochlands die vertraute Gerste bevorzugen. Doch sie werden zunehmend ermuntert, dieselbe Nahrung zu essen, die in der industrialisierten Welt üblich ist. Auf der ganzen Welt werden die Menschen in eine Monokultur hineingedrängt, die sowohl die kulturelle als auch die biologische Vielfalt nivelliert. Auf diese Weise erzeugt die globalisierte Wirtschaft eine künstliche Knappheit durch Verstädterung, da sie lokales Know-how ignoriert und Kinder zur Abhängigkeit von einem stark zentralisierten Wirtschaftssystem erzieht. Die Ergebnisse sind katastrophal hohe Arbeitslosigkeitsraten, verschärfter Konkurrenzkampf und die Zunahme ethnischer Konflikte.

Gerade weil wir so viele Menschen sind, müssen wir das Modell der wirtschaftlichen Globalisierung aufgeben, das nur eine kleine Minderheit mit Nahrung, Kleidung und Wohnung versorgen kann. Es ist von größter Wichtigkeit, Wissenssysteme und wirtschaftliche Modelle zu unterstützen, die auf einem genauen Verständnis verschiedener Regionen und ihres jeweils einzigartigen Klimas, ihrer Böden und ihrer Ressourcen beruhen.

Im Norden sind die meisten von uns schon seit langem vom Land und voneinander getrennt, dort müssen wir große Schritte machen. Aber selbst in stark urbanisierten Regionen können wir eine neue Verbindung zum Ort pflegen. Indem wir das Gewebe kleiner Gemeinschaften innerhalb großer Städte wieder knüpfen und die wirtschaftliche Tätigkeit wieder auf die natürlichen Ressourcen in der Umgebung dieser Gemeinschaften ausrichten, können die Städte ihren regionalen Charakter wiedergewinnen; sie werden lebenswerter und fallen der Umwelt weniger zur Last. Unsere Aufgabe wird leichter, wenn wir die ländlichen Gemeinden und Kleinbauern unterstützen, die es bei uns noch gibt. Sie sind der Schlüssel zum Wiederaufbau einer gesunden landwirtschaftlichen Basis für leistungsfähigere, besser diversifizierte Wirtschaftssysteme.

Richtungswechsel

Viele Einzelpersonen und Organisationen arbeiten bereits an Basisprojekten, um ihre Gemeinschaften und lokalen Wirtschaftssysteme zu stärken. Damit diese Anstrengungen Erfolg haben, muss sich jedoch auch die Politik auf nationaler und internationaler Ebene ändern. Wie kann beispielsweise ein partizipatorisches, basisdemokratisches Modell gestärkt werden, wenn nicht gleichzeitig die politische Macht riesiger Konzerne beschnitten wird? Wie können kleine Produzenten und lokale Geschäfte allein durch lokale Unterstützung aufblühen, wenn eine wirtschaftsfreundliche Freihandelspolitik rückhaltlos den Interessen der Massenproduzenten und Massenanbieter dient? Wie kann in der Bildung wieder ein lokaler Kontext vermittelt werden, wenn Kinder aus allen Regionen des Planeten in den Medien mit der Bilderwelt einer Monokultur bombardiert werden? Wie kann sich die Verwendung lokaler, erneuerbarer Energiequellen durchsetzen, wenn sie gegen massiv subventionierte, riesige Staudämme und Atomkraftwerke konkurrieren muss?

Die politischen Veränderungen, die den nötigen Raum für den Erfolg gemeindebasierter Wirtschaftssysteme schaffen würden, werden natürlich auf Widerspruch stoßen. Einige werden behaupten, die Förderung der Dezentralisierung sei ein »sozialer Eingriff«, der das Leben vieler Menschen stark verändern werde. Es trifft zu, dass ein Richtungswechsel hin zum Lokalen nicht ohne Brüche vonstatten ginge, aber sie wären viel weniger ausgeprägt als diejenigen, welche die gegenwärtige hastige Globalisierung verursacht. Tatsächlich ist es nämlich das heutige Wachstum ohne neue Arbeitsplätze, das soziale und umweltpolitische Eingriffe in nie da gewesenem Ausmaß erfordert: Riesige Landstriche des Planeten und ganze Gesellschaften werden neu konfiguriert, damit sie den Anforderungen globalen Wachstums entsprechen, und müssen dabei ihre Sprache, ihre Speisen und ihren Baustil zugunsten einer standardisierten Monokultur aufgeben.

Andere werden finanzielle Anreize für eine stärker lokalisierte Produktion als »Subventionen« interpretieren. Diese Anreize sollten jedoch als Alternative zu den gegenwärtigen Subventionen für die Globalisierung betrachtet werden – das heißt als Alternative zu den Subventionen für die Infrastruktur im Verkehrs-, Kommunikations- und Energiebereich, für das Bildungswesen und für Forschung und Entwicklung im Bereich der zentralisierten Massenproduktion. Schritte zur Lokalisierung werden tatsächlich *weniger* kosten, als wir jetzt für die Globalisierung ausgeben.

Das Nachdenken über einen Richtungswechsel bedeutet, dass wir die ganze Bandbreite der öffentlichen Ausgaben überdenken müssen.

• Schon allein ein Blick auf die Mittel, die heute für Ferntransporte auf der Straße ausgegeben werden, vermittelt ein Bild davon, wie stark die Weltwirtschaft subventioniert ist. In den USA, wo es bereits vier Millionen Kilometer befestigte Straßen gibt, waren 1996 achtzig Milliarden US-Dollar für den Bau weiterer Überlandstraßen vorgesehen, und es wurde sogar der Bau einer Straßenverbindung zwischen Alaska und Sibirien in Erwägung gezogen. Auch die Europäische Union will 120 Milliarden US-Dollar investieren, um in den nächsten Jahren weitere 12 000 Autobahnkilometer durch Westeuropa zu bauen, und sie erwägt, Afrika und Europa durch einen Tunnel zu verbinden. Auch auf der ganzen südlichen Erdhalbkugel werden knappe Ressourcen für ähnliche Projekte ausgegeben. In Neuguinea wurden beispielsweise 48 Millionen US-Dollar für ein Straßennetz von 37 Kilometer Länge ausgegeben, das der Holzindustrie das Schlagen und den Export von Holz ermöglicht. Eine Verwendung dieser Mittel zur Förderung alternativer Transportmöglichkeiten, die kleineren, lokalen Unternehmen zugute kommen, hätte enorme Vorteile, von der Schaffung von Arbeitsplätzen über eine gesündere Umwelt bis hin zu einer gerechteren Verteilung der Ressourcen. Je nach der lokalen Situation könnten die Mittel für Radwege, Fußwege, Pfade für Zugtiere, Wasserwege oder den Schienentransport ausgegeben werden. Selbst in der hoch industrialisierten Welt, in der eine starke Abhängigkeit von zentralisierenden Infrastrukturen besteht, können Schritte in dieser Richtung unternommen werden. In Amsterdam zum Beispiel sollen Autos aus dem Stadtkern verbannt werden, damit man die Gehwege verbreitern und zusätzliche Radwege bauen kann.

- Großanlagen zur Energieversorgung werden heute ebenfalls stark subventioniert. Ein Abbau dieser Multimilliarden-Dollar-Investitionen bei gleichzeitiger echter Förderung lokal verfügbarer, erneuerbarer Energiequellen würde eine Verminderung der Luftverschmutzung, eine geringere Belastung unberührter Natur und der Weltmeere und weniger Abhängigkeit von schwindenden Ölvorräten und der gefährlichen Atomtechnik bedeuten.

- Landwirtschaftliche Subventionen werden heute bevorzugt an Großunternehmen der Agrarindustrie vergeben. Die Subventionen umfassen nicht nur direkte Zahlungen an Landwirte, sondern auch Ausgaben für Forschung und Ausbildung in den Bereichen der Biotechnologie und chemie- und energieintensiver Monokulturen. Eine Verlagerung dieser Ausgaben auf die Förderung einer stärker diversifizierten, in kleinerem Maßstab produzierenden Landwirtschaft würde kleinen Familienbetrieben und ländlichen Wirtschaftssystemen zugute kommen. Zugleich würde sie die Artenvielfalt fördern, den Boden verbessern und für frischere Lebensmittel sorgen. Viele städtische Verbraucher wissen vielleicht nicht, dass die meisten Agrarsubventionen riesigen Konzernen wie Cargill und anderen Zwischenhändlern zufließen und nicht den kleinen Bauern.

- Die staatlichen Ausgaben für den Straßenbau fördern die Zunahme konzerneigener Supermärkte und riesiger Einkaufszentren. Ausgaben für den Bau öffentlicher Märkte – wie sie einst in fast allen europäischen Städten und Dörfern existierten – würden dagegen den lokalen Händlern und Handwerkern mit begrenztem Kapital den Verkauf ihrer Waren ermöglichen. Dies würde zu einer Belebung der Stadtzentren führen, den Verbrauch fossiler Brennstoffe einschränken und die Umweltverschmutzung vermindern. Auch eine Förderung von Bauernmärkten würde sowohl auf die Städte als auch auf die Landwirtschaft der Umgebung belebend wirken, während weniger Geld für Verarbeitung, Verpackung, Transport von Nahrungsmitteln und Werbung ausgegeben werden müsste.

- Das Fernsehen und andere Massenmedien erhalten massive Subventionen für Forschung, Entwicklung und Ausbildung, für den Ausbau der Infrastruktur sowie andere direkte und indirekte Unterstützung. Heute leisten sie einen zentralen Beitrag zu einer schnellen Homogenisierung der verschiedenen Traditionen überall in der Welt. Eine Umwidmung dieser Mittel für den Bau lokaler kultureller Einrichtungen etwa für Konzerte, für Schauspielgruppen und Puppentheater oder für Festivals wäre eine gesunde Alternative.

- Investitionen im Gesundheitswesen fließen heute vor allem in den Bau und Betrieb von riesigen, zentralisierten Krankenhäusern, die der Stadtbevölkerung dienen sollen. Wenn man dasselbe Geld für eine größere Zahl kleinerer Kliniken ausgeben würde, die weniger technisiert und mehr mit praktischen Ärzten besetzt sind, käme die Gesundheitsversorgung mehr Menschen zugute, und lokale Wirtschaftssysteme würden gefördert.

- Die Schaffung oder Verbesserung von öffentlichen Versammlungsräumen von der Stadthalle bis zum Dorfplatz würde den persönlichen Austausch zwischen Entscheidungsträgern und Öffentlichkeit fördern, sich belebend auf die Gemeinden auswirken und zugleich die partizipatorische Demokratie stärken. In Vermont beispielsweise, wo bis heute eine lebendige partizipatorische Demokratie existiert, besuchen die Bürger Gemeindeversammlungen, in denen lebhafte Debatten stattfinden und über lokale Probleme abgestimmt wird.

Große Konzerne werden nicht nur direkt und indirekt subventioniert, sondern profitieren auch von einer Reihe staatlicher Vorschriften – und, in vielen Fällen, dem Fehlen staatlicher Vorschriften – jeweils zu Lasten kleinerer, eher lokaler Unternehmen. Obwohl sich ausgerechnet die Großindustrie gerne über zu viele Vorschriften und bürokratische Ineffizienz beklagt, könnte man in dieser Hinsicht auf vieles verzichten, wenn in geringeren Mengen und lokaler produziert würde. Im heutigen Klima des hemmungslosen »freien« Handels sind bestimmte staatliche Vorschriften eindeutig notwendig, und die Bürger müssen darauf bestehen, dass der Staat ihre Interessen schützt. Dies ließe sich am besten durch internationale Verträge erreichen, in denen sich die Unterzeichner darauf einigen, die »Spielregeln« zu ändern und echte Diversifizierung und Dezentralisierung in der Geschäftswelt zu fördern. Es gibt viele Gebiete, die unter diesem Aspekt geprüft werden sollten.

- Der *freie Kapitalfluss* ist eine notwendige Voraussetzung für das Wachstum der transnationalen Konzerne. Ihre Fähigkeit, Gewinne, Betriebskosten und Investitionskapital zwischen all ihren weit verstreuten Niederlassungen hin und her zu schieben, versetzt sie in die Lage, auf der ganzen Welt tätig zu werden. Und sie können souveräne Staaten mit der Drohung erpressen, ihre Betriebe zu schließen, das Land zu verlassen und anderswo Arbeitsplätze zu schaffen. Die Staaten sind dadurch gezwungen, miteinander um die Gunst dieser vagabundierenden Konzerne zu konkurrieren, und versuchen, sie mit niedrigen Arbeitskosten, lockeren Umweltschutzvorschriften und beträchtlichen Subventionen anzulocken. Kleine lokale Unternehmen werden dagegen nicht subventioniert und können in diesem unfairen Wettbewerb langfristig nicht überleben.

- Regierungen aller politischen Richtungen treiben heute *Freihandelspolitik* in der Hoffnung, ihre kränkelnden Volkswirtschaften würden gesunden, wenn sie sich der wirtschaftlichen Globalisierung öffnen. Tatsächlich jedoch wäre eine behutsame Schutzzollpolitik zur Importbeschränkung für Güter, die im Land produziert werden könnten, im Interesse der Mehrheit. Solcher »Protektionismus« ist nicht gegen die

Bürger anderer Staaten gerichtet, sondern er bietet die Möglichkeit, Kultur, Arbeitsplätze und Ressourcen eines Landes gegen die exzessive Macht der transnationalen Konzerne zu schützen.

- In fast allen Ländern benachteiligen die *Steuergesetze* kleine Unternehmen. Die Produktion in kleinem Maßstab ist in der Regel arbeitsintensiv, und der Faktor Arbeit wird durch Einkommenssteuer, Sozialabgaben, Mehrwertsteuer usw. schwer belastet. Dagegen erhalten große industrielle Massenproduzenten, die kapital- und energieintensive Technologien einsetzen, diverse Steuerbefreiungen (etwa durch beschleunigte Abschreibung oder Investitionssteuer-Gutschriften). Eine Umkehrung dieser Ungleichbehandlung im Steuersystem würde nicht nur den lokalen Wirtschaftssystemen helfen, sondern auch mehr Arbeitsplätze schaffen, weil dadurch Menschen bevorzugt würden und nicht Maschinen. Ähnlich könnte eine Besteuerung des Energieaufwands bei der Produktion Unternehmen fördern, die weniger von einem hohen technologischen Input abhängig sind – das heißt wiederum kleinere, arbeitsintensivere Unternehmen. Und wenn Benzin und Diesel so besteuert werden, dass sich die realen Kosten im Preis niederschlagen – einschließlich eines Teils der Umweltschäden, die durch ihren Verbrauch verursacht werden –, wird das zu einer Verringerung der Transporte, zu einer Zunahme der regionalen Güterproduktion für den lokalen Verbrauch und zu einer gesunden Diversifizierung der Volkswirtschaft führen.

- Kleine Unternehmen werden durch die *Kreditpolitik der Banken* diskriminiert, da diese beträchtlich höhere Zinsen von ihnen verlangen als von großen Firmen. Außerdem müssen Kleinunternehmer häufig persönlich für die Rückzahlung ihrer Kredite bürgen – eine Garantie, die von den Direktoren großer Unternehmen nicht erwartet wird.

- Auch durch Vorschriften, die eigentlich nur zur *Regulierung der Massenproduktion* dienen sollen, werden Kleinunternehmen oft unfair belastet. So werden beispielsweise Betriebe mit Batteriehühnern zu Recht strengen Umweltschutz- und Gesundheitsvorschriften unterworfen. Millionen auf engstem Raum gehaltene Hühner sind sehr anfällig für Krankheiten;

sie produzieren tonnenweise konzentrierte Abwässer, die entsorgt werden müssen, und ihre Eier werden über weite Strecken transportiert, wobei sie leicht verderben können. Ein kleiner Produzent jedoch, etwa ein Bauer, der ein paar hundert Freilandhühner hält, ist im Wesentlichen denselben Vorschriften unterworfen, und das kann solche Zusatzkosten verursachen, dass er sein Geschäft aufgeben muss. Massenproduzenten können die durch Vorschriften verursachten Kosten auf eine größere Menge verkaufter Ware abwälzen, was den Anschein erweckt, als würden sie durch ihre Größe Kosten sparen. Vorschriften, die Kleinunternehmer diskriminieren, sind weit verbreitet. Wenn ein lokaler Unternehmer beispielsweise bei sich zu Hause Kuchen backen und ihn auf dem Markt verkaufen wollte, müsste er in der Regel eine Industrieküche in seinem Haus einbauen, um den Gesundheitsvorschriften zu entsprechen. Damit aber ist sein Projekt nicht mehr wirtschaftlich.

- Lokale und regionale Vorschriften über die *Nutzung von Land* können ergänzt werden, um unberührte Landschaften, offene Räume und Ackerland vor der Erschließung zu schützen. Politische und finanzielle Unterstützung könnte so genannten »Land-Trusts« zuteil werden, die zu diesem Zweck gegründet wurden. In den USA gibt es inzwischen über 900 solche Initiativen, die über 1,1 Millionen Hektar Land schützen. In einigen Fällen kaufen Kommunen mit öffentlichem Geld die Erschließungsrechte von Ackerland. Sie schützen damit ihre Umgebung vor wuchernden Vorstädten und reduzieren zugleich den finanziellen Druck auf die Bauern. Untersuchungen haben zudem gezeigt, dass erschlossenes Land die Kommunen durch öffentliche Dienstleistungen wesentlich mehr kostet, als es zusätzliche Steuereinnahmen bringt – das heißt, durch die Erschließung von Land verliert der Steuerzahler nicht nur Raum, sondern auch Geld.

- In städtischen Ballungsräumen sind Wohn-, Geschäfts- und Industriegebiete in der Regel *baurechtlich getrennt* – eine Regelung, die aufgrund der Erfordernisse und Risiken von Massenproduktion und -vermarktung erforderlich ist. Diese Regelung könnte so verändert werden, dass man die Integration von Wohnhäusern, kleinen Geschäften und handwerklichen oder kleinen Produzenten erlaubt, wie das früher in allen großen Städten der Fall war. Eine kritische Bestandsaufnahme anderer Beschränkungen kommunalen Lebens wäre ebenfalls nützlich. Bau- und Raumordnungen, die eine zu dichte Erschließung verhindern sollen, behindern letztlich oft umweltpolitisch sinnvolle Wohnmodelle wie Ökodörfer und »Cohousing« (kooperative Wohngemeinschaften, die neben privaten Wohnungen auch über umfangreiche Gemeinschaftseinrichtungen verfügen).

In den Entwicklungsländern lebt die Bevölkerung noch immer mehrheitlich in kleinen Städten und ländlichen Gemeinden und ist weitgehend abhängig von lokalen Wirtschaftssystemen. In der heutigen Ära der schnellen Globalisierung besteht die wichtigste Herausforderung darin, den Trend zur Urbanisierung und Globalisierung durch eine Stärkung dieser lokalen Wirtschaftssysteme zu stoppen. Eine Reihe von politischen Veränderungen könnte mit dazu beitragen:

- Eine Infrastruktur, die sich durch große Staudämme, mit fossilen Brennstoffen betriebene Kraftwerke und andere Großanlagen im Verkehrs- und Energiebereich auszeichnet, ist dafür bestimmt, die Bedürfnisse städtischer Räume und einer exportorientierten Produktion zu decken. Dagegen wäre die Förderung einer Infrastruktur, die auf dezentraler Gewinnung erneuerbarer Energien basiert, eine Maßnahme gegen den Trend zur Urbanisierung, weil sie Dörfern und kleinen Städten zugute käme. Da die Infrastruktur im Energiebereich im Süden noch nicht sonderlich weit entwickelt ist, könnte dieser Vorschlag in naher Zukunft mit guten Erfolgschancen realisiert werden, wenn auf die Banken und Finanzierungseinrichtungen des Nordens genügend Druck ausgeübt wird.

- Kolonialismus und Entwicklung von gestern und Freihandel und Globalisierung von heute haben zur Folge, dass auf dem besten Land des Südens Agrarprodukte für die Märkte des Nordens angebaut werden. Eine Verlagerung des Schwerpunkts auf eine diversifizierte Produktion für den lokalen Verbrauch würde die lokalen Kommunen nicht nur wirtschaftlich stärken, sondern auch die Kluft zwischen Arm und

Reich vermindern, und sie würde einen Großteil des Hungers beseitigen, der heute in den so genannten Entwicklungsländern so weit verbreitet ist.

- Auch Freihandelsabkommen wie GATT und NAFTA machen den Ländern des Südens schwer zu schaffen. Es ginge ihnen viel besser, wenn sie entgegen dem Ziel der erwähnten Verträge ihre natürlichen Ressourcen schützen und erhalten, nationale und lokale Unternehmen fördern und den Einfluss ausländischer Medien und der Werbung auf ihre Kultur begrenzen dürften. Da der Freihandel Menschen aus vergleichsweise sicheren lokalen Wirtschaftssystemen herausreißen und sie auf die unterste Rangstufe der Weltwirtschaft stellen kann, liegt im Süden vielleicht sogar »fairer Handel« nicht immer im langfristigen Interesse der dortigen Bevölkerungsmehrheit.
- Es würde dem Süden ungeheuer viel nützen, wenn die monokulturelle Bildung westlichen Stils abgeschafft würde. Stattdessen sollte man versuchen, der örtlichen Sprache und dem örtlichen Wertesystem Vorrang einzuräumen und ortsspezifische Kenntnisse zu vermitteln, die an Natur und Kultur der Region angepasst sind.
- Lokalen Wirtschaftssystemen und Gemeinschaften im Süden käme es außerdem zugute, wenn statt der kapital- und energieintensiven Gesundheitsversorgung westlichen Stils eher dezentrale und einheimische Alternativen gefördert würden.
- Außerdem ist es von großer Wichtigkeit, den Status der Urerzeuger (also insbesondere der Bauern) und des Landlebens im Allgemeinen zu verbessern. Heute wird im Süden durch Medien, Werbung und Tourismus allgemein die Botschaft vermittelt, dass das Landleben ein niedrigeres Stadium der Evolution ist. Diese Botschaft setzt die Menschen auf dem Land unter enormen Druck, moderne, städtische Konsumenten zu werden. Einem solchen Indoktrinationsprozess kann durch eine Vielfalt von Medien begegnet werden – etwa durch Comics, Theater oder Film und durch Austauschprogramme, die Menschen aus dem Süden mit den Realitäten des Lebens im Norden vertraut machen. Ich habe für Anstrengungen dieser Art den Begriff *Gegenentwicklung* geprägt, da es sich um bewusste Versuche handelt, den Kräften

entgegenzuwirken, die auf der ganzen Welt einen nicht nachhaltigen, höchst umweltschädlichen, konsumorientierten Lebensstil propagieren.

Im Süden bezieht eine Mehrheit der Bevölkerung ihre spirituelle, kulturelle und wirtschaftliche Kraft noch immer aus der Verbindung zu den Orten, an denen sie lebt. Wir dürfen nicht vergessen, dass unsere vorgefassten Meinungen bezüglich der menschlichen Natur und bezüglich der »Effizienz« und »Überlegenheit« der Kultur des Westens mit dazu beitragen, das bestehende Gewebe lokaler Wirtschaftssysteme und Gemeinschaften zu zerstören. Vor dem Eindringen des Westens sangen die Menschen mit Freude ihre eigenen Lieder, sprachen ihre eigene Sprache und aßen die Nahrungsmittel aus ihrer Region. Selbst heute noch würden die meisten Erwachsenen am liebsten in ihrer Kultur und in ihren Gemeinschaften weiterleben. Anstatt die Menschen in verwestlichte Stadtzentren zu locken, wo sie ihrer kulturellen und persönlichen Identität beraubt und von der Weltwirtschaft abhängig gemacht werden, müssen wir ihnen erlauben zu bleiben, wo sie sind, und zu sein, wer sie sind.

Initiativen von unten

Wirtschaftliche Lokalisierung sollte Anpassung an kulturelle und biologische Vielfalt bedeuten; deshalb gibt es kein einheitliches Rezept, das auf alle Orte passen würde. Die Möglichkeiten für lokale Basisarbeit sind so vielfältig wie die Orte, an denen sie stattfinden kann. Der folgende Überblick ist keineswegs erschöpfend, führt jedoch vor Augen, was für Schritte heute unternommen werden können.
- An einer Reihe von Orten wurden auf Gemeindeebene Banken und Kreditfonds gegründet, damit mehr Kapital für Einwohner und lokale Unternehmen verfügbar wird und damit Menschen in ihre Nachbarn und ihre Gemeinde investieren können anstatt in ferne Konzerne.
- Kampagnen zum Kauf lokaler Produkte helfen örtlichen Unternehmen, wenn sie mit hoch subventionierten Konzernen konkurrieren müssen. Diese Kampagnen verhindern nicht

nur, dass Geld aus dem lokalen Wirtschaftssystem abfließt, sondern informieren die Bevölkerung auch über die verdeckten Kosten, die der Umwelt und der Gemeinde durch den Kauf billigerer, aber weit entfernt erzeugter Produkte entstehen. Überall in den USA, in Kanada und Europa sind Bürgerinitiativen entstanden, die sich gegen das Vordringen riesiger Supermarktketten in ländliche und kleinstädtische Wirtschaftssysteme wehren. Der McDonald's-Konzern zum Beispiel – der sich schon vor einigen Jahren zum Ziel gesetzt hat, alle neun Stunden ein neues Restaurant zu seiner weltweiten Kette hinzuzufügen – ist in mindestens zwei Dutzend Ländern auf Widerstand von Bürgerinitiativen gestoßen. Polnischen Aktivisten gelang es zum Beispiel, den Bau eines McDonald's-Restaurants in einem alten Stadtteil von Krakau zu verhindern, und indische Aktivisten versuchen, den Konzern an der Eroberung des indischen Marktes zu hindern. In den USA und Kanada hat die schnelle Expansion von Wal-Mart, dem größten Einzelhandelskonzern der Welt, ein ganzes Netz von Aktivisten hervorgebracht, die daran arbeiten, die Arbeitsplätze und die wirtschaftlichen Zusammenhänge in ihren Gemeinden vor den gigantischen Supermarktketten zu schützen.

- Eine wirksame Methode, um zu verhindern, dass Geld aus einem lokalen Wirtschaftssystem abfließt, ist die Schaffung lokaler Währungen. Lokale Handelssysteme mit eigener Währung (»Local Exchange and Trading Systems« oder LETS) entstehen u. a. in Großbritannien (wo es bereits über 250 gibt), in Irland, Frankreich, Deutschland, Kanada, Argentinien, den USA, Australien und Neuseeland. Die psychologischen Vorteile dieser Initiativen sind genauso wichtig wie die wirtschaftlichen. Eine große Zahl von Leuten, die zuvor »arbeitslos« und daher »nutzlos« waren, werden nun für ihre Fähigkeiten und ihr Wissen geschätzt.

- Eine weitere Idee ist die Schaffung lokaler Leihstellen für Werkzeuge, die die gemeinschaftliche Benutzung von Werkzeugen auf Gemeindeebene ermöglichen. Wenn nicht mehr jeder Einzelne seine eigenen landwirtschaftlichen oder forstwirtschaftlichen Werkzeuge, Gartengeräte oder Reparaturwerkzeuge kaufen muss, kann mehr Geld in die lokale Wirtschaft fließen und gleichzeitig entsteht ein Gefühl nachbarschaftlicher Zusammenarbeit, das ein zentrales Merkmal echter Gemeinschaft ist.

- Eines der aufregendsten Basisprojekte in den USA und anderen Ländern ist die gemeinschaftsgestützte Landwirtschaft (»Community Supported Agriculture« oder CSA), bei der die Verbraucher sich direkt mit einem in der Nähe lebenden Bauern zusammentun. Bezeichnenderweise ist in den USA, ein Land, in dem immer noch jedes Jahr Kleinbauern in alarmierender Zahl Pleite gehen, noch kein Einziger dieser CSA-Betriebe aus wirtschaftlichen Gründen gescheitert.
- Dadurch, dass bäuerliche Märkte eine direkte Verbindung zwischen Bauern und städtischen Verbrauchern schaffen, wirken sie sich sowohl auf das lokale Wirtschaftssystem als auch auf die Umwelt positiv aus. In New York City gab es schon Ende der Neunzigerjahre über zwei Dutzend solcher Bauernmärkte, die jährlich mehrere Millionen Dollar zum Einkommen der Bauern in den nahe gelegenen Countys beitragen. »New Farmers, New Markets«, ein Programm der Cornell University, soll diese Zahlen weiter erhöhen. Ziel des Programms ist es, eine neue Generation von Bauern heranzuziehen und auszubilden, die ihre Waren auf den Märkten in der Stadt verkaufen. Besonders interessant für das Projekt sind arbeitslose Einwanderer, die gute landwirtschaftliche Vorkenntnisse haben.
- Die Bewegung zur Schaffung von Ökodörfern ist vielleicht das radikalste Mittel gegen die Abhängigkeit von der Weltwirtschaft. Auf der ganzen Welt bauen Menschen Gemeinden auf mit dem Ziel, dem Müll, der Luftverschmutzung, der Konkurrenz und der Gewalt des heutigen Lebens zu entrinnen. Viele dieser Gemeinschaften verwenden erneuerbare Energien und versuchen kooperativere lokale Wirtschaftssysteme zu entwickeln. Mehrere dieser Gemeinden aus verschiedenen Teilen der Welt sind im Global Ecovillage Network miteinander verbunden.
- Die Schaffung lokaler Wirtschaftssysteme erfordert ein *Umdenken im Bildungsbereich* – eine Überprüfung des Zusammenhangs zwischen der immer größeren Spezialisierung und der wachsenden Abhängigkeit von einem immer größeren

wirtschaftlichen Raum. Moderne Bildung bedeutet heute, Kinder überall in der Welt für die zentralisierte Weltwirtschaft auszubilden. Im Prinzip wird in jeder Umgebung derselbe Lehrplan vermittelt, unabhängig von den kulturellen Traditionen und speziellen Ressourcen der Region. Die Förderung eines regional und lokal angepassten Schulunterrichts wäre ein zentraler Beitrag zu einer Wiederbelebung lokaler Wirtschaftssysteme. Die Ausbildung in lokal angepasster Landwirtschaft, Architektur, handwerklicher Produktion (Töpferei, Weberei usw.) und die Vermittlung von Techniken, die den klimatischen Besonderheiten und natürlichen Ressourcen eines Ortes angemessen sind, würden eine echte Dezentralisierung der Produktion zur Erfüllung von Grundbedürfnissen fördern. Anstatt die Kinder für eine noch größere Spezialisierung in einer konkurrenzgeprägten Wirtschaft auszubilden, die wächst, ohne Arbeitsplätze zu schaffen, sollten sie für die regional unterschiedlichen Wirtschaftssysteme ausgebildet werden, die vorwiegend – aber nicht ausschließlich – auf lokale Ressourcen gestützt sind. Dies würde natürlich nicht bedeuten, dass keine Informationen über andere Gegenden der Welt vermittelt werden; im Gegenteil, Wissen über andere Kulturen und Kulturaustauschprogramme wären ein wichtiger Bestandteil des Bildungsprozesses.

Ein neuer Bezug zu Gemeinschaft und Ort

Die oben beschriebenen wirtschaftlichen Veränderungen werden unvermeidlich neue Prioritäten auf der persönlichen Ebene nach sich ziehen. Sie haben teilweise mit einer Wiederentdeckung der grundlegenden psychologischen Vorteile – der Freude – zu tun, die es bedeutet, in eine Gemeinschaft eingebettet zu sein. Kinder, Mütter und alte Leute wissen alle, wie wichtig es ist, dass man sich auf andere verlassen kann. Dagegen sind für die heutige, schnelllebige, atomisierte Industriegesellschaft die kulturellen Werte männlicher Teenager kennzeichnend. Es ist ihre Kultur, die nach Mobilität, Flexibilität und Unabhängigkeit verlangt. Zugleich fördert sie die Angst vor dem Alter, davor, verwundbar und abhängig zu sein.

Ein weiterer fundamentaler Prioritätenwechsel besteht in der Wiederherstellung eines Gefühls der Verbundenheit mit dem Ort, an dem wir leben. Die Globalisierung von Kultur und Informationen hat zu einer Lebensweise geführt, bei der das Nahe mit Verachtung gestraft wird. Wir bekommen Nachrichten aus China und haben mit einem Knopfdruck auf der Fernbedienung Zugang zur gesamten Tierwelt Afrikas, aber wir wissen nicht, was in der Nachbarwohnung geschieht. Unsere unmittelbare Umgebung kommt uns vergleichsweise langweilig und uninteressant vor. Ein Gefühl der Verbundenheit mit dem Ort bedeutet, dass wir uns selbst und unseren Kindern dabei helfen, *unsere lebendige Umwelt wahrzunehmen:* Wir sollten wieder eine Verbindung zu den Quellen unserer Nahrung aufbauen (vielleicht sogar, indem wir selbst Nahrungsmittel anbauen) und wieder lernen, den Zyklus der Jahreszeiten zu erkennen, die Merkmale von Flora und Fauna.

Letztlich ist hier von einem spirituellen Erwachen die Rede, das durch den Bezug zu anderen und zur Natur entsteht. Um ihn herzustellen, müssen wir die Welt in unserem Inneren sehen und das große zusammenhängende Gewebe des Lebens, in dem wir selbst zu den Fäden gehören.

Kapitel 25

Der neue globale Schutz des Lokalen

Colin Hines und Tim Lang

Colin Hines ist der Koordinator von »Protect the Local, Globally«, einer Denkfabrik, die dem Freihandel kritisch gegenübersteht und für »Lokalisierung« eintritt, also für eine Rückkehr zum lokalen Wirtschaften. Er ist außerdem Mitarbeiter des »International Forum on Globalization« (IFG). Zuvor arbeitete er insgesamt zehn Jahre für Greenpeace International und war zuletzt Koordinator der Wirtschaftsabteilung. Sein neuestes Buch *Localization – A Global Manifesto*, erschien 2000 bei Earthscan in London. Außerdem schrieb er zusammen mit Tim Lang das Buch *The New Protectionism – Protecting our Future Against Free Trade.*

Tim Lang ist Professor für Ernährungspolitik am »Centre for Food Policy« der Thames Valley University in London. Er arbeitet als Wissenschaftler in NGOs und wirkt als Berater lokaler, nationaler und internationaler Körperschaften. Von 1984 bis 1990 war er Direktor der »London Food Commission« und von 1990 bis 1994 Leiter von »Parents for Safe Food«. Er ist Vorsitzender von »Sustain«, einem britischen Bündnis von 105 im Lebensmittelbereich engagierten NGOs und Mitglied des IFG. In seiner Arbeit verbindet er die Themen öffentliche Gesundheit, Ernährung und Umweltschutz mit seinem Engagement für Verbraucherschutz und soziale Gerechtigkeit. Tim Lang ist häufig in britischen und internationalen Medien präsent.

Die »Schlacht von Seattle«, die 1999 die Pläne der WTO vereitelte, war symptomatisch für den wachsenden weltweiten Widerstand gegen die Globalisierung. Inzwischen kristallisiert sich eine kohärente Alternative heraus, die die Globalisierung

ersetzen kann und die wir als den »neuen Schutz des Lokalen«
bezeichnen.

Unserer Ansicht nach ist es von größter Wichtigkeit, dass sich
die Globalisierungsdebatte nicht nur auf einzelne Reizthemen
wie den Bananen- oder Rinderhormonkrieg, gentechnisch veränderte Lebensmittel usw. versteift. Stattdessen sollte sie sich
darauf konzentrieren, was das neue Ziel des Welthandels sein
soll und wie ein radikaler Wandel erreicht werden kann. Es ist
höchste Zeit, dass die weltumspannende Ideologie der Globalisierung und des internationalen Wettbewerbs ganz rigoros und
unmissverständlich zurückgewiesen wird. Wenn dies nicht geschieht, wird man vielleicht durch soziale, kommunale, umweltpolitische und entwicklungspolitische Kampagnen von
Bürgerinitiativen, Gewerkschaften und kleinen Unternehmen
das eine oder andere Gefecht gewinnen, aber den Krieg verlieren.

Es ist absolut notwendig, ein ebenso klares Konzept zu haben
wie die Globalisierer. Diese haben ein eindeutiges Endziel: maximalen Handel und maximale Geldströme, um maximalen
Profit zu erzielen. Dieses Endziel wird mit einem klaren Set von
wirtschaftspolitischen Strategien und Handelsregeln verfolgt.
Wer eine gerechtere, sicherere, ökologisch nachhaltige Zukunft
anstrebt, braucht ebenfalls ein klares Endziel und Strategien,
um es zu erreichen. Wir sind uns sicher, dass es eines »geistigen
Rucks« bedarf, um über den bloßen Widerstand gegen die Globalisierung zu einer echten Alternative zu gelangen – der *Lokalisierung.*

Die Lokalisierung kehrt den Trend zur Globalisierung um, indem sie das Lokale bevorzugt. Je nach Kontext kann das »Lokale« Teil eines Nationalstaates, der Staat selbst oder auch eine
regionale Gruppierung von Staaten sein. Der Kern der Lokalisierung ist die Ablehnung der heute gängigen, ökologisch und
sozial zerstörerischen Vergötterung der »internationalen Wettbewerbsfähigkeit«. Statt ihrer müssen die lokale Produktion
und der Schutz und die Diversifikation *lokaler* Wirtschaftssysteme Vorrang erhalten. Was vernünftigerweise in einem Staat
oder in einer Region erzeugt werden kann, sollte auch dort erzeugt werden. Eine Politik der Lokalisierung wird die Kontrolle
der Gemeinwesen und Staaten über die Wirtschaft verstärken,

einen größeren sozialen Zusammenhalt schaffen, Armut und Ungleichheit vermindern, den Lebensstandard, die soziale Infrastruktur und den Umweltschutz und damit auch das überaus wichtige Gefühl der Sicherheit entscheidend verbessern.

Lokalisierung bedeutet, den Fluss von Informationen, Technologien, Handelswaren, Investitionen, Managementmethoden und Rechtsformen nicht einzuschränken, solange diese die lokale Wirtschaft fördern. Im Gegenteil: Dieser Fluss soll durch eine neue lokalistische Präferenz in den Regeln für Entwicklungshilfe und Welthandel verstärkt werden und beim Übergang von der Globalisierung zur Lokalisierung eine zentrale Rolle spielen. Die Regeln für diesen reduzierten internationalen Bereich wären die der Fair-Trade-Bewegung, die sich für eine Güterversorgung einsetzt, die sowohl den Arbeitern als auch den lokalen Gemeinwesen und der Umwelt nützt.

Globalisierung macht den Nachbarn arm, Lokalisierung verhilft ihm zu einem besseren Leben. Wir betonen ausdrücklich, dass es sich dabei nicht um eine Rückkehr zur übermächtigen staatlichen Kontrolle handelt oder um einen Versuch, die Uhr zurückzudrehen, sondern um einen politischen und wirtschaftlichen Rahmen, der es Einzelpersonen, Gruppen und Unternehmen erlaubt, ihre lokalen Wirtschaftssysteme wieder auf vielfältige Weise zu entwickeln.

Der Weg zur Lokalisierung

Der erste Schritt auf dem Weg zur Lokalisierung ist der »geistige Ruck« weg von der passiven Akzeptanz der Globalisierung und weg von der Vorstellung, dass die Globalisierung so unvermeidlich wie die Schwerkraft ist, und hin zu einer Reihe selbstverstärkender Maßnahmen, die dazu dienen, im internationalen Wirtschaftssystem »den globalen Schutz des Lokalen« als Endziel zu verwirklichen. Schutzmaßnahmen wie Einfuhr- und Ausfuhrkontrollen, Einfuhr- und Ausfuhrquoten und Subventionen müssen für eine klar definierte Übergangsperiode wieder eingeführt werden. Sie werden nicht mit der Zielsetzung des alten Protektionismus eingeführt, durch den ein heimischer Markt geschützt werden sollte, während man zugleich erwartete, dass die anderen Märkte offen blieben. Der gesamte verbleibende globale Fernhandel wird stattdessen dazu dienen, die Diversifikation lokaler Wirtschaftssysteme zu finanzieren. Es muss also ein drastischer, radikaler Wandel herbeigeführt werden, und zwar zunächst auf der Ebene lokaler Ländergruppierungen, insbesondere bei den mächtigsten – Europa und Nordamerika.

Lokalisierung der Produktion und Kontrolle der transnationalen Konzerne

Die Industrie wird durch eine Politik mit dem Motto »Verkaufe, wo du dich ansiedelst« lokalisiert werden. Drohungen von transnationalen Konzernen, sich anderswo anzusiedeln, werden auf diese Weise weniger wirksam, da sie dann ihren Markt an bereits existierende oder staatlich geförderte lokale Konkurrenten verlieren würden. Wenn die großen Konzerne auf diese Weise »geerdet« sind, lassen sich ihre Tätigkeiten im Inland und die Höhe ihrer Steuerzahlungen wieder demokratisch kontrollieren. Auch soziale, arbeitsrechtliche und ökologische Normen lassen sich dann leichter durchsetzen. Eine angemessene Besteuerung der Konzerne kann dazu beitragen, die Armen für eventuelle Preiserhöhungen zu entschädigen.

Lokalisierung des Geldes

Die katastrophalen Folgen der entfesselten internationalen Geldströme haben dazu geführt, dass weltweit die Forderung nach Kontrollmaßnahmen erhoben wird. Erforderlich ist eine erneute Verankerung des Geldes, damit es vorwiegend an seinem Ursprungsort bleibt, um den Wiederaufbau diversifizierter und nachhaltiger lokaler Wirtschaftssysteme zu finanzieren. Zu den notwendigen Maßnahmen gehört eine Kontrolle der Kapitalströme, die Bekämpfung der Spekulation durch Steuermodelle, die sich an Tobin orientieren, eine Eindämmung der Steuerflucht einschließlich der Überwachung des Offshore-Bankgeschäfts und die Wiederbelebung lokal orientierter Banken, Kreditgenossenschaften und Währungssysteme. Öffentliche und private Geldströme in andere Länder müssen ebenfalls so gesteuert werden, dass die lokalen Wirtschaftssysteme der betroffenen Länder gestärkt werden.

Eine lokalistische Wettbewerbspolitik

Eine lokale Wettbewerbspolitik wird dafür sorgen, dass qualitativ hochwertige Güter und Dienstleistungen auf einem gerechteren, lokaleren Markt angeboten werden. Ohne den ausländischen Konkurrenzdruck, der zu einem »Wettlauf nach unten« führt, können Unternehmen in einem Rahmen kontinuierlich verbesserter arbeitsrechtlicher, sozialgesetzlicher und umweltpolitischer Bestimmungen arbeiten, die von den besten Ideen und Technologien auf der ganzen Erde profitieren. Durch staatliche Wettbewerbspolitik müssen Struktur und Marktanteil von Unternehmen überwacht und das Verhalten von Firmen etwa durch eine Politik der »offenen Bücher« zur Vermeidung von Steuerhinterziehung kontrolliert werden.

Lokalistische Steuern

Die Kosten für den Übergang zur Lokalisierung und die Verbesserung der Umwelt werden hauptsächlich durch eine allmählich steigende Besteuerung des Ressourcenverbrauchs gedeckt. So muss beispielsweise die Verwendung nicht erneuerbarer Energien und die Luftverschmutzung besteuert werden. Schärfere Importbeschränkungen, die Unterbindung von Standortwechseln und die Schließung ausländischer Steueroasen werden zu einer gerechteren Gesellschaft führen, weil sie es ermöglichen, Vermögen, Einkommen und Landbesitz von Unternehmen und Einzelpersonen angemessen zu besteuern und ihre Ausgaben mit einer entsprechenden Mehrwertsteuer zu belegen. Ein Teil dieser Steuereinnahmen wird dazu verwendet werden, die ärmeren Schichten der Gesellschaft für eventuelle Preissteigerungen zu entschädigen und die Besteuerung des Faktors Arbeit zu senken, damit mehr Arbeitsplätze geschaffen werden.

Demokratischer Lokalismus

Ein diversifiziertes lokales Wirtschaftssystem erfordert die ständige demokratische Mitwirkung an der Produktion einer maximalen Bandbreite von Gütern und Dienstleistungen in möglichst großer Nähe zum Verbraucher. Um für eine möglichst breite Verteilung der daraus erwachsenden Vorteile zu sorgen, muss die politische, demokratische und wirtschaftliche Kontrolle auf der lokalen Ebene verstärkt werden. Ein staatsbürgerliches Grundeinkommen wird dem Bürger die Möglichkeit geben, wirtschaftliche Mitbestimmung als Grundrecht auszuüben. Politische Spenden werden stark eingeschränkt werden, und die Macht wird sich von den Konzernen auf die Bürger verlagern. Um dies zu erreichen, wird zu einer möglichst großen Beteiligung an der Prioritätensetzung und der Planung lokaler wirtschaftlicher, sozialer und ökologischer Initiativen ermutigt. Dabei ist auch auf eine ausgewogene Beteiligung von staatlichen Stellen, kommunalen Netzwerken, Organisationen und Bürgerbewegungen zu achten.

Lokalisierung von Handel und Hilfsprogrammen

Die heute von der Welthandelsorganisation umgesetzten GATT-Regeln sollten grundsätzlich revidiert werden, damit aus dem Allgemeinen Zoll- und Handelsabkommen (GATT) ein Allgemeines Abkommen für nachhaltigen Handel (GAST) wird, das von einer demokratischen Weltlokalisierungsorganisation (WLO) umgesetzt wird. Seine Aufgabe wäre es sicherzustellen, dass der regionale Handel, die internationalen Hilfsprogramme, der Informations- und Technologietransfer sowie die verbleibenden internationalen Handelsströme und Investitionen Regeln unterworfen werden, die dem Aufbau nachhaltiger lokaler Wirtschaftssysteme dienen. Ziel sollte sein, durch eine beträchtliche Zunahme nachhaltiger, regionaler wirtschaftlicher Unabhängigkeit ein Maximum an Arbeitsplätzen zu schaffen.

Der »neue Protektionismus« der Lokalisierung: eine Auseinandersetzung mit kritischen Einwänden

Gegen das vorgeschlagene Programm einer Rückkehr zum lokalen Wirtschaften werden eine Reihe von Argumenten vorgebracht, die wir im Folgenden nennen und widerlegen wollen:

Die Welt lebt vom internationalen Handel, und viele Länder werden unter seiner Abschaffung leiden.
Dieses Argument verschleiert die wichtigere Frage: welche Art von Handel? Der Druck des internationalen Handels führt heute zum Verlust von Arbeitsplätzen, zu Lohnsenkungen und zur

Aufhebung von sozialrechtlichen und umweltpolitischen Bestimmungen. Er schwächt die Kontrolle gewählter Regierungen
über ihre Volkswirtschaft und auf diese Weise auch die Demokratie. Natürlich wird der Übergang von der gegenwärtigen
Priorität konkurrenzfähiger Exporte auf die neue Priorität eines
möglichst lokalen Handels, der dem Wiederaufbau nachhaltiger
lokaler Wirtschaftssysteme dient, eine Reihe von Jahren in Anspruch nehmen. Dies wird den am globalen Handel Beteiligten
eine allmähliche Umstellung auf nähere Märkte erlauben. Einige Branchen werden auch weiterhin Fernhandel treiben, da ihre Produkte nur in bestimmten Teilen der Welt erzeugt werden.
Zu diesen Produkten werden vermutlich einige für den Export
erzeugte Agrarprodukte und gewisse ortsspezifisch erzeugte
Luxusgüter wie etwa Whisky gehören.

Fehlender Wettbewerb führt zu Ineffizienz.
Dieser Ansicht zufolge ist es für die Verbraucher nachteilig,
wenn Staaten und lokale Unternehmen geschützt werden. Wer
will schon teure, aber minderwertige Güter und Dienstleistungen? Konkurrenz ist die Geißel der Ineffizienz. Man könnte
meinen, dass riesige Konzerne um die Gunst der Verbraucher
wetteifern, doch ihre Macht hat häufig eine Monopolisierung
des Marktes zur Folge. Dagegen werden durch eine stärkere Lokalisierung der Märkte die positiven Aspekte des Wettbewerbs
gefördert; die Impulse, preislich wettbewerbsfähig zu bleiben,
das Design zu verbessern, Ressourcen möglichst rational einzusetzen usw., bleiben erhalten. Da jedoch Länder mit niedrigeren
Löhnen, schlechteren Arbeitsbedingungen und weniger strikten
Umweltgesetzen keinen Konkurrenzdruck mehr auf andere ausüben, kann der Standard in diesen Bereichen gehoben werden.
Zwar wird der Fernhandel mit Waren und Dienstleistungen Beschränkungen unterliegen, doch es ist von zentraler Wichtigkeit, dass der internationale Informationsfluss und der technologische Austausch nicht behindert werden, sofern sie den Zielen der Lokalisierung dienen.

Kein Land kann für sich allein bestehen.
Seit dem Scheitern des europäischen Wechselkursmechanismus
kennen alle europäischen Länder die Macht der globalen Fi-

nanzmärkte nur zu allzu gut. Seit der Wirtschaftskrise in den asiatischen Tigerstaaten ist diese Erfahrung global. Lokalisierung soll auch gar nicht durch Autarkiepolitik erreicht werden. Sie lässt sich nur realisieren, wenn sie von den wichtigsten Machtblöcken der Welt – etwa der EU oder Nordamerika – gefördert wird. Nur sie sind als Märkte groß und mächtig genug, um dem internationalen Kapital und den transnationalen Konzernen die Bedingungen zu diktieren. Andere Regionen werden ihnen sehr schnell folgen. Auf jeden Fall vergrößern bereits bestehende Handelsblöcke und neuere regionale Blöcke (ASEAN, Mercosur, NAFTA usw.) den regionalen Handel, was den Übergang erleichtern könnte.

Warum den Fernhandel beschränken, wenn doch der meiste Handel jetzt schon regional stattfindet und der Standortwechsel von Nord nach Süd nicht allzu sehr ins Gewicht fällt?
Es trifft zu, dass der Handel zwischen Nationen, die in regionalen Blöcken organisiert sind, bereits im Anwachsen begriffen ist, was die Lokalisierung prinzipiell erleichtern könnte. Dieser Trend muss verstärkt werden, aber mit einem entscheidenden Unterschied: Endziel muss es sein, die lokalen Wirtschaftssysteme zu schützen, auszubauen und zu diversifizieren. Heute ist der regionale Handel noch ausgesprochen konkurrenzgeprägt, Standortwechsel oder entsprechende Drohungen sind üblich, was das Potenzial für maximale Beschäftigung und optimalen Umweltschutz beeinträchtigt. Die Zahl der Unternehmen, die vom Norden in den Süden ziehen, reicht von der Lowtech- bis zur Hightech-Firma, vom Sandalen- bis zum Softwarehersteller und ist hoch genug, um für Arbeitskräfte und Regierungen eine wirksame Bedrohung darzustellen, falls sie durch eine »exzessive« Verbesserung von Löhnen, Arbeitsbedingungen und Umweltschutzmaßnahmen oder durch Steuererhöhungen die Wettbewerbsfähigkeit und die Gewinnmargen von Industrie und Banken in Gefahr bringen.

*Eine festungsartige Abschottung der Volkswirtschaften in
Europa oder Nordamerika wäre unfair gegenüber den Armen
in den Entwicklungsländern, die sich nur durch Handel aus
ihrer Armut befreien können.*
Eine Hand voll größtenteils asiatischer Entwicklungsländer dominiert den Handel mit der OECD und erhält die meisten ausländischen Direktinvestitionen. Diese Länder könnten ihren
Handel mit der OECD während einer fünf- bis zehnjährigen
Übergangsperiode durch eine Steigerung ihres regionalen Handels ersetzen. Der Rest der Entwicklungsländer und die meisten
Länder Osteuropas werden durch das gegenwärtige System gezwungen, ihre Volkswirtschaften künstlich zu verzerren, um –
meistens in Konkurrenz zu den ärmsten Ländern – billigste Ex-
portgüter herzustellen. Der Wettbewerb findet nicht nur zwischen den Arbeitern aus den armen und den reichen Ländern
statt, sondern auch die Arbeiter der armen Länder konkurrieren
miteinander. Dadurch gehen Ressourcen verloren, die gebraucht würden, um die Grundbedürfnisse der mehrheitlich armen Bevölkerung in den betroffenen Ländern zu decken. Die
zentrale Herausforderung besteht nicht darin, die Entfesselung
des Wettbewerbs noch weiter voranzutreiben, sondern die Regeln für Entwicklungshilfe und Welthandel radikal umzuschrei-
ben, damit sie weltweit den Aufbau und die Diversifikation lokaler Wirtschaftssysteme erleichtern. Nur dann wird den Bedürfnissen der armen Mehrheit entsprochen. Auch der Transfer
von Informationen, Fertigkeiten und angemessener Technik
muss aktiv gefördert werden, um das Endziel des Wiederauf-
baus lokaler Wirtschaftssysteme zu unterstützen.

*Die Lokalisierung wird rechtsgerichtetem Nationalismus
Vorschub leisten.*
Gegenwärtig führt die Verunsicherung der Mehrheit durch die
negativen Auswirkungen der Globalisierung zur Ausbreitung
eines Phänomens, das man als »marktwirtschaftlichen Faschis-
mus« bezeichnen könnte. In Europa zum Beispiel hat die zunehmende Verunsicherung, die durch Arbeitsplatzabbau der öffentlichen Hand und Kürzung der Staatsausgaben noch verschärft wird, zu den größten Massendemonstrationen seit den
Dreißigerjahren geführt. Offensichtlich haben die durch die

Währungsunion und andere Auswirkungen der Globalisierung entstandenen Verhältnisse in Österreich, Frankreich, Deutschland und Italien einen Aufstieg der extremen Rechten begünstigt. Die Asienkrise hat zu einer wachsenden rassistischen Ablehnung von ausländischen Arbeitern und ethnischen Minderheiten geführt, und die Umwälzungen im Bereich der ehemaligen Sowjetunion waren mit starken antisemitischen und ausländerfeindlichen Ressentiments verbunden.

Die durch die Lokalisierung vermittelte Hoffnung und Sicherheit kann genau die Verunsicherung aufheben, die den Aufstieg dieser unerfreulichen nationalistischen Rechten begünstigt.

Kapitel 26

Die drei Grenzen der Globalisierung

Hermann Scheer

Hermann Scheer, geboren 1944, ist Wirtschafts- und Sozialwissen-
schaftler. Er ist Mitglied des Bundestages seit 1980, ehrenamtlicher
Präsident von Eurosolar und Vorsitzender des »Weltrats für Erneuerbare Energien«. 1999 erhielt er den Alternativen Nobelpreis. Seine
wichtigsten Buchveröffentlichungen sind *Sonnenstrategie* (1993,
9. Auflage 1999) und *Solare Weltwirtschaft* (1999, 4. Auflage 2000).

Die wirtschaftliche Globalisierung gilt gemeinhin als politisch
unumkehrbarer Prozess. Doch es ist sehr zu bezweifeln, dass der
allumfassende wirtschaftliche Globalisierungsprozess tatsächlich dauerhaften Bestand hat. Schon die Geschichte der letzten
200 Jahre – seitdem in England die Korngesetze abgeschafft
wurden, womit die eigene Landwirtschaft dem Nahrungsmittel-
import geopfert wurde, um die internationale industrielle Expansion voranzutreiben – zeigt durchaus ein Auf und Ab im
globalwirtschaftlichen Liberalisierungsprozess. Sobald zumindest große Wirtschaftsräume – wie etwa die USA, China, Indien,
Russland oder die Europäische Union – die für sie gesicherte Erfahrung machen sollten, dass es aus Gründen ihrer jeweils eigenen wirtschaftlichen Stabilität besser sein könnte, die Liberalisierung wieder zu reduzieren, wird mit entsprechend einschränkenden Initiativen zu rechnen sein. Das WTO-Schiedsgericht
mag noch in der Lage sein, bei einzelnen Verstößen von Regierungen gegen die freie Welthandelsordnung einzuschreiten.
Nehmen solche Verstöße jedoch massenhaft zu, sodass sie kaum
noch überschaubar sind, wird die WTO sehr schnell am Ende ih-

rer Möglichkeiten sein, zumal sie keine wirkliche Sanktions-möglichkeit hat. Die historische Erfahrung zeigt ohnehin, dass es keine linearen wirtschaftlichen und schon gar nicht gesell-schaftlichen Entwicklungen gibt, die nicht von Gegenströmun-gen durchbrochen würden oder an ihren eigenen Widersprü-chen selber zerbrechen. Dies gilt natürlich ebenfalls für die rechtlichen und institutionellen Entwicklungen. Doch auch un-abhängig von solchen Spekulationen gibt es drei Grenzen derje-nigen Globalisierung, die an doktrinären wirtschaftsliberalen Prinzipien ausgerichtet ist.

Die völkerrechtliche Grenze

Die Frage ist noch längst nicht geklärt, wie das Spannungsver-hältnis zwischen dem Welthandelsvertrag und anderen interna-tionalen Verträgen – etwa dem Abkommen der Internationalen Arbeitsorganisation (ILO) oder internationalen Umweltverträ-gen – überwunden werden kann. Das Völkerrecht kennt näm-lich keine Hierarchie zwischen internationalen Verträgen. Des-halb kann auch der WTO-Vertrag keineswegs als Obervertrag gelten, dem sich andere Verträge per se unterordnen müssten, wenn ihre Bestimmungen im Widerspruch zum WTO-Vertrag stehen. Eine globale Wirtschaftsliberalisierung, die soziale und ökologische Aspekte als nachrangig behandelt, wird schon des-halb kaum eine ungebrochene Durchsetzungschance haben. Of-fenkundig nimmt, allen Verheißungen zum Trotz, das globale Sozialgefälle zu, seitdem so genannte protektionistische Rege-lungen nationaler Wirtschaften immer mehr einer diesbezüg-lichen Deregulierung Platz machen müssen. In den letzten drei-ßig Jahren ist der Reichtum der »oberen« 20 Prozent gegenüber den »unteren« 20 Prozent der Weltbevölkerung vom Dreißigfa-chen auf das Siebzigfache gestiegen. Der Wirtschafts-Nobel-preisträger des Jahres 2001, Joseph Stiglitz, sagt zu dieser wirt-schaftlichen Globalisierung, dass durch sie »immer mehr Reich-tum« versprochen worden, aber »immer mehr Armut« eingetre-ten sei. Dieses eskalierende Missverhältnis schreit nach einer Revidierung der Prinzipien globaler Wirtschaftsliberalisierung, zu der die Regierungen schon aus schierem Machterhaltungsinteresse zunehmend gezwungen werden – und sei es nur durch die Beachtung des Internationalen Arbeitsabkommens. Ebensolche Widersprüche zwischen völkerrechtlichen Bestimmungen sind im Bereich des Umweltschutzes gegeben. Sie laufen angesichts der fortschreitenden globalen Umweltzerstörung auf Konflikte mit dem WTO-Regime hinaus, die letztlich nur durch den Internationalen Gerichtshof geregelt werden können – und damit den übergreifenden Anspruch des WTO-Vertrages relativieren werden.

Die politiksoziologische Grenze

Diejenigen, die meinen, mit der erfolgreichen vertraglichen Fixierung liberaler Wirtschaftsfreiheit hätten sich die Prinzipien der Globalisierung endgültig durchgesetzt, haben eine naive Zukunftsvorstellung – jedenfalls sind sie von einem Unverständnis politiksoziologischer Prozesse geprägt. Es gibt keine dauerhaften legalisierten Strukturen, wenn diesen die Legitimation bei den Menschen abhanden kommt, weil die Resultate der wirtschaftsliberalen Weltordnung als unzumutbar empfunden werden. Letzteres geschieht regelmäßig dann, wenn die massenhafte Realisierung elementarer gesellschaftlicher Bedürfnisse von dem gegebenen globalrechtlichen Ordnungsrahmen verhindert wird. Dies wird aber zunehmend der Fall sein, weil die globalwirtschaftliche Regelungsdichte – auch wenn sie der Verrechtlichung genereller Deregulierung dient – zwangsläufig zu starr sein wird, um sie jeweils rechtzeitig ändern zu können. Ein einmal vereinbarter internationaler Vertrag ist sehr viel schwerer zu ändern als jede nationale Gesetzgebung. Da die WTO-Verträge aber inzwischen sogar so detailliert geworden sind, dass sie die wirtschaftliche Ordnung der einzelnen Volkswirtschaften bis ins Detail hinein einem einheitlichen Rahmen unterstellen wollen, ist deren allgemeine Legitimationskrise geradewegs vorprogrammiert. Die zunehmenden Proteste gegen eine wirtschaftliche Globalisierung, die als Gleichschaltung von Wirtschaftsordnungen und damit als Außerkraftsetzung eigenstaatlicher Gestaltungsspielräume im Staatensystem wahrgenommen wird, sind bereits jetzt deutliche Vorboten dafür. Es gab solche auch schon unmittelbar mit der Unterzeichnung des WTO-Vertrages im Jahr 1994 in Marrakesch, als es im indischen Bangalore eine Bauerndemonstration mit einer halben Million Teilnehmer gab. Die Proteste von Bangalore bis Seattle und Genua liegen auf derselben Linie. Sie erfassen also Entwicklungs- wie Industrieländer. Der nationalstaatliche Kompetenzverlust in der politischen Regelung wirtschaftlicher Existenzfragen führt damit zu zunehmender Lernunfähigkeit der Wirtschaftsordnungen.

Die fossile Ressourcengrenze

Was für den Bereich der internationalen Institutionen und Verträge gilt, gilt auch für den Bereich der internationalen Unternehmensentwicklung, wenn auch aus anderen Gründen. Als wiederum unumkehrbar werden die laufenden Konzentrationsprozesse betrachtet, die sich in nahezu allen Wirtschaftssektoren abspielen und in ihrer kurzen zeitlichen Folge wie in ihrem Umfang ohne Beispiel sind. Da sich diese Konzentrationsprozesse transnational vollziehen, gibt es auch keine Institution mehr, die noch eine unternehmerische Entflechtung wirklich durchsetzen könnte. Bemühungen nationaler Kartellämter oder auch des EU-Wettbewerbskommissars, bestimmte Unternehmenskonzentrationen zu unterbinden, erscheinen eher als eine vorläufige Haltelinie, die immer weiter und öfter überschritten wird – und sei es dadurch, dass auch in einem oligopolistischen transnationalen Konzentrationsprozess ein Unternehmen nicht dauerhaft dagegen gefeit ist, in Konkurs zu gehen. Die aktuellen Entwicklungen bei Luftfahrtunternehmen sind deutliche Hinweise darauf. Was sich herauskristallisiert, ist zwar eine globale Planwirtschaft unter privatkapitalistischen Vorzeichen – mit transnationalen Unternehmen, die größere Spielräume haben als ganze Volkswirtschaften und auch einen größeren Unternehmensumsatz als das Bruttosozialprodukt von Volkswirtschaften. Und dennoch ist auch diese Entwicklung nicht unumkehrbar, weil es eine dritte Grenze der gegenwärtigen wirtschaftlichen Globalisierung gibt, die die grundlegendste ist:
Die heutige Weltwirtschaft operiert auf einer äußerst fragilen

Ressourcenbasis. Diese Ressourcenbasis war und ist jedoch die wichtigste Triebkraft des generellen wirtschaftlichen Globalisierungsprozesses. Die Fragilität ergibt sich daraus, dass es sich dabei überwiegend – sowohl im Bereich der Energie wie der Rohstoffe – um fossile Ressourcen handelt. Diese haben zwei Grundeigenschaften, die die Zukunftsunfähigkeit der gegenwärtigen »fossilen Weltwirtschaft« demonstrieren, und dies unweigerlich: Diese Ressourcen sind endlich, und bei ihrer Umwandlung in Nutzenergie oder in Produkte entstehen die Umweltschäden, die längst zu einer ökologischen Weltkrise geführt haben. Es gibt darüber hinaus eine dritte Eigenschaft der fossilen Ressourcen, die umso einschneidender wirkt, je mehr diese zur dominierenden stofflichen Grundlage nahezu aller wirtschaftlichen Aktivitäten in allen Volkswirtschaften wurden: Die fossilen Ressourcenreserven sind nur an relativ wenigen Plätzen der Welt zu finden, obwohl sie nahezu überall vermarktet und genutzt werden. Daraus ergibt sich ein nahezu gebieterischer Globalisierungszwang für die Ressourcenbereitstellung, solange die fossile Ressourcenabhängigkeit nicht überwunden ist.

Man hört zwar heute oft die These von der so genannten Entmaterialisierung der Wirtschaft, also einer Volkswirtschaft mit geringerem Ressourcenverbrauch. Es ist jedoch nicht möglich, Häuser, Fahrzeuge und Konsumgüter zu produzieren ohne Stoff- und Energieeinsatz. Und auch die Verteilung von Gütern wird nie ohne Energie möglich sein. Ressourcen sind die physische Basis jedweden Wirtschaftsprozesses. Schon deshalb sind aber trotz aller noch gegebenen Spielräume für eine effektivere Ressourcennutzung die tatsächlichen Möglichkeiten zur Entmaterialisierung begrenzt – nicht zuletzt aufgrund des so genannten und meist übersehenen »Rebound-Effektes«:

Effizienterer Ressourceneinsatz im wirtschaftlichen Prozess bedeutet immer, dass dadurch der relative Kostenanteil für die genutzten Ressourcen sinkt. Dies erlaubt aber immer mehr Menschen den Erwerb zusätzlicher Güter. Ressourceneinsparung im Einzelnen und gleichzeitiger Ressourcenmehrverbrauch im Generellen stehen also vielfach komplementär zueinander, wie die gesamte Entwicklung der Industriellen Revolution der letzten 200 Jahre zeigt. Diese ist eine Geschichte permanenter Effizienz- bzw. Produktivitätssteigerungen bei der Energie- und Rohstoffnutzung und dennoch laufend gesteigerten Materialbedarfs zur Befriedigung bezahlbarer werdender und deshalb wachsender Produkt- und Verkehrsbedürfnisse. Die Menschheit hat in den letzten 50 Jahren etwa doppelt so viel Energie verbraucht wie in der gesamten vorhergehenden Zivilisationsgeschichte. Und die 20 Prozent der Weltbevölkerung in den OECD-Ländern, die im Verhältnis zu den anderen Ländern die relativ höhere Energie- und Materialeffizienz bei der Energie- und Stoffumwandlung haben, verbrauchen aufgrund der beschriebenen Effekte etwa zwei Drittel der globalen Energie- und Stoffangebote.

Dieser – nur auf den ersten Blick widersprüchliche – Prozess ist nur energie- bzw. wirtschaftsideologisch erklärbar. Er wird in der energiewirtschaftlichen Diskussion kaum thematisiert – und ebenso nicht in der Diskussion um die wirtschaftliche Globalisierung. Dies liegt daran, dass nicht nur die Energie- und die Wirtschafts*wissenschaft,* sondern auch die Energie- und die Wirtschafts*politik* von der Prämisse ausgehen, das heutige Energiesystem sei unveränderbar, und die dabei genutzten Energiequellen seien noch für lange Zeit unersetzbar. Hinzu kommt, dass im 20. Jahrhundert (das für die Industrieländer eine Epoche billiger Energie war, mit der ihre Märkte überschwemmt wurden) verlernt wurde, über die Grundfragen der Ressourcenbereitstellung prinzipiell nachzudenken. Dabei wurde der Zusammenhang zwischen Ressourcen und Wirtschaftsstrukturen aus dem Auge verloren – ganz so, als seien die energiewirtschaftlichen Strukturen völlig unabhängig davon, welche Energie angeboten wird. Genau darin liegt der große und entscheidende Irrtum, der die energiewirtschaftliche und -politische Sicht auf Alternativen versperrt und die spezifischen Globalisierungseffekte der fossilen Ressourcenwirtschaft in unzulässiger Weise auf diese Alternativen verallgemeinert. Ein System zur Bereitstellung von Ressourcen muss nämlich dem Fluss der jeweiligen Ressourcenquelle von der Förderung bis zu den Umwandlungsaktivitäten und schließlich zum Ressourcenverbrauch folgen, weil es physikalisch gar keine andere Möglichkeit gibt. Wenn sich aber – je nach Ressource – der Ressourcenfluss grundlegend unterscheidet, verändern sich quasi gesetzmäßig alle Strukturen der Energiebereitstellung – und damit auch die meisten wirtschaftlichen Strukturen.

Die wichtigste Unterscheidung – allem voran für die global-wirtschaftlichen Perspektiven – ist dabei die zwischen fossilen und erneuerbaren Energien. Das Potenzial der erneuerbaren Energien ist nicht an wenigen Plätzen der Welt gelagert, sondern überall – jährlich 20 000-mal mehr als der atomar/fossile Jahresenergieverbrauch! Es besteht vorwiegend aus natürlicher Umgebungsenergie, die mehr oder weniger auch überall mit technischer Hilfe verfügbar gemacht werden kann: Sonnenwärme und -strahlung, Windkraft, Wasserkraft, energetisch und stofflich nutzbare Biomasse. Letztere sind aktuell photosynthetisch hergestellte Kohlenwasserstoffe, deren jährliches Wachstum auf den Vegetationsflächen des Erdballs aus über 200 Milliarden Tonnen Trockenmasse besteht. Sie stehen einer Jahresförderung an fossilen Rohstoffen (Erdöl, Kohle, Gas) – also so genannten Petro-Kohlenwasserstoffen – von etwa 8 Milliarden Tonnen gegenüber. Alles, was für den Energie- und Rohstoffbedarf aus Letzteren produziert werden kann, kann auch mit Biomasse produziert werden. Es bedarf aber völlig anderer Strukturen der Energiebereitstellung.

Bei erneuerbaren Ressourcen steht dem stets dezentralen Ressourcenverbrauch im Regelfall auch ein dezentrales natürliches Ressourcenangebot zur Verfügung. Die Substitution von fossilen durch erneuerbare Ressourcen führt damit zwangsläufig zu einem umfassenden weltwirtschaftlichen Strukturwandel, der den gegenwärtigen Globalisierungsprozess – soweit er von der fossilen Ressourcennutzung vorgeprägt ist – von Grund auf verändert: von überwiegend fernen zu überwiegend regionalen Ressourcen und damit von Ressourcenimporten zu heimischer Ressourcenschöpfung; von wenigen globalen zu zahllosen regionalen Ressourcenanbietern; vom Einsatz verhältnismäßig weniger großer Energieunternehmen zu zahlreichen kleineren; von fossilen Ressourcenlieferanten zu Ressourcenlieferanten aus Land- und Forstwirtschaften; von einer internationalisierten Kette der Bereitstellung von Ressourcen samt ihren Transport- und Verteilungsinfrastrukturen zu kurzen Ketten mit wesentlich geringerem Infrastrukturbedarf – und mit einem Schwerpunktwechsel von Energie liefernden Unternehmen zu solchen, die die Energietechnik für kostenlose Primärenergie der Sonne, des Windes und der Wasserkräfte produzieren und installieren. Ein Gebäude, das seine darin genutzte Energie ausschließlich von der Sonne bezieht, braucht zum Beispiel die dafür notwendige Technik, aber keinen Energielieferanten mehr. Wenn Windstrom oder Photovoltaikstrom den Strom aus fossilen Kraftwerken ablösen, bedarf es keiner Kohle-, Erdöl-, Erdgas- oder Urangesellschaften mehr.

Energiebereitstellung als Determinante der Wirtschaftsstrukturen

Die Geschichte der Industriellen Revolution zeigt, dass deren entscheidende Antriebskräfte zunächst die Dampfmaschine und dann der Verbrennungsmotor waren. Die bevorzugte Energie für die Dampfmaschinen wurde zunächst die Kohle, weil Erdöl noch nicht als Energiequelle erkannt war. Die Dampfmaschine – mit ihren wichtigsten Einsatzgebieten in der industriellen Massenproduktion, in der Dampfschifffahrt und für die Dampflokomotiven, später auch in Kohlekraftwerken – machte eine konzentrierte kommerzielle Energiebereitstellung erforderlich. Mit der Kohlewirtschaft entstand die Energiewirtschaft – und die Kohle wurde darüber hinaus zum wichtigsten Grundstoff der sich im 19. Jahrhundert entwickelnden chemischen Industrie. Indem sich die Industrieländer davon auf Gedeih oder Verderb abhängig fühlten, erhielt die Energiewirtschaft von Anfang an eine privilegierte Stellung. Ihre Rolle als »Staat im Staat« war damit vorprogrammiert. Die fossilen Energieangebote wurden zur entscheidenden Determinante aller weiteren Energieumwandlungstechniken – und diese zur Determinante der gewählten Energiequellen und diese wiederum zur wichtigsten Determinante globaler wirtschaftlicher Strukturen.

Als Erdöl und Erdgas mit ihren Anwendungsvorzügen gegenüber Kohle – insbesondere in den neuen Verbrennungsmotoren – entdeckt wurden, weitete sich die fossile Energiewirtschaft aus. Wegen des wachsenden und sich ausbreitenden Energiebedarfs aus immer ferneren Quellen entstanden die internationalen Ketten der Energiebereitstellung – und damit der

Globalisierungszwang ebenso wie der Zwang zu einer Unternehmenskonzentration. Je länger die Wege, umso aufwändiger wurde der Infrastrukturbedarf. Die dafür notwendigen Kosten wurden nur tragbar durch immer größere Energiemengen mit entsprechenden Transportvolumen. Schon seit Jahrzehnten ist etwa der Suezkanal zu eng, um für die riesigen Öltanker noch befahrbar zu sein. Je länger die Kette und je größer damit die Anzahl der Kettenglieder, desto ineffektiver der Energieeinsatz – ein Umstand, der von der konventionellen Energieökonomie weitgehend verschwiegen wird, die den Effizienzgrad eines Energieträgers nur noch daran misst, wie hoch der Energieverlust im Kraftwerk oder im Motor ist, also in einem isolierten technischen Umwandlungselement. Übersehen werden die Energieverluste bei der Produktion der Fördertechniken, im Kohlebergbau, bei der Öl- und Gasförderung, beim Energietransport (teilweise um den halben Erdball), bei der Energielagerung, im Raffineriebetrieb, bei der Verteilung der Energie zu den Verbrauchern oder bei der Entsorgung von Energieabfällen. Übersehen werden bei den Wirtschaftlichkeitsanalysen die steigenden globalen Umweltschäden; die direkten Energiesubventionen, die für Atomenergie und fossile Energien weltweit etwa 300 Milliarden Dollar jährlich ausmachen; die indirekten Energiesubventionen durch die globale Steuerbefreiung für Schiffs- und Flugtreibstoffe in Höhe von weiteren 300 Milliarden Dollar; die militärischen Sicherheitsaufwendungen zum Schutz etwa der Ölquellen im arabischen Raum, für die die USA pro geliefertem Barrel Öl etwa 100 Dollar bezahlen, ohne dass dies in einer Energierechnung erscheint. Das atomar/fossile Energiesystem legitimiert sich mit einer Effizienzlüge und einer Wirtschaftlichkeitslüge.

Die Energieanbieter wurden die ersten »Global Players« – ein Begriff, der heute in aller Munde ist, der aber jahrzehntelang die berühmten »sieben Schwestern«, also die einflussreichsten Ölmultis, meinte. Diese waren auch die Ersten, die nicht nur eine so genannte »horizontale Integration« durchführten (also flächendeckende Oligopole errichteten), sondern auch eine »vertikale Integration« (also eine Kontrolle des Energiemarktes von der Quelle bis zum Endverkauf). Im Sektor der Elektrizitätswirtschaft wurde die horizontale wie vertikale Konzentration jeweils mit Hilfe nationaler Energiegesetze durchgesetzt. Die seit den Achtzigerjahren – von Großbritannien und den USA ausgehende – Liberalisierung des Strommarktes soll zwar offiziell die vertikale Integration beenden, indem sie die Separierung von Produktion, Stromtransport und Verteilerstrukturen einfordert; tatsächlich hat sie den Konzentrationsprozess, der vorher nur auf nationaler Ebene stattfand, auch im Elektrizitätssektor internationalisiert.

Die Konzentrations- und Monopolisierungslogik ist von den Förderplätzen für Uran und fossile Energien vorprogrammiert. Mehr als die Hälfte der 100 größten Unternehmen der Weltwirtschaft ist überwiegend oder mit großen Anteilen im fossilen Ressourcengeschäft tätig. Aufgrund der zwingenden physischen Abhängigkeit aller Wirtschaftsprozesse von Ressourcen wurde diese zur härtesten Bedingung der Globalisierung. Ausgerechnet diese härteste Bedingung ist aber diejenige, die reversibel ist. Voraussetzung ist der Wechsel zu erneuerbaren Ressourcen, der eine weltweite Diversifizierung der Ressourcengewinnung bedeutet.

Mit erneuerbaren Energien zur Regionalisierung wirtschaftlicher Strukturen

Nicht nur für die Gegenwart wird behauptet, das fossile Energiesystem – das in der zweiten Hälfte des 20. Jahrhunderts um die Atomenergie ergänzt wurde, die nahtlos in das ohnehin schon zentralisierte Energieversorgungssystem passte – sei alternativlos. Für die Geschichte des industriellen Globalisierungsprozesses gilt diese Unterstellung allemal. Tatsächlich war es eher eine technologische Zufälligkeit, nämlich die Entwicklung der Dampfmaschine, die der fossilen Energiewirtschaft den Weg bahnte. Einmal etabliert, war sie wirtschaftlich und politisch einflussreich genug, Alternativen zur Nutzung erneuerbarer Energien nicht zum Zuge kommen zu lassen – schon um einen Struktureinbruch bei der fossilen Energiewirtschaft zu verhindern. Es ist dieser zwar möglich gewesen, vom Kohle- ins Ölgeschäft, vom Öl- ins Erdgas- oder Urangeschäft ein- oder umzusteigen. Es ist aber nicht möglich, vom Anbieter fossiler Primärenergie zu einem für Sonne oder Wind zu werden, weil diese von der Natur kostenlos geliefert werden. Und es ist kaum möglich, vom Konzessionär für Öl zum Konzessionär für Biomasse zu werden – weil dazu die gesamte Land- und Forstwirtschaft aufgekauft werden müsste.

Deshalb blieben immer wieder aufkommende Entwicklungen für erneuerbare Energien liegen oder wurden wieder verdrängt: ob die 1878 auf der Pariser Weltausstellung vorgestellte solare Dampfmaschine, die mit einem Parabolkollektor betrieben wurde; oder die Windstromerzeugung, die 1891 in Dänemark begann; ob der Einsatz von Pflanzenöl, vergaster Biomasse oder von Bioalkohol als Motorenantrieb – obwohl all dies seit Jahrzehnten bekannt und erprobt ist. In meinem Buch *Sonnenstrategie* (1993) bezeichne ich die Ignoranz gegenüber diesen Alternativen als historisches Versäumnis des 20. Jahrhunderts.

Die räumliche Erschließung aller Erdteile von Europa aus – mit dem dafür wichtigsten Ereignis der Entdeckung Amerikas – ermöglichte die erste wirtschaftliche Globalisierung in Form der Kolonialisierung des Erdballs. Dann folgten Beschleunigungen und Intensivierungen des Globalisierungsprozesses durch die von der Industriellen Revolution hervorgebrachten Techniken der Energieumwandlung: Diese machten die Industrieländer immer gefräßiger im Verbrauch von Energie und Rohstoffen. Die regionalen Ressourcen reichten immer seltener aus, und die Ressourcenbedürfnisse wurden mit der technologischen Spezialisierung differenzierter. Fortan ging es immer weniger um Gewürze und Seide aus den Kolonien, immer mehr um deren mineralische Ressourcen. Mit deren Hilfe konnten die industrialisierten Länder ihren Startvorsprung weiter und weiter ausbauen. Sie wurden zu undurchsichtigen Machtkomplexen. Es gibt zahlreiche Analysen über die politisch-industriellen Komplexe im Bereich der Rüstungsproduktion. Doch die grundlegendere Bedeutung kommt den politisch-industriellen Komplexen der Ressourcenwirtschaft zu. Als die Claims der globalen Ressourcenreserven abgesteckt waren und sich die Ressourcenkonzerne global etabliert hatten, konnte auf den klassischen Kolonialismus ohne Betriebsstörung verzichtet werden. Wegen ihres wachsenden Ressourcendurstes wurden die Industrieländer von der Ressourcenwirtschaft ebenso abhängig wie die

Rohstoffländer. Die Ressourcenwirtschaft ist das eigentliche Kontinuum der Weltwirtschaft. Wer Ressourcen importiert, muss Güter exportieren, um sie auf Dauer bezahlen zu können. Mit der Mobilisierung erneuerbarer Energien wird der globale Prozess der Entkoppelung der Räume des Ressourcenverbrauchs von denen der Ressourcengewinnung umgekehrt – hin zu einer räumlichen Rückkoppelung. So wie der Entkoppelungsprozess, der ungebrochen anhält, die heutigen Strukturen der Weltwirtschaft geprägt hat, wird es auch der Rückkoppelungsprozess tun. Im Ergebnis der – wegen der nahenden Erschöpfung fossiler Ressourcen und ihrer globalökologischen Unverträglichkeit in jedem Fall fälligen – Substituierung der gegenwärtigen Weltenergieversorgung durch erneuerbare Ressourcen und der damit einhergehenden Dezentralisierungs- und Regionalisierungslogik der Ressourcenwirtschaft entsteht eine neue Weltwirtschaft. In dieser gibt es zwar einen globalen Technikmarkt, aber regionalisierte Ressourcenmärkte. Das buchstäblich schwärzeste Kapitel der Globalwirtschaft – der Tanz um das »schwarze Gold« der fossilen Ressourcen, die im Falle des Erdöls von Rockefeller, dem ersten globalen Ölmagnaten, als »Tränen des Teufels« bezeichnet wurden – wäre beendet. Ob dies noch rechtzeitig geschieht, bevor Kriege um die sich erschöpfenden fossilen Restressourcen global um sich greifen und aufgrund der fossilen Emissionen irreversibel die globalen Lebensgrundlagen zunichte machen, entscheidet über die Zukunft der Weltzivilisation.

Kapitel 27

Das letzte Wort:
Ein persönlicher Kommentar

Edward Goldsmith

Biografische Angaben zu Edward Goldsmith siehe Kapitel 1.

Die Entwicklung der globalisierten Wirtschaft, die mit der Unterzeichnung des Abschlussabkommens der Uruguay-Runde und der Gründung der WTO institutionalisiert wurde, sollte, wie uns versichert wurde, eine Ära beispiellosen Wohlstands für alle einleiten. Tatsächlich jedoch ist diese Versicherung, wie die Beiträge in diesem Buch zu zeigen versuchen, auf keinerlei Fakten gegründet. Im Gegenteil: Für den größten Teil der Menschheit bedeutet die Globalisierung der Wirtschaft nur eine beispiellose Zunahme an Unsicherheit, Arbeitslosigkeit, Armut, Krankheit, Unterernährung und Umweltzerstörung.

Wer eine moderne Ausbildung genossen hat, wird nicht leicht verstehen, warum das so ist. Uns allen wurde beigebracht, dass wirtschaftliche Entwicklung, gemessen an einem kontinuierlich wachsenden BSP, der Schlüssel zu weltweitem Wohlstand und menschlichem Wohlbefinden ist. Daher müssen größtmögliche Anstrengungen unternommen werden, um das BSP maximal zu steigern, und das heißt, so viel wie möglich in wissenschaftliche und technische Innovation zu investieren. Dabei wäre dafür zu sorgen, dass das ganze Entwicklungsprojekt von immer größeren und »effizienteren« Konzernen gemanagt wird, die einen immer größeren und »freieren« Markt beliefern.

Genau dies ist in den vergangenen 50 Jahren jedoch geschehen, und die ganze Zeit war Entwicklung das überragende Ziel der Regierungen auf der ganzen Welt. Billionen Dollar sind inzwischen von multinationalen Entwicklungsbanken, bilateralen Hilfsorganisationen und privaten Unternehmen in Entwicklungsprojekte gepumpt worden. Neue Technologien haben sowohl die Landwirtschaft als auch die Industrie und den Dienstleistungssektor völlig verändert. Zölle wurden drastisch reduziert und kleine Unternehmen, die für den Binnenmarkt produzierten, wurden systematisch durch riesige transnationale Konzerne ersetzt, die einen kontinuierlich wachsenden Weltmarkt versorgen. In der Folge hat sich das BSP der Welt versechsfacht und der Welthandel verzwölffacht. Wenn die konventionellen Theorien stimmten, müsste die Welt inzwischen ein wahres Paradies sein. Armut, Arbeitslosigkeit, Unterernährung, Obdachlosigkeit, Krankheiten und Umweltzerstörung wären dann nur noch ferne Erinnerungen aus unserer barbarischen und unterentwickelten Vergangenheit. Aber das Gegenteil ist leider der Fall. Nie waren die genannten Probleme ernster und weiter verbreitet.

Durch die Gründung der WTO haben die Regierungen natürlich den Prozess der globalen wirtschaftlichen Entwicklung weiter beschleunigt. Sie haben ohne Rücksicht auf die sozialen, ökologischen und moralischen Folgen alle vorstellbaren Beschränkungen für den Handel und auch für fast alle anderen Operationen der transnationalen Konzerne, die den Welthandel beherrschen, aufgehoben. Mit anderen Worten, anstatt die unwiderlegbaren empirischen Beweise zu akzeptieren, dass diese Politik die Probleme nur verschärfen kann, mit denen wir konfrontiert sind, bestehen die Regierungen unter dem Druck der transnationalen Konzerne darauf, sie auch weiterhin zu verfolgen.

Wenn wir die genannten Probleme wirklich lösen wollen, wie es die meisten Menschen wahrscheinlich von Herzen wünschen, muss die Gesellschaft genau den entgegengesetzten Weg einschlagen. Anstatt auf die Schaffung einer einzigen globalen Wirtschaft hinzuarbeiten, die von riesigen und immer weniger kontrollierbaren transnationalen Konzernen kontrolliert wird, müssen wir eine Vielfalt locker miteinander verbundener kommunaler Wirtschaftssysteme anstreben. Diese sollten von viel kleineren Unternehmen gebildet werden, die vor allem (aber nicht ausschließlich) lokale oder regionale Märkte versorgen.

Mit anderen Worten, wir sollten nicht wirtschaftliche Globalisierung anstreben, sondern *wirtschaftliche Lokalisierung.* Wenn ich dies sage, befürworte ich in der Praxis ein Zurückschrauben der Globalisierung und sogar der gesamten ökonomischen Entwicklung, von der die Globalisierung nur die logische Folge ist. Die bedeutet jedoch keinen Rückfall in die Vergangenheit. Wir sind unauslöschlich geprägt durch die Erfahrungen des Industriezeitalters, und die lokalen Wirtschaftssysteme, die wir anstreben, können keine sklavische Imitation der Systeme sein, die früher existiert haben. Da jedoch bis vor relativ kurzer Zeit die Wirtschaftssysteme größtenteils lokal waren, müssen die mit diesen Systemen gemachten Erfahrungen natürlich sorgfältig analysiert werden. Wer verstehen will, warum die wirtschaftliche Entwicklung, die letztlich zwangsläufig zur Globalisierung führt, zurückgeschraubt werden muss, der sollte sehr viel genauer als bisher untersuchen, was sie wirklich bedeutet und was ihre unvermeidlichen Folgen sind.

In etwa 95 Prozent unserer Existenz auf diesem Planeten wurden sämtliche Funktionen, die heute vom Staat und den Unternehmen wahrgenommen werden, von Familien, oder vielleicht genauer gesagt, von Haushalten und Gemeinschaften erfüllt. Die Haushalte erzeugten den größten Teil ihrer Nahrungsmittel selbst, während kompliziertere Aufgaben die Zusammenarbeit zwischen verschiedenen Haushalten und manchmal der ganzen Gemeinschaft erforderten. Auch ihre Kleidung und andere Artefakte erzeugten die Haushalte größtenteils selbst, und was sie nicht selbst herstellen konnten, erwarben sie in der Gemeinschaft. Sie erzogen die Jungen und versorgten Alte und Kranke. Die Gemeinschaft sprach Recht, erhielt die Sozialordnung aufrecht und sorgte dafür, dass die traditionellen religiösen Zeremonien ordnungsgemäß durchgeführt wurden. Sie war also weitgehend autark und tatsächlich selbstbestimmt.

Wie Jeremy Rifkin berichtet, erzeugten laut dem Sozialhistoriker Harry Braverman noch 1890 selbst die Familien in den hoch industrialisierten Regionen der USA – etwa in den Kohle- und Stahlrevieren von Pennsylvania – noch immer praktisch all ihre Nahrungsmittel selbst: Über die Hälfte der Familien züchtete ihr eigenes Geflügel, hielt Vieh und baute Gemüse an; nur Kartoffeln wurden auf dem Markt gekauft.

Natürlich waren auch die Gemeinden in Neuengland ursprünglich selbstbestimmt, wie von Alexis de Tocqueville in seinem Werk *Über die Demokratie in Amerika* ausführlich bezeugt wird; in Teilen von Ostfrankreich und in der Schweiz sind sogar heute noch Gemeinden weitgehend selbstbestimmt (Layton, 1995).

David Korten bezeichnet das fast gänzlich ohne Geld auskommende Wirtschaftssystem von Haushalt und Gemeinwesen als »das soziale Wirtschaftssystem«. Für ihn sind »soziale Wirtschaftssysteme von Natur aus lokal und funktionieren ohne Löhne, ohne Geld und ohne Markt«. Aus diesem Grund tauchen sie in der nationalen Einkommensstatistik nicht auf und leisten keinen Beitrag zum messbaren Wirtschaftswachstum. Sie werden von den Politikern unterbewertet, für die nur Tätigkeiten im Rahmen der Marktwirtschaft als Beitrag zur nationalen Produktion zählen. Doch sie hatten eine wichtigere Funktion. Laut Korten »dient gerade die Durchführung dieser Tätigkeiten der Aufrechterhaltung der sozialen Bindungen von Vertrauen und gegenseitiger Verpflichtung, dem ›sozialen Kapital‹ der Gemeinschaft« (Korten, 1994).

Korten verweist zudem darauf, dass »ein beträchtlicher Anteil des Wirtschaftswachstums in den letzten Jahrzehnten einfach nur aus einer Verlagerung von Funktionen der sozialen Gemeinschaft – die nicht zum BSP gerechnet wurden – auf die Marktwirtschaft resultierte, wo sie zum BSP gerechnet werden«. Man könnte hinzufügen, dass es genau diese Verlagerung ist, um die es bei Wirtschaftswachstum oder Entwicklung überhaupt geht. Früher selbst erzeugte Güter wie Nahrung und Kleidung müssen nun gekauft werden; Kinder und Jugendliche werden in Kindergärten, Schulen und Universitäten aufgezogen und ausgebildet, die nach dem neuen GATS-Abkommen der WTO jetzt auch noch privatisiert werden sollen; Alte und Kranke werden in speziellen Heimen und Krankenhäusern versorgt, die jetzt ebenfalls privatisiert werden, usw. Auf diese Weise werden alle genannten und viele weitere wichtige Funktionen aus ihrem natürlichen sozialen Kontext gerissen, in Waren verwandelt und zunehmend privatisiert, wodurch sie für die Armen und Bedürftigen immer weniger erschwinglich werden. So können die Familien und Gemeinwesen, ihrer natürlichen Funktionen beraubt, nur verkümmern, und zurück bleibt eine atomisierte Gesellschaft. Diese besteht aus entfremdeten Menschen, die unter sozialem Entzug leiden und deren einzig noch verbliebene Funktionen das Produzieren und Konsumieren sind. Wie Familien und Gemeinschaften bis vor kurzem noch weitgehend in der Lage waren, ohne Eingriffe durch staatliche Behörden oder Konzerne für sich selbst zu sorgen, so waren es auch die hochkomplexen Ökosysteme, aus denen die Natur besteht. Es sind vor allem die unschätzbaren Leistungen, die diese Systeme durch ihr normales Funktionieren erbringen, denen wir Menschen genau wie alles andere Leben auf dem Planeten unsere Existenz verdanken.

Mit fortschreitender Entwicklung werden diese entscheidenden Funktionen ebenfalls vom Staat und den Konzernen übernommen. So wird der Stickstoff, mit dem wir unser Land düngen, zunehmend für teures Geld in Fabriken hergestellt, anstatt dass er von den Pflanzen aus der Luft entnommen und durch die Bakterien in den Wurzeln von Leguminosen gebunden wird. Auch unser Wasser wird immer seltener umsonst als Grundwasser aus der Erde entnommen, sondern immer häufiger in großen, künstlich angelegten Stauseen gespeichert und von dort aus verteilt.

Manche Wirtschaftswissenschaftler halten es gar nicht für sinnvoll, den Ausstoß von Treibhausgasen zu reduzieren, der inzwischen ein solches Ausmaß angenommen hat, dass er eine schwere Bedrohung für die Stabilität des Weltklimas darstellt. Sie schlagen vor, natürliche Funktionen der Erde durch riesige geotechnische Projekte zu ersetzen (und folgsame Naturwissenschaftler stimmen ihnen zu). An erster Stelle steht ein Projekt, bei dem 50 000 Spiegel mit einer Fläche von je 100 Quadratkilometern im Weltraum stationiert werden, um das Sonnenlicht zurück in den Raum zu reflektieren und den Planeten kühl zu halten. Mit anderen Worten, wirtschaftliche Entwicklung ist nicht nur die systematische Verlagerung der Funktionen, die vom »sozialen Gemeinwesen« früher umsonst wahrgenommen wurden, auf das formale System der Geldwirtschaft, sondern auch eine Verlagerung der Funktionen des »großen Wirtschaftssystems«, wie Wendell Berry das Gesamtsystem der natürlichen Umwelt einmal genannt hat, auf technische Systeme.

Die Folgen solcher Anstrengungen sind natürlich dramatisch. Sie können nur den Untergang des »sozialen Gemeinwesens« bedeuten, da Haushalt und Gemeinde – seine Grundbausteine – verkümmern müssen, weil sie nicht mehr genutzt werden. Außerdem verheißen sie auch den Untergang des »großen Wirtschaftssystems«, das immer weniger in der Lage ist, seine natürlichen Funktionen zu erfüllen. Diese Funktionen können jedoch, wie ich darlegen werde, einzig und allein durch das natürliche System effektiv und nachhaltig erfüllt werden.

Die Desintegration der Gemeinde und ihre Folgen

Die Familie war bis vor kurzem stets die Grundeinheit des gesellschaftlichen Lebens, doch es handelte sich dabei um die Großfamilie, die auch Personen umfasste, die zum Haushalt gehörten, aber nicht miteinander blutsverwandt waren. Dies ist ein fundamentaler Unterschied zu der verstümmelten Kernfamilie, die heute die Regel ist. Zudem war die Großfamilie der Vergangenheit ein integraler Bestandteil der Gemeinschaft, in der all ihre Mitglieder lebten und arbeiteten – und mit der sie praktisch verschmolz, anstatt wie heute eine Insel der inneren Solidarität in einer riesigen, gleichgültigen Nicht-Gesellschaft zu bilden. Aus diesen und ähnlichen Gründen sollten wir unser altes Vorurteil gegen die unersetzliche Institution der Familie überwinden, obwohl wir sie als tyrannisch und beengend zu sehen pflegten und obwohl ihre Tugenden bisher vor allem von geistlosen rechten Politikern gerühmt wurden, deren Politik nur zu weiterer sozialer Auflösung geführt hat.

Fast dasselbe kann über die Gemeinde gesagt werden, die ebenfalls in Ungnade gefallen ist. Sie ist eine grundlegende, man könnte auch sagen natürliche, Einheit der sozialen Organisation – das muss sie offensichtlich sein, denn wir haben während unserer gesamten biologischen, psychologischen und kognitiven Evolution in Großfamilien und Gemeinschaften gelebt. Für Alexis de Tocqueville, den großen Analytiker der städtischen Demokratie in Neuengland, war die Gemeinde etwas Natürliches, sie war gottgegeben. »Der Mensch mag Königreiche schaffen«, schrieb Tocqueville, »doch die Gemeinde scheint mir aus Gottes Hand zu stammen« (Tocqueville, 1981).

Interessanterweise können die meisten wichtigen sozialen und wirtschaftlichen Funktionen anscheinend nur auf Haushalts- und Gemeindeebene effektiv wahrgenommen werden – wenn auch diese sozialen Einheiten, um dies zu leisten, natürlich ausreichenden Zusammenhalt, eine entsprechende Weltanschauung und die notwendigen Ressourcen besitzen müssen.

Nehmen wir ein offensichtliches Beispiel. Eines der massivsten Probleme unserer heutigen Gesellschaft ist die Zunahme von sozialen Störungen wie Kriminalität, Drogensucht, Alkoholismus und allgemeiner Gewalt. In Gesellschaften, die noch nicht völlig zerfallen sind, sind diese Probleme auffällig selten. So kann sich ein Besucher beispielsweise in den ärmsten Slums von Kalkutta, wo eine Vielzahl von Obdachlosen auf der Straße schläft, weitgehend sicher bewegen. Dies rührt daher, dass die Bewohner dieser Viertel nicht unter der schrecklichen sozialen Deprivation leiden, die für die atomisierte Gesellschaft typisch ist. Sie sind vielleicht sehr arm und leiden womöglich Hunger, aber das Leben, das sie innerhalb ihrer Familiengruppen führen, hat einen Sinn für sie – was bei den meisten Menschen in den Städten der industrialisierten Welt heute nicht mehr der Fall ist.

In einer traditionellen Gemeinschaft wird die Sozialordnung zudem durch eine extrem mächtige Kraft aufrechterhalten: die öffentliche Meinung. Sie ist von traditionellen Werten geprägt und reduziert Verbrechen und andere soziale Störungen auf ein Minimum. Uns wurde beigebracht, den Druck der öffentlichen Meinung als unerträgliche Einmischung in unser Leben zu betrachten. Einer der großen Vorteile, die man als anonymer Einwohner einer großen, modernen Stadt genießt, besteht darin, dass sie uns von der »Tyrannei der öffentlichen Meinung« befreit, die uns alle Arten von Verpflichtungen gegenüber Familie, Gemeinde, Gesellschaft und Ökosystem auferlegt.

Bis heute hat jedoch niemand eine alternative Strategie zur Beherrschung des Verbrechens und anderer Störungen, also zur Aufrechterhaltung der Sozialordnung, entwickelt. Der Staat kann immer mehr Polizisten beschäftigen, Milliarden für ein immer aufwändigeres Rechtssystem ausgeben und immer mehr

Gefängnisse bauen, aber all dies hat wenig Auswirkungen – und es ist in jedem Fall nur ein Mittel, das die Symptome einer sozialen Krankheit verdeckt. Sie wird durch diese Anstrengungen nur etwas erträglicher gestaltet, zugleich jedoch verlängert. Da heute durch die globalisierte Wirtschaft immer mehr Menschen an den Rand der Gesellschaft gedrängt werden, kann sich die soziale Krankheit natürlich nur verschlimmern und auch auf Gebiete übergreifen, in denen sie zuvor noch fast gänzlich unbekannt war. Fast dasselbe gilt auch für die anderen ernsten Probleme unserer modernen Gesellschaft – Armut, Unterernährung, Vernichtung der natürlichen Ressourcen, Bevölkerungsexplosion usw.

Gemeinde und Demokratie

Wenn die Bekämpfung von Kriminalität und anderen sozialen Störungen nur auf kommunaler Ebene erfolgreich sein kann, muss das auch für die demokratische Staatsform gelten. Wenn Demokratie »Regierung durch das Volk für das Volk« sein soll, dann fällt es schwer, das politische System, in dem wir leben, als wirklich demokratisch zu betrachten. Beschränkt sich doch der Beitrag der meisten Staatsbürger darauf, alle paar Jahre einen Kandidaten zu wählen, auf dessen politische Praxis sie dann in der folgenden Zeit absolut keinen Einfluss mehr haben. Dies ist insbesondere heute der Fall, da die Wirtschaft sich immer besser auf die Kunst versteht, Wahlergebnisse durch massive und immer raffiniertere Werbekampagnen zu beeinflussen, sodass inzwischen Regierungen auf der ganzen Welt eher die Interessen der Wirtschaft vertreten als die ihrer Wähler.

Wenn wirklich »das Volk« regieren soll, dann müssen die Bürger selbst an den alltäglichen Regierungsgeschäften beteiligt sein, und dies ist selbstverständlich nicht auf nationaler und schon gar nicht auf globaler Ebene, sondern nur auf lokaler Ebene möglich, wo man einander kennt, einander regelmäßig begegnet und sich derselben Gemeinschaft zugehörig fühlt.

Auch Jefferson hat stets betont, dass nur die persönliche Beteiligung an der kommunalen Verwaltung den Bürger befähigt, das, was er für seine unmittelbaren, persönlichen Interessen hält, dem Gemeinwohl unterzuordnen. Er sprach sich dafür aus, Staaten in lokale Bezirke aufzuteilen, deren Größe ihren Bürgern eine echtes Zusammenwirken und eine Beteiligung an der kommunalen Verwaltung ermöglichte. Wie schon die alten Griechen identifizierte auch Tocqueville »Freiheit mit Selbstbestimmung und vertrat die Ansicht, dass Demokratie die Freiheit fördert, und zwar genau deshalb, weil sie dem Bürger die Teilnahme an der kommunalen Regierung ermöglicht« (Boesche, 1987). Tocqueville schrieb auch, dass diese Bedingungen im demokratischen System der neuenglischen Städte weitgehend erfüllt seien: »Weil jeder Bürger an ihren Angelegenheiten beteiligt ist, ist er mit ihren Interessen verbunden; der Wohlstand, den sie ihm sichern, festigt seine Wertschätzung; und ihr Wohl ist das Ziel seiner Pläne und künftigen Anstrengungen« (Herith, 1986).

Das Schweizer Regierungssystem kann ebenfalls als Modell dienen. Es basiert schon seit je auf der Kommune oder Gemeinde, die nahezu autonom und selbstbestimmt ist. Traditionell entscheidet sie, welche Steuern zu entrichten sind und wie die Gemeinschaft das ihr zugeteilte Geld ausgeben soll. Sie kontrolliert außerdem aktiv die kommunale Verwaltung, deren Projekte und Ausgaben sie ablehnen kann, und sie kümmert sich um Bereiche wie den öffentlichen Dienst, die Grundschulbildung, die lokale Polizei und die Sozialhilfe für Arme und Kranke. Wirklich wichtige Entscheidungen werden durch Abstimmung aller Bürger auf Gemeinde- oder Kantonsebene getroffen.

Bezeichnenderweise existierten die Gemeinden schon lange vor den Kantonen, aus denen der Schweizer Bundesstaat heute besteht. Zwar schlossen sich die Gemeinden in einem bestimmten Tal gelegentlich zu lockeren Organisationen oder Bünden zusammen. Es war jedoch erst im Zuge der napoleonischen Eroberungen Anfang des 19. Jahrhunderts, dass diese Bündnisse zu Kantonen erhoben wurden, und noch später, dass sie sich zum Bundesstaat zusammenschlossen. Auch danach jedoch hatte die Zentralregierung traditionell relativ wenig Macht, zum Teil, weil das Staatsoberhaupt jeweils nur für ein Jahr gewählt wird, und zum Teil auch, weil die politische Macht von Regierung und Parlament durch Formen der direkten Demokratie (Volksbegehren, Referendum etc.) eingeschränkt ist.

Unglücklicherweise kann dieses Regierungssystem die wirtschaftliche Entwicklung nicht überleben, die notwendigerweise zur Aufgabe der lokalen Selbstversorgung und zur Verwandlung ehemals selbstbestimmter Kommunen in Schlafstädte führt, die sich nicht mehr selbst regieren können. Tatsächlich sind die früher üblichen Gemeindeversammlungen aller Bürger in letzter Zeit eingestellt worden, und während die Macht einst eher bei den Kommunen lag, sind es inzwischen mehr und mehr die Bundesregierung und die transnationalen Konzerne, die das wirtschaftliche und soziale Leben im Land bestimmen.

Nachdem viele Staaten durch die Unterzeichnung des Schlussabkommens der Uruguay-Runde, des GATT und die Gründung der WTO die Zuständigkeit für ihre wirtschaftlichen Angelegenheiten an eine De-facto-Weltregierung delegiert haben, werden die Entscheidungen von Menschen getroffen, die von den Betroffenen weit entfernt sind und nicht mehr den Interessen der Normalbürger, sondern denen der transnationalen Konzerne dienen. Mit anderen Worten, wir haben uns noch weiter von wahrer Demokratie entfernt.

Allein aus diesem Grund, und es gibt noch viele weitere, ist echte Demokratie – als Regierung durch ein lockeres Bündnis fast gänzlich selbstbestimmter Gemeinden – nur möglich, wenn die Wirtschaft ebenso dezentral strukturiert ist. Politische Lokalisierung erfordert *wirtschaftliche Lokalisierung* (der Umkehrschluss trifft natürlich ebenfalls zu), und die Steuerung der Wirtschaft ist eine weitere Funktion, die primär auf Gemeindeebene erfüllt werden sollte.

Wirtschaftliche Unabhängigkeit

Relative wirtschaftliche Unabhängigkeit ist eine weitere Voraussetzung wahrer Demokratie. Es ist nicht verwunderlich, dass Thomas Jefferson die Ansicht vertrat, politisch selbstbestimmte Gemeinden müssten auch wirtschaftlich weitgehend unabhängig sein und zumindest Kleidung, Nahrung und Wohnung selbst erzeugen. Dies galt ihm als unverzichtbar, um die Ehrlichkeit, den Fleiß und die Ausdauer zu fördern, auf die sich Demokratie gründen muss. Mahatma Gandhi stimmte mit dieser Ansicht völlig überein. Nach dem Prinzip der *swadeshi* (einheimischen Produkte), das in Gandhis Philosophie zentral ist, müssen die Ressourcen aus dem eigenen Gebiet geschöpft und dürfen nicht aus anderen Gebieten eingeführt werden.

Professor Ray Dasmann von der University of California in Santa Cruz sagt dasselbe mit anderen Worten. Er unterscheidet zwischen dem Ökosystem-Menschen, der von seinem lokalen Ökosystem lebt, und dem »Biosphären-Menschen«, der von der gesamten Biosphäre lebt. Für ihn ist unsere Gesellschaft nur dann wirklich nachhaltig, wenn wir lernen, wieder Ökosystem-Menschen zu werden.

Traditionelle Gemeinschaften sind sehr gut in der Lage, auf erstaunlich nachhaltige Weise von ihrem Ökosystem zu leben. Im Gegensatz zu exportorientierten Konzernen, die den Boden ausbeuten und den Ort wechseln, wenn er keine Erträge mehr abwirft, haben traditionelle Gemeinschaften keinen anderen Boden zur Verfügung. Außerdem haben sie kulturelle Muster entwickelt, die es ihnen erlauben, nachhaltig zu wirtschaften. Ganz offensichtlich haben Menschen, die jahrhundertelang am selben Ort leben, Techniken zur Nahrungsmittelproduktion entwickelt, die es ihnen ermöglichen, optimalen Gebrauch von ihren Ressourcen zu machen, und sie sorgen auch dafür, dass diese Techniken angewandt werden. Mit anderen Worten, sie allein besitzen das erforderliche Wissen und die Fähigkeiten, an ihrem Ort zu leben.

Aufgeschlossene Leute, die untersucht haben, wie lokale Gemeinschaften in traditionellen Gesellschaften Landwirtschaft treiben, haben bestätigt, dass es sich so verhält. Jedenfalls gilt dies für die Agrarexperten, die Ende des 19. Jahrhunderts von der britischen Regierung ausgeschickt wurden, um zu sehen, wie die indischen Ackerbaumethoden verbessert werden könnten. Sowohl A. O. Hume als auch J. A. Voelcker kamen zu dem Ergebnis, dass die traditionelle Landwirtschaft der Inder den örtlichen Bedingungen perfekt angepasst war und nicht verbessert werden konnte (Hume, 1878; Voelcker, 1893). Sehr zum Ärger der britischen Behörden sagte Voelcker sogar, dass es ihm leichter fallen würde, Verbesserungen für die britische statt für die indische Landwirtschaft vorzuschlagen.

Selbst die Weltbank, die die Modernisierung der Landwirtschaft in den Entwicklungsländern stark vorantrieb, gab in einem ihrer Berichte zu, dass Kleinbauern in Afrika »ihre Ressourcen – Boden, Kapital, Düngemittel und Wasser – hervorragend verwalten« (The World Bank, 1981). Warum dann trotzdem modernisieren und die Kleinbauern in Slums abschieben? Wie der Bericht offen zugibt, lautete die Antwort, dass »bäuerliche Subsistenzwirtschaft mit der Entwicklung des Marktes unvereinbar ist«, und der Markt geht natürlich vor.

Aus den genannten Gründen ist es am besten, die Gemeinde so zu betrachten, wie sie in traditionellen Gesellschaften immer gesehen wurde – als eine Einheit, die nicht nur ihre menschlichen Mitglieder umfasst, sondern auch das Ökosystem, dessen Bestandteil sie ist, mit all seinen Lebewesen. Wendell Berry vertritt genau diese Vorstellung von Gemeinde. »Wenn wir von einer gesunden Gemeinde sprechen«, schreibt er, »können wir nicht von einer Gemeinschaft sprechen, die nur aus Menschen besteht. Wir sprechen von Menschen, die an einem bestimmten Ort in Nachbarschaft leben, *und* von dem Ort selbst, dem Boden, dem Wasser, der Luft und all den Familien und Stämmen nichtmenschlicher Lebewesen, die ihn bewohnen.« Mehr noch, nur wenn diese ganze Gemeinschaft gesund ist, »können auch ihre Mitglieder auf eine nachhaltige Weise körperlich und geistig gesund sein und bleiben« (Berry, 1987). Daraus folgt, dass eine menschliche Gemeinschaft exklusiven Zugang zu dem Reichtum haben sollte, der ihrem lokalen Ökosystem entspringt; denn nur beides zusammen konstituiert eine echte Gemeinschaft, wie Berry sie versteht.

Wenn den Gemeinschaften diese weitgehend exklusive Nutzung ihrer natürlichen Reichtümer entzogen wird, wenn sie privatisiert und für jeden Neuankömmling, insbesondere jedoch für vagabundierende transnationale Konzerne geöffnet werden – Bedingungen, die oberflächlich gesehen sehr wünschenswert und höchst »demokratisch« erscheinen –, hat dies unweigerlich ihre Ausbeutung und schnelle Zerstörung zur Folge. Genau dies passiert, wenn wir die Wirtschaft globalisieren.

Damit sind wir bei dem vielleicht wichtigsten Argument für die Rückkehr zu lokalen, auf der Gemeinschaft basierenden Wirtschaftssystemen. Die Umwelt wird durch die gegenwärtigen Auswirkungen unserer wirtschaftlichen Aktivitäten so schnell zerstört, dass sie rapide die Fähigkeit verliert, komplexe Lebensformen wie die Gattung Mensch am Leben zu erhalten. Diese Auswirkungen weiter zu verschärfen, wie es durch die Globalisierung einer auf Freihandel beruhenden Wirtschaft geschieht, ist deshalb sowohl unverantwortlich als auch zynisch. Die einzig verantwortliche Politik bestünde darin, die negativen ökologischen Auswirkungen drastisch zu verringern. Diese Möglichkeit besteht jedoch nur, wenn sich das Wirtschaftssystem durchsetzt, das die meisten Autoren dieses Buchs vorschlagen, nämlich ein Wirtschaftssystem, in dem die wirtschaftliche Tätigkeit auf ein viel niedrigeres Niveau zurückgeschraubt wird und vor allem der Versorgung regionaler oder lokaler Märkte dient.

Die große Machtverschiebung kann eindeutig nicht unendlich weitergehen. Schon jetzt sind Staaten und Konzerne immer weniger in der Lage, die Funktionen zu erfüllen, die sie von Familie und Gemeinschaft übernommen haben. Was sie noch leisten, fällt immer weniger ins Gewicht. Dies gilt auch für die Übernahme von Funktionen, die früher von den Ökosystemen und der Biosphäre der Erde erfüllt wurden und von denen das Leben auf der Erde abhängig ist.

Wenn zum Beispiel das Weltklima stabilisiert werden soll, ist das nicht durch die absurden geotechnischen Projekte zu leisten, die manche Wissenschaftler vorgeschlagen haben, sondern nur durch eine drastische Verminderung des Ausstoßes von Treibhausgasen und eine ähnlich drastische Verbesserung der Absorptionsfähigkeit der Biosphäre für Kohlendioxid, das wichtigste Treibhausgas. Dies bedeutet, den stark dezimierten Wäldern und den erodierten Böden auf dem Festland sowie dem stark gefährdeten Phytoplankton in den Ozeanen eine Erholungspause zu verschaffen, was nur möglich ist, wenn wir die umweltschädlichen Auswirkungen unserer Aktivitäten ausreichend reduzieren. Mit anderen Worten, die globale Wirtschaft muss durch eine lokalisierte Wirtschaft ersetzt werden, die einen sehr viel geringeren Bedarf an Energie und Ressourcen hat.

Ein weitere wichtige Funktion, die insbesondere der Staat nicht mehr erfüllen kann, ist die Versorgung der Bedürftigen. Schon bevor die globalisierte Wirtschaft formell institutionalisiert wurde, wuchsen die Kosten der bezahlten Sozialleistungen in vielen Industriestaaten schneller als das BSP und konnten offensichtlich nicht mehr lange getragen werden. Heute jedoch wird der Wohlfahrtsstaat systematisch durch bezahlte, vermarktete Dienstleistungen ersetzt, um die Konkurrenzfähigkeit zu erhöhen. Diese Dienstleistungen stehen nur noch einer Minderheit zur Verfügung, die sie auf dem freien Markt kaufen kann, obwohl der Bedarf an Sozialleistungen gleichzeitig gewaltig wächst, da sich durch die wirtschaftliche Globalisierung die Zahl der Bedürftigen vermehrt.

Eine weitere zentrale Funktion, die der Staat und die Konzerne immer weniger erfüllen können, ist die Versorgung der Bevölkerung mit den notwendigen Mitteln zur Deckung ihrer grundlegenden materiellen Bedürfnisse, eine Versorgung, die in der modernen Welt nur durch Arbeitsplätze zu bewerkstelligen ist. Heute ist klar, dass die globalisierte Wirtschaft mit einem Bruchteil ihrer derzeitigen Arbeitskräfte auskommen könnte und dass sie auf die unvergleichlich größere Masse marginalisierter Menschen, die schon in ein paar Jahren Arbeit suchen werden, noch leichter verzichten kann. Laut einem Artikel in *Le Monde Diplomatique* zum Beispiel wird die amtlich erfasste Volkswirtschaft der Elfenbeinküste in ein paar Jahren nur noch 6 Prozent der erforderlichen Arbeitsplätze zu bieten haben, und dieses Land ist sicherlich kein Einzelfall.

Zudem geht, vor allem infolge einer ganzen Reihe von Strukturanpassungsprogrammen (siehe Kapitel 10), die Kaufkraft der noch beschäftigten Arbeitskräfte drastisch zurück. Dies gilt zunehmend auch für die industrialisierte Welt, wo Gehälter gekürzt sowie langfristige Arbeitsverträge durch befristete Verträge, Vollzeitarbeit durch Teilzeitarbeit und Männer durch schlechter bezahlte Frauen ersetzt werden. Es versteht sich von selbst, dass Leute, die keine Arbeit mehr haben und keine Sozialleistungen mehr bekommen oder mit Hungerlöhnen bezahlt werden, nicht gerade viele Güter und Dienstleistungen kaufen können, während der Computer – der viele Arbeitskräfte ersetzt – als Verbraucher völlig ausfällt. Wenn der Verbrauch jedoch zurückgeht, kann die offizielle (amtlich erfasste) Wirtschaft noch weniger Arbeitsplätze bieten, der Verbrauch geht noch weiter zurück, und es gehen noch mehr Arbeitsplätze verloren. Wir haben es hier mit einer echten Kettenreaktion zu tun, die sich so lange fortsetzen wird, bis die offizielle Wirtschaft für den größten Teil der Menschen auf diesem Planeten als relevante Quelle von Arbeitsplätzen, Nahrungsmitteln und anderen Gütern oder Dienstleistungen ausfallen wird. Mit anderen Worten, die offizielle Wirtschaft marginalisiert so viele, *dass sie sich am Ende selbst marginalisieren wird.*

All dies bedeutet, dass viele dazu gezwungen sein werden, außerhalb der offiziellen Wirtschaft überleben zu lernen. Unter diesen Bedingungen sind LETS oder Komplementärwährungen, wie sie heute schon vielerorts existieren, keine bloßen Kuriositäten mehr, die bisher nicht ernst genommen wurden, weil sie zu klein erschienen, um einen relevanten Beitrag zur Lösung der immer gravierenderen Probleme zu leisten. Vielmehr könnten gerade sie die Grundlage für einen Wiederaufbau der lokalen Wirtschaftssysteme bilden und damit helfen, das Vakuum zu füllen, das durch die wachsende Irrelevanz der offiziellen Wirtschaft für das Leben der Menschen entsteht.

Aus diesen Gründen sollten wir keine Anstrengung scheuen, um solche Projekte zu unterstützen. Außerdem werden sich die meisten Menschen, wenn sie durch die globale Wirtschaft marginalisiert oder gar in die Armut getrieben werden, nicht einfach ruhig hinsetzen und verhungern. Viele werden zweifellos gegen die großen Konzerne revoltieren, die ihre Ressourcen verbrauchen, ihr Land und ihre Flüsse verschmutzen, um Nahrung und Konsumgüter zu produzieren, die sich nur eine Elite leisten kann, und um ein paar Hightech-Arbeitsplätze zu schaffen, die sie mit Spezialisten aus dem Ausland besetzen.

Die Demütigung der WTO in Seattle im November 1999 ist ohne Zweifel das wichtigste Vorzeichen für die Reaktion der Welt auf die Konzernherrschaft. Und sie war gefolgt von den Demonstrationen in Washington, dem Antiglobalisierungsfestival in Millau (Südfrankreich) mit über 50 000 Teilnehmern und weiteren ähnlichen Großkundgebungen.

Doch es wird auch viele Marginalisierte geben, die sich auf lokaler Ebene wirtschaftlich organisieren, wodurch wiederum die notwendige Infrastruktur für neue lokale Gemeinschaften entsteht. Diese Gemeinschaften werden die Funktionen wieder übernehmen, die sie schon immer wahrgenommen haben,

Funktionen, die ihre Existenzgrundlage und ihre *Raison d'être* sind. Dass dies notwendigerweise geschehen muss, ist ein helles Licht an einem ansonsten betrüblich finsteren Horizont. Wendell Berry aber sieht noch eine weitere positive Perspektive. Für ihn wird das Thema globale versus lokale Wirtschaft in diesem Jahrzehnt vermutlich überragende Bedeutung gewinnen und die Grundlage für neue politische Fronten bilden. Die »Partei der Gemeinschaft« wird seiner Ansicht nach wenig Geld und daher wenig Macht haben, aber ihre Anhängerschaft kann nur wachsen, sodass sie schon bald die Partei der Mehrheit sein könnte. Wenn eine solche Partei wirklich an die Macht käme, könnte sie eine koordinierte Strategie für einen weniger schmerzhaften Übergang zu der Art von Gesellschaft und Wirtschaft entwickeln und umsetzen, die unseren Kindern auf diesem bedrohten Planeten überhaupt noch eine Zukunft zu bieten hat.

Anhang

Liste der Abkürzungen

ACEA	Verband der europäischen Autohersteller (European Automobile Manufacturers' Association)
ADB	Asiatische Entwicklungsbank (Asian Development Bank)
ADM	Archer Daniels Midland Co. (Agrobusiness-Konzern)
AFL-CIO	US-amerikanischer Gewerkschaftsbund (American Federation of Labor and Congress of Industrial Organizations)
AMS	Aggregiertes Stützungsmaß im Landwirtschaftsübereinkommen der WTO (Aggregate Measure of Support)
AOA	Abkommen über die Landwirtschaft der WTO (Agreement on Agriculture)
APEC	Asiatisch-Pazifische Wirtschaftliche Zusammenarbeit (Asia-Pacific Economic Cooperation)
BIP	Bruttoinlandsprodukt
BSP	Bruttosozialprodukt
CAFE	Normen zur Energieeffizienz von Kraftfahrzeugen (Corporate Average Fuel Economy, USA)
CEO	Chief Executive Officer
CER	Centre for Environment and Society (UK)
CFR	Rat für Auslandsbeziehungen (Council on Foreign Relations)
CITES	Abkommen über den Handel mit bedrohten Arten frei lebender Tiere und Pflanzen (Convention on International Trade in Endangered Species)
CSA	Gemeinschaftsgestützte Landwirtschaft (Community Supported Agriculture)
CSI	Coalition of Service Industries (USA)

DDT	Dichlordiphenyltrichlorethan (Insektizid)
DETR	Ministerium für Umwelt, Verkehr und die Regionen (Department of the Environment, Transport and the Regions, UK)
EBRD	Europäische Bank für Wiederaufbau und Entwicklung
EDI	Institut für wirtschaftliche Entwicklung der Weltbank (Economic Development Institute)
EG	Europäische Gemeinschaft
EPA	Umweltschutzbehörde (Environmental Protection Agency, USA)
ESAF	Erweiterte Strukturanpassungsfazilität
EU	Europäische Union
Ex-Im	Export-Import Bank
EZLN	Zapatistische Armee zur Nationalen Befreiung (Ejército Zapatista de Liberación Nacional)
FAO	Ernährungs- und Landwirtschaftsorganisation der Vereinten Nationen
FCKWs	Fluorchlorkohlenwasserstoffe
FDA	Lebens- und Arzneimittelbehörde (Food and Drug Administration, USA)
FHZ	Freihandelszone
FIFRA	Bundesgesetz über Insekten-, Pilz- und Rattenbekämpfung (Federal Insecticide, Fungicide and Rodenticide Act, USA)
FTAA	Freihandelszone der amerikanischen Staaten (Free Trade Zone of the Americas)
GAO	Bundesrechnungshof in den USA (General Accounting Office)
GAST	Allgemeines Abkommen für nachhaltigen Handel (General Agreement for Sustainable Trade)
GATS	Allgemeines Übereinkommen über den Handel mit Dienstleistungen der WTO (General Agreement on Trade in Services)
GATT	Allgemeines Zoll- und Handelsabkommen (General Agreement on Tariffs and Trade)

GM	General Motors
GNP	Gross National Product
GVOs	Gentechnisch veränderte Organismen
IFG	International Forum on Globalization
ILSR	Institut für lokale Selbstverantwortung (Institute for Local Self-Reliance, USA)
IPCC	Intergovernmental Panel on Climate Change
IWF	Internationaler Währungsfonds
LETS	Lokale Tauschnetze (Local Exchange Trading Systems)
MAI	Multilaterales Abkommen über Investitionen
MIT	Massachusetts Institute of Technology
MUAs	Multilaterale Umweltabkommen
NAFTA	Nordamerikanische Freihandelszone (North American Free Trade Agreement)
NGO	Nichtregierungsorganisation (Non Government Organization)
NOW	National Organisation of Women (USA)
ODA	Overseas Development Agency
OECD	Organisation für wirtschaftliche Zusammenarbeit und Entwicklung (Organization for Economic Coordination and Development)
OPEC	Organisation Erdöl exportierender Länder (Organization of Petroleum Exporting Countries)
OPIC	Overseas Private Investment Corporation
PCB	Polychlorbiphenyle
PT	Arbeiterpartei in Brasilien (Partido dos Trabalhadores)
rBGH	rekombinantes bovines Wachstumshormon (recombinant bovine growth hormone)
RCRA	Gesetz über den Schutz und die Wiederherstellung von Ressourcen (Resources Conservation and Recovery Act)
SADC	Southern African Development Community
SAK	Strukturanpassungskredit
SAP	Strukturanpassungsprogramm

SPS	Übereinkommen über die Anwendung gesundheits-polizeilicher und pflanzenschutzrechlicher Maßnahmen der WTO (Agreement on Sanitary and Phytosanitary Measures)
SUV	Sports and Utility Vehicle
TABD	Transatlantic Business Dialogue
TBT	Übereinkommen über technische Handelshemmnisse der WTO (Agreement on Technical Barriers to Trade)
TNCs	Transnational Corporations
TNK	Transnationaler Konzern
TRIMS	Übereinkommen über handelsbezogene Investitionsmaß-nahmen der WTO (Agreement on Trade-Related Invest-ment Measures)
TRIPS	Übereinkommen über handelsbezogene Aspekte der Rechte des geistigen Eigentums, WTO (Agreement on Trade-Related Intellectual Property Rights)
UNCTAD	Welthandels- und Entwicklungskonferenz der Vereinten Nationen (United Nations Conference on Trade and Development)
UNDP	Entwicklungsprogramm der Vereinten Nationen (United Nations Development Programme)
UNEP	Umweltprogramm der Vereinten Nationen (United Nations Environment Programme)
USAID	US-Behörde für Internationale Entwicklung (United States Agency for International Development)
USDA	US-Landwirtschaftsministerium (US Department of Agriculture)
WHO	Weltgesundheitsorganisation (World Health Organiza-tion)
WLO	Weltlokalisierungsorganisation
WSF	Weltsozialforum
WTO	Welthandelsorganisation (World Trade Organization)
WWF	World Wide Fund for Nature

Quellenverzeichnis

Adriaanse, Albert et al. (1997) *Resource Flows: The Material Basis of Industrial Economies*, World Resources Institute, Washington, DC

Allsopp, Michelle, Pat Costner und Paul Johnson (1995) *Body of Evidence: The Effects of Chlorine on Human Health*, University of Exeter, Greenpeace Research Laboratories

American Banker (1991) »Benefits of Big Mergers Said to Vanish Quickly« (11. Dezember)

Anderson, Sarah und John Cavanagh (1997) »The Top 10 List«, in: *The Nation* (8. Dezember)

Anderson, Sarah et al. (1997) »The Rise of Global Corporate Power«, in: *Third World Resurgence*, 1/97

Baker, Randall (1984) »Protecting the Environment Against the Poor«, in: *The Ecologist*, Bd. 14 (2)

Barnet, Richard J. und John Cavanagh (1994) *Global Dreams: Imperial Corporations and the New World Order*, New York

Barnet, Richard J. und Ronald E. Müller (1974) *Global Reach: The Power of the Multinational Corporations*, New York (deutsche Ausgabe: *Die Krisenmacher. Die Multinationalen und die Verwandlung des Kapitalismus*, Reinbek bei Hamburg 1975)

Bassett, P. (1995) »Insecurity of Part-Time Jobs and Full-Time Mortgages«, in: *Times* (11. April)

Beal, Dave (1993) »A Piece of the Action«, in: *St. Paul Pioneer Press* (14. Juni)

Beck, Ulrich (1997) *Was ist Globalisierung?* Suhrkamp, Frankfurt

Beder, Sharon (1999) »Corporate Hijacking of the Greenhouse Debate«, in: *The Ecologist*, Bd. 29 (2) (März/April)

Beijing Ministerial Declaration on Environment and Development 19. Juni 1991

Bello, Walden mit S. Cunningham und B. Rau (1994) *Dark Victory: the United States, Structural Adjustment and Global Poverty*, London

Bello, Walden, mit David Kinley und Elaine Elison (1982) *Development Debacle: The World Bank in the Philippines*, San Francisco

Bello, Walden und Stephanie Rosenfeld (1990) *Dragons in Distress: Asia's Miracle Economies in Crisis*, San Francisco

Berry, Wendell (1987) *Sex, Economy, Freedom and Community*, New York

Boeing Company (1998) *World Air Cargo Forecast*, Boeing Company

Boesche, Roger (1987) »The Strange Liberalism of Alexis de Tocqueville«, Ithaca, NY. Zitiert bei Hultgren, John (1994) »Democracy and Sustainability«, unveröffentlicht

Bowers, C. A. (1993) *Education, Cultural Myths, and the Ecological Crisis: Toward Deep Changes*, Albany, New York

Borgstrom, Georg (1967) *The Hungry Planet*, New York (deutsche Ausgabe: *Der hungrige Planet*, München 1967)

Brandt, Richard (1986) »How Automation Could Save the Day«, in: *Business Week,* 3. März

Breverton, T. D. (1994) »Rules Under Different Visions of Economy and Society: The Economic Vision«, Paper für die Konferenz The Evolution of Rules for a Single European Market, 8.–11. September, an der Exeter University

Brown, Lester R. (1988) *State of the World,* Washington, DC

Brummer, A. (1999) »Uncle Sam Invades«, in: *The Guardian* (15. Juni)

Brundtland, Gro Harlem (1987) *Our Common Future,* United Nations Commission on Environment and Development (April)

Bruno, Kenny (1997) »Say It Ain't Soy, Monsanto«, in: *Multinational Monitor,* Bd. 18 (1–2) (Januar/Februar)

Bunyard, Peter (1996) »Industrial Agriculture – Driving Climate Change«, *The Ecologist,* Bd. 26 (6) (November/Dezember)

Cable News Network (1996) »GM Sets Up Shop in Russia« (29. November)

Cairns, J. (1975) *Cancer: Science and Society,* San Francisco

Calvert, John und Larry Kuehn (1993) *Pandora's Box,* Toronto

Canine, Craig (1991) »Hear No Evil«, in: *Eating Well* (Juli/August)

Carson, Rachel (1987) *Silent Spring,* Boston (deutsche Ausgabe: *Der stumme Frühling,* München 1996)

Chambers, W. B. et al. (1999) *Global Climate Governance: Scenarios and Options on the Inter-Linkages Between the Kyoto Protocol and Other Multilateral Regimes,* Tokio

Chemical and Engineering News (1998) »Chemical Producers: Dow Chemical, DuPont, Monsanto and Union Carbide Have Ranked Among Top 10 Biggest Chemical Makers Since 1940«, in: *Chemical and Engineering News* (12. Januar)

Chira, Susan (1993) »Is Smaller Better? Educators Now Say Yes for High School«, in: *New York Times* (14. Juli)

Christiansen, Andrew (1995) »Recombinant Bovine Growth Hormone: Alarming Tests, Unfounded Approval«, in: *Rural Vermont* (Juli)

Clark, William C. (1989) »Managing Planet Earth«, in: *Scientific American,* Bd. 261 (September)

Coleman, Eliot (1989) *The New Organic Grower: A Masters' Manual of Tools and Techniques for the Home and Market Gardener,* Chelsea, Vermont

Colchester, Marcus (1993) »Slave and Enclave: Towards a Political Ecology of Equatorial Africa«, in: *The Ecologist,* Bd. 23 (5)

Collier, Robert (1994) »Commander Marcos Identifies with All«, in: *San Francisco Chronicle* (13. Juni)

Congressional Research Service (1993) *Biotechnology, Indigenous Peoples, and Intellectual Property Rights,* Washington, DC

Cornia, Giovanni Andrea et al. (Hgg.) (1992) *Africa's Recovery in the 1990s: From Stagnation and Adjustment to Human Development,* Mkandawire, Thandika, LC 92-18007

Cox, Carolyn (1991) »Glyphosate Fact Sheet«, in: *Journal of Pesticide Reform,* Bd. 11 (2) (Frühjahr)

Cringely, Robert, (1992) »Hollywood Goes Digital«, in: *Forbes* (7. Dezember)

Crook, Clive (1992) »Fear of Finance«, in: *The Economist* (19. September)

Daly, Herman (1994) »Farewell Lecture to the World Bank«, College Park, University of Maryland, School of Public Affairs (14. Januar)

Daly, Herman E. und John B. Cobb, Jr. (1989) *For the Common Good: Redirecting the Economy Toward Community, the Environment, and a Sustainable Future,* Boston

Daly, Herman E. und Robert Goodland (1992) »An Ecological-Economic Assessment of Deregulation of International Commerce under GATT«, Washington, DC, World Bank (September)

Danaher, Kevin, mit Frances Moore Lappe und Rachel Schurman (1988) *Betraying the National Interest,* San Francisco

Davis, D. L. et al. (1994) »Decreasing Cardiovascular Disease and Increasing Cancer Among Whites in the United States from 1973 through 1987«, in: *Journal of the American Medical Association,* Bd. 271 (6) (9. Februar). Zitiert in: *Rachel's Hazardous Waste News,* Environmental Research Foundation, Nr. 385 (14. April)

Dembo, David et al. (1990) *The Abuse of Power. Social Performance of Multinational Corporations: The Case of Union Carbide,* New York

Department of the Environment, Transport and the Regions (1998) Presseerklärung, London (25. September)

de Tocqueville, Alexis (1976) [erstmals erschienen 1835] *Über die Demokratie in Amerika,* Stuttgart

»Threat to Freedom and Democracy«, Durham: Duke University. Zitiert in: Hultgren, John (1994) »Democracy and Sustainability«, unveröffentlicht

Douthwaite, Richard und Hans Diefenbacher (1996) *Short Circuit: Strengthening Local Economies for Security in an Unstable World,* Dartington, Devon (deutsche Ausgabe: *Jenseits der Globalisierung. Handbuch für lokales Wirtschaften,* Mainz 1998)

Downs, Peter (1998) »Is the Pentagon Involved?«, in: *St. Louis Journalism Review* (Juni)

Dumont, René (1988) *False Start in Africa,* London

Dumont, René und N. Cohen (1980) *The Growth of Hunger. A New Politics of Agriculture,* London

Durning, Alan B. (1992) *How Much Is Enough?,* New York

The Ecologist (1993) Sonderheft »Whose Common Future?«, Bd. 23 (6)

The Ecologist (1998) Bd. 28 (5) (September/Oktober)

Ekins, Paul (1989) »Trade and Self-Reliance«, in: *Ecologist,* Bd. 19 (5)

Environmental Board of the State of Vermont (1995) *Findings of Fact,* Vermont (27. Juni)

Fanelli, José Maria, mit Roberto Frenkel und Lance Taylor (1992) »The World Development Report 1991: A Critical Assessment«, in: *International Monetary and Financial Issues for the 1990's,* New York, UN Conference on Trade and Development

Faux, Jeff. Zitiert in: Rothstein, R. (1993) »As the Good Jobs Go Rolling Away ... Who Will Buy?«, CEO/International Strategies (Dezember)

Di Fazio, Alberto (1999) »Misreading the Models: the Danger of Underestimating Climate Change«, in: *The Ecologist*, Bd. 29 (2) (März/April)

Ferguson, Jock (1990) »Chemical Company Accused of Hiding Presence of Dioxins«, in: *Globe and Mail* (19. Februar)

Ferrara, Jennifer (1998) »Revolving Doors: Monsanto and the Regulators«, in: *The Ecologist*, Bd. 28 (5) (September/Oktober)

French-Davis, Ricardo und Carlos Munoz (1992) »Economic and Political Instability in Chile«, in: Simon Teitel (Hg.) *Towards a New Development Strategy for Latin America*, Washington, DC

Fieldhouse, David K. (1984) *Economics and Empire, 1830 to 1914*, London (deutsche Ausgabe: *Die Kolonialreiche seit dem 18. Jahrhundert*, Frankfurt am Main 1996)

Financial Statistics Yearbook 1997 (1997) Washington, DC, International Monetary Fund (November)

Financial Times (1994) »Can Europe Compete?« (7. März)

Financial Times (1998) »Network Guerillas« (30. April)

Ford, Henry. Zitiert in: Barnet, Richard und John Cavanagh (1994) *Global Dreams*, New York

Franke, R. und B. Chasin (1981) »Peasants, Peanuts, Profits and Pastoralists«, in: *The Ecologist*, Bd. 11 (4)

French, Hilary (1993) *Costly Tradeoffs: Reconciling Trade and the Environment*, Washington, DC

(1998) *Investing in the Future: Harnessing Private Capital Flows for Environmentally Sustainable Development*, Worldwatch Paper 139, Worldwatch Institute, Washington, DC

Friedman, Lawrence M. (1973) *A History of American Law*, New York

The Futurist (1993) »Robot Farming« (Juli-August)

Galbraith, John Kenneth (1992) *The Culture of Contentment*, Boston (deutsche Ausgabe: *Die Herrschaft der Bankrotteure: der wirtschaftliche Niedergang Amerikas*, Hamburg 1992)

Gardner, G. und P. Sampat (1999) »Forging a Sustainable Materials Economy«, in: *State of the World 1999*, Washington, DC

Genentech (1998) »Genentech Names Moore New Head of Government Affairs Office Based in Washington, DC«, Genentech Pressemitteilung (13. April)

George, Susan und Fabrizio Sabelli (1994) *Faith and Credit: The World Bank's Secular Empire*, London (deutsche Ausgabe: *Kredit und Dogma. Ideologie und Macht der Weltbank*, Hamburg 1994)

Gepillard, A. (1994) »Germans Plan to Shift Production Abroad«, in: *Financial Times* (31. Mai)

Gibbons, Ann (1993) »Where are ›New‹ Diseases Born?«, in: *Science* (6. August)

Glover, Paul (1984) *Los Angeles: A History of the Future*, Los Angeles

Goldsmith, Edward und Nicholas Hildyard (1990) *The Earth Report No. 2*, London

Goodland, Robert (1984) »Environmental Management in Tropical Agriculture«, Boulder, Colorado

Greco, Thomas Jr. (1994) *New Money for Healthy Communities,* Tucson, Arizona
Greenpeace (1992) *Green Fields, Green Future,* London
    (1997) *Roundup Ready Soybean: a Critique of Monsanto's Risk Evaluation,* Chicago
    (1999) Typoskript der Business-Konferenz von Greenpeace, anzufordern bei: biotech_activists@iatp.org (7. Oktober)
Greer, Jed und Kenny Bruno (1996) *Greenwash: The Reality Behind Corporate Environmentalism,* Penang, Malaysia
Grinde, Donald A. Jr. (1977) *The Iroquois and the Pounding of the American Nation,* San Francisco
Haavelmo, T. (1991) »The Big Dilemma: International Trade and the North-South Cooperation«, in: *Economic Policies for Sustainable Development,* Manila
Harris, John (1991) »Universities for Sale«, in: *This Magazine* (September)
Hawken, Paul (1993) *The Ecology of Commerce: A Declaration of Sustainability,* New York (deutsche Ausgabe: *Kollaps oder Kreislaufwirtschaft. Wachstum nach dem Vorbild der Natur,* Berlin 1996)
Herith, Michael (1986) *Alexis de Tocqueville: »Threat to Freedom and Democracy«,* Durham
Hobsbawm, Eric (1986) *Industry and Empire,* Harmondsworth
Hollinger, P. (1999) »When the Price Is Not Right«, in: *Financial Times* (15. Juni)
Holstein, William J. (1986a) »Japan, USA«, in: *Business Week,* 14. Juli
    (1986b) »Will Sake and Sour Mash Go Together?«, in: *Business Week,* 14. Juli
Hueting, R. »The Brundtland Report: A Matter of Conflicting Goals«, in: *Ecological Economics,* Bd. 2 (2)
Hultgren, John (1994) »Democracy and Sustainability«, unveröffentlicht
    (1995) »International Political Economy and Sustainability«, Oberlin College, unveröffentlicht
Hume, A. O. (1878) »Agriculture Reform in India«, London
Iglesias, Enrique (1992) *Reflections on Economic Development: Toward a New Latin American Consensus,* Washington, DC
Illich, Ivan (1999) *Deschooling Society,* London (deutsche Ausgabe: *Entschulung der Gesellschaft,* München 1972)
Inter-American Development Bank (1992) *Economic and Social Progress in Latin America, 1992,* Washington, DC
Intergovernmental Panel on Climate Change (1995) *Second Assessment Report: Summary for Policy-Makers,* Cambridge
    (1996) *Guidelines for National Greenhouse Gas Inventories: Reference Manual*
International Labour Organization (1995) *World Employment,* Genf
Jacobs, Jane (1961) *The Death and Life of Great American Cities,* Harmondsworth, Middlesex (deutsche Ausgabe: *Tod und Leben großer amerikanischer Städte,* Berlin 1961)
Jacoby, E. H. (1961) »Agrarian Unrest in Southeast Asia«, zitiert in: G. L. Beckford (1983) *Persistent Poverty,* London
Jenkins, Cate (1990) »Criminal Investigation of Monsanto Corporation – Cover-up

of Dioxin Contamination in Products: Falsification of Dioxin Health Studies«, USEPA Regulatory Development Branch (November)

Johansen, Bruce (1988) »Indian Thought Was Often in Their Minds«, in: *Indian Roots of American Democracy,* Ithaca, New York

Karliner, J. (1997) *The Corporate Planet: Ecology and Politics in the Age of Globalization,* San Francisco

Kastel, Mark (1995) »Down on the Farm: the Real BGH Story«, in: *Rural Vermont* (Herbst)

Kelly, Frank T. (1994) »Letter to the President of Guatemala« (16. Juni)

Kelly, Kevin (1994) *Out of Control: The Rise of Neo-Biological Civilizations,* New York (deutsche Ausgabe: *Das Ende der Kontrolle. Die biologische Wende in Wirtschaft, Technik und Gesellschaft,* Mannheim 1997)

Kneen, Brewster (1998) in: *The Ram's Horn,* Nr. 160 (Juni)

Knight, Sylvia (1996) »Glyphosate, Roundup and Other Herbicides – an Annotated Bibliography«, in: *Vermont Citizens' Forest Roundtable* (Januar)

Knox, Patricia (1995) »A New Green Economy? LETS Do It«, in: *Earth Island Journal* (Sommer)

Koenig, Richard (1990) »Rich in New Products, Monsanto Must Only Get Them on the Market«, in: *Wall Street Journal* (18. Mai)

Korten, David C. (1994) »Sustainable Livelihoods: Redefining the Global Social Crisis« (10. Mai)

(1995) *When Corporations Rule the World,* London

Kozol, Jonathan (1991) *Savage Inequalities: Children in America's Schools,* New York

Lang, Tim und Cohn Hines (1993) *The New Protectionism: Protecting the Future Against Free Trade,* New York

Lang, T. und C. Hines (1993) *The New Protectionism,* London

Lang, Tim (1998) »Dietary Impact of the Globalization of Food Trade«, in: *IFG News,* Heft 3 (Sommer)

Langreth, Robert und Nikhil Deogun (1999) »Investors Cool to Pharmacia Merger Plan«, in: *Wall Street Journal* (21. Dezember)

Lappe, Marc et al. (1998) *Against the Grain: The Genetic Transformation of Global Agriculture,* Earthscan, London

Layton, Robert (1995) »Functional and Historical Explanations of Village Social Organization in Northern Europe«, in: *Journal of the Royal Anthropological Institute* (Dezember)

Leonard, H. J. (1988) *Pollution and the Struggle for the World Product,* Cambridge

Leontif, Wassily (1983) »National Perspective: The Definition of Problems and Opportunities«, Diskussionspapier für das Symposium der National Academy of Engineering, 30. Juni

Leontif, Wassily und Faye Duchin (1983) *The Future Impact of Automation on Workers,* New York

Lewis, Michael (1989) *Liar's Poker: Rising Through the Wreckage on Wall Street,* New York (deutsche Ausgabe: *Wall-Street-Poker. Die authentische Story eines Salomon-Brokers,* Düsseldorf, Wien, New York 1991)

Lichteim, George (1971) *Imperialism,* London (deutsche Ausgabe: *Imperialismus,* München 1972)

Lohr, Steve (1993) »Potboiler Springs from Computer's Loins«, in: *New York Times* (2. Juli)

Lucas, Brian. Zitiert in: Connor, Steve (1992) »Breasts Provoke Patent Conflict«, in: *The Independent* (19. Februar)

Luick, R. (1996) »The Demise of Cattle Farming in the Black Forest«, in: *La Cañada,* S. 4f.

MacNeill, J. (1989) »Strategies for Sustainable Economic Development«, in: *Scientific American,* Bd. 261 (3)

Magdoff, Harry (1978) *Imperialism: From the Colonial Age to the Present,* New York

Marcos, Subcomandante (1996) *Primera Declaración de la Realidad,* Mexiko (Januar)

Marshall, George (1990) »The Political Economy of Logging: The Barnett Inquiry into Corruption in the Papua New Guinea Timber Industry«, in: *The Ecologist,* Bd. 20 (5)

Martino-Taylor, Lisa (1997) »Legacy of Doubt«, in: *Three River Confluence,* Nr. 7/8 (Herbst)

McNamara, Robert (1995) *In Retrospect: The Tragedy and Lessons of Vietnam,* New York (deutsche Ausgabe: *Vietnam. Das Trauma einer Weltmacht,* Hamburg 1996)

Meller, Patricio (1992) *Adjustment and Equity in Chile,* Paris

Mendelson, Joseph (1998) »Roundup: The World's Biggest-Selling Herbicide«, in: *The Ecologist,* Bd. 28 (5) (September/Oktober)

Menotti, Victor (1995) »Free Trade and the Environment«, unveröffentlicht (1998) »Globalization and the Acceleration of Forest Destruction since Rio«, in: *The Ecologist,* Bd. 28, S. 354–362

Mihelick, Stanley J. (1987) »Employers Plan Smaller Raises«, in: *New York Times,* 13. Oktober

Miller, Morris (1991) *Debt and the Environment Converging Crises,* New York, United Nations Publications

Miller, Tom (1979) *Economics of Size in US Field Crop Farming,* Washington, DC, United States Department of Agriculture

Millstone, Erik (1996) »Increasing Brain Tumor Rates: Is There a Link to Aspartame?«, University of Sussex Science Policy Research Unit (Oktober)

Mohinder, Gill (1997) *Agricultural Resources and Environmental Indicators,* US Department of Agriculture, Economic Research Service

Montague, Peter (1996) »Brain Cancer Update«, in: *Rachel's Environment and Health Weekly* (14. November)

Morris, David (1990) »Free Trade: The Great Destroyer«, in: *The Ecologist,* Bd. 20 (5)

Multinational Monitor (1996) »Corporate Vultures, Rich Companies, Poor Workers«, in: *Multinational Monitor,* Bd. 17 (4) (April)

Mussolini, Benito. Zitiert in: Palmer, R. und J. Calton (1971) *History of the Modern World Since 1815,* New York

Nader, Ralph (1992) »Introduction«, in: E. Cahn und J. Rowe (Hgg.), *Time Dollars,* Emmaus, Pennsylvania

Nash, Nathaniel C. (1987) »Treasury Now Favours Creation of Huge Banks«, in: *New York Times*, 7. Juni

National Labour Committee Website: www.nlcnet.org

New Scientist (1999) »Splitting Headache: Monsanto's Modified Soya Beans Are Cracking Up in the Heat«, in: *New Scientist* (20. November)

Nijar, G. S. und Yoke Ling Chee (1992) »Briefing Papers for CSD. Intellectual Property Rights: The Threat to Farmers and Biodiversity«, in: *Third World Resurgence*, Nr. 39

North West Food Alliance (1995-1996) *Strategic Plans and Research Plans*, Briefing Papers, Olympia, Washington State

O'Brien, Richard (1992) *Global Financial Integration: The End of Geography*, New York

OECD (1998) *Kein Wohlstand ohne offene Märkte. Vorteile der Liberalisierung von Handel und Investitionen*, Paris

Office of Technology Assessment (1991) *Energy in Developing Countries*, Washington, DC, US Congress, Office of Technology Assessment

Oswald, Ursula (1991) *Estrategias de Supervivencia en la Ciudad de México*, Cuernavaca, Mexico

Owen, Roger und Bob Sutcliffe (1976) *Studies in the Theory of Imperialism*, London

Palast, G. (1999) »Praise Uncle Sam and Pass the 18p an Hour«, in: *Observer*, Wirtschaftsteil (20. Juni)

Partant, François (1982) *La Fin du Développement*, Paris

Passell, Peter (1992) »Fast Money«, in: *New York Times Magazine* (18. Oktober)

Payer, Cheryl (1991) *Lent and Lost: Foreign Credit and Third World Development*, London

Peck, Pamela (1989) »Vermont's Polystyrene (Styrofoam) Boycott«, Barre, Vermont, Vermonters Organized for Cleanup

Pender, Kathleeen (1995) »Greenspan Boosts Use of Technology: Fed Chief Says Software Aids Economy«, in: *San Francisco Chronicle*

Pesticide Action Network North America (1997) »Monsanto Agrees to Change Ads and EPA fines Northrup King« (10. Januar)

Peterson, R. Neal und Nora L. Brooks (1993) »The Changing Concentration of US Agricultural Production During the Twentieth Century«, US Economic Research Service, US-Landwirtschaftsministerium, Nr. 27, Juli

Pimental, D. et al. (1987) »World Agriculture and Soil Erosion«, in: *BioScience*, Bd. 37 (4)

Platt, D. C. M. (1976) »Economic Imperialism and the Businessman: Britain and Latin America Before 1914«, in R. Owen und B. Sutcliffe (Hgg.) *Studies in the Theory of Imperialism*, London

Ponce de Leon, Juana (2001) (Hg.) *Our Word is Our Weapon*, Toronto

Prokesch, Steven (1987) »Remaking the American CEO«, in: *New York Times*, 25. Januar

Public Citizen (1996) *NAFTA's Broken Promises: the Border Betrayed*, Public Citizen (Januar)

RAFI Communiqué (1997) *The Life Industry 1997 the Global Enterprises that Dominate Commercial Agriculture, Food and Health*, Rural Advancement Foundation International (November/Dezember)

Reich, Robert (1991) *The Work of Nations: Preparing Ourselves for 21st Century Capitalism*, New York (deutsche Ausgabe: *Die neue Weltwirtschaft. Das Ende der nationalen Ökonomie*, Frankfurt am Main 1993)

Retallack, Simon (1999) »How US Politics Is Letting the World Down«, in: *The Ecologist*, Bd. 29 (2) (März/April)

»Retrospective Technology Assessment« Studies (1977) National Science Foundation and Massachusetts Institute of Technology (anzufordern bei National Technical Information Service, Research Services Branch, 5285 Port Royal Road, Springfield, Virginia 22161)

Ricardo, David (1996) *On the Principles of Political Economy and Taxation*, Prometheus Books (erstmals erschienen 1817) (deutsche Ausgabe: *Über die Grundsätze der politischen Ökonomie und die Besteuerung*, Berlin 1979)

Rich, Bruce, (1994) »The Cuckoo in the Nest: 50 Years of Political Meddling by the World Bank«, in: *The Ecologist*, Bd. 24 (1), Januar/Februar
(1994) *Mortgaging the Earth*, Boston (deutsche Ausgabe: *Die Verpfändung der Erde*, Stuttgart 1998)

Richman, Louis (1992) »When Will the Layoffs End?«, in: *Fortune* (20. September)

Rifkin, Jeremy (1995) *The End of Work: The Decline of the Global Labor Force and the Dawn of the Post-Market Era*, New York (deutsche Ausgabe: *Das Ende der Arbeit und ihre Zukunft*, Frankfurt am Main 2001)

Rigdon, Joan F. (1991) »Retooling Lives: Technological Gains are Cutting Costs and Jobs in Services«, in: *Wall Street Journal* (24. Februar)

Robinson, E. (1999) »Mutual Admiration Society Bonds Together«, in: *Financial Times* (15. Juni)

Ronfeldt, David F. et al. (1998) *The Zapatista Social Netwar in Mexico*, Los Angeles

Roy, J. (1990) »GE Is Assailed by US Judge in WPPSS Case«, in: *Wall Street Journal* (27. September)

Russ, Joel (1995) »Local Energy, Electric Currency« in Susan Meeker-Lowry (1995) *Invested in the Common Good*, New Society

Sachs, Wolfgang (Hg.) (1992) *The Development Dictionary: A Guide to Knowledge as Power*, London (deutsche Ausgabe: *Wie im Westen so auf Erden. Ein polemisches Handbuch zur Entwicklungspolitik*, Reinbek bei Hamburg 1993)

Sampson, Anthony (1989) *The Midas Touch: Money, People and Power from West to East*, London (deutsche Ausgabe: *Globalmacht Geld. Der neue Reichtum oder warum Geld die Welt regiert*, München 1995)

Sanches, Adérito Alain (1993) »Explosif Mélange de la Croissance Urbaine et de la Régression des Services Publiques«, in: *Le Monde Diplomatique* (Mai)

Scenario 2010 Working Group (1996) *Vision 2020: Scenarios for a Sustainable Europe*, Brüssel, Scenario 2020 Working Group of the General Consultative Forum to DG XI, Europäische Kommission

Schmitz, Sonia (1998) »Cloning Profits: The Revolution in Agricultural Biotechnology«, University of Vermont

Schumacher, Ernst F. (1989) *Small Is Beautiful: Economics as if the Earth Really Mattered*, New York (deutsche Ausgabe: *Die Rückkehr zum menschlichen Maß. Alternativen für Wirtschaft und Technik*, Reinbek bei Hamburg 1979)

Sclove, Richard (1994) From a workshop at the International Forum on Globalization, San Francisco

(1995) *Democracy and Technology*, New York

Seabrook, Jeremy (1990) *The Myth of the Market: Promises and Illusions*, Bideford, Devon

Sheahan, John (1992) »Development Dichotomies and Economic Strategy«, in: Simon Teitel (Hg.) (1992), *Towards a New Development Strategy for Latin America*, Washington, DC

Shrybman, Steven (1990) »International Trade and the Environment: An Environmental Assessment of the General Agreement on Tariffs and Trade«, in: *The Ecologist*, Bd. 20 (1)

Shrybman, S. (1999) *A Citizen's Guide to the World Trade Organization*, Ottawa and Toronto

Shultz, Eugene (Hg.) (1992) »The Wonders of the Neem Tree – Revealed« *Science* (17. Januar)

Sklar, Holly (Hg.) (1980) *Trilateralism: The Trilateral Commission and Elite Planning for World Management*, Boston

Smith, Adam (1978) *The Wealth of Nations. Books I-III*, Harmondsworth, Middlesex (erstmals erschienen 1776) (deutsche Ausgabe: *Der Wohlstand der Nationen*, München 1974)

Stokes, G. W. (1997) Persönliche Mitteilung, National Society of Allotment and Leisure Gardeners, 15. Mai

Stone, K. (1995) *Competing with the Discount Mass Merchandisers*

Summers, Larry (1999a) »The Right Kind of IMF for a Stable Global Financial System«, Ausführungen an der London School of Business, 14. Dezember

Summers, Larry (1999b) Aussage vor dem Auswärtigen Ausschuss des US-Senats, Washington, DC, 5. November

Technological Change and Its Impact on Labor in Four Industries (1992) US Department of Labor, Bureau of Labor Statistics Bulletin Z409, Oktober

Technology and Labor in Five Industries (1979) Washington, DC, US Department of Labor, Bureau of Labor Statistics Bulletin 2033

The Economist (1997), »Schools Brief: One World?« (18. Oktober)

Thurow, Lester (1980) *The Zero Sum Society*, Basic Books (deutsche Ausgabe: *Die Null-Summen-Gesellschaft. Einkommensverteilung und Möglichkeiten wirtschaftlichen Wandels*, München 1981)

Times Beach Action Group (1995) »Citizen Inquiry Uncovers Blatant Violation of Environmental Law Surrounding the Proposed Times Beach Incinerator«, in: *St. Louis Journalism Review* (November)

Tinbergen, J. und R. Hueting (1991) »GNP and Market Prices: Wrong Signals for

Sustainable Economic Development that Disguise Environmental Destruction«, in: *Population and Environment*

Tokar, Brian (1992) »The False Promise of Biotechnology«, in: *Z Magazine* (Februar)

(1995) »Biotechnology: the Debate Heats Up«, in: *Z Magazine* (Juni)

(1996) »Biotechnology vs Biodiversity«, in: *Wild Earth*, Bd. 6 (1) (Frühjahr)

(1997) *Earth for Sale: Reclaiming Ecology in the Age of Corporate Greenwash*, Boston

Tricks, H. und A. Mandel-Campbell (1999) »Mexico's Farming Habits Under Pressure from Transgenics«, in: *Financial Times* (12. Oktober)

Union of Concerned Scientists (1996) »Expanding in New Dimensions: Monsanto and the Food System«, in: *The Gene Exchange* (Dezember)

(1998) »EPA Requires Large Refuges«, in: *The Gene Exchange* (Sommer)

United Nations Conference on Trade and Development (1992) »International Monetary and Financial Issues of the Nineties«, UNDP

United Nations Environment Programme (1999) *Global Environment Outlook 2000*, London, Earthscan

University of Nottingham Business School (1998) »Neighbourhood Shopping in the Millennium«, Nottingham

USDA (1973) *The One Man Farm*, Washington, DC

US Department of Labor Bureau of Labor Statistics (1979) *Technology and Labor in Five Industries*, Bulletin 2033, Washington, DC

(1992) *Technological Change and Its Impact on Labor in Four Industries*, Bulletin Z409 (Oktober), Washington, DC

(1994) »Business Establishment Survey«, zusammengestellt nach Online-Recherche, 12. August

van Liemt, Gijsbert (1992) *Industry on the Move: Causes and Consequences of International Relocation in the Manufacturing Industry*, Genf

(1993) »Labor-Management Bargaining in 1992«, in: *Monthly Labor Review* (Januar)

Vastine, J. R. (1999) »Services 2000: Innovative Approaches to Services Trade Liberalization«, Tokio, USCI (13. Mai)

Vermont Forest Resources Advisory Council (1996) »Testimony of Champion Paper Company«, Island Pond, Vermont (26. Juni)

Vitousek, P. M. et al. (1986) »Human Appropriation of the Products of Photosynthesis«, in: *BioScience*, Bd. 37 (4)

Voelcker, Augustus (1893) »Report on the Improvement of Indian Agriculture«, London

Wallach, Lori und Michelle Sforza (1999) *Whose Trade Organization: Corporate Globalization and the Erosion of Democracy*, Washington, DC

Wall Street Journal (1993) »IBM is Overhauling Disk Drive Business, Cutting Jobs, Shifting Production to Asia« (August)

Wall Street Journal (1998) »Case of Mislabeled Herbicide Results in $ 225 000 Penalty«, in: *Wall Street Journal* (25. März)

Washington Post (1999) Nachdruck in: *Today (Manila)*, 15. November

Waters, John (1993) »Sacrificing Aer Lingus Jobs on the Altar of Economic Viability«, in: *The Irish Times*, 22. Juni

Watson, Robert T., Marufu C. Zinyowera und Richard H. Moss (Hgg.) (1997) »Summary for Policymakers«, in: *The Regional Impacts of Climate Change: an Assessment of Vulnerability*

Watzman, Nancy und Christine Triano (1991) *All the Vice-President's Men*, Washington, DC

Wilkerson, Isabel (1995) »Paradox of '94: Gloomy Voters in Good Times«, in: *New York Times* (31. Oktober)

Wilkes, Alex (1995) »Prawns, Profits and Protein: Aquaculture and Food Production«, in: *The Ecologist*, Bd. 25 (2–3)

Winner, Langdon (1986) *The Whale and the Reactor*, University of Chicago Press

Wood, A. (1994) *North-South Trade, Employment and Inequality: Changing Fortunes in a Skill-Driven World*, Oxford

World Bank (1981) *Accelerated Development in Sub-Saharan Africa*, Washington, DC

(1993) *Global Economic Prospects and the Developing Countries* (1993) Washington, DC

(1990) »Mexico: Basic Health Care Project«, Staff Appraisal Report (8. November)

(1995) *Workers in an Integrating World*, Washington, DC

World Development Report (1992) New York

World Health Organization (1980) *The Global Eradication of Small Pox, Final Report of the Global Commission for the Certification of Small Pox Eradication*, Genf

World Investment Report 1998 (1998) Genf

World Wide Fund for Nature (1999) »Environmental Agreements at Risk«, WWF-Pressemitteilung (4. Oktober)

Wysham, Daphne (1999) »The World Bank: Funding Climate Chaos«, in: *The Ecologist*, Bd. 29 (2), März/April

Ziegler, Bart (1994), »IBM Is Overhauling Disk Drive Business, Cutting Jobs, Shifting Production to Asia«, in: *Wall Street Journal* (5. August)

Zukunftskommission der Friederich-Ebert-Stiftung (1998) *Wirtschaftliche Leistungsfähigkeit, sozialer Zusammenhalt, ökologische Nachhaltigkeit. Drei Ziele – ein Weg*, Dietz, Bonn

Register

DAS ZUKUNFTS-PROGRAMM

de Graaf / Wann / Naylor
Affluenza
ISBN 3-570-50026-8

Eric Schlosser
Fast Food Gesellschaft
ISBN 3-570-50023-3

Naomi Klein
No Logo!
ISBN 3-570-50028-4

Frances M. Lappé / Anna Lappé
Hoffnungsträger
ISBN 3-570-50021-7

Riemann
One Earth Spirit

Geldsysteme fallen nicht vom Himmel. Sie werden von Menschen gemacht. In einem großen historischen Rundumschlag offenbart Bernard A. Lietaer, wie psychische Verhaltensmuster, mythologische Vorstellungen und kulturelle Konzepte die emotionale Grundlage von Geldsystemen bilden. Sein überraschendes Fazit: Es liegt an uns, das Geldsystem zu entwerfen, das unser langfristiges Überleben sichert und es uns ermöglicht, Werte für die Zukunft zu schaffen.

Bernard A. Lietaer, Mysterium Geld
Emotionale Bedeutung und Wirkungsweise eines Tabus
368 Seiten, DM 42,- / öS 307,- / sFr 39,- ISBN 3-570-50009-8

Riemann
One Earth Spirit

DAS ZUKUNFTS-PROGRAMM

Ruediger Dahlke
Woran krankt die Welt
ISBN 3-570-50022-5

Thom Hartmann
Unser ausgebrannter Planet
ISBN 3-570-50011-X

David McTaggart
Rainbow Warrior
ISBN 3-570-50004-7

Julia Butterfly Hill
Die Botschaft der Baumfrau
ISBN 3-570-50015-2

Riemann
One Earth Spirit